Wir bitten euch Menschen um Frieden

Astrid Anbu Witschorke
&
viele Freunde

****

Dieses Buch dient dem Frieden und zur Erinnerung an die Liebe.
Alle Übungen, Tipps, Ratschläge und Lebenshilfen ersetzen keinen Arzt, Therapeuten oder Medikamente. Die Verantwortung bleibt beim Leser und Übenden. Die Autorin bzw. der Verlag übernimmt keine Haftung für evtl. Personen-, Sach- oder Vermögensschäden, die sich direkt oder indirekt aus den Ratschlägen und Übungen ergeben.

Umwelthinweis:
Dieses Taschenbuch besteht aus 100 % Recyclingpapier, chlorfrei gebleicht.
Es wurde so umweltgerecht wie möglich hergestellt.
Für dieses Buch wurde kein Baum gefällt.
Es wurde vom L-Werk Berlin zum Teil in Handarbeit gefertigt.

Die Autorin hat sich bemüht alle Rechte zu beachten und Quellenangaben richtig aufzuführen. Sie ist dankbar für Berichtigungen und Hinweise zur Verbesserung.

© 2018 Astrid Anbu Witschorke, NaturWunschVerlag, Juist
Alle Rechte vorbehalten.
Umschlaggestaltung: Astrid Anbu Witschorke, Juist
Umschlagfotos: Richard Otten-Wagener, Osnabrück,
www.otten-wagener.de
Druck: FSD Lwerk Berlin Brandenburg gGmbH · www.lwerk-berlin.de
ISBN: 978-3-00-059552-3

www.aus-liebe-zur-natur.de

Ein Baum

wird durch dich
gepflanzt,

weil mit jedem
gekauften Buch
1 € Spende
an die Natur
weitergegeben wird,

um davon
einem Baum
das Leben zu schenken,

als Ausgleich
für den Papierverbrauch
von vielen Büchern
uvm.

Für die Natur.
Für den Erhalt des Lebens.
Für die elementaren Kräfte.
Für saubere Luft.
Für die Schönheit auf Erden.
Für die Tiere.
Für die Pflanzen.
Für die Elementarwesen.
Für uns alle.

Danke!

Über die Autorin

****

Astrid Anbu Witschorke

Geboren 1970, lebe ich seit meinem ersten Lebensjahr in der frischen Luft auf der Nordseeinsel Juist. Nach meiner Ausbildung zur Friseurin und einer Umschulung zur Industriekauffrau, jobbte ich in vielen Berufen. In Cafés, im Zeitschriftenladen, im Büro, putzte Ferienwohnungen, vermietete Fewos und Fahrräder, betreute einen Waschsalon, hatte einen Hausmeisterposten und hängte Plakate auf. Meine wahre Berufung fand ich auf dem Weg der Spiritualität. Nach vielen Jahren des intensiven Praktizierens unterschiedlicher Meditations- und Bewegungsformen, als auch Achtsamkeitsübungen, gab ich neben der Arbeit Qi Gong-, Yoga-, Tai Chi-, Meditationsstunden und Entspannungsabende mit Klangschalen. Mit Lebensberatungsgesprächen „Intuitives Sehen", verbunden mit meiner Hellsichtigkeit, und einer selbst entwickelten Energiearbeit „Natürlich Entspannen" begleite ich andere Menschen auf ihrem Weg. Bei meinen Naturspaziergängen, Naturseminaren und Vorträgen lehre ich einen heilsamen Kontakt mit der Natur, mit den Bäumen, Pflanzen, den Elementen und ihren Elementarwesen, sodass wir gemeinsam im Frieden auf der Erde leben können. Zur Zeit lebe ich unabhängig von anderen Nebenjobbs und schreibe an weiteren Büchern über den Kontakt mit der Natur und den Elementarwesen.

****

→ Alle Informationen zu meinen Seminaren, Vorträgen, Gruppen- und Einzelterminen findet ihr auf der Internetseite: www.aus-liebe-zur-natur.de

→ Wenn ihr ein Naturseminar gemeinsam mit den Elementarwesen in eurer Stadt wünscht, brauchen wir Vorort jemanden, bei dem das Tagesseminar Zuhause stattfinden kann. Derjenige sollte Nahe der Natur leben, bestenfalls in der Nähe eines Waldes und vielleicht auch einen Garten haben. Gut wäre es, wenn ihr mithelft Flyer zu verteilen, Plakate aufzuhängen und ihr es Freunden weiterempfehlt.

****

Inhaltsverzeichnis

Widmung & Danksagung..8

Einleitung..11

Kapitel 1 - Allein am Strand... oder doch nicht?......................15
              Tipps für ein heilsames Miteinander...........................24

Kapitel 2 - Der Anfang vom Anfang.......................................27
              Das Üben der Intuition..63

Kapitel 3 - Elementarwesen, die Natur & wir Menschen -
              dem göttlichen Ursprung ganz nah...............................66
              Stille Meditation – Schweigen.....................................91

Kapitel 4 - Zwerge & Co. - „Willkommen!".............................93
              Den Tag mit Achtsamkeit beleben.............................155

Kapitel 5 - Leben und lernen mit den Elementarwesen,
              Engeln & Heiligen..157
              Kontaktaufnahme mit Elementarwesen......................186

Kapitel 6 - Angst vor Elementarwesen? Gibt es böse Geister?..190
              Anrufung des Gnadenlichts.......................................214

Kapitel 7 - Die Natur, ihre Elementarwesen & die Liebe sind Medizin.
              Was macht uns krank und was ist gesund?..................215
              Kontakt mit Engeln & Elementarwesen.......................259
              Empfangen & Geben im Gleichgewicht......................260

Kapitel 8 - Die heiligen Bäume - Wenn das Lächeln der Bäume
              verschwindet...264
              Kontaktaufnahme mit Bäumen und Pflanzen................322

Kapitel 9 - „Wir bitten euch Menschen um Frieden!"................326
              Ein Gebet - eine Bitte - ein Dank................................382

Nachwort - Gedanken, Wünsche, Möglichkeiten – Veränderung..385
              Für den Anfang..390

Literatur & Internetseiten..391

Widmung

****

Für die göttliche Natur in allem und jedem.
Möge sie erwachen.

Für die Liebe in uns.
Möge sie uns immer begleiten.

Für den Frieden auf Erden.
Mögen wir alle einen Weg dorthin finden.

Für die Elementarwesen, die Bäume & uns Menschen,
für die gesamte Natur und alle Bewohner dieser schönen Erde.

Mögen wir immer zusammenhalten.

Danke!

Danksagung

****

Die Entstehung dieses Buches ist so unglaublich vielen Helfern zu verdanken, dass ich sie im Einzelnen nicht aufzählen könnte. Mein besonderer Dank gilt dem kleinen Zwergenmann, der nicht von meiner Seite weicht. Er und viele Elementarwesen, die Heiligen, die Engel und viele Baumfreunde haben mich während des Schreibens durch alle meine Höhen und Tiefen begleitet. Danke für die vielen Erinnerungen, besonders an die Bescheidenheit. Sie und meine lieben Menschen-Freundinnen haben alle, neben ihrer Arbeit und ihrem Privatleben, viel Zeit, Mühe, Energie und Liebe gegeben, um mich in jeder Hinsicht zu korrigieren, mir meine Fehler nahezulegen und mich zu verbessern. Es gab diverse Diskussionen, die sie mit mir ertragen haben und viele fröhliche Momente, mit denen sie mich wieder aufmunterten. Ihrer unermüdlichen und erweckenden Hilfe sei Dank! Ihrer Geduld und ihrem Mut ist dieses Buch zu verdanken, denn es ist gar nicht so leicht, jemanden auf seine Fehler hinzuweisen – besonders, wenn es so viele sind. Ich bin keine geborene Autorin und musste erst lernen, zu schreiben. Spontan und intuitiv habe ich diese Texte geschrieben und möchte sagen, dass es nicht perfekt ist, so wie ich auch nicht perfekt bin. Darum hoffe ich, dass es dennoch eine Hilfe dabei sein kann, die Natur mit ihren Elementen, den Pflanzen und Bäumen, den Tieren und Elementarwesen besser verstehen zu können. Sie alle haben mich mit ihrer vielen Liebe gesegnet, sodass ich alle Hürden überwinden konnte. Danke für die heilsame Kraft der Liebe!

Danke an die Menschen, die versuchen, bewusst zu leben, positiv für uns alle. Besonderen Dank an die Naturvölker, unsere direkten Vorfahren. Danke an alle Tiere und Pflanzen, die die Vielfalt erschaffen haben und uns alle nähren. Danke an die Bäume, unsere fernen und zugleich nahen Verwandten. Danke an alle Kräfte der Elemente, durch die unser Leben erst möglich geworden ist. Danke an die Elementarwesen und Engel auf der Erde und im Universum, ihr fleißigen Helfer für alle. Danke für eure viele, unscheinbare und bescheidene Hilfe. Danke an die göttliche Einheit und das Gnadenlicht, die uns alle erschaffen haben. Danke besonders an die, die dem Licht der Liebe dienen. Danke an alle Kinder der Elementarwesen, der Tiere, der Pflanzen und der Menschen, dass ihr uns alle an Freude, Lebendigkeit, Liebe und Bescheidenheit erinnert.

Ihnen allen zu Ehren wünsche ich Frieden auf dieser besonderen Erde.

Einleitung

****

Alles, was ich über die Elementarwesen und Engel, das Gnadenlicht und die Energien des Lebens, die geistigen Kräfte und Fähigkeiten und über die Heiligen weiß, versuche ich, so gut ich kann, zu erklären. Meine Erlebnisse mit ihnen sind hoffentlich eine Hilfe dabei, sie alle und das Leben besser verstehen und sich für neue Möglichkeiten öffnen zu können.
Die Heiligen sind bewusst lebende Menschen, die sich mit den natürlichen, geistigen Fähigkeiten so weit entwickeln konnten, dass sie körperliche Unsterblichkeit erreicht haben, wie zum Beispiel der indische Kriya Yogi Babaji Nagaraj. (Bitte nicht zu verwechseln mit Haidakan Babaji!) Er und viele andere Heilige verschiedener Traditionen und Länder haben mich sehr viel auf dem Lebensweg gelehrt – das alles möglich ist, wenn wir in Liebe mit allen anderen und der Natur leben. Das große Leben hat uns alles gegeben, um alles möglich zu machen. Von dieser Gnade des Lebens und den Möglichkeiten, die wir haben können, erzähle ich in diesem Buch.
Eine Gnade des Lebens ist die Anwesenheit der Elementarwesen und Engel. Elementarwesen sind absolut gütige und weise Naturgeister. Sie sind lebendige Liebe und dienen getreu der Erde, dem Himmel, dem Leben. Dennoch scheinen viele Menschen Angst vor ihnen zu haben, die unnötig ist. In meinen Erfahrungen mit diesen sehr freundlichen Wesen kann ich nur Bewundernswertes über sie erzählen. Die Naturgeister haben mir zu sehr viel Freude im Leben, Glück, Heilung und noch vielem Guten mehr verholfen. Sie sind die Heiler einsamer Herzen. Die Angst beruht auf einer Verwechslung der Tatsachen. Dies versuche ich in Kapitel 6 zu erklären. Es sind nicht die Elementarwesen, die uns Angst machen. Aber, die Liebe deckt die Wahrheit auf. Sie sind bewusst lebende Wesen, die das Unbewusste sichtbar machen und mit ihrer Liebe heilsam darauf einwirken.
Den Kontakt mit diesen neuen Freunden sehe ich als einen Weg der Zukunft für uns alle zum Besten. Durch sie, die Bäume, alle Pflanzen, die Engel und Heiligen habe ich erst angefangen, an eine schöne Zukunft zu glauben, an ein Leben in vollkommenem Miteinander, in Frieden und Liebe mit allen Lebewesen mit und unter uns Menschen.
Im 8. Kapitel beschreibe ich meine Erlebnisse mit den lebendigen und beseelten Bäumen. Sie sind ein stabiler Ausdruck des Friedens auf Erden und ich hoffe, ihren Wünschen damit gerecht zu werden. Denn sie sind bewusste Lebewesen, die zu uns sprechen – wenn wir ihnen zuhören. Sie reden vom Frieden. Mit ihnen allen gemeinsam können wir einen großen

Kraftplatz Erde erschaffen mit großem Heilungspotenzial. In diesem Kapitel könnt ihr einiges über die einfache Entstehung eines Kraftplatzes, über heilige Orte in der Natur und über die Empfindsamkeit der Bäume und Pflanzen erfahren.

Die Heiligen, die Elementarwesen und die Engel sind Helfer der Liebe für den Frieden und den Zusammenhalt mit allen gemeinsam - gemeinsam mit der Natur! Helfer kommen dann, wenn eine Not entstanden ist. Wir leben in einer Zeit der Nöte, Ängste, Kriege und Krankheiten. Egoismus und Individualismus war unser bisheriges Streben, durch das dieses Leid entstanden ist. Welche Zukunft haben wir auf diesem Weg? Und welche Zukunft können wir haben, wenn wir die Richtung ändern? Dieses Buch ist ein Aufruf zum Frieden und eine Erinnerung an die Liebe. Es dient dem Erhalt der Natur und unserer Freunde, den Elementarwesen und Bäumen - es dient dem Überleben von uns allen.

Alles, was ich hier mit euch teile, sind meine Erfahrungen, telepathische Mitteilungen von Heiligen, Engeln und Elementarwesen. Ich bin ein Mensch und nicht Gott, so beinhaltet die vollkommene Wahrheit noch einiges mehr, als ich hier schreibe. Jeder kann nur einen Teil des Lebens sehen und daraus Schlüsse ziehen. Mit Hilfe anderer können wir mehr sehen und das Leben besser verstehen. Ich habe viel Hilfe bekommen und gebe sie mit diesem Buch weiter. So bleibt das Leben, das Wissen und die Liebe erhalten, und nur so können wir fortbestehen.

Viel Notwendiges und Grundlegendes konnte ich lernen, weil ich sehr früh begonnen habe, intensiv nach der Wahrheit und nach Heilung zu suchen. Unbewusst suchte ich die Liebe, wie jeder andere auch. Im zweiten Kapitel beschreibe ich einen Teil meines Weges. Es waren unruhige Zeiten, in denen ich versuchte, meinen Platz im Leben zu finden. Ich wusste nie, was ich im nächsten Jahr tun werde. So folgte ich vollkommen planlos der Intuition und lernte das Leben kennen. Ich lernte viele Übungen für das Wohl im Ganzen und übte bewusst die uns allen innewohnende Kraft der Intuition. Mit dem Üben der Intuition kam die Hellsichtigkeit, Feinfühligkeit und Hellhörigkeit. Das, was jeder lernen kann, der es möchte.

Diese Lebensreise führte mich unbewusst zu den Elementarwesen. Mein ganz besonderer Freund und ständiger Begleiter sitzt voller Elan direkt vor mir am Computer - ein kleiner Zwerg von ungefähr 10 cm Größe. Sehr viele Freunde fand ich in der geistigen Welt, zu der auch die Engel des Himmels gehören. Mit ihnen gemeinsam leben die Heiligen von uns Menschen, die uns auf der geistigen Ebene viel lehren können. Sie haben eine Lebenskraft aus Licht gefunden, die sie Gnadenlicht nennen. Meine Erfahrungen mit dieser lichtvollen Energie aus Liebe und mit den ebenso lichtvollen

Elementarwesen und Engeln sind das Schönste und Beste, was mir das Leben offenbarte. Und sie sind es auch, die die Blumen und alle Pflanzen, die Elemente und alles Existierende auf besondere Weise erstrahlen lassen. Die Liebe der geistigen Welt in dieser Welt ist so unbegreiflich, dass wir es uns kaum vorstellen können und darum nicht danach streben. Vielleicht sind manche Worte im Buch ein Wegweiser. Wir sind alle auf dem Weg. Auf welchem? Und was ist das Ziel?

Häufig werde ich nach der Bedeutung meines zweiten Vornamens gefragt: Anbu. Es ist ein spiritueller Name, den ich bei einer Namensgebung von meinem Yogalehrer bekommen habe. Anbu bedeutet: Liebe. Der (spirituelle) Name ist die Erinnerung an das Lebensziel, damit wir auf dem Weg bleiben. Wer der Liebe folgt, der hat das Lebenziel gefunden. Denn die Liebe ist es, die uns alle umhüllt, uns alle in der Tiefe berührt, heilt, bewegt, leben lässt. Wer kann ohne Liebe leben? So sah ich die Wahrheit, dass wir alle vom Licht der Liebe leben. Diese Wahrheit konnte ich nur mit Hilfe der Heiligen, der Engel und Elementarwesen erkennen, denn sie sind erfüllt von der Liebe. Niemand erkennt die Wahrheit nur durch sich selbst, so wie auch niemand alleine lieben kann.

In meinen Erfahrungsberichten mit den geistigen Helfern erlebe ich vieles, das wir gemeinsam haben und vieles, das uns miteinander verbindet. Dadurch weiß ich, wie wichtig das Miteinander mit der Natur und den Elementarwesen für uns Menschen ist und in der Zukunft noch sein wird. Denn wir Menschen brauchen die Hilfe der Natur. Sie kann uns aber nur helfen, wenn wir auch ihr helfen.
Eine der Meditationen in diesem Buch ist das „Empfangen und Geben üben im Gleichgewicht". Das bedeutet, sich gegenseitig zu helfen. Ohne die Hilfe anderer ist Leben nicht möglich. Die Natur ist das Leben. Wir Menschen sind ein Teil von ihr. Ignorieren wir unsere tiefe, intensive Verbundenheit mit der Natur, geraten die Natur und wir Menschen aus dem Gleichgewicht und in Not. Aus dieser Not heraus schreibe ich dieses Buch. Täglich sehe ich die Nachrichten, um mir bewusst zu machen, wie sehr wir uns von der Liebe getrennt haben. Täglich kommen aus allen Teilen der Erde notleidende und hilfesuchende Elementarwesen zu mir, die unsere Liebe brauchen.
Die Hilflosigkeit der Natur, der Tiere, Pflanzen, Bäume und Elementarwesen lässt mich verstummen. Ich muss an die Liebe erinnert werden, damit ich helfen kann, damit ich Worte finde, um die Stimmen und Gefühle der Elementarwesen und Bäume laut aussprechen zu können. Welcher Baum und welche Pflanze könnte so laut um Hilfe rufen, dass wir Menschen es hören könnten? Wie viele rufen um Hilfe? Wer kann sie und die Tiere verstehen?

Da nicht nur die Natur leidet, sondern auch viele von uns Menschen, braucht es eine Lösung, die allen hilft. Lösungen haben die Engel, die Elementarwesen, die Natur und die Heiligen. Was sie mir sagen und zeigen, versuche ich hier weiterzugeben. Es sind Lebenshilfen, Weisheiten und Heilsames. Auch Warnungen sprechen sie aus, die uns wachrütteln sollen.
Sie bitten mich auch von dem zu reden, was uns krank macht und worunter wir alle leiden, damit wir es erkennen und ändern können. Denn alles ist wandelbar!
Ich bin mit der Natur aufgewachsen. Sie ist mein treuester Freund, Heiler und Seelsorger. Es ist so unendlich viel Liebe in der Natur, die sich uns zeigt, wenn wir sie lieben. Es ist mein Anliegen, die Kostbarkeit der Natur mit ihrer vollkommenen Schönheit und ihren besonderen, heilsamen Kräften so nahe zu bringen, dass wir alle sie wertschätzen und ehren, wie es ihr gebührt. Denn die Natur, die unsere Mutter und unser Vater zugleich ist, nährt, heilt, schützt und liebt uns im selben Maß, wie wir sie nähren, heilen, schützen und lieben.
So, wie ich täglich mehrfach von den Elementarwesen, Engeln und Heiligen an die Liebe erinnert werde, so oft stehen diese Worte geschrieben. Nehmt es bitte wie ein Mantra (heilige Worte, Gebet) an, das durch die ständige Wiederholung verinnerlicht werden kann. Denn Liebe ist es, was wir alle brauchen. Die Liebe ist heilig, weil sie die heilsamste Kraft ist. Es gibt nichts, das heiliger sein könnte. Sie ist die Essenz allen Lebens. Und nur, was wir im Seelenherz und im ganzen Körper verinnerlichen (und nicht nur im Verstand behalten), das können wir auch in die Tat umsetzen.
Mit den „Gedanken – PAUSEN" zwischen den Texten empfehle ich, das Gelesene zu verinnerlichen und innezuhalten. Viele Fragen stelle ich, die dazu aufrufen sollen, den eigenen Verstand zu benutzen, um selbst im Kontakt mit der Natur und ihren Helfern die Wahrheit herauszufinden. Denn wer die Wahrheit kennt, der lebt bewusst und von Herzen.

Während ich dies schrieb, kam eine weitere gute Freundin, eine kleine Fee hereingesaust: „Warum sagt mir keiner Bescheid?" - Dass unsere menschliche Freundin angefangen hat, über uns zu schreiben? Sie, die Elementarwesen, die Naturgeister, die großen und kleinen Helfer dieser Erde, sind die stillen Begleiter dieses Buches - Elfen, Feen, Zwerge, Gnome, Wichtel, Nixen, Kobolde, Devas, Engel und viele andere, besondere Wesenheiten.

Viel Freude und Heilsames für euch beim Lesen.

****

Allein am Strand... oder doch nicht?

Mitten im salzigen Meer erschuf die Natur eine besondere Insel, die wir Juist nennen. Meine Eltern brachten mich zu diesem schönen Teil der Erde, als ich ein Baby war. Dafür bin ich ihnen zutiefst dankbar – jeden Tag mehr. Mein ganzes Leben durfte ich in dieser verzauberten, kleinen Welt verbringen. Hier in der Natur ist eine Ruhe, eine Stille, die in der heutigen Zeit nur noch selten auf der Erde zu finden ist. Die Kräfte der Natur dürfen hier noch sein, Natur darf sein - mit der Ruhe, die wir Menschen dringend benötigen, um gesund zu sein und uns selbst noch wahrnehmen zu können – so, wie wir wirklich sind – natürlich.
Juist ist eine Insel aus Sand und Dünengras. In einer Zeit, als Juist noch nicht von Menschen bewohnt war, wurden Pferde auf die Insel gebracht. Und auch heute sind die Pferde mit ihrer enormen Kraft unsere wichtigsten Helfer. Sie leben und arbeiten hier, transportieren alles, was zwei und vier Beine hat und all die vielen Dinge, die wir Menschen brauchen oder meinen zu brauchen. Pferde anstatt Autos. Erst vor kurzem wurde erneut darüber abgestimmt, auch weiterhin auf Autos zu verzichten. Für die Insulaner bedeuten die Pferde mehr Arbeit und mehr Kosten. Diesen Beschluss haben wir vor allem den Urlaubsgästen zu verdanken, die erkannt haben, wie wohltuend die Anwesenheit der Pferde ist. Dieses Mal hat nicht die Bequemlichkeit und das Geld von uns Menschen dazugewonnen. Dieses Mal hat die Natur, von der wir (hier) alle leben, unsere Wertschätzung erhalten. Sie hat das bekommen, was ihr schon lange zusteht. Dass diese Entscheidung die Richtige war, versteht jeder, wenn unser Arzt (der ein Auto hat) mit diesem Gefährt an ihm vorbeifährt. Es stinkt furchtbar. Nur ein Auto!
Wer das erlebt, dem wird bewusst, wieviel fast alle Menschen auf dem Festland täglich von diesen giftigen Abgasen einatmen müssen. Es ist eine unbegreifliche Selbstvergiftung, die nur wenige bewusst beenden. Dadurch, dass ich hier auf Juist den Unterschied zwischen stinkender und sauberer Luft und zwischen Lärm und Ruhe deutlich erfahren darf, kann ich allen Stadt- und Landbewohnern nur empfehlen, → jeden Tag neu zu entscheiden, ob ein Fahrrad oder ein Elektroauto vielleicht die besseren Alternativen sind. Ich bin sehr froh, auf dieser Insel leben zu dürfen - ohne Autos und mit Pferden, die viel Ruhe ausstrahlen. Danke!

Schon immer habe ich die Natur sehr zu schätzen gewusst. Sie war und ist mein bester Freund. Menschenfreunde hatte ich in meiner Kindheit und Jugend fast keine, weil ich als junger Mensch genauso still war wie die

Natur. Ich bin es natürlich immer noch. Doch damals wurde das von den meisten anderen nicht verstanden - ein stiller Mensch. Deshalb habe ich mich da am meisten aufgehalten, wo ich verstanden wurde, in der Natur. Dort habe ich mich immer wohlfühlen können, geborgen, gehalten, frei – Zuhause. In der Natur habe ich Antworten gefunden auf meine vielen Fragen über das Leben und Sterben. Woher kamen plötzlich die guten Gefühle und Gedanken? Damals konnte ich keine Elementarwesen sehen und hatte auch keine Ahnung, dass solche Mitbewohner auf dieser Insel leben. Das weiß hier vermutlich fast niemand. Ich bin nicht mit einer Gabe der Hellsichtigkeit in diese Welt geboren worden, wie einige andere Menschen, die als Kind hoffentlich glücklich damit waren. Denn jemand mit dieser Gabe wird leider von vielen anderen Menschen meistens nicht sehr geschätzt. Manche Kinder haben die Gabe der Hellsichtigkeit verdrängt, weil sie deswegen von anderen Kindern und ihren Eltern missachtet wurden. Sie haben für die Gemeinschaft nur unter Menschen das Schönste im Leben ausgeblendet. Das ist eine sehr traurige Tatsache. → Denn das Schönste im Leben ist das Miteinander mit der geistigen Natur. Das wissen die meisten leider nicht. Es macht vielen Menschen Angst, von etwas zu hören, das sie selbst nicht sehen können, auch wenn es sich um etwas Positives handelt.
So bin ich also unwissend und unbewusst, wie fast alle Menschen, durch die Juister Natur spaziert - hauptsächlich natürlich am Strand, denn der ist hier besonders schön. Die Weite des Meeres erlöste mich von meinen zu engen Gedanken. Das Rauschen der Brandung beruhigte meine Gefühle und die frische Seeluft ließ mich aufatmen. Während ich die momentanen Freiheiten genoss, hatte ich am Meer entlangwandernd viele, viele Erkenntnisse. Weise Gedanken, die ich immer für die Meinen hielt. Nicht, dass ich mir etwas darauf eingebildet hätte, aber ich dachte, dass dies allein aus mir selbst herauskommt. → Denkt ihr auch, dass alle eure Gedanken und Gefühle nur von euch selbst kommen, wenn ihr wohl gestärkt, mit frischer Lebenskraft und guten Gedanken aus der Natur zurückkehrt?
→ Heute weiß ich, dass die geistigen Meeresbewohner, sowie alle anderen Elementarwesen, mich und viele andere Menschen an ihrer Weisheit teilhaben lassen – und an dem Gefühl der Freiheit und Schönheit. Im Meer wie auch überall in der Natur, die noch natürlich sein darf, leben, arbeiten und erfreuen sich die Elementarwesen – die Naturgeister im geistreichen Teil des Lebens.

Hierzu eine wahre Begebenheit, die ich in der Natur erleben durfte und durch die ich aufgewacht bin. Es war einmal... nein, so fangen Märchen an. Dies ist kein Märchen. Es ist die Wahrheit, so wahr wie ich sagen kann, dass ich lebe.

Vor ein paar Jahren ging ich allein zum Strand, um nach Ruhe zu suchen vor meinen eigenen Gedanken. Ich ging <u>barfuß</u>, um meinen Körper, den Sand und den Erdkontakt besser spüren zu können. → Dabei ging ich bewusst in Dankbarkeit für all dies. Bescheidenheit und Dankbarkeit erwacht in uns, wenn wir die Weite sehen, das Meer hören und die frische Nordseeluft atmen dürfen - wenn wir uns selbst vergessen und erkennen, dass nichts uns gehört und wir selbst nicht größer sind als das, was wir erleben. Das ist Demut, die so schnell in Vergessenheit gerät im Getöse des Vielen. Hier ist weniger mehr. Und Demut tut so gut!
→ Barfuß gehen und die Erde spüren, das hilft, um die zu viele Energie im Kopf nach unten zu bringen in den ganzen Körper und für mehr Harmonie zu sorgen. So ging ich auf das Meer zu und kaum dort angekommen erschien mir eine schöne Meerfrau, eine Nixe. → Die Nixen, als auch alle anderen Naturgeister, sehen wir nicht in der gewohnten realen Welt, die wir mit den zwei Augen sehen wie das Meer. Die Nixen gehören zu der geistigen Welt in dieser Welt. Sie nimmt man nicht mit den zwei Augen wahr, sondern mit dem einen Auge von innen, mit der Intuition und dem eigenen geistigen Wesen.
Die Nixe freute sich, mich zu sehen und kaum, dass sie mich fröhlich begrüßt hatte, verschwand sie auch schon wieder sehr geschwind in der Tiefe des Meeres ...um etwas zu holen, sagte mir das intuitive Gefühl. Kurz darauf erschien ein großer Meermann, Neptun, wie wir ihn nennen. Groß, damit ist vor allem seine innere Größe und Kraft gemeint. Neptun ist wissend um alle Kräfte des Meeres und sehr weise. Er hatte sich mir schon einmal gezeigt, als ich mit der Fähre auf das Festland fuhr. Da allerdings mit viel Abstand und Zurückhaltung und er erschien mir in derselben Größe wie die anderen Nixen. Diesmal war er bedeutend größer, was auch daran lag, dass er sich auf mich zubewegte...
Neptun, der König der Meere, hat eine sehr kraftvolle Ausstrahlung. Kaum, dass ich irgendetwas Ängstliches denken konnte, war er auch schon direkt bei mir und hängte mir eine Kette um den Hals mit vielen „Dingen" daran. Dann nahm er sehr rücksichtsvoll wieder Abstand zu mir ...puh. Ich versuchte die „Dinge" zu erkennen, die sich an der Kette befanden. Das war gar nicht so einfach, wie ich feststellen musste. Es war ja ein geistiges Geschenk, nichts Materielles. Die Energie einer Wellhornschnecke sah ich deutlich, aber alles andere nicht.
→ Wenn ich etwas nicht verstehe, dann versuche ich zu beobachten, welche Gefühle und Gedanken in mir geweckt werden, wenn ich damit im Kontakt bin - so, wie wir mit dem Meer in Kontakt sind und etwas empfinden und denken oder still werden. Geistige Kräfte sind feinerer Natur. Wir müssen uns selbst feiner wahrnehmen, um das Geistige außerhalb von uns

spüren zu können und was sich in uns wandelt im Kontakt mit diesen Kräften. Auf diese Weise können wir erspüren, ob z.B. das Meer sauber ist oder nicht.

So ging ich still beobachtend und spürend weiter und fühlte mich immer erhabener, aufgerichtet und fröhlicher. Ich ging und freute mich und ging und versank immer mehr in meine eigene, kleine Gedanken- und Gefühlswelt, ohne es zu bemerken. Erst als Neptun sich mir wieder zeigte, wachte ich in einem Gefühl von Eitelkeit auf, wie ich leider gestehen muss. Er war die ganze Zeit da, aber ich hatte mein Ego immer größer werden lassen und konnte ihn dadurch nicht mehr sehen. Was bedeutet, dass ich die Kräfte, die ich von ihm bekam, immer mehr als die Meinen angenommen hatte. Dennoch waren es nicht meine Kräfte. Dadurch versank ich in das Alleinsein und empfand das leider als positiv.

→ Egoismus macht blind für die Wahrheit! Die größte Täuschung ist der Egoismus. Wir sind allein, wenn wir glauben, das was wir haben, ist unseres. Besonders wenn wir es anderen dann auch als solches darstellen und allen Erfolg dadurch für uns behalten. Es fühlt sich toll an, so viel von anderen zu bekommen und macht mit der Zeit sehr einsam, wenn wir vergessen, woher es kam. Was haben wir alles und von wem?

→ Wenn wir begreifen, dass alles, was uns umgibt, was wir haben und sogar unser „eigenes" Leben nicht uns (dem Ich) gehört, dann wachen wir aus der Verblendung auf. Im Moment des Erwachens verbinden wir uns mit den anderen (Menschen und der Natur) in einem guten Gefühl des Miteinander, und sind nicht mehr allein. Dadurch sind wir uns bewusst, dass wir etwas bekommen haben, vielleicht das, was wir mögen und haben wollten. Dankbarkeit erwacht und Demut. Das ist Liebe. Das ist Miteinander, wenn wir uns an die vielen Anderen erinnern, die uns geholfen haben, ein gutes oder besseres Leben führen zu können. Von wem haben wir „unseren" Körper und die guten Kräfte in uns?

Gedanken - PAUSE

Nixen können auch sehr klein sein. Eine ungefähr 20cm große Nixe hatte sich schon seit einer Weile beim Schreiben zu mir gesellt, um mich zu erinnern. Als ich dieses Buch beginnen wollte, wusste ich nicht, wie ich anfangen sollte. Darum fragte ich die Elementarwesen. Sie antworteten: „Mit uns Nixen aus dem Meer." Ich dachte an die Begebenheit mit Neptun, konnte mich aber nicht mehr im Detail an alles erinnern und kramte in einem meiner handgeschriebenen Notizbüchern ...um es nicht wiederzufinden. Die Naturgeister sagten daraufhin: „Schreibe aus der Erinnerung." Na´ das ist jetzt eine „prima" Idee. Da meine Erfahrung aber ist, dass ich den Elementarwesen vertrauen kann mit dem, was sie sagen, fing ich also mutig an – mit einer Helferin, der kleinen Nixe, an meiner Seite. Und siehe da, ich erinnerte mich an alle Gefühle und Geschehnisse. Vielen Dank, für die unerwartete Hilfe!

→ Unsere Gedanken sind Geisteskräfte. Darum ist es sehr sinnvoll und hilfreich, einen guten Geist an seiner Seite zu haben, einen Menschen oder ein Elementarwesen.

Die kleine Nixe war nicht die Einzige, die das Geschehen mitverfolgte. Die anderen Elementarwesen hatten mir bereits verschiedene Tipps gegeben, die ich zum Schreiben nutzen konnte. Auch Heilige von uns Menschen haben mir auf telepathische Weise viele Hilfestellungen für das Schreiben gegeben. Ein Engel gab mir dazu eine geistige Feder. Wenn ich nun in der Vorstellung die Feder nehme, finde ich die richtigen Worte zum Schreiben und der Engel selbst erscheint zur Unterstützung. Wer ist hier eigentlich der Autor? Wir gemeinsam, weil das einfacher ist!

Zurück zum Geschehen am Strand, zu Neptun und seinem Geschenk, der Meereskette. Wieder aufgewacht im WIR, herausgeholt aus dem ICH, ging ich mich entschuldigend für meine Eitelkeit und Eigennützigkeit weiter. Es war schön an diesem Tag und ich konnte gute Gedanken haben. Da bemerkte ich an meiner Seite einen jungen Meermann. Mir war gar nicht bewusst, dass es auch Nixenmänner gibt. Wenn ich etwas von diesen geistigen Wesen gelesen hatte, dann wurde nur von Meerjungfrauen berichtet, bis auf Neptun. Erstaunt ging ich weiter, während die Gedanken in mir immer weiser wurden. Das gab mir ein gewohnt gutes Gefühl, das ich seit meiner Jugend kenne, wenn ich am Strand scheinbar alleine war und in der Weisheit eintauchen konnte. Nun aber bemerkte ich einen sehr alten Meermann, der mich die ganze Zeit sehr zurückhaltend begleitet hatte. Ich spürte sein Alter und große Weisheit, die von ihm ausging. Das Beisammensein mit ihm war besonders angenehm und ich fühlte mich sehr aufgehoben in seiner Nähe. Jetzt verstand ich! Niemals war ich allein am Strand. Und die weisen Gedanken, oh welche Einbildung von mir, hatte ich nicht allein mir selbst zu verdanken, sondern der Anwesenheit der geistigen, geistreichen Meeresbewohner, den Nixen, die großzügig mit mir ihren Reichtum geteilt hatten.

→ Sie hatten mich also viel gelehrt. Mit ihrer Hilfe konnte ich zu neuen Sichtweisen finden und meine Einstellungen gegenüber dem gesamten Leben und anderen Menschen ins Positive ändern, wenn es nicht so war. So hatte sich mit der Zeit mein ganzes Leben verändert. Ich konnte mich ändern, mehr in Liebe zum Leben, zu euch anderen Menschen und den Kräften der Vorfahren in mir.

Danke, ihr selbstlosen Nixen - an die niemand denkt, wenn er zum Meer kommt. Danke, für eure Lehren, Weisheiten und Hilfen mit so viel Liebe.
→ Kennt ihr auch die positive Veränderung, die mit euch am Strand oder in anderer Natur geschieht? Vielleicht wart auch ihr nicht alleine. Ihr hattet vermutlich beste Begleitung.

Was die Kette von Neptun betrifft, die hatte ich ständig an meinem Hals vergessen. Anstatt weiter zu versuchen herauszufinden, was dies alles bedeutet, machte ich einfach alles wie gewohnt weiter. Ist ja auch ganz normal so ein Geschenk. Dem Himmel und der Erde sei Dank, geben die Elementarwesen nie auf, uns Menschen zu helfen. Sie kennen uns sehr gut und wissen um unsere menschlichen Schwächen. Eines Tages erschien bei mir eine kleine Nixe. Sie sagte: „Neptun hat mich geschickt." Leider konnte ich nicht verstehen, was sie mir vermitteln sollte. So musste mir also der große König der Meere selbst nachhelfen, der vermutlich eine Menge wichtiger Dinge zu tun hat. Er zeigte sich mir von Weitem im Meer und erklärte: „Die Kette soll dir Kraft geben." Kraft konnte ich zu dieser Zeit gut gebrauchen.

→ Unsere Menschenkörper bestehen zum größten Teil aus Wasser. Auch nutzen wir die Kraft des Wassers zur Energiegewinnung. Im Wasser ist also eine Menge Kraft. Daran wollte mich Neptun erinnern. Danke, geistreicher Meermann! Die Kräfte des Meeres, auf dass sie in uns allen erwachen.

→ ERWACHEN ist, dass ICH loslassen und das WIR begreifen und annehmen. Das ist Demut. Das die Kraft des Wassers. Kraft durch Bescheidenheit.

Als mir Neptun die Kette der Kräfte des Meeres überreichte, zeigte sich in mir die Eitelkeit des Egoismus, weil ich nicht bescheiden mit mir war. Er gab mir die Kette, damit ich mir dessen bewusst sein konnte. Die Kräfte, die er mir gab, waren das Gegenteil von Egoismus und Eitelkeit. So konnte ich erkennen, dass ich einen Fehler machte, der für mich und andere sehr ungesund ist. Mit dieser Erkenntnis konnte ich mich ändern und gesund werden. Denn Egoismus macht krank. Ich war am Meer, weil ich gesund sein wollte und weil das Meer so gut tut. Demut tut so gut!

→ Wir Menschen bestehen aus einer Menge Wasser, weit mehr als die Hälfte unseres Körpers. Unser Gehirn besteht zum größten Teil aus Wasser. Das Wasser ist in uns, aber wir sind nicht das Wasser, wir haben es geschenkt bekommen, das Leben. Das macht unser ICH zum WIR.

→ Wie fühlen wir uns, wenn wir an das Wasser in uns und in allen anderen denken? Spüren wir die Demut oder seine Kraft? Wenn es sich nicht gut anfühlt, dann ist es verschmutzt. Dann ist eine Ausleitungskur oder eine Fastenkur sehr hilfreich, damit ihr wieder zu Kräften kommt. Ernährung ohne Chemikalien, Kleidung ohne Chemikalien und gereinigtes, sauberes Trinkwasser ist ratsam für uns alle. Innenschau kann helfen, den Egoismus zu erkennen. Stille Meditation ist die Reinigung des Geistes – der geistigen Kräfte in uns – der Kräfte aller Elemente und aller Vorfahren.

→ Das Element Wasser war der Anfang des Lebens auf dieser alten Erde. Vier Milliarden Jahre, so heißt es, existiert die Erde. Der Anfang allen Lebens ist in unserem Körper von Urzeiten an mit allen Informationen und Kräften darin, die es braucht, um Leben zu erschaffen. Danke, für dieses kostbare Geschenk in uns! Erhalten wir unseren Körper mit Liebe gesund, um das Leben zu ehren.

→ <u>Erinnern</u> wir uns an das Wasser, das uns alle am Leben erhält.
<u>Erinnern</u> wir uns an die Kräfte des Meeres, der Flüsse und Seen - die Wale, Fische, Algen, Muscheln und viele mehr. <u>Erinnern</u> wir uns an sie, die ersten Bewohner dieser großen Erde, die alle unsere Vorfahren sind. <u>Erinnern</u> wir uns, um mit ihnen im Kontakt sein zu können – um sie nicht zu vergessen – unsere Freunde - die uns das Leben geschenkt haben. Ohne sie würden wir nicht leben. Nicht gestern, nicht heute und nicht morgen. So wichtig ist das Wasser und so wichtig ist die Vielfalt des Lebens im Wasser!

→ Durch das Element Wasser und die Weiterentwicklung aller Meeresbewohner, durch alle Elemente und alle Lebewesen in ihnen sind wir Menschen lebendig geworden. Sie sind unsere Vorfahren, genauso wie das Wasser und jedes Element. Wir brauchen sie auch weiterhin lebendig und gesund. Nur durch Wasser ist Leben möglich.

→ Das Meer, das ist sehr viel Wasser - das wir nicht trinken können. Das macht das Wasser der Seen und Flüsse und das Grundwasser um so kostbarer, denn dies ist sehr begrenzt. Denken wir oft genug daran?
Halten wir also jedes Wasser, das wir finden können, sauber. Sparsam und bescheiden mit Wasser umzugehen ist lebensnotwendig für uns alle.

Gedanken - PAUSE

Es ist gar nicht so einfach, jemanden um Hilfe zu bitten. Denn wenn man um Hilfe bittet, muss man ihm auch vom Leid erzählen. Wollt ihr helfen?

Mit einer wunderschönen Stimme sagte ein weibliches Elementarwesen: „Uns wird es bald nicht mehr geben." Ich hielt inne, um zu begreifen. Dann fragte ich sie, wo sie ist. Sie antwortete: „Im Meer." Sie ist eine Nixe. Auch eine Nixe vom Great Barrier Reef kam zu mir und rief: „Wir sterben!"

→ Alle Meeresbewohner, so auch die der geistigen Welt, die für uns alle wertvollen Nixen, leiden unter der vielen Verschmutzung der Meere durch uns Menschen. Die wunderschönen Wesenheiten und elementaren Kräfte der Natur sterben. Wenn die Meere tot sind, leergefischt und vergiftet, was tun wir Menschen dann? Dann ist es zu spät.

An einem anderen Tag erschien mir eine Nixe aus einem anderen Land. Sie kam von der anderen Seite der Erde, wie sie mir sagte, aus der Südsee. Diese Nixe war sehr zart und lieblich in ihrem Erscheinen, ganz anders als die Nixen in der rauhen Nordsee. Sie war sehr aufgeregt und völlig verzweifelt. Ich ahnte schon, dass in ihrem Zuhause nicht mehr alles so natürlich war, wie es sein sollte. Sie zeigte mir telepathisch ein Bild - ein sehr verschmutztes, graues, vermülltes Wasser. Deutlich fühlte ich, dass dort kein Leben möglich ist. Kein Tier oder Elementarwesen war zu sehen. Es sah aus wie ein abgestorbenes Meer, energielos und schlapp. Die wunderschöne Nixe wollte mir mehr mitteilen, aber ich konnte das nicht ertragen. Sie wurde immer verzweifelter und drängte mich. Daraufhin öffnete ich mich noch einmal und sah einen Meermann, einen wie Neptun. Dieser König der Meere war sehr klein – geschrumpft und grau, kaum noch am Leben. Es war fruchtbar. Ich fühlte mich furchtbar. Wir Menschen haben das getan. Mein Mitgefühl und Trost allein genügte nicht. Ich sendete dem armen König viel gute Energie mit einem Schutz. Diese schützende Kraft hatte ich gerade von einem geistigen Wesen des Himmels bekommen. Es tat ihm sichtlich gut, aber das änderte nichts an dem Zustand des Meeres, in dem die beiden ihr Zuhause haben.

Am nächsten Tag ging ich an den Strand ...Müll sammeln, wie immer. Eine Nixe war sofort da und ich zeigte ihr in Gedanken, wer mich besucht hatte. Sie holte sogleich Neptun. Ihm zeigte ich dann mit der Vorstellungskraft auch alle anderen Mitteilungen von der Südseenixe. Er wurde sehr wütend, groß und mächtig. Ich konnte ihn gut verstehen und versuchte ihn zu beruhigen, auch weil ich das Gefühl hatte, dass er mit seiner Kraft das Meer aufwühlte. Seine Wut ließ nach und er wurde sehr traurig. Ich sendete so viel Liebe an sie alle, wie ich konnte und ging bedrückt weiter.

Dies alles geschah kurz vor Weihnachten 2016. Die Südseenixe erschien immer wieder bei mir und drängte mich. Sie wollte, dass ich davon erzähle. Es fiel mir sehr schwer, dies zu schreiben. Mir war übel von diesem übermächtigen Leiden. Überall auf der Erde verschmutzen wir Menschen die Natur. Die Kräfte des Ursprungs, die Meere, mit denen das Leben auf der Erde begonnen hat, sind davon besonders betroffen. Das hat Folgen. Eine davon bekamen wir in diesen Weihnachtstagen zu spüren. Im Wetterbericht wurden ganze vier Tage Dauersturm angesagt mit bis zu 105 Stundenkilometern Geschwindigkeit. Dazu kam noch eine Springtide, das heißt, der Wasserstand ist besonders hoch. Dann können wir damit rechnen, dass es Sturmfluten geben wird und das bedeutet, dass wieder viele Dünen abbrechen werden. Seit ungefähr 10 Jahren kommen die Stürme immer häufiger und manche sind stärker als je zuvor. Die Insel aus Sand, auf der wir wohnen, wird kleiner.

Ich fühle mich hilflos und will nicht mehr tatenlos mitansehen, wie dieses viele Leiden immer mehr zunimmt. Ihr wisst sicherlich, wie sich das anfühlt. Ein Mensch alleine kann nicht die ganze Welt retten. Ein Mensch alleine kann nicht mal sein eigenes Leben aufrecht erhalten. Mit einem Buch aber, kann man viele Menschen erreichen. So nahm ich mir nicht frei in diesen Weihnachtstagen, sondern setzte mich an den Computer und schrieb für uns alle weiter, denn das bedeutet → Weihnachten: für andere da sein, Gutes tun, helfen, danken, teilen - für den Frieden und die Liebe in und zwischen uns allen. Wir alle, das ist die Natur.

→ Es wird Zeit, dass wir Menschen aufwachen, dass wir uns vom ICH-Gedanken lösen, um das WIR erleben zu können - ein Gemeinschaftsgefühl. Dass wir begreifen, dass wir auf der Erde nicht alleine sind und dass das, was wir haben, nicht von uns stammt. Wir leben alle vom Miteinander, vom Leben der anderen, und können uns nur so weiterentwickeln. Wir brauchen die anderen und die anderen brauchen uns. Wir brauchen die Natur zum Überleben auf dieser Erde. Helft bitte auch mit. Macht bitte mit beim Denken an das WIR und beim Handeln für das WIR – für uns alle, für die Natur. Denn das ist auch für uns zum Besten.

Noch ein weiteres Mal war mir diese wunderschöne Südseenixe erschienen, um mir eine große Muschel zu überreichen, die ich aufbewahren sollte. Ich hatte ein sehr mulmiges Gefühl. Es war kein Geschenk für mich. Diese Kraft wird in der Zukunft gebraucht, um die Erinnerungen an das Leben im Meer wieder wachrufen zu können.

→ Es gibt viele verschiedene Lebensräume. Ein Lebensraum ist ein Zuhause für verschiedene Lebewesen. Wir Menschen brauchen nicht nur unsere vier Wände aus Steinmauern, um uns wohlfühlen zu können. Jeder Lebensraum in der Natur ist Medizin für uns - eine Medizin, die uns am Leben erhält. Versuchen wir also, nicht nur uns Menschen, sondern auch die Natur bestmöglich zu erhalten. Sie ist unser wichtigster Lebensraum.
→ Die Elementarwesen, die Pflanzen- und Tierwesen, die Elemente und viele andere Menschen sind euch sehr dankbar dafür, wenn ihr mithelft, mit uns gemeinsam etwas für die Zukunft zu tun – für uns alle und für die Kinder.
→ Jetzt. Denn wir haben nur das Jetzt. Es gibt noch keine Zukunft. Die erschaffen wir uns erst mit unseren heutigen Taten. Was können wir als Erstes tun? Danke!!!

****

Hier einige Tipps für ein heilsames Miteinander – mögliche Schritte in eine gesunde Zukunft:

****

*** Sparsamer mit Wasser umgehen – das Wasser niemals unnötig laufen lassen.**
(z.B. beim Zähne putzen, Spülen, Putzen, Duschen) Stellt euch vor, ihr würdet einen Tag oder eine Woche in der Wüste verbringen und hättet nur wenig Wasser zur Verfügung. Es ist besser, wir haben viel übrig als viel zu wenig davon.

* Das Wasser sauber halten, indem wir: Plastikverpackungen vermeiden, sie aufsammeln, wo sie nicht hingehören – in der Natur und auch am Wegesrand - und nichts mehr kaufen, das mit Chemikalien hergestellt wurde.
Denn fast alles wird mit Wasser und mit Chemikalien produziert, das über die Flüsse und Seen in die Meere geleitet wird und auch in das kostbare Trinkwasser gelangt. Damit vergiften wir unsere Lebensgrundlage, denn Wasser ist der Anfang, die Basis unseres Lebens. (Es gibt mittlerweile viele Firmen, die ökologische Kleidung verkaufen, die mit möglichst wenig oder ohne Chemie und mit sozialer Fairness hergestellt wurde.)

* Waschen und Putzen mit naturfreundlichen Mitteln
(Gibt es in Bioläden zu kaufen.)

* Naturkosmetik verwenden
Die sind ohne Mikroplastik und am besten verträglich für die Haut und die Umwelt. (Es gibt sogar von Demeter zertifizierte Cremes. Vielleicht sind die etwas teurer, aber auch natürlicher.)

* Bio-Lebensmittel essen
Die sind zwar teurer, stattdessen können wir auf vieles andere Unnötige verzichten, das alles mit Hilfe von Wasser hergestellt wurde. In Bio-Lebensmitteln sind gar keine oder nur geringfügig Chemikalien vorhanden. Das ist besser für die Gesundheit und für das gesamte Leben. Es werden keine oder weniger Pestizide usw. verwendet, die ansonsten in das Grund- und Trinkwasser gelangen.

* **Fleisch und Fisch so wenig wie möglich essen – dafür Biofleisch und nachhaltig gefangenen Fisch.**
Dann muss kein Tier mehr leiden und kann einigermaßen artgerecht sein Leben verbringen. Die Tiere bekommen deutlich weniger Medikamente, sind kraftvoller und gesünder und auch das essen wir mit.

* **Wir müssen auch nicht so viele Milchprodukte essen, stattdessen mehr Gemüse und Obst, Bohnen und Linsen, Seitan (Weizeneiweiß) usw.**
Auch unter unserem extrem vielen Milchproduktekonsum müssen die Kühe sehr leiden. Zu viele Kälber (auch von Bio-Kühen) müssen unnötig sterben, nur weil wir Milchprodukte so lecker finden.

* **Allgemein nur das Notwendigste einkaufen.** Seht, was ihr habt!
Kauft bitte nur das zum Überleben Notwendigste, damit das Ausbeuten der Natur ein Ende hat.

* **Kreativ werden**
Möbel, Kleidung, Geschenke ...aus natürlichen Materialien selbst herstellen (z.B. aus Wolle, Baumwolle, Holz, Recyclingpapier, usw.) Wenn ihr Holz verwendet oder etwas aus Holz kauft, dann wäre es den Bäumen gegenüber fair, wenn ihr auch einen oder zwei neue Bäume pflanzt.

* **Plastik (-Verpackungen) vermeiden!**
Es wird aus dem begrenzten Rohstoff Erdöl hergestellt. Auch damit zehren wir sehr an den Kräften der Erde. Im Kunststoff befinden sich giftige Inhaltsstoffe, die u.a. gefährlich für Meerestiere sind. Infobroschüren findet ihr in Nationalparkhäusern und beim BUND (Bund für Umwelt und Naturschutz Deutschland). Wir können z.B. auf Duschbad in Plastikflaschen ganz verzichten - im Bioladen gibt es Seifenstücke ohne Umverpackung.

* **Beim Einkaufen Stoff- oder Jutebeutel etc. verwenden.**
Plastiktüten ablehnen!

* **Wechseln zu Stromanbietern die natürliche Quellen nutzen**, also weg von der Atomkraft und den Kohlekraftwerken! Sie verschmutzen die Luft und schaden unserer Gesundheit!

* Strom sparen
Keine Geräte auf „standby" stehen lassen. Es gibt Steckdosen mit Schalter zum Strom abschalten. Oder den Stecker vom Wasserkocher nach Benutzung herausziehen. Das Laptop nur dann an der Steckdose angeschlossen lassen, wenn wir es benutzen.
Fernsehen oder Internet - damit verbrauchen wir unnötig viel Strom und es kann abhängig machen. Stattdessen in die Natur gehen, Freunde treffen zum Austausch, meditieren oder etwas anderes **für** die Gesundheit tun.
Lieber selbst den Verstand nutzen und sich etwas ausdenken, was für alle zum Besten ist. **Wie kann ich helfen? Was kann ich tun? Was ist gesund?**

* Selbst in Bewegung kommen (so bleibt die Luft sauber und es ist gesünder)
Zu Fuß gehen, Rad fahren, öffentliche Verkehrsmittel nutzen, Reisen umweltverträglich planen, wenn Flugreisen - dann bitte für einen entsprechenden Ausgleich für die Natur sorgen. (Im Anhang findet ihr eine Internetseite, die euch den entstandenen CO_2 Wert errechnet und den dafür notwendigen Ausgleich. Und Naturschutzorganisationen, an die ihr Spenden könnt.)

* Blumen pflanzen für Biene & Co.

****

Die Heiligen sagen: „Lass Taten sprechen!"

Der Anfang vom Anfang

Die Nixen waren es, die mir sagten, dass ich im zweiten Kapitel erzählen solle, wie es dazu kam, dass ich jetzt Elementarwesen sehen kann. Es begann in der fernen Vergangenheit. Als Kind konnte ich noch keine Elementarwesen sehen, aber dort begann die Suche nach mehr Miteinander, um erst dann auf diesem Weg den Elementarwesen begegnen zu können.
→ Wenn wir nicht nach Miteinander suchen, wie sollen wir dann jemanden kennenlernen?
Ich war auf der Suche nach Liebe, doch das wurde mir erst viele, viele Jahre später bewusst. Was die Liebe und das Miteinander für uns alle Wunderbares und Wundersames bereithält, das hätte ich mir nicht im Traum erhoffen können. Das hatte mir niemand bewusst gesagt oder gezeigt. Es gab keinen Heiligen in meiner Nähe, der es mich hätte lehren können. Es war niemand da, der von einer geistigen Welt in dieser Welt wusste und von den geistigen Helfern, den Elementarwesen und Engeln, in ihr und in unserer Nähe.
→ Mit der Entdeckung der Liebe und des Miteinanders durch die Schönheit der geistigen Natur in allen Lebewesen, verändert sich unser Leben. Mit der Liebe in und zwischen uns ist Heilung möglich. Zwischen uns, denn die Liebe kommt nicht von einem alleine. Sie erwacht in uns im friedlichen Miteinander. → Je größer dieses Miteinander, um so mehr Liebe kann in uns erweckt werden, und das besonders im Kontakt mit den Engeln, Elementarwesen und Heiligen.

Ich war ein recht stilles Kind und beobachtete alles sehr genau. Dazu war ich lieb, artig, fleißig, klug und sehr lernwillig. Mit diesem „Zeugnis" sollte man meinen, dass es genügend positive Eigenschaften waren, um Anerkennung zu bekommen. Stattdessen verstand mich niemand. In den ersten Schuljahren wurde ich wegen meiner stillen Art und dem fleißigen Lernen erst einmal von den anderen Kindern ausgeschlossen. So stand ich ständig alleine in einer Ecke des Schulhofes, und das nicht besonders glücklich. Als Kind sah es so aus, als ob die anderen Kinder glücklicher wären als ich. Heute glaube ich das nicht mehr. Vielleicht wurde auch ihre Art still und leise zu sein, so beobachtend vom Leben zu lernen und zu lieben nicht anerkannt. Viele Kinder haben gelernt stark sein zu müssen, um sich kämpfend durchzusetzen gegen die anderen, um ihren Platz im Leben zu bekommen, anstatt durch Miteinander in Frieden zu teilen. Dass aber diese Eigenschaften, wegen derer ich abgelehnt wurde, Qualitäten sind und ich mich dadurch menschlich weiterentwickeln konnte, erkannte ich erst viel später als erwachsener Mensch. → Tatsächlich ist es so, dass wir die Elementarwesen und alle elementaren Kräfte der Natur nur auf diese Weise wahrnehmen können – durch stille Beobachtung, mit der Bereitschaft Neues zu lernen und mit Liebe.

Könnt ihr euch daran erinnern, wie ihr als Kind gelernt habt und auch jetzt als Erwachsener? Vermutlich still, konzentriert und das, was ihr da gelernt habt, intensiv anschauend. Wir müssen still sein, sonst können wir nicht lernen und uns weiterentwickeln. Was wir lernen, lernen wir nur aus Liebe zu... So ist dieses Verhalten auch eine Art der Liebeserklärung. Wir Menschen und alle Lebewesen sind liebende, kluge und fleißig lernende Kinder, wenn wir uns miteinander lassen und diese guten Eigenschaften auch Unterstützung innerhalb der Familie, in der Schule und im Beruf finden. Dazu braucht es nur das Gleiche - Ruhe und Liebe. → Wenn wir auf diese natürliche Weise leben, sind wir auf derselben Wellenlänge mit den Elementarwesen, Engeln und Heiligen.

→ Die Elementarwesen und jedes andere Lebewesen dieser Erde lernt und lebt auf diese stille, beobachtende und liebende Weise in der Ruhe der Natur. Beobachtet die Tiere, hört die Pflanzen und die Elementarwesen in der geistigen Welt. Alle sind still, alle beobachten aufmerksam, lernen strebend für die Weiterentwicklung und das Überleben. Mit diesem Verhalten sind wir am Anfang alle gleich. Das unter anderem verbindet uns miteinander. Im Unterschied zu uns Menschen und den anderen Lebewesen haben sich die Elementarwesen diese positiven Eigenschaften als Erwachsene bewahrt und die Liebe durch das Miteinander erhalten. Das ist der Grund, warum sie allen Lebenwesen und uns Menschen ungesehen gut tun. Dadurch sind sie in der Lage, uns alle wieder an den Ursprung des natürlichen Verhaltens zu erinnern. Ein sehr wichtiger Grund, wie ich finde, um den Kontakt mit Elementarwesen zu suchen.

Über viele Jahrzehnte hatte ich mich gewundert, wie ich als Kind die viele Ablehnung der anderen über eine so lange Zeit emotional ertragen konnte. Ich hatte niemandem davon erzählt und meine schulischen Leistungen hatten sich erst nach vier Jahren verschlechtert. → Die Gemeinschaft, soziale Gerechtigkeit und Gleichwertigkeit, sind das Wichtigste unter uns Menschen und für alle Lebewesen. Eine Gemeinschaft kann nur durch Liebe entstehen und bestehen bleiben. Wie konnte ich also die tägliche Trennung von der Gemeinschaft ertragen, nur weil ich so war, wie ich eben bin? - wie ein Kind und so, wie wir alle im Ursprung unseres Wesens sind. Die Antwort darauf bekam ich, als ich die ersten sichtbaren Kontakte mit

Elementarwesen hatte. Auf einmal stand ein Wesen in meinem Zimmer. Er war ungefähr einen Meter groß, ein Elfe. Er war sehr zurückhaltend still und schien auch schon älter und sehr weise zu sein. Im ersten Moment dachte ich ihn nicht zu kennen. Ein Gefühl von innen aus der Tiefe bestätigte mir aber, dass wir uns sehr vertraut sind und ich ihn doch von irgendwoher kennen muss. Ich hatte ein mulmiges Gefühl und fragte nur vorsichtig danach. Da wachte in mir eine Erinnerung auf. → Er hatte mir mit der Vorstellungskraft und per Telepathie ein inneres Bild gesendet. Das können geistige Wesen sehr gut, denn Telepathie ist bewusste Kommunikation mit den geistigen Kräften.

Ich sah mich als Kind in der Schule auf dem Schulhof in einer Ecke stehen, wie immer zu der Zeit alleine, einsam und sehr traurig. Aber diesmal sah ich, dass da jemand dicht neben mir stand. Es war dieser Elfe. Elfen haben eine sehr gute Energie, die er ganz offensichtlich mit mir geteilt hatte. Und er hatte noch etwas für mich getan. Ich spürte sein Mitgefühl und wie er ein Stück meiner Last mit mir trug. So konnte ich das Leid besser ertragen und gleichzeitig gab er mir ein Gefühl, doch nicht ganz alleine zu sein. Das war mir zwar zu der Zeit nicht bewusst, aber das Gefühl der Verbundenheit hatte mich gerettet, denn ohne Gemeinschaftsempfinden leiden alle Lebenwesen.

→ Elementarwesen in gesunder Natur leiden nicht, weil sie in vollkommener Gemeinschaft mit allen Tieren, Pflanzen, Elementen und Kräften leben. Darum sind sie sehr wichtig für uns alle, für die Gemeinschaft, um diese und die Lebensfreude zu erhalten und uns daran zu erinnern.

Auch wenn ich es deutlich spüren konnte, was der Elfe mir da zeigte, war ich wie immer skeptisch. Da erwachte in mir aus derselben Tiefe der Begegnung mit ihm ein großes Leiden, welches ich ohne ihn damals nicht hätte ertragen können. Dieses Gefühl trug er damals mit mir, um mich aufrecht zu halten. Als mir dies bewusst wurde, ging es mir furchtbar schlecht. Nun aber als Erwachsene konnte ich damit umgehen und wusste mir zu helfen. → Ich nahm mich an, so wie ich bin, denn Liebe ist das Gefühl von Verbundenheit und heilt das Gefühl von Trennung. Es dauerte einige Zeit des Tages, bis ich mich wieder besser fühlte, mit mehr Dankbarkeit und wesentlich glücklicher. Ich bin nun auch in meiner Vergangenheit in der Erinnerung nicht mehr allein. Gleichzeitig hatte dieser Elfe mich als Kind darin bestärkt, mir die positiven Eigenschaften zu bewahren - in der Stille beobachtend mit Liebe vom Leben zu lernen. Danke, freundlicher Elfe und Retter meiner Kindheit.

Dieser Elfe war die ganze Zeit bei mir, während ich dies schrieb. Als er mir zu Beginn erschien, konnte ich mich nicht so ganz freuen, über einen so besonders guten Freund. Das liegt daran, dass ich diesen Teil meiner Kindheit immer noch nicht vollständig ausheilen konnte, und ich habe wahrhaft viel daran gearbeitet. Ich spürte und sah, dass er noch immer einen Teil meiner Energie von damals bei sich trug, den deprimierten Anteil. Nun war ich bereit, ihm auch dies wieder abzunehmen. Von da an hatte ich, während des Schreibens, die ganze Zeit über leichte Bauchschmerzen, die langsam nachließen. Die Folgen aus dieser Zeit haben mein ganzes Leben bestimmt. Ein Täter kann sich für seine Tat aufrichtig entschuldigen, aber er hat keine Ahnung, welche Folgen diese eine Tat für das Opfer hat. Es ist lange her mit diesen Geschehnissen in der Schule. Es wird Zeit.

→ Es wird Zeit, sich mehr mit der Liebe zu beschäftigen als mit dem Leid. Leid entsteht, wenn wir nicht lieben oder nicht geliebt werden. Darum wirkt die Liebe heilsam auf das Leiden. Keine Heilung ohne Liebe. Darum wende ich mich nun dieser heilsamen Kraft zu und rate es jedem anderen. Wenn wir dies tun, sollten wir die Natur miteinbeziehen, denn sie ist ein Opfer unserer Taten. Die Elementarwesen, Engel und Heiligen können wir bitten, uns dabei zu helfen. Dann ist es leichter.

Wenn ich, so wie ich als Kind war, und so geht es vermutlich allen, vollständig anerkannt und geliebt worden wäre, dann hätte ich mich nicht verändert mit der Zeit. Dann hätte ich diese zum Überleben notwendigen Eigenschaften auf natürliche Weise weitergelebt - lieb, artig und still zu sein, um dadurch beobachtend fleißig lernen zu können. Ich hatte diese Eigenschaften nicht ganz aufgegeben, aber ich hatte von den anderen etwas Neues gelernt. Das allerdings war nicht hilfreich für das Leben. Leider konnte ich das erst viel später erkennen. Weil ich also scheinbar nicht ganz richtig war, sondern anders, hatte ich versucht mich zu ändern. Ich suchte nach einer Lösung, um geliebt zu werden. Ich begann für mich zu kämpfen. Eben das, was die anderen auch taten. Das aber ist das Schlimmste, was wir alle lernen können, weil wir dabei vor allem gegen uns selbst kämpfen und uns immer mehr von den anderen und der Liebe trennen. Es bewirkt das Ende vom Leben, nicht den Anfang von Liebe, von Anerkennung oder Miteinander. Das aber ist es, was wir alle suchen und vor allem brauchen. Kämpfen ist der Weg der Trennung.

→ Wenn wir kämpfen, ist es für die Elementarwesen, Engel und Heiligen nicht so leicht uns zu helfen. Sie gehen und empfehlen den sanften Weg der Liebe in der Verbundenheit. Engel und Elementarwesen können wir nicht wahrnehmen, wenn wir kämpfen, weil ihr Leben von Liebe erfüllt ist. Kämpfen trennt uns voneinander. Liebe verbindet uns miteinander.

Ich war ein liebendes und sanftes Wesen, so wie wir alle am Anfang sind, aber ich war nicht mutig oder stark genug, um zu mir und der Liebe zu stehen. Ein Kampf gegen mich selbst begann, den ich viele Jahrzehnte durch-

hielt. Es war der Versuch, anders sein zu müssen und zu wollen als ich bin. Das hatte mich viel, viel, sehr viel Kraft gekostet und führte zu einem vollkommenen geistigen, emotionalen und auch körperlichen Zusammenbruch meiner Selbst. Ein langer, ungesunder Kampf. Der Kampf sah so aus:
Als Teenager rauchte ich Zigaretten, trank Alkohol, hörte sehr laute Musik und veränderte ständig mein äußeres Erscheinungsbild in Kleidung oder Frisur. Auf diese Weise versuchte ich, meinen inneren, emotionalen Schmerz auszuhalten oder besser gesagt aus dem Weg zu gehen, um nicht auf diese Stimme in mir zu hören, die mir sagt, dass es mir nicht gut geht, dass ich leide – weil ich nicht geliebt werde, so wie ich bin, dass ich nicht mal mich selbst mag - um mir dann helfen zu lassen, um dann die sein zu können, die ich wirklich bin und immer schon war – ganz natürlich.
Mein innerer, stiller, starker und sehr lauter Ruf in die Welt und in das ganze Universum, wenn ich alleine am Strand und in der Natur war, ist gehört worden. Leider wusste ich das damals nicht. Es hätte mich sicherlich beruhigt. Es war der Ruf nach Liebe. Gehört hatten mich die Helfer aus der geistigen Welt und die, die mit ihr sind. → Es sind die Heiligen unter uns Menschen - Yogis, Schamanen und andere, die immer in einem ganzheitlichen Kontakt mit der Welt sind. Sie sind im Kontakt mit der Natur! Desweiteren hatten mich auch die Engel und viele Elementarwesen in der Natur gehört, denn dort war ich in meiner Not sehr viel.
→ Wenn wir nur im Verstand um Hilfe bitten (in der Fantasie, in der Vorstellung, im Traum), aber nicht das reale Leben bitten, wer soll dann unsere Gebete erhören? Das Leben ist die Natur. Dort werden wir von denen, die zuhören und helfen wollen, gehört.

Wer ist die Natur?
Es sind u.a. die lebendigen Wesen, die überall sehr still um uns herum stehen. Bäume, Büsche, Blumen, Gräser, Kräuter usw. Sie sind ebenso sensible und feinfühlige Wesen wie ein jedes Wesen, wie wir alle. Auch sie haben mich gehört oder, vielleicht sollte man besser sagen, gefühlt. Das Mitgefühl der friedlichen Bäume und anderen Pflanzen ist uns Menschen gegenüber sehr groß.
→ Wenn wir aber nicht bei den Bäumen und allgemein in der Natur verweilen, sondern nur an ihnen vorbeilaufen, wie sollten wir dann ihr Wohlwollen spüren können?! Wenn alle Menschen die Bäume und Pflanzen als lebendige Lebewesen wahrnehmen und ihr Mitgefühl spüren könnten, dann hätten wir auch alle Mitgefühl mit ihnen. Das ist es, was die Natur von uns Menschen braucht – unsere Liebe. Die Bäume und Pflanzen sind friedlich mit uns Menschen, aber nicht alle Menschen sind es mit ihnen. Diese Freunde brauchen unsere Hilfe, so wie wir ihre Hilfe benötigen.

Die Natur war und ist immer noch mein Rettungsanker. Ob mit oder ohne Leid, ich war immer aus Freude am Leben in der Natur. Wann immer unsere Eltern Zeit hatten, sind sie mit uns an den Strand gegangen, Fahrrad gefahren und auch sportlich aktiv gewesen. Wenn unsere Eltern keine Zeit hatten, sind wir im Sommer mit den Gästekindern an den Strand gegangen. Zur Schule fuhren wir mit dem Rad. Es gab immer einen Kontakt mit der Natur. Leider wusste niemand von den Elementarwesen. Mit ihnen wäre alles noch viel lebendiger und fröhlicher gewesen. Unsere Eltern, wie die meisten anderen auch, hätten es wahrscheinlich als Träumerei abgetan. Dennoch hatte ich in meiner späteren Not instinktiv in das Leben hinausgerufen. Vielleicht macht das jeder Mensch irgendwann in seinem Leben, wenn er in Not ist. Manch einer nennt es Gebet zu Gott. Wer oder was Gott sein soll, hatte mir keiner gut erklären können, damit ich es oder ihn und die Ungerechtigkeit auf Erden unter uns Menschen und gegen die Natur besser verstehen konnte. Auch im Konfirmandenunterricht konnte ich es nicht begreifen. In der Weihnachtszeit sahen wir Zuhause Spielfilme über das Leben von Jesus. Die fand ich gut. Endlich jemand, der alles heilen konnte, absolut friedlich ist und für den die Liebe das Wichtigste ist. Diese Filmfigur, denn mehr war dieser heilige Mensch für mich als Kind nicht, hatte mich tief beeindruckt. Wie sehr er mich als Kind berührt hatte, wurde mir erst bewusst, als ich schon erwachsen war.

Ich stand an einer Behandlungsliege, vor mir eine Frau liegend, über die ich meine Hände hielt, um ihr mit der Energie von Liebe zu helfen, innere Blockierungen zu lösen. Auf einmal kam mir die Erinnerung an mich als Kind, wie ich davon träumte, so heilen zu können wie Jesus es tat. Und da stand ich nun viele Jahrzehnte später und versuchte es. Diesen Wunsch als Kind hatte ich völlig verdrängt und dennoch bin ich lange Zeit unbewusst diesen Weg gegangen. Jetzt suche ich bewusst nach dieser Möglichkeit der Heilung für uns Menschen und alle Lebewesen. Ich suche nach dem, was wir Menschen Wunder nennen, nach spontaner, plötzlicher Heilung, nach der Veränderung zum Guten in uns. Nach meinen bisherigen Erfahrungen kann ich sagen - das ist möglich!

→ Mit der Kraft von Liebe ist alles möglich, weil sie uns miteinander verbindet. So wie man eine Wunde verbindet, bis sie verheilt ist. Wo Liebe ist, ist Miteinander. Wo Miteinander ist, da sind Helfer auf allen Ebenen des Lebens. Darum bin nicht ich der Heiler, sondern wir gemeinsam. Darum brauchen wir einander – alle. Sonst können wir und die Natur nicht heil wer-den und es fehlt uns das Gefühl von Verbundenheit. Dazu notwendig ist auch ein gemeinsames Leben mit der geistigen Welt. Was sind unsere Gefühle und Gedanken? Sie sind u.a. ein Teil der feinen, unsichtbaren Geisteskräfte in uns.

→ Die Engeln und die Elementarwesen sind geistige Wesen. Wir brauchen sie und die Heiligen, um uns erinnern zu können an das, was grundlegend hilft, heilt und das Leben erlaubt – die Liebe. Liebe ist eine feinstoffliche, geistige Energie, mit der wir uns heilen können. Wir brauchen diese Kraft des Friedens, um alle wieder in Harmonie leben zu können - gemeinsam mit der Natur. Brauchen wir dafür eine Religion? Wenn eine Religion dabei hilft, uns alle im Frieden miteinander zu vereinen – einschließlich der Natur, dann hat sie ihren Zweck erfüllt.

Meine Eltern waren nicht religiös und auch ich habe mich keiner Religionsgemeinschaft angeschlossen, weil ich dort keine Antworten fand, die meinen Gefühlen aus der Intuition entsprachen. Heute kann ich aus Erfahrung sagen, dass Religionen uns sogar von der göttlichen Einheit trennen können, weil jede Religion eigene Gebote und Rituale hat. Das kann zusammenführen oder uns voneinander trennen, je nachdem wie jeder damit umgeht. Den Willen einer Religion einem anderen aufzuzwingen hat nach meiner Ansicht wenig göttliche Kraft in sich.
→ Nach meinen bisherigen Erfahrungen ist das Göttliche die Natur. Die Natur hat uns alle erschaffen. Jedes kleine und große Tier, jede wunderbare und wundersamste Pflanze und uns Menschen am Ende dieser Entwicklung. Das Geistige, das Gnadenlicht, die Elementarwesen, die Engel und die Energien, die Stille, die Liebe und das Bewusstsein in allem sind die Kräfte der Natur im Ursprung, die in uns allen wirken. Das Miteinander, das Leben einer immer größer werdenden Einheit hat uns Menschen hervorgebracht. Das Gnadenlicht, das bewusste Licht der Liebe in reinster und schönster Form, das uns alle miteinander verbinden kann und uns alle miterschaffen hat, ist sicherlich der wichtigste Teil des Göttlichen. Denn ohne Liebe entsteht kein Leben. So sind wir alle und jedes Wesen ein Teil des Göttlichen und haben alle das Licht der Liebe in uns. Die Gemeinschaft, das sind wir alle zusammen, jedes Lebewesen – Natur pur! Ohne die Natur existiert nichts Göttliches! Hat jemals ein Mensch mit einer Maschine das Göttliche, das Gnadenlicht, ein Elementarwesen oder einen Engel erschaffen können? So wichtig ist die Natur!!!
Diese Erkenntnisse und Erfahrungen aus Jahrzehnten des Suchens und Findens konnte ich nur mit Hilfe der Heiligen, der Elementarwesen, der Engel und der gesamten Natur einschließlich des göttlichen Gnadenlichts haben, die mich großzügig an ihrem Wissen und ihren Erfahrungen teilhaben lassen - die, die meine Hilferufe schon in meiner Jugend erhört hatten.

Auch meine Mutter hatte einen meiner Hilferuf gehört: „Mama, ich kann gar nicht schlafen." Sie brachte mir daraufhin Autogenes Training bei und ebnete mir damit gleichzeitig unbewusst einen Weg für die Zukunft. Als Teenager wollte ich nicht mehr mit meinen Eltern in den Urlaub fahren, sondern lieber alleine zu Hause bleiben. Das war ich dann auch... tagsüber in der Natur, in der es mir sehr gut ging (weil ich nicht alleine war) und am Abend voller Angst in einem Haus mit vielen Geräuschen. Mir ging es gar nicht gut und ich wusste, dass ich etwas tun muss, um mich nicht von den Ängsten überwältigen zu lassen. Ich erinnerte mich an das Autogene Training, übte und es half etwas. Zu dieser Zeit entwickelte sich ein neuer Trend, Wellness. Darunter war damals nicht das Gleiche zu verstehen, wie heute z.B. Massage, Sauna und sich bequem ausruhen. → Es war derzeit eine Mischung aus Autosuggestion, Meditation, Qi Gong usw., also aktiv etwas für sich tun und gleichzeitig zum Wohle der Gemeinschaft. Wenn ein Individuum sich in Liebe entwickelt, dann trägt derjenige gleichzeitig etwas zum Erhalt der Gemeinschaft bei, denn Liebe verbindet uns und macht uns alle glücklich. Ich fand ein Buch darüber und begann mit dem nächsten Schritt der Liebe zum Leben.

Täglich übte ich mich in Autosuggestion, Meditation und Qi Gong und machte wunderbare neue Erfahrungen, mit denen ich mich stark motiviert dem Leben stellen konnte. So lernte ich immer mehr, was beruhigend, ausgleichend und kräftigend wirkte und Erkenntnisse in mir weckte. Ich erkannte durch die Meditation und die Innenschau, was mir gut tat und was ich meiden sollte, wovor ich Angst hatte und warum das so war, und noch vieles mehr. Dadurch begann ich mein Leben grundlegend zu ändern. Es wurden nur noch Bücher gekauft, die mein Leben bereicherten und mit denen ich mich weiterentwickeln konnte. Fernsehen sah ich nur wenig und wenn, dann waren es nur noch schöne, erfreuliche und lehrreiche Filme. Zigaretten rauchte ich zum Glück nur eine kurze Zeit. Dass ich es schnell beenden konnte, habe ich der Meditation und den Heiligen zu verdanken.

→ Meditation hilft, sich von außen betrachten zu können. Das ist besonders hilfreich, wenn wir in einer stressigen Situation feststecken und uns selbst und das eigentliche Problem nicht mehr sehen können. Dann erkennen wir vielleicht auch nicht, was die Lösung ist. Ähnlich wie den-Wald-vor-lauter-Bäumen-nicht-sehen-können. Mit dem Blick von außen können wir uns davon lösen, besser das eigentliche Problem erkennen und Lösungen finden. Meditation hilft besonders bei inneren, emotionalen und gedanklichen Verwicklungen. Durch die Meditation können wir lernen, unsere Gedanken und Gefühle zu beobachten und ruhiger zu werden, um dadurch unser Verhalten klarer zu erkennen - welches wir dann ändern können. Das ist besonders wichtig, wenn wir in der äußeren Situation nichts ändern können. Wir lernen beim Meditieren das Leben ganzheitlich zu betrachten.

Dabei verbinden wir uns auf sehr sanfte, entspannte und positive Weise mit den anderen. → Das ist es, was uns in der Meditation so gut tut, besonders wenn wir die Natur, ihre Elementarwesen, die Engel und Heiligen miteinbeziehen. Und nur mit einer ganzheitlichen Betrachtungsweise ist es möglich, die Elementarwesen wahrnehmen zu können.

In die Natur ging ich, um mich verbunden fühlen zu können. Unbewusst begannen damit die ersten Kontakte mit den Elementarwesen. Meditation und alles andere diente dazu, mir der geistigen Welt bewusst zu werden. Einige Jahrzehnte später verstand ich auch, dass mich währenddessen die Heiligen an ihrem Bewusstsein teilhaben ließen, durch den der Blick, mich von außen betrachten zu können intensiver wurde. Ihnen, die auch die Meditation erfunden haben, bin ich sehr dankbar dafür, dass ich mich von allem ungesunden Zeug frühzeitig lösen konnte. Das waren nicht nur die Zigaretten. Der Blick der Wahrheit, durch den ich mich selbst in der Gemeinschaft erkennen konnte, mit dem was ich tat, sah so aus:
Ich stand in einer Kneipe und hielt, wie so viele andere auch, eine Zigarette zwischen zwei Finger geklemmt. Ich sah es nicht nur, sondern erkannte dabei, wie unsinnig das aussah. Dann sah ich mich, wie ich diesen Stummel zwischen die Lippen steckte und wie ein Baby an der Brust seiner Mutter sog. Nur dass ich keine gesunde Nahrung zu mir nahm, sondern etwas Tödliches in meine Lungen einatmete und das auch noch freiwillig, was mich obendrein in meiner Ausbildungszeit viel Geld kostete. Da war es für mich endgültig vorbei mit dem unsinnigen, giftigen Zeug - zum Wohle aller. Ich sah, wie viele andere weiter an den langen Dingern nuckelten. Es sah auf einmal so albern aus. Und sie alle gaben den anderen viel Geld für das Krankmachende. Das Tauschmittel Geld dient dazu, alles für das Überleben Notwendige haben zu können. Wenn wir das Geld, für das wir viel gearbeitet und die Lebenskraft verbraucht haben, für Dinge ausgeben, die uns noch mehr Kraft kosten und das Kostbarste – unsere Gesundheit zerstören, dann haben wir nicht genug Liebe zum Leben - zu dem, was das Leben erhält und zur Lebenskraft. Zigaretten rauchen oder andere Drogen, wie Alkohol, wirken beruhigend und lösend für nur kurze Zeit. Möglicherweise verbinden sie uns miteinander. Es ist aber ein ungesundes Miteinander, weil Drogen eine schädliche Wirkung haben. Es ist also ein Gegeneinander! So „lieben" wir Menschen auf ungesunde Weise das Leben. Liebe auf Umwegen. „Verdrehte Liebe", sagte ein Heiliger dazu. → Die Natur wirkt auf uns auch beruhigend und lösend ohne Nebenwirkungen, und verbindet uns zu 100% im gesunden Miteinander!
Allen Zigarettenrauchern und anderen (Drogen-) Süchtigen, z.B. diejenigen, die zu viel Fernsehen und auf ihr Handy gucken und zu viel (Süßes) essen,

ist dieser Blick zu wünschen, mit dem sie sich selbst sehen und von außen betrachten können, damit ohne Umwege in ihnen die direkte, einfache Liebe zum Leben erwachen kann.

→ Elementarwesen leben ein sehr gesundes Leben. Sie haben den Ursprung des Lebens - in Gemeinschaft mit der Natur zu leben, in Erinnerung behalten. Darum leben sie die Liebe auf direktem Weg, gerade heraus. Sie können uns daran erinnern und wir können es von ihnen lernen.

Ein paar Jahre später beendete ich das Fleisch essen. Das tat ich nicht um meiner selbst Willen, sondern aus Mitgefühl den Tieren gegenüber, die darunter leiden müssen - denn auch das konnte ich plötzlich sehen, durch das Lernen des Betrachtens von außen durch die Meditation. Ich kann mich nicht erinnern, dass ich jemals zuvor Tiere auf diese Weise wahrgenommen hatte.

Von der Erfahrung, dass durch die Meditation die Liebe und das Mitgefühl in uns für andere Lebewesen und andere Menschen erwacht, berichtete mir ein Mann, der bei mir ein Lebensberatungs-Gespräch hatte. Friedrich (der Name ist geändert) erzählte von sich, dass er als junger Mann sehr erfolgreich und angesehen war. Um dieses Ansehen in einem bestimmten Gesellschaftskreis erhalten zu können, ist er mit den anderen auf die Jagd gegangen. Dann begegnete er einem ehemaligen Jäger, der ihm sagte, dass er aufgehört hätte zu jagen, nachdem er einige Zeit zuvor mit dem Meditieren begann. Friedrich ging wie immer weiter zur Jagd. Einige Jahre später veränderte sich sein Leben vollständig. Alles in seinem beruflichen und privaten Leben brach zusammen. Daran zerbrach er fast selbst. Durch sein Leiden fand er, auf der Suche nach Heilung, die Meditation. Es dauerte nicht lange und auch er konnte nicht mehr zur Jagd gehen und die Tiere töten.

→ Durch die Meditation hatte sich seine Sichtweise verändert. Liebe und Mitgefühl waren in ihm erwacht. Das geschieht dadurch, dass uns die Meditation dabei hilft, miteinander verbunden zu sein und nicht mehr im Gefühl des Alleinseins zu leben. Zum Miteinander gehören auch die anderen Lebewesen. Um ein ganzheitliches Gefühl von Verbundenheit haben zu können, müssen wir die anderen Lebewesen miteinbeziehen, die ganze Natur. Im Miteinander spüren wir immer mehr, was auch in allen anderen emotional, gedanklich und körperlich vor sich geht. Sei es der Schmerz und das Leid, oder die Liebe und Freude der anderen, die wir dann fühlen können, so wie wir es bei uns selbst fühlen. Die anderen Menschen und die anderen Lebewesen sind keine Fremden mehr. Alle werden zu Freunden. Niemand tötet einen Freund. Das weckt das Mitgefühl in uns.

→ Wenn wir also durch Meditation beginnen, die Dinge und uns selbst anzusehen, bewusst wahrzunehmen und zu spüren, dann erst sehen und spüren wir die Dinge, die uns wirklich Freude bereiten, die gut tun und gesund sind. Meditation, das ist der Weg der Wahrheit und zu unserer wahren Natur. Dann erkennen wir auch das, was nicht gut ist im Leben, was uns selbst und die anderen schwächt, krank macht und worunter wir alle leiden. Wenn wir den Mut haben, beides wahrheitsgemäß zu betrachten, das Gute und das Schlechte, dann kann Weisheit und Liebe in uns erwachen. Das ist unsere tiefere, wahre Natur. Erwacht die Liebe in uns, erwacht sie auch im Miteinander. Liebe ist Mitgefühl und die Wertschätzung des Lebens, des eigenen Lebens und das der anderen.

...was meinen Körper nicht davon abhielt, ein Mal im Monat plötzlich anfallartig einen riesigen Appetit auf Currywurst mit Pommes mit viel Mayonnaise zu entfachen, was ich unglücklicherweise auch aß. Am Ende war mir so schlecht, dass mir der Appetit darauf irgendwann endgültig verging. Mein Körper reagierte auf das Ungesunde so sensibel, wie er es von Natur aus tat.
Die Fische, die Schönen, ließ ich zwei Jahre später auch im Wasser, in ihrem wunderbaren Element und ihrem Zuhause. Der Wendepunkt kam als ich in Norwegen Urlaub machte, an einem Hafenbecken saß und unter mir in das von der Sonne glitzernde Wasser schaute. Da tauchten aus der Tiefe drei Fische an der Oberfläche direkt unter mir auf. Sie schwammen in aller Seelenruhe langsam im Kreis, die Sonnenwärme genießend und den Frieden in der Leichtigkeit des Wassers.
Die Sonne brachte die Farben auf ihrer nassen, schuppigen Haut zum Vorschein. Ein Glitzern in rot, orange, gelb und einigen anderen Farben durchdrangen meine Augen. Dieser Augenblick, der nicht endete, war einer der Schönsten in meinem Leben. Sie schwammen im Einklang mit dem Lebendigen und in einer Friedlichkeit und Schönheit, die ich nicht in Worte fassen kann. Ich bin kein Dichter, aber ich bin seit dem Vegetarier.
Sie, die Fische, haben mir gezeigt, was ich selbst die ganze Zeit suchte. Wie kann ich jemanden töten und essen, der mir hilft mich zu erinnern, was mein Leben lang in mir gerufen hat? Es war ein undefinierbares Rufen, das ich nicht in der Lage war alleine zu enträtseln. Es war der Ruf nach Leben, Freiheit, Schönheit, Frieden und Vollkommenheit im Miteinander. Da wo die Liebe zu Hause ist. Und wer weiß, welche Elementarwesen mit den Fischen schwammen, um das Leben mit ihrer Schönheit zu erleuchten.

Gedanken – PAUSE

Öffnet die Augen und schaut euch um. Was seht ihr?
Ist es gut für euch und alle anderen, wo und wie ihr lebt?
Fühlt ihr euch damit gesund?
Wisst ihr, wie sich Gesundheit anfühlt?

****

Als ich noch ein Kind war, wurde meine Mutter schwer krank. Sie ging in eine Klinik, in der es ausschließlich vegetarisches Essen, Vollkornfrischkornbrei und noch viel Gesundes mehr gab. Durch diese Ernährungsweise, dazu Naturheilkunde und Akupunktur, kam sie nach nur drei Wochen gesund wieder nach Hause und sofort wurde unsere gesamte Ernährung umgestellt. Auch bei uns gab es dann morgens einen Frischkornbrei und alles, was gesund war und sehr lecker. Ich habe diese gesunde Ernährungsweise beibehalten und mit der Zeit immer weiter verbessert. Anfangs ging es um gesunde Nahrung. Jetzt geht es mir viel mehr auch darum, den Tieren, Pflanzen, Elementen und letzten Endes uns Menschen so wenig wie möglich zu schaden, nur damit _ich_ satt werde.
→ Biologischer Anbau der Pflanzen und eine naturgemäße Haltung der Tiere ist ein Muss!!! Denn jeden Schaden, den wir den Tieren, den Pflanzen, dem Boden, dem Wasser und der Luft zufügen, hat unwiderruflich auch Auswirkungen auf uns Menschen. Wir alle essen, trinken und atmen die Chemie, die in der Natur auf den Äckern und durch die Fabriken verbreitet wird. Bio bedeutet einfach nur, dass es möglichst ohne Chemie gewachsen ist oder hergestellt wurde. _Das_ ist natürlich und normal. Nicht alles andere ist normal, was wir hauptsächlich in den Regalen der Geschäfte finden.
→ In der Natur leben die wundervollen Elementarwesen, denen wir damit genauso schaden oder helfen, je nachdem, wofür wir uns alle entscheiden, was auf unsere Teller und in unsere Mägen und Körper kommen soll. Wofür entscheiden wir uns? Bio oder Nicht-Bio? Materielle Dinge mit Chemie hergestellt oder ohne? Alles hat Auswirkungen auf uns alle. Es schadet dem Leben oder es erhält und stärkt es.

Nach und nach fand ich auch einen Kleidungsstil, in dem ich mich wohl fühlte und den ich nicht ständig ändern musste. In der Verbundenheit mit allen fand ich Ruhe und Zufriedenheit, so wie ich bin. Seitdem trage ich schlichte, einfache Kleidung, möglichst naturfreundlich, ohne Chemie hergestellt und den Zweck erfüllend. Die Kleidung musste mich nicht mehr schön machen oder irgendetwas in mir zum Ausdruck bringen. Sie musste nicht teuer sein oder billig, sondern helfen, das Leben zu erhalten und möglichst lange haltbar sein – für die Gemeinschaft, die mir nun wichtig geworden war, die für uns alle wichtig ist.

Mit Alkohol machte ich leider auch Erfahrungen. Als Teenager hatte ich eine Zeit des Suchens in den Dingen, anstatt in mir selbst zu suchen, denn um mich ging es ja auch. Ich war in der Meditation noch nicht so weit fortgeschritten und hatte endlich mal Spaß und Miteinander. Ausgelassen und egal-wie-sein-dürfend trank ich eindeutig zu viel von der Droge. Ich konnte sogar mehr trinken als manche Männer. Darauf hatte ich mir ziemlich viel eingebildet. Und soll ich euch sagen, warum ich so viel trinken konnte und trotzdem noch klar im Kopf war? Durch die vielen Meditationen. Die Meditation hatte meinen Geist klar und stark gemacht, stärker als der Alkohol in der Lage war... bis zu einem gewissen Punkt. Da hörte ich dann auf zu trinken, denn die Klarheit im Verstand war mir wichtig geworden. → Durch einen klaren, alles beleuchtenden Verstand, um die Wahrheit erkennen zu können und die Liebe im Leben, war ich in der Lage gewesen mein Leben zu verändern, zu verbessern, gesünder zu leben und Liebe empfinden zu können, und immer mehr Miteinander.

Die Elementarwesen fragten an dieser Stelle dazwischen: „Wann schreibt sie wieder von uns? Laaangweilig." Damit meinen sie nicht, es ist langweilig, weil es nicht um sie geht, sondern es gibt in diesem Abschnitt meines Lebens kein vollständiges, vollkommen erfüllendes Miteinander. Es gab noch keine geistige Welt mit ihren lebendigen und fröhlichen Elementarwesen in meinem Leben, obwohl sie da waren. Langeweile hatte ich zu dieser Zeit viel empfunden, trotz Meditationen.
→ Langeweile ist Alleinsein, wenn wir die anderen nicht wahrnehmen und spüren können oder es nicht wollen. Die anderen, das sind sehr viele Bewohner dieser Erde. Menschen, Bäume, Tiere aller Art, Pflanzen und die Bewohner der geistigen Welt, die Elementarwesen und Engel. Laaangeweile, das ist auch: mir geht es gut, aber ich teile nicht mit anderen. <u>Das ist Allein-sein.</u> Das ist langweilig. Es ist ein zähes, andauerndes Gefühl. All das macht schwach und müde. Miteinander ist Verbundenheit und weckt viel Lebensenergie und Freude am Leben. Es ist bunte Vielfalt, Bewegung und Lebendigkeit. Es mehrt sich, wenn wir es teilen. All das macht aufmerksam und gibt Kraft. <u>Das ist Bewusst-sein.</u>

→ Um mit den Naturgeistern Kontakt haben zu können, müssen wir die Sinne frei haben und die Intuition spüren können. Zigaretten, Alkohol und

sonstige Drogen benebeln die Sinne und täuschen die Intuition. Drogen verstärken die Illusionen und Träumereien. Wir trennen uns dadurch von dem vom Leben, was da ist. Wir trennen uns von der Gemeinschaft. Das Gefühl von Verbundenheit lässt nach. Trennung verursacht das Leiden. Intuition ist das Gefühl für die Wahrheit - für das, was ist. Wenn wir die Wahrheit ansehen, dann sind wir im Kontakt mit den anderen und dadurch im neutralen Miteinander. Neutral sind wir nur, wenn wir nicht be- und verurteilen, wie bei der Meditation – reine Wahrnehmung. Das ist heilsam.
→ Elementarwesen leben frei, sehr bewusst und mögen die Gemeinschaft. Drogen jeder Art machen uns abhängig, unbewusst und stören sowohl die Kontaktaufnahme und Gemeinschaft mit den Elementarwesen, als auch mit allen anderen Lebewesen.

Nicht lange nach meiner Ausbildungszeit hatte ich mehr Geld und trank mit meiner Kollegin nach Feierabend gerne ein Bier, dann zwei und dann wurde noch eines ausgegeben, bis der Feierabend nur noch in der Kneipe stattfand. An einem dieser Abende ging ich nach Hause, dösig im Kopf, was ich gar nicht mochte. Dann spürte ich, wie der Alkohol ein Suchtgefühl in meinem Körper entstehen ließ. Von da an trank ich nur noch Wasser.
→ Wir benötigen wache Sinne und Feingefühl für den Körper, um diesen feinen Moment finden zu können, in dem sich etwas verändert im Leben, positiv oder negativ. Qi Gong, viel Meditation und die Heiligen, die mich wieder an ihrer bewussten Wahrnehmung teilhaben ließen, waren wieder meine Lebensretter vor einem Suchtmittel und vor viel Leid gewesen, das damit entstanden wäre. Mit viel Eigeninitiative und der Hilfe der Heiligen konnte ich feinere Unterschiede wahrnehmen, sodass ich bewusst neu entscheiden und mein Leben in eine gesunde Richtung verändern konnte.
→ Die Entscheidung für einen gesunden Weg für alle führt uns zu den Elementarwesen, weil auch sie auf gesunde Weise leben.

Nun stand ich zwischen denselben Menschen in einer Kneipe den Alkohol (die Droge) ablehnend, der mir von allen Seiten angeboten wurde. Das Miteinander wollte ich natürlich nicht loslassen. Jetzt verstand mich wieder keiner mehr und ich war wieder die andere. Die, die anders ist als die anderen. Da war wieder die verkehrte Sichtweise der anderen wie in meiner Schulzeit. Denn sie waren es, die die Wahrheit über ihr Leben versucht haben zu verstecken. So habe ich dann nach und nach auch den Kneipen (wir nennen es auch Bar oder Club) den Rücken gekehrt und versucht ein anderes Miteinander zu finden. Ich suchte ein gesundes und naturgemäßes Miteinander, das dem wahren Menschen entspricht, damit ich sein konnte, wie ich wirklich bin. Wieviele Menschen suchen leider nicht danach, sondern finden sich damit ab, wie es ihnen unnatürlich und ungesund vorgemacht wird! Ein Rat für alle: Wer sucht, der findet. Manche Wüsten sind groß und man muss lange suchen, aber in jeder Wüste gibt es eine Oase und ein Ende der Einöde.

Elementarwesen konnte ich bis zu diesem Zeitpunkt noch nicht wahrnehmen, obwohl ich schon auf viel Ungesundes verzichtete und viele bewusstseinserweiternde Übungen praktiziert hatte. Es fehlte also noch etwas zum großen Glück. Da ich viel in der Natur war, habe ich von der Natur auch viel gelernt. Mit der Innenschau und der Meditation übte ich den Blick für die Wahrheit.

→ Aber erst als auch meine Liebe zur Natur und zum Leben wuchs, und nicht nur das Wissen, öffnete sich mein Blick für die geistige Welt. Das war das Wichtigste, denn erst mit dieser größer werdenden Liebe war es möglich, den Elementarwesen begegnen zu können. Das war es, was fehlte – die Liebe! Denn die geistige Welt der Elementarwesen ist eine Welt der Liebe. Erst wenn wir uns für die Liebe öffnen, können wir auch den Liebenden begegnen.

Ich wurde eine immer bessere Freundin der Natur - für alle anderen Lebewesen, für die Elementarwesen und uns Menschen. Sie vertrauten mir immer mehr und zeigten mir ihre geheimen Kräfte, teilten mit mir ihr Wissen und beschenkten mich mit ihren größten und kostbarsten Reichtümern – mit Liebe, Heilung, Bewusstsein und Freundschaft. Danke!

→ So wichtig wie die Liebe ist, so wichtig ist es, bewusste Entscheidungen zu treffen!

Der Gedanke, das Miteinander zu suchen und die bewusste Entscheidung dem entgegenzugehen, kam mir an einem bestimmten Ort. Es war vor meiner damaligen Schule, in der mir das Alleinsein beigebracht wurde. Ihr gegenüber liegend befindet sich ein sehr schöner, verzauberter Garten. Bei einem meiner Spaziergänge blieb ich vor diesem Garten stehen, bewunderte die Schönheit der Blumen und anderen Pflanzen und betrachtete dabei gleichzeitig mein eigenes Leben. Ich schaute darauf zurück und fand mich im Hier und Jetzt allein dastehend wieder. Das empfand ich als gar nicht so schlimm. Mir ging es gut mit mir alleine. Ich hatte gelernt, mich zu beschäftigen, mit Sport, Qi Gong, Meditation und der Natur. Es gab anregende Bücher und in mir selbst war genügend Aufregendes los. Dennoch hatte ich plötzlich die Erkenntnis, dass es mir vielleicht jetzt gut geht, aber in der Zukunft weiterhin alleine so durch die Welt zu stolpern, das fühlte sich nicht so gut an. Daraufhin beschloss ich dies zu ändern. Ich versuchte auf Menschen zu zugehen und die anderen Menschen auch auf mich zukommen zu lassen. Das funktionierte natürlich nicht einfach so. Angst war zwischen den anderen und mir, oder nur in mir? Von nun an sah ich mich wieder einmal mit meinen Ängsten konfrontiert. Was mich aber nicht davon abhielt, mich weiterhin vorsichtig auf Menschen zu zubewegen und umgekehrt, es einfach zu üben, meine Ängste auszuhalten und siehe da, mit der Zeit konnte ich es immer besser. Die Ängste verschwanden zunehmend und ich hatte immer mehr Miteinander. Ich öffnete mich langsam aber beständig. Dieser innere Entwicklungsprozess hat eine lange Zeit gedauert und er scheint nicht zu enden. → Wir können mit so vielen in einem guten und gesunden Miteinander leben. Mit Menschen, Tieren, Bäumen, Engeln, Elementarwesen und der ganzen Natur. Wagen wir eine Entdeckungsreise ins Miteinander – eine Reise ins Glück.

Dass so viel Miteinander und damit viel Liebe möglich ist, das hätte ich nicht gedacht, denn ich war fast immer alleine. → Meine Überwindungen der Angst waren kleine Schritte der Liebe zum Leben. Ich bin auf die Liebe zugegangen und sie kam zu mir, immer mehr und auf allen Ebenen des Daseins. Sogar von denen ich gar nicht wusste, dass sie da waren. Elementarwesen, Engel, Baumwesen u.v.a. und weit entwickelte, weit entfernte Menschen mit dem höchsten Bewusstsein und Dasein, welches ein Mensch erreichen kann – unsterbliches, ewiges Leben mit dem Körper. Es sind die Heiligen, die mir so viel halfen, ob ich es in den Momenten wusste oder nicht. Menschen mit Fähigkeiten, an die wir selten oder gar nicht denken. U.a. durch feinste Intuition entwickelten sie Hellsichtigkeit, Hellhörigkeit (Telepathie), Hellfühligkeit und größtmögliche Heilkräfte.

Diese besonderen Menschen hatten meine vermutlich schon sehr nervigen Hilferufe in die Welt gehört und mit mir ihr hohes Bewusstsein und andere Sichtweisen zum Leben geteilt, um mir zu zeigen, was wahr und was gesund ist. Sie haben mich erinnert an die Liebe in meinem Verborgenen und daran, den Frieden und das Miteinander anzustreben, und nichts anderes. Sie haben mich die meiste Zeit meines Lebens begleitet, genauso wie die Elementarwesen. Sie beruhigten mich, wenn ich mich selbst nicht mehr beruhigen konnte. Wenn es mir nicht gut ging, weil alles in mir und um mich herum zu viel war und ich nicht mehr wusste, wo ich die Kraft noch hernehmen sollte, dann haben sie wärmste Energie auf mich übertragen. → Es sind viele Helfer da, wenn wir selbst strebsam nach dem Heilsamen und Friedlichen suchen.

Die Heiligen (mit allem Wissen über das Leben und Sterben), die Elementarwesen (die Mitbegründer des Lebens auf Erden) und die Pflanzenwesen (unsere Medizinmänner und Frauen) haben mit mir ihr Wissen, ihre Energie, ihre Liebe und ihr Leben geteilt. All das, was sie selbst vermutlich lange suchen mussten. Unglaublich viele, neue und sehr besondere Freunde habe ich gefunden. Meinen Dank an sie alle kann ich nicht in Worte fassen.

Sie haben mir nicht nur ein Mal das Leben gerettet. Ohne sie hätte ich an einem sehr grenzwertigen Punkt meines Lebens keinen einzigen Schritt mehr getan. Beinahe hätte ich die letzte Grenze überschritten. Dazu später mehr.
Es gab auch ganz normale Menschen in meinem Leben. Denen bin ich auf meiner Suche nach dem Überleben immer häufiger begegnet. Auch sie haben mir sehr viel geholfen, so wie sie konnten, nur allein damit, dass wir über all das, was in uns vor sich ging, miteinander geredet haben. Wir haben uns im Miteinander geholfen. Mal brauchte der eine mehr Hilfe, mal der andere. Bedürfnisse und Ängste durften da sein, jeder durfte auch über sein Leid reden. Es ging nicht nur darum Spaß zu haben. Freude hatten wir gerade deshalb immer mehr, weil wir uns im Miteinander das Leid heilen konnten. Solche Freunde hatte ich auf einmal und es wurden mit der Zeit immer mehr, weil ich ehrlich mit mir war und vor den anderen. Ich bin Menschen begegnet, die Liebe, Frieden, Heilung und Miteinander anstrebten wie ich.
→ Ohne Miteinander ist nichts möglich. Durch das Miteinander alles! Weil es Liebe ist. Der aufrichtige Wille und Wunsch nach Miteinander und Liebe findet unter den Heiligen, Engeln und Elementarwesen immer Anerkennung, weil es der einzige Weg in eine Zukunft für uns alle ist - gemeinsam mit der Natur! Denn ohne die Natur können wir nicht sein. Danke, an alle meine schönen und guten Freunde auf allen Ebenen des Daseins, der Natur und überall auf der Erde. Danke, für das Geschenk der Freundschaft und die Liebe!

Eine bescheidene, geistige Stimme sagte neben mir: „Schreibt sie jetzt von mir?" Eine wunderschöne Elfe kam ins Zimmer. Sie ist eine Elfe aus dem schönen Garten an der Schule. Sie war es, die mir zu der Erkenntnis verhalf, dass ich besser das Miteinander anstreben sollte. Wie immer kam die Erkenntnis nicht von mir, sondern durch den Kontakt mit sehr lieben und klugen Helfern. Obwohl ich mir der Anwesenheit der Elementarwesen noch nicht bewusst war, halfen sie mir. Sicherlich, weil ich auch da schon eine Naturfreundin war. Dass sie es war, wurde mir erst viele Jahre nach dieser mitunter wichtigsten und tiefgreifenden Erkenntnis bewusst, die mein ganzes Leben verändert hat.
Ich hatte eine Arbeit, bei der ich täglich vor dem schönen Garten etwas tun musste. In diesen Jahren fing ich an, Elementarwesen immer besser sehen und bewusst hören zu können. In diesem Garten leben viele wunderschöne Wesenheiten, die gerne mit mir im Kontakt sind, weil ich es auch gerne mit ihnen bin. Ich höre ihnen zu und versuche sie zu verstehen, damit unser Miteinander noch besser sein kann. Sie halfen mir dort sehr viel. Mit ihrer

fröhlichen Lebensart und viel Mitgefühl uns Menschen gegenüber, ging es mir an den schlechten Tagen meines Daseins sofort besser. Und nicht nur dort, sondern überall auf der Insel, wo ich draußen gearbeitet hatte, waren sie da. Sie trugen mich durch das Leben und das viele Auf und Ab.

→ Elementarwesen sind die besten Seelenheiler, Seelenheiler von denen wir Menschen nicht mal träumen. Diese Helferherzen teilen immer mit uns das Gefühl des Miteinanders. Das Gefühl der Liebe ist mit ihnen gemeinsam stärker und schöner als das Gefühl des Alleinseins. Diese liebe Elfe aus dem Garten hatte mir zu dieser Erkenntnis verholfen, indem sie mich den Unterschied spüren ließ, wie es sich anfühlt, wenn wir alleine sind oder in der Verbundenheit mit anderen leben und was dies jeweils für Auswirkungen hat. Der Unterschied war so deutlich spürbar und neu für mich, dass mir der Entschluss, dem Miteinander entgegenzugehen, sehr leicht fiel. Vielen Dank liebe Elfe, schönes Wesen! Du hast mir zu dem grundlegensten Schritt verholfen, mein Leben auf die gesündeste Weise ändern zu können. Elfen haben viel gute Energie. Sie streichelte mir beim Schreiben sehr liebevoll mitfühlend über meine Wange. Das fühlte sich so gut und heilsam an! Danke! Über meine Dankbarkeit freute sie sich so sehr, dass Sie begann zu tanzen und sich im Kreis zu drehen. Ein wunderschönes Wesen!

Nach dieser bewussten Entscheidung begann ich mich nicht nur anderen Menschen und Welten gegenüber zu öffnen, die Liebe hat sich in mir geöffnet. Die Liebe durfte nun auch für andere sein. Ich begann, bewusst alles in und von mir mit anderen zu teilen. Mein sehnlichster Wunsch ist, dass jedes Wesen und alle Menschen einen Wandel durch die Liebe erleben können, um viel Freude an der Gemeinschaft und am Leben zu haben.

→ Die Liebe braucht viele Helfer, denn die Liebe von einem Einzelnen genügt nicht, damit auf der ganzen Welt Frieden sein darf, damit wir endlich mit der vielen Gewalt gegeneinander und gegen die Natur aufhören (können). Gewalt ist nicht nur für uns Menschen etwas Schreckliches und unerträglich. Die Elementarwesen empfinden es genauso wie wir, wie jedes Lebewesen.

Ich strebe weiterhin die Liebe und die Wahrheit an. Je mehr ich davon erfahren darf, bei aller Gnade dessen, was in uns und um uns ist, um so mehr erkenne ich auch das Leid. Nun leide ich weniger unter mir oder meiner Vergangenheit, stattdessen fühle ich das Leid der viel zu vielen anderen.

→ Ob es Menschen sind oder Bäume, Tiere oder Elementarwesen, die leiden müssen, es ist zu viel Leid. Und dann ist da die Tatsache, dass wir Menschen dieses Leid geschaffen haben. Das Positive daran ist, wenn wir es geschaffen haben, dann können wir es auch beenden! Und das sollten wir tun. Denn wir fügen vor allem denen Leid zu, die uns kein Leid zufügen,

sondern uns helfen und nähren - die Tiere, Pflanzen, Elemente und Elementarwesen.
→ Entscheiden wir uns für Liebe, Frieden und Miteinander? Die freundlichen Elementarwesen, die friedlichen Bäume, die vielen heilsamen Pflanzen und vor allem die Tiere bitten uns darum. Die Engel und die Heiligen, die alles von oben und überall betrachten können, wünschen dies ebenso. Denn sie sehen auch das Leid dort, wo wir anderen es nicht sehen können. Wir wollen jeden Tag, so gut wir können, die Liebe mehren. Bitte helft mit! Entscheiden wir uns dafür im Miteinander und in Freundschaft mit der Natur zu leben, als auch mit den Elementarwesen und Engeln, dann haben wir besondere Freunde und Helfer – und sie haben uns zum Freund und Helfer.

Nachdem ich auf einem Seminar das Kriya Yoga von Babaji Nagaraj gelernt hatte, übte ich regelmäßig die Körperhaltungen und meditierte im Anschluss. → Dieses Yoga dient u.a. der Reinigung des Unterbewusstseins und natürlich der Gesundheit im Ganzen. Diese Übungen können unsere Sinne so frei machen, dass wir die Wahrheit auch in tieferen Ebenen des Daseins immer besser wahrnehmen können - das was ist, im Guten oder Schlechten. So können wir besser erkennen und dann wählen, was wir möchten oder brauchen. Die Intuition wird klar und frei. Wir können den Weg des Herzens immer besser spüren und der Liebe in uns und überall begegnen. Ein Weg der Fülle in der Erkenntnis, Wahrheit, unserer Fähigkeiten und Möglichkeiten und der Liebe eröffnet sich mit dem Üben.
→ Es ist der Weg zum Miteinander mit allen, mit der ganzen Natur und ihren Elementarwesen und Engeln.
So saß ich da, lange meditierend in einem guten Lebensgefühl, sehr still und in mich gekehrt. Plötzlich erschien direkt vor mir eine Wesenheit von ungefähr einem Meter Größe und hängte mir eine Kette mit einem Amulett um den Hals. Das geschah innerhalb von Sekunden und ich erschreckte im ersten Moment sehr. Das wiederum erschreckte ihn etwas, aber er hatte wohl damit gerechnet. Ich wurde sogleich wieder ruhig. Alles fühlte sich positiv an. Auch das Geistwesen empfand ich als sehr angenehm. Was das Amulett zu bedeuten hatte, wusste ich derzeit nicht. Es fühlte sich einfach nur gut an und ich wusste, dass es wichtig für mich war.
Viele Jahre später, in einer Zeit, als ich mich gar nicht gut fühlte, erkannte ich, dass dieses Geistwesen ein Elementarwesen war. Er, ein sehr altes und sehr weises Wesen, der in der Nähe wohnte, kam zu Besuch und erinnerte mich an das Amulett. Ich wollte es ihm zurückgeben, weil ich mich dem spürbar großen Wert dessen nicht würdig fühlte. Er klärte mich auf, dass das Amulett meinem Schutz diente. Da habe ich es natürlich behalten. Ich

hatte und habe keine Ahnung davon, auf welcher Ebene es dient, aber es ist gut, das konnte ich fühlen. Vielen Dank für dieses Geschenk und dich, guter Geist!
→ Er gab es mir, ohne dass ich ihn darum bat! Freunde helfen Freunden. Die Natur gibt uns alles, sogar ungewollt ihr Leben! Auch wir können ihnen unsere Hilfe schenken. Es beginnt mit der Freundschaft.

An dem Abend, da ich dieses schrieb, erschien mir im Raum, neben den vielen anderen, neugierigen Elementarwesen, wieder dieser gute, weise und alte Naturgeist. Ich bedankte mich bei ihm und er gab mir zu verstehen, dass ich mich nach vorn beugen sollte. Er wollte mir abermals ein Amulett um den Hals legen. Es erschien mir zu viel des Guten, aber andererseits konnte ich auch nicht widerstehen. Ich beugte mich nach vorn, weil er nur einen knappen Meter groß war und er legte mir eine sehr hell leuchtende Kette um den Hals. Diese Energie fühlte sich wunderschön und gut an und sah sehr besonders aus. Trotzdem bekam ich das Gefühl, dass es mir eine Portion zu viel „Prunk" ist. Ich fühlte mich auf einmal nicht mehr so gut damit. Es wieder abzugeben erschien mir aber auch nicht sinnvoll zu sein. Da fiel mir wieder die Begebenheit mit Neptun ein und sein Geschenk, die kraftvolle Kette mit den Meereskräften. Da hatte ich ganz anders reagiert. Ich war in meinem Ego versunken und hatte die anderen vergessen.
→ Dieses Mal war ich mir der anderen bewusst geblieben! Die Lösung dafür ist: Teilen mit den anderen.
Da sich ja eine Menge Neugierige im Raum aufhielten, teilte ich die viele Schönheit und Energie in Gedanken (in der Vorstellung) mit ihnen. Es schien allen sehr gut zu tun und mir ging es mit der Kette nun auch besser. Ich fühlte mich nicht mehr schöner, besser und geehrter als alle anderen. „So macht man das", bestätigte der Weise und ich konnte eine wichtige und allgemeingültige Erfahrung machen.
→ Wenn wir zu viel haben, oder uns etwas zu viel ist oder wird, dann können wir etwas davon abgeben. Dann geht es uns besser. Tatsächlich können wir das beste Lebensgefühl erfahren, wenn wir dabei auch an die Natur denken und mit ihr teilen, weil wir dann denen etwas (zurück-) geben, die immer für uns da sind. Seien wir Füreinander da! Teilt nicht das Negative mit anderen! Das was wir teilen, das mehrt sich. Besser ist es, die negativen Gefühle und Gedanken in Liebe und mit Hilfe der Liebe zu wandeln. Dabei können wir um Hilfe bitten. Krankmachende materielle Dinge können wir entsprechend entsorgen.
Später am Abend, als ich schon im Bett lag, erinnerte mich jemand daran, dass es auch noch Menschen gibt, die diese Energie mögen und brauchen. Es war mir sehr unangenehm, dass ich wieder alle anderen Menschen ver-

gessen hatte. Es war meine unausgeheilte Vergangenheit, weswegen ich andere nicht am Glück teilhaben ließ. In Gedanken entschuldigte ich mich bei allen. In der Vorstellung legte ich eine Hand auf die Kette und dachte dabei an alle Menschen, sodass alle in diesem Moment mit dieser Energie verbunden waren. Jetzt konnte ich entspannt schlafen und alle anderen hoffentlich auch, denn Gedanken kommen an.

Vielleicht stellt ihr euch schon die Frage, warum wird die Astrid so viel beschenkt und wir nicht?! Meine Frage an euch: Vielleicht habt ihr es nur noch nicht bemerkt? Wir werden den ganzen Tag beschenkt!

→ Wenn wir <u>Naturfreunde</u> sind, mit Menschen, Tieren und allen Lebewesen gute Absichten haben...
Wenn wir versuchen unsere Wunden zu <u>heilen</u>, Frieden, Liebe und Miteinander anzustreben...
Wenn wir uns trauen, der <u>Wahrheit</u> ins Gesicht zu sehen und uns unserem Ego-ismus zu stellen...
Wenn wir die <u>Verantwortung</u> für die Gemeinschaft mit der Natur übernehmen...
Wenn wir die <u>Stille</u> in und um uns herum mehren...
Wenn wir darin bestrebt sind, bescheidener zu leben, den <u>Verzicht</u> zu üben... uns kritisch fragen, was brauchen wir? Worauf können wir verzichten?...
Wenn wir vom Lebendigen, von der Natur und denen, die uns dies alles lehren können, <u>dazulernen</u> mögen...
...und wenn wir nur eines von alledem möchten, dann wird uns auch dabei geholfen, denn mit diesem <u>Streben</u> helfen wir auch den anderen. Danke!

→ Es ist die Hilfe von einer sehr feinstofflichen Welt in dieser Welt. Können wir die Gedanken der anderen hören? Können wir ihre Gefühle spüren? Auf dieser Ebene des Seins bekommen wir alle sehr viel Hilfe. Die Heiligen, als auch die Elementarwesen und Engel senden täglich sehr viel Liebe und Friedvolles über die Gedanken und Gefühle für uns alle in die Welt. Vielleicht habt ihr schon Tage erlebt, an denen es euch so gut geht wie selten im Leben, einfach so. Habt ihr euch schon mal die Frage gestellt, wie das möglich ist? Woher kommen unsere Erkenntnisse und guten Gefühle, so aus heiterem „Himmel"? → Wir können und sollten mit guten Gedanken von Herzen unsere geistigen Helfer, mit ihrer strebsamen Art uns zu helfen, unterstützen, denn dann mehren wir den Segen auf Erden! Und auch unsere Helfer brauchen Hilfe. Danke!

Die Heiligen und Elementarwesen haben mein intensives Streben nach Wahrheit, nach Heilung und dem Miteinander unterstützt, weil sie wissen, dass es alleine nicht möglich ist, alle Antworten und Lösungen zu finden. Ich habe gestrebt und geübt, sie haben gezeigt und gegeben. Ganz versteckt, still und heimlich suchte ich nach Liebe, dem höchsten Ziel des Lebens. Sie haben die Liebe, das Göttliche, gefunden und lassen uns alle gerne daran teilhaben - wenn wir es auch wollen und danach suchen.
→ Dürfen wir das, nach Liebe suchen? Wenn wir nach ihr suchen, dann sind wir schon im Kontakt mit dieser guten Kraft. Liebe zu teilen, weckt die Liebe und mehrt sie! Elementarwesen, Engel und Heilige – die Liebenden, unsere Helfer fühlen sich dann sehr zu uns hingezogen, weil Liebe allen gut tut und sie uns bei dieser Heilarbeit unterstützen möchten.

Gedanken - PAUSE

Die erste Veränderung in meinem Leben kam mit dem Autogenen Training, Tai Chi, Qi Gong und Meditation. Dann lernte ich Kriya Yoga und einiges mehr. Ich war neugierig und wissbegierig auf neue Erfahrungen. Es tat mir in jeder Hinsicht gut. Darum strebte ich von morgens früh bis abends spät den ganzen Tag danach und selbst in der Nacht ließ ich mich führen, bei der Arbeit, in der Freizeit, mit anderen zusammen oder scheinbar alleine. Ich war wachsam und aufmerksam, beobachtete genau, was in mir und um mich herum vor sich ging. → Es war das Üben der Stille. Die Stille suchend, um das Spüren besser üben und die Intuition ausprobieren zu können, waren mir wichtiger geworden als alles andere. Es gab Zeiten (z.B. im Urlaub), da übte ich die Intuition in jeder Minute. → Was stelle ich wohin, wo gehe ich zuerst entlang, welcher Weg ist der Richtige, was tue ich zuerst und was dann? Am Anfang des Tages erschienen mir einige Tätigkeiten etwas sinnlos zu sein, wenn ich darauf hörte, was die Intuition mir vorgab. Ich tat es dennoch, weil ich wissen wollte, was das mit der Intuition zu bedeuten hat. Zum Ende des Tages erkannte ich dann den Zweck von allem was ich intuitiv tat. → Alles bekam einen Sinn. Der Intuition folgend, erlebte ich Gefühle von Schönheit, Vollkommenheit und Sinnhaftigkeit - durch diese Art von Miteinander. Das kann ich nicht beschreiben, aber ich kann euch empfehlen es auszuprobieren. Es ist ein Leben in Harmonie mit allen und allem. So leben die Elementarwesen!
Wenn ich Lebensfragen hatte, fragte ich im Stillen in die Welt hinein und im Gespräch mit anderen bekam ich plötzlich die Antwort darauf. Manchmal kamen die Antworten in einem ganz anderen Zusammenhang. Ich musste sehr aufmerksam sein, um es heraushören zu können. Dies alles übte ich besonders in der Winterzeit. Viele Jahre arbeitete ich nur in der Saison,

weil die meisten Arbeitskräfte auf Juist im Winter nicht gebraucht werden. In dieser Zeit war ich arbeitslos und bekam Geld zur Überbrückung. Für diese Hilfe bin ich auch heute noch sehr dankbar. Ich ließ diese Zeiten nicht einfach verstreichen, sondern versuchte sie für Sinnvolles zu nutzen. Das ist etwas, was ein Arbeitsloser tun kann. Intuitiv fühlte ich die Wichtigkeit darin, etwas dafür tun zu müssen. Z.B. versuchte ich, so gesund wie möglich zu leben, damit ich nicht krank wurde, während ich Arbeit hatte. Zudem lernte ich, was mich interessierte. Qi Gong, Yoga, Meditation, Intuition usw., alles für Gesundheit und Wohlbefinden und um meine Lebensaufgabe finden zu können. Das, was ich viel praktizierte und womit ich entsprechende Erfahrungen gemacht hatte, das konnte ich später auch an andere weitergeben. Dieses Buch gehört dazu. Das erzähle ich euch, weil ich denke, dass wir alle die Zeiten der Arbeitslosigkeit (wenn es nicht anders möglich ist) sehr gut nutzen können für die innere Entwicklung, für die Gesundheit und damit für ein besseres Miteinander in der Gemeinschaft. Wir können zum Beispiel alle den Plastik-Müll von den Wegen und aus der Natur aufsammeln. Es gibt viel zu tun und es ist immer möglich, etwas Sinnvolles zu tun. Daraus können sich für uns neue Wege ebnen und wir lernen nette Leute kennen u.v.m.
→ Bitte helft mit! Wir können uns innen entwickeln und außen helfen mit dem, was wir tun können, in der freien Zeit oder mit unserer Arbeit, die uns gegeben ist – damit wir alle der Gemeinschaft und der Natur etwas zurückgeben, sie stärken und in ein Gleichgewicht bringen. Das ist nicht nur sinnvoll, sondern notwendig.
In diesen ruhigen Wintern habe ich viel für mich und andere gebetet. Das Gebet, die Bitte um Liebe und Frieden in einem selbst und in der ganzen Welt für alle, ist eine wichtige Aufgabe - denn Gedanken kommen an! Darum beten Mönche seit vielen tausend Jahren auch für andere. Wenn es sinnlos und nutzlos wäre, dann hätten sie es sicherlich irgendwann bemerkt und beendet. → Positives Denken ist für alle hilfreich. Wenn wir friedlich sind und in Liebe durch die Welt gehen oder es auch nur wünschen, dann strahlen wir es aus. Es tut auch allen anderen gut und weckt Interesse am gesunden Miteinander. Gedanken wecken Gefühle. Gebete sind gute Gedanken, die gute Gefühle wecken – die uns durch das Leben tragen. → Das ist die Ebene der Elementarwesen. Da wir alle von und mit der Natur leben, ist es ratsam die Natur und ihre Elementarwesen in unsere Gebete miteinzubeziehen! Danke!

Meine Oma hatte für mich einen kleinen Sparvertrag abgeschlossen. Als ich ihn ausbezahlt bekam, nahm ich meine Ersparnisse hinzu und gönnte mir eine Auszeit. Ich mietete mir eine kleine Wohnung in einer kleinen Stadt auf dem festen Land und konnte mich endlich nur noch mit dem Suchen und Finden der Wahrheit beschäftigen, mit dem was ist, in allem und jedem und was möglich ist, außer dessen, was schon jeder kennt.

→ Eine Auszeit ist eine Zeit der Freiheit. Es ist eine äußere Freiheit, in der wir die innere Freiheit als Ziel haben sollten für eine Gleichgewicht von innen und außen. Wer eine Auszeit braucht, der braucht und sucht neue Wege der Verbundenheit und ein gesünderes Miteinander. Wenn wir etwas Neues brauchen, dann müssen wir das Alte loslassen. Frei sein durch loslassen. Bevor wir loslassen, ist es gut zu entscheiden, wofür die Freiheit dienen soll. Wenn wir nur loslassen, stehen wir leer da. Wenn wir uns bewusst entscheiden, dass diese Leere dem gesunden Zweck des Miteinanders dienen soll, dann erleben wir lebendige Leere. Leer werden, um frei der Gemeinschaft der großen Natur dienen zu können. Leere bedeutet: Was soll ich tun? Großes Leben, sag du es mir. Was kann ich tun, so wie ich bin? In der Stille und Leere erkennen wir die Wahrheit. Wir sehen, hören und fühlen nicht nur das, was wir wollen, sondern das, was wahr ist. Die Wahrheit ist, dass wir alle dienen, dem einen oder anderen Menschen, einer Gemeinschaft oder einem bestimmten Zweck. Wenn wir dies nun bewusst tun, und dabei an das Wohl von allen denken, zum Wohle der Natur, dann erfüllen wir ein höheres Lebensziel. Das ist der Erhalt des Lebens. Um etwas anderes geht es nicht. Bewusste Stille und Leere für Heilung, Wahrheit, für die Liebe und den Frieden. Das ist lebendige Stille, Leere und Leben. Es öffnet die Tür für ein glückliches Miteinander.

→ Dabei sollten wir im Kontakt mit der Natur sein, denn die Natur und ihre Elementarwesen sind still, haben viel Medizin, Frieden und ein glückliches Miteinander. So können wir uns gemeinsam in diesem Entwicklungsprozess unterstützen. Wenn wir in der Natur still sind, meditieren und gesunde Übungen praktizieren, fühlen sich die Elementarwesen und die gesamte Natur damit auch gut. Das ist Miteinander. Vielleicht haben die Elementarwesen und die Natur ja auch eine neue Aufgabe für uns! Viele Helfer braucht die Natur von uns Menschen. Viel Hilfe bekommen wir auch von ihnen. Nur so „funktioniert" das Leben. Danke!

→ Während meiner Auszeit fühlte ich mich nie alleine und immer sehr gut, obwohl ich nur wenig Kontakt mit lieben Menschen hatte. Es waren die Übungen und meine täglichen Spaziergänge in der Natur, die einen Wandel zum Miteinander und ein Gefühl der Verbundenheit möglich machten. Die Heiligen fragen uns: „Wozu braucht ihr eine Auszeit dafür?!"

→ Während der Auszeit erkannte ich die Qualitäten des Kriya Yoga von Babaji. Nach dieser Auszeit begann ich wieder zu arbeiten und versuchte die Übungen soviel wie möglich in den Alltag zu integrieren. „Das meinen wir", sagen die Heiligen. Es geht nicht darum, sich mit einer Auszeit aus dem Leben zu schleichen, sondern alles Schöne, Heilsame und Lehrreiche mit der Arbeit zu verbinden und so auch die Freizeit zu gestalten. Dann führen wir ein erfülltes, gesundes und glückliches Leben.

Das Kriya Yoga von Babaji Nagaraj hatte ich von Marshall Govindan Satchitananda gelernt. Es hatte mich so sehr fasziniert, dass ich täglich reichlich praktizierte. In dieser Zeit des Ausprobierens, bin ich morgens um 4.00 Uhr aufgestanden, weil ich es ansonsten neben der Arbeit nicht geschafft hätte, alles zu praktizieren, was mich interessierte. Dazu gehörte auch das Kriya Yoga von Sathguru Jaggi Vasudev mit einer so wunderbaren Wirkungsweise, dass ich nicht darauf verzichten wollte. Da hieß es also früh aufstehen. Um 4 Uhr morgens eine dreiviertel Stunde Kriya Yoga von Jaggi. Ab 5 Uhr drei Stunden Kriya Yoga von Babaji. Beide Übungsreihen bestanden aus Körperübungen, Atemübungen und Meditation im Wechsel. Es wurde nie langweilig und es gab dabei viel zu entdecken. Zum Beispiel hatte ich bei Babajis Yoga nach jeder einzelnen Übung eine Erkenntnis, die sich am Ende der Serie in aller Vollkommenheit abrundeten. Darin fand ich ein Gefühl von Zuhause. Im Anschluss frühstückte ich und ging zur Arbeit bis zum Mittag. Danach war ich mächtig müde, hungrig und unruhig. Bevor ich mir etwas zu Essen zubereitete, übte ich erst einmal eine Stunde Kriya Yoga. Wundersamerweise war ich danach hellwach, nicht mehr ausgehungert und ruhig. Jetzt konnte ich mir ganz entspannt etwas zu Essen kochen und in aller Ruhe essen. Mein Kopf war so klar, dass ich im Anschluss eine viertel Stunde Englisch lernte. Dann eine viertel Stunde die Beine hoch legen und wieder auf zur Arbeit. Am Abend praktizierte ich dann eine weitere Stunde Meditation und sang Mantren. Also alles etwas sanfter zum Tagesausklang. Gegen 22 Uhr legte ich mich eine Stunde schlafen und stellte mir zuvor den Wecker auf 23 Uhr. Dann stand ich auf und praktizierte wieder eine dreiviertel Stunde Yoga von Jaggi Vasudev. Endgültige Nachtruhe von 0 Uhr bis 4 Uhr.

→ In dieser Zeit war ich wie immer auch im Kontakt mit der Natur, weil es mich erdete, wenn die viele Energie in mir arbeitete. Die Natur wirkt ausgleichend. Wer sich innen entwickelt, der geht den Weg der Liebe. Das ist auch der Weg der Elementarwesen und für alle zum Besten. Elementarwesen haben großes Interesse an solchen Übungen. Sie sehen den Wandel der Energien aus einer anderen Perspektive und sie selbst entwickeln sich auch gerne weiter.

→ Kriya Yoga u.a. ist der Weg zur Erleuchtung, zur Einheit, zum Miteinander, zum Licht der Liebe, zum Frieden, zur Natur und zu den geistigen Freunden. Mit diesem Kriya Yoga können wir Hellsichtigkeit und viele andere geistige Fähigkeiten entwickeln und damit einen bewussten Kontakt mit den Elementarwesen und Engeln aufnehmen. Auch erleichtert es den telepathischen Kontakt mit den Heiligen, die uns dann auf dem Weg zum Miteinander besser helfen können.

Diesen Rhythmus habe ich ungefähr ein dreiviertel Jahr durchgehalten, dann spürte ich den Stress der Saison bei meiner Arbeit und reduzierte wieder mein „Programm" auf ein normales Maß. Das hieß, praktizieren so wie ich kann. Täglich bin ich mehrfach meinen inneren Widerständen begegnet und „musste" sie überwinden. Am Ende des Tages war ich glücklich und zufrieden, weil ich dadurch viele schöne und gute, neue innere Erfahrungen gemacht hatte. Es ging mir gut und doch brodelte etwas in mir, das ich nicht gut fand.

→ Hierzu ein Hinweis für Interessierte: Kriya Yoga dient u.a. der Reinigung des Unterbewusstseins. Das Unterbewusste ist das, was uns nicht (mehr) bewusst ist. Dies kommt ans Tageslicht. Was verstecken wir alle in unserem Unterbewusstsein? Es ist die noch unentdeckte Liebe und es ist auch das, was wir nicht mögen. Es ist die Angst, die nicht sein darf. Die Wut, die nicht sein soll. Traurigkeit, die keiner will. Darum eine kleine Warnung an diejenigen, die gerne über ihre Grenzen hinausgehen mögen, sich neu erfahren möchten und intensiv auf der Suche sind. Was aus dem Unterbewusstsein hervorkommt, muss auch verarbeitet und gewandelt werden! Das braucht manchmal seine Zeit, je nachdem was wir für Erfahrungen im Leben gemacht haben und welchen Gewohnheiten wir folgen. Da sollte jeder sehr auf seine innere Stimme hören, körperliche Anzeichen beachten, die eigenen Grenzen nicht unterschätzen und zwischendurch unbedingt eine Pause einlegen, um das Hervorgebrachte in Ruhe verarbeiten zu können! In dieser Pause, in der wir loslassen, können sich dann auch erst die positiven Wandlungen zeigen. Das können Gefühle von Harmonie, Frieden und Freude sein oder Hellsichtigkeit usw., als auch das Gefühl und Erleben von Verbundenheit mit der ganzen Natur, vielleicht bis in die Tiefe.

Mein Leben ging weiter und ich war mit der Zeit in Sachen Intuition schon recht geübt, das Spüren von dem was wahr ist. Sehr fleißig war ich und konnte dennoch bis dahin den Elementarwesen nicht bewusst begegnen. Bis mir eine liebe Freundin ein Buch von Tanis Halliwell „Elfensommer" in die Hände legte. Ein sehr schönes Buch. Es bestätigte mir, was ich die ganze Zeit in der Natur fühlte und geahnt hatte, dass wir nicht alleine sind. Ich hatte viel die Intuition geübt und dabei festgestellt, dass es nicht nur eine Welt gibt, in der wir alle leben. → Es gibt da noch andere Welten in dieser Welt. Auch wenn ich ohne dieses Buch die Übungen weiter praktiziert hätte, hätte ich sicherlich irgendwann die geistige Welt erkannt.

→ Je nachdem worauf wir unsere Aufmerksamkeit richten, das nehmen wir wahr. Das bedeutet, wenn wir alleine einen Weg suchen, brauchen wir vielleicht eine Stunde dafür. Wenn wir gleich jemanden nach dem Weg fragen, finden wir ihn sofort. Wir können einen Weg zu zweit oder mit mehreren entlanggehen. Der eine sieht dies, der andere jenes. Wir können sagen: „Schau doch mal dort hin." Und dann sehen die anderen es auch. Das ist leichter und so können wir uns schneller im Miteinander weiterentwickeln, z.B. im Miteinander mit der Natur und ihren Elementarwesen und Engeln. Dieser Lebensweg ist besonders schön. Das Miteinander mit ihnen macht glücklich.

Ich hatte bisher den inneren Blick noch nicht in Richtung der Elementarwesen geöffnet. Das Buch war wie eine Abkürzung auf dem Weg. Nun ging mein Leben anders weiter. Ich nahm bewusst Kontakt auf, versuchte sie zu spüren, zu sehen und zu hören..Das war ein langer Übungsweg.

Dennoch konnte ich nicht jetzt sofort die geistige Welt sehen. → Ich war noch immer gedanklich und emotional vom Egoismus blockiert. Es fehlte die goldene Mitte in mir und im Miteinander und dies auch auf geistiger Ebene. Die goldene Mitte kann uns die Tür zu vielen Welten der Natur öffnen. Wenn wir aus der Mitte heraus leben, sorgen wir damit für ein Gleichgewicht und Harmonie mit dem ganzen Leben, weil wir dann nicht egoistisch sind, sondern gleichwertig handeln, so wie die Elementarwesen. Nachdem ich einige Jahre in jeder Hinsicht sehr viel Stress hatte, baute sich in mir immer mehr Widerstand zum Leben auf, bis ich den Druck nicht mehr aushielt. Da fiel alles in mir zusammen. Unbewusste, unterdrückte Gefühle und Gedanken konnten sich nun frei zeigen, was nicht angenehm war. Widerstände oder Gegenkräfte entstehen, wenn uns etwas zu viel ist und wir das nicht mehr wollen, aber tun müssen und uns die Liebe zum Leben verloren geht. Ich hatte keine Kraft mehr, keinen Hunger, keinen Appetit. Alles war mir zu viel geworden. Jedes Wort der anderen ging an mir vorbei. Ich konnte keinen Satz in einem Buch lesen, ohne gestresst zu sein. Nur die Natur half mir noch (denn die liebte ich immer noch sehr), wenn ich es denn bis dorthin schaffte. Ich fühlte mich immer geschwächter. Angst und Panikattacken füllten mein Leben aus. An Schlaf war schon seit einem ganzen Jahr nicht zu denken. Wenn ich schlief, dann nur etwa ein Stunde mit furchterregenden Träumen. Es war kein Lächeln mehr möglich und Lachen schon gar nicht. Ich war ein Haufen Elend und wusste mir nicht mehr zu helfen. → Warum konnten mir die Natur, die Elementarwesen, die Engel und die Heiligen nicht vollständig und endgültig helfen? Weil ich mit einem Teil von der Natur keinen Frieden fand – mit Menschen. Und ich bin ja auch ein Mensch.

Darum machte ich einen Termin in einer anthroposophischen, psychosomatischen Klinik. Leider beruhigte mich das gar nicht. Stattdessen bekam ich seltsamerweise noch mehr Angst. Vermutlich die Angst davor, endlich mal alles loszulassen, an dem ich mich festhielt, und mir helfen zu lassen.

→ Darf das sein? Dürfen wir uns helfen lassen? Dürfen wir uns im Miteinander helfen? Wenn ja, warum tun wir es dann nicht viel mehr? Wenn wir uns untereinander mehr helfen und auch Hilfe annehmen würden, dann ginge es uns allen gut und es gäbe kein Leid auf Erden. Das ist Gleichgewicht. Wir teilen mit den anderen, was wir haben und nehmen an, was wir brauchen zum Über-Leben. So sollten wir auch mit der Natur in einem Gleichgewicht leben, denn sie ist die Basis unseres Daseins!

Weil wir Menschen untereinander und am allerwenigsten mit den anderen Lebewesen der gesamten Natur nicht so zusammen leben, darum hatte ich so viel Angst. Ich spürte kein Miteinander mehr. Wo war die Liebe unter uns Menschen geblieben? Wo war meine Liebe? Ich liebe die Natur. Sie ist unser Freund. Aber der Mensch verhält sich wie ein Feind gegenüber der Natur.

→ Wir alle sind Natur. Wir sind alle ein Teil von der großen Erden- und Himmelsnatur. Nichts kann uns von dieser Tatsache trennen. Nur wir selbst tun das, indem wir gegen die Natur handeln und damit gegen uns selbst! In Wahrheit trennt uns nichts voneinander, weil wir alle im Geheimen nach Liebe suchen und nichts ohne die Liebe tun. Liebe verbindet. Dennoch fühlte ich mich bedroht von der gesamten Menschheit, weil wir zu egoistisch lieben. Hatte ich zu dieser Zeit übertrieben? Ich bin dem Leid nicht aus dem Weg gegangen, sondern habe mich konfrontiert in mir und um mich herum. Mein Weglaufen wollte ich endlich beenden. Das ist mir auch mit dem wichtigsten Schritt gelungen, als ich mich entschied weiterzuleben. Eine Lösung für die Angst war es natürlich nicht und es änderte auch nichts an der Tatsache, dass leider sehr viele und zu viele Menschen so weitermachen wie bisher, ob ich lebe oder nicht.

Da ich mich in der intensiven Zeit der Wahrheitssuche zuvor immer mehr und bis in die Tiefe mit der Natur verband, konnte ich vermutlich unbewusst auch die Hilferufe und das Leid der Tiere, Pflanzen und Elementarwesen wahrnehmen. Denn auch das ist die Wahrheit, die wir Menschen mit unserer großen Freude an den materiellen Dingen verursacht haben. Die Natur muss darunter leiden. Es ist anzunehmen, dass dies meinen Zustand noch verschlimmert hat.

→ Vielen Menschen geht es geistig und emotional sehr schlecht. Wir sind ein Teil der Natur und mit allen Lebewesen, einschließlich der Elemente, verbunden. Je mehr wir dafür Sorge tragen, dass es der Natur mit unserem Dasein gut geht, um so mehr Kraft und Liebe werden wir haben, um ein gutes und gesundes Leben haben zu können – weil die Tiere, Pflanzen,

Elemente und Elementarwesen nicht mehr leiden müssen. „Es bedingt sich", sagt ein Heiliger dazu. Die Lösung für uns alle, für die Natur und ihre Elementarwesen ist, wenn wir die natürliche Liebe zur Natur, die in uns ist, weil wir ein Teil von ihr sind, wiederentdecken und auf alle unnötigen materiellen Dinge verzichten!
→ Schauen wir uns manchmal solche Tatsachen an? Sehen wir den Müll am Wegesrand? Sehen wir auch die Armut und Krankheit um uns herum und auf der anderen Seite der Erde? Sehen wir die Gewalt, die der Natur durch uns Menschen angetan wird? Die Gewalt an anderen Menschen, den Tieren, Pflanzen, Bäumen? Können wir das Leiden der anderen spüren? Verdrängen wir das, worunter wir alle leiden?
→ Es gibt viele und immer mehr Menschen, die Angst haben, weil solche Tatsachen verdrängt werden. Den Tieren, Bäumen und Elementarwesen macht das Angst. Was wir Menschen nicht sehen wollen und verdrängen, das ändern wir nicht – und darunter muss am meisten die Natur leiden. Sie sind unsere Freunde. Verlieren wir die Natur, indem wir ihr schaden, verlieren wir unsere Freund und unser Leben. „Es bedingt sich." Die Freude aneinander erhält unser Leben.

→ Was wir lieben, achten und wertschätzen, das erhalten wir.
Wo ist unsere Liebe zur Natur geblieben?
Wo ist unsere Liebe zu uns Menschen geblieben?
Wo ist unsere Liebe zum Körper?
Wo ist die Liebe zum Leben?
Wo ist die Liebe?
Liebe ist da, wo wir gemeinsam sind.
Erinnern wir uns wieder an die Liebe.
Erinnern wir uns an ein Miteinander in Liebe und Frieden.

Gedanken - PAUSE

Es dauerte lange, bis ich in der Angst eine Qualität erkannte, wie auch in allen anderen unangenehmen Gefühlen, die mich und mein Leben bedrohten, mich quälten und mich vom schönen Leben abhielten, weil ich diese Gefühle ablehnte.
→ Das Annehmen der Gefühle ist die Liebe zum Leben und so kam auch die Kraft wieder zurück. Ich versuchte mich zu lieben und zu akzeptieren, so wie ich bin und so wie mich alle Vorfahren geschaffen haben. Es war also gleichzeitig ein Anfang für das Frieden-schließen mit allen anderen, mit der ganzen Natur. Alle Gefühle sind Kräfte, die uns von der Natur gegeben wurden. So erfüllt alles in uns einen Zweck. Wenn wir den verstehen, dann

wird es leichter. Das erzähle ich euch, weil die Angst die beste Qualität von allen Gefühlen hat. Feinste Wahrnehmung, höchste Sensibilität und Achtsamkeit bis ins kleinste Detail, vorsichtig und vernünftig sein mit sich selbst und allen anderen - wenn wir diesen Teil von uns annehmen. Wenn wir aber die Angst und andere Gefühle, die uns unangenehm sind, unterdrücken, dann unterdrücken wir auch einen Teil unserer sensiblen Seite.
→ Das ist der Teil in uns, der in der Lage ist auch Elementarwesen und Energien zu spüren.
Wenn man von den Gefühlen so gebeutelt wird, dann trifft man irgendwann Entscheidungen. Endgültige manchmal. Vor dieser Tür stand ich. Ich wusste nicht mehr ein noch aus. Die Entscheidung, die ich traf, war mein Leben <u>nicht</u> zu beenden. Ich habe keine Ahnung, wem ich diese „Gott-sei-Dank-Entscheidung" zu verdanken habe. Vielleicht war auch ein Engel, Elementarwesen oder Heiliger mit dabei, um mich in die richtige Richtung zu bewegen. Fest steht, ich habe so entschieden. Der Liebe sei Dank! Denn den schönsten Teil von meinem einen, kostbaren Leben hätte ich sonst verpasst. Es begann eine Zeit, die immer noch im Werden ist - immer schöner werdend, glücklicher und mit immer mehr Liebe in mir und überall erlebend, in Verbundenheit mit dem Leben auf immer mehr Daseinsebenen, mit allen anderen und mit der ganzen Natur.
→ Es war und ist ein Erwachen im Miteinander mit den Elementarwesen, den Engeln, Bäumen und Menschen in eine Gemeinschaft hineinwachsend mit der Natur in aller Fülle, mit allem, was das Leben geschaffen hat. Es ist ein Erwachen durch das Gnadenlicht der Liebe (das ist ein Teil des Göttlichen) aus dem Ursprung des Lebens, mit dem Licht, das in uns allen vorhanden ist und das nur durch ein vollkommenes Miteinander leuchten kann. Zur vollkommen Gemeinschaft gehört die Natur. Es liegt an uns, ob wir dem Glück durch die Gemeinschaft eine Chance geben.

In dieser sehr leidvollen Zeit, von der ich dachte, sie würde nie mehr enden, half mir ein sonderbares Zusammentreffen bedeutend weiter. An einem sehr frühen Morgen nach einer wie immer schlaflosen Nacht, spürte ich eine männliche Wesenheit im Raum. Ich hatte keine Angst vor ihm, obwohl er sehr präsent war und ich das Gefühl hatte, der ist nicht von dieser Welt. Diese Wesenheit hatte ein überirdisches Bewusstsein. Er war still und friedlich. Warum sollte ich also Angst vor ihm haben? Es gab keinen Grund. Das erzähle ich euch, obwohl ich zu dieser Zeit Angstzustände, also Dauerangst und Panikattacken hatte. Vor ihm, der mir völlig unbekannt war und wie mir schien auch nicht von dieser Welt, konnte ich keine Angst empfinden. Auf einmal fragte er mit einer sehr speziellen Betonung: „Ist es möglich?" Ist es möglich, dass das Leiden ein Ende hat und dass wir alle glücklich zusammenleben, gemeinsam mit der Natur? Denn nur mit ihr können wir ein vollkommenes Glück erfahren.

Mein ganzes Leben lang hatte ich mir nicht ein einziges Mal Gedanken darüber gemacht, ob irgendetwas möglich ist. In meinem derzeitigen Zustand war diese Frage besonders wichtig, denn ich hatte das Gefühl, dass ich nie mehr aus diesem Leiden herausfinden werde.

→ Wo war da meine Stimme der Intuition? Die Liebe und die Intuition das ist Eins. Keine Liebe, keine Intuition - das ist nicht möglich, weil wir immer mit etwas oder jemandem verbunden sind und wenigstens ein Funken Liebe und somit auch das Gefühl der Intuition in uns existiert. Das ist die Urnatur in uns. Je mehr wir uns mit der Natur (auch auf geistiger, feinerer Ebene) verbinden, um so besser ist unsere Intuition - weil die Natur der Ursprung des Lebens ist. Die Elementarwesen und Engel können uns an diese Gefühle erinnern, weil sie in Verbundenheit leben und feinerer Natur sind wie die Intuition, und sehr liebe Wesen. Aber dennoch konnte ich nicht spüren, ob und wie es weitergeht, weil ich die Liebe aufgegeben hatte und mit ihr das Miteinander. Wie sollte ich da Hoffnung haben und die Möglichkeiten des Lebens erfassen können?

Nun sitze ich hier und schreibe und was soll ich sagen... ich bin putzmunter. Es geht mir wunderbar. Ich bin jetzt 46 Jahre jung. Heute morgen bin ich barfuß am Strand spaziert, habe am Meer Qi Gong geübt und meditiert, den Blicken der anderen Menschen ausgesetzt, die natürlich neugierig werden, wenn jemand etwas anders macht, als sie es gewohnt sind. Wenn sie nur die Elementarwesen gesehen hätten, die kleinen Leute - die Wichtel auf meinen Schlappen sitzend, das Zwerglein, das sich mit mir im Qi Gong probierte, die Elfe, meine Erinnrerin an die Menschenliebe und an der Wasserkante die Nixe, die sich freute uns alle zu sehen. Ich habe das Leben wieder angenommen und das Leben hat mich aufgenommen.

Was ist das Leben?

Das sind wir alle. Du, der kleine Hase vor mir auf der Düne, die schönen Butterblumen am Wegesrand, der friedliche Baum von nebenan und die heilsamen Naturgeister. Welcher segensreiche Geist mir an diesem einen Morgen erschienen ist, um mich zu fragen, ob es möglich ist, das weiß ich nicht. Aber ich bin ihm für seinen kurzen Besuch sehr dankbar. Denn jetzt weiß ich, es ist möglich! Der Wandel des Lebens in Liebe, Frieden und Miteinander – ein Leben im Glück. Wir brauchen es nur anzustreben, anzunehmen, uns helfen zu lassen und selbst auch der Natur und anderen Menschen zu helfen, so gut wir es können.

→ Wenn wir nur Anerkennung bekommen, wenn wir töten und die Liebe in und um uns absterben lassen...

Wenn wir das Leben in und um uns unterdrücken und die Lebenskraft ablehnen...
Wenn wir den Ruf nach Freiheit nicht erhören, weil wir nicht still sein, nicht zur Ruhe kommen dürfen oder wollen...
Wenn wir nicht in der Liebe erwachen wollen und wenn wir nicht die Möglichkeit haben von der Liebe zu lernen... was ist uns dann noch möglich?

→ Wir haben die Möglichkeit, uns zu entscheiden zu jeder Zeit, z.B. für Liebe und Frieden. Ein Heiliger des Kriya Yoga sagte mir telepathisch: „Strebe nach Erleuchtung ohne Unterlass! Erleuchtung findest du, wenn du beide Seiten miteinander verbindest."
Wie verbinden wir beide Seiten miteinander - das Für und Wider in uns, Mensch und Natur, die materielle und die geistige Welt? Das ist nur im Frieden und mit Liebe möglich. Erleuchtung ist, in Liebe und Frieden mit allem und jedem, mit der ganzen Welt, mit der Natur und allem Leben in ihr in Verbundenheit zu leben, in einer kleinen und großen Einheit. Die Heiligen empfehlen uns, danach zu streben. Eine vollkommene Einheit können wir nur gemeinsam erschaffen. Egoismus zerstört alles. Liebe und Frieden auf Erden und in uns zu haben, das ist nur gemeinsam möglich – und dazu gehören auch die Tiere, Pflanzen und Elemente, so wie die Elementarwesen und Engel der geistigen Welt. Körper, Geist und Seele sind dann eins.

Die geistige Welt und ihre wunderbaren Bewohner konnte ich nun, nachdem ich meine Ängste angenommen hatte und mit ihnen meine Sensibilität, immer besser sehen und hören. Erst jetzt konnte ich es! Die Elementarwesen, als auch viele Menschen und die gesamte Natur hatten mir dabei geholfen. Ich hatte mich auf den Weg begeben, Frieden zu schließen und das Leben in Liebe anzunehmen. Es war ein Anfang in mir und gleichzeitig ein Neuanfang mit allen anderen, ein sehr spezieller Neuanfang, einer mit neuen Sichtweisen des Lebens mit all seiner unentdeckten Lebendigkeit. Einer dieser Neuanfänge sah so aus:

→ An einem schönen Tag ging ich zwischen den Bäumen spazieren. Fast ganz normal betrachtete ich einen Baum, um ihm meine Anerkennung zu zeigen, indem ich ihn als lebendiges Wesen wahrnahm, so wie ich auch eines bin. Auf einmal sah ich ein fast menschliches Gesicht im Stamm des Baumes mich sehr freundlich anlächelnd. Dieses Lächeln verströmte so viel Liebe, dass es mich im Herzen ganz und gar erwärmte und besänftigte. Es war das Gesicht und Lächeln der Seele des Baumes, das sich mir da zeigte. <u>Die Seele der Bäume</u> hat also etwas sehr Menschliches.
Ich könnte niemals einen Baum fällen. Das konnte ich schon vorher nicht

wegen ihrer äußeren Schönheit. Jetzt kann ich auch ihre innere Schönheit sehen und spüren. → Keiner tötet oder verletzt den, den er liebt. Lieben wir die Natur? Wir Menschen sind ein Teil der Natur.
Während ich dies schrieb, nahm ein Baum telepathisch Kontakt mit mir auf, denn auch das ist möglich. Ich sah ihn vor meinem inneren Auge. Er fragte mich sehr bescheiden und in aller Demut, wie Bäume eben so sind: „Schreibst du auch von uns?" Das mache ich, schöner Baum, denn ihr seid besonders friedliche Wesen und helft uns allen beim Überleben. Ohne euch wären wir alle nicht da. Danke, dass ihr Bäume da seid!

Es gab noch ein für mich sehr beeindruckendes Zusammentreffen mit einem Elementarwesen am Anfang meiner bewussten Kontaktaufnahme mit Naturgeistern. Mit zwei Freundinnen zusammen ging ich durch das Juister Wäldchen. Die beiden gingen sich unterhaltend vorweg und ich pirschte laaangsam hinterher. Langsam, weil ich ja auch den Kontakt mit den Elementarwesen wollte und noch nicht so gut geübt darin war. Sie gingen, ich hinterher und auf einmal stand da ein Wesen direkt vor meinen Augen bei einem Farn. Noch nie zuvor hatte ich so deutlich ein Elementarwesen gesehen. Er war und ist es immer noch, ca. einen Meter groß, trägt grün-braune Kleidung, die ich sehr genau erkennen konnte und hat eine Zipfelmütze auf dem Kopf. Ich konnte ihn genauso gut sehen, wie ich auch meine Freundinnen sehen konnte ...die an ihm vorbei spaziert sind. Es war nur ein kurzer Moment als ich ihn sah, so selbstverständlich zwischen den Pflanzen stehend. Völlig fasziniert von seinem schönen Anblick tappte ich weiter artig hinter meinen Freundinnen hinterher. Ich erzählte ihnen aufgeregt von dem Wesen, aber sie hatten ihn leider nicht sehen können. Mich ließ der Gedanke an den Naturgeist nicht los. Er machte mich neugierig und ich fragte mich, zu welcher Art Elementarwesen er wohl gehörte. Mein Gedanke war, dass er ein Faun sein könnte. Auf den Gedanken kam ich nur, weil er neben einem Farn stand. So einfach kombiniert unser Gehirn. Solche flinken Ideen sollte wir besser überprüfen oder ganz einfach - den Geist fragen. Nach einer Weile spürte ich ihn wieder und dann klärte er mich auf. „Ich bin ein Elfe", sagte er und kurz darauf bat er mich: „Erzähl von uns."
Das tue ich nun in Vorträgen, Seminaren und in Gesprächen, wann immer sich die Möglichkeit bietet. So kam es zu diesem Buch. Dass ich in meinem Leben ein Buch schreiben würde, das wusste ich schon als Teenager. Dass es über Zwerge, Engel und Elfen sein würde und über lächelnde Bäume, darauf wäre ich niemals gekommen. Die Heiligen bitten mich über die Liebe zu reden und daran zu erinnern. Das tue ich reichlich, wie ihr vielleicht schon bemerkt habt, weil ich immer mehr begreife, dass es nichts Wichtigeres in unserem Leben gibt als die Liebe.

→ Zu lieben, das bedeutet, zu helfen. Die Elementarwesen und die Natur leiden immer mehr, obwohl in ihrer eigenen Welt alles gut ist. Es liegt an der vielen Zerstörung der Natur durch uns Menschen. Darum bitten sie mich von ihnen zu erzählen, denn was wir wissen, das können wir ändern. So möchte ich in diesem Buch auch sagen, was nicht gut tut, damit wir damit aufhören, Leiden zu erschaffen. Die Elementarwesen sind unser noch unentdecktes Glück. Es wird Zeit, das wir damit beginnen, die Welt zu retten - denn das ist unser Leben - die Natur!

→ Wenn wir nur versuchen Spaß zu haben, dann verstecken wir unseren Schmerz, das Unausgeheilte und das Leid in der Welt hinter Träumereien. Die meisten von uns Menschen gehen so träumend durch das Leben oder, genau das Gegenteil, leiden zu viel. Die Heiligen, als auch die Elementarwesen, erinnern mich nicht nur an die Liebe. Sie sagen zwischendurch immer auch: „Vergiss nicht das Leid." Denn das vergessen wir gerne. Aber dann ändert sich nichts und wir werden dann auf schmerzliche Weise wieder daran erinnert, dass es auch Krankheit, Alter, Tod und Zerstörung gibt. Das Denken an Leiden (bevor wir leiden!) kann uns helfen, dass wir aufhören zu träumen, damit wir aufwachen und uns um unser Leben und die Natur kümmern. Nur auf diese Weise können wir im Gleichgewicht und Miteinander mit allen leben - länger, gesünder und glücklicher. Aufzuwachen durch die Liebe ist schöner. Darum lohnt es sich, bewusst die Liebe anzustreben – und etwas dafür zu tun. Tun wir alle etwas für die Natur, denn die hat sehr, sehr viel für uns getan!

→ Was wird aus unserem Leben, wenn wir nicht von den Heiligen lernen?
Oder wenn wir nicht mehr in einer noch intakten Natur leben können?
Was wird aus uns, wenn wir nicht alle den herzensguten, lieben und weisen Elementarwesen und Engeln begegnen?
Was wäre, wenn sie alle kein Mitgefühl mit uns hätten und uns nicht helfen würden?
Was wird sein, wenn wir nicht erkennen, dass Bäume und alle Pflanzen so lebendig sind wie wir Menschen, mit dem einzigen Unterschied, dass sie immer friedlich sind?
Was wird aus uns, wenn wir der Liebe nicht begegnen?
Und was, wenn wir nicht auf sie hören und ihr nicht folgen?
Wie entwickeln wir uns, wenn wir die Liebe nicht anstreben?
Was wird dann aus der großen Gemeinschaft Erde, der Natur, von der wir ein Teil sind und von der wir alle leben?
Was wird aus uns?

→ Wir haben die Möglichkeit bewusst das Leben zu verändern. Wir können und sollten dabei um Hilfe bitten, damit wir das Richtige tun – damit wir zum Besten für alle leben und nicht nur für uns selbst. Wenn wir nur für uns selbst leben, dann brauchen wir uns diese Fragen nicht mehr zu stellen.

Nachdem ich den Elfen im Juister Wäldchen so deutlich gesehen hatte, wie kein anderes Wesen zuvor, kaufte ich mir das zweite Buch von Tanis Helliwell „Elfenreise". Dort beschreibt sie das Aussehen eines Waldelfen: ca. einen Meter groß, trägt grün-braune Kleidung und, das ist wohl klar, er lebt im Wald. Das war die Bestätigung dafür, dass ich mir nichts eingebildet hatte. Dieses geistige Wesen im Juister Wäldchen gab es wirklich! Mit meinem immer skeptischen Verstand war ich sehr dankbar für ihre Beschreibung. Jetzt konnte ich erleichtert weiter der Intuition folgen, der Stimme der Liebe in uns, die uns alle miteinander verbindet.

→ Bei meinem Bestreben nach Heilung durch Miteinander bin ich der Liebe begegnet und den vielen Liebenden in der Welt – in der Natur. Es ist die Natur selbst und das geistige Bewusstsein der Natur. In und mit ihr sind die Elementarwesen, Engel und Heiligen. Ich danke dem gesamten Leben dafür – für die Möglichkeit lieben zu können. Wenn wir alle die Natur an unserer Liebe teilhaben lassen, können wir wahre Wunder erleben.

Ihr habt nun einen Teil meines Lebens kennengelernt. Es hätte jeder andere Name auf diesem Buch stehen können, denn ich bin nicht anders als alle anderen Menschen auch. Es gab gute und schlechte Zeiten in meinem Leben, anstrengend stressige und hilfreich entspannende Erfahrungen. Mir wurde nicht immer geholfen, auch ich „musste" meine eigenen Erfahrungen machen und Antworten finden, sowie den Lebenswillen und die Liebe in mir. → Der Unterschied zwischen uns allen liegt nur darin, <u>was</u> wir suchen und anstreben – <u>wofür</u> wir leben. Für was leben wir? Beziehen wir die Natur mit ein?

Beruflicher Erfolg interessierte mich nie, genauso wenig wie finanzieller Reichtum oder materielle Anhäufungen. Nur für das Notwendigste sorge ich und lebe bescheiden. Meine Ersparnisse dienten dazu, Kriya Yoga-, Qi Gong- und Meditationsseminare zu besuchen und um Pilgerreisen machen zu können. Mit der Zeit habe ich gelernt, mehr Geld mit anderen zu teilen, die weniger hatten als ich - vor allem mit der Natur, um ihr endlich auch auf materieller Ebene etwas zurückzugeben. Von diesem Geld werden Bäume gepflanzt und Regenwaldflächen aufgekauft, damit sie nicht mehr gerodet werden können. Das sind Möglichkeiten, was wir mit Geld tun können.

→ Was machen wir mit dem Geld? Was sind die wichtigsten Bedürfnisse?

Wonach streben wir? Suchen wir die Erleuchtung? Streben wir nach Liebe und Frieden? - ohne Unterlass? Versuchen wir in einer Gemeinschaft mit der Natur zu leben? Mit der Möglichkeit, Enscheidungen zu treffen, können wir die Welt retten!
→ Die Welt retten, das ist der sehnlichste Wunsch der Elementarwesen, der Bäume und Pflanzen, der Tiere, der Natur überall und der heiligen Männer und Frauen dieser Erde unter uns Menschen. Es ist auch mein Wunsch, denn dann erst können wir alle in Liebe und Frieden auf dieser einen wunderschönen Erde gemeinsam weiterleben – wenn ihr auch mitmacht, wenn alle mitmachen.

Ihr habt gelesen, dass ich nicht mit einer Gabe der Hellsichtigkeit geboren wurde, so wie die meisten anderen Menschen auch nicht. Ich habe es gelernt und versuche mich weiterzuentwickeln, so weit wie es möglich ist. Ich habe versucht die Liebe in mir zu entwickeln, zu entdecken und mich ihr zu öffnen, und tue es immer noch. Wenn ich nicht in Liebe bin, versuche ich es zu wandeln und mich von ihren Kräften wandeln zu lassen. Es ist ein dauernder, innerer Prozess, das ICH in den Dienst der Liebe und der Gemeinschaft zu stellen – für das WIR. Auf diesem Weg kam das Spüren der Liebe auf allen Ebenen des Lebens und mit ihr das Sehen und Hören der Elementarwesen, den lieben Naturgeistern. Es ist die Entdeckung der Verbundenheit in der Tiefe mit allen.
→ Wer das auch möchte, der kann es lernen und entdecken – die Intuition, die Liebe, die Elementarwesen und das Gefühl der Verbundenheit. Wir können lieben lernen. Wir können in der Liebe erwachen, durch sie und mit den Liebenden. Und wir können uns von der Liebe wandeln lassen – für alle, für die Natur. Denn die Liebe, das ist die Urnatur in uns allen.

→ Der Ursprung, der Anfang allen Lebens – das Göttliche, die Liebe.
Es gibt viele Anfänge, die wir beginnen können - vielleicht so viele, wie wir Menschen auf der Erde leben. Was könnte der erste und nächste Schritt sein? Die Heiligen sagen: „Einsicht ist der erste Schritt."
Vielleicht kann unser erster Gedanke und unser letzter Gedanke des Tages der an die Liebe sein.
Dazwischen können wir alles für die Liebe tun, was uns möglich ist. Leben und empfangen wir das Glück der Liebe, das Glück der Gemeinschaft der Natur mit den Elementarwesen. Es ist möglich!

****

Das Üben der Intuition – ein Beispiel:

****

Euer Tag könnte so aussehen:
Ihr erwacht und spürt euren Körper im Ganzen.
Dann macht ihr euch das Leben im Ganzen um euch herum bewusst – alles, was da ist.
Wenn ihr mögt, dann könnt ihr in euer Bewusstsein die geistige Welt mit den Elementarwesen mit einbeziehen.
Ihr nehmt also euch und die Welt um euch herum wahr und hört auf euer Gefühl, verbunden mit der Frage: Was ist heute als Erstes gut zu tun?
Dann hört ihr dabei auf euer Gefühl, auf euer Bedürfnis. Denn über die Bedürfnisse drückt sich die Intuition aus. Es ist nicht das Gefühl der Lust auf etwas! Z.B. der Appetit auf Schokolade kann nicht das Gefühl der Intuition sein, weil es nicht zum Besten für alle ist, wenn ihr sie esst. So könnt ihr euer Gefühl/die Intuition überprüfen. Achtet auf das, was gesund ist und zum Besten für alle. Die intuitiven Kräfte unterstützt ihr, wenn ihr bewusst auf die Liebe hört. So könnt ihr auch das intuitive Denken üben. Dafür ist das Üben der Stille notwendig.

Vielleicht habt ihr den Eindruck, erst einmal nichts zu spüren. Wenn es so ist, dann seid ihr mit euren Gedanken, Gewohnheiten, Wünschen und eurem Willen vielleicht schon zu weit gegangen - über die Stimme der Intuition hinaus. Fühlt und denkt in kleineren Schritten.

Vielleicht sagt euch euer Gefühl mit eurem Körper verbunden: „Es ist jetzt gut, den Bauch zu massieren." Dann macht ihr das, auch wenn ihr nicht wisst, wofür das jetzt dienen soll, denn euer Bauch fühlt sich jetzt vielleicht gut an. Die Intuition, die Liebe, die Wahrheit, die Vorausschau in euch wird es schon wissen, wozu es heute gut ist.
Danach mögt ihr vielleicht aufstehen und fühlt euch schon ganz gut. Ihr geht zur Toilette und stellt fest, dass euer Stuhlgang heute besser ist. Sicherlich wurde von der Bauchmassage der Darm angeregt.
Ihr geht in die Küche und mögt euch einen Tee zubereiten – intuitiv erfühlend, welcher heute der Richtige für euch ist. Vielleicht ist es diesmal der Fencheltee und davon macht ihr euch eine große Kanne voll, weil es euer Gefühl so vorgibt. Heute ist also euer Bauch wichtig.
Dann bekommt ihr womöglich das Gefühl, ihr solltet eine Wärmflasche neben den Wasserkocher legen. Mehr nicht. Macht es einfach, ohne viel darüber nachzudenken.

Ihr, spürt weiter, was zu tun ist. Vielleicht habt ihr spontan das drängende Gefühl, im Garten eine Blume zu pflanzen, um die Schönheit auf Erden zu mehren. Also los...
So geht ihr weiter in den Tag und versucht, die „Wege" zu erspüren, die die Intuition euch vorgibt.
Später zieht es euch auf einmal zum Bücherregal hin und eure Hand ergreift intuitiv ein Buch. Ihr nehmt es und es steht darauf: „Heile dein inneres Kind." Lesen mögt ihr es gerade nicht vom Gefühl her und legt es vielleicht neben den Sessel. Jetzt ist erstmal ein Spaziergang fällig. Es zieht euch hinaus.
Rechts entlang oder links, den kurzen Weg oder den langen. Ihr folgt intuitiv und trefft plötzlich jemanden, den ihr schon seit zwanzig Jahren nicht mehr gesehen habt. Die Wiedersehensfreude ist groß und ihr redet über alte Zeiten. Über die Schule, Freunde und Probleme dieser Zeit und wie sie gelöst wurden.
Wieder Zuhause angekommen, spürt ihr vielleicht das Bedürfnis nach Wärme und etwas Wohltuendem für den Bauch. Der Fencheltee steht bereit und die Wärmflasche wartet schon. Eine schöne Bestätigung für die intuitiven Gefühl zuvor.
In Gedanken versunken, setzt ihr euch in den Sessel ...und könnt euch das Buch nehmen, das schon neben euch liegt, um eure Kindheitserinnerungen zu besänftigen und damit Frieden zu schließen.
Wenn ihr jetzt noch offen seid für Elementarwesen, dann habt ihr beste Helfer, die ihr einladen könnt oder die euch von dem Spaziergang vielleicht schon nach Hause gefolgt sind, weil sie bemerkt haben, dass ihr Interesse am Miteinander habt.

Sie sind die besten Heiler für unsere Kinderseele und sie haben sich sicherlich gefreut, dass ihr der Erde heute eine Blume geschenkt habt. Das hilft auch den Elementarwesen, sich wohler zu fühlen und dafür sind sie immer dankbar.
Am Ende des Tages könnt ihr zufrieden ins Bett gehen, mit einem wohligen Bauch und Dankbarkeit für das Leben mit so vielen Möglichkeiten, Freuden und Freunden. Mit einer Stimme in euch, der ihr vertrauen könnt.

So könnte ein rein intuitiver Tag aussehen.
So könnte euer ganzes Leben aussehen.
Am Anfang könnt ihr noch nicht alles verstehen und am Abend oder am Ende eures Lebens rundet sich alles in Vollkommenheit ab, mit allem, was ihr braucht zum Besten für euch und alle anderen – für die Menschen, für den Körper, das Seelenheil, für die Natur, die Erde und die Naturgeister.

Intuition zu üben bedeutet, sich zu verbinden und das Bestmögliche für beide Seiten zu tun. Versucht nicht nur alle Dinge oder alle Menschen, sondern auch die Natur mit ihren Bewohnern und, wenn ihr möchtet, auch die geistige Welt miteinzubeziehen. Dann habt ihr gute Freunde, die euch beim Üben der Intuition behilflich sein können. Manche Elementarwesen können vorausschauen, euch warnen und euch erinnern, an das Gefühl der Intuition, an die Quelle in euch, die Quelle der Liebe durch das Miteinander.

Danke, für diese wahrhaft göttliche Quelle in uns allen, die uns den Weg weist zu Liebe und Frieden!

****

Elementarwesen, die Natur & wir Menschen
Dem göttlichen Ursprung ganz nah

Alles Existierende, sowie wir Menschen und die Elementarwesen, bestehen aus Energien, aus Licht, einem geistigen Ursprung und aus den Kräften der Liebe. Das versuche ich in diesem Kapitel zu erklären, denn mit dem Wissen um diese Kräfte in uns allen können wir uns die verschiedenen Daseinswelten in dieser Welt bewusst machen und unsere Sichtweisen ändern. Wir können uns verändern und ein Leben der Vollkommenheit führen. So wie die Heiligen, die körperliche Unsterblichkeit erreicht haben, und die uns zeigen, dass das Geistige keine Welt ist, der wir fern sind, sondern in der wir leben und aus der wir existieren. Sie zeigen uns, das <u>alles</u> möglich ist! Und, dass wir für die Entdeckung dieser Möglichkeiten die geistige Welt und ihre Helfer, die Elementarwesen, die Engel, das göttliche Licht, und ganz besonders Liebe und Frieden brauchen. Heil, heilig und göttlich können wir nur werden, wenn wir uns mit dem Heilenden, Heiligen und Göttlichen verbinden. Das ist die Natur. → Es sind die anderen Lebewesen und die geistigen Helfer in der Natur, die ihr Licht und ihre Kräfte mit uns teilen - die wir darum besser nicht zerstören, sondern bestmöglich unterstützen und erhalten sollten. Denn was sonst sollten wir anstreben im Leben, als das Göttliche, ein bestmögliches Miteinander mit der ganzen Natur, die Liebe, Frieden und ewiges Leben?!

→ Elementarwesen sind ein geistiger und sehr geistreicher Teil der Himmels- und Erdnatur seit vielen Millionen und Milliarden Jahren. Sie hat es schon immer auf der Erde gegeben, denn sie sind ein Teil der Elemente, ein Teil des Planeten. Elementarwesen sind das Bewusstsein der Urkräfte. Sie leben z.B. im Wasser und sind ganz und gar verbunden mit diesem Element, aber sie sind nicht das Wasser. So wie wir Menschen einen Körper haben, aber wir sind nicht (nur) der Körper. Wir haben einen Magen. Sind wir der Magen? Sind wir der, der das Essen verdaut? Haben wir das unter Kontrolle? Der Magen ist ein Teil des Körpers und wir sind ein Teil des Körpers der Erde. Wer sind wir?

Wir, die wir dies lesen, sind der geistige Teil des Körpers und der Erde mit einem Bewusstsein. Wir Menschen sind dem Element Erde zugehörig. Die Zwerge gehören auch zum Element Erde wie wir Menschen. Sie sind sozusagen unsere Kollegen. Wenn wir aus einem geistigen Teil bestehen, dann sind wir also auch Geister, in manifestierter Form oder man sagt auch in materialisierter Form. Was also ist Geist?

Da ich kein Wissenschaftler bin, kann ich euch nur von meinen eigenen Erfahrungen erzählen und was ein normal gebildeter Mensch mit Herz und Verstand herausfinden kann. Ein Elementarwesen, ein rein geistiges Wesen, könnte das bestimmt besser erklären.

→ Die Wissenschaft sagt, alles besteht aus Atomen. Alles. Der Tisch, die Blume, der Mensch, ein Finger. Wir haben also alle dieselben Urkräfte in uns. Wir sind in der Basis des Lebens alle gleich. Ein Atom ist ein Energieteilchen, bestehend aus drei kleineren Energieteilchen – Proton, Neutron, Elektron, die wiederum aus noch kleineren Energieteilchen bestehen, was sich fortsetzt bis zu kleinsten Lichtteilchen. Können wir das sehen, wenn wir auf unsere Finger schauen? Also, glauben wir mal den Wissenschaftlern, dass alles aus Energie besteht. Wenn alles Existierende aus Energie besteht, dann bestehen die Bäume, die Berge, die Tiere und die Elementarwesen auch aus Energie, genauso wie wir Menschen. Mit elektronischen Geräten können wir Energien messen, z.B. die Kraft unserer Gedanken mit dem EEG, weil Gedanken Energien sind. Der Körper ist Energie und das Gehirn. Genauso sind unsere Gefühle als Energien messbar, z.B. mit einem Lügendetektor.

Es ist alles vom Leben Geschaffene in der Struktur sehr fein und klein und für das normale Auge nicht sichtbar. Wir können den Ursprung des Lebens mit bloßem Auge nicht sehen. Energie in der Steckdose können wir auch nicht sehen, wohl aber spüren, wenn wir nicht aufpassen. Wir fühlen mit dem Körper. Der Körper besteht aus Energien. Gedankenenergien im Gehirn wecken die Gefühle des Körpers. Körper, Verstand und Gefühle – alles ist eins.

Wir können die Energien besonders gut spüren, wenn sie stark sind, z.B. die Energiekräfte an bestimmten Plätzen in der Natur. Eine Wüste fühlt sich anders an als ein Gebirge, der Wald oder das Meer. Es sind nicht nur die äußeren Kräfte, die wir spüren. Eine Wüste strahlt eine andere Stille aus als die Stille des Waldes. Wenn wir einen (unbekannten) Raum betreten, dann fühlen wir uns dort wohl oder unwohl, je nachdem wie der Raum gestaltet ist oder welche Gefühle und Gedanken dort hinterlassen wurden. Wir können also auch die feineren Energien und Kräfte der Gedanken und Gefühle spüren. Auch Halbedelsteine haben eine starke positive Kraft, die gut spürbar ist und sogar für sanfte Heilungszwecke genutzt werden kann.

→ Elementarwesen leben in einer sehr feinen Daseinsebene der Energien. Es sind die Kräfte des Bewusstseins. Je bewusster wir also sind, um so einfacher ist es, die Elementarwesen spüren, hören und sehen zu können. Wenn wir von den Elementarwesen wissen, sind wir „nur" bewusst mit den Gedanken im Verstand. Wir sind uns ihrer also nicht vollkommen bewusst, da wir sie nicht hören, fühlen oder sehen können. Wissen ist nicht reines Bewusstsein!

Alle Lebewesen können sich auch ohne körperlichen Kontakt gegenseitig spüren. Beim Qi Gong wird geübt, mehr fühlen zu können. Wenn wir beide Handinnenflächen mit etwas Abstand parallel zueinander halten, dann wird nach einer Weile und etwas Übung die Energie zwischen und von den Händen spürbar in Form von Wärme, Kribbeln in den Fingerspitzen oder als Druck, der sich ausdehnt und zusammenzieht. Das ist ein Teil der Energie des Körpersystems, die in Bewegung ist. → Lebendige Energie – Lebensenergie ist spürbar! Wenn unsere Energien in Bewegung, im Fluss sind, dann sind wir gesund. Wenn wir diese feinen Energien spüren können, dann werden mit der Zeit auch die Energien der Elementarwesen, der Pflanzen und Elemente immer besser für uns spürbar. Dann erlangen wir Wissen mit den Gefühlen und sind bewusst im Umgang mit den Gefühlen. So wandeln wir mit dem bewussten Sein der Gedanken und Gefühle das Körperbewusstsein. Körper, Verstand und Gefühle – alles ist eins.

→ Wenn wir z.B. mit geschlossenen Augen beieinander stehen, auch wenn wir uns nicht berühren, können wir den anderen fühlen - weil wir aus Energie bestehen und Energie strahlt. Energie hat eine Ausstrahlungskraft.
Wir sagen, dass ein Mensch eine Ausstrahlung hat. Wenn wir einem fremden Menschen begegnen, und das passiert täglich auf der Straße, dann bewerten wir denjenigen innerhalb von kurzen Augenblicken nach seiner Ausstrahlung. Das, was wir ausstrahlen, kommt von den Energien, den Kräften unserer Gedanken, von unseren Gefühlen und unserem Körperempfinden. Intuitiv versuchen wir einen anderen einzuschätzen, ob derjenige ein freundliches oder unfreundliches Wesen ist. Wir können mit dieser intuitiven Wahrnehmung auch fühlen, ob es einer Person gut geht oder nicht. Das machen wir meistens so nebenbei, auf ganz natürliche Weise.
→ Elementarwesen können wir auf dieselbe Weise wahrnehmen, spüren und sogar hören und sehen. Intuition können wir üben. Übung macht den Meister. Die Naturgeister leben in der feinstofflichen Welt der Energien, wie die unserer Gedanken und Gefühle. Es ist dieselbe Ebene. Sie leben und wirken in einer Welt in dieser Erdenwelt, so wie sich unsere Gedanken- und Gefühlswelten in unserer Körperwelt befinden. Wir Menschen, die Engel und die Elementarwesen leben alle gemeinsam <u>in einer Welt</u> - aus Energien.
Energie ist gleichzeitig Licht. Ein Gewitter ist eine sichtbare und hörbare Energieentladung. Manchmal, wenn wir über einen Teppich laufen und dann eine Türklinke anfassen, kann es zu einer Energieentladung kommen, schmerzlich spürbar, als kleiner Funke auch sichtbar und sogar leicht hörbar. Das zeigt deutlich, dass wir Menschen aus Energien und aus Licht

bestehen, und diese Lichtenergie auch hörbar ist. Ein Elementarwesen ist ein Energiewesen – also ein Lichtwesen, so wie wir Menschen also auch Lichtwesen sind. So sind wir alle, ob Mensch, Stein, Baum oder Elementarwesen, energiereiche, lichtvolle, geistige Wesen. Wir sind in unserem tiefen Wesen alle gleich!

Wir reden von Geisteswissenschaften, Geisteskrankheiten, geistiger Verwirrtheit, geistreichen Menschen und Begeisterung. Das klingt sehr nach einer Welt aus Gedanken. Geistreiches ist das Denken über die Wahrheit und die Gerechtigkeit. Es sind weise und hilfreiche Gedanken, Ideen, die uns glücklicher machen, Licht-volle Gedanken also. Gedanken sind Energien, hoffentlich Geistesblitze, die durch unser Gehirn sausen, also durch eine andere Schicht von Energien, und sie sind Licht. → Das Geistige ist also ein feinstofflicher, lichtvoller Daseinsbereich der Energien allen Lebens.

→ Wir Menschen sind geistige Wesen. Wenn wir unser wahres Wesen mit allen unseren geistigen Fähigkeiten entdecken, dann sind wir auf derselben Wellenlänge mit den Elementarwesen, Engeln und Heiligen. „Das Geistige ist die Gedankenwelt", sagte mir ein Heiliger. Die Seele ist unsere Gefühlswelt. Beides ist eng miteinander verbunden in der Körperwelt, die aus Energie, Licht, Geist und Bewusstsein besteht. Wir können das alles durch Worte trennen, aber letztendlich ist es alles <u>ein</u> Leben. Körper-Geist-Seele.

Ich sage manchmal Geistseele, um zu erinnern, dass es Eins ist und wir aufhören zu trennen und stattdessen uns verbinden und das Leben versuchen ganzheitlich zu betrachten. Wenn im Ursprung alles gleich ist, alles aus Energien und damit aus Licht besteht, dann ist also ein jedes Wesen eine mehr oder weniger manifestierte oder materialisierte Geist-Seele. Wir Menschen trennen zu viel und sagen darum – da in dem Körper ist eine Seele. Tatsächlich gehört alles zusammen. → Der Körper, die Energien, der Geist, die Seele. Der Körper ist Energie, Energie ist Licht, Licht ist die Seele und in ihr ist das geistige Bewusstsein.

→ So ist es auch mit dem Dasein der Elementarwesen und Engel. So hieß es schon unter unseren Vorfahren, den Naturvölkern: <u>Alles</u> ist beseelt. <u>Alles</u> ist lebendig.

Die Elementarwesen und Engel kommen durch die Wände und geschlossenen Türen herein. Eines Abends, als ich schon im Bett lag, sah ich ein großes Elementarwesen unter mir im Bett. Ich meine nicht unter dem Bett, sondern im Bettgestell und in der Matratze. Das war etwas seltsam, weil wir Menschen diese Möglichkeit nicht in Betracht ziehen. Für uns ist das nicht möglich. Der gute Geist sagte: „Wir können überall sein!" Das fühlte sich sehr vergnüglich an. Ihr denkt vielleicht, dass es Angst machen müsste. Nein, macht es nicht, weil die Elementarwesen sehr lieb und freundlich sind, und nur das fühlen wir dann. Sichtlich stolz darüber flog er wieder davon. Ein anderes geistiges Wesen stand einmal direkt vor mir, als ich im Bett lag. Es stand aber nicht im offenen Raum neben dem Bett, sondern auf der anderen Seite im Bett an der Wand. → Wer Elementarwesen wahrnehmen möchte, muss sich öffnen für das Ungewöhnliche, Ungewohnte, für das scheinbar Unmögliche.

Eines von dem Wenigen, was uns Lebewesen alle voneinander unterscheidet, das ist das Äußere, unser Aussehen. Jeder hat eine andere Form mit der wir bestmöglich versuchen zu überleben.
→ Mit jedem Lebewesen, Element und Naturgeist können wir telepathisch kommunizieren. Das liegt daran, dass wir auf dieser gedanklichen, geistigen und energetisch lichtvollen Ebene alle gleich sind. Wir können Unterschiedliches denken, fühlen und tun, aber im tieferen Ursprung unseres Daseins sind wir alle gleich. In dieser tiefen Daseinsebene ist telepathische Kommunikation möglich, in der die unterschiedlichen Sprachen keine Rolle mehr spielen. Wer telepathisch kommunizieren kann, der versteht jede Sprache. Wir hören dann nur eine (unsere) Sprache. Sei es Chinesisch, Deutsch, Hindi, Französisch oder die Sprache der Tiere und Pflanzen als auch die Sprache der Elementarwesen und Engel oder die der Außerirdischen. Ich verstehe sie alle, wenn ich still bin, ohne ihre Sprache gelernt zu haben.
→ Wenn wir alle in unserem wahren, tieferen Wesen gleich sind, dann ist auch unsere Sprache auf dieser Daseinsebene gleich.
→ Der Ich-Wille = Egoismus hindert uns an der Telepathie. Wenn wir andere hören und verstehen möchten, dann müssen wir selbst dafür still sein, zuhören und bemüht sein, die anderen verstehen zu wollen. Wir müssen dafür unsere Ich-Gedanken zurücknehmen und den anderen gedanklichen Raum geben – einen Raum der Stille. Es ist ganz einfach, die Natur mit ihren Tieren, Pflanzen und Elementarwesen zu verstehen – wenn wir es wollen! Das intuitive Gefühl in uns hilft dabei.
→ Telepathie ist ein bewusster Einsatz der geistigen Kräfte und Fähigkeiten. Die tiefe, gleiche Ebene des Daseins, in der alle Sprachen eins werden, ist das Bewusstsein.

→ Im reinen Bewusstsein haben wir alle eine grundlegende Intelligenz in uns, die alles verstehen kann. Nur weil ein Baum oder das Wasser keinen Kopf hat, wie ein Mensch oder Tier, heißt das nicht, dass es nicht eine Art hat zu denken, zu wissen oder bewusst zu sein. Wenn alles Existierende aus Energie eine geistige Kraft des Bewusstseins hat, dann haben auch die Tiere, Pflanzen, Elemente und Elementarwesen ein Bewusstsein.
Die Tiere und Pflanzen, als auch die Elementarwesen, versuchen mit uns zu

kommunizieren, aber wir hören ihnen nicht richtig zu. Die meisten versuchen nicht mal sie zu verstehen, weil sie entweder in ihrer eingebildeten Macht bleiben wollen oder nicht still genug sind.
→ Wir Menschen bestehen zu mehr als 60% aus Wasser und unser Gehirn, so weit ich weiß, sogar aus 90%. Wenn Wasser keine Intelligenz hätte, dann wären wir Menschen doch ziemliche Dummköpfe. Wasser und auch alle anderen Lebewesen, sind anders intelligent als wir es gewohnt sind oder erwarten. Wasser hat die Intelligenz der Demut. Es läßt sich führen und kann sich überall anpassen. Wasser kann sehr hart werden und ist absolut durchlässig. Es kann fast alles durchdringen und sogar in den Himmel aufsteigen. Es läßt sich verschmutzen und auch wieder reinigen. Was für ein Element! Was für ein gnadenvolles, lebendiges Wesen! Wieviel Intelligenz, Bewusstsein und Wissen, Demut und Liebe haben dann wohl die Nixen, Nymphen, Undinen und Medusen – die bewusst lebenden Naturgeister des Wassers?!
(Genauere Daten und mehr Wissen über das Wasser könnt ihr auch in dem Film „Water" erfahren. Ein sehr interessanter Dokumentarfilm über die Intelligenz des Wassers, das in allen Lebewesen vorhanden ist.)

Nun könnte ich sagen, ich bin bewusster als ihr, weil ich mehr weiß als ihr und mehr Erfahrungen habe auf diesem Gebiet, weil ich mehr kann als ihr, weil ich meine geistigen Fähigkeiten geübt habe. Das könnte so stimmen. Darum sage ich aber nicht, dass ich intelligenter bin als ihr oder ihr könnt nicht denken, ihr habt kein Gehirn, so wie wir üblicherweise über andere Lebewesen denken, nur weil wir uns anders entwickelt haben als sie.
→ Die Entwicklung und Art der Intelligenz hängt davon ab, was uns interessiert und was wir wollen, was wir bevorzugen und woran wir glauben, was wichtig ist. Es hängt davon ab, was die anderen uns zeigen und woran wir die anderen und sie uns teilhaben lassen. Intelligenz entsteht nicht von alleine. Sie kann sich erst durch das Miteinander entwickeln. Je mehr wir also im Miteinander in Liebe leben, denn für Miteinander braucht es Liebe, umso mehr kann sich <u>unsere</u> Intelligenz erweitern. Intelligenz entsteht, wenn sich die Energien (auch im Gehirn) miteinander verbinden. Wasser kann sich mit fast allem verbinden. Es kann mit fast allem eins sein. Das zeigt, wie groß und intelligent das Bewusstsein des Wassers ist.
→ „Wenn du beide Seiten miteinander verbindest, findest du Erleuchtung", sagen die Heiligen. Wieviel intelligenter und erleuchteter könnten wir sein, wenn wir mit allen Lebewesen, den Engeln und Elementarwesen im Frieden leben und uns bewusst austauschen würden!
Wenn ich im stillen Kontakt in der Natur mit den Pflanzen und Bäumen bin, werde ich ruhig und kann mich wieder mehr öffnen für alle anderen. In

diesem Miteinander erwacht die Intelligenz der Gefühle! Im Kontakt mit den Elementarwesen, Engeln und Heiligen habe ich unglaublich viele Erkenntnisse und Ideen. Die Wahrheit erwacht in mir, Bewusstsein und eine Schönheit in den Gefühlen, die keine Worte brauchen. Liebe.
Wenn ein Kind von den anderen abgelehnt wird, wird es eine andere Intelligenz entwickeln, als wenn es mit den anderen gemeinsam gelernt hätte. Wegen dieser schlechten Erfahrungen mit anderen liebt das Kind das Leben möglicherweise nicht so sehr, wehrt sich vielleicht sogar dagegen, sich mit anderen zu verbinden. Dann ist Weiterentwicklung nicht leicht für das Kind. → Alles hängt von der Liebe ab, sogar die Intelligenz!
→ „So geht es uns auch!", sagen die Elementarwesen. Wenn wir die Natur, alle Lebewesen oder Einzelne ablehnen oder nicht beachten, können sie uns dann lieben? Jedes Lebewesen leidet, wenn es abgelehnt wird. Wie können wir dann ohne die anderen Liebe empfinden? Wie können wir uns dann zu gedanklich, emotional intelligenten Wesen entwickeln, wenn es uns an Freunden und einem Gegenüber fehlt?! Kann sich dann überhaupt das Leben auf der ganzen Erde weiterentwickeln? Die Heiligen sagen: „Es bedingt sich. Wie innen, so außen." → Wir brauchen alle anderen bei der Entwicklung der Intelligenz, weil im Miteinander Liebe ist und die Liebe die höchste Intelligenz ist.

→ Ein Tier, eine Pflanze, ein Element oder Elementarwesen hat ein anderes Bewusstsein als ein Mensch und jedes einzelne Wesen (unter sich). Jeder hat ein eigenes Bewusstsein und dennoch wohnt uns allen dasselbe Bewusstsein inne - das Bewusstsein vom Ursprung des Daseins, des Lebens. Dieses Bewusstsein können wir erleben, wenn wir innehalten. Erst dann können wir den Augenblick wahrnehmen und ganz im Hier und Jetzt sein und nur das, ohne an etwas Bestimmtes zu denken. In diesem Moment sind wir alle gleich. Da kommen Tiere auf uns zu und wir können uns eins fühlen mit der Natur. Das ist Frieden.
→ Frieden ist, wenn wir aufhören, uns mit unseren Gedanken voneinander zu trennen und uns stattdessen alle gleichwertig anerkennen, z.B. durch das Stillsein und Ankommen im Augenblick, im reinen Sein, nur da sein – mit den anderen gemeinsam, mit der ganzen Natur.
→ Die Elementarwesen haben ein höheres Bewusstsein als wir Menschen. Sie leben viel länger auf der Erde. Einige von ihnen haben bei der Entstehung der Erde mitgewirkt. Sie sind dem Ursprung allen Lebens, den Energien des Lichts auf der feinen Daseinsebene am nächsten. Höheres Bewusstsein bedeutet, dass sie sich dessen bewusst sind, dass sie lichtvolle, geistige Seelenwesen aus Energien sind. Sie sind sich dessen bewusst, dass alles und jeder aus diesen Kräften besteht. Sie führen ein sehr ganzheitliches

Leben in der Gemeinschaft mit allen in Liebe und im Frieden auf allen Daseinsebenen. Das ist sehr intelligent, weise und klug.

→ Sind wir Menschen uns dessen auch bewusst, dass wir lichtvolle, geistige Seelenwesen aus Energien sind und aus all diesen Kräften bestehen und davon leben? Und dass wir von der Gemeinschaft mit allen leben? Leben wir in diesem Bewusstsein mit der Natur? Sind wir uns bewusst, dass wir von Liebe und Frieden leben?

Ein klares Zeichen des hohen Bewusstseins der Elementarwesen ist, dass sie durch geschlossene Türen, Fenster und Wände spazieren, sausen, fliegen... können und eine Menge Spaß daran haben, während unsereiner noch nach dem Haustürschlüssel sucht. Sie fühlen sich sehr geehrt, wenn ich ihnen die Tür aufhalte. Dann sausen sie nicht geschwind herein, sondern lassen sich Zeit und genießen, dass ein Mensch ihnen endlich mal ungeteilte Aufmerksamkeit schenkt. So oder so, sie sind sehr gelassene Wesen, wenn alles in Ordnung ist.

→ So gelassen sind wir Menschen von Natur aus auch, wenn alles in Ordnung ist. Können wir uns an das Gefühl dieser Gelassenheit erinnern? Gelassenheit bedeutet, zur Ruhe kommen. Die Ruhe ist die Basis für das Erleben von Elementarwesen und für unsere Entwicklung in ein höheres Bewusstsein. So wie in der Ruhe die Kraft liegt, so ist auch in der Ruhe des Augenblicks das Bewusstsein. Dadurch erkennen wir die Wahrheit, das was ist. Wenn wir Wahrheiten miteinander verbinden, haben wir Ideen und neue Möglichkeiten entstehen für die Weiterentwicklung. So entsteht Intelligenz. Mein Kriya Yoga Lehrer sagte: „Der Geist gedeiht in der Stille." Wenn wir still sind, dann nehmen wir mehr wahr als noch zuvor. Mit mehr Wahrheiten können wir andere Entscheidungen treffen. Wo geht es lang im Leben? Wozu ist unser Leben da?

→ Welche Ideen könnten wir alle haben, wenn wir im harmonischen Kontakt mit den Elementen, Bäumen, Engeln und Elementarwesen leben würden?! Ein Leben in Fülle mit unendlichen Möglichkeiten wartet auf uns. Die Elementarwesen, Engel und Heiligen können uns bewusst darin unterstützen. Dazu brauchen sie unser JA zum Miteinander und zum Frieden.

→ Elementarwesen können natürlich auch nachts herumgeistern. Damit meine ich, dass sie auch in der Dunkelheit sehen können. Zu der materiellen Ebene, die wir sehen, gehört auch Licht (Tag) und Dunkelheit (Nacht). Die feinere oder tiefere, geistige Daseinsebene ist grundsätzlich immer lichtvoll und durchsichtig. Die verschiedenen Energieschichten leuchten auf unterschiedliche Weise. Die eine Schicht ist voller Farben, eine andere spiegelt die schwarz-weiße Gedanken-Welt. So ist es sicherlich möglich, dass in der Welt der Elementarwesen auch Dunkles existiert, so wie die Geister auch ängstlich oder wütend sein können. „Wir sehen das anders", sagte meine liebe Elfenbegleiterin dazu. Sie meint damit die materielle Welt, wie eine Tür oder eine Wand – durch die sie hindurchgehen können, ohne sie zu öffnen. Diese Sichtweise und dieses Bewusstsein habe ich leider nicht, denn dann könnte ich wie die Heiligen durch die Wand hereinkommen. Das ist offensichtlich möglich, denn bei mir tun sie es unentwegt.

→ Die Elementarwesen spüren auch nicht die Kälte oder Wärme, die wir empfinden. Mitten im Winter bei Minusgraden spazieren sie in hübschen Sommerkleidern neben mir, während ich angezogen bin wie im kalten Sibirien. Auch die Heiligen von uns Menschen empfinden keine Kälte.
Viele Yogis leben in den Bergen des Himalaya. Im Yoga gibt es Atemtechniken und Meditationen, mit dem der Körper warm gehalten werden kann und vieles mehr. Ach, wenn wir doch mehr auf die Heiligen hören würden. Mit einem höheren Bewusstsein haben wir mehr Möglichkeiten, das Leben zu meistern. Wir könnten es so viel einfacher haben, so wie die Elementarwesen. Dazu braucht es Ruhe und Frieden!
→ Wir Menschen sind sehr laut geworden. Wir verlieren das Bewusstsein, wenn wir das Leben und die anderen Lebewesen nicht mehr hören und fühlen. Kein Miteinander - kein Bewusstsein! Die Ureinwohner haben noch das Bewusstsein von der Natur und ihren Geistern, weil sie dem Leben zuhören. Auch Schnelligkeit hindert uns daran. Bei all dem geht uns das Gefühl für die Intuition verloren. Wir hören mehr auf den Fernseher oder das Radio usw. → Wenn wir auf das Leben und die Intuition hören, und nicht auf den Ich-Eigenwillen, dann könnten uns die Elementarwesen und Engel Hilfreiches zuflüstern. Es ist gut, auf die Natur zu hören.

Ich bin mir nicht sicher, ob die Elementarwesen so etwas wie Schlaf benötigen. Bei mir zu Hause ruhen sich die kleinen Leuten gerne auf einem Kissen oder einer Wolldecke aus. Das sieht manchmal so aus, als ob sie schlafen würden. Ein Heiliger sagte dazu: „Der Geist braucht Ruhe." Das können wir, glaube ich, alle verstehen.

→ Regelmäßig werde ich von den Elementarwesen auch in der Nacht geweckt. Dann sind sie mir meistens zuvor in meinen Träumen begegnet in Form eines Tieres oder eines Menschen, der mir bekannt ist. Da vermischt sich die persönliche, individuelle, geistige Ebene (die Energien) des Menschen mit der geistigen Energie der Elementarwesen. Wenn wir es schaffen, unseren Egoismus in Miteinander und Liebe bis in diese tiefe Traumebene zu wandeln und damit den Blick für die Wahrheit zu öffnen, dann

können wir auch in der Nacht im Traum erkennen, ob es unsere eigenen Fantasien sind oder ein geistiges Wesen hinzugekommen ist.
→ Der Egoismus ist unser Individualismus, eigene Gedanken, so wie ich es möchte oder so wie ich es gewohnt bin oder unsere Rasse Mensch es will. Es zu wandeln bedeutet, offen zu sein für das, was ist und nichts Eigenes hinzuzufügen. Und wenn etwas hinzugefügt wird, dann sollte es etwas sein, das uns im Miteinander hilft. Wenn wir das bis in diese Tiefe unseres Daseins schaffen, dann sind wir sehr bewusst, denn dann können wir alles beleuchten und durchleuchten, sind selbst durchsichtig und leuchtend wie die Elementarwesen. Wir können die Wahrheit sehen bis in die Tiefe des unbewussten Schlafs.

→ Die Heiligen aus Indien erscheinen bei mir zu Hause - ohne die Tür öffnen zu müssen. Babaji Nagaraj nimmt zu mir auf sehr unterschiedliche Weise Kontakt auf. Meistens macht er es telepathisch. Manchmal beruhigt er auf Entfernung meine Emotionen und ein anderes Mal sehe ich ihn auf einer geistigen Lichtebene. Desweiteren kann er auch auf der materialisierten Ebene erscheinen, die wir gewohnt sind zu sehen. Das zeigt uns, dass wir verschiedene Möglichkeiten der Kontaktaufnahme haben - telepathisch mit den Gedanken und Gefühlen in Form von Bildern oder das Erscheinen mit dem ganzen Körper an einem anderen Ort. Alles ist möglich.
→ All das ist auch den Elementarwesen möglich. Sie sind also göttliche, heilige Wesen, so wie wir Menschen mit solchen Fähigkeiten bezeichnen. Andersherum, was den Naturgeistern möglich ist, ist ganz offensichtlich auch uns Menschen möglich.

An einem Abend stand plötzlich in meinem Zimmer ein indischer Sadhu. Ein Sadhu ist jemand, der sich von allem Materiellen getrennt hat, um sich mit dem Göttlichen verbinden zu können. Er trägt auch keine Kleidung. In diesem Fall trug er ein Tuch um die Lenden, vermutlich mir zuliebe, denn ich sah ihn so deutlich wie jeden normalen Menschen in meinem kleinen Zimmer. Er zeigte sich nur ganz kurz so präsent und danach fühlte ich „nur" noch seine Anwesenheit. Auch das tat er sicherlich mir zuliebe, weil ich ansonsten vermutlich Angst bekommen hätte. Die Heiligen sind sich unserer Ängste bewusst und sehr rücksichtsvoll. Er ist mir aber nicht wegen seines äußeren Erscheinens so stark in Erinnerung geblieben, sondern wegen seiner besonderen Ausstrahlung. Er hat nichts Materielles, keine Kleidung und auch sonst nichts an „Dingen", aber er hat sich in vollkommener Liebe und Demut entwickelt. Einem Menschen mit der Ausstrahlung einer so sanften Liebe und zutiefsten Bescheidenheit war ich bisher noch nicht begegnet. Jedes Wort ist hier zuviel. Er sagte nichts. Er war einfach nur da.

Sein Dasein hat mich sehr, sehr tief im Herzen berührt.
→ So können wir alle sein, wenn wir gewillt sind, auf so vieles, was wir meinen zu brauchen, zu verzichten. Brauchen wir etwas anderes, als solch eine Liebe? Er hat nichts Materielles, aber er lebt in Indien und konnte mir in Deutschland erscheinen – so stark manifestiert wie ein Mensch, der dafür erst in ein Flugzeug steigen muss. Brauchen wir das Materielle, die vielen Dinge? Oder was brauchen wir? Wer viele materielle Dinge braucht, der nimmt auch viel von der Natur und den anderen Lebewesen und der nimmt auch ihr Leben. Kann sich jemand, der andere Lebewesen tötet, in vollkommener Liebe und zu einem Lebewesen mit höchstem Bewusstsein entwickeln? Wenn wir auf all das verzichten würden und trotzdem überleben können, wie dieser und andere Yogis und Asketen, dann können wir aufhören der Natur und uns selbst zu schaden.

→ Die Elementarwesen schaden nicht der Natur und sind dennoch an das Materielle gebunden, weil sie das Erdenleben sehr lieben. Auch die meisten von ihnen sind nicht so vollkommen erleuchtet wie dieser Yogi und Babaji Nagaraj. „Wir lernen auch von dir", sagen sie.
→ Wenn unsere Liebe zum reinsten, höchsten Bewusstsein und zum Licht der Liebe genauso groß ist wie zum Materiellen, dann sind wir auf dem Weg der vollkommenen Freiheit – ungebundene Liebe. Die Liebe zur Liebe. Wenn wir erleben, dass Liebe und Bewusstsein glücklicher machen als alles andere, dann können wir alles haben - mit dem Unterschied, dass wir uns nicht mehr an den Dingen festhalten wollen, weil Liebe schöner ist.

Jesus erscheint mir auch regelmäßig - sehr, sehr zurückhaltend. Darüber habe ich mich immer gewundert, bis er so manifestiert in meinem Zimmer stand, dass ich den untersten Zipfel seines hellen Gewandes zum Greifen deutlich sehen konnte - und völlig erschreckt war. Danach ging es mir für den Rest des Tages furchtbar schlecht und ich musste mich zurückziehen. Er hat eine Ausstrahlung, die so sanft und friedlich ist, dass man gar nicht glauben kann, dass ein Mensch so sein kann. Unbegreiflich. Ich möchte es gerne besser in Worte fassen können, was dieser Mensch ausstrahlt – ich kann es nicht, weil wir für so ein feines, sanftes und friedliches Gefühl kein Wort erfunden haben. Vermutlich, weil bisher nur sehr wenige die Erfahrung mit so großer Liebe gemacht haben. Mit dieser sanften Liebe hatte er etwas in mir berührt, das noch nicht heil war, sondern zerstört wurde durch das Gegenteil von Sanftheit und Frieden.
Ja, der Jesus - er lebt. Glaubt wirklich jemand an ihn, dass er vor 2000 Jahren ganz real auferstanden ist? Und das er mit seinen jungen Jahren weitergelebt hat, in verschiedenen Daseinsbereichen des Lebens? Er ist da.

Ich kann es bestätigen, obwohl ich ein furchtbar skeptischer Mensch bin, was manchmal sehr hinderlich sein kann. Ein Elementarwesen nickt eifrig. Immer alles anzuzweifeln hilft uns nicht weiter. Prüfen ist gut und wichtig, aber dann sollten wir damit nicht übertreiben, es nicht wahrhaben zu wollen, nur damit wir unsere Bequemlichkeit nicht aufgeben müssen. Mit Bequemlichkeit meine ich, wir wollen mehr haben, als wir zum Überleben benötigen. Das ist sehr bequem. Es geht um Verzicht, damit das Leiden endet, auch für alle anderen Lebewesen. Das ist Liebe. Jesus hat auf sein Erdenleben verzichtet und sogar furchtbares Leid dafür bewusst angenommen. Wäre er weggelaufen, hätte er die Liebe losgelassen.
→ Wenn wir verzichten, schonen wir die Natur und ihre liebevollen Naturgeister, die dann auch besser für uns da sein können und wollen. Die Heiligen, wie z.B. Jesus oder der indische Sadhu, zeigen uns, wie es anders möglich ist und wir glücklicher sein können – wenn wir weniger oder gar keine materiellen Dinge haben. „Weniger ist mehr", sagen sie.

Gedanken - PAUSE

→ Die Elementarwesen sind sehr bewusste Geister. Weil das so ist, können sie sich auch etwas manifestieren. Das heißt, sie können sich sichtbar(er) machen in der festen Energiewelt, die wir Menschen nur bemüht sind zu sehen - die materielle Welt. Sie können das, weil sie die verschiedenen Energien des Lebens kennen. Sie können ihre Gedankenenergie mit dem Willen verstärken und damit ihren ganzen Körper zeigen. Nur die Energie (die Kraft) der Liebe kann das ermöglichen. Hui, hier sauste gerade ein Elementarwesen deutlich sichtbar ins Zimmer, um es zu bestätigen. Hohe Zipfelmütze auf dem Kopf, ca. 1,5 Meter Größe, sehr kraftvoll und sehr selbstbewusst. Ein Elfe. In seiner Ausstrahlung konnte ich spüren, dass er sehr weise und intelligent ist. Er gab mir viel Energie in den Körper und Rücken, was sehr gut tat. Ich saß nämlich schon seit einigen Stunden am PC und schrieb. Vielen Dank, göttlicher Elfe!
→ Sie zeigen sich, wenn es notwendig ist und es einen höheren Sinn erfüllt – wenn es zum Wohle für alle ist. So, wie sich mir der Elfe im Juister Wäldchen zeigte, damit ich von ihnen erzählen kann. Sie mögen sich auch zeigen, wenn wir ihnen mit viel Liebe entgegenkommen.
Die Heiligen von uns Menschen erscheinen auf dieselbe Weise. Sie haben sehr viel meditierend und Yoga praktizierend das Leben studiert, bis in die Tiefe des Seins des Lebens. Es sind zumeist Yogis aus Indien mit einem hohen Bewusstsein, die viel Wissen von den Kräften des Körpers mit allen Energien, dem Licht und der geistigen Seele haben. Natürlich gibt es solche Menschen auch aus anderen Traditionen oder Gegenden.

→ Ein Heiliger sagte zum Erscheinen (Materialisieren): „Die Liebe macht sichtbar." Weil die Liebe die wichtigste Kraft in unserem Leben ist. Liebe gibt Kraft. Möchtet ihr euch lieber vor der Welt verstecken? Liebt ihr das Leben und euren Körper? Werdet ihr geliebt? Mögt ihr gesehen werden? Mögt ihr da sein? Was wir lieben, das sehen wir. Wenn wir geliebt werden, mögen wir auch gesehen werden. Sich jemandem mit seiner Liebe zu zeigen, ist ein Ausdruck der Liebe.

Als ich dies schrieb, zeigten sich mir viele kleine und große Elementarwesen, um es bewusst zu machen, sodass die Theorie lebendig wird. Meine Liebe habe ich als Kind versteckt, wegen der vielen Ablehnung der anderen. Ich war die Unsichtbare und wurde häufig von anderen übersehen oder vergessen. Meine Liebe ist durch die Natur, die Elementarwesen, die Engel und die Heiligen, viel Innenschau, Einsicht und Eingeständnis wieder erwacht. So bin ich dann auch immer mehr Menschen mit viel Liebe begegnet. „Es bedingt sich." Geben und Annehmen der Liebe im Gleichgewicht.

Die Elementarwesen haben mir einmal gesagt: „Wir können uns nicht lange so zeigen." Das klingt fast so, als ob ihre Liebe nicht groß genug ist. Sie sind Geister und ihre Liebe ist auf der geistigen Ebene zu finden. Liebe ist etwas Geistiges in uns allen, die wir noch nicht gelernt haben zu manifestieren, so wie der heilige Sadhu, Babaji Nagaraj oder Jesus.

→ Und es liegt nicht allein an der Liebe der Elementarwesen. Denn Liebe entsteht und erwacht im Miteinander! Es braucht die gegenseitige Liebe und die Liebe zum Leben auf Erden und zur Natur von uns Menschen. Je mehr ich auch ihnen Liebe entgegenbringe, um so mehr Spaß haben sie an unserem Miteinander, umso besser kann ich sie sehen und sie können sich mit Leichtigkeit sichtbar machen. Je mehr wir das Leben bis in die Tiefe lieben, um so tiefer können wir sehen. Elementarwesen lieben das Leben, aber sie brauchen auch die Liebe von denen, von uns Menschen, die sie sehen möchten, um sich manifestieren zu können. Mit einem egoistischen Willen helfen wir ihnen dabei jedoch nicht. Damit ist niemandem geholfen! Wenn wir Menschen sie nicht lieben, dann sind wir auch nicht offen für sie, dann lassen wir sie nicht in unsere Augen, in das Gehirn, in die Gedanken und in die Vorstellungen hinein und in unser geistiges Dasein. Was und wen wir nicht sehen wollen, das und den übersehen wir. → Wenn wir uns nicht für die Liebe interessieren, dann kann sie sich uns nicht offenbaren und wir werden die Liebenden nicht sehen oder spüren können.

→ Liebe wächst im Miteinander und das macht stark. Wenn wir Menschen die Elementarwesen und die Natur lieben, dann trauen sie sich auch, sich zu zeigen. Liebe gibt Kraft. Wenn wir sie lieben, dann haben sie mehr Kraft, um sich zeigen zu können. So wie wir Menschen untereinander auch mehr

Kraft haben, um etwas in die Tat umzusetzen, wenn wir geliebt werden. Dann mögen wir in dieser Welt sein und gesehen werden, weil wir keine Angst zu haben brauchen vor denen, die uns lieben. Die Elementarwesen sind die ganze Zeit sichtbar für die Liebenden, für die, die das Leben lieben bis in die Tiefe allen Seins. Das sind Menschen, die das Göttliche, die große Einheit, das Miteinander, die Wahrheit, die Liebe, den Frieden und das Bewusstsein auf allen Ebenen anstreben, wie z.B. die Heiligen von uns Menschen oder diejenigen, die die Natur über alles lieben und auch <u>für sie</u> auf alles Unnötige verzichten, um ihr zu helfen.

Ich selbst kann sie meistens nur kurzzeitig sehen und auch nicht immer in aller Deutlichkeit. Das liegt u.a. daran, dass ich mich noch nicht in aller Vollkommenheit für die Liebe entschieden habe und mein starkes Ego uns noch im Weg steht. → Wo zu viel Ich ist, ist kein Miteinander, sondern eine geschlossene und verschlossene sehr kleine Einheit, die noch zum Leben im Wir-Bewusstsein erwachen kann.

→ Die Liebe ist etwas Feinstoffliches, etwas Geistiges oder Seelisches und Energie. Denn wer liebt, der strahlt auch die Liebe aus. Energie strahlt. Ein Egoist strahlt nicht selbst. Er zieht die Kraft oder Energie von anderen zu sich. Dann strahlt er die Energie, das Licht der Liebe, von den anderen in sich aus. Das ist eine große Täuschung! Das ist nicht ehrliche, wahre Liebe durch aufrichtiges Miteinander, sondern eingebildete Liebe. Da es kein Miteinander ist, hat diese Lebensweise nicht die besten Lebenschancen. Er zerstört damit das Leben - der anderen. So kann kein Glück entstehen, nur Zerstörung. Leider ist es so, dass unser materielles Glück durch Egoismus entstanden ist. Wir haben uns die Energien, die Kraft, das Materielle im Übermaß von der Natur genommen, ohne zu fragen oder darum zu bitten und eine Antwort abzuwarten. Darum ist dieses materielle Glück nicht von langer Dauer. Die Reserven der Erde sind aufgebraucht. Die Natur hat nichts mehr zu geben. Was nun?

→ Das wahre, ewige Glück finden wir in der Liebe zur Natur. Geben, anstatt zu nehmen. Geben ist seliger, denn nehmen. Geben wir der Natur ihre Liebe zurück – und geben wir ihr noch unsere Menschenliebe dazu! Das ist selbstlose Liebe, die heller strahlt als jeder Stern.

→ Wenn die Naturgeister sich auf unserer festen, materalisierten Ebene zeigen, bedeutet das, sie kommen uns mit ihrer Liebe entgegen. Kommen wir ihnen auch mit unserer Liebe entgegen? Wir können nicht erwarten, dass jemand im vollkommenen Vertrauen auf uns zugeht, wenn wir ihm dafür keine Möglichkeiten bieten.

→ Besonders gut kann ich Elementarwesen sehen, wenn sie emotional aufgeregt sind. Alle Gefühle sind verbunden mit der Ursprungskraft, der Liebe. Wenn wir lieben, dann können alle unsere Gefühle sehr stark werden. Wenn uns jemand etwas wegnimmt oder zerstört, das wir sehr lieben, dann kann uns das z.B. sehr wütend oder traurig machen – aus Liebe dazu. Viel Liebe ist in uns im Verborgenen. Wenn wir den Mut haben, die Liebe zu zeigen, dann können wir die Schönheit in Vollkommenheit im Miteinander mit Mensch und Natur erleben, so wie mit den Elementarwesen.

Wenn die Lütten (das ist Plattdeutsch und bedeutet: Kinder) der Elementarwesen Vertrauen zu einem Menschen gefunden haben, dann kann es sein, dass wir auf einmal mit ihrer vielen, schönen und reichlichen Kinderliebe bestürmt werden, wie Kinder eben so sind. Dann sehe ich meinen kleinen Freund, den Zwergensohn, sehr deutlich in seinen Knickerbockern und seine Schwester in ihrem hübschen Kleid. Oder die liebe Elfenfreundin, wenn sie sich tanzend im Kreis dreht. Sie leuchtet dann in hell weißem Licht. Bei uns auf Juist am Hammersee zeigen sich mir Elfenmädchen, die gepunktete Kleider tragen. Da wechselt auch schon mal die Farbe.
→ In wichtigen Momenten unserers Lebens, wenn wir uns für andere öffnen und dazulernen mögen, und wenn die Elementarwesen es für notwendig halten! - dann zeigen sie sich uns auf unserer Daseinsebene - wenn wir bereit dafür sind. Wenn wir Menschen bereit sind, mit anderen Geistwesen, außer uns selbst, die Welt zu teilen. Wenn wir geistig, also in unserer Gedanken- und seelisch in unserer Gefühls-Welt, noch andere Daseinsformen akzeptieren und lieben wollen.
Die Elementarwesen versuchen sich immer mehr zu manifestieren und mit allen im Miteinander zu leben. Zu viele von uns Menschen demanifestieren alles und zerstören das Miteinander, indem sie egoistisch handeln und leben. Machen wir es lieber wie die Elementarwesen.
→ Wir Menschen haben uns fast alle den Egoismus wie selbstverständlich angewöhnt. Jeder Einzelne von uns hat zu viele Dinge, die alle aus der Natur kommen oder mit Hilfe der Natur hergestellt wurden. Schaut euch nur in eurer Wohnung oder im Haus um. Was habt ihr alles – nur einer alleine?!! Ist das Liebe? So können wir keine Welt retten und so kann auch niemand ein Elementarwesen kennenlernen, weil die Liebe zum Materialismus uns im Weg steht. Minimalismus ist ein Lebensweise, die immer mehr Menschen entdecken und dadurch zu mehr Lebensfreude finden. Es bedeutet, weniger ist mehr.
Mit unserem derzeitigen Maximalismus vernichten wir seit kurzer Zeit sehr, sehr viele Pflanzen- und Tierarten. Wir Menschen haben das größte Artensterben seit Urzeiten verursacht. Das geschieht im Dominoeffekt. Man stößt ein Steinchen um und die Danebenstehenden fallen auch alle um. Wir

vernichten die Insekten und die Vögel haben nichts mehr zu fressen u.s.w. Am Ende sterben zwangsläufig auch wir Menschen, weil wir die anderen, von denen wir auf die ein oder andere Weise leben, ausgelöscht haben. Wir sind das letzte Steinchen am Ende der Artenreihe, weil wir als die letzte Art „geboren" wurden. Alleine, ohne die anderen, können wir aber nicht leben!
Die Anderen, das sind Lebewesen, die wir Menschen nicht oder besonders viel brauchen. Wir brauchen Platz, Raum, Fläche und haben sehr viel Hunger und verdrängen damit die anderen Mitbewohner dieser Erde.
Was lieben wir da? Mehr uns selbst oder das Leben?
→ Alle sind wir ein Teil der Natur. Wir sind alle miteinander verbunden über die Elemente und Nahrung, die wir täglich zu uns nehmen und darum sind wir abhängig voneinander. Mit unserem derzeitigen Bewusstsein, oder Unbewusstsein, können wir nicht anders überleben. Die anderen Lebewesen haben uns erschaffen und erhalten uns immer noch. Wir vernichten unsere Vorfahren. → Unsere menschlichen Vorfahren sind nicht der frühe Ursprung unseres Lebens. Die Tiere, Pflanzen und Elemente, Steine, Metalle und Salze sind u.a. unsere ersten Verwandten, ebenso wie die Elementarwesen. Sie sind unsere göttlichen Vorfahren, die der geistigen Natur, von denen wir die Liebe zum Leben und selbstlose Liebe lernen können. Ehren wir ihre Bemühungen der Weiterentwicklung, durch die wir Menschen geboren wurden?
→ Wie können wir sie ehren? Indem wir mit den Tieren artgerecht umgehen. Indem wir die Pflanzenwesen und Insekten (das sind auch unsere Vorfahren) vom Pflanzengift verschonen. Indem wir die Urwälder bestehen und neue entstehen lassen. Wir ehren die Natur, indem wir ihr unsere Liebe zugestehen und ihr helfen. Wenn wir Menschen unser Bestreben und unsere Kräfte für die Weiterentwicklung des Lebendigen in Liebe und für das Miteinander einsetzen (und nicht für die Entwicklung technischer Geräte usw.), dann ehren wir damit unsere Vorfahren. Auf diese Weise können ihre Kräfte in uns weiterleben und ihr Leben und Sterben war nicht umsonst. Umsonst war es, wenn wir so weitermachen, das Artensterben so weitergeht und wir Menschen zwangsläufig sterben, anstatt uns weiterzuentwickeln.
→ Wenn wir aufhören der Natur zu schaden und stattdessen ein gleichwertiges, respektvolles Miteinander anstreben, dann vertrauen uns die Elementarwesen, mögen sich uns zeigen und uns zu einem besseren Miteinander mit allen verhelfen. Vorher gibt es keinen Grund für sie dies zu tun. Erst wenn wir bereit sind lieben zu wollen und Frieden zu wünschen, so wie die Elementarwesen es tun, erst dann können sie uns entgegenkommen! Warten wir nicht zu lang damit, uns für ein Miteinander mit der

Natur und jeden Tag aufs Neue für Liebe und Frieden zu entscheiden!

→ Die Energie, die Kraft der Liebe, ist der Vermittler zwischen den Welten und allen Lebewesen. Das Leben beginnt mit der Liebe und es endet nie, wenn wir die Liebe anstreben. Da wir die Liebe zu wenig oder gar nicht anstreben, sieht es momentan auf der Erde so aus:

Wenn wir uns die ganze Erde mit allem Leben vorstellen als wäre es unser einer Körper und von diesem einen Körper, den wir nur haben, schneiden wir immer mehr ab. Erst den einen Finger, dann den nächsten, die Zehen, die Ohren usw., sind wir dann noch überlebensfähig? Dank unserer Technik und Wissenschaft können wir Vieles künstlich herstellen und finden immer wieder unnatürliche Auswege, um unser Leben noch etwas verlängern zu können. Scheinbar ist es dann auch möglich, ohne die anderen Lebewesen, ohne unsere Vorfahren, überleben zu können. Wir haben vergessen, dass auch das künstlich Hergestellte nur mit Hilfe der Natur da sein kann und dass die Natur uns geschaffen hat, und nicht das Künstliche, das Plastische. Es entspricht nicht unserem Wesen, nicht unserem Körper, nicht unseren Energien, nicht unserer Geistestätigkeit und nicht unserem Bewusstsein damit eins sein zu können. Also ich möchte nicht das Bewusstsein haben oder denken wie ein Plastikteilchen. Kann Plastik überhaupt denken? Wir können damit nicht überleben. Wir brauchen die Natur, die Elementarwesen und die anderen Lebewesen, von denen unser ganzes Leben und Wohlbefinden abhängt.

→ Wir verbringen unsere Freizeit in der Natur, weil sie uns gut tut und weil wir uns dort an unseren Ursprung erinnern können. Wir werden dort erinnert an die gesunden Kräfte der anderen in uns. Genetisch haben wir alle Informationen, Kräfte, Energien und geistigen Fähigkeiten der gesamten Tiere, Pflanzen und Elemente in uns und die der Elementarwesen, weil ein Lebewesen und jeder Mensch es an den anderen weitergegeben hat. Wenn die Tiere aussterben und die Wälder mit den Pflanzen gerodet werden und mit ihnen die Elementarwesen, wer erinnert uns dann noch an die guten Kräfte in uns und daran, dass wir gute geistige Seelen sind? Die Elementarwesen sind gute Geister und ein Teil der Natur. Wir Menschen sind ein Teil der Natur und haben einen geistigen Ursprung. Sind wir Menschen gute Geister?

→ Wenn wir in die Natur gehen, werden wir von den Elementarwesen daran erinnert, dass wir ein gutes geistiges Wesen haben. Oder wissen wir das schon? Was ist eine gute Seele? Ein Wesen, das lieben kann und sich lieben lässt. Lieben wir, bis über beide Ohren hinaus, ein jedes Wesen? Dürfen wir so geliebt werden, durch und durch? Probieren wir es aus!

→ Warum ist es so wichtig nach Liebe zu streben? Das Streben nach Liebe öffnet uns die Tür zum Unglaublichen, Wunderschönen, Besonderen, zum Heilsamen in allem, jedem und in uns selbst - das ist die Natur, das ist das Göttliche, so ist die Liebe.

→ Gleichzeitig ermöglicht die Liebe uns den Kontakt mit den Engeln, Elementarwesen und Heiligen, die uns bei unserer Heilung, Weiterentwicklung, dem Frieden und vielem mehr behilflich sein können. Sie wollen uns dabei helfen. Wenn wir uns jedoch nicht für die Liebe öffnen, dann gibt es keine Möglichkeit der Kommunikation zwischen uns. Die Liebe aber ist das Göttliche und das ist es, womit sie uns helfen!

Wie wichtig es ist, nach Liebe, dem Göttlichen und nach Erleuchtung zu streben, das wurde mir an folgendem Tag bewusst: Es war ein Tag, an dem es mir nicht gut ging. Ich hatte keine guten Gedanken und meine Gefühle hätte ich gerne in den Mülleimer geworfen. An diesem Tag waren, wie an jedem Tag, einige Elementarwesen zu Besuch. Und als sie bemerkten, dass es mir nicht gut ging, wollten sie mir natürlich helfen. Sie versuchten mich zu ermuntern, zu trösten und sendeten viel, viel Liebe zu mir. Und was habe ich damit getan? Ich war grantig, habe sie weggeschubst und konnte ihre viele Liebe nicht annehmen. Wie ich mich auch bemühte, ich hatte nur Widerstand in mir. Daraufhin fing ich immer mehr an zu jammern. Ich verstand einfach nicht, warum ich die Liebe und ihre Helfer nicht annehmen konnte. Das ist doch das Beste im Leben! Auf einmal sagte ein Heiliger telepathisch zu mir: „Das ist das Schwerste." Er sagte dies mit einer sehr sanften und verständnisvollen Stimme. Und ich habe bis heute nicht verstehen können, warum es das Schwerste ist, das Schönste einfach nur anzunehmen. Für das Überleben zu sorgen ist nicht immer leicht, aber müssen wir Menschen es uns denn noch schwerer machen, als es schon ist? Vielleicht fällt es uns schwer zu vertrauen.

→ Weil es nicht so leicht ist, sagen die Heiligen mir immer und hiermit zu euch allen: „Strebe nach Erleuchtung, strebe nach Liebe und Frieden, nach dem Miteinander <u>ohne Unterlass</u>." Weil es so schwer ist den Egoismus zu wandeln, sagen sie auch: „<u>Darum</u> beten wir. Bleibe im Gebet." Ein Gebet ist eine Bitte um Liebe und Frieden an das Leben - an alle anderen um uns herum und in uns. Wir möchten, dass es uns besser und gut geht. Das geht nur mit Liebe und Frieden. Wünschen wir uns Leid, bringt das nur neues Leid mit sich. Wenn wir uns Krieg wünschen, leiden alle darunter. Auf diese Weise kann in unseren Herzen keine Liebe erwachen. Wir werden auf diese Weise keine Heilung, keine Erlösung, finden. Erlösung ist das Ende vom Leiden, ein Leben in Frieden, Gesundheit und Harmonie. Wenn wir Kriege führen, auch untereinander innerhalb der Familie und Partnerschaft, oder wenn wir böse Absichten verfolgen, wie sollten wir damit das Leiden beenden können? Wenn wir nichts oder zu wenig für die Liebe und den Frieden tun, dann ist nur noch durch das Gnadenlicht Erlösung möglich und durch diejenigen, die diesem göttlichen Licht, der Liebe, dienen – das sind die Heiligen, die Engel, die Elementarwesen und mancher ganz normale Mensch. Was ist dieses göttliche Gnadenlicht und wo ist es?

Vor vielen Jahren bin ich mit einer Gruppe Kriyayogis nach Indien gefahren, um dort gemeinsam zu heiligen Stätten und den Heiligen zu pilgern. Marshall Govindan Satchitananda und seine Frau Durga leiteten diese Reise, bei der wir u.a. in ein sehr kleines und sehr armes Dorf auf dem Land fuhren, weil dort ein Heiliger gelebt hatte, der mit dem göttlichen Licht vollständig Eins wurde. Sein Körper warf keinen Schatten mehr, wie das ansonsten „normal" wäre. Dieser Heilige heißt Ramalinga Swamigal und half den Armen und Kranken im Dorf. Er hat dort ein Kerzenlicht entzündet, für das die Bewohner Sorge tragen sollen, sodass es immer brennt und nicht ausgeht. Dazu gab er allen ein Mantra (heilige Silben/Worte) zur Anrufung des göttlichen Gnadenlichts, das dort bei der Kerze schriftlich abgebildet ist. (Am Ende des Buches steht es geschrieben.)
Wieder Zuhause in Deutschland, durfte ich, wenn ich dieses Mantra sang, mehrere sonder- und wunderbare Erfahrungen mit diesem Licht erleben. Heilung, Nahrung, Sättigung auf körperlicher, geistiger und seelischer Ebene, Bejahung des Daseins und Frieden in mir. Ich konnte dieses weiße, heilige Licht sogar sehen, wenn es von oben herabkam, sehr sanft und kaum wahrnehmbar fein. Auch sah ich es einige Male auf Menschen herabkommen, während ich ihnen mit Energiearbeit bei der Genesung half.

→ Erlösung vom Leiden durch die Liebe des Gnadenlichts, die göttliche Liebe – sie existiert. Ich kann es bezeugen und ich bin keine Heilige, sondern ein ganz normaler Mensch mit allem, was das vielfältige Leben auf Erden in uns zu bieten hat. Das bedeutet, jeder kann es erfahren, der es möchte – dem die Liebe und der Frieden wichtiger ist als alles andere! Wenn wir nicht Liebe und Frieden wollen, wie soll das Gnadenlicht uns dann helfen können?! Erlösung vom Leiden kann nur durch die Liebe geschehen, denn mit ihr können wir vergeben. Darum ist die Liebe die höchste Intelligenz. Sie befreit uns vom Selbst-Hass, von der Wut, vom Gegeneinander und führt uns wieder zusammen.

→ Das göttliche Gnadenlicht kann von oben kommen oder von innen, denn alles ist aus diesem Licht des Ursprungs entstanden – auch wir Menschen. Es ist in uns viel unentdeckte, nicht gelebte Liebe. Alle Heiligen, die körperliche Unsterblichkeit erreicht haben, sind von diesem Gnadenlicht erfüllt.

→ Auch mit den Elementarwesen habe ich viele dieser wunderbaren Erfahrungen gemacht. Das geschieht, wenn ich längere Zeit mit ihnen zusammen bin und sie mich an ihren göttlichen Kräften teilhaben lassen. Sie sind ein Teil der göttlichen Natur des Lichts. Das sind wir Menschen auch, aber wir leben diesen Teil nicht wie sie. Wenn wir der Natur als ein Freund von allen auf Erden mit viel, viel Liebe dienen, dann haben wir den göttlichen Lebensweg wiedergefunden. Wenn wir die Natur zerstören, dann zerstören wir gleichzeitig unsere göttlichen Freunde, die uns helfen können und wollen, dass auch wir im Frieden sind.

→ Wir Menschen haben das Geschenk der Kraft der Liebe in uns. Je mehr wir sie mit anderen teilen und mit der Liebe der anderen verbinden, umso näher sind wir dem göttlichen Ursprung. Wir Menschen werden das Göttliche nicht erlangen können, wenn wir die Natur nicht an der Liebe teilhaben lassen. Denn die Natur, das ist das Leben. Das Göttliche ist die lebendige Liebe des Lebens durch die Verbundenheit mit <u>allen</u>.

→ Elementarwesen sind sehr intelligente und liebende Naturgeister, weil sie auf die göttliche Quelle hören - sie hören auf die Liebe. Darum mögen die Naturgeister Gebete, die Bitte um Liebe und Frieden, die die Natur dringend von uns Menschen benötigt. Elementarwesen sind positiv in ihrem ganzen Wesen. Ihre Anwesenheit ist immer wohltuend, ihre Liebe verbindet uns alle miteinander und sie wünschen allen das Beste. Sie führen ein Leben wie ein lebendiges Gebet.

→ Die Engel als göttliche Helfer im Himmel beten sehr viel für uns Menschen. Sie bitten uns. Sie bitten um unsere Gnade und um unser Mitgefühl und erinnern uns daran. Wir sind umgeben von der Gnade, dem Segen, dem Mitgefühl und der Liebe unendlich vieler Wesenheiten. Ich möchte gar nicht wissen, wie es auf Erden unter uns Menschen aussehen würde, wenn sie alle nicht da wären und ihre Liebe nicht mit uns teilen würden. Wenn wir uns bewusst für die Liebe und den Frieden entscheiden und darauf hören, dann wird die Zeit kommen, da sie sich uns zeigen werden. Die bewusste Entscheidung öffnet die Verbindung zueinander.

→ Gnadenlicht - Gnade ist Liebe, da wo wir noch nicht lieben können. Es ist auch Vergebung - dafür, wenn wir nicht in Liebe mit allen leben und gegen andere handeln. Wenn wir nicht mit anderen in Liebe leben, dann sind wir mit uns selbst auch nicht im Frieden. Zudem essen wir täglich mehrmals. Das heißt, wir töten die anderen täglich. Eine Freundin meinte, diese Aussage ist zu krass. Ja, es ist krass! Darum brauchen wir die Gnade, die Vergebung der anderen, der Tiere und Pflanzen. Das göttliche Gnadenlicht kann uns dabei helfen, genauso wie diejenigen, die diesem Licht dienen - die Heiligen, Engel und Elementarwesen und hoffentlich noch viele andere.

Uns allen ist es möglich, anderen zu vergeben. Wenn wir vergeben, dann erwacht das Licht der Liebe (das Göttliche) in uns. Vergebung fällt uns nicht immer leicht, wenn wir verletzt wurden und darum wütend sind. Genauso ergeht es den Tieren, Bäumen und Pflanzen, wenn wir sie verletzen. Sogar die göttlichen Helfer, die Elementarwesen sagen: „Die Vergebung fällt uns nicht leicht." Die Elementarwesen haben mir schon sehr viel vergeben, sodass ich es kaum begreifen kann. Es fällt ihnen nicht leicht, aber sie tun es trotzdem!

Wie fühlt sich das Göttliche an? Wie können wir es uns vorstellen?
Als ich die Auszeit auf dem Festland nahm, um mehr Kriya Yoga zu üben, wurde mir das Göttliche gezeigt. Es war am Abend, als ich gerade das Meditieren beendet hatte. Ich schaute aus dem Fenster und sah plötzlich und ziemlich unerwartet eine blaue Lichtkugel durch die Luft fliegen ...runter in den Garten direkt unterhalb meines Fensters. Diese ungefähr basketballgroße Lichtkugel flog in einem leichten Bogen sehr bewusst langsam, gelassen und zielgerichtet. Ich spürte ein sehr hohes Bewusstsein von dem Licht ausgehen, weit höher als das normale Erdenbewusstsein, das ein normaler Mensch hat ...und ich in diesem Moment. Es fühlte sich außer-irdisch an. Sofort dachte ich auch an Außerirdische, bekam Angst, sauste in mein Bett und verkroch mich unter meiner Bettdecke. Das ist natürlich das beste Versteck. Kurz darauf spürte ich, wie mich jemand beruhigte und ich konnte mich etwas entspannen – unter der Bettdecke. (Heute weiß ich, dass es einer der Heiligen Kriya Yogis war.) Es gab keine Chance für mein Gegenüber mich darunter hervorzulocken. Das hatte er auch gar nicht vor, stattdessen öffnete er mir einen → gefühlten „Blick" in die Welt des Göttlichen. Es ist die schönste Kraft der Liebe, die es gibt, so wie man es sich gar nicht vorstellen kann. Es das Göttliche zu nennen erscheint mir fast zu trocken und fade, für das, was ich da fühlen und sehen durfte. Es ist unbeschreibliche Liebe und Schönheit, und noch vieles Wunderbares und Gutes mehr. Danke! Energie, Kraft, Stille, Liebe, Frieden, Schönheit, Geist, Intelligenz und Bewusstsein – und auf Erden, die Natur als Ausdruck - und in ihr die Elementarwesen, als göttliche Helfer für den Zusammenhalt der Kräfte des Lebens. Wir haben alle diesen göttlichen Funken, das Feuer der Liebe, in uns.
→ Streben und beten, bitten wir um Liebe und Frieden in uns und auf der ganzen Welt für alle ohne Unterlass. Daran kann ich nur immer wieder erinnern, so wie mich die Heiligen immer wieder an das Gebet und Streben erinnern. „Täglich", sagen sie, denn ohne die Liebe leben wir unglücklich. Im Gebet bitten wir die anderen und bleiben uns dadurch bewusst, dass sie da sind! Wir sind dann bewusst verbunden mit ihnen und bleiben nicht im

Gefühl des Alleinseins. Beten wir, bitten wir auch für die Natur und ihre Elementarwesen, dann erinnern wir uns an ihr Dasein und ihre Liebe. Das tut ihnen gut und dem, der für sie betet.

→ Das Streben ohne Unterlass ist ganz einfach. Wir brauchen nur an die anderen in der Natur in Dankbarkeit zu denken und an das, was wir schon von ihnen bekommen haben. Jeden Schritt den wir gehen, können wir in Dankbarkeit gehen und mit den Gedanken für den Frieden in uns und mit den anderen. Dadurch bleiben wir gleichzeitig in der Achtsamkeit, die uns zur Ruhe kommen lässt. Den ganzen Tag denken wir - vieles sehr unbewusst. Wir können ganz leicht bewusst an Liebe und Frieden denken, woduch wir uns dann gleichzeitig öffnen für diese Kräfte und unsere Helfer. Ihr seht, es ist nicht schwer und es hat viele Vorteile so bemüht und auf diese Weise strebsam zu sein. Ein Heiliger sagte mir: „Jede Bemühung und jede Anstrengung lohnt sich." Jede, die wir in Richtung des Miteinanders in Frieden gehen.

→ Das Göttliche heilt, weil es Liebe ist. Die Liebe heilt, weil es das Göttliche ist. Das Göttliche wurde mir in „Form" des Gefühls und von Energie gezeigt. Die Elementarwesen sind auch eine Form dieser göttlichen Energie, Liebe und Schönheit. Heilige wie Babaji Nagaraj, Jesus und alle Kriya Yogis, die körperliche Unsterblichkeit dank des göttlichen Lichts erreicht haben, zeigen uns, dass wir Menschen im Ursprung voller Liebe und Schönheit sind und es alle im Ganzen sein können – so, wie auch die Elementarwesen mit Leib und Seele voller Liebe und Schönheit sind. Wir können zum Ursprung des Lebens zurückfinden und dadurch ewig leben mit Hilfe des Göttlichen und dessen Helfern. Sie können uns an die Liebe erinnern. Die Liebe ist der einzige Weg dahin. Wir können viele Wege gehen, wenn wir unsere Wege aber nicht in Liebe gehen, dann kommen wir nicht weiter. Wo kommen wir dann an? Was ist unser Ziel? Wir sollten das Ziel des Lebens kennen, ansonsten leben wir unbewusst. Wenn wir es nicht kennen, dann sollten wir danach suchen, damit wir ein bewusstes Leben führen können. Ihr lest hier, dass es theoretisch möglich ist, ein hohes Bewusstsein zu erlangen. Babaji Nagaraj hat mir gesagt: „Es ist möglich."

Während ich dies schrieb, saß mein kleiner Zwergbegleiter sehr zurückhaltend, missmutig und traurig aussehend und mit Abstand zu mir auf einem der Schränke. Ich fragte ihn in Gedanken worum es geht. Da kam er zaghaft zu mir an den Computer und gesellte sich dazu. So schrieben wir gemeinsam weiter. Während ich schrieb, immer mit Blick auf den kleinen Freund, also im Kontakt mit ihm bleibend, wurde er ganz munter und endlich wieder fröhlich. Gleichzeitig tat er mir mit seiner lieben Art auch sehr gut. Rückblickend waren meine zuvor geschriebenen Texte nicht besonders gut, weil ich dabei nicht mit den Elementarwesen verbunden war. So kann ich nur vermuten, dass mein kleiner Freund deswegen auch unglücklich war. Nun hatte er mich wieder an die Verbundenheit mit ihnen erinnert. Das Schreiben fiel mir leichter und die Texte wurden klarer.

→ In solch einem Miteinander geschieht die Heilung des Geistigen in uns. Das ist das Erwachen. Ein ICH alleine erinnert sich an das WIR. „Das ist der erste Schritt", sagte ein Heiliger dazu. Es ist die Einsicht und Erkenntnis, das Erwachen im Geiste mit dem Verstand, was uns hilft, weitere Schritte zu gehen. Dieser erste Schritt ist der Anfang und das Ziel.

Das war das Erwachen mit Hilfe eines Elementarwesens. Danke kleiner, sehr lieber Geist!

→ Sind wir Menschen nicht genauso empfindsam wie dieser kleine Zwerg, wenn wir vom Miteinander getrennt werden?! Tatsächlich brauchen wir alle sehr wenig zum Glücklichsein. Ein Lächeln, ein liebes Wort, ein freundlicher Blick erweckt uns alle im Herzen. Im Grunde unseres Wesens sind wir also alle sehr bescheiden, und wer bescheiden ist, der ist der Liebe und dem Göttlichen ganz nah - weil die Liebe Bescheidenheit ist und Demut. Dann sind wir dankbar, in Freude und glücklich. Das Göttliche ist Fülle durch Bescheidenheit.

→ Manche Elementarwesen sind so unbegreiflich schön, groß, lichtvoll und weit in ihrer Ausstrahlung - und dabei bescheiden. Wären sie es nicht, wären sie nicht so schön. Dann hätten sie nicht so viel zu geben. Was sie haben, das haben sie <u>von den anderen</u> und <u>vom göttlichen Licht</u>. Dieses Wissen und dieses Bewusstsein lässt sie bescheiden bleiben und glücklich.

→ Wie geht es denn uns Menschen? Schaut euch an und all die anderen Menschen, die euch umgeben oder auf den Straßen, in den Geschäften. Glaubt ihr, dass sie glücklich sind? Seid ihr es? Wir Menschen könnten genauso fröhlich sein wie ein gesundes Elementarwesen. Was ist los mit uns Menschen? Wer hat uns das angetan? Menschen. Wir selbst uns gegenseitig. Können wir damit aufhören? Ja. Tun wir es gemeinsam, ohne Unterlass.

→ Ein Heiliger sagt mir dazu oft: „Nicht aufgeben." Nicht damit aufhören, füreinander da zu sein und den Frieden und die Liebe als wichtigstes Ziel im Leben anzustreben. Hören wir auf, uns gegenseitig zu schaden, auch mit den Gedanken. Stattdessen können wir uns und allen anderen mit positiven Wünschen den Weg ebnen zum friedlichen Miteinander. Gedanken kommen an und sind der Anfang für positive Gefühle und anschließende Taten. Vielleicht könnten wir dabei auch an die Natur denken! Die Tiere, die Bäume, alle Pflanzen und die Elementarwesen brauchen die guten Gedanken und Taten von uns!

→ Die Elementarwesen streben nach Miteinander und sind dabei sehr tüchtig. Sie sind unglaublich positiv und nehmen uns gerne mit auf diesen Weg. Die Naturgeister denken positiv über uns, obwohl wir ihre Heimat zerstören und ihnen ihre Freunde nehmen. Dem Himmel und der Erde sei Dank! Sie leben ein perfekt harmonisches Miteinander untereinander und mit allen anderen. Sie leben in einer großen Familie zusammen und genauso fühle ich mich unter ihnen, aufgehoben in einer sehr großen Familie, wie ich sie noch nie hatte. Dafür bin ich ihnen mehr als dankbar. Es ist sehr traurig mitanzusehen, wie viele Menschen in ihren Familien unglücklich sind. Elementarwesen können uns das vertrauende Gefühl der Zusammengehörigkeit geben oder uns daran erinnern. Mit diesem tragenden Gefühl können wir uns dann leichter mit unserer Ursprungsfamilie versöhnen.

→ Ob Pflanzen, Tiere oder Menschen - Elementarwesen mögen ihre Nachbarn, es sei denn, jemand fügt ihnen Schaden zu. Dann nehmen sie mehr Abstand zu demjenigen und gehen uns aus dem Weg. So machen wir Menschen das ja auch. Wenn allerdings ein Geistwesen, das für das Wohl aller auf tiefster Ebene des Daseins sorgt, uns aus dem Weg geht, dann ist das kein gutes Zeichen.

→ Es ist schwerer für uns das Leben zu verstehen und zu erleben ohne sie. Schaden wir der Natur, dann trennen wir uns von der Liebe. Dadurch wird die Kraft der Liebe in uns schwächer. Wenn wir der Natur schaden, dann haben wir auch keine Helfer mehr auf dieser geistigen Bewusstseinsebene – der Quelle der Liebe, die uns erinnert an Miteinander, an Verbundenheit und an das Leben. Es sei denn, sie vergeben uns auch weiterhin unsere vielen egoistischen Handlungen, bei denen wir uns selbst lieben und alle anderen vergessen. Sie vergeben uns schon so viel und wir nehmen es mit einem Gefühl der Selbstverständlichkeit hin. Es geschieht so nebenbei, scheinbar ganz unbemerkt.

→ Wenn sich die Elementarwesen alle auf einmal von der Erde zurückziehen würden, dann würden wir alle in ein tiefes, emotional dunkles Loch fallen. Wir sind auf ihre geistige Liebe angewiesen – weit mehr als es uns allen bewusst ist. Darum sage ich es euch. Versuchen wir zu erkennen, dass die guten Gefühle nicht alleine von uns selbst kommen, besonders dann, wenn wir in die Natur gehen.

→ Wir können froh sein, dass es Engel gibt. Ihnen können wir nicht schaden, weil sie meistens vom Himmel aus wirken. Das lässt hoffen. Wir sind aber zusätzlich von der Gnade der Naturgeister auf Erden abhängig, denn ohne sie wachsen die Pflanzen nicht, gibt es keine fließende, gesunde Bewegung der Elemente, keine Liebe und keine Weisheit in der Natur für alle. Sie sind die Hüter des Wissens und der Kräfte auf und in der ganzen Erde, im ganzen Universum.

→ Schaden wir ihnen, verschließt sich uns dieses Wissen vom Leben und Überleben und der Medizin in der Natur. Bitten wir sie um Hilfe, um Miteinander und um ihre Gnade. Beten wir dafür, dass sie niemals damit aufhören mögen uns zu helfen - und dass wir niemals aufhören, darum zu bitten. Hören wir auf, der Natur zu schaden. So machen wir das Gebet lebendig!

→ Wir sind von ihnen abhängig wie von der Sonne und dem Wasser. Das wissen leider zu wenig Menschen. Die Elementarwesen konnten bisher noch nicht so viel Vertrauen zu uns Menschen haben, um im sichtbaren, für alle bewussten Kontakt ihr Wissen und Dasein mit uns teilen zu können.

→ Gehen wir Menschen ihnen entgegen? Gehen die, die sich für die Geisteswissenschaft interessieren, dafür in die Natur? Und die Spiritualität wird auch heute leider immer noch von vielen als Spinnerei abgetan. Spiritualität ist ganz einfach „nur" der Weg zu einem Leben in größtmöglicher Gemeinschaft in Liebe und Frieden zum Wohle aller. Es ist der Weg zum göttlichen Bewusstsein, um den Egoismus zu wandeln in ein bewusstes Leben in Liebe. Spiritualität ist eine sehr positive Entwicklung, die für alle zum Besten ist. Spirituelle Menschen forschen innen und in der Natur. Sie suchen nach dem Göttlichen, nach dem, was das Unmögliche möglich macht.

→ Die göttlichen Helfer, die Liebenden - die Heiligen, die Engel und Elementarwesen, die Bäume und viele andere friedliche Lebenwesen helfen uns bei der Heilung und um selbst ein göttliches und lichtvolles Dasein erlangen zu können, für ein Leben in Liebe und Frieden in der Gemeinschaft mit allen. Sie erleichtern uns das Dasein auf Erden, sodass wir mutig weitergehen mögen.

→ Es hat viele Gründe, warum wir eine saubere und ursprüngliche Natur brauchen. Der wichtigste Grund ist, die Natur für die Elementarwesen zu erhalten und sauber zu halten. Denn die Elementarwesen erhalten die Natur, das Leben, die Freude am Leben, die Schönheit, das Bewusstsein und die Intelligenz in den Elementen, in jedem Lebewesen und in uns Menschen.

****

Stille Meditation – Schweigen

****

Stille Meditation ist das Beobachten und das Loslassen der Gedanken, ohne sie zu kommentieren, denn das wären wieder neue Gedanken.
Habt den Mut, still zu sein und für diese Zeit keine Meinung zu haben.
Gönnt eurem Geist Ruhe.
Gönnt euch selbst die Ruhe im Verstand. Still sein darf sein, denn in der Ruhe liegt die Kraft.

Meditationsanleitung:

Wenn ihr nur eine bestimmte Zeit lang meditieren wollt, dann stellt euch einen Wecker, der sich sehr leise bemerkbar macht. Dann seid ihr nicht abgelenkt, weil ihr ständig auf die Uhr schauen müsst.

Nehmt eine entspannte Haltung ein, am Besten im Sitzen. Ihr müsst nicht im Schneidersitz die Knie verdrehen. Gut ist es, die Beine, euren Hüften entsprechend, nicht zu weit auseinander und nicht zu nah beieinander zu haben. Ihr könnt also auch auf einem Stuhl sitzen.
Die Hände liegen entspannt auf den Beinen mit den Handflächen nach unten oder nach oben geöffnet, so wie es sich für euch in dem Moment angenehm anfühlt.

Denkt zuvor ganz bewusst: Ich brauche mir jetzt keine Sorgen zu machen. Lösungen werden jetzt nicht gebraucht. Jetzt möchte ich keine Verantwortung übernehmen. Jetzt darf ich eine Pause machen.

Spürt immer euren _ganzen_ Körper während der Meditation (und auch im Alltag), das Sitzen, vielleicht die Rückenlehne oder die Füße auf dem Boden. Da der Körper nur hier und jetzt sein kann, hilft das Fühlen des Körpers dabei, auch hier und jetzt mit dem Verstand zu bleiben.

Nehmt euren Atem wahr, wie er kommt und geht. Fühlt die Bewegung im Bauch, in der Brust und den Atem in der Nase. Der Atem beruhigt die Gedanken.

Konzentriert euch auf das Stillsein. Horcht in den Raum hinein, hört die Ruhe und die Geräusche ganz bewusst (ohne zu kommentieren).

Wenn ihr bemerkt, dass ihr mit den Gedanken woanders seid, dann konzentriert euch wieder auf euren Körper, den Atem und das Zuhören. Hört die Ruhe und die Geräusche im Raum.

Wenn ihr die Meditation beenden möchtet, dann atmet noch einmal tief durch, kreist eure Schultern und bewegt auch sehr sanft und achtsam den Kopf in alle Richtungen.

Dankt im Stillen eurem Körper und allen Kräften in und um euch herum.

Danach ist es auch sehr angenehm, wenn ihr den Körper etwas massiert. Das bringt die Durchblutung wieder in die Gänge und wirkt wärmend.

****

Zwerge & Co. - „Willkommen!"

Elementarwesen sind Geister, Seelen, Lichtwesen aus Energie, die in der Natur in den Elementen überall auf Erden und im Universum leben. Manchmal begegne ich Naturgeistern, bei denen ich nicht erkennen kann, welcher Art sie zugehörig sind, aber das ist auch nicht das Wichtigste in solch einer Begegnung. Vielmehr geht es darum, was wir von den Elementarwesen lernen können. In diesem Kapitel stelle ich euch einige Völkergruppen der Elementarwesen vor und welche Erfahrungen wir im Miteinander hatten. Mit allem, was sie mir zeigten und sagten, hatten wir viel Freude und wunderschöne Augenblicke, aber auch traurige Momente einer anderen Wahrheit. Mit viel Weisheit und Klugheit lehren sie uns, aber niemals streng. Ehrlich und aufrichtig zeigen sie ihre Gefühle und bleiben ihren Freunden immer treu. So manches Mal tue ich mich sehr schwer im Lernen – sie bleiben geduldig wie mit einem Kind und lehren mich erwachsen zu werden und Verantwortung zu übernehmen für die Gemeinschaft.

Es gibt sehr viele und auch sehr unterschiedliche Elementarwesen. Die Körper, die wir sehen, wenn sie sich auf unserer Daseinsebene zeigen, sehen sehr unterschiedlich aus. Man könnte sagen, so wie es unterschiedliche Tierarten gibt, so gibt es unterschiedliche Naturgeister. So vielfältig ihr äußeres Erscheinen auch sein mag, sie folgen alle der Liebe im Herzen und leben friedlich miteinander. Anders gesagt, wir können viel von ihnen lernen. Wir Menschen haben auch schon viel Miteinander geschaffen und dennoch mögen wir plötzlich das nicht, woran der andere glaubt oder seine Meinung ist uns zu fremd oder seine Hautfarbe zu kraftvoll. Habe ich die Frisur vergessen oder die Kleidung, die wir ständig bei den anderen beoder verurteilen? Der Eine hat zu viel, der Andere zu wenig. Ganz gleich, welchem Element die Naturgeister angehören, in welcher Gegend und welchem Land sie leben, egal wie groß oder klein sie sind oder wie sie aussehen und welche Kleidung sie tragen und welche Stellung sie in ihrem jeweiligen Volk einnehmen, sie sind alle miteinander verbunden durch die Liebe in und auf der gesamten Erde und im Universum. Dabei pflegen sie sehr den Kontakt zueinander. Die Elementarwesen wissen genau Bescheid darüber, was überall auf der Erde geschieht. „Wir wissen mehr als du denkst", sagten sie mir einmal. Sie haben nicht solche Probleme wie wir Menschen. → Elementarwesen leben im Kontakt und verbunden mit allen, tauschen sich aus und suchen gemeinsam nach Lösungen – für uns alle!
Das löst die Probleme und so haben sie keine. Wenn wir Menschen das von ihnen lernen würden, Lösungen für alle Lebewesen zu finden und nicht nur

für uns alleine, dann wäre die Erde einer der heilsamsten Orte im ganzen Universum. Weil es zur Zeit nicht so ist, haben die Elementarwesen ein Problem – uns Menschen, weil wir uns nicht mit ihnen austauschen. Wenn wir gemeinsam mit ihnen das Leben auf Erden gestalten, dann entsteht ein Paradies in Vollkommenheit für alle. Wir können es besser haben, besser leben, mehr lieben, noch glücklicher und liebevoller miteinander sein - wenn wir uns öffnen mögen für ein Miteinander mit den Elementarwesen und der Natur im Gleichgewicht.

Elementarwesen sind sehr bewusst, klug, freundlich, lieb, lebensfroh und leben die Liebe mit vollkommener Aufrichtigkeit. Sie sind so liebenswerte Wesen, dass man sie den ganzen Tag knuddeln möchte - was sie übrigens auch sehr mögen, aber wir Menschen sind ja immer so beschäftigt.
→ Alle Pflanzen wachsen und gedeihen mit Hilfe dieser Geister. Sie helfen ihnen auch bei der Heilung. Ein Baum sagte einmal zu mir: „Ohne die Elementarwesen können wir nicht wachsen." Ich glaube, das sagt alles aus, was wir über Elementarwesen wissen müssen. Sie sind sehr wichtig in dieser Welt. Kein Pfanzenwachstum ohne Elementarwesen. Das bedeutet, dass sie überall da sind, wo auch Natur ist. Je ursprünglicher die Natur, um so mehr Elementarwesen sind dort und umso wohler fühlen sie sich. Dann können sie ganz sie selbst sein und in ihrer Kraft, weil dieses gesunde Miteinander sie stärkt und sie wiederum stärken das Miteinander. So geht es auch uns Menschen, wenn wir in der Natur sind und wir untereinander respektvoll leben. Ein Mensch, der empfindet, dass er ganz er selbst und in seiner Kraft ist, wenn er sich scheinbar in einer Großstadt, am PC oder mit einem Handy und in künstlichem Licht der Geschäfte und Büros wohler fühlt als in der Natur – kann der ganz er selbst, also natürlich sein? Weiß er, wieviel Kraft er dadurch weggibt, und keine gesunde Energie zurückbekommt?
→ Eine Verbundenheit mit der Natur ist notwendig, wenn wir in „unserer" Kraft bleiben wollen. Denn „unsere" Kraft ist die Kraft der anderen, unserer Vorfahren in uns. Je ursprünglicher die Natur sein kann, um so größer ist auch die Kraft in uns.

Im Folgenden erfahrt ihr mehr über die einzelnen Völker der Elementarwesen, über ihre jeweiligen Kräfte und Aufgaben im geistigen Reich, mitten unter uns. Wer offen für sie ist, mit dem leben sie gerne gemeinsam, was sehr hilfreich ist und viel Spaß macht. Da die Geister da sind, wo Natur ist, sind sie also auch in unsererm Gärten. Nun fühlt ihr euch vielleicht etwas beobachtet, beim nächsten Aufenthalt bei den Rosen... Ihr habt einen Garten, die Pflanzenwesen um euch herum, weil ihr euch dort vermutlich sehr wohl fühlt. Ganz gleich, welche Elementarwesen erscheinen, das Beisammensein mit ihnen ist immer etwas sehr Angenehmes und Wohltuendes, so wie ihr euch auch mit der Anwesenheit der Pflanzen fühlt – nur noch besser!

Zwerge

Die Zwerge, unsere „Artgenossen", leben intensiv mit dem Element Erde zusammen. Ob ganz kleine Zwerglein oder ungefähr einen Meter große Zwerge, sie sind pfiffig und weise. Meinen persönlichen Begleiter, den kleinen Zwergenfreund, hatte ich Anfangs schon vorgestellt. Er ist überall mit dabei. Wenn ich mit dem Fahrrad unterwegs bin, dann sitzt er gerne vorne auf dem Lenker. Nachdem wir an mehreren Tagen hintereinander Sturm hatten und ich bei der Arbeit mit dem Rad fahren musste, hatte ich keine Lust mehr, gegen den starken Wind anzukämpfen. Ich war etwas frustriert und müde. Da sah ich den kleinen Freund wieder vorne auf dem Lenker sitzen, die Nase in den Wind haltend mit Freude dem Sturm entgegen. Das sah so drollig aus, dass ich es auch ausprobierte - und alles wurde leichter und mit Freude strampelten wir dahin.

Er steht mir mit Rat und Tat zur Seite, hilft in der Verständigung zwischen mir und anderen Elementarwesen und hält mich bei Laune, wenn es anstrengend wird. Er und die anderen sehr lieben Geister erinnern mich häufig an Dinge, die ich mit meinem Wuselkopf ansonsten vergessen hätte. Mag es der Wohnungsschlüssel sein oder ein noch offenes Fenster oder, besonders wichtig, die Erinnerung daran, im Winter als erstes die Vögel zu füttern. Ich möchte sie alle gerne mit Worten ehren und kann es nicht. Aber eines kann ich sagen: Dem Zwerglein und unseren vielen geistigen Freunden sei Dank! So sind mir schon einige Meter an zusätzlichen Wegen erspart geblieben und noch vieles mehr an Unannehmlichkeiten, stattdessen habe ich viel mehr Spaß am Leben. Sie helfen alle dabei, dass ich sparsamer mit meinen Kräften umgehe und achtsamer bin. Sie stoppen mich häufig in meinem zu schnellen, von den Gedanken bestimmten Tempo. Wenn ich nach draußen gehen möchte, dann sagen sie mir auch schon mal, dass ich meine Regenhose mitnehmen soll. Dann kann ich sicher sein, dass es regnen wird – und ich bleibe trocken.

Wenn ich mich viel bemüht habe, etwas zu ändern und zu tun und davon ganz erschöpft bin, dann legt mir manchmal ein Zwerg seine Hand auf meine Schulter, um mich zu loben. Das tut sehr gut, weil sie eine sehr beruhigende Art haben und Wohlwollen zeigen können.

→ Zwerge sind Erdenwesen. Ihre Kraft wirkt auf uns entsprechend erdend. Die Naturgeister leben auch in der Erde, nicht nur auf ihr. Sie zeigten es mir, als ich Zuhause an einem Fenster am Tisch saß. Auf einmal wurde mein innerer Blick nach draußen gezogen. Ich schaute plötzlich hinunter in ein kleines Erdloch im Park vor der Haustür. Von dort unten aus der Erde winkten mir einige freundliche Zwerge entgegen. Es war ein seltsamer Augenblick. Ich wusste auch schon zuvor, dass sie in der Erde leben, aber dies nun war so real, dass sie mich sehr zum Staunen brachten.

Das Wissen, die Theorie allein, genügt nicht. Das reale Erleben verändert uns. Wann wart ihr das letzte Mal erstaunt? Es ist ein Moment des Erwachens. Das kenne ich noch nicht, das ist mir neu und auf besondere Weise unbekannt. Elementarwesen sind echte Spezialisten auf diesem Gebiet - uns aufzuwecken aus unserem Tiefschlaf der Einsamkeit innerhalb der Menschheit und im Gewohnten, in dem was wir schon kennen und wo wir verharren.

→ Die Zwerge sind dabei für uns Menschen sicherlich die Helfer unter den Elementarwesen, die wir beim ersten Schritt im Kontakt mit der geistigen Welt am besten annehmen können, weil sie wie wir dem Element Erde zugehörig sind. Sie erinnern uns wieder an den Erdontakt, wenn wir mit unseren Gedanken und Gefühlen zu sehr abheben. Da wir nicht mit Flügeln geboren wurden, sind wir also nicht dem Element Luft zugehörig und sollten darum mit den Füßen und Gedanken auf der Erde bleiben. Mit der Entwicklung unserer Gedankenkraft verleihen wir uns manches Mal illusorische Flügel, ein Leben dem wir nicht gewachsen sind oder das den realisierbaren momentanen Möglichkeiten nicht entspricht. Dann schweben wir mit den Gedanken mehr in unseren Traumvorstellungen und verlieren den Boden unter den Füßen. Spürt ihr beim Gehen die Erde unter euch? Wann denkt ihr an das Hier und Jetzt? Dabei entsteht eine Gedanken-Ruhe. Der Verstand wird still im Augenblick.

→ Elementarwesen erleben wir im Augenblick und nicht, wenn wir in unserer eigenen, kleinen Gedankenwelt versunken sind. Die Elementarwesen leben im Jetzt und haben dadurch eine Menge Energie. Wenn wir mit unserer Gedankenkraft ständig woanders sind, dann verlieren wir zwangsläufig die Energie unserer geistigen Gedankenkräfte. Die Zwerge (auch alle anderen Elementarwesen) sind sehr fröhlich auf und in der Erde lebend und können uns Menschen mit ihrer Freude am Leben aus unseren individuellen Traumvorstellungen herausholen, damit wir unsere Kräfte besser nutzen können für das Leben, das wir jetzt haben.

Momente des Erwachens entstehen auch, wenn unser Humor geweckt wird. In diesem Augenblick sind wir gerne auf Erden und im Körper. Erwachen ist Dasein mit dem ganzen Wesen, da wo wir sind. → Da Elementarwesen auch sehr gerne Spaß haben, können sie uns auf diesem Weg bei einem fröhlichen Erwachen hilfreich sein. Die Naturgeister sind sehr bescheidene Wesen, auch was den Humor betrifft. Wenn wir Menschen zu arrogant sind, dann können sie uns auf dem Weg der Freude nicht erwecken. Dazu brauchen wir die gleiche Bescheidenheit beim Spaß haben wie sie.

Einen lustigen Augenblick hatte ich mit meinem kleinen Zwergenbegleiter, als ich gerade essen wollte. Vor mir stand mein Frühstücksbrett mit Broten. Die Brote hatte ich mir mit Gurke und Tomate belegt. Ein paar kleine Gurken- und Tomatenstückchen hatte ich für die kleinen Leute an den Rand des Bretts gelegt. Gemeinsam frühstücken ist schöner. Das war aber wohl nicht genug für alle Besucher. Als ich gerade etwas vom Brot abschneiden wollte, sah ich meinen kleinen Zwergenfreund, wie er das Brot mit Tomate auf meinem Brett zu seinen Freunden rüberschob.

Habt ihr schon mal einen Zwerg gesehen, der auf einem Frühstücksbrett steht und eine Scheibe Brot wegschiebt? Wir haben uns unbekannte Situationen nicht in unseren Gedanken und Vorstellungen abgespeichert. So etwas gehört nicht zu unserem Alltagsgeschehen. Aber plötzlich macht jemand etwas Unvorstellbares vor unseren eigenen Augen und derjenige ist noch dazu sehr klein. Das war ganz schön selbstbewusst und ich musste herzhaft lachen, wo ich doch vorher so ernsthaft vor meinem Frühstück saß. Auf jeden Fall war ich jetzt ganz wach – Guten Morgen!

Habt ihr schon mal eine Tür geschlossen und sie gleichzeitig offen gelassen? So etwas nennt man einen Koan. Spirituelle Meister geben manchmal ihren Schülern solch einen Satz, über den sie dann meditieren sollen – um aufzuwachen. Auf diesem Weg kann sich für uns die Tür zur geistigen Welt öffnen. Wir müssen aufhören zu denken und stattdessen still sein und beobachten und offen sein für alles.

Wenn wir Menschen eine Tür schließen, dann schließen wir sie meistens auch emotional, mit der Willenskraft und den Gedanken. Es ist nicht nur die materielle Tür, die wir schließen. Beobachtet euch mal dabei. Wenn ich also eine Tür schließen möchte und gleichzeitig möchte ich aber meinem Zwergenfreund und den vielen anderen geistigen Begleitern die Tür aufhalten, dann muss ich mich sehr darauf konzentrieren, die Tür nicht emotional zu schließen und gleichzeitig gedanklich sogar die Tür offenstehen lassen – obwohl ich sie schließe. Denn wenn ich die Tür schließe, wie wir Menschen das üblicherweise tun, dann bekommen die Elementarwesen vielleicht den Eindruck, dass sie nicht willkommen sind. Klar, die Geister können auch durch die geschlossene Tür spazieren, aber darum geht es nicht. Wir Menschen haben uns angewöhnt, uns auch emotional und gedanklich zu verbarrikadieren, uns auf diese Weise zu verschließen und nicht nur den

Körper in einem Haus zu verstecken. Das mag sicherlich eine Schutzmaßnahme sein, bei der wir aber vergessen, der Liebe und den Liebenden die Tür offenstehen zu lassen!

Für die Zwerge sollte man auf jeden Fall immer die Tür offen halten, denn sie haben ein sehr freundliches Wesen und mögen das Beisammensein. Darum gibt es vermutlich auch so viele von ihnen. Wenn ich spazieren gehe, spüre ich manchmal jemanden hinter mir. Wenn ich dann mit dem inneren Auge genauer hinschaue, sehe ich einige Zwerge, die hintereinander in einer Reihe fröhlich mit mir gehen. Ob privat oder bei der Arbeit, die Zwerge sind besonders gesellige Leute. Es gibt aber auch kein Elementarwesen, das ich je erlebt habe, das kein Beisammensein mag. Viele Menschen sind froh, wenn sie sich in ihren vier Wänden verstecken können. Das liegt wahrscheinlich daran, dass wir es uns untereinander nicht so leicht machen. → Wir können uns von den Zwergen und anderen Elementarwesen ganz wunderbar abschauen, wie das auch anders möglich ist – wie wir viel im Miteinander sein können und dabei gleichzeitig friedlich und glücklich sind. Das ist möglich.

Als ich noch sehr jung war, konnte ich mir das nicht vorstellen. Mit der Zeit habe ich gelernt, Kompromisse zu machen, neugierig und offen zu bleiben, mich überraschen zu lassen und dabei achtsam mit mir zu sein. → Vergebung fällt mir jetzt leichter und ich bin dankbarer geworden mit Hilfe der Naturgeister und Heiligen. Ich sehe viel Positives bei den anderen, das ich vorher nicht sehen konnte oder wollte. Ganz besonders hilfreich ist es, wenn wir die Elementarwesen dazu einladen gemeinsam mit uns Menschen zu sein. Denn sie können uns auf der Herzensebene miteinander verbinden und führen. Dann sollten wir allerdings möglichst keine oberflächlichen Gespräche führen, sondern uns aufrichtig austauschen über das Leben. Ansonsten werden sie sich mächtig langweilen und uns wieder alleine lassen, denn sie sind sehr bewusst lebende Wesen, die mit viel Verantwortung das Leben erhalten.

Die Heiligen sagen: „Redet über euch!" Und nicht über die anderen. Sie meinen damit den aufrichtigen Austausch, um z.B. Probleme lösen zu können. Denn sie lösen sich nicht von alleine. Würden die Elementarwesen, wie so viele Menschen das leider zu gerne tun, einfach nur rumsitzen und irgendetwas reden, ohne überhaupt etwas damit auszusagen, oder über andere lasterhaft tratschen (damit meine ich nicht oberflächliches Reden, das dazu dient, einen Kontakt zu einer anderen Person herzustellen, sondern gedankenloses Gerede, das keinen weiteren Zweck erfüllt), wie würde dann das Leben auf Erden aussehen? Wenn ich daran denke, macht sich gähnende Leere in mir breit.

→ Elementarwesen haben immer viel zu tun und doch genug Zeit, um sich auszuruhen und gesellig beeinander zu sein. Sie tun nichts, was unnötig oder schadhaft ist. Vernunft ist das oberste Gebot und dennoch haben sie viel Spaß. Das ist möglich.

→ Elementarwesen dienen der großen Einheit, indem sie z.b. die Energien der Natur überall in Bewegung halten. Alles bewegt sich ständig. Wenn wir uns nicht mehr bewegen, dann sterben wir. Und selbst im Sterben ist Bewegung im Körper, in den Zellen, den Energien und der Seele. Was hält uns in Bewegung? Es ist die Kraft der Quelle des Lebens, mit der wir weitergehen wollen - die Liebe. Die Naturgeister halten mit ihrer vielen Liebe die Energien in Bewegung.

Wenn ihr nur sehen könntet, wie innig sie mit den Pflanzen gemeinsam leben. Sie liebkosen und umarmen sie und reden in aller Güte mit ihnen. Sie fassen sich an den Händen, singen und tanzen im Kreise um die Pflanze herum. Das ist besonders heilsam, wenn es einer Pflanze nicht gut geht. Sie teilen mit der Pflanze ihre Lebensfreude, sodass dieses Wesen auch wieder Freude haben mag und ihre Lebenskraft stark genug ist, um die Wunden heilen zu können. Zusätzlich helfen sie ihr auf energetischer Ebene. Auch da ist das Heilmittel die Liebe. Ob nun Energien oder wir Menschen, alles kommt, hält zusammen und bewegt sich durch die Liebe zu etwas oder zu jemandem. Sie ist das Kostbarste in unserem Leben, was wir geben und annehmen können.

Hierzu kann ich von einer schönen Begegnung mit Zwergen erzählen, die mich mit ihrer Liebe aufgeweckt und gleichzeitig einer Palme viel Freude und heilsame Kräfte geschenkt haben. Es geschah in einer Zeit, als ich den Kontakt mit den Elementarwesen immer bewusster erlebte. Nach einem arbeitsreichen Tag setzte ich mich erschöpft in meinem Zimmer auf den Boden mit dem Rücken an den Kühlschrank gelehnt, schloss die Augen und versuchte, im Hier und Jetzt anzukommen. Plötzlich spürte ich den Impuls, zu meiner schönen, puscheligen Palme zu schauen, die seitlich vor mir stand und traute meinen Augen nicht. Da tanzten lauter kleine Zwerglein Hand in Hand fröhlich um den Stamm der Palme herum. Es sah so hübsch aus, aber anstatt mir die Freude im Herzen zu gönnen, schaltete ich meinen skeptischen Verstand ein, mit dem ich alles in Frage stellte. Bilde ich mir das nur ein? Fange ich jetzt an zu fantasieren? So denken viele Menschen, wenn sie spontan die schönen Elementarwesen sehen <u>dürfen</u>. Die Antwort: Wie können wir uns so plötzlich, ohne vorher darüber nachgedacht zu haben, so etwas Ungewöhnliches vorstellen, was wir noch nie zuvor gesehen haben? Glauben wir nicht an diese Liebe und viele Freude vor Augen?

Als ich so vor mich hingrübelte, schaute ich plötzlich spontan auf den Boden vor mir und sah die lieben Zwerge, wie sie einer nach dem anderen in einer Reihe an mir vorbeispazierten. Ein Zwergenmann ging stolz vorweg und eine kleine Zwergenfrau mittendrin winkte mir fröhlich zu. Mein Mund hatte sich nicht geöffnet. Stille kehrte ein. Kein Denken mehr, nur da sein und mich am Geschehenen erfreuen. Jetzt war ich wieder wach. Fröhlichkeit und Lebensfreude ließen mich wieder vom Boden aufstehen und ich konnte den Tag wieder genießen. Danke, liebe Zwerglein!

Meine Freundschaft mit den Zwergen begann mit meinem kleinen Zwergenbegleiter und einer ganzen Zwergenfamilie, die neugierig sind, was es Neues gibt oder um einfach nur kuschelig mit mir beieinander zu sein und das Leben zu genießen. Der Zwergenjunge war anfangs noch etwas schüchtern und vorsichtig. Mit der Zeit haben wir beide immer mehr Vertrauen zueinander gefunden. Der Tag, an dem er zu mir kam und sich in vollkommenem Vertrauen an mich schmiegte, wird mir für immer in Erinnerung bleiben. Seine völlig freie, offene Liebe hat mich tief berührt. Nie hat mir jemand zuvor so viel Vertrauen entgegengebracht. Danke, lieber Zwergenjunge!

Können wir Menschen es schaffen, so im Vertrauen miteinander zu leben?

Er spielt übrigens sehr gerne Fußball, und wenn er und seine liebe Schwester Hand in Hand an mir vorbeisausen, dann sehe ich, dass sie auch viel Freude aneinander haben können – ohne Ball oder andere Spielsachen (ohne Handy...). Die Zwergentochter hatte ich lange Zeit gar nicht wahrgenommen, weil ich mich als Mädchen in meiner Kindheit nicht angenommen hatte. Ich wollte mich als liebes Mädchen nicht sehen und so konnte ich auch andere liebe Mädchen nicht sehen. Diese tiefe Prägung aus meiner fernen Vergangenheit wurde mir erst durch das Zwergenmädchen bewusst. Es war das, was noch unangesehen tief in mir verborgen lag. Dadurch konnte ich mich bewusst noch einmal mit meiner Kindheit auseinandersetzen oder sagen wir besser, zusammensetzen. Danke, schönes Zwergenmädchen!

→ Elementarwesen können uns durch ihr Dasein bewusst machen, was uns fehlt, was wir von uns selbst ablehnen und was wir annehmen sollten. Wer die Elementarwesen nicht sehen kann, der sieht auch eine grundlegende Ebene seines eigenen Daseins nicht. Wer also Elementarwesen sehen möchte, der kommt auch in den Kontakt mit dieser tiefen Ebene seines eigenen Daseins.

Liebende Annahme von uns selbst bis in die Tiefe auf allen Ebenen des Seins durch Stille Innenschau ist die Lösung. Das ist Konfrontation sowohl mit der eigenen Vergangenheit, als auch mit der Vergangenheit des Volkes, in dem wir leben, mit der gesamten Menschheit und allem Leben. Es dient dazu, dass wir uns weiterentwickeln können – nicht beruflich oder technisch, sondern menschlich und sozial im Einklang mit dem ganzen

Leben, mit der Natur. Damit es angenehmer wird bei der Innenschau, sollte und kann sich jeder dabei helfen lassen. Es geht immer um Miteinander, um das Zusammenfügen was getrennt wurde. Darum brauchen wir auch für die Heilung ein Miteinander und Helfer.

→ Wenn es uns darum geht, mit den Elementarwesen im Kontakt zu sein, dann können wir sie auch bei unserer Innenschau um Hilfe bitten – bitten, und nicht zwingen, zerren, drängen oder egoistisch ihre Hilfe wollen, bitte! Es kann sein, wenn wir die Elementarwesen um Hilfe bitten, dass sie von weit her zu uns kommen. Häufig besuchen mich Elementarwesen aus fernen Ländern von der anderen Seite der Erde. Je nachdem, was es für uns zu lernen gibt und wer dafür am besten geeignet erscheint, nehmen sie auch Rücksicht darauf, wen von ihnen wir am besten annehmen können.

→ Naturgeister reisen auf geistiger Ebene. Je nachdem wie hoch ihr Bewusstsein ist, um so schneller scheinen sie dabei unterwegs zu sein. Ganz kleine Elementarwesenkinder können sich noch nicht so schnell von einem Wohlfühlkissen zur Kuscheldecke bewegen. Dabei helfen noch die Mama oder Freunde. Auch ganz alte oder gebrechliche Elementarwesen habe ich erlebt, die sich genauso wie wir Menschen, nicht mehr so schnell wegbewegen konnten. Das allerdings ist bei den Naturgeistern so individuell wie bei uns Menschen. Die Einen können es, die Anderen nicht mehr so gut. Alles eine Frage der geistigen Entwicklung.

→ Die Zwerge sind tüchtige Helfer. Besonders im Frühling haben sie eine Menge in der Erde zu tun, damit die Pflanzen ihre volle Kraft entfalten können. Zwerge haben ein ruhiges und sehr vernünftiges Gemüt, immer freundlich und ehrlich und sie sind nicht nur klein. Mich besuchten schon große Zwerge aus Irland, die ca. 1 Meter groß sind. Sie nennen sich Leprechauns und sehen aus wie die kleinen Zwerge. Aber so, wie wir Menschen auch fast alle gleich aussehen, möchten wir in unterschiedlichen Ländern auch anders benannt werden. Auch ein Zwergenpaar mittlerer Größe erscheint hier manchmal. Desweiteren hat sich in meiner puscheligen Palme in „unserer" Wohnung eine sehr kleine Zwergenfamilie eingerichtet. Der jüngste Sohn ist sehr keck bei allem gerne mit dabei, sodass seine Eltern und ich ziemlich aufmerksam sein müssen. Plötzlich steht er direkt bei meinen Händen, guckt neugierig zu und möchte am liebsten mitanpacken. Er verhält sich mit mir, als wenn ich einer von ihnen wäre, was in meinem kindlichen Dasein ein sehr schönes und gleichwertiges Gefühl ist. Er hat keine Angst vor meiner Unachtsamkeit, stattdessen eine Menge Vertrauen. Da kann ich noch einiges von ihm lernen. Die Elementarwesen haben mir gesagt: „Wir lernen auch von dir." In diesem Fall kann ich von dem kleinen Zwergenjungen mehr Vertrauen lernen und auch noch mehr Tatendrang. Ihm wünsche ich etwas mehr Vorsicht im Umgang mit

Menschen. Wir haben nicht immer und alle selbstlose Absichten und Ziele. Elementarwesen, Liebende und Kinder werden dann schnell übersehen. Aber vielleicht ändert sich das ja in der Zukunft.
Ganz klein und mitten in einer Blumenwiese zeigten sich mir „Mini"-Zwerge. Einer von ihnen sagte: „Bellis." Da dachte ich zuerst, sie würden sich selbst so bezeichnen. Später stellte sich heraus, dass sie mir den Namen der kleinen Blumen nannten. So können wir ohne Bücher lernen – durch Zwerge!
An manchen Tagen fällt es mir schwer, die kleinen Zwerglein von den Wichteln zu unterscheiden, weil ich sie nicht so gut erkennen kann, wenn ich zu sehr mit dem Verstand unterwegs bin und dabei das Fühlen vergesse! Dann geben sie mir Nachhilfeunterricht mit Hinweisen oder sie zeigen sich deutlicher. Es sind eben alles sehr nette und hilfsbereite Geister.
→ Wenn ihr in „eurem" Garten seid und dort etwas verändern möchtet, dann denkt bitte daran, dass ihr möglicherweise das Zuhause der kleinen Leute durcheinanderbringt. Ihr könntet sie z.B. in Gedanken vorwarnen, bevor ihr die Freundinnen rausreißt, abschneidet oder neu pflanzt.
Zwerge, Zwerge, Zwerge - sind echte Kumpels, beste Freunde und wissen genau, was das Beste auf Erden ist für uns alle. Danke an das sehr kleine Volk der Zwerge, dass ihr den Blumen helft, die uns allen das Leben verschönern. Danke an alle Elementarwesen aus dem Volk der Zwerge für eure freudigen, fleißigen Helferhände und Herzen immer und überall. Es macht viel, viel Freude, mit euch gemeinsam das Leben zu teilen. Auch möchte ich mich bei euch Zwergen und allen anderen geistigen Freunden entschuldigen. Es ist nicht immer so leicht für euch mit uns Menschen. Danke, dass ihr uns weiterhin mutig und tapfer begegnen mögt. Der Dank für meinen kleinen Zwergenbegleiter ist so groß, das passt nicht auf diese Seite. Danke, lieber Freund!!!

Wichtel

Mit dem Element Erde leben noch andere kleine Leute, die sehr gerne, wenn sie mich besuchen, auch auf den höheren Schränken sitzen. Von da aus sieht man einfach besser. In der Zeit, als ich die Elementarwesen auch zu sehen begann, stellte sich ein Wesen nach dem anderen bei mir vor. Einen dieser kleinen Geister sah ich ganz entspannt auf der Fensterbank sitzen. Er war sehr fein und zart in seinem ganzen Wesen und er hatte eine schöne Zipfelmütze auf dem Kopf. Ein Zwerg war er eindeutig nicht. Da ich so ein Männlein noch nicht kannte, stellte er sich seeehr freundlich bei mir vor: „Ich bin ein Wichtel." Die Wichtel haben etwas ganz Besonderes in ihrer Ausstrahlung. Sehr zurückhaltend und bescheiden sehe ich sie manchmal auf einem Ast sitzen, während sie die Beine baumeln lassen. Sie sind sehr angenehme und höfliche Wesen. Einer dieser lieben Freunde saß beim Schreiben dieses Textes auf dem Nachtschrank mit einer schönen, ausgeglichenen Ruhe. Seine Anwesenheit tat sehr gut. Ich freue mich sehr, sie erleben zu dürfen. Wenn die Wichtel mit mehreren in dieser guten Stube verweilen, dann sehe ich sie manchmal tuscheln oder sie sausen vor Aufregung durch das Zimmer. So klein wie sie sind, sie können ziemlich schnell werden und sind voller Lebensenergie und Freude. Sie sind auf liebe Weise sehr neugierig und stöbern gerne durch die Wohnung, um alles zu erkunden, was es so Neues gibt im Hause eines Menschen und zeigen alles ihren Verwandten, Bekannten, Nachbarn. Man kann sie nur gern haben, wie alle Elementarwesen.

Unter den Wichteln habe ich einen ganz besonderen Freund gefunden. Er ist immer in „unserer" Wohnung und erhält damit die gute, feine Energie im Raum. Er selbst hat eine rein weiße Energie, sehr ehrlich, weise und heilsam. Wenn ich nach Hause komme, steht der liebe Freund oft schon vor der Tür zusammen mit einem Elfenmädchen und ich werde von den beiden mit großer Freude begrüßt. So mag man nach Hause kommen. Er kuschelt sich sehr gerne an mich, was nicht nur ihm gut tut. Das allerdings mögen, glaube ich, alle Elementarwesen. Ob nun ein Wichtel oder Zwerglein, die Elfen oder auch Kobolde, alle mögen geliebt und in den Arm genommen werden. Jetzt sage mir noch ein Mensch ganz ehrlich, dass er das nicht mag. Die Liebe ist immer das Schönste im Leben. Warum leben wir nicht mehr davon? Während ich dies schrieb, wurde ich von einem Elfenmädchen sehr lieb umarmt. Das tut sehr gut, wenn man lange vor einem lieblosen Computer sitzt. Freunde umarmen wir aus Freude, als Zeichen des Vertrauens und der Für-sorge, aus Freundschaft und Liebe. Wenn wir jemanden umarmen, dann tut es uns selbst auch gut. Wann habt ihr das letzte Mal jemanden, den ihr gern habt, umarmt?

Was ich auch in der Wohnung tue, dieser freundliche Wichtel ist immer ganz nah mit dabei. So nah, dass ich ihm leider schon viel zu oft weh getan habe.

→ Wie ist es möglich, dass man einem Geist weh tut? Z.B., wenn wir sie übersehen und etwas dort abstellen, wo sie gerade sitzen oder wenn wir zu schnell und unachtsam sind und dabei durch sie hindurchlaufen. Elementarwesen können durch Türen und Wände fliegen. Warum ist es dann also schmerzvoll, wenn wir durch sie hindurchgehen? Wir Menschen empfinden es als unangenehm oder sogar emotional schmerzvoll, wenn wir übersehen und angerempelt werden oder jemand unachtsam mit uns umgeht. Auch für die Elementarwesen ist es schmerzvoll, übersehen zu werden und weil wir es vollkommen unbewusst tun. Sie bewegen sich bewusst, wir leben die meiste Zeit unbewusst. Ein Unbewusster geht durch einen Bewussten hindurch. Das stelle ich mir sehr unangenehm vor.

Zum Vergleich: Wenn wir Innenschau halten, dann sehen wir uns bewusst das Unbewusste an. Das kann schon unangenehm sein, wenn man sich bewusst wird, was man verkehrt macht und damit sich selbst und anderen Schaden zufügt. Als schmerzvoll empfinde ich es dann, wenn ich etwas in mir sehe, was ich falsch mache, aber nicht schaffe, es zu ändern, weil der Grund für mein Verhalten noch tief verborgen liegt. So muss ich bewusst mit ansehen, wie ich mir und anderen weiter unbewusst Schaden zufüge, obwohl ich es gar nicht will. Wenn wir in solchen Momenten mit Liebe und Mitgefühl auf uns selbst reagieren können, dann vergeht der Schmerz und das Unangenehme.

→ So können wir auch mit Liebe und Mitgefühl das Schmerzvolle besänftigen, wenn es einen Unfall mit einem Elementarwesen und anderen Menschen gegeben hat. Manchmal habe ich nicht genug Liebe für mein kleines „Helferlein", wie ihn die liebe Fee nennt. Zu wenig Liebe habe ich, wenn ich gestresst bin. Dann noch ein Unfall im Haushalt und der Verbandskasten muss her. Oft genug habe ich meinen kleinen Helfer mit einem weißen Verband am Kopf gesehen. Da es aber für die Liebe nie zu spät ist, ist dieser liebe Wichtel auch weiterhin mein Freund geblieben und mit seiner feinen, zarten Art und Weise erinnert er mich auch weiterhin an die Achtsamkeit und an die Sanftheit. Danke, liebes Helferlein! Danke an die sehr bescheidenen und fröhlichen Wichtel, die uns so wunderbar zart an die Liebe erinnern können.

Devas

Die Blumen sind beseelt von den Devas - die Göttinnen der Blumen und Pflanzen. Sie sind wunderschön und zauberhaft mit ihrem ganzen Wesen. Sie verkörpern in Vollkommenheit die Kraft der Frauen, die sich ausdrückt in der Schönheit der Blumen und der Unnachgiebigkeit, mit der die Pflanzen nach einem langen Winter wiederkehren. Sie sind wie Mamas, die ihre Kinder behüten und ihnen alles geben, was sie brauchen – viel Liebe. Da möchte man fast ein Blume sein. Devas können, je nach Pflanzenart, sehr klein oder auch groß sein. Sie geben den Pflanzen, besonders den Blumen, ihre besondere Ausstrahlungskraft, die wir Menschen so anziehend finden und sie darum gerne bei uns in der Wohnung haben. Oder wir verschenken sie an andere Menschen, die wir lieben - abgeschnitten und zum Tode verurteilt.

→ Vielleicht könnten wir einen respektvollen und würdevolleren Umgang mit ihnen pflegen, wie es ihrem Wesen entspricht und so wie wir es auch für uns Frauen und Männer wünschen würden. Christian Morgenstern sagte: „Ich habe heute ein paar Blumen für dich nicht gepflückt, um dir ihr Leben mitzubringen." Das ist Liebe.
Danke Erde, dass du dich uns mit solcher Schönheit in dieser beseligenden Form zeigst. Danke an alle Blumen und die anderen kleinen und großen Pflanzen, einschließlich der Bäume, mit denen du uns innere Größe und Würde vermittelst. Danke an euch Göttinnen, Devas der Pflanzen, dass ihr sie hegt und pflegt und uns mit euren besonderen Kräften bezaubert. Es sollte mehr sein von uns Menschen als nur ein Dank für euch, denn ihr bereichert unser Leben mit Farben und Lebendigkeit. Eure Kräfte wecken unsere Kräfte. Ihr seid unsere Medizin.

Feen

Alles verzaubernde Wesen sind auch die Feen mit ihren Flügeln. Es gibt kleine, wie die Zwerge, als auch große Feenwesen. Feen sind immer sehr beliebt bei uns Menschen. Es ist besser, nicht voreingenommen zu sein, wenn wir den Kontakt mit Elementarwesen wünschen. Bei unseren Spaziergängen und Seminaren rate ich den Teilnehmern immer, dass sie auch offen sein sollten für die anderen Elementarwesen.
→ Denn jeder Naturgeist hat eine bestimmte Aufgabe und damit eine besondere Qualität, die er verkörpert. Mit ihnen ist die Vielfalt der Natur entstanden und je nachdem, welche Kräfte der Natur wir Menschen gerade brauchen, benötigen wir dafür auch das entsprechende Elementarwesen mit diesen Qualitäten. Ein Gnom kann uns z.B. helfen, dass wir uns geerdeter fühlen, um den Tatsachen des Lebens aufrichtig beggnen zu können. Ein Kobold kann uns an die spontane Kraft der Natur erinnern, die wir brauchen, um schnelle Hilfe leisten zu können. Und ein Zwerg könnte uns zeigen und spürbar machen, wie wichtig und gut es ist, fleißig und selbstlos im Leben mit anzupacken, mitzuwirken und zu helfen.
Nun sind Feen wirklich zauberhaft in ihrem ganzen Wesen. Sehr zart und schön in ihrem Aussehen und dabei sehr direkt und klar mit der Kraft von innen, wissen sie sich deutlich auszudrücken und auch durchzusetzen. Eine ca. 10 cm kleine Fee besucht mich recht häufig. Eine gute Freundin ist sie geworden mit einer starken Persönlichkeit, die keine Probleme hat, mir deutlich mitzuteilen, wenn ihr etwas nicht gefällt. Dann fliegt sie empört oder beleidigt aus dem Fenster. Dabei hat sie eine so liebenswerte Art, dass ich mich sofort bei ihr entschuldige, damit sie hoffentlich schnell wieder

zurückkommen mag. Auf ihre Anwesenheit möchte ich nicht mehr verzichten, weil sie einen wunderbaren Humor hat und sehr weise ist. Beim Schreiben des Buches habe ich immer einen Becher Tee neben mir stehen. Neulich nahm ich den Becher ohne hinzuschauen und hörte daraufhin ein „Au". Sie saß auf dem Becherrand und sah mir beim Schreiben zu. Kurze Zeit später flog sie wieder recht vergnügt durch die Wohnung. Feen sind sehr selbstbewusste Geister.

→ Es gibt sehr verschiedene von ihrer Art. Große und kleine Wesenheiten sah ich schon mit sehr unterschiedlichen Aufgabenbereichen für die Pflanzen- und Tierwelt. Sie versuchen die Energien, die uns alle umgeben, im Gleichgewicht zu halten und sie ins Positive zu wandeln – in eine unbegreifliche Schönheit.

Für solch eine natürliche Schönheit in der Natur haben leider viele Menschen den Blick verloren oder gar nicht erst entwickelt, weil es vielleicht den Umständen entsprechend nicht möglich war. Es ist eine Schönheit, die von innen kommt und die wir nur mit einem ganzheitlichen Blick von innen sehen und spüren können. Es ist Liebe, Bescheidenheit, Wahrheit, Demut und Friedfertigkeit, die wir sehen können - durch das Fühlen. Wer nicht fühlen kann, der sieht auch nicht. Manche Gefühle verbergen wir aus Angst davor, dass wir, so wie wir sind, nicht anerkannt werden. Wenn wir Gefühle bewusst oder unbewusst unterdrücken, hindert es uns daran, mit dem eigenen Körper ganz im Kontakt zu sein und um uns herum mehr spüren zu können. Ich wünsche jedem Menschen dieser Erde, das sehen und fühlen zu können, was mir nicht mehr verborgen bleibt – eine Welt in dieser Welt von bezaubernder Schönheit und Liebe.

Wenn wir Gott oder das Göttliche auf Erden suchen, dann brauchen wir nur in die Natur zu gehen und uns ihr ganz zu öffnen. Alle Kräfte und Helfer des Göttlichen sind in der Natur. Sie sind ein Teil des Göttlichen, so wie wir es auch sein können, wenn wir in Liebe mit allen leben.

→ Mit dieser Liebe kümmern sich die Elementarwesen auch um die Tiere, z.B. die kleineren Feen um die Bienen oder die Schmetterlinge. Sie zeigen ihnen, wenn nötig, wo sie die richtigen Blumen finden. Oftmals spüre und sehe ich die Feen und andere Naturgeister zuerst in der Gestalt der Tiere, mit denen sie so innig verbunden sind, besonders wenn sie nachts in meine Träume kommen.

Eine Zeit lang hatte ich einen fürchterlichen Widerstand gegen Feen. Mit ihrer sehr besonderen, extrem schönen und immer richtigen Art und Weise, mit der sie alle Lebewesen bereichern, hatten sie einen wunden, unperfekten Teil in mir getroffen. Ich war neidisch und eifersüchtig auf sie und ließ mir von ihnen nicht mehr helfen. Aus dem Unbewussten in mir kam manchmal sogar die Reaktion, nach ihnen zu schlagen. Das tat ihnen sehr

weh und sie waren deutlich verletzt, nicht nur emotional, sondern auch mir ihrem ganzen Energiekörper. Das tat dann wieder mir in der Seele weh, weil ich sie sehr wertschätze und gerne habe. Diese unbewussten Reak-tionen geschahen viel zu oft und ich litt sehr darunter. Einmal verletzte ich eine Fee unabsichtlich, als ich aus dem Schlaf erwachte, so sehr, dass ihre Freundinnen sie schwer verletzt abholten. Ich sendete so viel Liebe zu ihr, wie ich konnte und versuchte ihr im Geiste zu folgen, um mich aufrichtigst zu entschuldigen und um zu erfahren, ob sie wieder gesund wird. Da sah ich vor meinem inneren Auge eine königliche, kleine Stadt in wunderschönem Glanz. Eine Fee bemerkte mich und mein Anliegen und flog sogleich zur verletzten Königin. Ich hatte eine Feenkönigin geschlagen und nun sah ich sie zwar gut geschützt von ihrem Gefolge, aber auch schwer verletzt und in keiner guten Energie. Das war die Energie, die ich unbewusst auf sie übertragen hatte, als ich nach ihr schlug. Kämpfen ist ein Weggeben unserer Energien und Kräfte. Nur, dass es leider nicht die Energien der Liebe sind, die wir mit dem anderen dabei „teilen". Es sah nicht gut aus für sie. Wenn ich daran zurückdenke, bin ich noch immer zutiefst beschämt. Ich betete und bat das Gnadenlicht und alle guten Kräfte für sie und ihr Volk. Die Feenkönigin zeigte mir daraufhin eine tiefe, alte Wunde in mir, die ich noch ausheilen musste, damit ich aufhörte, unbewusst nach den Feen zu schlagen und damit die Feenkönigin wieder genesen konnte. Lange habe ich mich dann mit meiner Wunde beschäftigt, bis ich, zumindest die Feen betreffend, nicht mehr so negativ auf sie reagierte. Indem ich in eine empfangende Haltung ging, um meine negativen Kräfte wieder aufzunehmen und selbst die Verantwortung dafür zu übernehmen, konnte ich sie zumindest von dieser Last befreien. Dazu noch eine Menge Liebe und alles konnte wieder gut werden. Unter diesem ungewollten und unbewussten Verhalten von mir hatte schon so manches Elementarwesen und auch ich zu leiden. Trotz alledem kommen sie mich weiterhin besuchen und vergeben mir, weil sie wissen, dass ich es nicht böse meine und sehr bemüht bin, alles zu verstehen und zu ändern. Ich suche nach einem Weg, die Verantwortung dafür zu übernehmen und auch ihnen bei der Heilung zu helfen. Für diesen Heilungsprozess brauchen wir uns alle gegenseitig – Opfer und Täter. → Dabei brauchen wir vor allem die Elementarwesen, weil sie viel besser als wir wissen, was hilft und heilt. So höre ich häufig von ihnen: „Willkommen!" Was heilt mehr, als diese Worte?!
Der Feenkönigin geht es zum großen Glück wieder gut. Dafür geht es anderen sehr schlecht, z. B. den Bienen. Die Feen zeigten mir im Geiste eine Biene, die völlig geschwächt und durcheinander war. Ich spürte, dass es an den Giften liegt, die die Menschen in die Umwelt geben, z.B. Pestizide, die die Bauern auf die Gemüsefelder und Obstplantagen sprühen. Diese

Chemikalien verteilen sich noch kilometerweit mit dem Wind in der Landschaft – zu den Blumenwiesen, Obstbäumen und Feldern, die vielleicht gar nicht mit diesen Giftstoffen besprüht wurden. Wir Menschen vergiften nicht nur uns selbst damit, sondern auch die anderen Lebewesen.

→ Die Bienen sind die wichtigsten Lebewesen für uns Menschen, weil wir sie zum Überleben brauchen. Was, wenn sie nicht mehr da sind? Die Bienen, Tiere mit einem Stachel, die wir eher als lästig empfinden, weil sie uns wehtun können. Darum machen wir uns über solche Tiere und über ihr Befinden zu wenig Gedanken. In manchen Gegenden von China müssen die Bauern mittlerweile selbst die Obstbäume Blüte für Blüte mit einem Pinsel bestäuben, weil es dort keine Bienen mehr gibt. Was passiert, wenn wir nicht aufhören mit unserem Fehlverhalten? Kein Tier und keine Pflanze muss sich darüber Gedanken machen, wie es den vielen anderen Tieren geht, weil sie ihnen nicht schaden. Wir Menschen müssen uns in der heutigen Zeit um alle Tiere, alle Pflanzen und die Elemente kümmern (neben unserem eigenen Überleben), weil wir sie alle stark schädigend beeinflussen.

→ Wenn wir uns für Biolebensmittel entscheiden, dann meiden wir auch die Pestizide usw. und die Bauern werden dieses Zeug immer weniger verwenden. Es gibt nur das auf dem Markt, was auch gekauft wird. So haben auch wir Bürger einen gewissen Einfluss auf das Geschehen in der Wirtschaft. Sich für Biolebensmittel zu entscheiden ist eine Herzensangelegenheit. Wer sich nicht für die Liebe interessiert, der wird nicht verstehen, wozu das mit dem Bio gut sein soll. Liebe bedeutet Gemeinschaft, sich für die Gemeinschaft zu interessieren und alles dafür zu tun, damit wir alle so gut und gesund wie möglich leben können. Wir alle und ganz besonders die Natur, die anderen Lebewesen, die wir mit unserem Kauf beeinflussen.

→ Feenwesen und auch alle anderen Naturgeister können uns zeigen, wenn wir etwas falsch machen, damit wir es noch rechtzeitig ändern können. Dazu müssten wir uns von ihnen helfen lassen. Elementarwesen helfen sehr gerne. Wir brauchen sie nur darum zu bitten. Sie werden kommen und unsere Herzen erwärmen.

Bei einem meiner Vorträge meditierten wir im Anschluss und luden die Elementarwesen mit dazu ein. Dabei baten wir sie darum, sich für alle Teilnehmenden spürbar zu machen. Denn das Fühlen kommt noch vor dem Sehen und hilft, sich der Existenz der Elementarwesen bewusster zu sein und sie und ihre Heilkräfte besser annehmen zu können. Es kommen dann immer sehr viele Elementarwesen zu uns – vollkommen selbstlos, aus Mitgefühl und aus Freude an unserem Interesse am Miteinander mit ihnen. Für jeden ist dann der „Passende" dabei. In der Mitte unseres Stuhlkreises sah ich bei diesem Seminar eine größere Wesenheit, die von oben herabkam und sich schnell tanzend im Kreis drehte mit ihrer sehr hellen und feinen Energie, an der sie uns alle teilhaben ließ. Anfangs dachte ich, sie sei ein Engel, weil ich die Flügel sah und sie eine himmlische Energie hatte. Später wurde ich von ihr aufgeklärt: „Ich bin eine Fee." Einer der Teilnehmer sah nicht ihre Gestalt, aber eine sich drehende Energie. Es ist immer ein sehr öffnender Moment in der Gruppe, wenn außer mir auch andere die Elementarwesen sehen können. Dadurch bekommen alle Anwesenden das Gefühl, dass es nicht nur bestimmten Personen vorbehalten ist, die Elementarwesen sehen zu können. Darum ist ein Austausch unter uns Menschen sehr wichtig.

→ Die Elementarwesen mögen es übrigens gar nicht, wenn wir sie mit ihrer Schönheit so übertrieben emporheben, weil wir dann blind werden für das Leid. Die Naturgeister helfen, das Leben zu erhalten und werden darum ständig damit konfrontiert, wenn ein Tier oder eine Pflanze Leid erfährt. Sie sehen es und versuchen zu helfen, so gut sie können.
Viele Menschen versuchen dem Leiden der anderen aus dem Weg zu gehen und nicht hinzusehen, denn das ist angenehmer. Stattdessen schauen sie sich lieber das Schöne an – und halten sich daran fest, z.B. an den Elementarwesen. Das ist es, was sie nicht mögen, weil diejenigen dann nicht den Notleidenden helfen. Und wenn wir es zur Gewohnheit werden lassen, dann könnte es sein, dass wir das eigene Leid nicht sehen wollen, und dann tun wir nichts für uns selbst. Dadurch schaden wir uns und zerstören sogar das Schöne, das wir viel lieber sehen und fühlen mögen!
Ist euch schon mal aufgefallen, dass bei einer Autofahrt im Sommer sehr wenige oder gar keine Insekten mehr an der Windschutzscheibe zerschlagen?! Ich kann mich noch an meine Kindheit erinnern, wenn wir auf dem Festland mit dem Auto unterwegs waren. Ständig hörte man dieses furchtbare Geräusch der sterbenden Insekten. Jetzt nicht mehr. Das ist sehr angenehm. Darum vergessen wir schnell den leidvollen Grund für das Fehlen der Insekten und welche Auswirkungen es auch auf uns haben wird. Wenn es keine Insekten mehr gibt und keine Schmetterlinge und mit ihnen auch immer weniger wilde Blumen, dann stirbt auch die Biene. Mit den Bienen und Blumen sterben auch die Feen, denen wir Menschen mehr zu verdanken haben als wir meinen.

→ Das Äußere lebt vom Inneren. Was ist der Körper ohne eine Seele und ohne geistige Kräfte?! Eine Natur ohne die elementaren Kräfte, ohne Elementarwesen, ist nicht überlebensfähig! Wir glauben, ein Leben ohne Gifte, ohne Unkraut- und Insektenvernichtungsmittel ist doch besser.
Ein Lobgesang auf die geistigen Kräfte der Schönheit der Feen. Danke, große Himmelsmutter, dass du das Feenvolk geboren hast für die Blumen, Bienen und uns Menschen. Durch sie wissen wir, was Schönheit ist. Sie

nähren uns alle im Herzen und erhalten damit unser Leben.

Elfen

Besondere Wesenheiten sind auch die Elfen. Manche sind so groß wie Menschen, meistens jedoch begegnen wir dem kleineren Elfenvolk. Sie haben ein hohes Bewusstsein. Eine Elfenfreundin ist immer bei mir, wie auch der kleine Zwergenfreund. Ihre Begleitung tut mir sehr gut, weil sie im Herzen voll Liebe ist und sehr weise. Sie ist ernsthaft, wenn es ernst ist und sehr aufmunternd motivierend, wenn es Gutes zu tun gilt – und davon gibt es eine Menge. Sehr lieb nimmt sie mich an die Hand, um mir das Gefühl zu geben, dass ich nicht alleine bin. Besonders dann, wenn etwas getan werden muss, was nicht so angenehm ist (z.B. beim Müll sammeln), reicht sie mir ihre liebevolle Hand. Oder nachdem ich den Mut hatte zur Innenschau, um das Ego und die Ängste zu betrachten und Lösungen zu finden für den Wandel. Liebende Helferinnen, wie die Elfenfreundin, sind dann sehr wichtig und kostbar. Die Elementarwesen wissen, dass es uns gut tut und bei unseren Seminaren kommt es immer wieder vor, dass manch ein Teilnehmer sich auch sehr liebevoll an die Hand genommen fühlt.
→ Wenn wir Menschen der Natur so viel Liebe geben würden wie die Elementarwesen, dann würden wir in einer heilen Welt leben und alle wüssten von den Elementarwesen – denn Liebe öffnet alle Türen.
Wenn wir mit dem Fahrrad unterwegs sind, sitzt sie meistens hinten auf dem Gepäckträger. Genau wie unser Zwergenfreund, erinnert sie mich an das Wichtige und hilft beim Kontakt mit anderen Elementarwesen. Sie hilft mir sogar dabei, das Gleichgewicht zu halten, wenn ich am Strand barfuß gelaufen bin und mir danach die Füße im Stehen reinige und auf einem Bein herumwackel. Dann steht sie auf einmal neben mir, hält mich am Arm und augenblicklich stehe ich still.
Was gerät da aus dem Gleichgewicht in uns? Und was hilft uns wieder die Mitte zu finden? Wenn ihr eure Füße dicht nebeneinander stellt, eure Hände auf den Unterbauch legt, eure Augen schließt und dann langsam mit dem Körper zu kreisen beginnt, dann werdet ihr spüren, dass sich mehr bewegt als nur der Körper. Das sind Energien, geistige Kräfte, Gefühle, vielleicht die Seelenkräfte mit denen wir uns manchmal über das Ziel hinausbewegen. Dann geraten wir aus dem Gleichgewicht. Es ist unsere innere Haltung, mit der wir aus dem Lot geraten oder standhaft sind.
→ Elementarwesen haben eine innere Haltung der Mitte – die Liebe. Unsicherheit zeigt sich in Form von Schwäche oder als große Kraft, die wir zu viel weggeben – und dann kommt da ein Naturgeist und reicht uns die

Hand, damit wir wieder in die Mitte zurückfinden mit unseren Geistes- oder Seelenkräften. Wenn meine liebe Elfenfreundin das macht, dann fühlt es sich obendrein auch noch so schön an, dass ich am liebsten die ganze Zeit auf einem Bein herumwackeln möchte. Das tue ich natürlich nicht, denn sonst würde ich ihre Kräfte und ihre Liebe ausnutzen und damit würde ich unsere wunderbare Freundschaft aufs Spiel setzen. Lieber nicht. Sie ist sehr kostbar. Großen Dank liebe Elfe, meine ehrliche Freundin.
In meiner Nachbarschaft leben einige Elfen, deren Kinder gerne bei mir vorbeischauen. Sie sind neugierig und möchten immer gerne wissen, was ich vorhabe. Dann fragen sie sehr höflich und bescheiden, ob sie mitkommen dürfen. Das dürfen sie immer, weil sie so gut tun und mir einen abwechslungsreichen Tag mit viel Freude bescheren. Sie tanzen, lachen und singen gerne. Und wenn wir mal wieder mit dem Fahrrad unterwegs sind, dann fahren sie gerne mit ihren eigenen Fahrrädern mit – damit sind wir dann schon ein großes Team auf dem Weg ins Dorf zum Einkaufen oder um Freunde zu besuchen. Meine Menschenfreunde kennen das schon, dass ich nie alleine durch ihre Tür spaziere.
→ Eine Elfe leiden zu sehen und zu spüren, ist keine schöne Erfahrung mit Elementarwesen. Leider kommt es immer häufiger vor, dass ich hilfesuchenden Elfen und auch anderen leidenden Naturgeistern begegne. Überall dort, wo Bäume unnötig gefällt wurden, unnötig viel von ihnen weggeschnitten oder großflächig Natur zerstört oder vergiftet wurde. Das ist nicht nur grausam für die Baumwesen, sondern auch für ihre Freunde und Helfer, die Elementarwesen. Ich selbst kann nur viel Liebe senden, versuchen, für sie da zu sein, Trost zu spenden und ihnen zu versprechen, von ihnen zu erzählen, damit jeder sich dessen bewusst sein kann, wodurch und wem wir dort schaden – denen, die uns helfen können.
Die erfahrenen Elfen leben ein sehr bewusstes Dasein. Ihr Handeln und ihre Worte sind von großer Bedeutung. Alle Elementarwesen leben ein bedeutungsvolles Dasein. Der kleine Unterschied ist nur, dass bei manchen Naturgeistern die Worte sehr viel mehr Auswirkungen haben...
Als ich an einem Tag „alleine" (also ohne Menschen) meine Spazierrunde drehte und auf eine hohe Düne zuging, spürte ich dort oben eine starke Kraft. Oben angekommen, sah ich menschengroße Elfen in einem Kreis stehen. Ich konnte diese Runde kaum betreten, weil die Energie, die von ihnen ausging, sehr stark war. Es war ein König und sein Gefolge, die dort schon auf mich warteten. Langsam passte ich mich ihren Energien an und konnte aufmerksam für sie sein. Lange Zeit sagte niemand etwas. Es war ein Energieaustausch. Dann teilte mir der König etwas mit, was mich so tief berührte, dass ich schnell weglief und mich für den Rest des Tages Zuhause verkroch. Es war nichts Schlimmes, im Gegenteil. Aber es war etwas, das

ich nicht wahrhaben wollte und er erinnerte mich daran, weil es sein muss. Ich muss irgendwann sehr viel reisen und werde dann nicht mehr so viel auf der Insel sein, meiner Heimat, mit der ich tief verbunden bin. Und ich brauche diese Ruhe ohne Autolärm, das ist die wichtigste Medizin (für mich). Mir wird die Weite des Meeres fehlen, der Horizont, an dem immer besondere Sonnenaufgänge und tief berührende Sonnenuntergänge zu sehen sind - so wunderschön und immer anders. Und der klare Sternenhimmel, den wir hier noch sehen können bis in die Tiefe des Universums, um sich klar werden zu können, dass wir sehr klein sind und sicherlich nicht die Einzigen sein können in dieser unbegreiflichen Größe des Lebens. So viel Schönes, Gutes und Heilsames ist hier in der Natur. Ich will nicht hier weg, aber ich muss, wenn ich den Elementarwesen, den Bäumen, der gesamten Natur und uns Menschen helfen will. Ich kenne meine Zukunft. Die Heiligen und die Elementarwesen haben mir schon viel davon gezeigt, denn sie können in die Zukunft schauen. Die lieben Freunde haben mich dann beruhigt und gesagt: „Wir kommen mit." Das ist gut. Danke für das Mut machen. Also, alles halb so wild, oder?

Eine kleine Elfenart sehe ich sehr oft bei den Birken. Anfangs war mir nicht klar, welcher Art Naturgeist sie zugehörig sind, bis ich sie dann endlich mal danach fragte. Beim Naturspaziergang „Juister Kraftplätze" steht am Wegesrand eine große Birke. Bei ihr wohnt eine ganze Familie der kleinen Elfen. An dieser Stelle nehmen wir uns Zeit, Kontakt mit den Bäumen aufzunehmen. Jeder Mensch kann sich einen Baumfreund suchen und bei ihm und den Elementarwesen verweilen. Einmal stand niemand bei der schönen Birke und als wir weitergingen, sah ich einen sehr traurigen Freund auf dem Ast sitzen. Der liebenswürdige Elfe hatte sich schon auf einen Menschen gefreut, um ihm bei der Kontaktaufnahme mit dem Baum zu helfen und mit ihm sein schönes, bewusstes und freudvolles Leben zu teilen im Beisammensein. Diesmal kam niemand zu ihm. Beim nächsten Spaziergang machte ich alle Teilnehmer besonders auf diese Birke aufmerksam, damit sich auch ganz bestimmt einer zu den beiden Menschenfreunden und Helfern (Elementarwesen und Baum) hinzugesellt.
Kennt ihr das, wenn ihr anderen helfen möchtet, aber nicht helfen könnt, weil sie es nicht annehmen? Ich glaube, da sind wir Menschen den Elementarwesen sehr ähnlich. Ganz gleich, was wir geben können oder wollen, wenn es jemand nicht annimmt, dann macht das mit der Zeit sehr unglücklich. Ich glaube auch, dass dies ein großes Thema dieser Zeit unter uns Menschen ist. Viele haben Begabungen und können sie nicht ausleben, weil das Talent nicht erkannt und gefördert wird. Das beginnt in der Familie und in der Schule. Jugendliche wissen dann nicht, was sie für eine

Ausbildung machen wollen. Sie lernen irgendetwas und sind gelangweilt, depressiv, desorientiert und manche werden dadurch sogar aggressiv, weil ihre positiven Kräfte keinen Weg finden und nicht ausgelebt werden können. Ich selbst habe nie gewusst, was der richtige Beruf für mich ist und was meinen Begabungen entsprach. Um das herauszufinden, habe ich eine sehr lange Zeit meines Lebens gebraucht. Mit Hilfe der Heiligen, Engel, Elementarwesen und der gesamten Natur fand ich dann meine Lebensaufgabe. Ihnen allen meinen größten Dank! Ohne euch Helfer wäre ich einer der unglücklichsten Menschen auf Erden. Ich habe mein Glück gefunden. Es sind die Elementarwesen, Bäume, die ganze Natur, die Heiligen und immer mehr Menschen, die sich für eine gemeinsame Zukunft mit der Natur entschieden haben. Sie sind das Glück auf Erden für uns alle.
→ Wir Menschen können ein Teil vom großen Glück sein. Wollen wir das sein? Dann sollten wir uns von ihnen helfen lassen. Wir können sie bitten, uns führen lassen und auf unsere innere Stimme hören. Hören wir auf die Intuition und auf die Liebe, dann entsteht der Kontakt auf ganz natürliche Weise. Und was wir _für sie_ tun können, das sollten wir tun, ohne zu zögern!

Als ich begann, dieses Buches zu schreiben, ist eine Helferin erschienen. Eine sehr bewusste, große Elfenfrau mit sehr heller Energie. Sie sagte, ich solle sie rufen, wann immer ich schreibe. Nun ist sie immer mit dabei und hilft mir in einer aufrichtigen und auch körperlich aufgerichteten Haltung zu schreiben. Sie unterstützt mich in der Kraft als Frau. Wenn ich sie vergesse zu rufen, dann holt schnell ein kleines Helferlein die große Helferin. Es scheint, dass ihre Anwesenheit beim Schreiben wichtiger ist, als ich denke oder auch spüre. → Sie ist dann „einfach" da, sehr aufgerichtet sitzend, und hat die Aus-strahlung einer unglaublich positiven Disziplin in Liebe. Es ist eine Haltung des nicht-und-niemals-Aufgebens und des nicht-negativ-Denkens, es einfach nur tun im besten Sinne, weitermachen und das Beste daraus machen, was uns möglich ist.
Danke, große Elfenfrau für deine Kraft und Liebe, die du zu jeder Zeit mit uns teilst und deine anderen wichtigen Lebensaufgaben spontan liegen lässt. Sie gibt ihre Liebe ohne zu zögern für uns alle mit vollkommener Hingabe. Danke an das große und kleine Elfenvolk auf Erden, die ihr mit eurem hohen Bewusstsein allen Lebenwesen und uns Menschen zu mehr Wahrheit im Leben und Aufrichtigkeit in der Liebe verhelft und noch zu vielem mehr. Ihr Elementarwesen und Heiligen seid uns allen ein Vorbild für die Hingabe an die Liebe. Es ist schön, dass wir solche Vorbilder haben können. Schauen wir auf sie, damit diese Chance auf Wandlung nicht an uns vorübergeht!

Gnome

Zu den Elementarwesen gehören auch die sehr sympathischen Gnome mit ihrem sanften Gemüt. Sie sind sehr warmherzig und bescheiden, bescheiden wie alle Naturgeister. So wie die Liebe ist, so sind die Liebenden. Eine Gnomfamilie lebt hier beim Haus, in dem ich wohne. Papa Gnom begleitet mich meistens bei den Naturspaziergängen, die ich für Gruppen anbiete. Dabei muss ich zwischenzeitlich viel erklären und bin dann zu viel im Kopf.
→ Wenn der aufrichtige Gnom dabei ist, bin ich sehr viel geerdeter. Er erinnert mich an mein Körpergefühl. Wenn ich das verliere, kann ich auch die Elementarwesen nicht mehr so gut wahrnehmen. Für deine Begleitung danke ich dir sehr, ehrenwerter Gnom.
Mama Gnom und Tochter Gnom, in sehr hübschen Kleidern, waren mit dabei, als ich über sie schrieb. Zwischendurch stand ich auf, um das Brot aus dem Backofen zu nehmen, dass wir gemeinsam gebacken hatten. Das Gnommädchen setzte sich derweil auf meinen Stuhl. Als ich wiederkam und sie den Stuhl wieder frei machte, setzte ich mich nicht nur mit meinem Körper – sondern ich konnte mich mit meinem ganzen Wesen niederlassen. Auch mit meinem Verstand und emotional konnte ich mich setzen und kam im Hier und Jetzt an. Das hatte ich ihrer geistigen Liebe zur Erde und dem Leben zu verdanken, die sie auf dem Stuhl hinterließ und die sich dann auf mich übertrug. Danke liebes Gnommädchen!
→ Nur durch die Liebe zum Erdenleben können wir unseren Körper gut und ganz spüren und uns auch darin wohl fühlen. Dafür benötigen wir den Kontakt mit der Natur. Es ist ein Gefühl der Ganzheit und Entspannung durch und durch. Dann sagen wir: „Das Leben ist schön und ich genieße es." Es ist eine geistige, seelische Kraft, die in uns wirkt. Es ist eine Emotion, die sich über den Körper Ausdruck verleiht, aber im Urprung ist die Liebe etwas Feinstoffliches. Wer könnte uns besser daran erinnern als die Naturgeister (als rein geistige Wesen), die das Leben in Gemeinschaft in Liebe leben. Sie können uns dabei helfen, bis in die Tiefe in Liebe zum Leben sein zu können. „Das ist Erleuchtung", sagte ein Heiliger. Elementarwesen können uns also auf dem Weg zur Erleuchtung helfen. Sie sind wahrhaftig göttliche Wesen.
Kinder denken nicht über das Leben nach. Sie lieben es – ganz natürlich, ganz normal. Auch unsere Menschenkinder erinnern uns an die Liebe zum Leben. Wir sollten mit mehr Achtung und Respekt ihnen gegenüber sein, um damit ihre Liebe zum Leben zu erhalten! Wenn Kinder Gewalt erleben, es beigebracht bekommen oder auch „nur" sehen, kann es die Liebe in ihnen zerstören. Wer erinnert uns dann daran, dass Leben Frieden bedeutet?!

→ Elementarwesen und Kinder können uns zu einem Neuanfang verhelfen, wenn wir von ihnen lernen mögen – wieder selbst so rein und offen wie ein Kind oder ein Elementarwesen zu sein – frei heraus liebend. Trauen wir uns immer wieder einen Neuanfang, eine Wiedergeburt der Liebe.

Der liebe Sohn in der Gnomfamilie ist ganz der Papa. Mein Verstand bekommt Erdung und ich kann in seiner Anwesenheit in Liebe denken. Die Kinder der Gnomfamilie sind so zurückhaltend bescheiden, dass ich sie leider oft übersehe, weil die Lebensweise der Bescheidenheit in meiner Kindheit zwar gelebt, aber nicht wertgeschätzt wurde und damit nicht so wichtig war. Und so habe ich die Bescheidenheit, Stille und Zurückhaltung teilweise aufgegeben, wie es so viele Kinder tun. Viele denken, dass wir besser überleben können, wenn wir kämpfen, uns stärker zeigen als wir sind, wenn wir laut und auffällig sind. Wir geben meistens denen mehr Wertschätzung, die nicht bescheiden leben. Im Laufe unserer Entwicklung tauschen wir dann die kostbare Bescheidenheit in ein weniger wertvolles Verhalten um. Stattdessen leben und nehmen wir ohne Maßen und Grenzen und nehmen eindeutig zu viel von der Natur. Manch einer nimmt oder erwartet auch von anderen Menschen zu viel.

Es ist gut und wichtig, wenn wir uns bewusst machen, dass es auch Grenzen gibt. Eine Grenze ist dazu da, dass wir nicht übertreiben und sie dient auch unserem eigenen Wohl. Wir haben viele Möglichkeiten, unser Leben zu ändern. Es ist gut, wenn wir vorher prüfen, welche dieser Möglichkeiten wir annehmen sollten – zum Wohle aller und in aller Bescheidenheit. Wenn wir dabei die Natur und ihre Elementarwesen miteinbeziehen, haben wir grenzenlose Möglichkeiten die Liebe zu spüren und ein Freund für die Natur zu sein. Wenn wir den Kräften der Liebe folgen und in Liebe leben in aller Vollkommenheit mit allen, dann verschwinden die Grenzen des Materiellen und wir können wie die Elementarwesen oder Heiligen durch die Wand hereinkommen und große Entfernungen in kürzester Zeit überwinden. Liebe überwindet alle Grenzen. Bei der Weiterentwicklung unserer geistigen Fähigkeiten sind uns keine Grenzen gesetzt. Diese Möglichkeiten können wir voll ausschöpfen!

Könnt ihr euch an das Gefühl der Bescheidenheit erinnern, als ihr ein Kind wart? An die Stille und Zurückhaltung? Ich meine nicht die stille Zurückhaltung aus Angst, sondern die stille, zurückhaltende Bescheidenheit aus Liebe zum Leben, um etwas lernen zu können und weil wir eben so sind. Bescheidenheit bedeutet nicht, dass wir nichts haben dürfen und uns in den Schatten stellen sollen. Mit Bescheidenheit ist die Art des Umgangs und die Wertschätzung im Miteinander, sowie die Einhaltung der Grenzen anderer gemeint. Wenn wir dem Pfad der Bescheidenheit folgen, dann werden wir reich im Herzen und erfahren das Glück und die Fülle der Liebe. Das ist die Basis für ein gesundes und vernünftiges Leben mit allem, was wir brauchen, ohne anderen und uns selbst damit zu schaden. Dank der Bescheidenheit!

→ Ich schätze die Gnome, wie auch alle anderen Elementarwesen sehr. Sie sind durch ihren Erhalt der Bescheidenheit immer vernünftig. Wenn die Kinder manchmal zu übermütig werden, dann höre ich ein ruhige, belustigte Stimme, meist vom Zwergenpapa sagen: „Kiiiiinder." Das genügt schon und alle sind wieder ein bisschen langsamer. Sie hören in aller Bescheidenheit auf ihre Eltern.
Eines schönen Tages besuchte mich ein großer Gnomenkönig, um mir ein Geschenk zu überreichen. Er hängte mir eine Kette um den Hals. Durch ihre Kräfte kam ich augenblicklich in ein sehr angenehmes Körpergefühl. Wenn ich lange am PC sitze, ist mir die Erinnerung an diese Kette ein gutes Hilfsmittel, um mich an Erdverbundenheit zu erinnern. Dies sind die heilsamen Geisteskräfte der Gnome.
Einen weiteren, sehr lieben Gnom sah ich einmal im Fernsehen. Es gab einen Dokumentarfilm über die Elementarwesen in Island. Die Bevölkerung in der großen Hauptstadt und auf dem Land wurde danach befragt, ob ihnen die Elementarwesen noch im Bewusstsein geblieben sind. Sie sind es. Bei <u>allen</u> Isländern! Mit dem kleinen Unterschied, dass manche naturnah lebenden Bewohner sie teilweise noch spüren können und sie in ihrer Arbeit mit der Natur respektieren. Als die Kinder eines kleinen Kindergartens befragt wurden, wussten sie alle von den Elementarwesen. Diese Kinder wurden dabei gefilmt, wie sie einen Naturspaziergang machten bis zu einem großen, runden Stein. Dort stellten sie sich um den Stein herum, nahmen sich alle an den Händen, wiegten sich zu beiden Seiten und sangen ein schönes, altes, isländisches Lied über die Natur. Dann spazierten sie wieder über die Wiese zurück zum Haus, während der Gnom im großen Stein, von Herzen sehr gerührt, den Kindern sehr liebevoll und dankbar nachschaute. Es war ein sehr berührender Anblick. Wie schön doch das Miteinander von Mensch und Natur sein kann. Und wer weiß, was der Gnom den Kindern geschenkt hat, als sie dort in aller Bescheidenheit so schön für alle gesungen haben!
Es gibt Menschen, die ganze Berge wegsprengen und die Erde bis in die Tiefe durchgraben, um an Energiereiches und Wertvolles aus der Natur zu kommen – für alle anderen Menschen. Mit Energien und Wertvollem sind nicht die Elementarwesen gemeint, sondern Metalle oder Kohle usw. Diese Menschen hinterlassen Wüsten, in denen keine Pflanzen und keine Tiere mehr leben mögen oder können.

→ Gnome, Trolle und auch viele andere Elementarwesen leben gerne in den Steinen und Bergen. Diese Wüsten aber sind keine Orte mehr, an denen wir solch schöne und heilsam liebende Geisteskräfte noch finden werden. Welcher Gnom könnte uns dort noch die Liebe zur Erde bewusst erleben lassen und uns daran erinnern? Und wer bringt die Erde dort wieder in ein Gleichgewicht?
→ Alles ist Energie. Die Elementarwesen sind Energiewesen, die im feinstofflichen, energetischen Bereich des Lebens arbeiten. Sie sorgen mit ihrer vielen Energie von Liebe überall für ein Gleichgewicht. Damit können sie uns allen helfen, ein vernünftiges Miteinander zu haben, wenn wir es von ihnen annehmen. Ein Gleichgewicht haben wir, wenn wir die Mitte in und mit allem gefunden haben. Das ist Vernunft und Liebe. Elementarwesen leben den Weg der Mitte.
Die Menschen, die leblose Wüsten hinterlassen, haben den Weg der Mitte verloren - und die Vernunft. Dadurch haben sie nicht nur die Natur zerstört - das bedeutet, sie haben viel Leben getötet - sondern sie haben auch die Kräfte der Liebe gleich mit vernichtet. Diese Menschen bringen kein Gleichgewicht, weil sie die Liebe vergessen haben. Hier gibt es kein Miteinander mehr. An manchen solcher Orte ist es so, dass diesen Menschen diese Erde „gehört" und so kann kein anderer Mensch helfen, sie zu renaturieren. Wir könnten die Naturgeister darum bitten. Aber warum sollten sie es tun, wenn es niemanden interessiert - und sich auch niemand bewusst ist, dass sie da sind?! Die Elementarwesen werden es tun, weil sie die Natur und die Erde sehr lieben. Aber es wird sehr, sehr lange dauern, wenn sie dabei keine Unterstützung von uns Menschen bekommen. Wenn wir ihnen bewusst helfen, dann ist die Heilung der Erde an solchen Orten schneller möglich. Aber es werden dort nicht mehr alle Kräfte vorhanden sein können wie zuvor, weil sie weg sind. Wir haben sie in unseren Handys, Computern und vielen anderen Geräten, von denen wir ständig neue „benötigen" - und damit die Kräfte der Liebe der Erde zerstören. Die Erde aber ist der Ursprung unseres Lebens. Wo ist unsere Achtung?! Wo ist unsere Liebe? In den Handys und Computern - oder im Leben? Dieser Absatz ist schrecklich für mich zu schreiben und sicherlich genauso fürchterlich zu lesen für euch. Ich möchte darauf aufmerksam machen, dass nicht nur die Natur, sondern auch wir Menschen es sein werden, die in der Zukunft noch viel leiden werden, wenn wir so weitermachen. → Wir brauchen Hilfe, wir sollten Hilfe annehmen und vor allem müssen wir selbst zu ganz großen Helfern werden. Große Helfer werden wir nur sein können, wenn wir es gemeinsam tun und wenn wir die Hilfe von der Natur und ihren Elementarwesen annehmen.
Zu Ehren und mit größtem Dank an die gütigen und liebevollen Gnome,

besonders an die schon sehr bewusst lebenden Gnomkinder. Danke, dass ihr immer noch da seid und so ein friedliches Gemüt behalten habt – trotz alledem!

Kobolde

Sehr erdenvolle Kraft haben auch die Kobolde. Mit dieser Kraft können sie dann noch recht spontan sein. Das ist es wohl, was manche Menschen vielleicht etwas ängstigen könnte. Dazu haben sie oft ein eher rauhes Aussehen, während sie völlig herzensgut sind. Sehen wir Menschen alle zart und lieblich aus wie eine Fee? In ihrer Herzensgüte haben einige von ihnen die Aufgabe übernommen, Orte zu schützen. Sie sind positiv kraftvoll und man kann nicht anders, als ihnen respektvoll zu begegnen. Jedoch braucht niemand Angst vor ihnen zu haben, schon gar nicht diejenigen, die guten Herzens und Willens auf dem Weg sind. Bevor ein Elementarwesen anderen Schaden zufügt, muss zuvor schon sehr viel Schlimmes geschehen sein. Wir Menschen sind auch nicht böse oder aggressiv, wenn wir behütet im Miteinander in Liebe aufwachsen.
Meine erste bewusste Begegnung mit einem Koboldwesen hat mich etwas still werden lassen. Ich saß zu Hause und auf einmal stand vor mir eine menschengroße Koboldfrau. Da ich zuvor noch keinem Kobold dieser Art begegnet bin und ihr Aussehen so anders war, als das der anderen Naturgeister, wußte ich nicht recht, was ich von diesem Zusammentreffen halten sollte. Ich sah ihre viele goldgelbe Energie von Liebe, die sie mit ihrem ganzen Wesen ausstrahlte. Aber erst als die anderen Elementarwesen sagten: „Sie ist unsere Freundin", konnte ich mich entspannen. Auch sie ist mir eine gute Freundin geworden, die ich nicht missen möchte. Eines schönen Tages brachte sie auch ihren Koboldmann mit zu Besuch. Seine viele Kraft drückte er mehr in Ungeduld aus als in der sanften Liebe wie seine Frau, die ihn dann etwas ausbremsen musste. Er wollte auch nichts anderes als alle Wesen, als alle Menschen – angenommen und geliebt werden, so wie er ist. Besonders diese beiden Kobolde haben ganz leicht mein Herz erobert. Sie hat so viel Liebe und er hat sich sichtlich stark bemüht, seine Kraft für mich zurückzuhalten. Sie sind ein sehr schönes Paar. Die Kinder der Kobolde sind wie alle Kinder, mächtig lieb und süß.
So weit so gut... Kobolde sind kraftvoll. Könnt ihr euch dann einen König der Kobolde vorstellen? Ein solcher nahm zuerst über die Telepathie Kontakt mit mir auf und das war auch gut so, denn das war für den Anfang genug „Flowerpower". Ich sah vor meinem inneren Auge einen Wald, aus dem plötzlich und recht unerwartet ein großer Kobold mit einer enormen

Kraft auf mich zusprang. Weil er aber eine sehr helle und gute Energie hatte, konnte ich nichts Negatives für ihn empfinden. Er fühlte sich gut an, nur eben ein bisschen viel Kraft für eine halbe Portion wie mich. Einen Tag später erschien er mir dann in meiner Wohnung. Ein mächtiges Wesen, mächtig positiv. Er hat mich so sehr beeindruckt, dass ich tatsächlich vergessen habe, ob sein Geschenk an mich eine Kette war, die er mir um den Hals hängte oder ein Kranz, den er mir auf den Kopf legte. Ich weiß nur noch, dass diese Kraft mich mit dem Wald und den Bäumen verband. Er kam zu mir in einer Zeit, in der mich die Arbeit am PC besonders anstrengte und ich das Gefühl für die Natur dabei völlig verlor. Nun kann ich mich immer daran erinnern – an die Kraft des Waldes, der Bäume. „Es ist eine Kette", wurde mir nun zur Erinnerung zugeflüstert. Danke, ihr lieben Glücksbringer. Die Koboldgeister leben gerne in den Wäldern und Bergen. Die weisen, alten Frauen unter ihnen sehen aus wie die Hexen in einem Märchen. Die Hexen in den Märchenbüchern leben interessanterweise auch in den Wäldern. Ich bin mir sicher, dass die Autoren damit auch keine alten Menschen meinten, sondern tatsächlich die weisen Koboldfrauen. Schon so manches Mal, wenn es mir nicht gut ging, holte ein Elementarwesen schnell eine alte, weise Koboldfrau herbei. Sie ist eine Kräuter"hexe", wie wir sie nennen. Ihre Ausstrahlung empfinde ich mehr wie die einer Medizinfrau, wie es sie bei den Indianervölkern gibt. Mir wurde von ihr schon ein Trank verabreicht und auch Kräuter direkt zum Einnehmen. Das ist natürlich nichts Materielles. Es ist die Energie, die Kraft der Pflanzen.

→ Ohne den Pflanzen dabei Schaden zufügen zu müssen, konnte mir die Koboldfrau die Medizin übergeben. Die Wirkung der geistigen, energetischen Medizin empfand ich als kraftvoller und schneller, als wenn ich die ganze Pflanze zu mir genommen hätte. Wir brauchen nicht den Körper der Pflanzen zu essen. Es ist ja nicht die Form der Pflanzen, die uns heilt. Es ist ihre innere Stärke, Kraft und Energie, die wir aufnehmen und die sich mit unseren inneren Kräften und Energien verbindet. Wir verändern uns ja nicht zur Blüte oder zur Wurzel und sehen dann aus wie dieses Blumenwesen. Stattdessen stärken ihre Kräfte die Kräfte in unserem Körper. Die Kraft kommt von innen, also aus unserem geistig-seelischen Wesen - aus der Tiefe der Natur. Dort brauchen wir die Medizin, damit der Körper von innen heraus im Ganzen genesen kann.

→ Elementarwesen können uns diese Heilungswege vermitteln. Wir müssen darum nicht die Pflanzen töten, um selbst gesund werden zu können. Wir könnten stattdessen die Elementarwesen fragen, ob sie uns die Medizin, die wir gerade brauchen, von den Pflanzen erbitten. Zudem wissen die Naturgeister viel besser, welche Medizin von welcher Art wir benötigen, weil sie uns auch auf energetischer, geistiger Seelenebene wahrnehmen

und nicht nur unsere Körperbefindlichkeiten. Mehr zur Heilung mit Pflanzen, ohne sie verletzen oder töten zu müssen, könnt ihr im Kapitel über die Bäume nachlesen.
→ Wir brauchen keine Angst zu haben vor den Kobolden. Sie zeigen uns, welche Orte wir nicht einfach betreten sollten in der Natur, weil es vielleicht ihre heiligen Plätze sind. Diese heiligen Plätze mit sehr besonderen Energien betritt man nicht einfach unvorbereitet, denn damit könnten wir die Kräfte dort stören oder sogar zerstören. Darum gibt es an manchen Plätzen Kobolde oder andere Elementarwesen als Beschützer. Und es ist auch ratsam, auf sie zu hören und sie zu achten, weil sie uns vor Gefahren warnen können. Sie sind herzensgut und nicht etwas anderes. Sie helfen uns genau so, wie wir auch bereit sind, ihnen respektvoll und mit Hilfe zu begegnen. Das ist für die Elementarwesen etwas sehr Selbstverständliches. Sie helfen uns ja sogar dann, wenn wir ihnen nicht helfen.
Ich glaube, es wäre gut, wenn wir Menschen begreifen könnten, wieviel Hilfe, Medizin und Liebe wir alle um uns herum haben, die wir bekommen (können) von der Natur und den Elementarwesen - die wir unablässig zerstören. Genau darum wollen sie uns helfen, damit wir rechtzeitig aufwachen, bevor wir unsere Helfer mitzerstören. Es gibt nur ein entweder und ein oder. Entweder entscheiden wir uns für einen Kreislauf der Zerstörung und des Alleinseins oder für einen Kreislauf des Lebens in der Gemeinschaft.
Von manchen Kobolden wird berichtet, dass sie mit uns Menschen Schabernack treiben. Davon habe ich keine Ahnung. Solche Erfahrungen habe ich nicht mit ihnen gemacht. Vielleicht können wir Menschen mehr noch auf uns selbst schauen, bevor wir über die anderen urteilen, ganz gleich was die sie uns getan haben. Die Kobolde regen unsere Fantasien an, die wir nicht auf sie übertragen sollten! Es könnte nämlich sein, dass es nicht stimmt, was wir über sie denken. Wenn ihr unsicher mit ihnen seid, dann fragt sie einfach, ob sie euch dabei helfen können, weil ihr einen positiven Kontakt mit ihnen wünscht. Das sind positive Aussichten, die sie sicherlich sehr wertschätzen.
Ein kleiner Koboldmann besuchte mich, der ganz anders aussah als die anderen Kobolde. Klein, kraftvoll, flink und etwas selbstbewusst Freches spürte ich in ihm. Als er bemerkte, dass ich ihm gegenüber neugierig, offen und positiv war, wandelte er sich in ein sanftes Wesen. Er war sichtlich berührt davon, dass ein Mensch ihm wohlgesonnen war und sich für die Elementarwesen einsetzt. Es liegt an uns selbst, wie wir anderen begegnen und mit welchen Absichten wir leben. Das wird uns von den anderen gespiegelt.
„Wie innen, so außen."
Größte Achtung und Wertschätzung empfinde ich für die Kobolde unter

den Elementarwesen. Sie haben so viel Kraft und Spontanität, die vermisse ich bei mir sehr. Und die Größe ihrer Liebe ist dieselbe, wie bei allen unseren Freunden, den Naturgeistern. Danke für eure viele Hilfe! Danke für eure Bemühungen im Miteinander mit uns Menschen, für eure Freundschaft und den Erhalt allen Lebens auf Erden.

Einhörner

Es gibt Einhörner, nicht nur in Bilderbüchern und Fantasyfilmen. Sie sind sehr besondere Wesen und alle anderen Elementarwesen verneigen sich zutiefst vor ihnen. Die Erlebnisse mit ihnen sind hier nur Worte. Ein Einhorn muss man selbst erleben, um ihre innere und äußere Schönheit begreifen zu können. → Wenn wir einem Einhorn begegnen möchten, dann sollten wir uns verhalten, wie es einem so göttlichen Wesen entspricht.
Als mich eine Freundin, die sehr feinfühlig ist, auf Juist besuchte, wünschte sie sich sehr den Kontakt mit einem Einhorn. Wir sind in das Juister Wäldchen gegangen, an eine Stelle, bei der ich die Energie eines Einhorns spüren konnte. Dort standen wir einfach da, sehr still und konzentrierten uns mehr auf das Fühlen. Nach einer Weile hörte ich eine Stimme fragen: „Worauf wartet ihr?" Och ja, vielleicht sollte man das Einhorn auch einladen und nicht einfach nur rumstehen. Ich sagte dem Elementarwesen unser Anliegen und sofort sauste es davon. Nach kurzer Zeit kniete sich meine Freundin auf den Boden und sagte: „Es ist bestimmt gut, sich vor dem Einhorn zu verneigen." Ich dachte nur an die vielen Zecken hier und blieb erstmal stehen. Dann sah ich die anderen Elementarwesen, wie sie sich alle verneigten und einige etwas empört darüber waren, dass ich es nicht tat. Das Gefolge des Einhorns näherte sich - aus einer scheinbar völlig anderen Welt. Nun ging ich aber sofort in die Hocke und neigte meinen Kopf.
→ Dann kam dieses unbegreiflich schöne, anmutige Wesen. Ein weißes Pferd mit einem Horn auf der Stirn. Ich war erstaunt, wie klein es ist, eher wie ein Pony. Es ist ein feines und sehr sanft liebendes Wesen. Gleichzeitig spürte ich viel Kraft in der Einhornfrau. Seid ihr schon mal einem Pferd begegnet und habt seine wilde Kraft gespürt, wenn es frei rennen und springen kann? Diese Kraft, verbunden mit viel Weisheit und sanfter, selbstloser Liebe – das ist ein Einhorn.
Das Einhorn ging erst zu meiner Freundin, dann sah ich es eine Weile nicht mehr, bis es vor mir stand und sagte: „Du hast noch eine (innere) Wunde." Na vielen Dank, das merke ich wohl und sogleich grummelte ich vor mich hin. Es gab mir von seiner schönen Energie, damit ich mich positiver meiner Wunde zuwenden konnte und nicht noch weiter darin herumstocherte und

alles noch verschlimmerte. Sogleich fühlte ich mich besser und bedankte mich sehr dafür. Das Einhorn samt Gefolge verließ uns. Sie verschwanden wieder in ihrem Reich und wir zwei Menschen blieben staunend zurück. Meine Freundin hatte es gespürt, konnte es jedoch nicht sehen, aber ihre schlimmen Rückenschmerzen, die sie schon lange ertragen musste, waren deutlich weniger geworden. Wir beiden bedankten uns noch einmal und gingen frohen Mutes weiter im Wäldchen spazieren mit bleibend schönen Erinnerungen. → Dank eines Einhorns können wir uns z.B. positiver unseren alten Wunden zuwenden und sie dann leichter in Liebe wandeln.

An einem anderen Tag ging ich „alleine" spazieren und verweilte an einem Platz bei unserem schönen Hammersee, an dem ich auch die Energie eines Einhorns wahrgenommen hatte. Ein feinfühliger Freund hatte an derselben Stelle diese sanften Kräfte des Einhorns entdeckt, was eine schöne Bestätigung für uns beide war. Ich setzte mich und versuchte still zu sein, was ich nicht konnte, weil ich eben einfach zu unruhig war. Zumindest hatte ich diesmal den Mut, gleich das Einhorn im Stillen um seine Hilfe zu bitten. Und tatsächlich kam dieses zauberhafte Wesen aus seinem geistigen Reich zu mir. Es war eine andere Einhornfrau als beim letzten Mal. Als ich mich vor ihr verneigte, berührte sie mich mit der Spitze ihres Horns an meinem dritten Auge. Ihre wundersame, helle und leichte Energie strömte zu mir herüber. Die Unruhe verschwand und ich wurde ganz ruhig und friedlich.

→ Einhörner sind pure Medizin. Sie brauchen nicht die Medizin der Pflanzen zu erbitten - sie sind selbst heilsame Kraft. Darum sind die anderen Elementarwesen zutiefst ehrfürchtig gegenüber dem Einhorn. Jedes Elementarwesen, jede Pflanze, jedes Tier und auch wir Menschen können Medizin sein für andere. Egoismus ist keine Medizin. Es ist die Liebe zum Leben (zu den anderen) und zur eigenen Art, die heilt. Wenn wir alle lieben können und nicht nur die eigene Art, dann entwickeln wir immer heilsamere Kräfte und dann können wir zu Medizin werden für alle, wie ein Einhorn. Das ist selbstlose Hingabe an die Liebe.

Weil so wenige Menschen versuchen, dieses schönste Ziel zu erreichen, sind die Einhörner so besonders und kostbar für uns. Die Elementarwesen streben alle sehr danach und tun viel dafür. Darum hat jedes Elementarwesen eine besondere, heilsame Kraft. Unter uns 7 Milliarden Menschen gibt es auch ein paar wenige, die sich dafür entschieden haben. Das sind Heilige wie z.B. Jesus und Babaji Nagaraj. Jesus wurde dafür von anderen Menschen hingerichtet. Unglaublich, aber wahr. Zum Glück kann er trotzdem weiterleben. Das Einhorn jedoch ist sehr bedroht auf Erden, weil wir seine Lebensräume zerstören.

Ein gewöhnliches, negatives Beispiel dafür muss ich gerade auf Juist mit ansehen. Gewöhnlich deswegen, weil es auf diese Weise täglich in

Deutschland geschieht – ganz „normal" also. Seit meinem zehnten Lebensjahr wohne ich im Ortsteil Ostdorf. Früher gab es dort nicht so viele Häuser wie heute. Jahr für Jahr wurden auch die noch freien Grundstücke verkauft und bebaut. So wurde alles zugebaut. Keine freien, wilden Wiesen mehr. Das scheint alles normal und gut zu sein unter uns Menschen. Zwischen diesen Häusern ist noch ein kleines, freies Grundstück erhalten geblieben mit einigen schon sehr alten Schwarzerlen und einer riesigen Schlehe. Im Frühling ist sie von ihren vielen, kleinen, weißen Blüten von oben bis unten vollkommen weiß. Sie sieht wunderschön aus, Medizin pur. Dort lebt ein Einhorn und einige andere wunderbare Elementarwesen. Eine alte, weise Frau zeigte sich mir und viele kleine Leute, die mir allesamt schon viel Gutes vermittelt haben. Es ist, als ob die heiligen Kräfte dieses letzte kleine Grundstück noch freihalten konnten. Jetzt steht dort seit ein paar Jahren ein großes Schild, auf dem ein Gebäude mit Balkons abgebildet ist und das mit einem Blick auf den Deich beworben wird. Auf diesem Stück Erde sollen wieder Eigentumswohnungen gebaut werden. Ich würde mal sagen, wir haben schon genug davon auf dieser winzigen Insel. Aber hier geht es ums Geld und sonst gar nichts! Geld scheint so viel wichtiger zu sein als ein paar Erlen und ein Einhorn mit heilenden Kräften, von dem die Bewohner gar nichts wissen. Wann immer ich dort unsere Freunde besuche, bete und bitte ich die große, göttliche Einheit und die Menschen darum, dass sie es nicht verkaufen. Damit die heilsame Natur hier erhalten bleibt und das Einhorn, die alte Weise und die kleinen Leuten hier weiterleben können. Im Oktober geht die Bausaison wieder los. Jedes Jahr zittern wir, wann die großen Bagger und Kräne angerollt kommen und alles zerstören. Oder gibt es noch eine andere Möglichkeit??
Es ist das Jahr 2017. Viel, viel Liebe wünschen wir Menschen uns. Viel, viel Liebe können wir Menschen auch geben. Die Zeit läuft uns davon, in der wir keine Liebe für andere gegeben haben, in der wir unsere Liebe nicht mit der Natur teilen. Viel haben wollen, schadet dem Leben. Erfüllen wir unsere Zeit, unser Leben und die Erde mit Liebe. Vielleicht mögt ihr diesem kleinen Grundstück und seinen friedlichen Bewohnern mit euren liebevollen Gedanken und Wünschen ein Helfer sein. Sie brauchen unsere Hilfe, wie auch wir ihre Hilfe benötigen.
Danke an euch vollkommene Wesen der Natur - Einhörner, Geister dieser Erde, seltene Naturschönheiten mit viel sanfter Heilkraft und selbstloser Liebe. Danke für eure Weisheit und Demut.

Engel

→ Engel, die himmlischen Diener des Göttlichen. Meine vielen geistigen Besucher und Begleiter bezeichne ich auch gerne als Engel, weil sie sich alle so verhalten – mit Liebe und Freude durchs Leben gehend oder fliegend und der großen Einheit dienend. Die Engel des Himmels haben meistens eine menschliche Größe und helfen uns von dort oben, indem sie mit unserem göttlichen Wesensteil Kontakt aufnehmen, um uns z.B. etwas mitzuteilen oder uns auf den richtigen Weg zu führen, der für uns selbst und alle anderen zum Besten ist. Unser göttlicher Wesensteil ist das Gefühl der Intuition, wenn wir auf die Stimme des Herzens hören und ihr folgen. Mit diesem göttlichen Teil in uns können sich die Engel mit uns verbinden und uns durch das Leben begleiten. → Die Engel können uns besonders gut führen, wenn wir uns entschieden haben, ebenso selbstlos zu helfen und der Liebe zu dienen, wie sie es tun. Dann sind wir für ihre Kräfte und Stimmen besonders offen und mit ihnen auf derselben Wellenlänge.

Hören wir nicht auf die Liebe und Intuition, dann können die Engel uns zwar hilfreich zur Seite stehen und uns versuchen zu führen, aber wir können sie dann nicht hören (in Form von Eingebungen) oder spüren (das gute Gefühl, das uns den Weg weist oder das ungute Gefühl, damit wir uns von etwas abwenden, das uns nicht gut tut) und ihnen deshalb auch nicht so gut folgen.

→ Die Energie der Liebe ist die vermittelnde Kraft zwischen allen Lebewesen auf Erden und zu den geistigen Welten. Ein Engel hilft uns nicht dabei, Gewalttaten zu üben oder anderen zu schaden. Wer um göttliche Führung bittet, der betritt den Pfad der Liebe und des Friedens.

→ Engel können auch zu uns herab auf die Erde kommen. Ein Engel erschien in meinem Zimmer und betete unentwegt, während ich dies über ihn schrieb. Das ist göttliche Führung. Durch das Erscheinen der Engel kann es uns leichter fallen, die Existenz des Göttlichen zu begreifen.

→ Ein anderer Engel zeigte sich mir im Himmel. Hinter ihm waren so unbegreiflich viele andere Engel, sodass ich nicht alle sehen konnte. Der ganze Himmel war erfüllt von ihnen. Ein Himmel voll göttlicher Helfer! Ein unglaublicher Anblick. Dieser eine Engel, der sich mir vor allen anderen zeigte, war ein Sprecher für alle. Er sagte: „Wir sind bereit." Sie sind bereit uns zu helfen. Sie sind da und bereit. Wo sind wir? Mit unseren Gedanken, Gefühlen und unserem Bewusstsein? Sind wir bereit, Hilfe anzunehmen? Sind wir bereit, auch anderen zu helfen? Und uns dabei wiederum von den Engeln helfen zu lassen?

Wo wir Menschen mit unseren Gedanken und Gefühlen sind und wie wenig wir bereit sind für das Göttliche, die Engel und ihre Hilfe, das konnte ich bei einem Besuch in einer Stadt auf traurige Weise erkennen. Ich ging durch die Einkaufsstraße zwischen recht hohen Gebäuden entlang durch ein Gewusel von Menschen, die alle geradeaus, zu den Seiten in die Geschäfte oder nach unten schauten. Sie konzentrierten sich darauf, nicht angerempelt zu werden und ihren Raum einzunehmen, auf die unendlich vielen „Dinge", die es zu kaufen gibt (ob man sie braucht oder nicht) und auf sich selbst. Es gab niemanden, der in den blauen Himmel hinaufsah. Ein klarer, blauer Himmel. Es war auch gar nicht so einfach in den Himmel zu schauen, weil wir die Häuser so hoch gebaut haben. Was passiert, wenn wir in den Himmel hinaufsehen? Es ist weit, unendlich weit dort. Unsere Gedanken finden keinen Halt mehr. Ein blauer Himmel ist voller Licht und das tut unserer Seele gut. Wenn ich hinaufsehe, dann erwacht die Sehnsucht in mir und alles von uns Menschengemachte ist so klein, besonders unsere Gedanken. Wir haben uns eine enge, kleine Welt geschaffen in einem riesigen Universum, das einlädt, mehr zu wollen als das, was wir alle schon kennen.

→ Den Himmel zu betrachten ist ein Erwachen im Bewusstsein, ein Sicherheben-können und hoffen. Im Himmel über uns sind die Engel. Wahrhaftige, lebendige, göttliche Wesen der geistigen Welt in dieser materiellen Welt – Diener des Göttlichen, der Liebe - die nichts anderes wollen, als uns Menschen zum Frieden und zur Liebe zu verhelfen. Wollen wir das?

→ Durch den Blick in den Himmel können wir uns die Engel bewusst machen, Kontakt mit ihnen aufnehmen, uns an ihr Dasein erinnern und sie bitten. Tun wir das nicht, dann können sie uns nicht so gut helfen. Wenn ein Kind seinen Mund nicht öffnet, dann kann es auch keine Nahrung empfangen. Wenn ein Kind seinen Mund öffnet, dann erklärt es sich bereit, genährt zu werden. Sind wir Menschenkinder alle schon satt? Glauben wir alle an die Existenz der Engelwesen? Und an die Existenz einer göttlichen, heiligen, geistigen Kraft der Liebe?

→ „Wir führen euch zusammen", sagten sie mir, als ich meiner Lebensaufgabe zu folgen begann und ich mich bereit erklärte, dem Frieden und der Liebe zu dienen, damit wir alle gemeinsam glücklich sein können. Seitdem begegne ich ständig Menschen, die dasselbe Interesse an Elementarwesen und der Natur haben und dabei helfen wollen, auch anderen dieses Bewusstsein zu ermöglichen, inclusive viel Freude und Wohlergehen. Wobei auch immer ich Hilfe auf diesem Weg benötige, die Helfer erscheinen zum richtigen Zeitpunkt am richtigen Ort. Das geschieht in einer unglaublichen Perfektion. Das ist der göttliche Weg.

Bei manchen Gesprächsterminen mit dem Intuitiven Sehen sehe ich, schon bevor die Person bei mir angekommen ist, dass ein Engel von oben sie zu mir geführt - uns zusammengeführt hat. Wenn ich es diesen Personen erzähle, erwachen sie in heller Freude. Sie hatten es gespürt oder geahnt, dass ein Engel mit ihnen im Kontakt war. Ganz normale Leute, die um Hilfe baten in die Welt hinein und einen neuen Weg oder Antworten suchten für ihr Leben und ihre Befindlichkeiten. Mit ihrer Bitte hatten sie sich geöffnet für die Engel und auf ihr Herz, auf die Liebe und die Intuition gehört. Es ist tatsächlich ganz einfach. Wir könnten im Paradies leben, wenn nur alle Menschen sich diesen Möglichkeiten öffnen würden.

Glauben wir alle an die Kraft der Liebe im Miteinander? Vertrauen wir den göttlichen Helfern, die uns zusammenführen? Wir brauchen nicht misstrauisch oder ängstlich gegenüber der Liebe zu sein, sondern denen gegenüber, die ohne sie leben. Wenn jemand nicht liebt, dem brauchen wir nicht zu vertrauen. Wenn dieser sich aber wandelt und seine Liebe zeigt, dann ist das vertrauenswürdig in dem Moment. Und wir können immer auf die göttlichen Helfer vertrauen, die uns warnen können oder zusammenführen. Zu glauben bedeutet, zu vertrauen - in diesem Fall auf völlig unbekannte Wesen und auf eine göttliche Kraft, die wir alle schon kennen - die Liebe. Wir können vielleicht nicht alle an sie glauben und vertrauen, aber wir könnten alle den Mut haben, es auszuprobieren. Was kann denn passieren, wenn wir uns darauf einlassen? Liebe! - nicht etwas anderes. Wer unsicher dabei ist, misstrauisch, ängstlich oder versucht dagegenzuhalten, dem wurde zuvor die Liebe zerstört. Wer sie kennt oder sich erinnern kann, der vertraut der ihr – der Liebe und nicht etwas anderem.

→ Die Elementarwesen und Engel können uns dabei helfen – die Liebe wieder spüren und erleben zu können, damit wir vertrauen und glauben können - daran, dass es einen göttlichen Ursprung gibt. Sie sind bereit.

Es gibt auch Engel, die auf der Erde leben. Manche haben sich entschieden, hier unten für uns Menschen da zu sein. Andere Engel sind als Helfer für die Pflanzen und Tiere da. Diese werden Landschaftsengel genannt. Einen Landschaftsengel sah ich zum ersten Mal im Januspark auf Juist. Ich kam aus dem Haus und sah, dass sich eine lange Plastikfolie um die Äste eines Baumes gewickelt hatte. Hier gibt es viele Zecken, aber den armen Baum konnte ich so nicht stehen lassen und stieg ins Gebüsch. Einen Teil der Folie konnte ich herunterziehen. Der Rest hing so hoch im Geäst, dass ich es nicht richtig greifen konnte. Da sah ich einen großen Engel dicht bei uns. Auf einmal brach bei meinem Gezupfe an der Folie ein langer Ast vom Baum. Ich stand starr und konnte nicht fassen, dass ich dem Baum wehtat. Ich schaute mir den Ast genauer an und sah, dass er schon alt war und mürbe ...und lang genug, um an den Rest der Folie zu kommen. Irgendwie hatte ich das Gefühl, der Engel hätte etwas nachgeholfen, denn ich zog sehr, sehr vorsichtig an dem Plastik. Tatsächlich konnte ich dann mit dem langen Ast den Rest der Folie herunterziehen. Erleichterung war bei allen Beteiligten zu spüren, besonders bei dem friedlichen Baum, der sich bei mir mit sanfter Liebe bedankte. Der große Engel dankte es mir auch - und ich hatte keine einzige Zecke an der Kleidung. Danke, auch von mir.

Ich fühlte mich glückselig, als ich weiterging, dabei hatte ich nur Müll entsorgt. Durch diese Aktion hatten wir uns alle miteinander verbunden - der Engel, der Baum, ich und wer weiß, wer noch daran beteiligt war und wir waren alle glücklich. Glück x 3 = Glückselig. Glückseligkeit durch Miteinander.

→ Beim Weitergehen wurde mir bewusst, wie sehr die Bäume und die anderen Pflanzen hilflos sind. Sie brauchen nicht unseren Müll, sie brauchen unsere Hilfe. Zu helfen kann so schön sein, weil es unsere Gemeinschaft stärkt. Nehmen wir dann noch die Hilfe der Elementarwesen an und sind wir bereit, auch für die Natur ein Freund und Helfer zu sein, dann werden wir alle gemeinsam sehr stark.

Nur durch die Kraft dieser Liebe bin ich in der Lage, dieses Buch zu schreiben, sonst würde mich nichts vor diesem Computer halten. Die Sonne scheint, Windstille, endlich Wärme, die Vögel singen, die Blumen duften, es wird grün, überall Farben und Ruhe. Frühling auf Juist und ich sitze am Computer. Ich glaube, die Elementarwesen haben mich voll im Griff. Ihre Liebe ist unwiderstehlich.

Es war mir eine große Freude und Ehre, dass ich diesem Engel begegnen durfte. Er hatte eine schöne, himmlische und gleichzeitig erdende Energie. Ich werde diese kurze Zeit der Bemühung des Müllaufsammelns nie mehr vergessen. Das Gefühl der Glückseligkeit danach war innere Vollkommenheit. Denn: Müll aufsammeln kann glückselig machen. Macht uns das Töten, Krieg führen, Stehlen, Lügen, Egoistisch sein glückselig? Nein. Darum sollten wir es lassen.

Ich bin froh, dass ich meine Scheu vor dem Anfassen und Entsorgen des schmutzigen Mülls anderer Leute überwunden habe.

Eine sehr eindrucksvolle Begegnung mit einem Engel hatte ich im Juister Wäldchen. An einer bestimmten Stelle verweile ich besonders gerne. Dort sind sehr viele verschiedene Elementarwesen, die mich immer in ihrer großen Familie willkommen heißen. Ich fühle mich dort sehr wohl und getragen, beruhigt und Zuhause. An einem dieser schönen Tage bei meiner zweiten Familie, senkte sich aus dem Himmel ein Engel mit einer sehr mächtigen Ausstrahlung auf die Erde nieder. Eine unglaubliche Kraft ging von ihm aus, die ich kaum beschreiben kann. Vielleicht treffen diese Worte zu: Liebe ist mächtig. Der Engel war einfach nur da, um mich dies spüren zu lassen. Später, nachdem er wieder nach oben in den Himmel zurückgekehrt war, stellte ich mich an diese Stelle. → Es war eine wahrhaft starke und positive Kraft, die dieser Engel dort hinterlassen hatte und die meine Ängste schwinden ließen.

→ Dietrich Bonhoeffer hatte ganz sicher eine solche Begegnung mit einem Engel, denn er sagte etwas, das meine Gefühle im Kontakt mit diesem Engel beschreiben: „Von guten Mächten wunderbar geborgen, erwarten wir getrost, was kommen mag." Dies bedeutet nicht, es allein den Engeln zu überlassen, ob wir Frieden finden! Es bedeutet, dass wir von ihnen volle Unterstützung bekommen, wenn wir selbst den Frieden und die Liebe anstreben und alles dafür Notwendige tun.

Danke, ihr göttlichen Helfer!!! Danke an die vielen Engel im Himmel und auf dieser Erde. Danke, dass ihr eure Lebensaufgabe angenommen habt, uns allen zu helfen zueinander zu finden. Durch euch können wir den Mut haben, der Liebe zu folgen und einer positiven Zukunft entgegenzugehen.

Nixen, Undinen & Nymphen

→ Die Elementarwesen des Elements Wasser sind u.a. Nixen, Undinen und Nymphen. Sie sind sehr bescheidene, angenehme Wesenheiten. So wie das Wasser selbst, haben auch sie viel Demut. Wenn ich bedenke, wieviel Zeit ich in meinem Leben am Meer verbracht habe, ohne diese Wesen bemerkt zu haben, ist das eine beschämende Tatsache. Denn wer demutsvolle Wesen nicht wahrnehmen kann, der hat selbst nicht genügend Demut, nicht genug Liebe. Wer die Liebe lebt, der erkennt auch das Leiden.

Wenn in unserer Kindheit der Sinn für die Schönheit geweckt wurde, dann sehen wir das Schöne. Lernen wir, dass Sport gesund ist und die Freude daran, dann werden wir uns auch später dem Sport zuwenden. Ein Kind, das mit einem anderen kranken Kind aufwächst, ist gewohnt, das Leiden zu sehen. Es wird vermutlich mehr Mitgefühl, Liebe und Demut entwickeln als andere Kinder. In Liebe aufzuwachsen, bedeutet nicht, dem Leiden aus dem Weg zu gehen. Viele Menschen entwickeln erst Demut, wenn sie z.B. sehr krank werden oder Gewalt erfahren. Dann empfinden wir die Demut als etwas Negatives und sagen, das ist demütigend. Hat Demütigung etwas mit Demut zu tun? Die Demut ist in der Bescheidenheit in der Liebe. Wenn wir bescheiden sind, dann können wir sehen, wenn es anderen schlecht ergeht und gleichzeitig die Fülle der Schönheit erkennen, die uns durch die Natur (in uns) gegeben wird.

→ Wer das Leid nicht sieht und fühlt, der wird es nicht ändern. Wenn wir betrachten, wie sehr wir Menschen leiden und wieviel Zerstörung es in der Natur gibt durch uns Menschen und wie regungslos die Meisten von uns dabei zusehen. Wo ist unsere Liebe? Wo ist unsere Bescheidenheit? Und andererseits, wer kann die Schönheit der Elementarwesen sehen oder die zarte Schönheit eines Blattes spüren? Dafür braucht es Liebe! Sie hat mir die Tore zur Welt der Elementarwesen geöffnet.

Die Nixen besuchen mich manchmal auch Zuhause. Das erste Mal war ich sehr überrascht, dass sie sich so weit von ihrem Element, dem Wasser, entfernen können. Aber warum auch nicht? Sie sind keine Fische, sondern Geister.
Die Nymphen leben in den Teichen und Flüssen. Sie sind sehr besondere Wesenheiten. Als mir ein Freund ein Foto von einem Baum per Mail schickte, auf dem ein großer Ast zu sehen war, der aussah wie ein Krokodilskopf, staunte ich sehr. Denn neben dem Ast konnte ich eine Nymphe wahrnehmen. Ich war etwas verunsichert und fragte den Freund, ob in der Nähe des Baumes ein Teich oder Fluss sei. Tatsächlich fließt in 50 Metern Entfernung ein kleiner Bach. Man kann Elementarwesen auf Fotos sehen, wenn sie sich überhaupt fotografieren lassen möchten. Sehen kann sie auf dem Foto aber nur derjenige, der von innen mit dem Herzen in Liebe betrachtet.

Undinen sind die geistreichen Wasserwesen der Quellen. Die erste Begegnung hatte ich mit einer Undine bei mir in der Wohnung. Eine wunderschöne, geistige Frau in hellem Gewand und ebenso heller Energie stand im Raum und stellte sich als Undine vor. Sie sendete mir im Geiste Bilder von ihrer Heimat, der Ägäis. Ich sah oben an einem Berg den Ursprung eines Flusses, eine Quelle an der sie sitzt. Sie sitzt an der Quelle – da, wo alles anfängt. In diesem klaren Quellwasser sah ich die schönsten Wasserwesen in reinster Lebensfreude. Selbst auf einem Foto wäre ihre reine Energie sichtbar. Dann hörte ich ihren Gesang. Stimmen von zartester Schönheit - bezaubernd, beseligend, glücklich machend. Zuvor hatte ich „nur" Engel singen gehört. Die Undinen singen noch zarter und lieblicher. Die Engel des Wassers. Danke!!! Die große Undine in meinem Zimmer schenkte mir einen Krug, aus dem Wasser floss, als Symbol der Quelle des Lebens. Darüber sollte ich meditieren. Im Laufe der nächsten Monate erinnerte sie mich immer wieder daran. Seitdem habe ich viele Erkenntnisse, auch mit Hilfe vieler anderer geistiger Geschenke von anderen Elementarwesen, mit denen ich der Wahrheit über das Leben immer näher kommen kann. Meistens begreife ich gar nicht, dass ich so viele und kostbare Geschenke von ihnen bekomme. Das ist die Natur.
→ Die Natur ist das Geschenk! Sie schenkt uns frei heraus all ihre Kostbarkeiten, die viele von uns undankbar und immer noch unzufrieden einfach nehmen. Was alles brauchen wir noch, außer dem Geschenk des

Lebens jeden Tag?! Die Natur, das Leben, ist das kostbarste Geschenk. Warum suchen wir weiter nach diesem und jenem? Danke an die Natur und die geistigen Helfer in ihr! Ihr seid alles, was wir brauchen.

Ein außergewöhnliches Erlebnis mit den Nixen hatte ich in einer Nacht. Ich erwachte und sah im Zimmer Neptun und einige große Nixen. Es war ein Gefühl im Raum, als hätten sie das ganze Meer mitgebracht. Ich fühlte mich so leicht, wie beim Schwimmen im Wasser. Es war aber noch leichter, weil es das Schwimmen in der geistigen Energie des Wassers war - nur dass ich nicht wirklich schwamm, sondern noch im Bett lag. Ein kleinerer Meermann hielt seine Hände direkt an meinen Körper und machte energetische Heilarbeit. Der ganze Raum war erfüllt mit Meer und Nixen und Neptun. Sie ließen mich eintauchen in ihre geistige Welt des Meeres. Wieder kann ich keine Worte finden für dieses beseligende Gefühl. Am nächsten Tag ging es mir außergewöhnlich gut mit dem ganzen Körper. Danke!!! ist viel zu wenig dafür. Sie wollen, dass ich von ihnen erzähle. Das tue ich, so viel ich kann und mir zugehört wird ...und ich sammle weiterhin Müll am Strand.
Von den Meereskräften lernte ich auch etwas über die Macht. Die Nixen waren da und ich hatte auf einmal die Frage im Kopf, welche Macht die Meergeister wohl haben? Ich wunderte mich selbst über diese Worte in mir und wurde gleichzeitig neugierig. Das Meer auf einer geistigen Ebene beobachtend, wartete ich ab. Plötzlich kam aus dem Meer eine dunkle Energie heraus, zum Glück in nur sehr kleiner Form. Es fühlte sich nicht gut an und sah auch nicht gut aus. Ich entschuldigte mich sofort und sendete Liebe. Alles normalisierte sich wieder.
Es war nicht gut, danach zu fragen und mir wurde klar, dass alle, die Macht anstreben, immer zu Egoismus neigen und die Kräfte auf diese Weise immer im negativen Sinne nutzen. Das Streben nach Macht ist ein tierisches Verhalten in uns. Die Kraft des Strebens ist der Überlebenswille. Es gibt egoistische Macht oder liebende Kraft. Egoismus endet in Zerstörung. Liebe erhält das Leben. Das macht die Liebe zur mächtigsten Kraft in der Natur. Dank den Meernixen, der Heiligen und dem Element Wasser habe ich das zum Glück verstanden.
Streben wir bewusst mit der Kraft des Überlebenswillens nach Liebe und dem Göttlichen, und ihre Helfer sind mit uns. Gibt es mehr zu wollen, als (göttliche) Liebe?

Die Liebe ist in uns. Jedoch kann sie nur spürbar und stark sein, wenn wir sie wollen und ihr auch unsere Aufmerksamkeit geben. Wir haben die Kraft des Überlebenswillens in uns, genauso wie die Kraft der Liebe. Wenn wir sie miteinander verbinden, stärken wir damit beide Seiten in uns auf sanfte Weise.

Als ich an einem schönen Tag am Strand entlang spazierte und die Strömung des Wassers, das aus den Prielen zum Meer hinfloss, betrachtete, sagte eine kleine Nixe neben mir: „Wir bringen das Wasser zum Fließen." Der Mond hat eine Anziehungskraft, die das Wasser der Meere auf Erden in Bewegung hält. Es sind Energien und Kräfte, die dort wirken.

→ Die Elementarwesen sind Energiewesen und, ebenso wie der Mond, in der Lage, das Wasser zu bewegen, so wie auch die anderen Elementarwesen den Pflanzen zum Wachstum, zur Bewegung verhelfen. Wenn ich einen schlechten Tag habe und nichts in mir sich aus dem Bett bewegen will, dann kommen meine geistigen Freunde, schauen mich liebevoll an, streicheln mir zart über das Gesicht oder stubsen mich an und reichen mir die Hand. Kurze Zeit später habe ich schon das Frühstück gemacht oder ich bleibe liegen und mache Heilarbeit für meinen Körper. → So schnell können wir wieder munter werden und in Bewegung kommen. Ein Wunder der Liebe. Die Elementarwesen wecken und stärken die Liebe zum Leben in uns, wenn wir in die Natur gehen. Wie können wir ihnen das danken?!

→ Die Nixen in der ganzen Welt sind sehr betroffen von unserer Verschmutzung der Meere. Darum möchten sie, dass ich von ihrem Dasein erzähle. Damit wir aufhören, unsere schönsten Helfer des Lebens mitzuverschmutzen, damit wir bei der Reinigung helfen und die ursächlichen Handlungen beenden. Wieder und wieder habe ich Begegnungen mit ihnen, bei denen sie mir deutlich zu verstehen geben, wie ernst es ist.
Am Strand versuchte ich mir nun bewusst zu machen, wieviel Gutes die Naturgeister überall auf der ganzen Erde mit ihrem Handeln bewirken. Während ich in Gedanken versunken dastand, tauchte vor mir ein großer, männlicher Wassergeist auf. Er wirkte etwas düster in der Energie. Das verunsicherte mich etwas. Er spürte das sogleich und tauchte schnell und etwas schüchtern beschämt in das Meer zurück. Die Nixe sagte: „Er gehört zu uns." Ich entspannte mich etwas und er erschien erneut vor mir. Nachdem ich ihn genauer betrachtet hatte und seine Freundlichkeit erkannte, sendete ich ihm einen Gruß und meine Liebe. Er tauchte ins Meer und holte etwas. Ich folgte dem starken Gefühl, mich zu verneigen und er hängte mir eine große Kette um den Hals. Ganz leicht fühlte ich mich dadurch und sehr wohl. Es waren die Kräfte eines südlichen Meeres. Der große Meermann kam also aus wärmeren Gewässern. Nun erschien Jesus über uns und sagte: „Bewahre sie auf." (Die Kette, die Kräfte der Südsee) Jetzt wurde mir unwohl. Irgendetwas stimmte nicht. Jesus sagte weiter: „Du wirst sie ihm zum rechten Zeitpunkt zurückgeben." Dazu eine Nixe: „Wir ziehen uns zurück." „Wir sehen uns wieder", sagte noch der Meermann, bevor er sich verabschiedete und ins Meer eintauchte. Ich stand da und eigentlich hätte

ich mich fürchterlich fühlen müssen, denn diese Leihgabe bedeutet, dass sehr wichtige und grundlegende Naturkräfte von der Erde verschwinden. Dennoch ging es mir angenehm gut – dank der Kette. Ich ging nach Hause, spürte die Kräfte des südlichen Meeres, die sich genauso anfühlten wie die schöne Südseenixe. Sie spürte, dass ich an sie dachte und erschien sogleich. „Unser Meer ist tot", sagte sie in immer größer werdender Verzweiflung, denn am Zustand ihres Heimatgewässers hatte sich leider nichts verändert.

→ Wenn wir Menschen nicht unser Verhalten ändern und uns nicht trauen einsichtig zu sein, dann wird diese trübe, vergiftete Brühe, die ich sah, dieses tote Meer wird dann nicht mehr lebendig. Wenn die Nixen dort nicht mehr leben können, dann kann es auch kein Fisch. Wie lange leben wir Menschen dann noch?
Die Heiligen sagten mir beim Schreiben dieses Buches: „Ende positiv." Im Moment weiß ich leider nicht, wie ich das unter diesen Umständen machen soll. Vielleicht mit anderen Tatsachen.
→ Wenn wir am Meer stehen, dann vergessen wir uns selbst. Wir werden zu dem, der wir sind: ein stilles, demütiges Wesen – ganz natürlich. Am Meer dürfen wir so sein, wie die Natur uns geschaffen hat. Das Meer ist eine Kraftquelle des Glücks und der bescheidenen Dankbarkeit, die jeder empfindet, der die Zeit für das Zuhören nutzt. Das Meer ist mehr als nur Wasser, Salz und Fisch, der unsere Körper nährt. Das Meer öffnet die Türen zu unserer Seele und der großen Seele des ganzen Lebens und nährt alle unsere Sinne. Danke, Element Wasser! Danke für die Schönheit und Reinheit der Undinen, der geistigen Quelle des lebendigen Wassers. Danke an das geistige Meeresvolk der Nixen, die für den Erhalt der Meere Sorge tragen und dem Wohlergehen aller Meeresbewohner. Danke für das Teilen eurer Weisheit mit uns, euer Vertrauen und eure unermüdliche Hilfe uns Menschen gegenüber, die wir zum Meer streben, als wäre es unsere Heimat.
Wenn ich die vielen, vielen Gäste auf Juist sehe, wie sie sich alle zum Meer hingezogen fühlen, staunen, endlich still werden und mit Wehmut die Insel wieder verlassen – welch göttliche Quelle muss dem Meer inne sein!
So positiv wie ich hier ende, so sehr verschmutzt haben wir das Meer und die Flüsse. Vergesst nicht das Leid, wenn ihr positiv denkt und wenn ihr leidet, dann vergesst nicht das Positive. Und bitte, bitte helft alle mit, das Wasser sauber zu machen, es sauber zu halten und sparsam damit zu sein, damit wir viele göttliche Geister um uns haben können und vieles mehr, zum Wohle von uns allen. Danke!

Zentauren

Auch in den Wäldern wirken göttliche Kräfte und Wesenheiten. Die meisten Menschen gehen sehr gerne in die Wälder. Im Juister Wäldchen, an einer absolut unscheinbaren Stelle am Wegesrand, machte ich die Bekanntschaft mit Chiron. Als ich dort entlang ging und sehr beschäftigt damit war, meine Kindheit auszuheilen, musste ich dort einfach stehen bleiben. Die Energie war sehr kräftig und auf nur einem sehr schmalen Stück des Weges spürbar. Ich verweilte an diesem Platz und beobachtete, was diese Energie in mir veränderte. Im nächsten Augenblick stand ein Pferd vor mir - mit menschlichem Oberkörper und Kopf. Ein Zentaur. Nie hätte ich gedacht, dass solch ein Wesen auf Juist leben würde. Dann sagte er: „Ich bin Chiron." Bisher hatte ich noch nicht viel über Zentauren erfahren und war ganz offen seinen Kräften gegenüber. Er hat eine sehr schöne und helle Energie und ich spürte, dass man ihm hundertprozentig vertrauen kann. Die Kraft des Pferdes in ihm ist sehr mild und weise. Nachdem ich ihn fühlend begutachtet hatte, sagte er: „Berühr mich." Zaghaft, so achtsam und liebevoll wie möglich, streichelte ich über seinen Rücken – in der Vorstellung, ganz real, da wo er stand und ehe ich mich versah, war ich auch schon tief in meinem Problem versunken, dass ich zuvor versuchte auszuheilen. Mit den geistigen Kräften nimmt man Kontakt im Geiste auf, mit der Vorstellungs- und Gedankenkraft. Durch das Streicheln über seinen Rücken entstand ein direkter Kontakt mit seinen Kräften, die sogleich ihre Wirkung zeigten. Die ganze Zeit hatte ich mich in meiner Kindheit nur als Opfer gesehen und das war ich auch. Jetzt aber zeigte mir die Kraft von Chiron die andere Seite, die Sichtweise meines damaligen Gegenübers, der mir sehr weh tat. Nun war ich der Täter und der andere das Opfer. Es arbeitete fürchterlich in mir und ich bekam starke Bauchschmerzen. Vermutlich waren es die Verkrampfungen der damaligen Zeit, die sich noch einmal zeigten, bis sie sich endgültig in mir lösten. Dies geschah auch durch meine Einsicht in die Situation von damals, mit der Bitte um Vergebung und dem Gedanken an Liebe, auch für diese Person. Es dauerte eine ganze Weile, bis es mir besser ging. Es war ein ungnädiges Zusammentreffen, aber leider auch sehr notwendig. Schon lange war ich mit diesem Teil meiner Vergangenheit beschäftigt. Eine andere Sichtweise war da sehr hilfreich. Danach nahm ich mir noch etwas Zeit, um die Kräfte von Chiron besser verstehen zu können, die so viel in mir auslösten. → Er zeigt uns beide Seiten des Lebens in Situationen und mit anderen Personen oder Dingen, damit wir eine weise Mitte finden können. Er hilft uns, die anderen besser verstehen zu können, indem wir uns in ihre Lage hineinversetzen. Chiron führt uns auf direktem Weg dorthin, ohne Umwege. Danke, Zentaur Chiron!

Nach unserem Zusammentreffen fand ich im Buch „Krafttiere" von Jeanne Ruland etwas über ihn geschrieben. Was ich dort las, war die Bestätigung für das, was ich erfahren hatte. Meine Freundin, mit der ich beim Einhorn war, wollte nun auch unbedingt Chirons Kraft spüren. Der kleine Platz war nicht weit entfernt vom Einhorn und so gingen wir still und bewusst dorthin. Sie spürte sogleich, dass hier an der Stelle, an der alle und auch sie selbst ungeachtet vorübergehen, etwas anders war. Wir schwiegen und spürten, was mit uns geschah. Die Energien meiner Freundin veränderten sich kräftig und ich sah, dass sie etwas mit sich auszustehen hatte. Ich hielt mich zurück und gab ihr das Gefühl, dass ich für sie da bin. Nach einer ganzen Weile besserten sich ihre Energien und ich fragte sie vorsichtig, wie es ihr ergangen ist. Sie war tief beeindruckt, wie schnell sie in einem verfestigten „Thema" versank und, genauso wie bei mir, die andere Seite in der Situation besser verstehen konnte. Es ging ihr in dieser Zeit bei Chiron auch nicht besonders gut, aber hinterher waren sie und ich sehr erleichtert, losgelöster von der Vergangenheit und dankbar.
Solche Helfer-Kräfte sind zwar stark, aber sie helfen uns, aus einer Situation herauszukommen und weitergehen zu können. Dazu braucht es manchmal einen Wechsel der Sichtweise und des Fühlens – nicht nur sich selbst zu spüren, sondern auch den Schmerz des anderen. Das hilft uns, damit wir besser vergeben und verzeihen können. Wenn wir unserem Schmerz aus dem Weg gehen, uns ablenken und auch nicht versuchen, die anderen zu verstehen, dann ist es vermutlich sehr schwer, eine Lösung zu finden und Heilung. Sich helfen zu lassen bedeutet auch, dass wir jemanden finden, der uns unsere starren Sichtweisen vor Augen hält, wenn wir Heilung suchen oder mehr erfahren wollen im Leben - auch über uns selbst.
→ Meditation ist ein Hilfsmittel, sowohl die Heiligen als auch die Elementarwesen können uns die Augen öffnen. Sie helfen uns, das Leben neu betrachten zu können – von innen, oben, außen usw., bis wir alles sehen, verstehen und mit allen in Liebe und für die Liebe verbunden sind. So können wir die Wahrheit herausfinden oder die Liebe in allem und jedem entdecken. Die Liebe ist da, nur manchmal etwas versteckt.
Ein anderer Zentaur kam zu mir nach Hause. Er zeigte sich zuerst vor meinem Fenster, denn mein Zimmer ist klein und er hat einen großen Pferdekörper. Chiron kam mir da eher klein vor. Seinen menschlichen Oberkörper aufgerichtet, kam der Zentaur herein. Er wirkte sehr erhaben und kraftvoll. Eine Kraft ging von ihm aus, die er sehr bewusst in der Lage war zu zügeln. Er hielt einen langen Stab senkrecht in der linken Hand. Mit diesem Stab hielt er seine starken Kräfte in der Mitte, zentriert und stabil. Dieser Zentaur übergab mir dann einen solchen Stab, damit ich lernte, die noch unbewusst in mir „wütenden" und unruhigen Kräfte stabil zu halten und dadurch

bewusst nutzen zu können.

Wir Menschen geben viele Kräfte nach außen weg oder halten sie zu sehr fest. Die Kraft der Gefühle, besonders der unbewussten Gefühle, ist stark und man muss schon Hilfsmittel haben, um sie in ein Gleichgewicht bringen zu können. Das kann dann z.B. Meditation sein, Yoga oder Qi Gong. Diese Methoden sind schon viele tausende Jahre alt, von Menschen, die schon damals versuchten, den gesunden Weg der Mitte zu finden, um nicht durch die starken Kräften aus dem Gleichgewicht zu geraten und krank zu werden oder sich zu verletzen. Wer dazu noch ein Naturfreund ist und Interesse an der geistigen Welt in dieser Welt hat, der kann das große Glück haben, dass er ein Geschenk von den Naturgeistern bekommt, das dieselbe Wirkung hat, wie der Stab des Zentauren.

→ Elementarwesen sind ein Teil der Kräfte der Natur und sie können mit ihrer Liebe die anderen Kräfte der Natur bewegen oder beruhigen. Sie sind wie Vermittler zwischen den Kräften. Wenn wir solche Freunde haben, dann haben wir die besten Freunde. Dafür sollten wir ihnen auch Freund sein! Mögen wir für jemanden etwas Freundschaftliches tun, der uns nicht beachtet oder sogar verleugnet? Die Elementarwesen helfen immer so gut, wie wir es annehmen können. Sie sind besondere Freunde. Nicht weil sie anders aussehen als wir und rein geistige Wesen sind, sondern weil sie so viel Liebe haben! Ich war Chiron, als auch dem zweiten Zentauren, nie zuvor begegnet und dennoch gaben sie mir große Geschenke als Lebenshilfe. In späteren Zeiten erschien mir dieser kraftvolle Zentaur noch einmal und sagte: „Es ist ein Stab der Gerechtigkeit." Nur ein gerechtes Wesen kann so aufgerichtet, weise und kraftvoll sein wie dieser Zentaur.

→ Die Geschenke der Elementarwesen dienen niemals dem Egoismus! Sie unterstützten uns damit, wenn wir eine Aufgabe übernehmen, die dem Wohl der Gemeinschaft mit allen, mit der ganzen Natur dient, um im Frieden miteinander leben zu können. Benutzen wir diese kraftvollen Geschenke der Heilung für egoistische Zwecke, denken wir dabei nur an uns selbst, dann nehmen die Elementarwesen sie uns wieder weg.

Nachdem ich mehrere wichtige Geschenke von ihnen bekam, sollte ich nicht fernsehen, sondern den Elementarwesen zuhören und zusehen. Ich war zu faul, und trotzig suchte ich nach einem Film. Mein Bewusstsein beim Fernsehen veränderte sich nicht zum Besten. Da kam eine alte, weise Elementarwesenfrau und nahm mir entsetzt eine Kette vom Hals. Die Kette in den Händen behütend und wertschätzend verschwand sie – und mir ging es furchtbar mit dem ganzen Geschehen und meinem Verhalten. Ich dachte beim Fernsehen nur an mich selbst. Das nahm der Kette mit den hohen Bewusstseinskräften vom Miteinander die Kraft.

Unser Körper besteht aus den Kräften unendlich vieler Vorfahren, aus der großen Gemeinschaft. Verhalten wir uns egoistisch, schwächen wir die Kräfte in uns, die Gemeinschaft und das Leben!

Hinter dem Zentauren sah ich noch ein weiteres geistiges Pferd von unbeschreiblicher Schönheit. Es war weiß und hatte engelsgleiche Flügel – Pegasus. Es hielt sich im Hintergrund auf, kam nicht näher und nahm auch keinen weiteren Kontakt mit mir auf. Ich nehme an, dass ich noch nicht so weit war für die Kraft des Pegasus.

Schon als Kind war ich begeistert von den Pferden auf Juist, denen man hier täglich auf der Straße begegnet. Obwohl sie nur Gräser und Getreide fressen - Veganer sozusagen - haben sie eine beeindruckende Kraft. Ich möchte diese Gelegenheit nutzen, um mich vor allen Menschen bei den Ponys zu entschuldigen, auf denen ich als Kind geritten bin. Mir wurde gezeigt, dass man den Pferden mit der Hacke, wenn „nötig" auch kräftig, in die Seiten tritt und sie mit den Zügeln rechts und links von den Schultern schlagen kann, damit sie laufen und das tun, was ich will. Notfalls muss man eine Gerte nehmen, von einem Baum einen Ast abreißen, um sie kräftiger zu schlagen. Das befolgte ich leider auch und die Ponys liefen, ob sie wollten oder nicht. Mit der Zeit wurde ich für die Pferde empfindsamer und habe viel Feingefühl für sie entwickelt. Über das Gefühl konnte ich sie immer besser verstehen und lernte ihre Kräfte sanft zu zügeln. Eine Reitlehrerin in einer Reitschule staunte darüber, dass ich ganz entspannt auf einem großen Pferd reiten konnte, mit dem die anderen nicht umgehen konnten. An diesen Moment erinnere ich mich noch ganz genau, weil das Pferd und ich wie eine Einheit miteinander verbunden waren.

→ Jede innere Bewegung des Pferdes konnte ich wahrnehmen und passte mich den Kräften des Pferdefreundes an. So konnte ich eine Freundin sein für dieses Pferd. Auf diese Weise könnten wir Menschen alle mit den Pferden gemeinsam leben, arbeiten und Freunde sein. Es ist leichter für das Pferd als auch für uns Menschen. Ich wünschte, dass alle Menschen, die ein Pferd zum Freund haben oder mit ihnen arbeiten dürfen, sich darum bemühen würden.

Den Schmerz, den ich den Ponys angetan hatte, die ich in meiner Kindheit kaltherzig schlug und trat, empfinde ich seit langer Zeit selbst, wenn ich an sie denke. Es tut mir leid aus meinem ganzen Wesen. Wenn ich könnte, würde ich das Geschehene rückgängig machen. Das kann ich leider nicht. Aber ich habe seitdem schon vielen Menschen, die an den armen Ponys herumzerrten und sie schlugen, Einhalt geboten und ihnen als Hilfsmittel eine Möhre oder ein Bündel Gras empfohlen. Funktioniert immer! Die kleinen und großen Pferde dienen gerne, aber wenn sie kein anständiges Futter bekommen und nicht mit Respekt behandelt werden, dann wollen sie nichts anderes, als zum nächstbesten Grasbüschel laufen und zurück in den Stall, wo sie ihre Ruhe vor uns Menschen haben.

Ich glaube, wir Menschen reagieren genauso wie die Pferde, wenn jemand anderes so mit uns umgeht! Mobbing nennen wir das, möchten uns dann nur noch Zuhause verstecken und beginnen ein Frustfressen. Was ist der Unterschied zwischen einem Menschen und einem Pferd? Alle Wesen haben dieselben Gefühle und Reaktionsweisen wie wir Menschen – sie sind unsere Vorfahren – mit denen wir mit Achtung, Respekt und Würde leben sollten. Wenn nicht, verlieren wir es uns selbst gegenüber.

→ Es sind einfache Kräfte, die in den Pferden wirken und darum sind sie auch so stark! Wir Menschen haben unsere einfachen Kräfte verkompliziert. Darum sind viele Menschen auch so schwach. Wir können von den Pferden (und von allen anderen Lebewesen) etwas lernen! Die Rückkehr zur Einfachheit und Bescheidenheit hilft, die Kräfte wieder zu bündeln.

Danke, ihr besonderen, geistigen Pferde – Zentauren und Pegasus. Danke an alle Pferde auf Erden und im geistigen Himmel auf Erden. Ich bitte um Verzeihung für alles Übel, dass ich euch angetan habe. Dennoch habt ihr mir geholfen, meine Kräfte zu verstehen. Ich wünsche euch viele Freunde unter den Menschen, die euch verstehen wollen. Hoffen wir, dass ebenso viele Menschen auch von euch lernen und euch dienen mögen, so wie ihr es für uns tut. Danke!

Sand-Elementarwesen

Sand ist ein Element der Erde, in dem ich nie Elementarwesen vermutet hätte – vielleicht auch deshalb, weil ich den Anblick von Sand, so wie ihn alle sehen, gewohnt war. Neues lernen wir nur, wenn wir bereit sind, unsere alten, gewohnten Verhaltensmuster, Denk- und Sichtweisen zu öffnen und zu ändern.

Auf dem Weg zum Strand ging ich einen Dünenweg entlang, als sich mir plötzlich ein männliches, freundliches Geistwesen in einer Düne zeigte. Da stand ich und staunte wieder. Mein ganzes Leben lang bin ich an den Dünen auf Juist vorbeigegangen und kam noch nie auf den Gedanken, dass in ihnen etwas Lebendiges sein könnte. Warum auch nicht? Wenn es in den Steinen und Elementen eine geistige Kraft gibt, dann sicherlich auch im Sand. Hinter mir in der Düne erschien auch eine geistige Frau des Sandes. Da waren es schon zwei, die beide schon ein hohes Alter erreicht hatten. Vermutlich sind sie schon so alt wie die Insel selbst und haben an ihrer Entstehung mitgewirkt. Ich ging dankbar mit einem höheren Bewusstsein weiter an den Dünen vorbei, die nun auf einmal alle lebendig sind. Es war ein seltsames und gleichzeitig schönes Gefühl, fast wärmend, weil ich dort nicht mehr alleine war und weil die Elementarwesen alle gütiger Natur sind. Noch mehr Miteinander, noch mehr Leben, noch mehr Freunde und noch mehr schöne Kräfte und Freude. Häufig, wenn ich diesen Weg entlanggehe, zeigen sich mir die beiden Sandelementarwesen wieder mit sehr freundlichen und weisen Gesichtern. Freunde überall! Danke.

Hier auf Juist wird viel gebaut, so wie auf dem Festland auch. Für das Bauen von Häusern werden viele Mengen Sand benötigt. Dieser Sand wird aus dem Meer geholt. So sind schon einige Inseln in südlichen Gebieten der Meere vollständig weggeschaufelt worden und verschwunden. Sie existieren einfach nicht mehr. Sie waren „nur" aus Sand. Das scheint bestimmten Menschen nicht wichtig zu sein, aber vielleicht bestimmten Tieren und Pflanzen. Auch der Sand von Flussufern wird radikal weggenommen. Mit ihnen verschwinden Biotope wie die Mangroven. In den Mangroven leben viele Fische, von denen wiederum viele Menschen dort leben. Nun nicht mehr. Und wer ist da noch im Sand gewesen?! Mit dem Bau von immer mehr Gebäuden verschwinden die guten Geister des Sandes. Die sieht keiner, aber wir können sie fühlen. Sie fühlen sich friedlich und wohlgesonnen an. → Warum fühlen wir uns als Urlauber so wohl, wenn wir auf einem kargen Strand-Sandboden liegen? Die Sandelementarwesen vermitteln uns Menschen ein gutes Lebensgefühl. Wo der Sand entnommen wird, da verschwinden auch die Sandelementarwesen mit ihren selbstlosen Gefühle, die wir dringend zur Erholung benötigen.

Brauchen wir so große Häuser und Räume für nur wenige Menschen? Müssen wir wirklich so viel erneuern? Wir zerstören damit die kostbare Natur – Inseln, Wälder, Berge... da, wo wir sonst Urlaub machen, ist keine Erholung mehr für uns möglich. Wir Menschen sind aber immer gestresster, auch weil wir uns zu sehr vermehren - und dabei noch mehr Häuser benötigen. Jemand sagte einmal: „Wir Menschen leben auf Teufel-komm-raus." Zumindest nehmen wir viel Raum ein. Viel Lebensraum und Platz nehmen wir denen weg, die auch auf der Erde leben möchten und die vor uns Menschen da waren. Wir nehmen sogar unseren menschlichen Vorfahren, den Indigenen Völkern, den Lebensraum weg.

→ Ich lebe auf einer Insel aus Sand. Zum Glück gibt es hier Tourismus. Wäre es nicht so, würden die großen Baufirmen dann auch hier die Inseln verschwinden lassen? Hoffentlich ist der Tourismus auch in Zukunft immer rentabler als die Bauwirtschaft. Allerdings wird auch für den Tourismus sehr viel gebaut. Wann hören wir endlich damit auf?! „Das fragen wir uns auch!", ruft ein Elementarwesen.

→ Vielen Dank an die Sandelementarwesen und alle Naturgeister, dass ihr jedem Leben noch mehr Lebendigkeit verleiht. In der Natur, die wir Menschen natürlich gedeihen lassen, können wir uns überall durch euch geborgen fühlen. Hier auf Juist fühlen sich viele Gäste, als ob sie Zuhause angekommen sind - im Herzen. Und immer wieder höre ich von ihnen: „Hier ist so viel Liebe in der Natur!" Diese Insel ist ein großer Kraftplatz und wichtiger Ort für die Elementarwesen. Darum ist hier so viel (Energie von) Liebe zu spüren, die viele Besucher sicherlich nur unbewusst wahrnehmen – und immer wiederkommen „müssen". Danke, schöne Insel aus Sand! Danke, gütige Erde, dass du uns diesen Kraftplatz erschaffen hast mit deinen wunderbaren Elementarwesen, die uns alle mit viel Freude und Wohlgefühl beschenken und damit unsere geistige und seelische Gesundheit unterstützen.

Luft-Elementarwesen

Die Elementarwesen leben in und mit den Elementen. Ihr wisst nun von den Erdelementarwesen: Zwerge, Gnome, Trolle, Elfen, von Sandelementarwesen und vielen anderen, und von den Wassergeistern: Nixen, Undinen und Nymphen. Es gibt natürlich auch Feuer- und Luftgeister. Meine erste und schönste Erfahrung mit den Elementarwesen der Lüfte machte ich hier auf Juist.
An einem sonnigen Tag beschloss ich, an den Strand zu gehen. Als ich oben auf dem höchsten Punkt eines Strandaufgangs stand und in die Weite des Meeres, des Strandes und des Himmels schaute, schwebte eine dicke, weiße Wolke langsam über den Strand hinweg. Aus ihr heraus strahlte ein kleiner, wunderschöner, bunter Regenbogen und berührte mit seinem farbenfrohen Licht den Sand. Wann immer ich Menschen sehe, die einen Regenbogen entdecken, sehe ich, wie sie wieder zu Kindern werden. Das Licht eines Regenbogens ist wie das Erscheinen einer geistigen Kraft, wie ein Engel des Himmels. Es erinnert uns daran, dass wir eine kindliche Seele sind und weckt die bescheidene Freude als eine Seelenkraft in uns. Es gab eine Zeit, da war ich zu viel im Verstand und gleichzeitig ein wenig arrogant dem Rest der Schöpfung gegenüber. Die Elementarwesen sagten in dieser Zeit zu mir: „Du staunst nicht mehr." Da hatten sie leider recht. Ich konnte mich nicht mehr so recht an den vielen, kleinen Dingen und Lebewesen erfreuen, wie sie und ich es von mir gewohnt waren. Ich gefiel mir selbst nicht mehr in diesem Zustand und versuchte mich wieder an das Gefühl von Demut und Bescheidenheit zu erinnern. Und da waren sie wieder! Die kleinen, gelben Blümchen am Wegesrand, daneben ein ebenso kleines Elementarwesen, das mir fröhlich zuwinkte und ich konnte die wohlige Wärme der Sonne spüren. Sie waren vorher auch schon da, aber ich sah sie nicht mehr, auch wenn ich sie sah. Nun war ich wieder da! Endlich war ich

wieder in dieser Welt und nicht mehr in meiner winzigen, engen und arroganten Gedankenwelt versteckt, in der ich mich zuvor groß und scheinbar wohl fühlte. Mit der Wiederkehr der Bescheidenheit kamen auch die Farben und die Freude wieder zurück. Nichts ist weg oder verloren - nur verborgen, darauf wartend wiedererweckt zu werden. Wir brauchen nur daran zu denken und zu versuchen, uns daran zu erinnern. Wir werden von der Natur daran erinnert, von jedem einzelnen Wesen!

Danke, Leben, Energien und Kräfte überall, dass wir diese Möglichkeit immer haben. Danke, ihr Blumen und Elementarwesen, dass ihr mich daran erinnert habt. Es lohnt sich, alles zu tun, um die Natur zu erhalten von der wir alle ein Teil sind!

Der Regenbogen, der diese schöne Wirkung auf uns hat, uns wieder an Demut zu erinnern, zog weiter mit der Wolke über den Strand ...mit einem Luftgeist in ihr. Das bedeutet nicht, dass alle Luftgeister nur in den Wolken leben. Bisher hatte ich noch keine Luftgeister wahrnehmen können oder vielleicht sollte ich besser sagen, bisher hatten sich mir die Luftgeister noch nicht gezeigt. Zuerst sah ich Herrn Vater Luftgeist. Er zeigte mir, dass er bewusst diesen Regenbogen entstehen lassen konnte, indem er die Energie des Wassers dazu brachte, sich ein wenig zu lösen, um auf die Erde zu fallen, während die Sonne schien. Der Regenbogen zog an das Ende der Wolke und nun trat sein kleiner Sohn in Erscheinung, der sich darin übte, es wie sein Herr Vatergeist auch zu tun, es bewusst aus einem bestimmten Teil der Wolke regnen zu lassen. Das klappte ganz wunderbar. Der Regenbogen war deutlich zu sehen. Der junge Luftgeist freute sich bei all der Mühe, woraufhin sich auch Mamaluftgeist zeigte. Alle waren sichtlich zufrieden. Die glückliche Familie Luftelementarwesen verabschiedete sich von mir und zog völlig entspannt am Himmel weiter. Das war wie immer eine sehr schöne Erfahrung mit der Natur und ihren Elementarwesen, die mir immer in Erinnerung bleiben wird. Danke!

Andere Luftgeister sind so freundlich, uns Menschen jede Woche am selben Tag zur selben Stunde trockenes Wetter zu bescheren, wenn der Spaziergang „Juister Kraftplätze" stattfindet. In der Saison biete ich wöchentlich diesen Spaziergang an, um den friedlichen Kontakt mit der Natur und uns selbst zu lehren und um in einen heilsamen Kontakt mit der Natur und den Elementarwesen kommen zu können. In den letzten 4 Jahren hat es in jeweils 7 Monaten nur 1-2 Mal pro Saison bei diesem Spaziergang geregnet und auch nur so viel, wie es die Teilnehmer annehmen konnten. Uns ist niemand bisher dabei weggelaufen. Oder es regnete und stürmte so stark, dass es ausfallen musste. Diese Tage waren am Ende der Saison, wenn ich einen sehr müden und kränklichen Tag hatte und die große Einheit es mir erlaubte freizunehmen, wofür ich dann sehr dankbar war. Wenn am

Morgen eines Spaziergangs die Wetterprognosen schlecht stehen, dann bitte ich die Luftgeister und das Element Luft um Hilfe. Dieser Spaziergang dient uns allen zum Besten. Wobei das Miteinander und der Kontakt zueinander am wichtigsten sind. Dabei helfen uns die Elementarwesen gerne. Sie sind sehr selbstlos und die Menschen am Ende offener ihnen gegenüber. Oft regnet es kurz vorher und einige Leute kommen dann nicht. Sie kennen es nicht, auf unsere Freundin Natur zu vertrauen, auf die Kräfte der Elemente und ihre Elementarwesen – auf das Miteinander, um das es bei diesem Spaziergang geht. Anfangs zeigte sich mir ein Luftgeist und gab mir zu verstehen, dass ich mir keine Sorgen machen müsste, auch wenn der Wetterbericht viel Regen angesagt hätte. Und es war trocken. Wir können ihnen vertrauen und uns auf sie verlassen, wenn es darum geht, etwas für das Miteinander zu tun, besonders wenn wir die Natur miteinbeziehen.

Bei zwei aufeinander folgenden Tagesseminaren auf dem Festland wurde extrem viel Regen angesagt. Da verließ mich mein Vertrauen in die Elementarwesen. Die Tage begannen jeweils mit etwas Regen. Als die Seminare begannen, hörte es auf zu regnen. Bis zum Ende der jeweiligen Tage hatte niemand einen einzigen Tropfen Regen abbekommen. Als die Seminare endeten, regnete es ausgiebig. Die Freude darüber war so groß wie das Staunen. Das war an beiden Tagen so deutliche Hilfe von Seiten der Natur, dass es kaum zu begreifen war.

→ Wir können und dürfen an das Miteinander mit der Natur glauben und darauf vertrauen. Wir sind das vielleicht nicht gewohnt, aber wir können uns darin üben – im Miteinander mit den anderen Lebewesen, den Elementen, den Elementarwesen, den Energien und Kräften zu leben. Aufpassen müssen wir nur, dass wir sie dabei nicht (wieder) ausnutzen oder benutzen. Dann hören sie schnell auf, uns zu helfen.

Bei einem anderen Seminar war es seltsamerweise genau anders herum. Es wurde viel Regen angesagt im Wetterbericht, aber ich vertraute auf die Elementarwesen, bat sie inständig und sendete viel Licht und Liebe in den Himmel. Ich war mir sicher, dass es trocken sein wird. Als wir vor die Tür traten, um mit einem 3,5 stündigen Spaziergang zu beginnen, fing es an zu regnen. Das machte mich sehr missmutig. Im Himmel suchte ich nach den Luftgeistern und konnte keinen entdecken. Wir gingen los, es regnete immer kräftiger, frei aus dem Himmel heraus, und ich wurde immer grummeliger, weil ich befürchtete, dass den Teilnehmern die Lust und Laune im Kontakt mit der Natur verging. Ich konnte das nicht verstehen, sprach und brummelte mit Himmel und Heiligen. Keine Rückmeldung. Ich maulte vor mich hin ...als Einzige. Alle anderen waren ziemlich guter Dinge. Sie waren munter, gut gelaunt, fröhlich wie ein Sonnenschein. Daraufhin entspannte ich mich auch. Als wir pudelnass wieder zum Haus zurückkehrten, hörte es abrupt auf zu regnen. Da war das Staunen so groß wie das Lachen. Es fing spontan an und es endete auch genauso spontan, als ob jemand einen Knopf am Himmel gedrückt hätte. Wir verteilten überall die Kleidung zum Trocknen und machten uns einen gemütlichen Tag mit warmem Tee und leckerem Essen. Es war ein ganz wunderbares Seminar, bei dem wir alle besonders intensiv miteinander verbunden waren. Und ich hatte etwas dazugelernt, bezüglich des Vertrauens zu den Gefühlen anderer Menschen und ihrer Liebe zur Natur. Die anderen waren diesmal größere Naturfreunde als ich, denn der Mensch gehört auch zur Natur - und in den hatte ich nicht genügend Vertrauen. Dieser Regen war wie eine Reinigung meiner Seele. Ich lernte mehr Demut zu haben.

Als im Herbst ein starker Sturm mit kräftigen Böen wehte, zeigten mir die Luftgeister erneut, wie mächtig ihre Kraft der Liebe ist. Am frühen Morgen drückte der Wind aus nördlicher Richtung so stark gegen mein Fenster und das Dach, dass es mir ein bisschen Angst machte. Etwas später drehte er nach Westen und es wehte nicht mehr so laut um das Haus. Die „Wetterfrösche" hatten dann vorausgesagt, dass der Wind zum Abend hin noch mehr zunehmen und wieder aus Richtung Norden wehen sollte. Das war nicht gut für mich und auch nicht für einen Baum in der Nähe, der schon ganz schief stand. Eine Freundin und ich hatten die Tanne schon mit Holzlatten gestützt, aber wenn der Wind aus dieser Richtung so stark gegen sie drückt, dann... hoffen wir es nicht. In der Vorstellung und gleichzeitig real in dieser Welt stellte ich mich in den Wind und bat die Kräfte der Natur, vorsichtig zu sein und wenn möglich, auch weniger stark zu wehen. So bat ich die Energie des Elements Luft und die Luftelementarwesen so gut und deutlich ich konnte. Am Abend ließ der Wind nach und war nicht auf Nord gedreht. Die „Wetterfrösche" haben selten recht, wenn sie das Wetter für eine Insel voraussagen. Das liegt daran, dass, bedingt durch das Kommen und Gehen des Meeres, der Kräfte des Mondes und der Nordsee, sich das Wetter hier schnell ändern kann. Die Stärke des Windes und auch die Richtung sagen sie immer richtig voraus ...fast immer. Die Tanne durfte stehenbleiben und ich hatte eine ruhige Nacht.

Danke, Element Luft! Danke, ihr sehr freundlichen und hilfsbereiten Luftgeister! Dank der Liebe! Alles ist möglich - im Miteinander mit der Natur und ihren Elementarwesen.

Feuer-Elementarwesen

Über Naturgeister, die mit dem Element Feuer leben, las ich zuerst etwas im Buch „Elementarwesen" von Marko Pogacnik. Da ich keinen Kamin habe, war ich ganz dankbar zu lesen, dass sie auch in Komposthaufen leben. Ich habe auch keinen Kompost, aber dafür viele Menschenfreunde, die die Schnittreste von der Gartenarbeit sammeln und zu bester Blumenerde verrotten lassen - von ganz alleine, oder wie geschieht das? In einem Kompost entsteht viel Wärme, also sind dort auch Feuerelementarwesen bei der Arbeit. Kurz nachdem ich an sie dachte, welch ein „Wunder", Elementarwesen sind auch schnelle Freunde, erscheint ein kleiner Feuergeist bei mir zu Hause mit ca. 10 cm Größe, einem markanten Gesicht und viel guter, goldgelber Energie von Liebe. Er blieb fast zwei Wochen bei mir und beobachtete genau, was ich tat und vor allem, mit welcher inneren Haltung ich mich durch die Welt bewege. Als ich Gemüse schnippelte und den unbrauchbaren Rest in den Biomülleimer warf, fragte er erstaunt: „Hast du keinen Kompost?" Ich schämte mich ein bisschen, weil ich das Gefühl hatte, dass jeder einen Kompost haben müsste, weil dies die beste Art ist, solche Reste zu verwerten ...neben den Schweinen, die wahrscheinlich sehr glücklich damit wären. Hier gibt es nur leider auch keine Schweine. Am nächsten Tag wollte ich Kartoffeln kochen und entdeckte eine große Kartoffel mit sehr vielen Keimen, die ich übersehen hatte. Ich fühlte das kraftvolle Leben in ihr und konnte sie nicht schälen oder sogar essen. Aber da gibt es ja noch eine andere Möglichkeit, was man mit einer lebendigen Kartoffel machen kann. Ich durfte die beste Blumenerde von einer Freundin für die Kartoffeldame mit nach Hause nehmen, legte sie gleich hinein und stellte sie auf die Fensterbank. Der kleine Feuergeist sauste geschwind in die Erde mit der Kartoffel und fühlte sich dort mächtig wohl. Am nächsten Tag spürte ich deutlich die Wärme, die von der Erde ausging. Darin fühlte sich die Kartoffel sicher gut und konnte prima gedeihen. Innerhalb von ein paar Tagen fing sie an zu sprießen und bekam wunderschöne Blätter und ich war froh, dass ich die Gute nicht gegessen hatte - besonders in dem Moment, als sie zu mir sagte: „Danke, dass du mich am Leben gelassen hast."

→ In dieser Zeit der Anwesenheit des feurigen Geistes stellte sich heraus, dass er auch für Herzensangelegenheiten zuständig ist – dem Herzfeuer, Feuer der Liebe, wie wir auch dazu sagen. Die Feuergeister haben offenbar recht vielfältige Aufgaben.

Desweiteren fand er es nicht gut, wie ich eine Kerzenflamme auspustete. Das tat ich tatsächlich sehr respektlos, wie vermutlich jeder Mensch, obwohl dieses schöne, kleine Feuer viel innere Wärme verbreitet und uns an das Gebet und die Liebe erinnern kann. In späteren Zeiten entdeckte ich gelegentlich in der Flamme einen kleinen Feuergeist. Jetzt gibt es immer eine kleine Vorwarnung, bevor ich das Feuerchen auspuste. Einmal sah ich eine kleine Feuergeistdame, die sich bei meiner Vorwarnung nach unten in die Kerze zurückzog. Ich bedankte mich noch beim Element Feuer und konnte es entspannt auspusten ...puh. Wenn sich auch andere Elementarwesen zu einer Kerze hinzugesellen, dann hat das Licht der Flamme eine besonders schöne und einladende Ausstrahlung. Seitdem ich ein anderes Bewusstsein für die Kerzenflamme habe, zeigt sich mir deutlich sichtbar ein Feuergeist in meiner Laterne mit Kerze, die ich vor die Tür stelle, wenn ich Qi Gong-Stunden gebe. Nun werden die Teilnehmer nicht nur von mir und den anderen Elementarwesen begrüßt, sondern auch wärmstens von einem kleinen Feuergeist. Sie sind eben sehr nett die Geister, auch die des Feuers.

Noch während der kleine Feuergeist bei mir war, erschienen in meinem Zimmer zwei große Feuergeister. Sie haben ein ähnliches Aussehen wie manche Kobolde. Sie sagten: „Wir sind für die Sonne zuständig." Und wieder brachten sie mich zum Staunen. Wenn alle Natur im Ursprung aus den feinstofflichen, geistigen Kräften entstanden ist, dann erscheint es logisch, dass dort auch Naturgeister wirken. Aber wer denkt schon an so ferne Welten. Wenn man an einem schönen Tag die Sonne sieht, dann sieht man nur ihr wohltuendes Licht und spürt die angenehme Wärme und fängt an zu träumen, und Heizkosten kann man auch noch sparen. Die Sonne ist ein riesiger Feuerball, der uns sogar sehr gefährlich werden kann. Jetzt weiß ich, dass wir dort auch Freunde haben – die Feuerelementarwesen. Die zwei Besucher von der Sonne sagten und zeigten mir bisher nichts weiter. Es ging nur darum, mir bewusst zu machen, dass sie dort oben leben und ich dieses Wissen an andere Menschen weitergebe.

→ Je mehr Natur- und Elementarwesenfreunde es unter uns Menschen gibt, umso mehr Freunde haben auch wir Menschen in der Natur. Die Feuergeister der Sonne könnten uns in der Zukunft, in manchen Ländern auch schon jetzt, eine große Hilfe sein. Sie sind in der Lage, mit den Energien der Sonne zu kommunizieren und mit ihrer Liebe die Energien der Sonne sicherlich auch z.B. dazu zu bewegen, in andere Richtungen oder weniger kraftvoll zu strahlen.

Dank dem Element Feuer geht es uns Menschen sehr gut. Auch der Erdkern besteht aus einer glühenden Masse. Dank der Wärme von innen und oben bleibt das Leben für alle auf Erden erhalten. Den Feuerelementarwesen sei gedankt für ihr friedliches, freundliches und sehr weises Dasein.

→ Nun mag der ein oder andere denken, Feuer kann auch sehr zerstörerisch sein. Luft, Wasser, die Erde, einige Tiere und wir Menschen auch! Die Elementarwesen sind ein Teil der Elemente, aber sie sind nicht die Elemente. Nicht nur die Naturgeister bewegen die Elemente. Es hängt von verschiedenen Kräften ab, wie es sich verhält. Sie können aber, wenn es gewollt ist, mehr Einfluss darauf ausüben, so wie wir Menschen auch. Die

Bewegung des Wassers hängt z.B. von der Form der Erde ab und gleichzeitig formt das Wasser die Erde. Das ist so wie mit unserem Körper. Unsere Haare können wir schneiden, waschen und in Form bringen, aber sie wachsen durch die gesamten Kräfte des Körpers, des gesamten Lebens und sie können sehr eigenwillig sein – und umgekehrt bestimmen die Haare sogar die Gefühle mancher Menschen.
Weil wir alle so sehr voneinander abhängig sind, ist das Miteinander das Wichtigste in unserem Leben – mit jedem und allem! Das Element Liebe ist das Wichtigste - mit dem kennen sich die Feuergeister und alle Elementarwesen sehr gut aus. Danke!

Elementarwesen in der Atmosphäre

Elementarwesen leben also nicht nur auf der Erde. Das ganze Universum ist Natur mit all ihren geistigen Kräften. Die Erde und wir alle sind aus dieser universellen Natur geboren worden und haben geistige Kräfte. Also existiert im Universum auch eine geistige Natur. Somit gibt es im ganzen Universum auch Naturgeister. Diese Elementarwesen zeigten sich mir erst, nachdem ich viele andere Naturgeister auf der Erde kennengelernt hatte.
Eines schönen Abends stand ein großes Wesen in meinem Zimmer. Er war schlank, hatte ein weißes Gewand an und strahlte sehr helle Energie aus. Er war sehr zurückhaltend und hatte doch eine gewisse Kraft der Präsenz. Ich wusste nicht recht, was ich von ihm halten sollte – also lieber ein bisschen vorsichtig sein. Mein kleiner Zwergenfreund bemerkte natürlich sofort meine Ängstlichkeit, sauste zu dem großen Wesen und kuschelte sich an ihn. Ok, die Luft ist rein. Jetzt konnte ich mich ihm gegenüber öffnen und mehr von ihm spüren.
→ Durch die Kräfte in den Naturgeistern können wir erkennen, in welchem Element sie leben. Ich sah und fühlte Feuer, Luft und Atmosphäre von ihm ausgehend. Bisher war ich keinem Elementarwesen begegnet, dass die Kräfte von mehreren Elementen in sich trägt. Unter Atmosphäre verstehe ich das „Element", dass sich weit über der Erde und um sie herum befindet. Dieser Naturgeist war eine sehr interessante Mischung, bei der ich nicht erahnen konnte, wo genau er lebt. Er konnte meine Gedanken wahrnehmen und zeigte es mir, indem er nach oben wegflog bis weit über die Erde – in die Atmosphäre.
Ein anderes Elementarwesen von dort oben zeigte mir, dass sie sich mit unserem vielen Weltraumschrott sehr unwohl fühlen. Wir hinterlassen überall unseren Müll, sogar im Weltall. Ich glaube, wir müssen vor Außerirdischen keine Angst haben. Wenn sie so einen zugemüllten Planeten

sehen, werden sie gleich umkehren.
→ Solche Naturgeister wie dieser, könnten uns in der Zukunft behilflich sein, z.B. beim Schließen des Ozonlochs. Es liegt an uns, ob wir sie anerkennen und mit ihnen gemeinsam die Erde teilen mögen. Und wenn wir mit ihnen auf der Erde gemeinsam leben wollen, dann müssen wir es zwangsläufig auch mit den Pflanzen und Tieren auf friedliche und wohlwollende Weise tun. So oder so, alle sind wir miteinander verbunden und einer braucht den anderen. Das merken wir hoffentlich nicht erst, wenn die Pflanzen und Tiere ausgestorben sind und die Elementarwesen sich zurückgezogen haben. Dann gibt es nichts mehr, worüber wir noch staunen und uns erfreuen können. Wovon leben wir dann?
→ Wann seid ihr das letzte Mal in Erstaunen geraten? Es ist ein Moment, in dem wir ganz still werden, uns nicht bewegen und in dem etwas ganz Positives mit uns geschieht. Wir werden aus unseren Gedankenwelten und dem Gewohnten herausgeholt. Es ist das Ende vom alten Wissen und der Anfang zu mehr Bewusstsein. Das passiert, wenn wir z.B. einem Elementarwesen begegnen. Das Schöne ist, dass das positive Staunen durch die Elementarwesen nie endet.
Danke, du besonderer Geist aus der Atmosphäre. Nun kann ich mich auch geborgen und sicher fühlen, wenn ich an die manchmal beängstigende Weite des Universums denke. Auch in der Größe des Universums müssen wir uns nicht alleine fühlen.

Mond-Elementarwesen

Da das Staunen durch die Elementarwesen nie endet, hörte es auch beim Blick in das Universum nicht auf. Ich durfte noch einen anderen Naturgeist aus der Ferne kennenlernen. Das war bei einem Seminar, das ich auf dem Festland gab. Am Ende des Tagesseminars saß ich noch mit zwei lieben Menschenfreunden im Wohnzimmer, um in Ruhe das Tagesgeschehen nachwirken zu lassen. Da erschien ein Elementarwesen im Raum von etwas mehr als einem Meter Größe, mit weißem Gewand und weißer, hoher Zipfelmütze auf dem Kopf. Er hatte eine sehr weise Ausstrahlung und zusätzlich spürte ich die Kraft des Mondes von ihm ausgehend. Nach einer Weile der Annäherung und stillen Verständigung ging er erst zu unserem einen Freund auf dem Sofa, um ihn an der Schulter zu berühren. Dieser sah den Geist nicht, aber bei der Berührung ließ er seinen Körper locker und entspannt in das Sofa sinken. Der heilsame Geist ging daraufhin zu unserer Freundin auf dem anderen Sofa. Durch sein Bewusstsein konnte ich einen tiefliegenden, alten Schmerz in ihr sehen, den sie nicht loslassen wollte oder konnte. Dies schien wichtig zu sein und ich erzählte der Freundin davon, damit sie sich dessen bewusst sein und es besser ausheilen konnte. Dann kam der geistige Heiler zu mir und teilte mit mir „seine" Energie. Ich sah und spürte das wunderschöne Licht des Mondes. Es war die Ausstrahlung und Kraft des Mondes, die sich durch das Licht der Sonne verstärkt, wenn sie ihn bestrahlt. Sonne und Mond zugleich. Dieses geistige Wesen vom Mond hat eine wunderschöne und einzigartige Energie. Kann man Worte finden für ein Gefühl des Unbeschreiblichen? Danke für die unbeschreiblich schöne und besondere Erscheinung des Mondgeistes. Vielen Dank, dass du zu uns gekommen bist und uns ein neues Gefühl der Schönheit vermittelt hast. Mit der Natur hört die Schönheit nie auf. Vielen Dank, dass es dich gibt – Mondelementarwesen.

→ Langeweile oder Frustration ist im Kontakt mit Elementarwesen nicht möglich. Es gibt eine Fülle an Besonderem, Schönem und Wertvollem in der Natur mit der geistigen Welt in ihr - die wir kennenlernen können, wenn wir im Frieden mit der Natur leben.

Je dunkler eine Nacht ist, um so mehr Ängste können in uns erwachen. Durch die Kraft des Mondes aber, wenn er mit der Sonne eine Verbindung eingeht, haben wir in der Nacht keine tiefschwarze Finsternis, sondern immer eine angenehme Dunkelheit. Das sorgt sicherlich unbewusst auch dafür, dass wir in der Nacht beruhigter schlafen können. Wenn manche Menschen bei Vollmond nicht gut schlafen können, dann liegt das einfach an der Helligkeit der Nacht. Dadurch lassen wir den Tag nicht vollständig los und tauchen nicht so sehr ein in die unbewusste Tiefe des Selbst. Wir bleiben mit unserem Bewusstsein mehr an der Oberfläche und träumen darum mehr. Wir erleben im Traum Geschehnisse wie am Tag, wenn es hell ist. Der vollbestrahlte Mond (Vollmond) hat also keine negativen Kräfte, die er ausstrahlt, sondern erhellt einfach nur die Nacht fast wie am Tag. Wer kann am Tag lange und tief schlafen?!

→ Der Mond hat gütige, geistige Kräfte – wie seine Elementarwesen. Die Vollmondnächte können wir übrigens sehr gut dazu nutzen, um uns darin zu üben, uns an die Träume zu erinnern. Dadurch können wir unsere unbewussten Prägungen, Gewohnheiten und Ängste betrachten, besser verstehen und ändern. Danke, Mondseele und Mondgeister, dass ihr euch einen Platz am Himmel gesucht habt, durch den ihr uns allen eine helle Nacht beschert, sodass wir sogar sehen können im Dunkeln.

Hier in der Nordsee bewegt sich das Wasser ständig entweder auf die Küste zu oder davon weg. Nur durch die Kraft des Mondes geschieht das. Zwei Mal am Tag kommt und geht das Wasser. Dadurch, dass der Mond das Wasser in Bewegung hält und es sich ständig neu mischt, kann es sich reinigen und besser Sauerstoff aus der Luft aufnehmen. Das ist gut für alles Leben im Meer und für die Bewohner der Erde. Seevögel, Fische und wir Menschen werden genährt durch die Meere. Wir haben dem Mond, seinen Energien und den dort lebenden Elementarwesen viel zu verdanken.

Die vielen, hellen Sterne tragen einen weiteren Teil dazu bei, dass wir in der Nacht besser sehen können. Wenn wir in einen sternenklaren, wunderschönen Himmel schauen, können wir dabei auch fühlen, dass es viele verschiedene Kräfte im Universum gibt, die auch auf die Erde und uns Menschen einwirken. Manch einer fühlt beim Blick in das Universum vielleicht sogar, dass es dort auch Leben gibt. Dabei denken die meisten schnell an Außerirdische und nicht an Elementarwesen. Nun weiß ich und ihr auch, dass es nicht nur Elementarwesen in der Erdnatur gibt, sondern auch im ganzen Universum. Alles lebt und bewegt sich durch die Kraft des Geistes. Auch wir selbst bewegen uns durch die Kraft des Geistes.
→ Die Elementarwesen des Universums sind alle innerhalb kurzer Zeit bei mir erschienen - sie wissen also alle voneinander und sind miteinander im Kontakt. Sie besuchten mich ganz bewusst. Ich bin mir sicher, dass wir ihre Hilfe noch brauchen werden. Wer weiß, welche Gefahren die Feuergeister der Sonne schon von uns abgewendet haben, damit ihre Strahlung nicht zu starke Auswirkungen auf uns alle hat. Wie aber sollen die gütigen und hilfreichen Naturgeister die Erde und unser Leben vor größeren Schäden bewahren, wenn wir selbst nichts dafür tun, dass das Ozonloch sich wieder schließen und die Atmosphäre sich wieder regenerieren kann?! Wir hören und sehen von den Auswirkungen und immer mehr Menschen bekommen sie zu spüren. Dennoch tun wir nichts oder zu wenig. Wir verharren wie in einer Starre, bewegungsunfähig. Die Liebe bewegt das Leben. Wo also ist die Liebe in uns Menschen?

Heilige unter den Elementarwesen

Unter den Elementarwesen gibt es viele Heilige mit heilsamen Kräften. Mitten im Dorf auf Juist, im Zentrum in einer kleinen Seitengasse, darf eine Hecke sehr hoch wachsen und wird nicht von uns Menschen geschnitten und klein gehalten. Sie sieht so schön aus in ihrem schon hohen Alter. In ihr lebt eine Heilige der Elementarwesen. Die anderen Elementarwesen staunen sehr, wenn sie sie sehen und verneigen sich tief vor ihr. Sie ist ungefähr einen Meter groß und hat Flügel. Vielleicht gehört sie zu den Feenwesen. Anfangs nahm ich nur sie dort wahr, bis sich mir ihre ganze Familie zeigte. Wie immer, sind alle mächtig lieb. Desweitern sah ich bei der Hecke auch kleine Leute und ein Elementarwesen, das am Weg alles gut beobachtet.

Wann immer ich Zeit habe und dort vorbeigehe, verweile ich, um mich in ihren sanften Kräften etwas auszuruhen und mir einen Segen von ihr zu erbitten. Die anderen Elementarwesen holen dann schnell die heilige Mama, die mir so manches Mal geholfen hat, wieder in meine Mitte zu kommen, mich zu beruhigen und mich daran zu erinnern, wer ich bin.

So schnell können wir uns selbst vergessen, weil wir Menschen uns mit zu vielem anderen beschäftigen (müssen). Wir denken dann immer noch, dass wir derselbe Mensch sind. Aber das stimmt nur noch in unserem Verstand, weil es ein Wunschdenken ist. Nur mit einem ganzheitlichen Körpergefühl wissen wir, wie es uns tatsächlich geht. Wenn wir unsere Mitte verlieren und uns selbst vergessen, dann können wir sehr krank werden. Um so wichtiger können die Elementarwesen für uns sein, wenn wir uns dabei von ihnen helfen lassen. Auf diese Weise helfen uns auch die Heiligen. Allerdings wohnen diese meistens nicht direkt vor unserer Haustür. Diese wunderschöne Hecke, die alt und groß werden durfte, beheimatet unsere besten Helfer und sie kann überall wachsen - wenn wir es wollen. Danke, Menschen, dass ihr sie natürlich wachsen lasst.

Danke, Himmel und Erde, dass es Elementarwesen in dieser Welt gibt. Besonderen Dank an die Naturgeister, die sich zu Heiligen weiterentwickeln konnten und für eure immer ganz selbstverständliche Hilfe für uns Menschen. Hoffentlich lassen wir noch viele Pflanzen und Bäume groß und stark werden, damit sie bei uns eine Heimat haben können und wir bei ihnen.

Pan

Nun möchte ich noch einen ganz besonderen Freund vorstellen - Pan. Er besuchte mich, als ich gerade mit einer traurigen Zeit in meiner Kindheit beschäftigt war. Diese Traurigkeit begleitete mich schon lange durch mein Leben. Pan, der beste Helfer für solche inneren Angelegenheiten, wie ich nun weiß, kam sehr fröhlich durch die Wand getanzt, spielend auf seiner Flöte. Er hatte grünliche Kleidung an und eine Zipfelmütze auf dem Kopf. Ich konnte ihn eine Zeit lang sehr deutlich sehen und seine Freude am Leben spüren. Dann schenkte er mir eine Flöte. Als ich mir vorstellte, in die Flöte zu pusten, wurde mir augenblicklich froh ums Herz. In meinem Körper, den ich nicht mehr richtig fühlen konnte, floss nun die Energie wunderbar lebendig. Es war, als wenn die Zellen anfangen sich zu bewegen, jede einzelne. So kann sich nur das Wunder der Liebe anfühlen! Alles freute sich und tanzte in mir. Fast stand ich auf, um mit Pan gemeinsam zu tanzen, aber ich war zu schüchtern. Ich blieb sitzen und genoss dieses ungewohnt gute Gefühl des Lebens in mir. Ein wenig später ging ich hinaus spazieren, um frische Luft und Sauerstoff in meinen Körper zu atmen. Draußen begegnete ich wie immer vielen Elementarwesen. Diesmal wollte ich mit ihnen die Lebensfreude teilen, so wie sie es sonst mit mir taten. Ich pustete für sie in die Flöte - in der Vorstellung und so real wie es mir möglich war im Hier und Jetzt. Große Freude breitete sich aus bei den kleinen und großen Freunden in der Natur. Manche begannen zu tanzen und alle wollten, dass ich für sie auf der Flöte spielte. Endlich konnte ich ihnen etwas besonders Schönes zurückgeben. Sie beglücken mich täglich und ständig. Dem Pan sei Dank für uns alle!

→ Die Art und Weise, wie er mir erschienen ist, erinnerte mich sehr an den Nataraja, in Indien als der tanzende Shiva bekannt. Er tanzt in einem Feuerkreis. Der Nataraja war auf geistiger Ebene mehrmals bei mir, um mir zwei Yogaübungen zu zeigen. Die erste Übung verhalf mir zu demselben Gefühl der Freude im Herzen, fast so stark, wie die Musik der Flöte des Pan. Die zweite Übung half mir, die Kraft der Liebe im Herzen zu halten. Wenn ich so lange am PC sitze, spüre ich irgendwann meinen Körper nicht mehr so gut - und wo ist dann die Liebe? Mit dieser Übung sammelte ich die Kraft der Liebe im Herzen wieder ein, die ich scheinbar mit meinen Gedanken am PC und im Text überall verstreute. Der Feuerkreis, der um den Nataraja herum abgebildet ist, ist das Feuer der Liebe, das er bei sich behält, um es bewusst weitergeben zu können und nicht wie ich und viele andere, es unbewusst zu verstreuen.

→ Der Nataraja und Pan haben fast die gleiche Energie. Sie strahlen gefestigte Lebensfreude aus und zeigen die Lebendigkeit einer jeden Zelle im Ausdruck durch den Tanz. Die Energie der Freude ist der Tanz des Lebens, in allem was existiert ...und es fühlt sich sooo gut an. Danke für das Teilen der heilsamen Freude und Energie des Lebens! Wir tanzen gemeinsam mit der Kraft der Liebe. Wer kann ohne Liebe tanzen und Freude daran haben?! Die Liebe ist die in uns wohnende Kraft, die alles zusammengefügt hat in Freude und mit aller Lebendigkeit des Lebens. Mögen wir die Liebe wertschätzen und ehren, so wie alles Leben und Lebendige.

Danke Pan, für die Musik des Lebens und der Freude. Danke Nataraja, für dein Erscheinen und die Yogaübungen für die Liebe. Hoffentlich interessieren sich noch viele Menschen für euer Dasein.

Wer bist du?

Es gibt zum großen Glück viele verschiedene Elementarwesen. Hoffen wir, dass es so bleiben kann, denn es sind sehr besondere Begegnungen mit ihnen. Sie wecken die verborgenen Gefühle der Schönheit, der Demut und

Bescheidenheit, der Freude und Liebe in uns, und so viel Gutes mehr. Es geschieht so viel wunderbares in ihrer Anwesenheit.

Wenn ihr einem Elementarwesen begegnet und ihr wisst nicht, welcher Art er zugehörig ist, dann könnt ihr ihn (oder sie) natürlich fragen. Das tat ich, als in meinem Zimmer eine schöne, geistige Frau erschien. Als ich fragte, was für ein Wesen sie ist unter den Elementarwesen, antwortete sie weise: „Für alles müsst ihr (Menschen) Begriffe haben."

Mehr hat sie nicht verraten, denn das war ihre Botschaft an uns. Zu viele Begriffe können unsere Wahrnehmung stören. Als Beispiel: Mich klärte einmal eine Freundin auf, wie die vielen, schönen Vögel heißen, die wir bei einem Spaziergang entdeckten. Anfangs war ich sehr interessiert, als ich aber in den darauffolgenden Tagen alleine unterwegs war und die Vögel sah, überlegte ich, wie sie hießen und wurde ganz stolz, wenn es mir wieder einfiel. Derweil überplapperte ich mit meinen Gedanken den wunderschönen Gesang des Vogels und da flog er auch schon davon. Ich hatte mir keine Zeit mehr für den Vogel genommen, um mit ihm in Kontakt zu sein und zu spüren, was seine Anwesenheit mir sagen konnte. Ich hörte und fühlte nur mich und verpasste den Augenblick – und ein Zusammentreffen, das so nie wieder sein wird.

Bei einem Seminar sah ich einen kleinen, weisen Geist neben einer Freundin stehen und war mir sicher, dass er zu den Kobolden gehört. Er sagte daraufhin zu mir: „So nennt ihr Menschen uns." Ich änderte meine Sichtweise und fantasierte ein bisschen vor mich hin. Stellt euch vor, da entdeckt ein Außerirdischer die schöne Erde und sieht dort viele, viele Zweibeiner. Vielleicht würde er uns nicht „Mensch" nennen, sondern uns den Namen geben: „Wesen der unbegrenzten Möglichkeiten". Wir Menschen geben allen Lebewesen einen Namen. Entsprechen diese Namen wirklich diesen Wesen?

→ Wann immer ich Naturgeistern begegne, freue ich mich, ihn oder sie zu sehen, weil sie gute Wesen sind. In einer Begegnung geht es viel mehr darum, zu erleben, was wir im Miteinander Wertvolles haben. Wir können immer etwas voneinander lernen, uns helfen oder auch „nur" gemeinsam sein. Darum ist es am besten, einfach still zu sein, zu beobachten und zu spüren, wie die Begegnung sich anfühlt. Verpassen wir nicht den seltenen Augenblick, der uns da geschenkt wird.

Körperelementarwesen

Ein weiteres, freundliches Geschenk vom Leben ist der Körperelementargeist, der immer mit und in uns ist. Es ist eine Art Symbiose von Mensch und geistigem Naturwesen. So genau kann ich das nicht sagen, weil ich zu wenig über sie weiß. Von einer Erfahrung aber kann ich erzählen. Ich lag im Bett und es ging mir nicht gut. Mein ganzer Körper schien krank zu sein. Da kam ich auf die Idee, meinen Körperelementargeist zu bitten, ob er mir vielleicht helfen könnte. Ich bat ihn sehr höflich und zurückhaltend, weil ich nicht wusste, was er oder sie von mir hält. Wenn ein Körper weh tut, dann macht der Mensch meistens etwas verkehrt. Nach recht kurzer Zeit schon verbesserte sich mein Zustand, ich stand auf und es ging mir außergewöhnlich gut. Ein staunender Dank an dich, Körperelementargeist!

→ Habt ihr sonst noch Fragen? Dann fragt oder bittet am besten selbst euren Körperelementargeist. Der kann euch sicher weiterhelfen. Tut es sehr respektvoll und mit dem Wissen, dass ihr in der Vergangenheit vermutlich nicht immer gut mit eurem Körper umgegangen seid. Eine einsichtige Entschuldigung vorab kann nicht schaden. Mein Körperelementargeist bestätigte das, indem er nickte. Da sah ich ihn kurz in mir und schüchtern versteckte er sich schnell wieder. Das ist auch eines „meiner" Wesenszüge.

Wir leben in einer Einheit zusammen, wir alle auf dieser Erde, als auch z.B. Mensch und Körperelementargeist. Einer hat Einfluss auf den anderen, so wie im alltäglichen Leben auch. Wir haben die Wahl, wie wir miteinander zusammen sein möchten. Wenn wir unseren Körper und alle anderen Lebewesen annehmen und lieben können, dann sind wir sehr gesunde Menschen und können in Harmonie gemeinsam leben. Dann sind wir alle zusammen eine sehr gesunde und weise Einheit des Lebens – ursprüngliche Natur pur!

Merlin

Hier möchte ich noch Merlin hinzufügen. Er ist zwar kein Elementarwesen, sondern ein Mensch, aber er ist vermutlich der beste Freund der Geister der Natur. Einige kennen ihn vielleicht aus Spielfilmen oder aus alten Sagen. Dort wird er als weiser Mann mit Zauberkräften dargestellt. Er ist tatsächlich genauso real wie die Elementarwesen und erscheint mir sehr häufig in einem weißen Gewand und mit langem, weißem Bart. Manchmal zeigt er sich als große, weiße Eule. Er ist sehr weise und sagt fast nie etwas. Still betrachtet er mein Verhalten mit den Elementarwesen und korrigiert mich, wenn ich etwas falsch mache.

Als ich dringend einen Behandlungsraum für Gesprächstermine und Energiearbeit suchte, erschien Merlin mir in einem Traum als große, weiße Eule in einem Baum bei einem bestimmten Haus. Dort fragte ich nach und bekam einen schönen Raum für diese Arbeit. Für diese Hilfe bin ich ihm sehr

dankbar, weil ich nie auf die Idee gekommen wäre, dort nachzufragen.
Danke an die Heiligen unter uns Menschen. Danke, dass ihr das scheinbar Unmöglich möglich gemacht habt – uns allen zum Vorbild.
→ Merlin ist ein sehr besonderer Mensch. Er ist es nicht nur gewesen, sondern er ist es immer noch, so wie Jesus und viele andere. Sie sind unsere Helfer und große Freunde der Natur, denn in der Natur ist der Ursprung des Göttlichen. Das Göttliche ist Natur. In der Natur sind göttliche Kräfte und Helfer - die Liebe, die Elementarwesen und Engel.

****

→ Wenn wir uns mit der äußeren Schönheit zufriedengeben und nur dies wollen, werden wir keine Elementarwesen sehen und erleben können. Denn sie leben von der inneren Schönheit - von der Liebe. Die Schönheit der Elementarwesen übertrifft die Schönheit, die wir Menschen gewohnt sind zu sehen. Darum sehen wir sie nicht. Was wir persönlich schön finden, dass zerstören wir nicht. Darum hoffe ich, dass bald alle Menschen die alles übertreffende Schönheit der Naturgeister erleben können, damit wir aufhören, sinnlos die Natur zu zerstören. Und hoffentlich können auch bald alle Menschen mit den Elementarwesen im Kontakt sein, um ihre Kostbarkeit zu begreifen, mit der sie unser Leben bereichern.
→ Elementarwesen sind die Schätze und der Reichtum, das wahre Gold, dieser Erde. Sie erinnern uns an die Liebe. Die Liebe ist das Gold, goldfarbene Energie, die Kraft des Göttlichen in uns allen.

→ Wir hoffen, dass ihr und alle Menschen das wahre Gold des Lebens entdecken möchtet. Solange wir das materielle Gold, Diamanten und andere Edelsteine und Metalle festhalten, weil wir denken, dass es wichtig ist, solange werden wir auch keine Elementarwesen erleben können.
Auch unsere alten Seelen-Schmerzen und unser Egoismus, den wir als Schutz und Mauer um uns herum aufgebaut haben, hindern uns daran. Lassen wir uns helfen von den Liebenden und der Kraft der Liebe, die in uns ist und um uns herum. Wir hoffen, dass die Liebe in uns allen erwachen darf, damit wir alle die Freude und das Leben miteinander teilen und genießen können. Wir beten und bitten ohne Unterlass darum – für uns alle und für alles Leben dieser Erde - für die gesamte Natur, für die Elementarwesen und für die Kraft der Liebe – für das Göttliche.
Wir hoffen und bitten darum, dass alle den Ruf nach Freiheit und Schönheit in sich selbst und von den anderen hören können.

„Willkommen!" ist eines der häufigsten Worte der Elementarwesen in aller Offenheit und aufrichtigen Ehrlichkeit. Wir sind immer willkommen im Reich der Elementarwesen und Pflanzen.
Vielleicht können wir auch sie willkommen heißen unter uns Menschen.

****

Achtsamkeit

****

In der Achtsamkeit halten wir inne und können besser mit den Kräften in uns bleiben oder sie bewusster mit anderen teilen. So können wir unsere Mitte finden und halten. Das ist sehr gesund. Achtsam sein hilft, still zu sein und nur zu beobachten. Das Schweigen fällt uns dann leichter. Wir sind vorsichtiger, umsichtiger und mitfühlender mit anderen und uns selbst, wenn wir achtsam sind. Unsere Feinfühligkeit darf in der Achtsamkeit sein und die Intuition ist deutlicher wahrnehmbar. Wenn wir mit Achtsamkeit durch das Leben gehen, dann erleben wir die Welt neu, weil wir aufmerksamer sind. Auf diese Weise ist es leichter, mit den Elementarwesen einen Kontakt herzustellen oder die Bäume und alle Natur lebendiger zu erfahren. Und auch sie können leichter Vertrauen zu uns finden und mögen auch im Kontakt mit uns sein.

Den Tag mit Achtsamkeit beleben:

Noch im Bett liegend, nehmt euren ganzen Körper wahr. Danke.
Nehmt euren Atem wahr, das Kommen und Gehen und Kommen... Danke.
Begrüßt den Tag und das Leben, die Menschen, die Natur und ihre Elementarwesen. Danke.
Spürt ganz bewusst die erste Berührung der Füße mit dem Boden, der Erde. Danke.
Schaut euch im Zimmer um. Was ist alles da? Danke.
Nehmt die Ruhe des Morgens wahr und versucht sie zu verinnerlichen. Danke.
Euren Körper und die Füße wahrnehmend geht ihr ins Bad.
Die Pflege des Körpers auf wohlwollende Weise hilft, ganz aufwachen zu können.
Es ist ratsam und gut, wenn ihr am Morgen Übungen des Yoga oder Qi Gong usw. praktiziert. Das hilft, den Körper bewusster zu erleben, um dann achtsamer sein zu können.
Vielleicht habt ihr noch etwas Zeit für ca. 15 Minuten - Stille Meditation. Das hilft, achtsam zu sein, noch mehr aufzuwachen und auch mit den Kräften besser bei sich bleiben zu können.
Erlebt das Getränk und das Essen, das euch nährt und Energie gibt, ganz bewusst. Danke.

Wenn ihr das Haus verlasst und in die Welt geht, dann schließt die Tür achtsam hinter euch. Danke.

Seht, wo ihr seid. Die Elemente bestimmen unser Leben. Danke.

Vielleicht begrüßt ihr ganz bewusst auch die Bäume und Blumen, wenn ihr an ihnen vorübergeht. Danke.

Immer wenn ihr am Tage Türen öffnet oder schließt, dann erlebt das ganz bewusst. Wieder und wieder öffnet ihr die eine Tür und schließt die andere, um eine weitere Tür zu öffnen. Die Türen von Autos, Bahnen, Räumen und Häusern – immer wieder beginnt etwas Neues. Seid achtsam.

Wann immer ihr einen Raum betretet, schaut euch um. Was ist da? Seht, wo ihr seid. Das ist das Ankommen im Hier und Jetzt. Danke.

Achtet im Laufe des Tages darauf, wo immer ihr gerade seid, wofür ihr dankbar sein könnt. Das gibt ein gutes Lebensgefühl und lässt uns friedlich bleiben. Danke.

Wenn ihr nach Hause kommt, dann öffnet und schließt die Tür ganz bewusst. Danke.

Eine liebevolle Reinigung des Körpers am Abend hilft, wieder ganz bei sich anzukommen. Danke.

Körperübungen (wie Qi Gong etc.) wirken am Abend ausgleichend, beruhigend und entspannend. Auch wenn es Überwindung kosten sollte, es lohnt sich. Danke.

Besonders am Abend sind Körperübungen vor einer Meditation sehr hilfreich. Danach könnt ihr besser und leichter meditieren. Meditation am Abend ist besonders wichtig, damit euer Geist ganz zur Ruhe kommen darf. Danke.

Wenn ihr zu Bett geht, dann schaut euch noch einmal im Raum um. Seht, was alles da ist. Danke.

Nehmt die Ruhe des Abends wahr und versucht sie zu verinnerlichen. Danke.

Spürt die Füße auf dem Boden, der Erde. Danke.

Im Bett liegend spürt ihr euren ganzen Körper. Danke.

Nehmt euren Atem wahr, das Kommen und Gehen, Kommen und Gehen... Danke.

****

Leben und lernen mit den Elementarwesen, Engeln & Heiligen

→ Das Wichtigste für die Elementarwesen ist ein gutes und friedliches Miteinander. Da es für uns Menschen auch das Wichtigste ist, haben wir damit eine gute Basis, um zueinanderfinden zu können. Die Elementarwesen wollen gerne mit uns Menschen zusammenleben. Sie vermissen uns in der Natur. Wir gehen zwar in die Natur, aber wir hören ihr nicht zu. Wir kommunizieren nicht mit den anderen Lebewesen. Austausch ist aber notwendig, wenn wir das Leben (ganz) verstehen wollen und es so leicht haben möchten wie möglich. Wenn wir uns Zeit für die Natur nehmen, dann haben wir die Zeit auch gut für uns selbst genutzt. Der Kontakt mit der Natur hilft uns, dass wir uns wieder an das Gefühl der Gemeinschaft und Verbundenheit erinnern können. Das ist sehr heilsam. Wenn wir dieses Gefühl vergessen, dann suchen wir nicht danach und kümmern uns nicht um Kontakte. Dann kann es sein, dass wir immer mehr in die Vereinsamung geraten und beginnen, dieses Gefühl zu mögen, weil wir nichts anderes haben. Dahinter verborgen ist ein schmerzliches Gefühl von der Trennung. Wenn andere uns an Verbundenheit erinnern, dann spüren wir noch einmal diesen Schmerz. Je größer der Schmerz ist, um so weniger mögen wir es, wenn uns jemand dort berührt und lehnen unsere Helfer ab. Diese Hürde zu überwinden, ist sicherlich das Schwierigste auf dem Weg zurück zur Gemeinschaft. → Die Natur kann uns dabei helfen, dass wir nicht in diesen unnatürlichen und unsozialen Kreislauf hineingeraten. Sollte es dennoch geschehen sein, dann können sie uns bei der Heilung helfen. Ein Leben im Miteinander in Verbundenheit fühlt sich besser an!

Seit einigen Jahren werde ich von morgens früh bis abends spät von den Elementarwesen begleitet, damit ich ganz aufwachen kann, weil wir voneinander lernen und weil man miteinander so gut kuscheln kann. Wenn ich nachts aufwache, dann ist immer auch das eine oder andere Elementarwesen im Zimmer. Ich bin ständig von ihnen umgeben und das bin ich überhaupt nicht gewohnt. Schon immer habe ich alleine gelebt, oder dachte es zumindest, und nun ist immer jemand da. Immer sind liebende, liebenswerte, fröhliche und kluge, kleine und große Naturgeister bei mir, sodass ich schon manches Mal weinend dasaß, weil mir durch ihre schöne Anwesenheit bewusst geworden ist, wie verlassen und alleine ich so lange Zeit gelebt hatte. Jetzt bin ich es nicht mehr. Ich habe eine neue, große Familie gefunden und werde geliebt. Durch die Elementarwesen, als auch über Meditation, Qi Gong und Yoga, habe ich wiederum viele neue

Menschenfreunde gefunden. Wann immer ich von Elementarwesen erzähle, werden alle ganz wach und viele freuen sich, dass endlich jemand ausspricht, was sie schon die ganze Zeit geahnt und gespürt haben – dass wir nicht alleine sind.

→ Viele Menschen trauen sich nicht, über Elementarwesen und Engel zu reden, weil sie Angst haben, als geistig krank bezeichnet zu werden. In jedem Urvolk der Erde gab es das Bewusstsein von den Naturgeistern. Hier in Deutschland waren es vor allem die Druiden, die sich mit den Naturkräften über Rituale verbunden haben. In vielen Ländern, besonders im Osten und Norden der Erde, ist dieses Bewusstsein erhalten geblieben. In Island gibt es sogar einen Elfenbeauftragten im Parlament! Besonders in Europa wurde den Menschen in der jüngeren Vergangenheit Angst gemacht durch religiösen Fanatismus (z.B. Bestrafung der kräuterkundigen Frauen durch die sogenannte „Hexenverbrennung") und negative Spiritualität durch die Nazis. (Sie haben bewusst die guten Energien verdreht und diejenigen bestraft, die sich für Heilsames interessiert haben. Als Zeichen dafür haben sie das Hakenkreuz, das Glückssymbol der Inder, umgedreht.) Die Angst vor den realen, guten Geisteskräften der Natur (vor Engeln und Elementarwesen) ist dann leider größtenteils unbewusst an die Nachkommen weitergegeben worden. Wobei es tatsächlich gar nicht die Angst vor den Wesen selbst ist, sondern davor, dass der Kontakt mit ihnen nicht sein durfte und mit Folter und Tod bestraft wurde. Jetzt leben wir in einer Zeit des freien Glaubens und Lebens in Deutschland und Europa. Wir haben eine schnelle Entwicklung zum guten Miteinander geschafft, das wir noch mehr ausweiten können und sollten zu unserem Wohle und für die Natur. Freundschaft ist überall und mit jedem wichtig, um ein besseres Leben führen zu können, nicht nur unter uns Menschen. → Trauen wir uns ruhig, über die Elementarwesen und Engel zu reden. Es gibt vielen Hoffnung von guten Geistern zu hören. Die Wesen selbst freuen sich auch sehr über unseren neuen Mut, worin sie uns sicherlich emotional überstützen werden.

Wenn wir mit Widerstand auf die Liebenden (also auch auf Engel und Elementarwesen) reagieren, leben wir im Widerstand mit der Liebe und uns selbst. Wenn wir mit uns selbst im Widerstand leben, dann tun wir es (unbewusst) auch mit unseren Vorfahren. Wenn wir dann nicht aufwachen, dann erleben wir nur wenig Liebe und fühlen uns alleine. Vielleicht können wir uns im Miteinander noch mehr helfen und mehr Verständnis füreinander haben, damit wir uns alle der Liebe (wieder) annähern können – sodass das Leben für alle immer mehr von Liebe erfüllt sein kann und es auch für jeden möglich ist, das Leben friedlich und zufrieden zu beenden. → Elementarwesen, Bäume, Engel und Heilige erinnern uns an die Liebe. Lassen wir uns von ihnen helfen. Wenn wir im guten Sinne Kontakt mit ihnen aufnehmen, dann ist das schon Liebe.

Auch für die Elementarwesen ist das dauerhafte Miteinander mit uns Menschen noch neu. Bei mir Zuhause gab es schon einige Missverständnisse und Kommunikationsschwierigkeiten zwischen mir und den Geistern. Wenn ich meinen Stuhl verlassen muss, um mir etwas zu trinken zu holen... so schnell kann ich mich gar nicht umdrehen, da sitzt auch schon ein kleiner „Engel" auf meinem Platz. Meistens sind es Kinder, die ihren Spaß haben oder Neugierige, die wissen wollen, was ich über sie geschrieben habe. Das Problem dabei ist, dass es manchmal sehr schwierig ist, sie von dem Stuhl wieder herunterzubekommen, weil ich mich auf ihrer Ebene noch nicht klar genug ausdrücken kann. Besonders die Kinder wissen dann gar nicht, was ich von ihnen will. Manchmal nervt es, wenn ich viel zu tun habe und kaum, dass ich meinen Platz für einen Moment verlasse, sitzt da schon wieder jemand. Ein Heiliger sagte einmal sehr amüsiert dazu: „Die Reise nach Jerusalem." Na gut, also haben wir lieber Spaß miteinander und versuchen etwas dazuzulernen, als dass wir Menschen uns aufregen. So erhalten wir auch unsere Freundschaft.

→ Die Naturgeister haben einen schönen Humor, durch den das Üben des Miteinanders viel leichter ist. Sie haben manchmal Spaß daran, „unauffällig" hinter mir zu gehen und zu versuchen, so zu gehen wie ich. Wenn ich sie „erwische", kichern sie und verstecken sich schnell wieder bei ihren Pflanzenfreunden. Manchmal guckt ein Elementarwesen mit seinem schönen Gesicht hinter einem Baum hervor und freut sich darüber, dass ich es sehen kann. Sie haben einen einfachen, intelligenten Humor wie Kinder. Sie können sich so schön an den einfachen Dingen und Situationen erfreuen, so wie ein Menschenkind.

Der schönste Erwachsene ist doch der, der seine kindliche Intelligenz, Schönheit, Lebendigkeit, Bescheidenheit und Freude erhalten konnte. Depressionen haben wir, wenn wir uns nicht mehr an den kleinen, wichtigen Dingen erfreuen können. Alles muss groß sein, unser Tun und Denken. Für mich ist es ein Warnzeichen, wenn ich keine Freude empfinden kann, wie die Elementarwesen oder ein Kind. Ich weiß dann, dass ich zu viel will und zu egoistisch und damit arrogant der Liebe gegenüber bin - dabei hört die Freude auf. Seien wir wie die Kinder, dann haben wir auch wieder eine Menge natürliche Freude im Leben. Dafür brauchen wir noch nicht mal die vielen materiellen Dinge.

→ Je mehr ich mit den Elementarwesen, mit den Heiligen und allgemein mit der geistigen Welt im Kontakt bin, um so weniger vermisse ich all den materiellen Ersatz, der mir lange Zeit Freude bereitet hat. Ich brauche es einfach nicht mehr. Und das ist gut für die Natur und für uns alle. So können wir die anderen Lebewesen verschonen und haben wieder mehr Reserven von der Natur für die Zukunft – durch die Freude am Leben, mit den Lebendigen und durch den Kontakt mit den Elementarwesen. Gleichzeitig wecken wir damit die Freude der anderen Lebewesen, denn die haben sicherlich die meiste Freude an unseren materiellen Einsparungen. Freude am <u>Leben</u> schont das Leben.

Aufrichtige Freude kann nicht durch egoistische Selbstliebe erwachen. Das Leben existiert vom Miteinander. Daraus wächst die Lebensfreude. Wir sind Teil eines großen Lebens, von einem großen Organismus der Lebendigkeit. Je größer das Miteinander, um so größer das Leben, die Vielfalt und Schönheit zur Freude von allen. Wenig Miteinander bedeutet auch weniger Lebendigkeit und weniger Lebenserhaltendes. Das ist traurig. Schauen wir uns selbst und das Leben an, damit wir erkennen können, dass das Miteinander (leben) die Basis unseres Glücks und unserer Freude ist. Miteinander zu leben bedeutet, dass wir die anderen beachten und ihre Grenzen und Bedürfnisse respektieren. Das ist die Verantwortung für die Freude und das Glück.

→ Elementarwesen sind verspielte Wesen. Mit ihnen kann man eine Menge Spaß haben, mehr als mit jedem Handy. Ich bin ihnen oft viel zu ernst. Dann hüpft ein kleines Männlein fröhlich von einem meiner Kniee zum anderen. Wenn so ein kleines Zwerglein an einem vorbeihüpft oder -saust, dann ist der Kopf ganz schnell frei und ein Lächeln im Gesicht. Sie erinnern uns an die natürliche Freude am Miteinander, ohne andere Dinge und ohne jemandem dabei zu schaden. Elementarwesen wecken die spielerische Seite des Kindes in uns.

Wir erwachsenen Menschen sind oft zu stark, zu groß, mächtig, reich, zu wissend, zu intelligent und zu gut. Wenn ihr euch mit etwas davon oder ähnlichem identifiziert (das erkennt ihr an eurem Gefühl, dann fühlt ihr euch besonders gut damit), → dann seid ihr noch keinem Elementarwesen begegnet oder einem Heiligen, die euch daran erinnern, dass das nichts ist im Vergleich zur Liebe zwischen uns. In der Liebe ist eine göttliche Intelligenz der Mitte und Weisheit. Sie ist die wahre Kraft und die schönste Macht im ganzen Universum. Ihrem Reichtum und ihrer Größe haben wir das Leben zu verdanken.

→ Wenn wir lieben, dann sind wir weise, halten die Mitte, leben in Bescheidenheit und Demut und sind nicht besser als andere. Wir können mit etwas besser sein als andere und sind doch nicht besser als die anderen. Das ist Liebe. So leben die Elementarwesen und Heiligen. Sie sind sich dessen bewusst, dass sie <u>alles</u> von anderen bekommen haben und leben in Demut. Wenn wir nicht teilen, dann wird das Leben aus dem Gleichgewicht geraten und der Liebe schaden, von der wir alle leben. Als Kinder haben wir <u>nichts</u>, bekommen <u>alles</u> von den anderen und sind dabei lebensfroh und verspielt. Was wären wir ohne die vielen anderen Menschen und Lebewesen, ohne die Natur?! Danke, großes Leben, für die vielen Geschenke der Freundschaft.

→ Im Miteinander können wir voneinander lernen. Die Elementarwesen haben gesagt: „Wir lernen auch von dir." Also von uns Menschen. Sie möchten sich gerne weiterentwickeln. Für Entwicklung brauchen wir das Miteinander, möglichst auf allen Ebenen und mit allen, die da sind. Den Elementarwesen fehlen die Menschen und uns Menschen fehlen die Elementarwesen, der Kontakt mit der geistigen Welt zur <u>Weiter</u>entwicklung. Wir brauchen uns. Wie kann ein Kind sich entwickeln, wenn keine Eltern da sind? Wir sind Kinder dieser Erde geblieben, auch wenn wir erwachsen sind. Entwicklung endet nicht. Wir alle sind nicht vollkommen und brauchen Hilfe in allen Lebensbereichen. Ohne die anderen haben wir nichts und lernen auch nichts dazu. Wir Menschen haben von den Tieren und Pflanzen viel gelernt. Dadurch ist das (Über-) Leben für uns leichter geworden. Nun ist es an der Zeit für eine geistige Weiterentwicklung. Das wäre der nächste Schritt in der Evolution. Dafür benötigen wir geistige Eltern, Menschen oder geistige Wesen, die weiter entwickelt sind als wir anderen. Wenn wir bereit sind von den Elementarwesen, Engeln und Heiligen etwas dazuzulernen, dann wird es für uns noch viel, viel leichter werden. Ihr habt schon viel in diesem Buch über meine Erfahrungen in der Gemeinschaft mit den Elementarwesen, Engeln und Heiligen gelesen und dass mein Leben durch sie viel besser, leichter und schöner geworden ist. Und sie haben mich zur Freundin, weil ich durch ihre Liebe aufgewacht bin und versuche, auch für sie alles Hilfreiche zu tun. Lassen wir es uns besser gehen, indem wir uns von ihnen führen lassen. Sie zeigen uns, wie schön und gesund das Leben mit der Einfachheit und Bescheidenheit der Liebe ist. Versuchen wir auch so viel wie möglich für sie zu tun, denn wir leben und lernen nur durch die Gemeinschaft.

→ Die Elementarwesen lernen von mir, wenn ich z.B. Yoga praktiziere oder Qi Gong. Sie beobachten genau, wie sich dabei die Energien in mir zum Besseren und in ein Gleichgewicht verändern. Wenn ich beim Meditieren Erkenntnisse habe, dann machen auch sie sich manchmal darüber Notizen. Ich wiederum habe die vielen Erkenntnisse durch ihre Anwesenheit in Liebe.

Was wir alle unser ganzes Leben lang ständig und überall lernen, das ist das

Miteinander! Nichts anderes. Wir lernen, wie es uns am besten möglich ist, uns mit unseren (individuellen) Fähigkeiten in der Gemeinschaft zu integrieren. Wir lernen das soziale Miteinander und ein gesundes Leben mit unserem Körper (hoffentlich beides). Wenn wir also Übungen praktizieren, dann geht es darum, mit allen Kräften (Gefühlen, Gedanken, Energien) im Gleichgewicht zu sein, damit wir besser mit anderen zurechtkommen können. Wenn wir meditieren, dann üben wir geistiges Miteinander und vieles mehr. Wir lernen ständig neue Wege zu finden für ein besseres, leichteres und vergnüglicheres Beisammensein in der Familie, in der Schule, im Beruf und überall - unbewusst. → Die Elementarwesen suchen bewusst danach und sind darum sehr neugierig und wissbegierig, wenn auch ich bewusst (oder unbewusst) danach suche. Wenn ich bei der Meditation neue Erkenntnisse über das Leben = das Miteinander = die Liebe = die Wege dahin finde, dann nehmen die Naturgeister das gerne auch als Lehre für sich an. Es existiert keine andere Lehre. Das ist das Leben – mit Liebe eine Gemeinschaft bilden und sie erhalten. Das Gegenteil von Liebe bewirkt auch das Gegenteil - das Leben und die Gemeinschaft zu zerstören. Die bewusste Suche nach der Basis des Lebens führt uns in die Vollkommenheit im Miteinander. Die Liebe ist Erleuchtung. Sie erhellt unser Leben.

→ Wie können wir von den Elementarwesen lernen?
Durch ein stilles Beisammensein, Fühlen und Beobachten. Wenn wir z.B. einem Heiligen begegnen, der eine uns unbekannte Sprache spricht, dann können wir trotzdem von ihm lernen - durch das stille Beisammensein. Auf diese Weise ist es auch möglich, mit den Tieren, Pflanzen, den Elementen und Elementarwesen zu kommunizieren.
→ Was können wir von den Naturgeistern lernen?
Alles. Denn sie leben sehr ausgeglichen, in einem Gleichgewicht von Freude und Ernst. Sie können die gute Mitte halten. Sie tanzen, lachen und singen gerne und so wie sie Spaß haben, genauso können sie auch sehr ernsthaft sein. Elementarwesen sind sehr weise und absolut bewusst lebende Wesen. Sie dienen dem Leben für alle auf Erden. Das setzt eine gewisse Ernsthaftigkeit und Aufrichtigkeit voraus. Ihre Lebensaufgabe ist das Dienen. Das tun sie mit ganzer Hingabe.
→ Was ist die Lebensaufgabe von uns Menschen?
Dieselbe. Das Leben zu erhalten, sich selbst und die anderen zu nähren, indem wir dem Leben dienen. Der Unterschied ist, dass die meisten Menschen dabei nur an sich selbst und an die „eigene" Familie denken. Es ist aber nicht die kleine Familie, die uns nährt. Wir werden von der Natur mit allem versorgt! So sollten wir Menschen für das Wohl der Natur sorgen. Denn einer nährt den anderen! Und wer denkt dann noch an die stillen,

„unsichtbaren" Elementarwesen, die das Leben von allen Lebewesen erhalten, die uns nähren? Der Dienst am Miteinander ist unsere Lebensaufgabe. Dienen wir der Liebe, dann dienen wir dem Leben. Das ist die Theorie. „Lass Taten sprechen!", sagen die Heiligen.

→ Wann immer die Naturgeister etwas tun, mag es auch aus der Spontanität herauskommen, es erfüllt am Ende immer einen guten Zweck, weil sie in Liebe verbunden bleiben und bewusst leben. Wir können uns überlegen, was wir tun können, aber vorher sollten wir unsere Beweggründe klären, sonst ist es kein bewusstes Leben. Tun wir es aus Liebe? Tun wir es nur für das Ich oder nur für die Menschen, oder denken wir dabei auch an die Natur?

→ Alle Handlungen der Elementarwesen erfüllen einen Sinn, weil sie das Leben und die Gemeinschaft erhalten. Alles andere ist sinnlos. Wir Menschen fragen uns nach dem Sinn des Lebens meistens erst, wenn es uns nicht gut geht. Dann hat eine Trennung stattgefunden! Wenn es uns nicht gut geht, dann haben wir nicht sinnvoll gelebt. Wir haben also der Gemeinschaft irgendwo und irgendwie geschadet. Wir haben über das Sinngemäße hinausgelebt und uns überfordert, die Mitte verloren vom Miteinander - die Liebe vergessen. Oder jemand anderes hat uns in sinnlosen Taten Schaden zugefügt. Dann brauchen wir uns keine Frage nach dem Sinn der Tat des anderen zu stellen, weil er nicht sinnvoll gehandelt hat. Er hat nicht geholfen und nicht dem Leben und Überleben gedient. Wer liebt, der dient - der hilft, wo er kann. Dazu macht es auch noch viel Freude, dem Heilsamen und dem Miteinander, dem Frieden und der Liebe zu dienen. Vermutlich haben es viele Menschen noch nicht bewusst ausprobiert, denn sonst würden wir alle mehr füreinander leben und alle anderen achten, bewusst der Liebe dienen und allen helfen, so wie es die Elementarwesen tun. Das können wir von ihnen lernen.

→ Die Elementarwesen achten in der Erziehung ihrer Kinder sehr darauf, dass sie Höflichkeit und Dankbarkeit immer beibehalten. Wenn bei mir der gute Bioapfelsaft ausgeschenkt wird oder auch mal ein Tellerchen auf dem Tisch steht mit Bioobst oder Biogemüse für die Elementarwesen, dann werden die Kinder dazu ermuntert, mutig vor mich zu treten und sich höflich zu bedanken. Das tun sie so schön bescheiden und dann huschen sie fröhlich und schnell wieder weg. Auf diese Weise lernen sie ein respektvolles Miteinander (mit uns Menschen) und Demut, die mit dem Üben in Erinnerung bleibt.

Den Umgang mit Kindern könnten die Menscheneltern von den Elementarweseneltern lernen. Wenn unsere Kinder keine Bescheidenheit, Demut und

Dankbarkeit lernen, die ihnen ihre Eltern auf ebenso bescheidene, demütige und dankbare Weise näherbringen, dann werden wir arrogant, hochmütig und undankbar. Ohne Bescheidenheit und Demut kann es sein, dass wir ungerecht werden und den Blick für die Gleichwertigkeit verlieren. Wir alle sind gleichwertig, weil wir alle voneinander abhängig sind. Wenn wir das nicht bewusst erleben, dann gerät die Welt aus dem Gleichgewicht.

→ Bei all dem Ungleichgewicht zur Zeit auf Erden, welches leider nur wir Menschen geschaffen haben, fragte ich die Erde, was wir für sie tun können, um es wieder in Ordnung zu bringen. Ihre Antwort kam sofort ohne zu zögern: „Nehmt euch nicht so wichtig!"

Als ich dies hörte, fühlte ich in mir eine zu große Wichtigkeit meiner Selbst, mit der ich unbewusst gewohnt durchs Leben ging und anderen begegnete. Ich war beschämt von dieser Wahrheit. Nun bin ich mir dessen bewusst und kann es ändern. Ich kann mich ändern für uns alle. Ihr könnt euch auch ändern, euch nicht so wichtig nehmen - für uns alle. Wir <u>müssen</u> uns auf diese Weise ändern, uns in Bescheidenheit, Demut und Dankbarkeit üben - für die Gemeinschaft. Ansonsten finden wir nicht mehr zurück in die natürliche Gleichwertigkeit und in ein Gleichgewicht auf Erden. Alle sind wichtig, jeder Einzelne. Wenn wir uns jedoch zu wichtig nehmen, verlieren wir die gute, weise Mitte. Wenn wir auf unsere Wichtigkeit verzichten und bescheiden mit uns selbst sind, dann leben wir eine göttliche Eigenschaft.

→ Elementarwesen erhalten das Gleichgewicht, indem sie alles sehr wertschätzen, was von der Natur kommt. Alles kommt von der Natur oder wurde mit ihrer Hilfe erschaffen. Wenn die kleinen und großen Geister neugierig und wissbegierig durch mein Zimmer streifen, um alles zu erkunden, dann hinterlassen sie an allem eine Energie. Es ist die Kraft der Gedanken und Gefühle, die sie haben, wenn sie etwas sehen oder berühren. Sobald auch wir Menschen mit etwas oder jemandem im Kontakt sind, haben wir Gefühle und Gedanken dazu. Was die Elementarwesen an den Dingen hinterlassen, ist viel Freude und unglaublich große Wertschätzung. Sie ehren alles, was natürlich ist und hilfreich. Sie wissen, dass alles kostbar ist, was aus der Natur kommt. So viel Ehrfurcht habe ich noch nicht in mir wecken können, obwohl ich das alles weiß und schon sehr bewusst lebe. Es liegt sicher daran, dass wir Menschen fast alle nicht so nah mit den Elementen und Pflanzen leben wie die Elementarwesen. Alles, was wir direkt mit Leib und Seele selbst erfahren, das lieben, wertschätzen, ehren und erhalten wir und das bleibt uns in Erinnerung. Darum ist es wichtig, dass wir viel in die Natur gehen und sie mit allen Sinnen bewusst genießen. Es sind unsere lebendigen Freunde und Helfer. Was ist jetzt unsere letzte Erinnerung an das Leben? Hoffentlich entscheiden wir uns alle für die Momente, in denen wir Liebe erfahren haben.

Eine der schlimmsten Krankheiten unter uns Menschen ist das Vergessen. Ich bin froh, wenn ich immer und immer wieder von den Heiligen, Elementarwesen und Engeln daran erinnert werde, dass ich nicht alleine bin, dass es Liebe gibt und ich nicht aufhören soll zu beten, um Frieden und Liebe in mir und für uns alle zu erbitten, für ein Leben im Miteinander. Und täglich erinnern sie mich an so viel Gutes mehr im Leben und wofür es sich lohnt zu streben, zu leben.

Wenn wir viel wollen, dann übersehen und vergessen wir diejenigen, die unauffällig, still, zurückhaltend und bescheiden sind. So übersehen wir auch die Elementarwesen und gehen ungeachtet an den Bäumen und anderen Pflanzen vorbei. Kennt ihr das, übersehen oder vergessen zu werden? Das fühlt sich nicht gut an! Wenn wir das nicht wollen, dann sollten wir darauf achten, dass die anderen auch nicht auf diese Weise unter uns leiden müssen.

→ Wenn wir die Bäume vergessen, dann interessiert es uns nicht, wenn plötzlich schon wieder ein ganzer Wald verschwindet – gefällt von uns Menschen. Für uns Menschen? Die Bäume erfüllen eine sehr wichtige Aufgabe im Kreislauf des Lebens. Sie zu vergessen bedeutet, dass wir vergessen haben, was gut und wichtig für uns Menschen ist!

Warum vergessen wir so schnell das Gute? Wenn etwas Schlimmes geschehen ist, dann bleibt die Erinnerung in einem kleben wie ein altes Kaugummi. Wir kauen es ständig in unserem Gedankenmund, dem Verstand, durch und durch bis es hart ist, weil es so alt ist und schon lange nicht mehr schmeckt – anstatt es auszuspucken und sich wieder an das Gute zu erinnern. Wenn wir mit solch einer Ausdauer an die Liebe denken, für den Frieden beten und zusammenhalten würden, dann wären wir alle sehr glücklich, und niemand und kein Baum müsste leiden. Wir vergessen das, wovon wir getrennt wurden. Darum ist das Streben nach Liebe so wichtig! Sie verbindet uns wieder.

Hier ein Beispiel, wie positiv sich Zusammenhalt auswirkt:
Vor ein paar Jahren starben viele Pflanzen verschiedener Art auf Juist immer dann, wenn es stärker geregnet hatte. Ich beobachtete das sehr genau, da ich zu der Zeit draußen gearbeitet habe. Es musste also etwas in der Luft sein, was sich mit dem Regen hinauswusch auf die Pflanzen. In einem Jahr war es besonders schlimm. Es waren nicht nur Teile der Pflanzen betroffen, sondern das ganze Wesen starb. Ich konnte und mochte das nicht mehr mit ansehen, wie meine Freunde sehr leiden mussten, die mich jeden Tag grüßten, mir gute Kraft gaben und mir Lebensfreude schenkten. Die

Elementarwesen fragten mich erschrocken und immer wieder: „Was ist das?!" Mit einem Teststreifen maß ich den Säurewert des Regenwassers. Das Wasser war eindeutig zu sauer. Ich recherchierte nach Bildern von Bäumen, die von saurem Regen betroffen waren und die es schon zu viel in Deutschland gab. Tatsächlich sahen sie genauso aus wie bei uns Zuhause und ich konnte nichts tun. Unter all dem litt ich sehr und mochte gar nicht mehr hinausgehen. Ich fragte die Pflanzen und Elementarwesen, wie sie das aushalten? Sie antworteten: „Wir halten zusammen." Als sie dies sagten, ging es mir augenblicklich wieder gut. Und mehr als das, ich war voller Lebenskraft und Mut! Die Elementarwesen halten in Liebe zusammen. Das gibt Kraft. Wenn ich nun draußen war und meine Freunde leiden sah, lächelte ich ihnen, so gut ich konnte mutmachend zu und sendete Liebe, so viel es in mir gab. Sie waren sehr dankbar dafür. Mehr konnte ich leider nicht tun, aber es half uns allen ein wenig. Etwas tun können wir also immer!

Das Pflanzensterben sah ich drei Jahre und dann war es zum Glück vorbei. Viele Pflanzen konnten sich wieder erholen und neu austreiben. Für andere wiederum war es zu spät. Sie waren gestorben. Wir hoffen, dass die Luft nun sauber bleibt. Wir hoffen, dass alle Menschen darauf achten, dass die Luft sauber gehalten wird. Danke!

→ Wenn ihr euch Gedanken darüber macht, was auch ihr tun könnt, dann ist das schon der erste Schritt für den Zusammenhalt. Sich Gedanken zu machen bedeutet, einsichtig zu sein, Fragen zu stellen und Lösungen zu suchen. Allein das hilft schon dabei, sich besser fühlen zu können, weil wir uns dadurch mit allen anderen verbinden. Verbundenheit ist das Leben. Das können wir spüren, wenn wir den Kontakt aufnehmen. Die ersten Schritte und Möglichkeiten sind der gedankliche und emotionale Kontakt. Wenn wir mit Bescheidenheit und Demut gute Gedanken und Gefühle geben, nur dann sind sie auch hilfreich! „Lass Taten folgen", so die Worte der Heiligen.

Die Luft wird vor allem durch unsere Autoabgase, große Flugzeuge, Schiffsreisen und durch die Industrie verunreinigt. Wir können bewusst auf vieles davon verzichten, es gegen Umweltfreundlicheres eintauschen und auch Energie sparen! Die Holländer haben ein neues Kohlekraftwerk gebaut, direkt an der Küste an der Grenze zu Deutschland. Man kann es von Juist aus sehr gut sehen, wie es die schlechte Luft und den vielen Feinstaub reichlich und ununterbrochen in die saubere Nordseeluft pustet. Auch in Deutschland haben wir noch sehr viele Kohlekraftwerke. Es lohnt sich also in jeder Hinsicht Energie zu sparen, bitte! Z.B., indem wir weniger elektrische Geräte benutzen und stattdessen selbst aktiv sind. Danke!

Gedanken - PAUSE

→ Die Elementarwesen leben auch bei der Nahrungsaufnahme in einem vollkommen Gleichgewicht mit der Erde. Sie zeigten mir, dass sie die Energie, die von der Erde aufsteigt, in sich aufnehmen. Die Energie der Elemente nährt sie. Die Elementarwesen wiederum halten die Energien der Elemente in Bewegung, als auch die Energien der Elemente in den Pflanzen. Dadurch erhalten sie das Leben des Baumes und die Kräfte der Elemente. So nährt ein Wesen das andere. Unsere Vorfahren, die Urvölker, haben bei der Nahrungssuche und allem anderen auf ein Gleichgewicht beim Geben und Nehmen mit der Natur geachtet. Heute nehmen wir, was von der Erde kommt, aber wir geben nicht genug wieder an sie zurück – mit entsprechenden Auswirkungen. Leider hinterlassen wir stattdessen eine Menge Chemikalien und Plastik-Müll in der Natur. Wenn wir durch einen Wald spazieren, können wir leider sofort erkennen, wo Menschen waren. Es liegt dort Müll. Ich freue mich immer sehr, wenn ich ab und zu Menschen sehe, die auch den Müll am Strand aufsammeln. Sie kümmern sich darum, das Gleichgewicht wiederherzustellen.

Hier auf Juist stehen Sammelcontainer an fast jedem Strandaufgang, sodass wir dort den Müll entsorgen können. Die einen sponsern die Container, andere bringen sie an den Strand und holen sie dort wieder ab, und alle übrigen befüllen die Container. So kann Miteinander aussehen und nur auf diese Weise werden wir das Gleichgewicht wieder herstellen können. Einen anderen Weg für ein Leben im Gleichgewicht gibt es nicht!

Ungleichgewicht, ein Zeichen von Egoismus und Alleingang, sieht auf Juist so aus:

Ich bin auf dieser wunderschönen Insel aufgewachsen und ich war schon als Kind viel am Strand. Damals lag dort immer nur dann Müll, wenn es kurz zuvor eine starke Sturmflut gab. Das war vielleicht 2-3 mal im Jahr der Fall. Nun bin ich 47 Jahre alt und bevor die Container aufgestellt wurden, sah der Strand fast das ganze Jahr über Angst einflößend zugemüllt aus. Wenigstens jeden Meter lag ein kleines oder großes Plastikstück, Folie, auch Dosen, Fischernetze und vieles andere. Kleine Teile von Fischernetzen sind für die Tiere am schlimmsten. Die Vögel nehmen sie für den Nestbau und die Jungvögel verheddern und strangulieren sich darin. Heute haben wir viel häufiger und stärkere Stürme als zuvor und das Meer spuckt uns so oder so mit jeder Flut (zwei Mal am Tag) den Müll vor die Füße. Nun gibt es, der Liebe sei Dank!, immer mehr Menschen, insbesondere die Urlaubsgäste, die fleißig mithelfen beim Aufsammeln. So können wir alle den Strand viel mehr genießen und uns daran erfreuen. Dennoch musste ich etwas Neues und noch Schlimmeres entdecken, was ich vorher nie sah. Immer wenn ich am Strand bin, werden beim Müllsammeln schnell ein bis zwei kleine Tüten voll. Es gibt keinen Strandspaziergang mehr, mit weniger

oder gar keinem Müll. Das ist nun so. Das noch Schlimmere ist, dass zusätzlich immer mehr kleine Plastikteile dort angespült werden. Winzig kleine, bunte Plastikstückchen liegen am Spülsaum, die man mit bloßem Auge kaum erkennen kann. Mikroplastik. Hilfe! Hilfe, bitte!!!
Kunststoff braucht bis zu 450 Jahre bis es verrottet ist – bis die Erde es verdaut hat. Wie schnell doch die Erde biologische, natürliche Abfälle verdauen kann!
Neulich wurde von einer Insel berichtet, die unter Naturschutz steht und sehr weit draußen im Meer liegt. Sehr weit entfernt von uns Menschen. Am Strand lagen weit mehr als 30 Millionen Teile Plastikmüll. Wieviele Hände brauchen wir, um dort aufzuräumen? Wird unsere kleine Insel Juist auch bald so aussehen? Jedes Jahr gelangen viele Millionen Tonnen neuer Müll u.a. über die Flüsse in die Meere. Wieviel davon, was in den Meeren schwimmt oder am Meeresboden liegt, sehen wir nicht, denn dort unten liegt das Meiste!
Mehr als neunzig Prozent aller Seevögel haben bereits Plastik im Magen. Sie sterben daran, weil sie es nicht verdauen können. Sie sterben mit vollem Magen. Das bedeutet, in der Zukunft wird es keine Seevögel mehr geben und auch keine Wale, die bereits jetzt abgemagert und voll mit Plastikmüll sterben müssen. Das können wir als Tatsache ansehen. Im Jahr 2016 waren im Frühjahr, Sommer und Herbst kaum Möwen am Strand. Ich dachte erst, ich würde es mir einreden. Als ich aber von mehreren Stammgästen darauf angesprochen wurde, fragte ich den Vogelwart. Er bestätigte dies und auch, dass die verendeten Vögel untersucht werden. Fast alle ihre Mägen sind voll mit Plastik. Diese negative Entwicklung geht mir zu schnell. Darum schreibe ich zügig dieses Buch und bitte von etwaigen Schreib- und anderen Fehlern abzusehen, denn das ist nicht wichtig. → Viel wichtiger ist es, dass wir die Welt – die Natur – unser Leben retten, was davon noch zu retten ist.
→ Bitte helft mit, auf Verpackungsmüll (bei der Nahrungsaufnahme und allem anderen) so gut es geht zu verzichten und auch den Mut zu haben, Müll aufzusammeln.
Helft bitte mit, in einem Gleichgewicht mit der Natur zu leben. Üben wir ein gleichwertiges Geben und Nehmen mit der Natur. Üben wir das Miteinander. Da ist viel möglich.
Am meisten berührt uns das, was wir aus nächster Nähe erleben, so wie ich am Strand. Ihr habt vielleicht nicht das Meer vor der Tür - was fällt euch auf, da wo ihr lebt?

→ Es ist allerhöchste Zeit, dass wir Menschen in unserem Tun und Denken aufwachen. Wir müssen alle unser Leben ändern. Wir müssen alle lernen

(wieder) zu verzichten. Wir müssen alle mit anfassen. Wir müssen alle helfen, die Natur wieder zu säubern und in ein Gleichgewicht zu bringen. Wer sonst soll es tun? Also <u>müssen</u> <u>wir</u> es <u>tun</u>. Es wird uns niemand abnehmen. Manche Menschen in Indien oder anderen Ländern leben an Müllhalden in einer vergifteten Welt - und die Natur, die anderen Lebewesen, müssen noch viel mehr ertragen als wir Menschen. So sollte niemand leben müssen! Wir können es gemeinsam tun und schaffen, wenn alle dazu bereit sind, ihren Teil dazu beizutragen. Zu verzichten ist nicht leicht. Gemeinsam ist es leichter.
Ich sitze sehr ungerne am Computer, aber das muss ich gerade sehr viel für dieses Buch. Es tut mir nicht gut, aber ich tue es trotzdem, weil es wichtig ist und in der Hoffnung, dass es einen kleinen Teil dazu beitragen kann, damit wir alle in eine gesunde und heile Zukunft blicken können. Bitte überwindet euch auch und helft der Natur, die uns hilft. Ich glaube, in der heutigen Zeit ist dies eine unserer wichtigsten Aufgaben.

Die Elementarwesen mögen auch gerne die Dinge und Nahrungsmittel haben, die wir haben. Aber es ist nicht alles gut für sie und die Umwelt oder andere Lebewesen, genauso wenig wie für uns Menschen. Darum verzichten sie darauf. Zu verzichten ist aber auch für ein Elementarwesen nicht so leicht. Bei mir Zuhause gab es eine sehr schwierige Situation, schwierig für ein Elementarwesen, das nicht auf die Intuition hörte oder auf die Vernunft:
Mir hatte ein Gast als Dankeschön eine Schachtel Pralinen geschenkt. Das ist wohl bei vielen Menschen so üblich. Mir wäre ein Bioapfel lieber gewesen. Ich war sehr enttäuscht, denn Pralinen dieser Art sind alles andere als gesund und heilsam. Zu süß, zu künstlich, nicht biologisch angebaute Pflanzenstoffe, also Chemie darin und die Milch für die Schokolade ist vermutlich von Kühen genommen worden, die nicht artgerecht leben durften, sich also nicht gesund und wohl gefühlt haben. Die Kakaobohnen sind vermutlich von Kindersklaven geerntet worden. Der Name der Firma, die diese Pralinen hergestellt hatte, war mir sehr negativ bekannt. Dazu noch eine Unmenge an Kunststoffverpackung. Verpackung für etwas, auf das wir verzichten sollten, weil sie nicht Lebensnotwendiges, sondern Schädliches schützt. Ob da wohl auch Geschmacksverstärker mit drin sind? Wenn ja, dann haben unsere feinen Sinne fast keine Chance mehr zu widerstehen.
Noch nicht wissend, was ich nun damit tun sollte, hatte ich die Schachtel erst einmal in eine Ecke auf den Boden gelegt. An diesem Tag hatte ich freundlicherweise wieder viel Besuch von den Naturgeistern. Immer neugierig, was es so Neues gibt aus dem Reich der Menschen, entdeckte ein kleiner Zwergenmann die Schachtel mit den Pralinen. Zuvor hatte schon ein

anderes kleines Wesen die schöööne Verpackung bestaunt. Dieser Zwergenmann nun bekam plötzlich sooo einen Appetit auf diese Süßigkeit, dass er sich ohne zu fragen schnell eine herausnahm und davonsauste. Da staunte ich nicht schlecht. Sich etwas nehmen ohne zu fragen. Sie sind sonst immer sehr höflich bittend, wenn sie etwas probieren möchten. Ich dachte daran, wieviel schlechte Energie in den Pralinen steckt, an die krankmachenden Inhaltsstoffe, unter welchen Bedingungen die Pflanzen angebaut wurden und wer daran beteiligt war - leidende, arme Kinder und kranke, leidende Kühe. Also nichts, was einem Elementarwesen gut tut. Einem Menschen auch nicht! Esst ihr Pralinen? Der zu schnelle Zwergenmann, der so gar nicht auf die Intuition oder die Vernunft gehört hatte, wie so viele Menschen auch nicht, hörte meine furchterregenden Gedanken. Er erschien wieder im Raum in einer gar nicht guten Energie. Er ist ein Naturfreund und schadet niemals einer Pflanze, keinem Tiere und auch keinem Menschen und schon gar nicht Kindern. Der Zwerg hat es nicht getan, aber die, die solche Pralinen hergestellt haben. Nun hatte er diese schlechte Energie zu sich genommen. Es tat ihm sehr, sehr leid, das war ihm deutlich anzusehen. Auch seine voreilige Handlung, der kleine Diebstahl, war ihm recht unangenehm. So zu reagieren ist nicht typisch für ein Elementarwesen. Aber was soll man es ihm übelnehmen. Er hatte sich genauso verhalten wie fast alle Menschen. Wir lassen uns von den Äußerlichkeiten verführen und von dem, was unsere Sinne täuscht, anstatt auf den vernünftigen Verstand und vor allem auf die Intuition zu hören. Hören wir ausreichend auf die Liebe? Die Liebe sagt uns die Wahrheit und gibt uns die Kraft, auf etwas verzichten zu können. Wenn wir das „lieben", was uns und anderen schadet, dann haben wir keine ausreichende Kraft, um es loslassen zu können. Das ist verdrehte „Liebe". Ein Heiliger sagt dazu: „Ist das Liebe?" Nein. Darum setze ich es in Anführungszeichen, weil wir diese Gefühle verwechseln mit Liebe. Es ist die Sehnsucht nach Liebe, die unerfüllt geblieben ist. Wer weiß, was Liebe ist?
Nach meinen Erfahrungen würde ich sagen, dass es Gedanken, Gefühle und Taten sind, die niemandem schaden, die hilfreich und heilsam sind.
Ich habe mich schon viel mit Ernährung beschäftigt und damit, wie wir Menschen leider zu oft mit der Natur und uns selbst umgehen. Daher wusste ich um die schlechte Energie der Pralinen, als ich die Herstellerfirma gesehen hatte. Wenn ich unwissend gewesen wäre wie der Zwerg und viele Menschen, wenn ich zuvor nicht meine Augen und Ohren geöffnet hätte für die Wahrheit und wenn ich meinen Verstand nicht genutzt hätte, wer weiß, ob ich bei diesem scheinbar leckeren Anblick noch auf meine Intuition gehört hätte?
Warum lassen wir uns so täuschen? Weil der Hunger und die Sehnsucht

nach Liebe in uns so groß ist oder es uns zu gut geht. Wir sind nicht mehr achtsam mit uns. Wir haben genug Geld, um alles mal ausprobieren zu können. Wir sind „zu" gesund, als dass wir auf unsere Gesundheit achten müssten. Ein Diabetiker hätte die Pralinen ganz sicher nicht gegessen. „Müssen" wir erst krank werden, damit wir wieder in Achtsamkeit mit uns leben mögen? „Müssen" wir erst krank werden, damit die Wertschätzung uns selbst gegenüber größer wird, als zu dem Ungesunden, das uns schadet? „Müssen" wir erst Leid erfahren, damit wir nach der Liebe suchen? Wenn wir auf die Liebe hören, achtsam und respektvoll leben, dann gibt es kein müssen – weil alles gut ist.

Seid ihr gesund? Habt ihr Geld übrig? Habt ihr Langeweile? Oder seid ihr frustriert? So mögt ihr vielleicht auch gerne Schokolade oder ähnliches? Also wenn schon Schokolade oder anderes, dann esst bitte nur Bio - Nahrungsmittel ohne Natur- und Tierquälerei und vor allem auch ohne Kindersklaverei und ohne die Regenwälder abzuholzen. Die können nämlich nichts dafür und hätten auch gerne ein besseres Leben. Bleibt gesund, es gibt nichts Kostbareres! Sparen wir unser Geld für etwas wirklich Sinnvolles, für das, was das gesamte Leben erhält. Wenn wir Langeweile haben, dann können und sollten wir anderen im Leben helfen, es so leicht zu haben wie wir. Frustration soll uns sagen, dass wir etwas ändern sollten für uns selbst und alle anderen. Teilen wir, was wir haben, das macht glücklich.

Seit ich immer mehr begreife, wie wichtig die Liebe ist, meditiere ich mehr über diese sanfte Kraft. Dabei denke ich an Liebe, ohne ihr eine Richtung zu geben. Ich bin offen für eine neue Erfahrung, übe das Empfangen und überlasse mich der Liebe. Dabei beobachte ich, was in mir vor sich geht, jede körperliche, emotionale und geistige Reaktion mit der ständigen Erinnerung an die Liebe, die am wichtigsten ist, und lasse mich von ihr wandeln.

Noch einmal zurück zum Zwerg. Auch Elementarwesen haben noch etwas zu lernen, wenn sie mit etwas Unbekanntem konfrontiert werden. Alles, was wir erschaffen mit unseren Handlungen, hat gewollt oder ungewollt Auswirkungen auf alle andere. Darum ist es wichtig, dass wir eine ganzheitliche Verantwortung für das Leben und unser Handeln übernehmen und nicht nur in einem Teil davon. Es tat auch mir sehr leid, dass ich so unachtsam dieses sinnlose Nicht-Nahrungsmittel dort hingelegt hatte. Ich tröstete ihn, sendete ihm von Herzen viel Liebe und Segen, in der Hoffnung, dass es ihm schnell wieder besser gehen würde. Verzicht zu üben ist eben gar nicht so leicht, aber wir beide haben nun einiges dazugelernt. Wenn etwas unbewusst geschieht, dann können wir zumindest etwas oder auch ganz viel daraus lernen und es beim nächsten Mal besser machen. Denn jetzt sind wir wissend und uns dessen bewusst. Wir können bewusster leben, so

leben, dass es für uns alle zum Besten ist. Der Möglichkeit zum Verzicht und der Liebe sei Dank!
Verzicht auf das Viele und auf das Ungesunde ist ein Ausdruck der Liebe zum Körper und dem Leben. Es ist besser, wenn wir lernen (wieder) zu verzichten, bevor wir Not leiden müssen durch unser ruinöses und liebloses Verhalten. Wir ruinieren damit unseren „eigenen" Körper, der dadurch krank wird. Dann müssen wir zwangsläufig Verzicht üben. Wenn wir nicht bewusst verzichten, dann bringen wir das gesamte Leben auf Erden aus dem Gleichgewicht und dann müssen wir auf leidvolle Weise verzichten. So leiden schon sehr viele Menschen in verschiedenen Ländern der Erde. → Auch die Natur und ihre Elementarwesen haben darunter sehr zu leiden, wenn wir Menschen nicht Maß halten. Wenn wir nicht auf das Viele und Ungesunde verzichten wollen, dann geschieht Zerstörung - der Meere, der Meerestiere und der geistigen Kräfte in den Meeren, das sind die wunderbaren Nixen. Es zerstört die Liebe in uns und in allen anderen. Nach Liebe können wir im Übermaß streben! Auf sie müssen wir nicht verzichten!

→ Vor Kurzem hörte ich ein geistiges Wesen sehr traurig zu mir sagen: „Wir sterben." Das war eine Nixe. Sie fragte mich dazu: „Wirst du dich an uns erinnern?" Ich war entsetzt und wusste nicht, was ich antworten sollte. Stattdessen fragte ich sie, mit dem Gedanken an die Zukunft, in der wir hoffentlich alles wieder in Ordnung gebracht haben: „Kommt ihr wieder?" Die Nixe war still und antwortete: „Ich werde die anderen fragen." Nach einer Weile sagte sie tieftraurig: „Wir brauchen eure Liebe."
Hoffen wir, dass die Nixen bleiben können. Hoffen wir, dass wir Menschen uns wieder mehr für die Liebe interessieren und freiwillig und von Herzen verzichten mögen – gemeinsam.

→ Eine besonders schöne und wichtige Erfahrung mit den Elementarwesen zeigte mir, was die Liebe Wunderbares bewirken kann. Für euch, für die Nixen, für das Meer, für die gesamte Natur und ihre Elementarwesen und unsere gemeinsame Zukunft:
Ich fuhr mit dem Fahrrad über die Billstraße an Dünen vorbei. Schöne Dünen haben wir hier eine Menge. In diesen Dünen aber wohnt eine Heilige der Elementarwesen. Die Bestätigung dafür, dass sie heilig ist, bekomme ich jedes Mal, wenn ich dort vorbeifahre, denn dann geht es mir deutlich besser als vorher. Manchmal erwacht dort in mir ein Gefühl von Seligkeit - auf Erden. Auch diesmal war ich so glücklich, dass mich ein Gefühl überkam, es mit allen anderen, besonders mit der Erdenseele, teilen zu wollen. Ich summte im Stillen eine einfache Melodie in die Erde hinein

und gab mein glückliches Gefühl hinzu. Auf einmal sah ich im Watt, von der Tiefe aus der Erde kommend, einen riesigen, männlichen Geist emporsteigen. Er war unglaublich groß und schaute sich ganz erstaunt um. Im ersten Moment schien es mir, als hätte er lange geschlafen. Als er sah, wo er war, freute er sich sehr. Ein riesiger, glücklicher Geist.

Ich summte und teilte mein Glück weiter mit Mutter Erde, als plötzlich in den Dünen in der Ferne eine riesige Geistfrau aus der Erde emporstieg. Sie war ebenso erfreut, wieder in der Welt zu sein, wie der andere große Geist. Nun waren schon innerhalb kurzer Zeit zwei riesige, glückliche Geister mehr in der Welt. Ein schöner und wohltuender Anblick. Die Heilige sagte zu mir: „Deine Liebe weckt die Geister." Ich hatte das Gefühl der Seligkeit und mein Glück mit allen anderen geteilt, so wie es die Heilige mit mir geteilt hatte. Das ist Liebe und hat die Liebe zum Leben in den anderen geweckt. Danke an die Kraft des Lebens!

Meine Vermutung ist, dass die beiden sich zurückgezogen hatten, in Zeiten, die nicht gut für sie waren, vielleicht zur Zeit des Krieges. Warum sollte sich jemand zurückziehen, wenn es ihm gut geht? Nun sind sie wieder da und weil ich keine Ahnung hatte, wie lange sie schon „geschlafen" hatten, gab ich ihnen vorsichtig zu verstehen, dass sich die Zeiten geändert haben. Der Geist aus dem Watt erkannte schnell die Entwicklung und schon veränderte sich seine Freude in Nachdenklichkeit und Missmut. Damit dieser liebe und kostbare Geist sich nicht wieder in der Erde versteckte, ermunterte ich ihn, zu bleiben. Er wird schließlich gebraucht mit seinen guten Kräften. Ein großer, guter Geist mehr in dieser Welt.

Er ist geblieben und die schöne, große Geistfrau auch. Sie beide haben sich mir noch einmal gezeigt, während ich dies schrieb, nachdem ich sie seit damals nicht mehr gesehen hatte. Es war schön, sie wiederzusehen. Im Moment des Beisammenseins fühlte ich mich sehr gut aufgehoben. Die Liebe weckt die guten Geister und die Liebe in uns Menschen.

→ Die Liebe von uns allen weckt die Geister. Welch eine Zukunft, wenn die Liebe in uns Menschen erwacht! Sie kann in uns durch die Elementarwesen, die Engel und die Heiligen erwachen. So nährt einer den anderen (mit Liebe) geistig, seelisch und damit moralisch. Unsere Liebe nährt und erhält das Leben. Wir werden genährt durch sie. Ohne sie sterben wir. Liebe bedeutet Leben – für alle.

→ Elementarwesen, die guten Geister dieser Erde, sind die wichtigsten Wesen in der Welt. Mit Kriegen, Ausbeutung der Natur und Umweltverschmutzung vertreiben und zerstören wir sie. Wir haben schon viel Natur und gutes Geistiges zerstört, mit dem was wir an materiellen Dingen haben und hatten. Es wäre auch alles gut, so wie es ist, wenn wir für den entsprechenden Ausgleich gesorgt hätten. Haben wir leider nicht. Können wir aber noch tun. Jetzt!

→ Ein Elementarwesen sagt mir häufig: „Warte nicht zu lang!" Das sagt sie manchmal so oft, dass es mich anfängt zu nerven und zu ärgern, weil ich zu sehr festhalte an den alten Gewohnheiten und noch immer nicht bereit bin, meinen Egoismus, das alte Wissen und Bewusstsein, sowie gewohnte Denkweisen loszulassen und mich stattdessen noch mehr der Liebe zu öffnen – denn was ist die Welt ohne Liebe!

„Warte nicht zu lang!"

Wie schnell doch die Zeit vergeht... und schon wieder ist ein Tag vorbei und der nächste, der Monat, das Jahr, das Leben. Was tun wir in dieser Zeit? Sind wir uns bewusst, was das Wichtigste im Leben ist?

→ Mit unserer Liebe erhalten wir die guten Geister der Erde und wir erhalten damit auch uns selbst als gute geistige Wesen. Wir können uns gesund oder krank machen. Erhalten wir die Liebe, wächst die geistige, seelische und körperliche Lebenskraft in uns und allen anderen. In allen anderen, weil wir alles teilen, wenn wir lieben.

→ Wer erweckt uns in Liebe?

Das könnten wir Menschen untereinander tun. Wir brauchen dazu aber auch die Elementarwesen, Engel und die Heiligen. Wenn wir dabei nur an die Menschheit denken, obwohl die anderen Lebewesen uns erschaffen haben, dann ist es keine vollständige Liebe. Haben wir Menschen die Liebe erfunden? Sie können die Liebe in uns wecken, wenn uns der Frieden wichtiger ist als alles andere. Nur dann können wir ihre Liebe auch annehmen.

Und wie machen die das?

Ein schönes Erlebnis hatte ich in der Küche, als ich mir eine Mahlzeit bereitete. Ich war etwas gestresst dabei und zu sehr mit dem Verstand beschäftigt, mit den eigenen Gedanken. Ich drehte mich um und wollte einen Teller auf den Tisch stellen. Aber da, wo der Teller stehen sollte, da standen viele, kleine Elementarwesenkinder und davor ein kleiner, erwachsener Zwerg als Chorleiter, die Arme in der Luft herumschwingend. Vor mir stand ein Kinderchor mit zauberhaften Stimmchen, die mich verzauberten, weil sie von der Liebe sangen und der Demut.

Es ist tief berührend, wenn die Elementarwesen für die Gemeinschaft und von der Liebe singen. Da hebt sich ein feines Stimmchen in die Höhe und unser Herz ist wieder heil, der Kopf leer und ruhig. Wir sind wieder im Hier und Jetzt angekommen und alles ist gut. Elementarwesenkinder singen wie Blumen.

Von Herzen den schönsten Dank an die kleinen Kinder der Elementarwesen, dass sie den Mut aufgebracht haben, um vor mir (einem gestressten Menschen) singen zu können. Das braucht Mut. Größten Dank natürlich auch an den tüchtigen Chorleiter!
→ Wenn Menschen in Liebe singen, dann berühren sie die Herzen der anderen Menschen und Wesen. Wenn Elementarwesen und Engel singen, dann berühren sie uns auf der tiefsten Seelenebene unseres Daseins. Wenn Wesen mit hohem Bewusstsein singen, dann kann das in unserem Körper zu einer sehr heilsamen Wirkung führen, weil die Liebe die Wunden schließt, die durch Trennung entstehen.
Ein anderes heilsames Geschehen durfte ich in einer Nacht erleben. Ich erwachte mit Schmerzen im Bauch. Da ich schon einmal operiert werden musste, machten mir die Schmerzen zusätzlich Angst. Dann hörte ich diese unbeschreiblich schönen Stimmen aus der geistigen Welt. Ein Chor aus Frauen tönte ein langes AAAAAAA in einer bestimmten Tonlage direkt in meinen Bauch, dort wo ich die Schmerzen verspürte. Dann hörten sie abrupt auf zu singen und genauso plötzlich waren auch meine Schmerzen verschwunden. Diese Frauen kamen nicht von der Erde. Ihre Stimmen kamen von weiter Ferne aus dem Universum, von einem anderen Planeten. Das ist vielleicht nicht so leicht zu begreifen, aber was spielt das auch für eine Rolle. Mir ging es wieder gut. Ich hatte keine Schmerzen mehr und musste auch nicht operiert werden. Solch ein Heiltönen mit Vokalen können wir Menschen auch singen. Wenn wir uns dann zusätzlich mit der geistigen Welt verbinden, dann kann viel Gutes geschehen.
Das probierte ich einige Male aus, sang in meinen schmerzenden Körper und fand Linderung. Wenn die Elementarwesen leiden, wenn ihren Pflanzenfreunden Schaden zugefügt wurde, dann singe ich für sie alle das AAA und auch sie finden darin geistiges Seelenheil.
→ Unser Körper, wie auch alles in der Welt, besteht aus Energien, die lichtvoll und hörbar sind. Wir leben in einer Welt aus Energie, Licht und Klängen. Das ist der Ursprung allen Lebens, von allem was existiert. Wir bewegen uns durch die Kraft (Energie) der Liebe. Das ist sehr feinstofflich. Wenn wir krank sind, dann empfinden wir weniger Liebe zum Leben. Darum haben wir dann weniger Kraft. Darum brauchen wir auf dieser feinstofflichen Ebene in uns Heilung. Dafür ist das Heiltönen eine sehr hilfreiche Möglichkeit auf diesem Weg.
→ Auch Engel höre ich manchmal singen. Worte sind hier ohne Wirkung. Man muss sie hören, um verstehen zu können, welche Schönheit von ihnen ausgeht und im Gesang von göttlichen Wesen zu spüren ist. Mögen sie für uns alle singen, damit wir uns an das Göttliche, an die Liebe, erinnern können. Damit wir uns erinnern, dass es mehr gibt in der Welt auf dieser Erde,

als das Leben, Leiden, Sterben und das kurzweilige Glück dazwischen, welches wir Menschen bisher bevorzugt haben. Sodass wir begreifen, wie wichtig es ist, die Natur – das Leben von jedem zu erhalten. Das ist das Bewusstsein von Liebe.

<u>Gedanken</u> - PAUSE

→ Wenn ein Wesen Flügel hat, wie z.B. ein Engel oder eine Fee, dann denken wir, dass sie fliegen können. Alle Elementarwesen können auch ohne Flügel durch die geistige Luft fliegen. So ein Gedanke, so eine Vorstellung sind wir nicht gewohnt. Ich wohne im dritten Stockwerk, aber die kleinen Zwerge und größeren Gnome kommen durchs Fenster herein. Nur wenn ich mich die Treppen hinaufquäle, dann „gehen" sie höflich mit mir kreuz und quer durchs Haus und durch die geöffnete Tür. Wir Menschen kennen die Luft als Element, durch das wir uns hindurchbewegen und fliegen können. Das haben wir uns von den Vögeln abgeschaut. Durch was fliegen die Elementarwesen und die Heiligen, wenn sie von Indien ohne Flugzeug bei uns erscheinen können? Vielleicht ist es die Luft oder die Energie der Luft oder eine noch grundlegendere Daseinsebene des Lebens, das Geistige in allem, durch das sie sich bewegen können. Mir sagte dazu ein Heiliger: (durch das) „Bewusstsein." Das kann ich leider nicht nachvollziehen. Für mich ist das noch Theorie, aber vielleicht kann ich euch dazu ermuntern, es selbst herauszufinden. Es lohnt sich, danach zu suchen, zu fragen und um Erfahrungen zu bitten, denn das macht das Leben leichter.
Wir Menschen machen uns das Leben schwer, wenn wir nicht nach einfachen Lösungen für Probleme und Krankheiten suchen und stattdessen es nur noch komplizierter gestalten. Am Anfang des Daseins ist das Leben einfach – wie ein Kind. → Die Heiligen haben ein sehr, sehr leichtes Leben. Sie haben die Einfachheit, die Bescheidenheit (wieder-) entdeckt! Sie haben damit alles gefunden, was das Leiden auflöst und so gibt es auch keine Probleme mehr in ihrem Leben. Nun müssen sie aber mitansehen, wie schwer wir anderen Menschen es haben, weil wir uns nicht für sie öffnen und uns nicht für ihr Wissen interessieren. Die meisten interessieren sich mehr für Handys und Computer. Viele Menschen wissen gar nicht, dass solche anderen Möglichkeiten des Lebens existieren, die für jeden erreichbar sind und durch die wir es alle leichter haben können.
→ Da Elementarwesen sehr bescheidene Wesen sind, haben sie ein leichtes Leben so wie die Heiligen. Wenn wir der Natur zuhören und gute Absichten haben, dann können sie uns all dies lehren – die Lösung für alle

Probleme. Die gute Absicht ist das Miteinander mit ihnen, ein friedliches Leben mit der Natur.

→ Geistige Fähigkeiten haben alle Lebewesen. Elementarwesen können sich in ihrer Gestalt bewusst größer machen oder kleiner. Das können alle Naturgeister, aber es hängt von der Entwicklung des Bewusstsein ab, so wie es auch bei uns Menschen von dieser Entwicklung abhängt. Mir ist ein Elementarwesen erschienen, das sehr groß war und auf einmal war es klein. Auch Neptun kann sich deutlich vergrößern. Sie sind eben Geister. Wir Menschen können uns auch größer oder kleiner in Erscheinung bringen, als wir es sind. Manche Menschen wirken klein, aber haben eine normale Körpergröße, als auch umgekehrt. Das ist unsere innere, geistige Haltung zu uns selbst und dem Leben und zeigt uns deutlich, dass wir auch geistige Kräfte haben und geistige Wesen sind. Wenn wir größer erscheinen, dann drücken wir darin meistens unsere Macht aus, die wir haben wollen. Wenn wir kleiner erscheinen, als wir es sind, versuchen wir uns meistens aus der Verantwortung zu ziehen. Größer oder kleiner als die wahre Gestalt, wenn es nicht aus Liebe geschieht, dann ist beides ein Ausdruck unserer Angst – dann tun wir es unbewusst. Wenn wir lieben, dann sind wir in unserer Mitte und zeigen unsere wahre Größe – das ist Bewusst-sein.

→ Von unserer geistigen Entwicklung hängt es auch ab, wie wir die Naturgeister sehen. Die geistige Entwicklung spiegelt sich in den (menschlichen) Energien. Eine Nixe sagte bei einem Zusammentreffen einen sehr interessanten Kommentar dazu. An einem Abend mit einem sehr schönen Sonnenuntergang, den wir auf Juist täglich in vollkommener Schönheit sehen können, so wie die Sonnenaufgänge auch, besuchte ich das Meer und die Nixen. Anfangs hatte ich nur Augen für die Sonne und die unglaublichen Farben am Himmel und im Meer, in dem sie sich spiegelten. Irgendwann bemerkte ich vor mir die Energie einer Nixe, konnte sie aber nicht sehen. Sie sagte: „Komm näher heran." Also ging ich näher an die Wasserkante, um von dort aus alle Farben noch intensiver sehen zu können. Ich kam aus dem Staunen nicht mehr heraus. Die Sonne sank tiefer. Es kam die Zeit, nach Hause zu gehen. Die Nixe hatte ich bei all der Schönheit vergessen. Schon einige Meter vom Meer entfernt, drehte ich mich noch einmal um. Da sah ich eine große Nixe an der Wasserkante liegen. Ihre untere Hälfte mit der Schwanzflosse war deutlich zu erkennen. Sie sagte: „So seht ihr Menschen uns."
→ Als Erklärung dazu: Es waren nicht meine persönlichen, inneren Bilder gewesen, die ich von der Nixe vor Augen hatte. Wenn wir Menschen auf ihre Daseinsebene schauen, dann verbinden sich unsere Energien mit ihren

Energien. So kommt ein „Bild" zustande. Wir können uns auf verschiedenen Daseinsebenen entgegenkommen und werden dann das Entsprechende voneinander sehen (wahrnehmen). Das kann sehr unterschiedlich aussehen und je nachdem, wie ausgeprägt unsere Fantasien sind, sehen wir nicht immer die ganze Wahrheit, sondern „dichten" noch etwas Schönes oder Unschönes hinzu. Um das herausfiltern zu können, hilft uns die schweigende, stille Meditation – das Loslassen oder Bereinigen der eigenen Vorstellungen für eine freie, unvoreingenommene Wahrnehmung.

Die stille Meditation habe ich viel geübt, dazu das Kriya Yoga von Babaji Nagaraj zur Reinigung des Unterbewusstseins und zusätzlich hat mir ein Schamane das 3. Auge geöffnet. Dadurch kann ich mir verschiedene Energiewelten ansehen, aus denen wir alle bestehen, schichtweise ineinander übergehend. Einige dieser Daseinsebenen sind im Folgenden kurz beschrieben:

Chakren – Hauptenergiefelder, die manch einer vielleicht vom Yoga kennt.
Meridiane – Energieleitbahnen, die alles im Körper miteinander energetisch verbinden. Diese Energie können wir mit Hilfe der Akupunktur und Akupressur besser ins Fließen bringen.
Aura - das Licht unserer Gedanken, Gefühle und Körperempfindungen, etc.
Dunkle oder helle Energie – eine Ebene der schwarz-weißen Gedanken- und Gefühlswelt.
Feine, bunte Energieschnüre in allen Farben im ganzen Körper – diese Ebene sieht wunderschön aus. (Ich konnte sie zuerst nur mit Hilfe eines Heiligen sehen, der mich an seiner Wahrnehmung teilhaben ließ. Genaueres darüber weiß ich leider nicht.)
Bilder, Gefühle und Gedanken der Vergangenheit und der Zukunft – Erinnerungen, die im gesamten Energiefeld abgespeichert sind und die wir abrufen können. Die Zukunft ergibt sich, indem wir so weitermachen wie bisher, wenn wir das weiterleben, was wir in der Vergangenheit gelernt haben.
Elementarwesen & Engel – das Bewusstsein der Erde.
...und wer weiß, was es sonst noch alles zu entdecken gibt, <u>ohne</u> ein elektrisches Gerät – nur durch uns selbst, z.B. mit Hilfe bestimmter Praktiken, der Elementarwesen, Engel und der Heiligen - unseren Helfern.

→ Manchmal werde ich gefragt, wie die Elementarwesen aussehen und was sie für Kleidung tragen. Sie sehen sehr unterschiedlich aus. Sehr hübsch und zart wie eine Blume im Frühling bis robust und rauh, wie manche Gesichter der alten Ostfriesen, die viel draußen in der Natur waren und die der kalte Wind und die harte Arbeit gezeichnet haben. Die Mädchen und Frauen haben meist schöne Kleider an, die Zwergenmama sehe ich oft mit Schürze und der Herr Zwerg hat einen feinen Anzug, den er zu besonderen Anlässen trägt. Elementarwesen mit höherem Rang, wie die Könige, tragen entsprechend schöne, festliche Kleidung. Die Weisen der Naturgeister haben weiße Gewänder an, meistens mit einem Symbol darauf. Manche Elementarwesen haben Zipfelmützen auf dem Kopf, die u.a. dem energetischen Schutz dienen und gleichzeitig die Höhe ihres Bewusstseins darstellen. Während ich dies schrieb, erschien ein Zwergenpaar, das ich zuvor noch nicht in unserer guten Stube gesehen hatte. Sie trugen Kleidung aus mittelalterlicher Zeit, als es noch Ritter gab. Die beiden sind sicherlich genauso alt wie ihr Kleidungstil.

→ Wie alt Elementarwesen werden können, das ist sicherlich sehr unterschiedlich, je nach Art der Elementarwesen. Nach dem Zwergenpaar zu urteilen und wenn wir an die beiden Riesen denken, die aus einem langen Schlaf erwacht sind, dann können sie wohl sehr alt werden. Hunderte Jahre und älter, vermute ich. Mein kleiner Zwergenfreund bejaht dies mit einem deutlichen Kopfnicken.

Einmal sah ich einen Zwerg bei seinem Baum. Dieser Baum hatte alte Verletzungen von abgeschnittenen oder abgebrochenen Ästen. Der Zwerg sah alt und müde aus. Die Elementarwesen sind innig in Liebe mit ihren Pflanzenfreunden verbunden. Dazu sagte mir ein anderes Elementarwesen, dass sie u.a. durch die Verletzungen altern. Wir Menschen werden auch müde und schneller krank und alt, wenn wir viele Verletzungen haben und nicht die entsprechende Hilfe bekommen, die wir brauchen, um uns davon gut erholen zu können.

→ Ich fragte die Elementarwesen, ob das Altern auch auf ihrer feinstofflichen Ebene angelegt ist, wie bei uns in den Genen. Die Antwort: „Das kommt darauf an, mit wem man sich verbindet." Wenn Bäume 300 bis 1000 Jahre oder älter werden können, dann sind ihre Elementarwesen auch so alt. Wie alt ist das Wasser oder die Erde? Die Elementarwesen leben in und mit den Elementen innig verbunden. Ihr Alter wird entsprechend hoch sein.

→ Verbinden wir uns mit dem göttlichen Gnadenlicht der Liebe, wie die Heiligen unter uns Menschen, dann können wir ewig leben in einem jugendlichen Körper wie Sathguru Kriya Babaji Nagaraj und die anderen Kriya Yogis dieser Tradition. Auch Jesus kann in seinem Körper, den er vor 2000 Jahren hatte, erscheinen. Alles ist möglich. Es kommt darauf an, mit wem wir uns verbinden und ob derjenige sich mit uns verbinden möchte!

→ Während ich über das Alter schrieb, sauste ein kleines Wesen aus meinem Zimmer. Kurz danach stieg eine schöne Elementarwesenfrau aus der Tiefe der Erde empor. Gleichzeitig spürte ich das Alter der Erde – Milliarden

Jahre. „Ich kann ewig leben!", sagte die geistige Frau, die ich mit größter Ehrfurcht hätte begrüßen müssen. Aber ich konnte es noch nicht begreifen und blieb in einer neutralen Haltung. Dann berührte sie mich im Herzen und ich spürte in der Tiefe in mir das ewige Leben des Universums – wie selbstverständlich und dennoch war eine Würde und ein Respekt in dieser Kraft, die sich mit nichts vergleichen lässt. Alle Kräfte und Energien von den Vorfahren des gesamten Lebens sind in uns – auch die des Universums, aus dem alles entstanden ist.

→ Mit dem Gnadenlicht, das uns das ewige Leben schenken kann, können wir uns nur verbinden, wenn wir uns für die Liebe entscheiden. Dieses göttliche Licht ist pure, reine Liebe. Wenn wir so sein möchten, dann können wir ihm entgegengehen mit unserem Wunsch danach, indem wir es offen empfangen und auch weitergeben (wollen). Wenn wir dies üben, freuen sich auch alle anderen darüber, weil wir dadurch sehr positiv werden und viel entspannter. Gleichzeitig ist es eine Übung, uns in aufrichtiger Liebe anzunehmen, so wie wir sind. Es ist ein Friedenschließen mit den Vorfahren (Körper, Energien) – der Weg der Gemeinschaft. Empfangen und geben gleichzeitig, das ist eine sehr gesunde innere Haltung. Am Ende von Kapitel 7 ist diese Übung beschrieben.

→ Die Elementarwesen sind sehr lichtvolle Wesen mit wunderbaren Fähigkeiten, weil sie mit den ursprünglichen Energien des Lichts sehr verbunden sind. Sie sind z.B. sehr hellsichtig und können die Zukunft voraussehen, so wie es auch die Heiligen von uns Menschen können. Was sie uns voraussagen, das hängt davon ab, wozu es dienen soll und was wir noch zu lernen haben.
Als ich eines Morgens noch im Bett lag, sagte ein Elementarwesen zu mir: „Hast du einen freien Tag?!" Es klang wie eine Frage und eine Feststellung zugleich. Da ich mir erst zwei Tage zuvor freigenommen hatte, wollte ich an diesem Tag nur einen kurzen Spaziergang machen und mich dann wieder der Arbeit widmen. Nun war ich stutzig. Ich ging in den Tag, so wie ich es geplant hatte und blieb hier bei Freunden hängen und dort noch ein Schwätzchen, ein langer, unglaublich schöner Strandspaziergang und dann kam da noch die Müdigkeit und der Hunger, das Telefon klingelte, eine liebe Freundin war dran... und der Tag war vorbei. Ich hatte heute frei bekommen. Dies war keine wichtige Voraussage. Es ging viel mehr darum, dass ich verstehe, dass sie voraussehen können.
→ Es war nicht das erste Mal, dass die Elementarwesen mir etwas voraussagten und bisher ist alles eingetroffen. Etwas ganz besonders wichtiges und das Beste ist noch nicht geschehen. Es betrifft nicht nur mich persönlich, sondern uns alle. Es war ein Tag, an dem ich sehr frustriert war, weil

überall so viel Zerstörung durch uns Menschen geschieht und ich nichts tun konnte und auch so viele andere Menschen und Politiker nichts dagegen unternahmen, außer viel zu reden. Ich stand im Badezimmer und sah zwei Elementarwesen vor der geschlossenen Tür stehen. Wofür brauchen wir bloß diese Türen? In einer absoluten Aufrichtigkeit, mit Liebe und einer Selbstverständlichkeit, die keine Zweifel aufkommen lässt, sagten sie: „Wir retten die Welt."

Intuitiv war deutlich zu spüren, dass sie nicht nur sich selbst damit meinten, sondern wir alle gemeinsam werden das tun. Ich weiß aus Erfahrung über viele Jahre, dass sie so etwas nicht sagen, um sich einen Scherz zu erlauben oder gar, um zu lügen. Sie sind ehrlich und glaubwürdig. Die Elementarwesen sagen mir häufig: "Du kannst uns vertrauen. Du kannst dich auf uns verlassen." Und ich sage: Das stimmt hundertprozentig!

→ Nun sind wir Menschen gefragt! Möchten wir (auch) die Welt retten? Die Elementarwesen sagen: „Wir retten die Welt." Ihr glaubt das nicht? Warum nicht? Wenn wir es wollen, dann wird es so sein!!! Wollen wir die Welt retten? Wenn wir kein eindeutiges JA in uns spüren, dann sollten wir sehr viel über die Liebe meditieren, an sie denken und versuchen sie zu begreifen - denn ohne Liebe kann niemand die Welt retten.

→ Wenn es mir an manchen Tag nicht gut ging, weil so viel Natur zerstört wird und ich die Hoffnung schon aufgab, sagten mir die Heiligen: „Würden wir dir dabei helfen, wenn es sich nicht lohnen würde?!" Die Heiligen können auch die Zukunft sehen. Gebt nicht auf, wenn ihr die vielen negativen Nachrichten seht. Versucht etwas zu tun. Es gibt viel zu tun. Es wird viel Liebe überall gebraucht. Wenn wir es schaffen, gemeinsam friedlich zu leben mit allen Lebewesen der Erde, den Elementen und den dazugehörigen Elementarwesen, dann hört das Leiden auf.

→ Ein friedliches Miteinander ist ein Austausch von Gedanken, Gefühlen und dem Materiellen auf positive und ehrliche Weise - das ist eine friedliche Kommunikation auf allen Ebenen. Mit den Elementarwesen können wir in der Stille kommunizieren – so auch mit den Elementen und allem, was die Elemente geschaffen haben. Vielleicht erscheint euch der Gedanke, sich mit der Erde und den anderen Elementen auszutauschen, etwas seltsam. Ich finde es mittlerweile seltsam, wenn ich Menschen vor Handys, Computern und vor einem Fernseher sitzen sehe, wie alle scheinbar mit niemandem kommunizieren oder sie sich von so einem Ding berauschen lassen. Alle vergessen die Welt um sich herum. Das ist das eigentlich Schlimme daran und dass wir uns dabei selbst vergessen. Wenn wir etwas vergessen, dann haben wir dazu keine Verbindung mehr! Wenn dann das

Gerät nicht funktioniert, Stromausfall, dann bekommen viele Menschen Angst und fühlen sich alleine. Wir sollten diese Geräte nur für das absolut Notwendigste gebrauchen und dann schnell aus damit und sogleich den Kontakt mit der Natur und den Lebendigen wieder aufsuchen. Dann fühlen wir uns ohne dies nicht alleine. Versucht einmal euch selbst ganz bewusst zu betrachten, wenn ihr vor dem PC oder Handy sitzt. Was geschieht mit euch? Was fühlt ihr? Wo ist eure Wahrnehmung? Wo ist die Liebe?
Fernsehenfilme, Internet usw. sind reine Fantasie, Ausgedachtes oder längst vergangen. Mit den Elementarwesen und der gesamten Natur sind wir in einem realen, geistigen Kontakt im Hier und Jetzt - der uns obendrein noch sehr, sehr gut tut. Versucht es mal! Es ist viel spannender und gleichzeitig entspannender als alles andere.
Wenn ich manche Menschen sehe, die hier auf Juist auf dem sogenannten Otto-Leege-Lehrpfad entlanggehen und die vielen, schönen und interessanten, von Menschen gemachten Dinge ausprobieren und lesen – dann sehe ich Menschen, die die schöne Natur um diesen Pfad herum nicht mehr sehen. Sie sind viel zu beschäftigt und haben dadurch keinen Kontakt mit den Elementen und Pflanzen. Dabei geht es bei diesem Lehrpfad nur um die Natur. Aber alles dort Aufgestellte lenkt die Menschen ab von der Natur und sich selbst. Es lenkt ab von der Achtsamkeit mit sich selbst und dem achtsamen Umgang mit der Natur. Das macht mich sehr traurig. Jetzt sind sie endlich mal in der Natur, raus aus der Stadt und sind doch nicht da. Was passiert dann erst mit uns, wenn wir gar nicht in die Natur gehen und stattdessen nur noch mit Fernsehen, PC oder Handy beschäftigt sind?!
→ Geht lieber in die Natur, atmet die lebendige Luft, spürt die Sonne und die Kälte, spürt, dass ihr lebt! Spürt, dass ihr nicht alleine seid und alles lebt!

→ Warum ist es möglich, mit den Elementarwesen, den Elementen und allem, was daraus entstanden ist, zu kommunizieren?
Am Anfang des Lebens waren Kräfte, Energien, Licht und Töne in Schwingung. Das ist u.a. das Universum. Daraus sind feste Kugeln entstanden. Eine davon nennen wir Erde. Mit ihr entstand das Wasser, die Luft und das Feuer. Dann entwickelten sich daraus andere Lebewesen. Bakterien, Pflanzen, Tiere und Menschen. Also ist alles lebendig und alles ist ein Lebewesen. Wenn unsere Vorfahren und alle Energie nicht lebendig wären, dann wären wir Menschen es auch nicht. Wenn wir unser Menschenleben betrachten und sagen, wir sind oder haben eine Seele und können geistreich sein, wo ist dann der Ursprung unserer geistreichen Seele? Der muss doch zwangsläufig in all den anderen Lebenwesen sein, da wir aus ihnen entstanden sind. Die anderen Lebewesen (unsere Vorfahren) sind aus den

Elementen entstanden. Also muss jedem Element auch eine lebendige, geistige Seele zugestanden werden. So, wie auch das Wasser eine Intelligenz hat, das auch in uns ist, wie am Anfang erwähnt. Die Elemente sind ein Teil der Erde. Die Erde ist eine noch größere, geistreiche Seele. Wenn sich die Erde und alles andere aus den Kräften des Universums geformt hat, dann ist das Universum eine lebendige, riesige, geistreiche Seele. So sind alle Planeten und die Sonnen lebendige, geistige Seelenwesen. Wenn der Ursprung also in uns allen und in allem gleich ist und wir alle eine intelligente Kraft in uns haben, dann können wir also auch alle miteinander kommunizieren.

Die Elementarwesen wissen, dass die Erde eine große Seele ist, die sie Gaia nennen, wie eine große Mama. Mein Zwergenfreund nickt erfreut. Wir alle bestehen aus Energien. Wir bestehen alle aus denselben Energien, wenn alles aus Atomen usw. aufgebaut ist. Wir sind lebendige Wesen. Also sind alle Energien lebendig und intelligent. Wenn wir geistreichen Menschenseelen aus Energien bestehen und untereinander kommunizieren können, dann können wir es also auch mit den anderen geistreichen Lebewesen (Seelen), die uns umgeben und die ebenfalls aus Energien bestehen, als auch mit der Erde und dem Universum. Alles ist möglich.

→ Mit Liebe ist alles möglich. Wenn wir miteinander kommunizieren wollen, dann muss eine positive Basis zwischen uns sein, ansonsten kommen wir nicht zusammen. Wenn wir uns also mit den anderen Lebenwesen austauschen möchten, dann ist die Liebe der beste Anfang.

→ Das Universum, die Erde und alle Lebewesen sind unsere Väter und Mütter. Wir haben alle denselben geistigen Ursprung. Wenn wir telepathisch miteinander im Kontakt sind, dann spielt es keine Rolle, ob jemand Hindi, Arabisch, Englisch oder Deutsch spricht. Das bedeutet, dass wir auf dieser Ebene des Daseins alle gleich sind und dieselbe Sprache sprechen! Darum können wir auf dieser Gefühls- und Gedankenebene die Tiere und Pflanzen verstehen! Es gibt keine sprachlichen Hindernisse mehr bei der Telepathie. Es ist eine außergewöhnliche Entdeckung von uns Menschen, die wir uns trauen sollten zu nutzen. Dazu braucht es Mut, weil wir dann die Wahrheit erfahren – von den Tieren und Pflanzen, den Elementen und Elementarwesen. Die Liebe ist Wahrheit. Wenn wir nicht ehrlich miteinander sind, dann fühlen wir uns mit den anderen nicht mehr wohl, beenden den Kontakt und reden nicht mehr miteinander. Darum braucht es für die Kommunikation auf allen Ebenen Liebe und den Wunsch nach Wahrheit.

→ Wenn wir mit jemandem Kontakt aufnehmen, überlegen wir uns vorher, wozu dieser Kontakt dienen soll. Das ist besonders wichtig, wenn wir den Kontakt mit den Elementarwesen wünschen. Wenn wir z.B. egoistische

Beweggründe haben, dann werden die Elementarwesen nicht viel Interesse an uns haben und sich nicht besonders bemühen, uns bei der Bewusstseinserweiterung zu helfen, weil ein Egoist die anderen zerstört. Wenn sie spüren, dass wir auf die Liebe hören, dann finden wir schnell und leicht zusammen, weil die Liebe uns miteinander verbindet, erhält und nährt.
Wir haben schon sehr früh in unserer Kindheit und Jugend entschieden, wozu der Kontakt mit anderen dienen sollen. Wir leben jetzt mit den Entscheidungen, die wir in der Kindheit getroffen haben. Diese bestimmen unbewusst unser Leben und das Miteinander mit anderen Menschen und der Natur. Im Miteinander sprechen unsere Taten, die auf unser gesamtes Umfeld Auswirkungen haben. Es sind positive Auswirkungen, wenn wir das Miteinander in Liebe bevorzugen. Und es hat negative Folgen, wenn wir das nicht tun. Darum ist es sehr gut und empfehlenswert, dass wir unsere Einstellungen häufiger überprüfen - die Gründe warum wir leben (wollen), was wir wollen und wozu das dienen soll. Normalerweise denken wir Menschen hauptsächlich daran, was wir haben wollen und wie wir es dann bekommen können. Das ist egoistisch. Über die Auswirkungen, woher es kommt und wie es geschaffen wurde, machen die meisten von uns sich keine Gedanken mehr. Früher hatten wir alles noch selbst in der Hand und damit standen wir direkt in der Verantwortung mit allem. Fast alle Menschen waren beruflich im Handwerk oder auf dem Feld tätig. Heute tun das andere für uns und wir brauchen uns keine Gedanken mehr darüber zu machen. Wir haben die Verantwortung dafür abgegeben. So aber kennen wir nicht die Folgen unserer Handlungen, unseres Wollens und unserer Entscheidungen. Es ist grausam, dass wir uns so wenig Gedanken darüber machen, darüber, was wir mit unseren zu vielen Einkäufen verursachen – und wir denken so viel den ganzen Tag. Unsere Entscheidungen, was wir wollen und unsere Taten können wir jederzeit ändern! Das ist etwas, was wir immer tun können! Wir können Egoismus in Liebe wandeln.

Wenn wir so oft und gut wir können über den Tellerrand des kleinen Ich-Gedankens hinausschauen und versuchen auch die anderen auf der Erde zu sehen, dann können wir die Folgen unseres Wollens und Handelns neu überdenken. Wenn wir den Blick vom Gewohnten lösen und versuchen, eine neue Sichtweise zu finden, dann können wir das Wissen und das Bewusstsein erweitern und Neues entdecken, z.B. die Welt der Elementarwesen. Das Miteinander mehrt sich dadurch und wir erkennen, wie schön und kostbar die Welt ist in der wir leben, und wie wichtig dabei die Naturgeister sind. Dann wissen wir, was wir vermeiden können und sollten es zum Wohle für uns alle tun. Gleichzeitig auch für die gütigen Elementarwesen in der Natur. Sie werden es uns danken.

→ Unsere Vorfahren, die Naturvölker, waren und sind sich der Naturgeister bewusst und leben in Harmonie mit der Natur. Sie zerstören nicht die Natur, weil sie ihnen heilig ist. Ist uns modernen Menschen die Natur heilig? Wir haben vergessen, wie heilig sie ist. Sie ist heilig, weil sie uns jeden Tag unseres Lebens nährt.
Wir leben nicht von den technischen Dingen oder dem Geld – wir leben von der Natur. Weil viele das vergessen haben, darum lassen sie den Müll im Wald und am Strand liegen. Durch unsere Einkäufe in den Supermärkten vergessen wir, wie wichtig die Natur für jeden einzelnen von uns ist – jeden Tag und mit jedem Atemzug. Mit jedem Schritt gehen wir über unsere große Mutter und vergessen sie dennoch. Wachen wir auf und gehen wir mit Dankbarkeit. Wir gehen auf der heiligen Natur. Die Erde ist es, die uns durch das riesige Weltall trägt, die uns unser Leben schenkt und uns nährt. Danke, große Erdnatur!

→ Die Erde wiederum lebt von ihren Helfern. Ihre fleißigsten Helfer sind die Elementarwesen, die Engel und die Heiligen. Durch ihre Liebe bleibt das Leben und die Schönheit auf Erden erhalten. Ohne diese geistigen Wesen und Kräfte kann nichts so erhalten bleiben, wie es viele Millionen Jahre war.

→ Die Naturvölker pflegten noch den Kontakt mit den Naturgeistern und alles blieb natürlich schön und in Fülle erhalten. Unseren Vorfahren, den Naturvölkern (Indianern, Aboriginis u.v.a.) sei hier gedankt! Sie waren und sind die anderen Helfer unserer großen Mutter Erde. Der Dank in Worten ist schwach. Wir müssten mehr für sie tun. Sie haben uns den Reichtum der Natur hinterlassen und sie nicht verwüstet und ausgebeutet, so wie wir unseren Kindern die Welt übergeben. Unser Erbe ist der Schmutz und das Gift überall. Leider hinterlassen wir keine saubere und gesunde Natur in Fülle. Zum Dank an unsere Vorfahren, an die Naturvölker, dass sie uns das Leben geschenkt haben, könnten wir ihnen helfen, in dieser von uns neu geschaffenen Welt besser zurechtzukommen und vor allem müssten wir dazu bereit sein, auch von ihnen zu lernen. Sie haben miteinander zu leben gelernt mit allen Lebewesen, den Elementen und den Elementarwesen und sie haben ganz <u>bewusst</u> die Natur gesund, in Fülle und in aller Schönheit erhalten - für die Kinder in der Zukunft – das sind wir.
Danke!

****

Kontaktaufnahme mit Elementarwesen

****

Auch wenn viele Menschen die Elementarwesen und Engel vielleicht nicht sehen können, so gibt es doch immer mehr Menschen, die hellsichtig sind und die wir dazu befragen können. Und jeder kann es auch selbst üben, das intuitive Sehen, Hören und am wichtigsten von allem - das intuitive Spüren. Vielmehr geht es aber darum, sich der Naturgeister bewusst zu sein, dass wir alle wissen, dass sie da sind und dass sie auch sehr hilfsbereit sind. Das ist schon eine Kontaktaufnahme. Besonders schön und gut ist es für die Elementarwesen, wenn wir mit der Absicht, der Natur zu helfen, den Kontakt zu ihnen aufnehmen. Wir können auch den Kontakt suchen, indem wir in die Natur gehen und sie im Stillen bitten. Auf die Liebe und Intuition hörend und ihr vertrauend brauchen wir dann nur abzuwarten, was geschieht.

Es kann sein, dass wir dann eine Eingebung haben, einen Gedankenblitz, eine Erkenntnis, die uns hilft, etwas zu verstehen und zu begreifen, um dadurch etwas ändern zu können. Vielleicht wird auch ein Gefühl in uns sehr stark, als Bestätigung für etwas. Oder ein Gefühl erwacht, das uns deutlich macht, dass wir mit etwas aufhören sollten, das uns und anderen nicht gut tut. Es kann auch sein, dass die Elementarwesen oder Bäume und Pflanzen uns telepathisch ein inneres Bild senden, das uns den Weg weisen kann.

Wenn wir die Elementarwesen wahrnehmen möchten, dann müssen wir im positiven Sinne auf alles gefasst sein – also absolut offen und frei, unvoreingenommen in unserer Vorstellungs- und Gedankenwelt und ohne Erwartungen. Ganz wichtig ist auch, dass wir nicht versuchen, unseren Willen durchzusetzen, denn dann können sie uns nicht mehr helfen. Das wäre egoistisch und damit sind wir dann nicht auf ihrer Wellenlänge.

Beschreibung der Übung:

Geht in die Natur und sucht euch dort intuitiv einen Platz oder Baum, an dem ihr verweilen mögt und zu dem ihr euch hingezogen fühlt.
Dort haltet inne, spürt euren Körper im Ganzen – seid euch eurer selbst bewusst.
Fühlt euren Atem und werdet ruhig. Entspannt euch so gut ihr könnt.
Spürt auch die große Erde unter euch, auf der ihr sitzt oder steht. Seid euch dem Element Erde bewusst und dem Feuer im Erdkern und dem Feuer der

Sonne aus der Ferne. Seid euch dem Element Wasser bewusst in der Nähe oder Ferne, der großen Meere oder Seen und Flüsse. Und seid euch auch dem Element Luft bewusst, von dem ihr umgeben seid.
Bleibt dabei immer im Kontakt mit eurem Körper. Bleibt in eurem Selbstbewusstsein. Da wo ihr seid! <u>Nicht da</u>, wo die Sonne ist oder ein weit entferntes Meer!
Nun macht euch bewusst, dass eine Tier- und Pflanzenwelt um euch herum existiert. Wisst, dass sie da sind und lebendig sind.
Bleibt weiter im Kontakt mit eurem Körper, da wo ihr seid! Fühlt euren Körper bewusst.
Nun seid euch der Elementarwesen, vielleicht auch der Engel im Himmel, in der geistigen Welt in dieser Welt bewusst. Wisst, dass sie da sind, auch wenn ihr sie im Moment nicht wahrnehmen könnt.
Bleibt weiter in eurem Körperbewusstsein! Und im Kontakt auch mit der lebendigen Welt um euch herum.
Nun könnt ihr die Elementarwesen, Engel, Bäume und Pflanzen oder die Elemente um etwas bitten.
Spürt euer Bedürfnis, dass ihr mitgebracht habt und dann sagt ihr euer Anliegen und <u>wozu es dienen soll</u>. Vielleicht braucht es dafür gar keine Worte. Gefühle versteht jedes Wesen.
Gut ist es, wenn euer Anliegen einen guten Zweck erfüllt. Also, wenn ihr der Natur damit auch einen Gefallen tut. Wenn ihr, z.B. Heilung sucht, dann könnt ihr im gesunden Zustand besser auch für die Elementarwesen und die Natur da sein. Das muss ein aufrichtiger, ehrlich gemeinter Gedanke sein.

Vielleicht möchtet ihr, dass sie sich für euch spürbar machen, weil ihr... - nennt bitte einen Grund dafür. Das ist nicht nur für die Elementarwesen wichtig, sondern dient auch dazu, dass ihr bewusster lebt. Nicht zu wissen, was wir tun und was es für Folgen hat - das ist unbewusstes Leben.
Oder ihr benötigt dringend eine Lösung für ein Problem, damit ihr die Welt im Gleichgewicht halten könnt. Es sollte nichts Egoistisches sein!
Vielleicht möchtet ihr auch der Welt dienen, der Natur und dem Göttlichen, der Liebe und dem Frieden. Dann könnt ihr sie fragen, ob sie euch den Weg weisen mögen. Wenn ihr diesen gütigen Gedankenwunsch habt, dann sind sie schon längst an eurer Seite.

Dann entspannt ihr euch, geht in eine empfangende Haltung. Vielleicht habt ihr offene Hände und seid offen im Herzzentrum (Mitte der Brust). Wenn ihr dabei gleichzeitig eine gebende, innere Haltung einnehmen könnt, dann ist das perfekt. Versucht still zu sein! Beruhigt eure Gedanken und bleibt mit eurem Körper im Kontakt als auch mit dem Rest der Natur, so gut ihr könnt. Beobachtet, was in euch vor sich geht. Beobachtet eure Gedanken, Gefühle und Körperempfindungen, ohne zu beurteilen. Wie geht es euch und was geschieht, wenn ein Elementarwesen hinzukommt? Wenn sich ein Elementarwesen zu euch gesellen mag, dann werdet ihr es sicherlich spüren können.

Vielleicht fühlt ihr, dass sich in eurem Körper etwas löst. Es kann auch sein, dass sich noch einmal ein altes Gefühl zeigt und sich dann auflöst. Alles darf sein. Beobachtet nur.

Wenn euch eine Idee in den Kopf kommt, dann prüft, ob sie hilfreich ist oder ob es nur ein schneller Gedanke von euch selbst ist.

Wenn ihr den Kontakt beenden möchtet, dann tut das bitte in aller Ruhe und springt nicht abrupt auf. Das könnte sie erschrecken oder ihr überrumpelt sie mit eurem Körper und Eigenwillen.

Bedankt euch erst einmal bei ihnen allen! Sagt ihnen in Gedanken, dass ihr nun weitergehen möchtet. Sendet eure Liebe und einen Segen an sie. Das tut ihnen und auch euch selbst sehr gut.

Sammelt bitte auch immer den Müll in der Natur auf. Darüber freuen sie sich alle sehr und es ist absolut notwendig! Euch wird es gedankt mit guten Gefühlen von der anderen Seite. Müll aufsammeln kann glückselig machen!

Auf diese Weise könnt ihr auch Kontakt mit den Heiligen erbitten.

****

Wenn ihr ungeduldig werdet (das ist Egoismus!) und unbedingt die Elementarwesen sehen wollt und ihr auf den Gedanken kommt, die geistige Welt darum zu bitten, dass sie euch die Türen öffnen zu den anderen Welten, dann seid gewarnt. Vorsicht, denn es öffnet sich dann auch die eigene Welt auf dieser Daseinsebene und damit alles, was ihr dort abgespeichert habt aus der Vergangenheit und gegebenenfalls von euren Vorfahren. Diese Informationen sind auch in euch.

Ich glaube nicht, dass wir darum zu bitten brauchen. Wenn wir mit uns selbst so weit sind, dann werden sich diese Türen öffnen oder die geistige Welt öffnet uns ihre Türen, wenn die Wesenheiten erkennen, dass sie uns vertrauen können, es einen wichtigen Zweck erfüllt und wir bereit dafür sind!

Damit eine Tür aufgeht oder geöffnet wird, braucht es wie immer die Liebe in uns zu den anderen und zum Leben. Wenn wir auf egoistische Weise versuchen, diese Türen zu öffnen, dann kann das sehr unangenehme und möglicherweise auch leidvolle Konsequenzen für uns haben. Egoismus führt zu Zerstörung und verschließt darum die Türen. Seid ihr schon mal einem egoistischen Menschen begegnet? Wie habt ihr auf ihn reagiert? Vermutlich habt ihr euch ihm gegenüber verschlossen oder habt den Kontakt gemieden. Liebe öffnet alle Türen.

Die wichtigste Bemühung von uns sollte die sein, dass wir versuchen, unseren Egoismus in Liebe zu wandeln und damit einverstanden sind, uns von der Liebe und den Liebenden wandeln zu lassen.

Danke!

****

Angst vor Elementarwesen? Gibt es böse Geister?

Wenn ihr etwas über Elementarwesen wissen möchtet, dann heißt das auch, dass ihr euch für Naturgeister interessiert. Elementarwesen sind Geister, die in der Natur leben. Wenn wir Menschen von Geistern reden, dann denken wir schnell an Spuk, Schreck und an etwas Gespenstisches. Einen Grund zur Angst vor ihnen brauchen wir jedoch nicht zu haben, besonders dann nicht, wenn wir Naturfreunde sind. Sie leben in der Natur wie es alle Lebewesen tun.
Naturgeister sind keine Filmfiguren. Sie sind reale Lebewesen und sehr lieb, liebenswert, weise, klug, hilfsbereit und wunderschön in ihrem ganzen Dasein. Wenn ich einen Krimi schreiben wollte mit Gespensterjagd, dann würde ich von den Menschen schreiben und wie sie die Natur zerstören und damit die Welt der gütigen Geister, unseren Freunden. Sport, Spaziergänge, Sonnenbäder, uns unterhaltend oder anders uns beschäftigend verbringen wir unsere Freizeit in der Natur. Warum? Weil es uns dort besser geht als woanders. Im Kontakt mit den Bäumen, den Pflanzen und den Elementen machen wir sehr heilsame Erfahrungen, die das Immunsystem stärken. Wann immer wir in die Natur gegangen sind, waren dort auch Elementarwesen. Sie sind göttliche Wesen. Das bedeutet, dass sie sehr liebende Naturgeister sind. Wären sie schlechte oder böse Geister, dann würde es uns in der Natur nicht besser, sondern schlechter gehen und wir würden uns dort nicht aufhalten wollen. Wir fühlen uns aber zur Natur hingezogen, weil wir bei den Elementarwesen willkommen sind. Es wäre schön, wenn auch wir Menschen ihnen wohlgesonnen entgegengehen könnten. Dann hätten die Naturgeister, wenn wir sie besuchen, auch einen Grund sich auf uns zu freuen. Geteilte Freude ist doppelte Freude.
Zu diesem Kapitel ein kleiner Hinweis: Ich habe mehrere Freundinnen, die dieses Buch zur Probe gelesen haben. Interessanterweise haben alle vollkommen unterschiedlich auf dieses Kapitel reagiert. Ganz anders als bei allen anderen Texten. Es scheint, dass dadurch bei jedem ein persönliches „Thema" geweckt wird. Dies könnt ihr bewusst nutzen, euch ansehen und klären.
Meine Erfahrungen mit Elementarwesen waren bisher nur positiv. Kein Lebewesen ist von Natur aus böse, kein Baby ist aggressiv. Sollte also wirklich jemand mit einem Elementarwesen eine unglückliche Erfahrung gemacht haben, dann hatte zuvor das Elementarwesen leider auch sehr schlechte Erfahrungen mit Menschen gehabt. Wenn uns jemand sehr weh getan hat, wenn uns unser zu Hause zerstört worden ist, wenn uns jemand etwas genommen hat, das wir sehr lieben und wenn uns dies wiederholt

angetan wird, wie reagieren wir dann? Gefühle von Wut und Aggression sind nicht nur in uns Menschen vorhanden. Jedes Wesen hat Gefühle.
Wir leben in einer Zeit von gemischten Gefühlen und sehr unterschiedlichen Verhaltensweisen. Es gibt immer mehr Menschen, die sich bewusst für die Liebe und den Frieden einsetzen, die anderen Menschen und auch der Natur dabei helfen, gesund und im Frieden leben zu können. Danke! Das ist eine Zukunft. Leider gibt es aber noch zu viele Menschen, die nicht im Miteinander leben. Wir verletzen und schaden den Elementarwesen und am Ende uns selbst mit unserem unüberlegten und überflüssigen Konsumverhalten, weil wir damit der Natur schaden. Die Elementarwesen laufen dann weg, verstecken sich, ziehen sich in die tiefere Natur zurück oder sterben. Sie verletzen niemanden. Wenn wir Kriege führen, zerstören wir Mensch und Natur. Dabei zeigen wir eine sehr schreckliche Seite von uns. Elementarwesen und Engel machen dabei nicht mit! Ihre Aufgabe ist es, für den Erhalt des Lebens und aller Energien Sorge zu tragen. Dafür haben sie sich bewusst entschieden. Das können wir auch!

Ich kann euch leider nicht sagen, dass es keine bösen Geister gibt. Unter den Elementarwesen habe ich allerdings noch niemanden kennengelernt, der bösartig ist. Wenn allem und auch uns Menschen eine geistige Kraft innewohnt und wir alle geistige Seelen sind, dann gibt es vor allem sehr böse, geistige Seelen unter uns Menschen. Zur Zeit sind wir Menschen auf der Erde die bösen Geister und nicht die Elementarwesen. Mein kleiner Zwergenfreund bejaht das leider mit einem Kopfnicken. Wenn die Naturgeister böse wären, dann hätten wir Menschen wenig Chancen uns zu wehren, weil wir sie nicht sehen können und weil sie mehr geistige Kraft haben als wir geistig weniger weit entwickelten Menschen. Wir leben und wollen nicht viel das Geistige. Die meisten von uns wollen und leben vor allem das Materielle. Die wenigsten unter uns versuchen die Geisteskräfte weiterzuentwickeln, die uns allen gegeben sind. Eher lassen wir sie verkümmern. Wer meditiert regelmäßig oder praktiziert andere Übungen, die zur Bewusstwerdung verhelfen? Meditieren wir alle und halten uns damit geistig fit? Sind wir bewusst lebende Menschen? Sind wir uns über alle Kräfte von Himmel und Erde in uns bewusst? Wir haben viele Möglichkeiten, uns geistig weiterentwickeln zu können - und tun es nicht. Das liegt vermutlich daran, dass die meisten von uns nicht wissen, was für unglaubliche Fähigkeiten wir entwickeln können mit der Entdeckung unserer geistigen Kräfte in unserem Körper. Dann würde das Meditieren im Kindergarten und in der Schule zum Lehrfach gehören und wir hätten nicht so viele gestresste und kranke Kinder und Erwachsene. Die Intelligenz wächst mit dem Meditieren. Wenn unser Gehirn ruhen darf, dann hat es mehr Kraft. In der Ruhe liegt die Kraft.

Also, wer ist hier der böse Geist? Die Elementarwesen sind es nicht! Und was heißt böse? Sagen wir doch besser krank, ein kranker Geist, ein mehr oder weniger Geisteskranker. Wir sind im Geiste nicht gesund, wenn wir an das Krieg führen, Verletzen und Töten anderer denken, weil es uns voneinander trennt. Liebende Gedanken sind gesund, weil sie uns helfen, uns miteinander zu verbinden. Das mehrt die Energien des Leben, die geistreichen Gedanken und die feinstoffliche, geistige Freude daran. Das ist der Weg der Glückseligkeit und für jeden erreichbar. Wenn es schon möglich ist, beim Müllsammeln Glückseligkeit zu empfinden, dann ist es wohl für jeden möglich!

Manche Menschen wollen einem anderen Menschen den bösen Geist austreiben. Das ist absolut das Verkehrte! Ein böser Geist (Mensch, Seele) ist böse, weil er selbst Leidvolles erlebt hat. Er ist also krank geworden und braucht alles, was heilsam ist und einer geistig kranken Menschenseele helfen kann – Liebe. Wenn ihm noch mehr Leid zufügt wird und er immer wieder dieselbe schlechte Erfahrung macht, dann wird er vermutlich noch böser werden als zuvor. Kann sein, er zieht sich dann erst zurück, um hinterher noch wütender zu sein. Teufelsaustreibung ist genauso schlimm wie Krieg zu führen. Es wirkt trennend und nicht verbindend! Der menschliche Geist und jeder Geist braucht Liebe. Sollte es ein böser Geist sein, dann braucht er um so mehr davon und nichts als Liebe.
Wir können uns die geistigen Helfer und Heiler herbeirufen, um uns von ihnen helfen zu lassen. Ein guter, gesunder, liebender Geist kann einen weniger guten, kranken Geist beruhigen, besänftigen und an Liebe erinnern. Ein guter Geist wird es am besten können. Glauben wir (diese Menschen) nicht an die guten Geister, die guten Kräfte und an die Kraft der Liebe, dass wir zu anderen Mitteln greifen? Nichts können wir (ganz) wegmachen. Wir können uns (es) nur wandeln. Wandlung wie und in was? Die Antwort sollte Liebe sein. Es gibt kein Lebensgesetz, dass uns vorschreibt, was wir tun müssen. Die Auswirkungen unserer Handlungen zeigen uns, ob es zum Besten ist oder nicht. Wenn wir andere ins Negative wandeln, dann verändern wir uns durch diese Handlung auch negativ. Was tut uns mehr gut, zu hassen oder zu lieben?
Vor den liebenden und heilsamen Naturgeistern brauchen wir keine Angst zu haben. Warum haben manche Menschen überhaupt Angst vor den Geistern, den Elementarwesen, wenn sie noch keine (schlechten) Erfahrungen mit ihnen gemacht haben?
Das kann verschiedene Gründe haben. Es sind vor allem eigene, unbewusste Ängste, die wir verdrängt haben und die im Kontakt mit dem reinen Geist wieder sichtbar werden können, wenn uns ein Elementarwesen,

Engel oder Heiliger mit seiner Liebe berührt. Wer die Elementarwesen bewusst wahrnehmen kann, der kann nichts Negatives empfinden. Sie sind voller Freundlichkeit.

Elementarwesen sind sehr selbstbewusst. Sie leben in Liebe. Ein Heiliger sagte: „Wenn du liebst, dann bist du du selbst." Das ist Selbstbewusstsein. Manche Elementarwesen sind mit ihrem Selbstbewusstsein sehr kraftvoll. Wenn wir sehr unbewusst leben und wir uns noch nicht so weit in Liebe entwickelt haben, könnte uns diese kraftvolle Liebe auch Angst machen. Das ist aber irreführend und nicht notwendig. Dann sollten wir Innenschau halten, um herauszufinden, wovor wir tatsächlich Angst haben. Schauen wir, mit wem und was wir nicht in Liebe leben.

Ein weiterer Grund könnte sein: Wenn wir das intuitive Sehen, die Hellsichtigkeit nicht üben, dann können wir die Geister nicht sehen. Das könnte uns verunsichern. Nehmen wir an, ein Naturgeist hat sich zu uns gesellt, weil er sich zu uns hingezogen fühlt, weil wir freundliche Menschen sind und vermutlich auch Naturfreunde. Er steht nun neben uns und wir spüren ein wenig, dass wir auf einmal nicht mehr alleine sind. Sehen können wir ihn nicht, aber wir wissen, dass er da ist. Das könnte Urängste in uns berühren, selbst wenn wir meinen, dass wir grundsätzlich keine Angst vor den Elementarwesen haben. Genetisch bedingt sind noch die Kräfte des Urmenschen in uns. Sie mussten immer sehr wachsam wegen der wilden Tiere sein. Wer weiß, vielleicht hatten auch sie Angst vor dem, was sie spürten, aber nicht sehen konnten.

Eine andere Angst vor ihnen könnte sich in der Vergangenheit entwickelt haben, als uns Menschen noch bewusst war, dass es Naturgeister gibt, auch wenn sie nicht von allen Menschen gesehen wurden. Nehmen wir an, es ist ein Sturm aufgezogen und hat viel Schaden angerichtet. Die Menschen gerieten in Not und waren wütend – auf die Natur und damit auf die geistigen Kräfte in ihr. Wer in Not ist, der sucht meistens einen Schuldigen. Wenn wir sagen, die Naturgeister sind Schuld an unserem Leid, dann erschaffen wir uns selbst Angst vor ihnen. Die Elementarwesen sind überall in der Natur, aber auch sie sind nur ein Teil davon, wie wir Menschen auch. Die Elementarwesen sind nicht der Wind oder das Wasser, die Erde oder das Feuer oder das Universum. Sie leben darin und das viel intensiver und verbundener mit den anderen Lebewesen und Kräften als wir Menschen. Das Wasser z.B. wird von den Elementen Erde, Luft und Feuer beeinflusst, ob, wie und wohin es fließt. Die Elementarwesen sind wie ein weiteres Element daran beteiligt. Sie haben aber nicht die Kraft, es alleine zu bewegen (vielleicht mit Ausnahmen?), weil alles durch die Gemeinschaft bewegt wird. So hat nicht einer alleine die ganze Verantwortung für alles, sondern viele. Wenn wir das global betrachten und etwas verändern wollen, dann müssen viele und alle etwas tun und die Verantwortung übernehmen, und nicht einzelne.

Alles besteht aus Energien. Energien können unter bestimmten Voraussetzungen sehr stark werden und das hat Folgen. Auch wir Menschen beeinflussen die Naturkräfte mit unserem Dasein, unseren Entscheidungen und Handlungen. Jedes Lebewesen beeinflusst mit seinen Handlungen das Leben der anderen. Darum sollten wir für ein Leben im Gleichgewicht sorgen, damit wir die Energiekräfte der Elemente nicht noch mehr verstärken. Wir sollten nicht zu viel nehmen und verändern in der Natur und des ganzen Geschehens auf Erden. Ansonsten müssen wir für einen entsprechenden Ausgleich sorgen, damit das Gleichgewicht erhalten bleibt.

Dazu ein Beispiel der heutigen Zeit: Wir Menschen haben die Luft und die ganze Umwelt in den letzten 150 Jahren durch den Materialismus und die Industrialisierung sehr verschmutzt. Dazu kommt die starke Ausbeutung und Ausnutzung der Natur u.a. durch Monokultur-Plantagen, Abholzung der Wälder ohne aufzuforsten und nur Nutzwald zu erschaffen u.v.m. Besonders die Regenwälder können sich nicht so schnell wieder erholen und zu dem werden, was sie vorher waren. Dadurch kommt es zur Zeit zu einer deutlichen Erderwärmung. Durch die Erderwärmung entstehen stärkere Stürme. Der starke Wind lässt einen Baum umstürzen, der von den Elementarwesen bewohnt und belebt wird. Der Baum stürzt auf ein Auto. Die Elementarwesen sind nicht Schuld daran. Nicht die im Baum und auch nicht die in der Luft oder der Atmosphäre. Wir könnten sagen, der Mensch ist also selbst Schuld. Das könnten wir aber auch lassen, weil wir damit die Angst vor uns selbst noch mehr schüren. Wir können auch sagen, es ist eine Entwicklung, bei der wir alle mitgewirkt haben. So können wir auch alle etwas dafür tun, dass wir wieder im Gleichgewicht mit der Natur und ihren Kräften leben können - mehr denn je zuvor. Wir können im Frieden leben mit den Elementarwesen, Bäumen, Tieren, Elementen und allen anderen Lebewesen.

Man könnte es noch anders betrachten. Durch unsere egoistischen Kräfte, mit unserer Macht über andere, verändern wir die Welt. Dadurch verteilen sich die Kräfte anders. Wie erleben unser Spiegelbild. Wenn wir mit der Natur gemeinsam leben und sie achten, dann herrscht ein anderes Gleichgewicht auf der Erde. Dann wirken die Kräfte der Achtung und des Friedens, des Respekts und der Liebe, der Dankbarkeit und der Heilung unter uns - als Spiegel unserer selbst – in der Natur und überall. „Wie innen, so außen", sagen die Heiligen.

Schauen wir auf uns selbst und nach innen. Wurde in uns etwas zerstört? Sind wir von der Liebe getrennt worden? Dann sollten wir zuerst Frieden mit uns selbst schließen, damit wir es nicht nach außen übertragen. Wenn unser Tun im negativen Sinne eine Auswirkung auf unsere Umwelt hat, dann hat auch unser Dienst für die Liebe eine Auswirkung auf alles. Denken wir ein bisschen mehr <u>darüber</u> nach. Ein Leben in Liebe ist ein Leben ohne Angst.

Die Angst vor den Elementarwesen ist unnötig und hält uns davon ab, ein schöneres und sehr fröhliches Leben zu führen. Solche (unbewussten) Ängste sind auch entstanden durch religiöse Gemeinschaften der Vergangenheit. Wenn Frauen und Männer mit den Naturgeistern im Kontakt waren, dann wurden sie gefoltert und verbrannt. Darunter haben auch die göttlichen Elementarwesen sehr gelitten, weil diese Menschen ihre Freunde und Helfer waren und Vermittler zwischen den Welten. Auch im letzten Krieg wurden die besonders guten Freunde der Natur und des Göttlichen abgelehnt und mit Folter und dem Tod bestraft. Durch solche Bestrafungen untereinander sind in uns, auch weiterführend auf die Kinder und Enkel übertragen, tiefgreifende Ängste entstanden. Naturgeister und der intensive Kontakt zur Natur durften nicht sein, ansonsten drohte schlimmste Bestrafung. Das ist ein sehr schlimmer Satz, wenn man bedenkt, dass die Elementarwesen sehr lieb, klug und unsere Helfer sind. Auch die Elementarwesen haben dadurch viele Helfer für sich verloren und nur noch wenige Menschen haben sich in der darauf folgenden Zeit getraut, wieder mit ihnen im Kontakt zu sein. Sie freuen sich sehr, wenn wieder mehr Menschen den Kontakt zu ihnen aufnehmen mögen.

Wenn wir negative Erfahrungen gemacht haben, dann träumen wir meistens auch negativ aus Angst. In unseren Fantasien können wir vieles und alles verdrehen. Selbst die guten Kräfte verändern wir dann zu negativen Gestalten. So fantasieren wir dann möglicherweise nicht nur in unseren Träumen nachts oder tagsüber in unserem Verstand, sondern projizieren dies mit der Vorstellungskraft auch nach außen. Wir haben dann eine verzerrte Sicht der Dinge des Lebens. Was ist dann die Wahrheit und was ist die Realität? Das können wir überprüfen, indem wir genau beobachten und uns gedanklich, emotional und gegebenenfalls auch körperlich zurücknehmen, Stille und Loslassen üben, um dann das erkennen und fühlen zu können, was da und wahr ist.

Wenn also eine Angst im Kontakt mit den Elementarwesen erwacht, dann können wir diese aus vielerlei Sichtweise betrachten, um am Ende begreifen zu können, dass nicht die Elementarwesen uns Angst machen und dass sie so etwas auch nicht vorhaben.

Wenn wir das Gefühl haben, da ist ein Geist und es macht uns etwas Angst, dann ist es gut, wenn wir versuchen, unsere Gefühle zurückzunehmen und uns mehr auf unseren Körper zu konzentrieren. Das Körpergefühl hilft uns dabei, dass wir einen emotionalen Abstand haben können. Dann können wir ganz bewusst zu dem Geist (oder Menschen) hinfühlen und versuchen wahrzunehmen, wie er wirklich ist und welche Absichten er hat. Dann wissen wir, ob es unsere persönliche Angst ist oder vielleicht auch der Geist Angst hat und Hilfe bei uns sucht. Sollte es tatsächlich ein wütender Geist sein, dann könnten wir ihn fragen, warum er wütend ist und ob wir ihm helfen können. Beten und bitten wir für ihn, zünden wir ihm und uns allen eine Kerze für die Liebe an. Wenn wir aufrichtig sind, wird er sich schnell beruhigen und uns dankbar sein. Dann haben wir einen guten, neuen Freund gefunden.

Als mir ein Elementarwesen erschien, das sehr, sehr wütend war, keine gute Energie hatte und auf einmal in meinem Zimmer stand, spürte ich keinerlei Angst vor ihm, weil er nicht mich meinte. Wenn wir verbunden sind mit den Kräften der Liebe, dann erkennen wir auch die Liebe hinter der Wut. Seine Wut war sehr stark auf uns Menschen und dennoch waren seine guten Kräfte auch zu spüren. Er war zu mir gekommen, um mir dies zu zeigen. Ich habe schon viele Wesenheiten vielerlei Art gesehen, denen ihr Heim zerstört wurde oder sie hatten ihre Familien verloren durch unsere Zerstörung der Natur. Ich sage unsere, weil wir alle mehr oder weniger mitverantwortlich sind durch das, was wir kaufen und leben. Elementarwesen sind sehr selten wütend, was bestätigt, wie groß ihre Liebe ist. Dieser Naturgeist wollte mir zeigen, welche Auswirkungen unser Egoismus noch zusätzlich hat. Und ehrlich gesagt, ich kann ihn gut verstehen. Auch ich bin manchmal sehr wütend auf uns Menschen wegen dieser wilden, erbarmungslosen Zerstörung überall auf der Erde. Vielleicht fühlen sich einige von euch durch diese Tatsachen, die ich häufiger anspreche, stark konfrontiert und verletzt. Es könnte wütend machen. Wir sind nun mal die Täter. Wie aber mag es da den Opfern gehen?! Wenn wir uns alle in die Lage des anderen hineinversetzen, im selben Maß, wie wir uns selbst spüren, dann erst begreifen wir, was unsere Taten für Folgen haben.
Es ist leider so, dass die Natur und ihre Geister unter uns zu leiden <u>haben</u>. Wir haben göttliche Wesen in vollkommener Schönheit ganz in unserer Nähe. Vielleicht könnten wir die Natur noch mehr wertschätzen, achten und schützen. Für alles, was wir haben und was uns umgibt, müssen wir Sorge tragen, oder? So auch mit der Natur.
Der wütende Geist von damals war beim Schreiben mit anwesend. Ein kleiner Zwergenfreund hatte ihn schnell geholt. Er ist jetzt zum Glück in einer besseren Verfassung, aber er ist noch sehr im Unmut mit uns Menschen. Ich kann deutlich spüren, dass sein Vertrauen in uns zerstört wurde, jenes Vertrauen, das er zuvor in uns hatte. Dieses Gefühl kennt ihr sicherlich. Es ist die Trennung vom Urzustand des Lebens, von der Verbundenheit

in vollkommener Gemeinschaft. Hoffentlich können er und die vielen anderen verletzten Elementarwesen das Vertrauen in uns Menschen wiederfinden.

Während sich die anderen Elementarwesen, denen es gut geht, immer sehr freuen, wenn ich von ihnen schreibe und es sogar wünschen, war er vor allem verunsichert deshalb. Denn wenn er in diesem Buch erwähnt wird, dann schauen wir Menschen auf ihn - auf seine Verletzung, seine Traurigkeit oder Angst. Mögt ihr es, wenn jemand auf eure „Schwächen" schaut? Es wäre ganz wunderbar, wenn ihr euch einen Moment Zeit nehmen mögt, um das Buch beiseite zu legen und in Liebe an die Natur und ihre Elementarwesen zu denken, als Zeichen für euren Wunsch nach Frieden mit der Natur. Danke!

Gedanken für die Liebe & Frieden

Das kann ein Dank an die Natur sein.
Seht euch einfach in eurem Leben und in eurer Wohnung um und euch wird sicherlich vieles einfallen, wofür ihr der Natur dankbar sein könnt.
Es ist auch gut, wenn ihr um Vergebung bittet.
Es ist ein Eingeständnis der Taten.

****

Dankbarkeit und der Gedanke an Frieden wecken wohltuende Gefühle in den Elementarwesen, so wie in uns Menschen und jedem Wesen. Vergeben werden sie uns sicherlich, wenn wir aufrichtig darum bitten, weil sie Frieden wünschen. Ich glaube, wenn wir Menschen verstehen, dass es richtig ist, der Natur und ihren Geistern Gutes zu tun, dann sind wir mit dem ersten Schritt auf dem richtigen Weg. Wir sind von ihrem Dasein und Wohlergehen abhängig. Geben wir ihnen etwas zurück mit unseren friedvollen und freudigen Gedanken an sie und bestenfalls auch mit dem kleinen Versprechen, es von nun an besser zu machen – es wenigstens zu versuchen, für unsere Freunde und gleichzeitig für uns selbst.

Wir brauchen keine Angst vor einem wütenden Naturgeist zu haben. Er braucht die Liebe von uns Menschen, um wieder ganz genesen zu können. Es genügt nicht, wenn ihm allein von den anderen Elementarwesen geholfen wird. Wenn uns ein Hund beißt, dann haben wir Angst vor Hunden. Nicht vor dem einen Hund, der dies getan hat, sondern vor allen Hunden. Um unser Trauma und unsere Angst vor ihnen ganz ausheilen zu können, brauchen wir positive Kontakte mit Hunden. Menschen können uns dann beruhigen, aber nur ein Hund kann uns heilen. Darum brauchen die Baum- und Pflanzenwesen, als auch die Elementarwesen unsere Menschenliebe, damit auch ihre Wunden vollständig verheilen können, z.B. wenn wir Bäume und Wälder fällen oder sie verletzen. Es liegt an uns, dies zu entscheiden und zu tun. Übernehmen wir selbstbewusst die Verantwortung dafür, dass uns die heilsamen Kräfte der Natur erhalten bleiben und wieder stark werden durch unsere Liebe zu ihnen! Dies zu entscheiden und zu tun ist täglich aufs Neue notwendig, wenn wir grundlegend und auf Dauer etwas zum Positiven ändern wollen. Wir haben die Möglichkeit uns für die heilsame Liebe zu entscheiden und tun es zu wenig. Die Elementarwesen, Engel und Heiligen versuchen uns bewusst zu machen, wie groß die Kraft der Liebe ist, die wir im Miteinander mit allen anderen haben und wie wir sie zum Besten leben können.

Machtausübung macht Angst. Wer hat Macht über wen? Der Stärkere kann machtvoller sein. Wir sollten aber nicht die Kräfte ausnutzen, nur weil wir stärker sind als viele andere. Wer schwarze Magie ausübt, der fühlt/e sich im Leben machtlos gegenüber anderen und versucht, mit diesen Mitteln die Macht wiederzuerlangen. Das tun wir aber nicht nur mit schwarzer Magie, sondern wir alle versuchen auf irgendeine Weise die Kontrolle zu behalten. Die Elementarwesen üben keine Macht aus, weil sie nicht egoistisch sind, weil sie durch die Liebe geistig stark sind. Von ihnen bekommen wir nichts aufgezwungen - sie bitten uns nur - um Frieden.
Die Frage ist nun, ob wir Menschen weiterhin egoistische Macht ausüben wollen, um anderen zu schaden und damit die Gemeinschaft schwächen? Oder ob wir die Kräfte der anderen in uns zum Guten gebrauchen mögen für alle, um damit das Miteinander zu stärken? Wir haben die Kräfte von allen anderen bekommen. Der Dank für diese Kräfte ist, den anderen zu helfen!
Unser geistiger Ursprung ist die Liebe. Wir sind aus dem Miteinander geboren worden, durch die Kräfte der anderen. Dem Egoismus sind Grenzen gesetzt. Egoismus ist die Mauer, die uns abhält, das Grenzenlose, das Göttliche, die Liebe zu erreichen. Darum ist es ratsam, damit aufzuhören, Macht über etwas oder jemanden haben zu wollen. Bevorzugen wir stattdessen das Miteinander, dann kommen wir zum Ursprung der Kraft - zum Göttlichen.
Wenn wir uns dafür entscheiden und aufhören zu kämpfen, begegnen wir auf diesem Weg des Friedens und der Liebe den Elementarwesen und Engeln. Wenn wir unsere Menschenliebe mit der Liebe der Naturgeister verbinden, wird unsere Entwicklung und Wandlung sehr viel schneller und kraftvoller möglich sein. Es entsteht immer mehr Kontakt zu denen, die in

Liebe leben. In dieser Verbundenheit kann sich jeder von uns in ein göttliches Wesen wandeln. Der Liebe ist in ihren Möglichkeiten keine Grenzen gesetzt. Sie ist grenzenlos.

Die Heiligen sagen, dass ich nicht von Macht reden soll, besonders wenn es um die Liebe und ihre Helfer geht. Da wir aber fast alle versuchen, auf die eine oder andere Weise unbewusst Macht auszuüben, denke ich, dass es angesprochen werden muss – um sich dessen bewusst zu sein. Macht auszuüben bedeutet, größer und stärker sein zu wollen. Wenn wir bewusst unsere unbewussten Handlungen der Macht abgeben, dann können wir ganz neue Erfahrungen machen – so wie ich am Strand:

Entspannt ging ich an der Wasserkante des Meeres spazieren und lief geradewegs auf eine Gruppe Möwen zu, die sich dort ebenfalls entspannten. Ich nahm etwas Abstand vom Wasser und den Tieren, um sie in ihrer Pause nicht zu stören, die sie dringend benötigen, damit sie genügend Kräfte sammeln können für die Nahrungssuche und um den Winter überleben zu können. Einige Möwen fanden den Abstand wohl nicht ausreichend und standen auf, um wegzugehen. Sehr skeptisch wurde ich angeschaut. Das gab mir ein Gefühl von Macht über sie. Es ist ein Gefühl von egoistischer Arroganz, die wir Menschen uns anderen Lebewesen gegenüber angewöhnt haben. Die Möwen spüren das. Ich mag nicht das Gefühl, mächtig, egoistisch und arrogant zu sein, weil ich Ungerechtigkeit nicht mag. Darum dachte ich, dass die Möwen auch Macht über mich haben können. Sie könnten mich aus dem Flug angreifen, wenn sie es wollten. So schaute ich sie an und gab ihnen bewusst auch ein Gefühl von Macht, die sie über mich haben. Das machte uns zu gleichwertigen Lebewesen. Sofort entspannten sich die Möwen und schauten mich nicht mehr an und ich konnte, ohne einen größeren Abstand nehmen zu müssen, an ihnen vorübergehen. So z.B. können wir egoistische Arroganz (Macht) in Liebe wandeln.

Wenn uns eine geistige Kraft oder ein geistiges Wesen erscheinen sollte, das uns Menschen nicht wohlgesonnen ist, dann ist ihm, vermutlich von uns Menschen, Übles angetan worden. Elementarwesen selbst und aller Ursprung der geistigen Kräfte und Energien, die ich bislang kennengelernt habe, sind gütiger und liebender Natur. Je weiter ich voranschreite in meiner eigenen Entwicklung, je näher ich dem Ursprung des Lebens komme, um so schönere Erfahrungen mache ich mit diesen Wesen und Kräften. So schön, dass ich es kaum begreifen kann, dass es so viel Liebe um uns herum und in uns gibt. <u>Das</u> ist das Leben in der Tiefe im Ursprung unseres Daseins. Als ich dies schrieb, stellte sich ein sehr kleines Männlein zwischen mich und den PC, selbstsicher und dennoch sehr bescheiden und höflich. Ich war völlig vertieft in den Text und hatte schon wieder den Kontakt mit den Elementarwesen verloren. Das war eine kleine und sehr schöne Erinnerung –

von einem Geist. Sie sind sehr positiv kraftvoll.

Wir Menschen können so positiv sein wie ein Elementarwesen oder Engel, wenn wir uns trauen, der Liebe zu vertrauen und den anderen auch respektvolle Gleichwertigkeit zugestehen. Dann können wir das Kämpfen beenden. Wenn wir Macht ausüben wollen und kämpfen, dann ist das ein Zeichen dafür, dass wir noch offene Wunden in uns tragen und die wir versuchen zu schützen. Diese lassen sich nur mit Liebe heilen, indem wir uns vergeben und indem wir der Liebe vergeben. Warum wir der Liebe vergeben sollten?

Ein Beispiel: (Setzt bitte selbst sie oder er ein.)

Du bist blind verliebt. Ein Funken der Liebe ist erwacht und du läufst einem anderen hinterher, der dich gar nicht so sehr mag wie du ihn. Weil es nur ein Funken der Liebe ist und nicht vollkommene Liebe, kann er dich nicht genauso lieben wie du ihn. Er will, dass du weggehst. Du gehst nicht und er wehrt sich gegen dich, weil es ihm zuviel wird. Eine Wunde entsteht in dir. Du bist wütend auf ihn und gibst ihm die Schuld. Vor allem aber bist du wütend auf dich und auf die Liebe in dir. Somit gibst du der Liebe die Schuld.

Weil wir alles aus Liebe tun, geben wir unbewusst auch immer der Liebe die Schuld, wenn wir abgelehnt werden. So entfernen wir uns immer mehr von dieser guten Kraft, von den anderen und uns selbst. Das machen wir fast alle so seit der Kindheit in allen Bereichen des Lebens. Auf diese Weise verlieren wir das Vertrauen in die Liebe in den anderen und in uns selbst - in die Liebe der anderen in uns. Anstatt nach dem Erwachen von etwas Liebe die vollkommene Liebe zu suchen, trennen wir uns von ihr. Liebe lässt frei. Hast du ihn wirklich geliebt? Hast du ihm Liebe gegeben? Oder war es die Sehnsucht in dir nach mehr Liebe, die dir schon vorher verloren gegangen war oder die du vorher gar nicht kanntest und die er in dir geweckt hat? Dann kannst du dankbar sein.

Wenn wir Liebe suchen, dann sollten wir sie auch in uns suchen. In uns ist die Liebe der Vorfahren aus ihrer Verbundenheit. Wenn auch sie nicht in vollkommener Liebe gelebt haben, dann können wir noch tiefer in uns suchen – nach dem Ursprung, der Quelle der Liebe und des Lebens. Wir können die Kräfte der Liebe in uns und um uns herum einladen. Sie macht lebendig, wirkt belebend. Wenn wir einen schlechten Tag hatten und scheinbar keine Liebe in uns ist, ist sie trotzdem da, denn sonst wären wir nicht da. Nur die Liebe zum Leben und zu etwas und jemandem hält uns am Leben. Der Liebe sei Dank! Dem Ursprung des Lebens sei Dank – dem Göttlichen. Das ist die Natur. Der Liebe können wir vertrauen. Dem göttlichen Ursprung in der Natur können wir vertrauen. Dazu gehören die Elementarwesen, die Engel und das Gnadenlicht.

Gedanken - PAUSE

Erinnerung an das Gefühl der Liebe,
an Situationen, in denen ihr euch mit anderen gemeinsam sehr wohl
gefühlt habt. Das kann eine Katze gewesen sein oder ein Hund, die euch
gut getan haben, weil sie sich von euch streicheln lassen wollten oder weil
sie sich gefreut haben, euch zu sehen oder mit euch spielen wollten.
Vielleicht an die Freude über eine kleine Blume am Wegesrand,
die wärmende Sonne oder das Plätschern eines Baches. Alles lebt
und darum können wir mit allem Liebe empfinden.
Erinnert euch an die Liebe.

****

Die Liebe existiert, genauso wie das Göttliche und seine Diener, die Engel und Elementarwesen. Und es gibt den Teufel und seine Diener, die Dämonen. Was ist denn der Teufel und ein Dämon? Warum gibt es sie in der Welt? Warum haben wir Angst vor ihnen? Warum haben manche scheinbar keine Angst vor ihnen?
Ich hatte eine Begegnung mit einem Dämon. Eines Morgens flog ein geistiges Wesen durch das Fenster in mein Zimmer. Er hatte schneeweiße Flügel, die ich so deutlich sehen konnte, wie bei einem Vogel. Es sollten Engelsflügel darstellen. Vielleicht waren es sogar welche, nur dass sie aussahen, als ob sie angehängt wurden. Die Gestalt selbst konnte ich noch nicht erkennen. Ich hatte ein mulmiges Gefühl, nahm Abstand zu ihm, um ihn besser sehen und ein Gefühl für das Wesen bekommen zu können. Er war dunkel in der Energie und eindeutig ein Dämon. Mir wurde recht unwohl und ich bekam das Gefühl, dass ich vorsichtig sein sollte. Dennoch konnte ich keine deutliche Angst vor ihm empfinden. Es ging nichts direkt Bedrohliches von ihm aus und doch war da etwas scheinbar Gefährliches in ihm. Ich konzentrierte mich mehr auf die anderen Elementarwesen, mit denen ich mich gut fühlte und die auch im Zimmer waren. Sie hatten wohl keine Angst vor einem Diener des Teufels. Dann fragte ich im Stillen, warum er zu mir gekommen ist. Irgendeine Bedeutung wird er für mich haben, sonst wäre er nicht so bewusst in mein Zimmer geschwebt. Durch diese Frage war ich im Kontakt mit ihm und beobachtete, was in mir vor sich ging. Ich verstand einige Unstimmigkeiten in mir und bedankte mich bei ihm dafür, dass er mich darauf aufmerksam gemacht hatte. Aus Dankbarkeit fragte ich den Dämon, ob ich auch etwas Gutes für ihn tun könne. Er ging in sich, wurde dabei in seiner Energie sehr hell, klein wie ein Kind und sehr bescheiden. Dann sauste er zu mir und wurde plötzlich ein Teil von mir. Ich konnte seine Dämonengestalt und die dunklere Energie in mir

sehen. Er war aber nicht vollständig in mir, es war nur ein Teil seiner Seele. Er stand noch an derselben Stelle im Zimmer. Seltsamerweise blieb ich ruhig und beobachtete, was dies zu bedeuten hatte. Ich konnte nichts Negatives in mir empfinden. Stattdessen schien ich ihm teilweise sehr ähnlich zu sein. Nach einer Weile fühlte ich mich etwas unwohl mit dem Geschehen, weil er eben ein Dämon ist. Von denen hatte ich noch nie etwas Gutes gehört. Da sprang mein Freund, der Elfe, zwischen den Dämon und mich im Zimmer, breitete seine Arme vor ihm aus und gab mir zu verstehen, dass das nicht gut so ist. Dazu sagte der Elfenfreund: „Er möchte leben." Ich spürte in mich, um dem Teil von ihm in mir klar zu machen, dass ihm das in meinem Körper nicht weiterhelfen wird. Ich sendete ihm meine Liebe und besten Wünsche für sein Dasein und bat gleichzeitig die Lichtenergie und das Leben für ihn zu sorgen. Daraufhin löste er sich von mir und seine Gestalt im Zimmer wurde etwas heller. Er wirkte nicht mehr so dämonisch. Seine ganze Gestalt wurde etwas runder, war nicht mehr so spitz. Auf einmal hatte ich ihn vergessen, übte mich im Qi Gong und meditierte. Beim Frühstück erschien der Dämon wieder und sagte: „Ich bin dein Gewissen." Jetzt verstand ich, was ich zuvor in mir beobachtet hatte. Dämonen sind keine tatsächlich bösen Wesen. Wir Menschen machen sie dazu. Sie sind der geistige Teil in uns (und alles spiegelt sich im Außen wieder) der uns warnt, wenn wir etwas tun, das nicht gut für uns und andere ist. So wie unsere Intuition, die uns warnt, wenn etwas nicht in Ordnung ist. Vielleicht ist das Gewissen, der Dämon, nichts anderes als ein Teil unserer Intuition. Deshalb hatte er diese weißen Engelsflügel. Wieviel Menschen hören nicht auf ihr „schlechtes" Gewissen?!
Wenn Hitler seine Dämonen genauer betrachtet hätte, die ihm gezeigt haben, was er falsch macht, dann hätte er mit dem Krieg und allem anderen aufgehört. Er hat sie aber falsch interpretiert und ihr dunkles Dasein als Wahrheit und Richtigkeit angenommen und alles ist nur schlimmer geworden, und damit auch seine Dämonen, denn sie spiegeln einen Teil von ihm. Sie zeigen uns auch, wovor wir Angst haben und drücken sich im kämpferischen Teil in uns aus. Wenn wir mit ganzer Überzeugung, z.B. arrogant, egoistisch und machthaberisch sind und uns aus dieser Überzeugung heraus kämpfend durchsetzen, ohne die Grenzen und Wünsche der anderen zu wahren, dann folgen wir ganz sicher nicht dem Göttlichen und nicht den Engelskräften in uns.
Dämonen sind grundsätzlich keine schlechten Geister. Sie sind nicht schlechter als wir Menschen auch. Wenn wir anderen und uns selbst schaden, dann wird unsere Angst und unsere warnende Stimme, z.B. in Form des schlechten Gewissens, immer stärker oder wir kämpfen immer mehr. Wenn wir nicht auf den „Dämon" in uns selbst und um uns herum hören

und unser Leben nicht zum Besseren, zum Wohl für alle ändern, dann werden solche Kräfte immer stärker. Das zieht auch die äußeren Kräfte an. Die gesellen sich zu uns, die wir rufen mit unseren Taten.

Wenn wir alle aus denselben Kräften des Universums geschaffen wurden, dann sind wir auch alle in der Tiefe im Ursprung gleichartig. Bei uns Menschen erwacht in der schweigenden, stillen Meditation die Liebe und das Mitgefühl, unser wahres Wesen. Wir lassen nur die Gedanken los und werden still und friedlich. Ruhe kehrt ein. Das geschieht bei jedem, unabhängig davon, ob er oder sie zuvor ein engelsgleiches oder teuflisches Verhalten hatte. Wenn wir über die Teufel nicht urteilen und still sind, dann können auch sie friedlich werden. Jesus sagte mir: „Wo kein Kläger ist, da ist auch kein Angeklagter." Da gibt es kein Gerichtsverfahren, kein Urteil und keine Strafe. Wer ist der Teufel?

Wir brauchen vor den Dämonen keine Angst zu haben, sofern wir gewillt sind, sie zu verstehen. Sollte so eine Begegnung stattfinden, dann halten wir uns am besten innerlich auf respektvolle Weise zurück und beobachten genau, was in uns selbst und außen gedanklich und emotional vor sich geht. Sie sind ein Spiegel unserer eigenen Gewohnheiten, Bedürfnisse, unserer negativen Eigenschaften und unseres Gewissens. Die „Dämonen" in oder um uns herum zeigen uns, wenn wir nicht in Gemeinschaft mit den anderen leben und egoistisch handeln. Mit Respekt muss man ihnen begegnen wie jedem anderen Lebewesen auch, damit der Abstand gewahrt wird und wir uns besser verständigen können. Wir sollten auf unser Gewissen hören als eine warnende Kraft, die in uns ist und uns vom Leben geschenkt wurde als ein Teil der Liebe der göttlichen Einheit. Jesus sagte dazu: „Du bist deinem Dämon begegnet." Es war ein Dämon, der das Leben suchte.

Der Dämon war so lange geblieben, bis ich von ihm geschrieben hatte. Dann hat er sich verabschiedet. Ich habe ihm meinen aufrichtigen Segen gegeben und beste Wünsche für sein Leben und das Leben aller Dämonen dieser Welt. Er fühlte sich sichtlich berührt und sein Körper veränderte sich dadurch zu einer menschlichen Gestalt. Seine Energie war noch etwas dunkel geblieben. Als ich dies schrieb, kam er wieder mit einer kleinen Menschenfrau in heller Energie an seiner Seite. In diesem Moment wurde mir bewusst, dass dieser Dämon einmal ein Mensch war und zu einem Dämon wurde mit der Zeit und seinen Taten - und zu einem Engel werden kann, wenn er weiter danach lebt. Der Dämon oder Teufel, ein gefallener Engel – so wird es gesagt. Ich sehe dieses Geschehen als Bestätigung dafür, dass wir Menschen uns von all dem himmlischen Geschehen trennen und meinen, das ginge uns nichts an und es wäre eine Welt für sich. Diese Einstellung entspricht nicht der Wahrheit. Wir werden zu dem, wofür wir uns entscheiden. Ein Dämon, ein Mensch, ein Engel usw. oder umgekehrt. Die Hölle und der Himmel sind überall, sogar in uns.

Wir sollten im Geschehen des Lebens nicht vergessen, uns dabei helfen zu lassen – unabhängig davon, ob es uns schlecht ergeht oder gut. Weiterentwicklung ist immer möglich und notwendig. „Versuche es nicht allein", sagte ein Heiliger. Dämonen und Teufel sind geistige Wesen und Kräfte, wie es auch die Engel und Elementarwesen als göttliche Wesen sind. Sie sind auf derselben Daseinsebene. Rufen wir die Engel, unsere Freunde des Himmels um Hilfe (in solch einer Begegnung), um unsere ei-genen unschönen Geisteskräfte besser annehmen, verstehen und ändern zu können. Auch in der Begegnung mit dem Dämon half mir ein Elfe, den Dämon richtig zu verstehen und mich entsprechend zu verhalten. Das konnte der Elfe nur, weil ich mit ihm und den anderen Elementarwesen im Kontakt geblieben bin. Dadurch habe ich dem Elfen Aufmerksamkeit gegeben und war für seine Hilfe offen. Versuche es nicht allein.

Als mir bewusst wurde, dass der Dämon vorher ein Mensch war, hatte ich mich sehr darüber gefreut, dass er nun wieder zurückgefunden hatte. Ich sendete ihm meine Liebe, wodurch er noch heller in der Energie wurde. Alle konnten aufatmen und auch die Elementarwesen waren zufrieden. Danke Dämon, dass du die Liebe bevorzugt hast und nach Wandlung zum Guten suchst! Ob wir Menschen das auch können?

Wie schnell können wir uns zum Dämonischen (Negativen) wandeln und genauso schnell können wir uns auch zum Lichtvollen (Positiven) zurückbesinnen. Wir haben die Wahl.

Wenn ihr schon gefühlte 100 mal euer Leben betrachtet habt und ihr viele Einsichten hattet und vieles geändert habt und ihr immer noch krank seid oder missmutig, traurig, wütend - dann gebt nicht auf!!! Strebt weiter nach dem Licht. Gebt nicht auf!!! Jede Bemühung lohnt sich und findet einen Platz in uns zum Guten. So sagen es die Heiligen und so kann ich es auch durch meine persönlichen Erfahrungen bestätigen.

Wir wagen uns meistens nicht direkt an den Ursprung des früheren Geschehens heran, weil wir dort noch verborgene, nicht gewollte Gefühle zurückhalten. Es kann auch sein, dass wir nicht ganz vergeben wollen, weil wir dann nicht mehr besser sind als der andere, der uns den Schaden zugefügt hat. So bleibt die „Arbeit" an uns selbst in einem „oberflächlichen" oder Teilbereich unseres Lebens. Wir rühren um den heißen Brei herum, aber nicht in ihm. Die Angst vor der Begegnung unserer „Dämonen" und der Alleingang bei der Heilung – das ist auch ein „Dämon". Das können wir so nennen oder anders. Es geht nur darum, dass wir nicht vor unseren Ängsten usw. weglaufen und es auch nicht alleine versuchen zu heilen! Aggressivität kann stark sein, genauso wie die Angst. Suchen wir uns

Freunde und Helfer bei der Heilarbeit. Wenn wir unserem „Dämon" aus dem Weg gehen, dann lehnen wir ihn ab – einen Teil von uns. Dadurch machen wir ihn (die Gefühle oder Gedanken) stärker. Wie reagieren wir, wenn wir abgelehnt werden? Die Wut und der Egoismus werden stärker und die Trennung noch größer. Was ist größer, die Angst oder die Liebe? „Lass die Liebe größer sein", sagen die Heiligen. Das Ego oder der „Teufel" ist kein Freund, aber er möchte einer sein, weil niemand wirklich alleine sein möchte. Hinter jedem Gefühl ist eine tiefere Sehnsucht nach Verbundenheit. Vor allem wünscht er Freunde, sonst würde er keinen Kontakt suchen. Das ist die Liebe, der göttliche Teil in ihm, in uns allen. In jedem können wir wenigstens einen Funken Liebe entdecken, wenn wir es wollen, weil der Ursprung des Lebens die Liebe ist und darum ist sie in jedem vorhanden – auch in einem Teufel oder Dämon. Das Wichtige und Gute ist, dass wir in jeder Begegnung mit einem negativen Wesen oder negativen Gefühl etwas dazulernen können.

Es ist wichtig, darauf zu achten, dass wir dem Dämon, dem schlechten Gewissen, den Ängsten und Krankheiten nicht dankbarer sind als dem Engel, der Liebe, dem Wunsch nach Erlösung und Heilung in uns. Es gibt Menschen, die sind dankbar für Krisensituationen oder für schwere Krankheiten, die sie erleiden mussten, weil sie etwas daraus gelernt haben. Sie glauben, dass sie ohne dies nicht dazulernen konnten. Eine Krankheit ist eine Energie, die nicht viel mit Liebe zu tun hat, genauso wenig wie Streitereien. Es lernt ja auch nicht jeder etwas daraus. Viele sterben daran oder leiden ihr ganzes Leben. Die Menschen, die den Mut hatten, sich dem zu stellen in ihrem Leben, was nicht in Liebe geschehen ist, und den Mut hatten, daraufhin etwas zu ändern - die haben es ihrem Mut und der Kraft der Liebe in ihnen zu verdanken und <u>nicht</u> dem Krebs, der Krankheit, dem Dämon, der Krise! Alles andere ist eine verdrehte Sichtweise und entspricht nicht der ganzen Wahrheit. Zudem geben diejenigen den krankmachenden Energien Kraft, indem sie sie befürworten und regelrecht einladen. Ich lerne, wenn ich krank bin. Nein. Ich lerne, weil ich es will und den Mut dazu haben möchte, weil ich leben will. Dann hängt es natürlich noch von den Kräften der Vorfahren in uns ab und unserer Umgebung, ob wir von innen und außen dabei Unterstützung bekommen. In allem und jedem ist auch ein Funken Liebe, und was nicht in Liebe ist, dem sollten wir unsere Liebe geben (in der bildhaften Vorstellung, gedanklich, emotional und mit dem Körper), damit es sich in Liebe wandeln kann. Danken wir nicht der Krankheit usw., dass sie da war. Danken wir besser den kranken Energien, dass sie sich gewandelt oder sich von uns gelöst haben!

Ein Weg dahin könnte mit diesen Worten beginnen:
Entschuldigung, dass es so gekommen ist, meine Wandlung von der Liebe zum Hass, vom Freund zum Feind, vom Guten zum Schlechten, von Gesundheit zur Krankheit. Nun habe ich den Wunsch nach Heilung. Ich möchte den Weg zur Liebe finden, zur Freundschaft und zum Miteinander, den Weg zum Göttlichen.
Unser Wunsch nach Liebe ist schon Liebe! Machen wir es uns nicht so schwer und kompliziert. Wenn wir nicht verzeihen können, weil wir leiden, dann können wir sagen: Ich kann nicht verzeihen, aber ich möchte verzeihen können.
Es ist besser, ehrlich mit uns selbst und den anderen zu sein. Wir können Worte für unsere Sehnsucht finden oder in der Stille verweilen. Die Stille hat eine heilsame Wirkung, weil wir dann friedlich sind und neutral, ohne Meinung und Kommentar. Wir können dann so sein, wie wir in unserem wahren Wesen sind - still, friedlich, liebend. Die Stille und die Liebe, die in der Stille erwacht, sind die heilsamsten Kräfte des Lebens. Das sind die göttlichen Engelskräfte in uns.

Sehr erschrocken war ich in dem Moment, als mir die Elementarwesen offenbarten: „Es gibt auch sehr böse Mächte." Das musste ich erst eine Weile auf mich wirken lassen, bis eine Antwort aus der Tiefe der Wahrheit in mir hervorkam. Zu allen Kräften gibt es immer auch ein Gegenstück! Also gibt es besonders gute Kräfte der Liebe, die es ausgleichen oder ausheilen können. Diese Tatsache empfand ich als sehr beruhigend und bekam auch eine Bestätigung von den Elementarwesen dazu.
Die Elementarwesen lehren uns, was die Wahrheit ist. Als ich nach einer langen Wanderung eine Zecke an meinem Bein entdeckte, die nicht loslassen wollte, sagte eine Elementarwesen: „Das ist ein böser Geist."

Auch ein Teufel kam zu mir. Er tat mir nichts. Er verschwand, als ich ihn darum bat. Ich bat ihn darum, weil er mir zu mächtig erschien und ich mich nicht stark genug fühlte, mich den teuflischen Seiten in mir und im Leben von allen zu stellen. Er wollte mich etwas lehren, mir etwas zeigen und ich wollte ihn auch verstehen, konnte es in dem Moment aber nicht annehmen. Sogar der Teufel hörte auf die Liebe. Vielleicht hört nicht jeder Teufel auf die Liebe, das weiß ich nicht. Dies war wohl mein Teufel, so wie es mein Dämon war, dem ich begegnet bin. Danke Teufel, dass du auf die Liebe gehört hast!
Und dann kam noch ein „Teufel" zu mir. Dieser war ein Elementarwesen. Er sah mit seinem Körper aus wie ein kleiner Teufel, war aber in einer normal erdigen Energie und hatte dieselbe liebe und freundliche Art wie alle Ele-

mentarwesen. Ich hatte das Gefühl, dass er in der Tiefe der Erde lebt. Er war sehr unaufdringlich, höflich und bescheiden in seinem ganzen Wesen. Nach einer Weile saß er sehr traurig und fast weinend auf meinem Bett. Die liebe Elfe versuchte ihn zu trösten und ich fragte, was ihn denn so bekümmere. Er weinte, weil ich ihn als Teufel bezeichnete und es stellte sich heraus, dass er ein Feuerelementarwesen ist. So schnell kann man jemanden falsch einschätzen, nur aufgrund seines Aussehens! Das Leben ist sehr vielfältig und die Äußerlichkeiten spiegeln nicht immer das Innere wieder. Sein Körper stellte den Ausdruck des Feuers in der Tiefe der Erde dar mit einer unglaublichen Herzenswärme und Liebe im Innern.

„Teufel" können manchmal auch Menschen sein, auch wenn sie nicht so aussehen, z.B. wenn Menschen mit schwarzer Magie die guten Kräfte der Natur auf übelste Weise missbrauchen. Die Naturgeister können sich gegen diese Art von Machtausübung nicht wehren - was die Liebe der Naturgeister bezeugt. Sie werden durch den Willen dieser Menschen dazu gezwungen. Diese Art der Magie ist eine Verdrehung der guten Kräfte in das Negative. Die Kraft des Geistes und der Geister ist nicht Schuld daran und nicht verantwortlich dafür! Das allein haben diese Menschen so entschieden und verursacht.
In einem Dokumentarfilm über eine sehr bekannte religiöse Gruppe in den USA verbrannten sie gerade (scheinbar harmlos) ein Holzkreuz und standen im Kreis um das brennende Kreuz. Sie taten und redeten so, als ob sie nichts weiter täten als diese oberflächliche Handlung. Ich sah aber mit meinem inneren Auge, wie sie helle, lichtvolle und wunderschöne Wesenheiten der Natur damit grausam quälten, weil sie deren gute Kräfte auf irgendeine Weise zum Negativen missbrauchten. Es war sehr furchtbar, dies mitansehen zu müssen. Ich betete für sie und spürte, dass eine extrem negative Kraft auf mich aufmerksam wurde. Da erkannte ich, dass ich ja nur für die einen betete und nicht für alle. So kann kein Problem gelöst werden, in das mehrere verwickelt sind. Also betete ich weiter, denn sie missbrauchten meine besten Freunde. Ich versuchte dabei auch, für die negativen Kräfte und diese Menschen zu beten, denn gerade sie brauchen Liebe und Frieden. Es fiel mir schwer, für sie mitzubeten und dachte darum: Ich bete auch für euch, um der Liebe willen! Die negativen Kräfte zogen sich zurück, weil ich es so meinte, wie ich es dachte. Also war die Liebe auch bei ihnen angekommen. Danke an die Kraft der Liebe, die alle besänftigt.

Wenn wir bedenken, dass alles, was wir getan haben, irgendwann und auf irgendeine Weise zu uns zurückkehrt, dann ist es ratsam, wenn wir bewusst unser Leben betrachten und gegebenenfalls etwas ändern. Das Leben besteht aus Kreisläufen. Einer gibt es an den anderen weiter und der eine bekommt es vom anderen. Das sind die Folgen der Taten. Auf Angriff erfolgt Gegenangriff oder „Liebe deinen Nächsten wie dich selbst". Wir säen die Saat aus und ernten die Früchte. Was wir säen können wir selbst entscheiden und so werden dann auch die Früchte unseres Lebens sein. Das würde man in Indien Karma nennen. Aus diesem Rad der Zeiten und Taten können wir nur heraustreten, wenn wir sehr bewusste Entscheidungen treffen - für uns alle. Wenn wir uns nur für uns selbst entscheiden, dann ist das egoistisch und wir kommen damit nicht heraus aus dem Kreislauf des Leidens, denn Egoismus macht krank und ist tödlich. Unser Leben hängt nicht von uns alleine ab. Zudem beeinflussen wir alle anderen, mit allem was wir tun, einschließlich der Natur und den Elementarwesen. So müssen wir sie auch alle miteinbeziehen, wenn wir aus einem Kreislauf herauswollen! Um die besten Entscheidungen treffen zu können, sollten wir die Heiligen, die Engel und Elementarwesen um Rat fragen, denn sie wissen, wie wir das Leiden beenden können.

Manche ernten, was sie nicht gesät haben. Sie müssen darunter leiden, was andere auf egoistische Weise entschieden haben, z.B. die Bäume, die Tiere und Elementarwesen oder ein Mensch wie Jesus. Wir sollten uns kein Beispiel an Egoisten und Straftätern nehmen, sondern lernen, selbst zu entscheiden <u>mit Hilfe</u> der Heiligen, was für uns alle das Beste ist, damit wir am Ende gemeinsam und global aus diesen Kreisläufen herausfinden können! Je mehr sich für das Miteinander in Frieden entscheiden, um so schneller wird es möglich sein. Was würde die Liebe und was würden die Liebenden tun? Das Einzige, was uns aus dem Leidvollen und Tödlichen retten kann, das ist die Liebe. Denn mit ihr kommt der Frieden. Wir haben uns einen sehr zerstörerischen und egositischen Kreislauf gegen die Natur erschaffen, aus dem wir schnellstmöglich herauskommen sollten. Denn die Natur, das sind sehr viele, gegen die wir handeln, und es sind alle unsere Vorfahren. Darum ist es ein Kreislauf der Selbstzerstörung. Herauskommen wir, wenn wir der Natur helfen und alles dafür tun, um im Frieden und wahrhaftigen Miteinander in Liebe mit ihr zu leben.

Heilsames geschieht, wenn wir aufhören, nur noch an das ICH zu denken und nur für das ICH zu handeln und zu leben. Wenn wir beginnen, an das WIR zu denken und für das WIR zu handeln , dann ist das Liebe. Wenn wir lieben, dann verzeihen und vergeben wir und dienen dem Wohle aller. Auf Angriff erfolgt dann kein Gegenangriff mehr und der Kreislauf ist durchbrochen. Ein Heiliger sagte mir: „Du vergisst, wenn du gibst."

Wenn wir die Tiere und Pflanzen, die Elemente und Elementarwesen nicht an dieser Liebe teilhaben lassen, dann ist ein Herauskommen aus den Kreisläufen des Leidens nicht vollständig möglich. Wenn wir jedoch ge-

meinsam mit der Natur einen Weg suchen, dann finden wir sehr schnell aus diesen Kreisläufen von Leiden und Sterben hinaus!
Je mehr sich dafür entscheiden, <u>allen</u> anderen dabei zu helfen, um so schneller und deutlicher wird das Positive für uns alle spürbar und sichtbar sein. Wenn wir dann noch die Elementarwesen und Engel an unserem Leben teilhaben lassen und ihnen und der Natur helfen, dann werden sie auch uns helfen. Auf diese Weise können wir uns gemeinsam in Lichtgeschwindigkeit auf eine sehr positive Zukunft freuen. Denn die Liebe, das ist sehr lichtvolle Energie. Mit ihr geht alles schneller und besser.

Auch die Heiligen von uns Menschen helfen uns dabei, wenn wir sie lassen und ihre Hilfe annehmen mögen, indem wir ihnen unser Leben anvertrauen. Es könnte sein, dass sie uns vorher in unseren Absichten prüfen. Denn wenn uns jemand aus einem negativen Kreislauf herausholt (das bedeutet auch Heilung), aber wir selbst nicht mit dem krankmachenden und dem zerstörerischen Verhalten aufhören und nicht gewillt sind, neu zu denken und handeln, dann werden wir letzten Endes wieder in denselben Kreislauf des Sterbens, Leidens und der Krankheit hineingeraten. Wir alle erleben zwischenzeitlich ein Erwachen durch die Heiligen, die Engel und Elementarwesen, weil sie ständig Liebe in die Welt senden. Manch einer wird von ihnen begleitet, der sich bereits auf den Weg gemacht hat, der Liebe entgegenzugehen und für das Miteinander zu leben. Das sind die Momente in denen wir begreifen, dass wir z.B. etwas verkehrt gemacht haben. Die Liebe lässt uns das begreifen. Danach kann es sein, dass wir wieder in die alte, unbewusste Gewohnheit zurückkehren, weil wir selbst noch nicht bewusst die Entscheidung für die Liebe und das Miteinander getroffen haben.
Uns kann ein Elementarwesen, ein Engel oder ein Heiliger helfen, eine kleine Blume und viele andere auch - am Ende muss jeder selbst entscheiden. Wollen wir nur für das Ich allein leben oder für das Wir, für die Gemeinschaft? Möchten wir weiter mit Egoismus oder mit Liebe leben?
Die Heiligen haben gesagt: „Deinen Willen können wir nicht heilen." Wir müssen also selbst entscheiden. Wir können uns dem göttlichen Willen des Lebens überlassen - den Kräften der Liebe, die alles zusammengefügt haben und nur mit Liebe etwas trennen. Wir sind immer auf der sicheren Seite, wenn wir uns für die Liebe entscheiden, denn dann haben wir die Liebenden auf unserer Seite – und sie haben uns auf ihrer Seite. Das macht die Liebe und uns alle stark.

Gedanken - PAUSE

Ist es möglich, den Wunsch nach positiver Veränderung zu <u>spüren</u>?

Viele Menschen, besonders die Frauen, fragen mich nach den Schutzengeln. Unsere Vorfahren sind die Tiere, Pflanzen, Elemente, die Energien, das Licht, das Geistige und das Bewusstsein in allem im Universum. Die Elementarwesen und Engel, als göttliche Helfer, gehören auch zu unseren geistigen Vorfahren. Wir haben genetisch und energetisch alle Informationen von allen in uns. Also gibt es in uns auch eine Energie der Engel und Elementarwesen. Wer aber sucht danach in sich selbst? Wer bittet diese Kräfte in sich selbst und um sich herum um Unterstützung? Wer ist sich überhaupt dessen bewusst, dass wir alle diese Energien und Geisteskräfte in uns haben?

Wenn wir dämonische Kräfte (Egoismus) in uns haben, dann haben wir auch engelsgleiche Kräfte (Liebe). Wenn wir die Liebe in uns suchen, dann müssen wir uns auch den Egoismus in uns ansehen. Denn wer die Liebe sucht, der gesteht sich ein, dass er nicht in Liebe ist - sehr mutig und sehr ehrlich! Unser Egoismus („Dämon") hält uns davon ab, unablässig um Liebe zu bitten. Fast alle folgen wir der Illusion des Egoismus, des starken Ichs, mit dem wir verträumt durchs Leben gehen und uns nicht eingestehen mögen, dass wir Liebe brauchen. Leben wir denn im Miteinander? Leben wir im Miteinander in Harmonie mit der Natur? Weil es nicht so ist, darum haben so viele Interesse an den Schutzengeln. Ich wünschte, _alle_ Menschen hätten dieses Interesse, denn das wäre ein Zeichen dafür, dass sich alle den Egoismus eingestehen und nach Liebe suchen – für jedes Wesen.

Bei schamanischen Meditationen wird um ein Krafttier gebeten, das uns von innen heraus helfen kann. Wir rufen dabei in uns und um uns herum die tierischen Geisteskräfte (Energien) an - zur Erinnerung, Wiedererweckung und um die Kräfte in ein Gleichgewicht zu bringen. Wenn wir uns dessen bewusst sind, dass diese Kräfte da sind, dann sollten wir nicht sagen, das ist _mein_ Schutzengel oder Krafttier. Nichts gehört uns und nichts und niemand ist dazu verpflichtet, uns EGOisten beschützen zu müssen. Egoisten sind wir, wenn wir sagen, dass etwas uns gehört. Dann ist es für die Schutzengel, Elementarwesen und göttlichen Kräfte nicht so leicht, uns zu helfen. Die Liebe existiert durch das Miteinander. Die Helfer dienen dem Wohl der Gemeinschaft und nicht einem Einzelnen. Demut brauchen wir, wenn wir Hilfe suchen und Demut brauchen wir, um darum bitten zu können. Demut ist die Daseinsebene der Engel, der Heiligen und der Elementarwesen.

In einer sehr fürchterlichen Situation wurde mir klar, wie wichtig die Demut ist und der Wunsch nach Liebe für _alle_! Als ich für ein Seminar auf dem Festland war, fragte mich eine Helferin, ob ich mit ihr in ein nahegelegenes

Waldstück gehen könnte, um ihr zu sagen, welche Elementarwesen und Kräfte dort sind. Ihre Tochter ging mit uns und so gingen wir drei Frauen in den Wald. Es waren schöne, schmale Pfade dort und so liefen wir hintereinander. Auf einmal stand am Wegesrand ein Herrenfahrrad und daneben stand ein großer, sportlicher Mann mit dem Rücken zu uns. Da ich selbst auch häufig nur in der Natur dastehe, machte es neugierig zu erkunden, was er da tat. Er war ein Exhibitionist. Er stand da, war krankhaft beschäftigt mit den sexuellen Gefühlen seines Körpers und brauchte dafür offensichtlich den Anblick von Frauen. Wir drei Frauen gingen erschreckt und stumm weiter und konnten nicht begreifen, was wir da sahen. Dann mussten wir etwas ironisch lachen und da wir gerade Müll aufgesammelt hatten, kam mir nur in den Sinn zu sagen: „Also wenn hier jemand Langeweile hat, dann kann er gerne mithelfen, den Müll aufzusammeln." Ich dachte, ich könnte ihn damit vielleicht zur Besinnung bringen, aber die sexuellen Kräfte waren stärker als sein Verstand. Danach fiel mir alles Mögliche ein, was wir hätten tun können – um uns zu schützen, ihn zu verjagen, ihm zu schaden und zu bestrafen. Ein Anruf bei der Polizei, der Psychiatrie, ihn anschreien, ihn mit dem Müll oder erdigem Waldboden bewerfen. Elementarwesen konnte ich danach nicht mehr wahrnehmen, weil ich emotional viel zu aufgeregt war. Rückblickend sah ich einen Zwerg, der kopfschüttelnd vor dem Mann stand. Die anderen Elementarwesen waren genauso erschreckt wie wir und fanden es auch abscheulich. Am nächsten Tag rief eine von uns Frauen bei der Polizei an. Und das war gut so, denn dieser Mann wurde schon häufiger gemeldet. Ich fragte mich und in den Himmel, warum die Engel uns nicht gewarnt hatten? Es kam keine Antwort. Wieder und wieder fragte ich auch die Heiligen, weil ich mich immer hilfloser und ausgelieferter fühlte und es einfach nicht verstehen konnte. Ich bekam keine Antworten oder „nur" Worte der Beruhigung. Das reichte mir nicht. Die Hilfe hinterher ist ja gut, aber es hätte vielleicht auch verhindert werden können. Mit der Zeit wurde ich wütend und verschloss mich immer mehr gegenüber den Heiligen und den Engeln. Weil mir das aber auch nicht half und es mir stattdessen immer schlechter erging, öffnete ich mich langsam wieder und bestand auf eine Antwort. Die Heiligen erinnerten mich daran, Rückschau zu halten. Rückblickend erkannte ich, dass meine Gedanken der Strafe für ihn und allgemein gegen ihn zu sein, die Kräfte der Liebe behinderten, uns ausreichend helfen zu können. Ich wollte, dass nur mir und uns Frauen geholfen wurde, nicht aber diesem Mann. Das ist nicht Liebe. Wie können dann die Helfer der Liebe wirken?! Ein Engel sagte später sehr zurückhaltend: „Wir haben euch geholfen." Vermutlich haben sie Schlimmeres verhindert. Vielleicht haben sie meine Wut gezügelt, mit der ich sonst auf ihn losgegangen wäre, und das wäre nicht gut gewesen.

Ein Heiliger sagte: „Wir können unsere Augen nicht überall haben." Es geschieht viel Negatives auf der ganzen Erde durch uns Menschen und es gibt noch nicht genügend Heilige unter uns, wie es Engel im Himmel gibt, um für alle Hilfesuchenden rechtzeitig da sein zu können. Leider! Vielleicht mögen sich mehr Menschen von uns darum bemühen, ein höher entwickeltes Wesen zu werden, um anderen besser helfen zu können.
Der Heilige sagte auch: „Behalte deinen Mut." Damit ich weiterhin in den Wald gehen kann. Und: „Nimm es nicht persönlich." Dadurch konnte ich wieder in meine Kraft kommen und mich von dieser Verbindung besser lösen. Vielleicht haben sie nicht weiter eingegriffen in das Geschehen und davor gewarnt, damit ich besser verstehen lerne und es an euch alle weitergeben kann. Wir sollten uns mehr dafür öffnen, dass auch den Tätern geholfen wird durch die Liebe der göttlichen Helfer, denn Gewalt- und Sexualtäter sind krank. Wenn wir uns mehr in der Liebe üben und für <u>alle</u> bitten, beten und wünschen, dann leben wir mit den göttlichen Kräften und Helfern auf einer Wellenlänge. Dann können sie uns auch im vollen Umfang helfen – uns allen, und gleichzeitig werden wir zu Helfern.

Wir haben viele Helfer in der Natur und wir haben einen Körperelementargeist und Engelskräfte in uns, als auch das rein Göttliche des Ursprungs. Versuchen wir, uns dessen bewusst zu sein, so oft wir können. Dann können wir um Hilfe bitten für uns selbst und die anderen in der Gemeinschaft, damit wir alle wieder in Frieden und Liebe zueinanderfinden können. Wenn nur einzelne Hilfe bekommen, dann kann sich keine Gemeinschaft bilden und es wird sich nichts ändern. Der Egoismus ist das momentan größte Problem auf der Erde von uns Menschen, den wir sogar versuchen mit den göttlichen Kräften zu verbinden. Dieses Glück ist aber nur begrenzt oder gar nicht möglich. Nur die Liebe zu <u>allen</u> kann uns helfen. Das ist doch eine schöne Aussicht für die Zukunft, denn dann ist niemand allein mit diesem Glück und muss nicht weiter zusehen, wie es den anderen schlecht ergeht. Dann wird sich auch niemand benachteiligt fühlen oder eifersüchtig werden. Warten wir nicht darauf, bis wir noch mehr leiden. Bitten (beten) wir gleich um Liebe für uns alle. Es gibt viele Engel und Elementarwesen, die uns dabei begleiten und helfen möchten und viele Heilige, die darauf warten, dass wir uns ihnen anvertrauen.
Wir können um die Hilfe von einem Schutzengel **bitten**. Wenn wir ihre Hilfe und Anwesenheit aber für selbstverständlich halten, dann hören wir mehr auf den Egoismus als auf die Liebe. Wenn wir in dieser inneren Haltung sind, dann können sie uns sowieso nicht ausreichend helfen, weil sie nicht unseren Egoismus stärker machen wollen, sondern unsere Liebe.
Ihre Hilfe für uns ist <u>nicht</u> selbstverständlich!

Sie helfen nicht, weil sie es müssen, sondern weil sie viel Mitgefühl und Liebe empfinden und uns Menschen helfen wollen. Ein Engel ist kein Mensch. Sie sind andere Lebewesen auf einer geistigen Ebene in dieser Welt. Sie sind nicht verpflichtet, uns zu helfen. Darum sollten wir ihnen mit Demut begegnen und sie mit allem Respekt um Hilfe bitten.

Sie können uns am besten helfen, wenn wir auf die Vernunft hören und der Liebe und Intuition folgen. So erwacht auch die Engelkraft in uns und wir begeben uns auf dieselbe Wellenlänge mit ihnen. Wenn wir uns immer mehr darin üben, dann können wir sie immer besser fühlen, hören, sehen und uns von ihnen führen lassen. Die Engel sagten mir: „Wir führen euch zusammen." Das tun sie seitdem ausgiebig - seit ich mich endgültig für den Weg der Liebe entschieden habe, auch wenn in meinem Inneren noch Vieles zum Egoismus neigt und noch nicht gewandelt ist. Unaufhörlich begegne ich Menschen, die mithelfen, das Miteinander von uns Menschen mit der Natur, den Engeln und Elementarwesen zu ermöglichen, indem sie z.B. Seminare und Vorträge organisieren. Dank der Engel und Elementarwesen ist mein Leben sehr positiv geworden. Meine Aufgabe ist es nun, zwischen Himmel und Erde zu vermitteln. Sie sind der wichtigste Teil in meinem Leben geworden, denn sie sind ein Teil des großen Lebens, für das ich mich entschieden habe. Nachdem ich verstanden habe, wie kostbar, wertvoll und wichtig die Helfer der Liebe in der Natur sind, seitdem möchte ich auch ein Helfer <u>für sie</u> sein. Liebe weckt die Liebe!

Die positiven Kräfte sind stark, wenn wir es wollen und es erlauben. Alles ist wandelbar vom Schlimmsten zum Besten. Die Liebe und ihre Helfer drängen uns nichts auf. Sie bieten uns ihre Hilfe und Liebe an. Wenn wir mitmachen, dann ist alles möglich, dann öffnen sich uns Türen und Tore der Verbundenheit und Schönheit. Der „Teufel" Angst wandelt sich durch die Liebe zu Achtsamkeit und Vernunft. Das „Böse" in Form von Wut und Aggression, mit dem wir uns voneinander trennen, wandelt sich zu einer gesunden Lebens-Kraft, mit der wir uns aufeinander zubewegen können. Die zehrende Traurigkeit und Verzweiflung wandelt sich zu Sehnsucht und dem Wunsch nach Liebe - mehr als alles andere. Laden wir die Liebenden und die Kräfte der Liebe zu uns ein und alles wird gut. Seien wir selbst eine liebende Kraft.

****

Anrufung des Gnadenlichts

****

In einer Haltung der Demut im Stillen oder laut gesungen.
Es kommt nicht darauf an, mit welcher Melodie wir singen
und in welcher Lautstärke.
Es kann auch gesprochen werden.
Wir sollten uns nicht mit der Stimme über das Licht erheben,
sondern in Demut singen, von Herzen aufrichtig.
Wenn wir loslassen und uns bewusst dem Gnadenlicht
und der Liebe überlassen,
um mit dieser Liebe anderen zu dienen,
dann kann es zu uns kommen und zu den anderen.

Zu jeder Tages- und Nachtzeit, im Alltag, in der Not, im Glück, als Dank.
Für alle, für das Miteinander, für die Gemeinschaft, für die Natur.

****

Arutperum Jothi
Arutperum Jothi
Thanipperum Karunai
Arutperum Jothi

Deutsche Übersetzung:

Allerhöchstes Gnadenlicht
Allerhöchstes Gnadenlicht
(Bitte) Ergieße dich über uns
Allerhöchstes Gnadenlicht

****

Die Natur, ihre Elementarwesen & die Liebe sind Medizin. Was macht uns krank und was ist gesund?

→ Die Natur, die Elementarwesen, die Engel, die Heiligen und die Kräfte der Liebe können uns dabei helfen, gesund zu werden und zu bleiben, denn die Natur und die Liebe bestimmen unser Leben. Elementarwesen haben sehr viel Wissen über die Heilkräfte der Erde, der Elemente, der Pflanzen und Energien. Da sie mit den Pflanzen ganz innig in Liebe leben und ihnen beim Wachstum helfen, kennen sie die Medizin der Pflanzenkräfte - und sie kennen uns Menschen gut. „Besser als du denkst", sagte ein Elementarwesen. Die Naturgeister waren vor uns Menschen da und beobachten uns sehr lange. Sie wissen von unserem Handeln und Nichthandeln überall auf der Erde und was für Auswirkungen es hat im Kleinen und im großen Ganzen auf die Natur, auf sie selbst und uns Menschen. Sie wissen, wie es in uns aussieht, weil sie in der feineren Energie-Ebene der Welt leben, da wo unsere Gedanken, Gefühle und Träume sind. Auch die festeren Energieschichten des Körpers sind für sie einsehbar. Sie leben in den Elementen, Pflanzen und Steinen, die einen festen Energiekörper haben wie wir Menschen. Die Elementarwesen kennen unsere Krankheiten und Gewohnheiten und können uns auf unterschiedliche Weise helfen, gesund zu werden und es zu bleiben. Alles besteht aus Energien, wie auch unser menschlicher Körper. Elementarwesen können helfen, die Energien wieder in ein Gleichgewicht zu bringen. Dafür <u>erbitten</u> sie u.a. die Hilfe von den Pflanzen und Elementen. Ansonsten helfen sie vor allem mit sehr viel Liebe und Freude am Leben.

→ Wenn wir Menschen uns untereinander helfen und gleichzeitig Freunde der Elementarwesen, Tiere und Pflanzen sind, dann helfen sie auch gerne bei unserer gegenseitigen Heilung. Während ich z.B. versuche, einem anderen Menschen im energetischen Bereich zu helfen, dann sind die lieben Naturgeister immer mit dabei. Sie schauen einfach „nur" sehr interessiert zu und bringen schon mit ihrer Anwesenheit eine gute Energie in den Raum. Manche geben auch ganz bewusst Energie dazu und halten die Kraft der Ruhe und der Achtsamkeit stabil. Sie haben eine gute und gütige, liebevolle Energie. Wenn sie bei der Energiearbeit mit anwesend sind, dann ist das eine sehr wichtige Hilfe. Dessen sind sie sich bewusst und tun es sehr gerne. Einige Naturgeister legen auch selbst die Hände auf den Körper des Kranken und helfen direkt bei der Heilung. Dann sehe ich neben meinen Händen noch zwei weitere sehr, sehr kleine Hände. Oder meine Elfenfreundin legt ihre Hände auf, je nachdem, wer das geeignete Wissen und die entsprechende Heilkraft hat oder mitbringen kann. → Sie nehmen mehr wahr als wir Menschen und das auf verschiedenen Ebenen unseres Daseins. Ihre vielen Möglichkeiten der Heilarbeit macht sie zu kostbarsten Freunden und Helfern. Als Dank sollten wir für sie auch Freund sein und Helfer und ihnen etwas zurückgeben! Von den Einnahmen meiner Energiearbeit gebe ich immer etwas weiter an Umweltschutzorganisationen zum Erhalt der Natur. Es gibt immer mehr Menschen, die zu uns kommen und am Ende auch etwas Geld für die Natur als Spende dazugeben. Das ist immer eine große Freude für die Elementarwesen. Und diesen Menschen wird, im Moment der gegenseitigen Anerkennung, die Anwesenheit der Elementarwesen noch bewusster.

Wie wichtig ihre Hilfe für uns ist, erlebte ich, als ich einem Mann energetisch versuchte zu helfen, das Gleichgewicht wiederzufinden. Da stand auf einmal ein größerer Zwerg vor mir und ließ mich an seiner Sichtweise teilhaben. Ich sah plötzlich im Hals des Mannes, wie der Herzschlag in der Hauptschlagader sehr stark pochte. Gleichzeitig sah ich das sehr gestresste und stark unter Spannung stehende Herz und die Aggression auf einer anderen Ebene, die das alles hervorrief. Die Aggression kam von dem zu vielen Stress und der zu vielen Verantwortung, die dieser Mann angenommen hatte, was eindeutig über seine emotionalen und körperlichen Grenzen hinaus ging. Dort konnte ich ihm dann mit meiner Energiearbeit etwas helfen. Was mir dort von dem Zwerg gezeigt wurde, sah sehr lebensbedrohlich aus. Wie schlecht es um seine Gesundheit stand, spürte dieser Mann noch nicht, weil sich der Stress noch nicht vollständig im Körper manifestiert hatte. Dann wäre es auch schon zu spät gewesen. Nun konnte ich es ihm vorher sagen, sodass er bewusst über sein Leben entscheiden konnte, um hoffentlich schlimmere Folgen verhindern zu können – Dank dem hilfsbereiten Zwerg!

→ Elementarwesen, Heilige, Engel, jemand wie ich und jeder andere können eine Hilfe auf dem Weg sein. Wie jeder danach mit sich selbst und seinem Leben weitermacht, dass muss derjenige selbst entscheiden. Heilung kommt von innen, mit der Hilfe von außen. Krankheit und Gesundheit bestimmen wir durch unsere innere Haltung, unsere Einstellung zum Leben, zur Arbeit und zu uns selbst. Die äußeren Bedingungen müssen dafür Menschen-gerecht und natürlich sein und auch das entscheiden wir alle (Arbeitgeber als auch Arbeitnehmer/innen). Krankheit entsteht auch, wenn wir zu viele Gifte in die Umwelt geben. Mit der Einsicht (inneren Haltung), dass wir das verkehrt machen, hören wir damit auf und können wieder gesund werden.

→ Das Innere, Feinstoffliche, Gedanken, Gefühle und Energien sind sehr wichtig, denn der Körper (das Materielle) formt und verändert sich dadurch. Wenn wir verstehen, wie wichtig das Feinstoffliche und die Energien im Leben sind, dann verstehen wir auch, wie wichtig die Elementarwesen und die Energien von Liebe für uns Menschen und alles Leben sind.

Alles beginnt innen, mit einem Gefühl. Wenn es ein gutes Gefühl ist, das wir gerade haben, bleiben wir vermutlich in der Haltung, in der wir uns befinden. Wenn wir auf einmal Rückenschmerzen bekommen oder Hunger, dann müssen wir etwas anderes tun, damit wir wieder gute Gefühle haben können. Auch durch einen Gedanken, eine Wunschvorstellung und durch einen Traum, der uns gut gefällt, fangen wir an, uns zu bewegen. Gedanken sind im Ursprung keine Worte, sondern Energien, die sich miteinander verbinden und dabei harmonische oder krankmachende Gefühle hervorrufen. Durch Schwingungen (Worte), Töne in der Kehle, bringen wir die Gefühle zum Ausdruck. Die Worte aus der Kehle sind die Beschreibungen für alles Gesehene, Gehörte und Gefühlte. Ein Baby versteht kein Wort. Es hört Töne, die es mit der Zeit zu verstehen lernt, durch beobachten und fühlen u.a.

Der Gedanke muss ein gutes Gefühl hervorrufen, ansonsten bewegen wir uns nicht. Es ist der göttliche Ursprung der Freude und Liebe in uns, der nichts anderes will als dies. Wir stellen uns nur das vor, was uns auf irgendeine Weise Freude bereitet und gut tut. Erst kommt das Gefühl oder der Gedanke und dazugehörig ein gutes Gefühl, dann erst folgt die Bewegung.

Bevor ihr das Buch beseite legt, das euch bisher hoffentlich ein gutes Gefühl gegeben hat, müsst ihr erst einmal ein Gefühl haben, das positiv oder negativ stärker ist. Wenn es „negativ" stärker ist, z.B. Hunger, Durst oder Müdigkeit, dann möchtet ihr das in ein besseres Gefühl ändern und legt das Buch beiseite. Also setzt ihr euch, anders als zuvor, in Bewegung durch den darauffolgenden Gedanken an dies, damit ihr euch wieder besser oder noch besser fühlen könnt.

Auch durch den Gedanken an eine Arbeit, die uns nicht gut tut, setzen wir uns in Bewegung, weil auch diese Arbeit vermutlich sein muss und weil wir damit unser Leben aufrechterhalten. Das ist etwas Positives. Im Hintergrund unserer unwohlen Gefühle an diese Arbeit ist ein gutes Gefühl verborgen. Das ist unsere Liebe zum Leben. Darum können wir viel Schlimmes im Leben aushalten. → Die Liebe gibt uns die Kraft dazu. Sie ist Lebenskraft und hält uns in Bewegung. Die Liebe ist das Leben und pure Lebensenergie. Das sind wir im Kern unseres Daseins. Eine sehr gesunde Energie!

Ein Beispiel dafür, wie einfach es sein kann, die Energie der Liebe und gleichzeitig die Lebenskraft in uns zu wecken: Ihr habt euch für dieses

Buch entschieden. Vermutlich weil ihr neugierig geworden seid oder weil euch ein Gefühl von innen gesagt hat, dass es gut für euch sein könnte. Ihr könnt euch mit diesem Buch weiterentwickeln, wenn ihr möchtet. Ihr habt bestimmt schon etwas gelesen, was neu für euch ist. Ihr wisst nun mehr. Und selbst wenn ihr am Ende das Buch beiseite legt, die Erinnerung an etwas Gelesenes wird im rechten Moment wieder da sein, wenn ihr es braucht und das auch möchtet. Dann könnt ihr es ausprobieren und mit der Zeit und den Erfahrungen erwacht ihr in einem neuen Lebensgefühl und habt ein neues Bewusstsein. All dies beginnt innen und stärkt das Innere, wenn ihr es auf gesunde Weise nutzt. Euer Inneres ent-wickelt sich und ihr könnt euch immer freier und befreiter fühlen. Die Liebe erwacht und mehrt sich in euch und damit die Lebenskraft und Freude.

Wir sind hungrig nach Wissen, Bewusstsein und Liebe. Dieses Streben trägt uns durch das Leben. Allerdings tun wir das meistens unbewusst. Jetzt können wir uns dafür entscheiden, das, was wir ohnehin schon tun, auch bewusst zu tun. Das ist ein Unterschied. Wenn ihr es ausprobiert, beginnt ihr vermutlich erst einmal innezuhalten und zu prüfen, was ihr da vorhabt. Ist es wirklich ratsam, dies zu tun? Tut es mir und anderen wirklich gut? Hilft es, etwas dazuzulernen, bewusster zu werden und die Liebe spüren zu können? Ist es gesund für mich und die anderen? Hilft es im Miteinander und für den Frieden?
→ Intuitiv und mit Hilfe anderer, z.B. der Elementarwesen, Engel und Heiligen, können wir die besten Entscheidungen treffen und Antworten auf solche Fragen finden.

→ Alles beginnt innen im Geistigen, im Feinstofflichen, im Daseinsbereich der Elementarwesen, da wo auch wir Menschen eine geistige Seelenheimat haben. Darum verstehe ich sie als unsere größten Helfer auf dem Weg zu einem gesunden Leben und heilsamen Miteinander. Sie sind Helfer, die wir vor unserer Haustür haben - im Garten, Wald, Park und überall, wo es grünt und blüht, da wo die Natur natürlich sein darf! Elementarwesen, Engel und die Heiligen helfen uns dabei, dass wir uns an diesen Ursprung in uns und um uns herum erinnern können - wer wir wirklich sind und was das Wichtigste im Leben ist.

Jedes Gefühl ist eine Kraft, die in uns wirkt. Die Wut ist als Kraft für jeden deutlich wahrnehmbar und auch Freude, Traurigkeit und Liebe sind spürbare Kräfte. Wenn zwei zusammengekommen sind, dann sind sie dies nur durch die Kraft der Liebe. Anders herum, gefällt euch der andere nicht oder das, was er sagt und ihm geht es genauso wie euch, dann werdet ihr auseinandergehen, weil ihr mit anderen mehr Liebe empfindet. Das bedeutet, dass die Liebe eine Kraft ist, die uns miteinander verbindet, aber auch trennen kann, um der Liebe willen. So kamen wohl am Anfang allen Lebens zwei Energieteilchen mit dieser Form der Energie, mit der Kraft der Liebe zusammen und teilten sich, um sich zu vermehren. Dies hält das ganze Leben und unsere Körper zusammen oder es trennt sich, um mit anderen neues Leben zu erschaffen.

Wenn wir gute Gedanken haben, dann leben wir gerne. Haben wir schlechte Gedanken, dann mögen wir einiges nicht im Leben und auch nicht vollständig uns selbst. Früher oder später trennen wir uns davon oder werden krank. → Wie wichtig doch die Kraft der Liebe in uns und im ganzen Leben ist! So wichtig sind auch die Elementarwesen und Engel.

→ Ohne Liebe haben wir keine Basis im Leben, keine Freunde, keine Familie, keine Arbeit oder ein Zuhause, kein Miteinander und am allerwenigsten Freude. Die Elementarwesen, die Engel und die Heiligen können uns daran erinnern, wie sich Liebe anfühlt, damit wir begreifen, wie wichtig sie im Leben ist. Ohne Liebe existiert nichts. „Mein" Wissen, dass ich mit euch teile, habe ich von ihnen und durch Erfahrungen mit ihnen in der Gemeinschaft durch die Liebe.

→ In einer meditativen Haltung (das ist in allen Lebenslagen möglich, nicht nur im Sitzen mit überkreuzten Armen und Beinen, wenn wir uns darin üben) können wir am besten mit ihnen im Kontakt sein. Die Meditation hilft uns, still zu sein, zu beobachten und zuzuhören – das ist eine meditative Haltung. Erst dann können uns die Heiligen, die Elementarwesen und Engel etwas telepathisch mitteilen. Wir haben dann eine Eingebung, heilsame Gedanken, erfahren die Wahrheit oder bekommen einen Rat. Am Anfang denken wir vielleicht, dass das alles von uns selbst kommt, weil wir gewohnt sind, die Energien und Gefühle in unserem Gehirn mit unserer Stimme/Tonlage zu übersetzen. Das zu unterscheiden können wir lernen, indem wir das Eigene prüfen und noch genauer beobachten und still sind. So bereinigen wir uns gleichzeitig von Egoismus und öffnen uns für das Miteinander. → Was die Heiligen, Engel und Elementarwesen uns auf diesem Weg lehren, ist Liebe, Frieden und wie wir am besten im Miteinander leben (können).

→ Wenn wir schweigende Meditation üben, bedeutet das, die Gedanken loszulassen oder nur zu beobachten, dann werden wir ruhig und immer entspannter. Wir werden friedlich und zufrieden. Das sind die Kräfte der Liebe in unserem Wesenskern aus dem Ursprung unseres Seins.

In der Stille im Verstand können die tieferliegenden Kräfte in uns erwachen.

Wenn wir alle negativen als auch positiven Gedanken loslassen, dann können wir sein, wie wir wirklich sind – liebende Wesen. Wenn der aggressivste Mensch schweigende Meditation üben würde, indem er nur seine Gedanken loslässt und nichts anderes tun muss, dann würde er friedlich werden und nach und nach wieder ein liebender, mitfühlender Mensch - der er tatsächlich ist. Nur durch das Loslassen der Gedanken! Die stille Meditation hilft uns, in Kontakt mit den Heiligen, Engeln und Elementarwesen kommen zu können, so zu sein, wie wir in unserem wahren Wesen wirklich sind und gleichzeitig das zu tun, was sie uns lehren – zu lieben.

Erinnern wir uns an die kleine, wahre Geschichte mit dem Jäger, der durch die Meditation aufgehört hat, Tiere zu töten! <u>Wir alle sind liebende Wesen</u>, wenn wir uns lassen und aufhören, die anderen zu be- und verurteilen. Das Be- und Verurteilen ist normal und ein natürliches Verhalten, weil wir dabei aussortieren, wer oder was gut für uns ist oder nicht, Gift oder Medizin. Dieses Verhalten hilft uns, möglichst gut überleben zu können. Durch unterschiedliche Erfahrungen im Leben und durch die Erziehung können wir dabei die Mitte verlieren und neigen dann dazu, über- oder unterzubewerten.

→ Schweigen ist die Reinigung des Unterbewusstseins. Unterbewusst haben wir in uns die Liebe, die goldene Mitte, unser wahres Wesen, das Bewusste. Es ist zugedeckt mit diesem und jenem. Wir bereinigen das Unterbewusstsein von dem, was oberflächlich ist (Unwissenheit, Lüge und Illusionen), indem wir loslassen, was wir wissen und glauben zu sein. In der Stille können wir erkennen was da ist. Innen und außen erleben wir dann die Wahrheit und unser wahres Wesen der Liebe wird frei. Wir erkennen die Wahrheit und können zu bewusst lebenden Menschen werden. Die Gedanken sind auf einer sehr feinen und oberflächlichen Energieebene des Seins. Wenn wir nun diese Gedankenenergien loslassen, dann können sich tieferliegende Energien zeigen. Diese Energien bestehen eindeutig aus Liebe, sonst wären wir nicht am Leben.

→ Auf diese Weise, mit der stillen Meditation, können wir die Elementarwesen in der feinen, bewussten Energieebene der Liebe des Geistigen entdecken. Das braucht seine Zeit. Viele Gedanken, Gewohnheiten und falsches Wissen müssen dazu erst erkannt, bereinigt und geheilt werden. Wenn wir mit den Gedanken (dem Denken) zu beschäftigt sind, mit so vielem anderen, was da ist und mit dem, was wir uns neben der Natur noch zusätzlich erschaffen haben, dann ist da kein Platz mehr für die (anderen) guten Geister.

→ Wie aber können wir geistreich sein, wenn wir „unsere" geistige Natur nicht pflegen? (z.B. mit Meditation, still sein usw.) Um geist-reich denken und sein zu können, brauchen wir auch ein geist-reiches Leben und Miteinander – mit den Elementarwesen, Engeln und den geistig sehr weit entwickelten Heiligen. Den Körper vermehren wir, wenn zwei zueinanderfinden. So auch das Geistige, den Frieden und die Liebe. Wir brauchen die Ur-Naturkräfte, die Elementarwesen und Engel, um das Leben ganz verstehen zu können. Wenn wir (solange wir) Natur zerstören, haben wir nicht(s) verstanden.

→ Die Elementarwesen leben das Dasein, welches wir erleben, wenn wir die Gedanken loslassen und still, ruhig und friedlich geworden sind. Dann versteht ihr, dass Elementarwesen sehr liebende Geister sind und wir alle keine Angst vor ihnen haben müssen, wenn wir in den Garten oder den Wald gehen - da wo sie ja sonst auch sind und schon immer waren. Sie leben mit uns gemeinsam. Ihnen fehlt die Gemeinschaft, das Miteinander, das von uns kommt. Wir aber haben uns unser eigenes Reich erschaffen, bestehend aus lauten Autos, starren Häusern, Computern und Handys. Wir entfernen uns dadurch von der Natur. Besonders unser Nachwuchs verliert immer mehr den Kontakt zum Rest der lebendigen Welt um uns herum. Die Trennung von den ursprünglichen Kräften der Natur innen und außen und von der Liebe und den Liebenden dort, das ist unser Leid und der Tod.

Handys und Computer haben eine nachgewiesene, gesundheitsschädigende Wirkung, wenn wir sie nicht in Maßen nutzen. Fast alle Kinder und Erwachsene haben mittlerweile ein Handy, das sie ständig in der Hand, Brust- oder Hosentasche dicht bei sich tragen oder es liegt auf dem Tisch neben dem Essen (gesunde Energie?). Wenn ich sehe und fühle, wieviel Menschen und Freunde sich damit unbemerkten Schaden zufügen, dann wird mir fast übel. Viele wissen um die negative Strahlungskraft der Geräte und benutzen es doch ständig, so, als wenn wir absolut unempfindliche, unsensible Wesen wären mit einem unangreifbaren Körper. Sind wir aber nicht! Manche bringen sogar ihr Telefon mit zu einem Entspannungs- und Qi Gong Abend. Wen ich darauf anspreche, der reagiert sehr empfindlich, so, als ob das nicht angesprochen werden darf. Fast alle wehren sich vehement gegen den Verzicht auf ein Handy oder dagegen, es nur für eine gewisse Zeit auszuschalten. Warum? Ich nenne es Sucht. Der Süchtige braucht Liebe.

→ Warum machen uns die Elementarwesen oder Heiligen nicht süchtig? Warum wollen wir nicht immer mehr Kontakt mit ihnen? Warum vergessen wir sogar ihre Anwesenheit, das Handy aber nicht? Weil die Heiligen, die Engel und Elementarwesen nicht egoistisch sind, sondern liebend. Sie möchten Miteinander. Mit einem Handy sind wir alleine. Habt ihr mal Menschen beobachtet, die auf einem Bahnsteig stehen, der voll ist mit anderen

Menschen, während dieser Eine auf sein Handy starrt oder telefoniert? Er ist absolut abwesend und isoliert, nicht mehr im Kontakt mit allen übrigen. Er ist alleine unter vielen und vergisst sogar sich selbst, seinen Körper und das Körpergefühl. Unser Körper ist unser Leben und in ihm ist alle Lebenskraft – die wir dabei vergessen. Was passiert, wenn wir jemanden vergessen, z.B. ein Baby? Das Baby wird sterben. → Wir müssen unseren Körper füttern, ihm zu trinken geben, achtsam und vorsichtig mit ihm sein und ihn lieben wie ein Baby! Wenn wir es nicht tun, dann wird unser Körper sterben wie ein Baby, das wir vergessen haben.

→ Das kann uns im Kontakt mit den Elementen, den Pflanzen und Bäumen, den Tieren und Elementarwesen nicht passieren. Mit ihnen können wir uns an Verbundenheit erinnern. Verbunden mit ihnen, erinnern wir uns an unser eigenes Dasein, unseren Körper und das Körpergefühl. Sie erinnern uns an das Leben, an die Liebe und an uns selbst. Nur jemand der nicht egoistisch ist, der kann andere an die Liebe erinnern. Welches Glück wir alle haben, dass es die Heiligen, die Engel und die Elementarwesen gibt, mit ihrer selbstlosen Art zu leben!

Als eine meiner Freundinnen sich einen Handy- und PC-freien Tag gönnte, entdeckte sie, wie gut es ihr tut und wie sehr sie dabei zur Ruhe kommt. Jemand, der auf solche Geräte aus guten Gründen verzichtet, bekommt dennoch diese negative Strahlung ab, ob er will oder nicht, wenn alle anderen weitermachen wie bisher. Wir tragen die Verantwortung nicht nur für uns alleine. Vor ein paar wenigen Jahren hatten nur Geschäftsleute ein kleines Handy und alle anderen hatten keines. Erinnert ihr euch daran, wie wir alle nicht unglücklicher waren und dafür wesentlich entspannter? Brauchen wir es wirklich? Ist es gesund und vernünftig, wenn wir ein Handy ständig bei uns tragen und es auch dann nutzen, wenn es anders möglich ist?

→ Ihr denkt vielleicht: Was hat das mit Elementarwesen, den Engeln und Heiligen zu tun? Es hat nichts, absolut nichts damit zu tun. Wir sind weit entfernt davon. Darum sage ich das. Ich habe noch nie ein Elementarwesen, einen Engel oder einen Heiligen mit einem Handy gesehen und dennoch können sie auf weite Entfernung miteinander kommunizieren – telepathisch, und sind dabei sehr glücklich! Vielleicht könnten wir geistigen und geistreichen Menschen das auch anstreben, denn das ist viel gesünder! Auf diese Weise können wir ganz einfach etwas für die Gesundheit tun, für uns selbst und alle anderen.

Wir alle entscheiden mit, wie das Leben sich weiterentwickelt. Das ist eine große Verantwortung. Es ist eine sehr positive Verantwortung!

Verantwortung zu tragen für das Positive ist etwas sehr Gutes! Wenn wir „Verantwortung" tragen für etwas Schädliches, gegen das Gesundmachende und Lebendige, dann geht es uns schlecht mit der „Verantwortung"! Wir sind gestresst davon. Der Stress ist die Stimme der Liebe in uns. Denn tatsächlich ist dies verantwortungsloses Handeln. Das ist die Antwort unseres Handelns in uns von der göttlichen Liebe! Dann können wir uns die Frage stellen: Handeln wir in und für die Liebe? Und zum Wohle aller? Ist es zum Wohle der Natur, die auch für unser Wohl sorgt?

Gesundheit und Heilung finden wir nur, wenn wir uns beide Seiten des Lebens anschauen und dafür Verantwortung tragen und dann (neu) entscheiden. Woher kommt die Heilung? Wir können uns gegenseitig krank machen, wenn wir egoistisch sind und wir können uns miteinander gesund machen, wenn wir für die Gemeinschaft leben - lieben.
→ Die Elementarwesen, Pflanzenwesen, Engel und Heiligen können uns auf dem Lebens-Weg begleiten und uns auf verschiedene Weise helfen. Sie leben aus Liebe und für das Miteinander. Das können sie uns lehren und alles, was heilsam und wahrhaftig sinnvoll ist. Wenn wir auf diesem Heilungsweg nicht mitmachen, dann war ihre Hilfe und Lebensenergie, die sie für uns verbraucht haben, umsonst und wir bleiben oder werden wieder krank. Das macht keinen Lebens-Sinn. Es ist sinnlos, nicht auf die Liebe zu hören, weil wir das Leben auf diese Weise verschwenden. Sie ist die Basiskraft in uns. Wir können unserem Leben einen Sinn geben, indem wir der Liebe helfen und uns helfen lassen von ihren Helfern.

→ Die (geistige) Natur liebt uns sehr, wenn wir uns für das Grundlegende im Leben interessieren, uns Fragen darüber stellen und uns selbst überprüfen, weil wir uns dadurch dem Lebendigen annähern und der Liebe. Auch alle lebendigen Kräfte in uns erfreuen sich daran, z.B. der Körperelementargeist. Wie kann sich die Lebensenergie in uns freuen und bestärkt werden in ihrem Dasein, wenn wir uns mit leblosen Dingen und Geräten zufriedengeben? Kann es sein, dass diese leblosen Dinger uns Energie rauben? Warum sind wir Menschen immer gestresster, obwohl wir diese vielen alles-leichter-machenden Dinge in unserem Leben haben? Kann es sein, dass wir uns täuschen lassen? Ansonsten ist es schwer zu verstehen, warum wir Menschen so wenig auf das Gesunde und Gute hören. Wer hört dabei auf die innere Stimme, die Intuition, die uns dafür ein Gefühl gibt, was gut für uns ist und was nicht? Warum hören so viele nicht mal auf die Warnung von Freunden? Warum schaden wir uns selbst so sehr?
Weil wir ein gutes Gefühl haben wollen, wie am Anfang erklärt. Viele Geräte vermitteln uns ein bequemes und damit leichteres Gefühl -

oberflächlich! Von vielen „Nahrungs"mitteln bekommen wir schnell und kurz ein gutes Gefühl, besonders von denen, die ungesund sind. Danach rauben sie uns ganz unbemerkt die Energie und der Körper wird schnell süchtig danach und will mehr davon, von dem was uns schadet! In uns in der Tiefe ist alles noch lange Zeit gut, kraftvoll und gesund. Wenn wir eine lange Zeit dieses ungesunde Dasein fortführen, dann vertieft sich der Schaden. Wir werden bis in die Tiefe unseres Daseins krank. Wenn das passiert, erleiden wir ganz „plötzlich" einen Burnout, Herzinfarkt usw. Alle Krankheiten, die scheinbar plötzlich auftreten und besonders schlimm verlaufen, haben ihren Ursprung in unserer Lebensweise über Jahrzehnte. Der Anfang von allem liegt in den Entscheidungen, die wir irgendwann getroffen haben. Wir können uns jederzeit neu entscheiden!
Dafür brauchen wir möglichst viele gute und sich gut anfühlende Gründe. Dafür brauchen wir auch ein gutes, sich gut anfühlendes Ziel, das besser ist als das, was wir bisher gelebt haben. Wenn wir erstmal sehr krank geworden sind bis in die Tiefe, dann müssen wir uns in der Tiefe heilen. Die Liebe in uns ist krank geworden und geschwächt. Die Liebe zum Leben und allem Lebendigen ist durch das krankmachende, bisherige Leben, das wir geführt haben, verlorengegangen. → „Finde die Liebe zum Leben wieder! Lass die Liebe stärker sein!" Dies sagte Jesus zu mir und weckte damit ungeahnte Möglichkeiten. Ich gebe es an euch weiter. Vielleicht mögt auch ihr anderen mit diesen Worten damit helfen und sie motivieren, der Liebe und dem Leben entgegenzugehen.

→ Die Elementarwesen, Engel und Heiligen können uns Menschen dabei helfen, den Ursprung des Lebens und der Kräfte wiederzufinden und zu stärken. Dazu dient auch Meditation. Desweiteren ist es für uns alle notwendig, im Kontakt mit einer möglichst ursprünglichen Natur zu sein, in der wir uns erinnern können und erinnert werden. Heilung kann aber nur dann geschehen, wenn wir selbst bereit sind, unser Leben zum Guten und Gesunden für <u>alle</u> ändern zu wollen, denn der Egoismus hat uns krank gemacht. Für alle bedeutet, dass auch die Natur, die anderen Lebewesen, die uns zu einem gesunden und kraftvollen Leben verhelfen, sich an unserer Lebensweise erfreuen können. Wenn wir z.B. weiterhin „Nahrung" zu uns nehmen und die Dinge kaufen, bei denen Chemikalien (Unkrautvernichtungsmittel, Insektenvernichtungsmittel und andere künstliche Dinge, die mit Chemie hergestellt wurden) verwendet wurden, dann schaden wir damit der gesamten Natur und ihren Elementarwesen. Warum sollten sie uns dann helfen? Helfen wir denen, die uns Schaden zufügen? Die Elementarwesen, die Bäume und Pflanzen helfen uns trotz alledem! Unendlich viel Liebe ist in der Natur. Wenn wir der Natur schaden, dann schaden

wir dem größten Segen des Lebens!
→ Unkraut und Insekten gehören auch zu unseren frühen Vorfahren. So haben wir Menschen auch ihre Energien in uns. Wenn wir diesen Wesen und ihren Energien schaden, dann schaden wir auch ihren Energien in unserem Körper und unseren Geisteskräften! Wir sind alle durch die Ausstrahlungskraft der Energien, aus denen wir vollständig bestehen, zwangsläufig miteinander verbunden.

Wenn wir gesund werden und bleiben wollen, dann müssen wir auch unseren Verstand benutzen. Wir denken viel, aber wir denken nicht bewusst. Durch Unwissenheit handeln wir unbewusst und sind von anderen manipulier- und kontrollierbar. Dann tun wir Dinge, die uns nicht gut tun. Wir lassen uns dazu verführen, weil wir geistig schwach und unbewusst sind.
→ Elementarwesen können uns helfen, im Geiste wieder aufzuwachen, sodass wir auf gesunde Weise stark sind und selbstbewusst. Sie helfen uns, im Miteinander denken und fühlen zu können.
Die Heiligen regen mich immer dazu an, „meinen" Verstand zu benutzen und selbst Antworten und Lösungen zu finden. Erst wenn ich nicht mehr weiterkomme mit meinen Beobachtungen oder in die ungesunde und falsche Richtung (im Alleingang) denke, dann bekomme ich Hilfestellungen. Sie sagen etwas durch Telepathie zu mir, wenn es für die Weiterentwicklung von allen besonders wichtig ist.
Unsere Gedanken beeinflussen die Gefühle, unsere Gefühle beeinflussen die Gedanken. Geist und Seele sind eins und zeigen sich im körperlichen Befinden. Körper, Geist und Seele sind eins. Wenn die Medizin nur den Körper behandelt, aber das geistige und seelische Befinden des Kranken nicht mitbehandelt, dann ist die Krankheit nicht weg. Der Ursprung der Gesundheit und Krankheit ist in der Tiefe unseres Daseins, da wo das Leben begonnen hat – im Bewusstsein, im reinen Geist, in den natürlichen Kräften und Energien, im Willen und aus der Liebe zum Leben. Wir brauchen ein gutes Lebensgefühl und eine gesunde Einstellung zum Leben und zu allem Lebendigen. Wir brauchen die Erinnerung und das Gefühl an unseren göttlichen Ursprung, an die Verbundenheit mit allen, das uns am Anfang (vor der Trennung, Krankheit) durch das Leben getragen hat. Damit wir wieder das Gefühl bekommen, geliebt und erwünscht zu sein und im Vertrauen mit den anderen leben können. → Elementarwesen erinnern uns an die Gefühle der Verbundenheit in Liebe, an Vertrauen, Geborgenheit und Frieden. Dadurch helfen sie uns, schneller und leichter gesund werden zu können, und die Liebe zum Leben wiederzuentdecken. Auch den Elementarwesen gehen die guten Lebensgefühle verloren (wenn wir der Natur schaden).
Sie brauchen unsere Liebe, so wie wir ihre brauchen!

Zwei Erlebnisse, bei denen sie mir auf sehr sanfte Weise geholfen haben: An einem Tag, an dem ich mich sehr unwohl fühlte mit meinem ganzen Dasein, hilflos und verletzt, legte ich mich unter eine warme Wolldecke auf das Bett. Das half natürlich nur oberflächlich. Da kam ein großer Geist zu mir. In seinen Armen trug er mich, einen Teil meiner Seele. Behütet und sanft überbrachte er mir diesen Seelenteil und legte ihn in meinen Körper zurück. Wo auch immer ich mit meinen Gedanken, Träumen und Gefühlen hängengeblieben war, das weiß ich nicht. Er wusste es, half mir und gleichzeitig heilte er damit meine Seele. Durch ihn konnte ich mich wieder ganz, heil und wohl fühlen. Danke, guter Geist, für deine selbstlose Hilfe!

An einem ähnlichen Tag, an dem ich mich sehr unwohl fühlte und mich hinlegte, kam ein Geist zu mir, der mich, da wo ich lag, in seine Arme nahm. Er hielt mich wie ein Vater sein Kind. Noch nie habe ich mich so wohl, geborgen, behütet und geliebt gefühlt. Ich weiß nicht, ob es Menschen gibt, die Kindern und Erwachsenen solche Liebe entgegenbringen können. Die Kriege, für die sich zu viele von unseren Vorfahren entschieden haben, haben die Liebe in uns über Generationen krank gemacht, verletzt oder zerstört. Von wem sollen wir die Liebe bekommen, die uns heilt und Kraft gibt, wenn wir in der großen Menschengemeinschaft nicht vollständig im Frieden leben? Eine gesunde oder kranke Gemeinschaft ist der Ursprung des Befindens einer einzelnen Person und umgekehrt, denn wir sind alle voneinander abhängig und miteinander verbunden.

→ Die Elementarwesen leben in einer sehr gesunden Gemeinschaft mit einer Fülle an Liebe und Schönheit. Wenn wir es wünschen, dann können wir sie um diese Liebe bitten. Liebe können aber auch sie uns gegenüber nur empfinden, wenn wir ihnen wohlgesonnen sind und auch für sie da sein mögen, besonders in der Not. Liebe erwacht und wird stark im Miteinander! Unser Wille zum guten Miteinander mit der Natur, mit allen Pflanzen und allen Tieren, mit den Elementen und ihren Elementarwesen ist zuerst gefragt! Wenn wir uns aufrichtig dafür entschieden haben, erst dann sollten wir die Elementarwesen um etwas bitten! Sie können uns ansonsten nicht viel helfen, weil wir dann so weitermachen würden wie bisher und das wird auch ihnen schaden. Helfen wollen sie uns sehr gerne. Was wollen wir für sie?

Noch einmal die Frage: Warum schaden wir uns selbst so sehr?
Weil wir einen freien Willen haben. Sobald wir selbst entscheiden dürfen oder den freien Willen in der Kindheit und Jugend entdecken, tue _ich_ das, was _ich_ will, ob es gut ist oder schlecht. _Ich_ will das! Wie schwer ist das, jemanden davon abzubringen! Es ist der Egoismus des Misstrauens gegenüber den anderen (der Gemeinschaft). Es ist ein sehr krankmachender

Wille, der zu Autoimmunerkrankungen, Krebs und anderem führen kann. Auch ansteckende Krankheiten sind ein Zeichen dafür, dass wir den anderen Menschen nichts Besseres wünschen. Was wünschen wir denen, die uns nahestehen und denen, die uns fern sind? <u>Alle</u> brauchen Liebe! <u>Jedes</u> Lebewesen.

„Deinen Willen können wir nicht heilen", sagte ein Heiliger. Wir haben jederzeit die Möglichkeit, uns neu zu entscheiden. Der Wille in uns ist stark, weil es die Überlebenskraft in uns aus der Gemeinschaft ist, die uns geboren hat. Gemeinsam sind wir stark! Wie stark können wir sein, wenn wir mit der Natur in einer harmonischen Gemeinschaft leben?! Entscheiden wir uns gegen die anderen, dann entscheiden wir uns gleichzeitig gegen die Willenskraft aus der Gemeinschaft in uns – gegen die Lebenkraft, gegen das Leben. Entscheiden wir uns für die Liebe und das Miteinander, indem wir den anderen Gutes wünschen, dann kann die Willens-Lebens-Kraft in uns wieder stark werden, wenn wir krank oder geschwächt sind. Wenn wir gesund sind, dann können wir prüfen, ob wir in Liebe mit allen leben oder nicht und uns entsprechend entscheiden, bevor wir weiter einen krankmachenden oder gesunden Weg des Miteinanders gehen wollen. Das ist nicht so einfach, wenn das Vertrauen in die anderen Menschen geschwächt wurde. → Wie können wir den guten Willen zu einer größeren Gemeinschaft in uns wecken? „Lass die Liebe stärker sein!" Das könnte ein Wunsch und Gedanke sein, der das Gefühl der Lebensfreude in uns weckt. Und wie kann der Wunsch nach Liebe zu den anderen in uns erwachen? Durch den Kontakt mit den Elementarwesen und Engeln!

→ So geschah in mir der Wandel von Hass in Liebe: Einer meiner Großväter war ein Nazi und Choleriker, nach den Worten meiner Mutter. Ich habe ihn zum Glück nie kennengelernt. Dennoch war er einer meiner Vorfahren und dadurch wurde von ihm auch etwas auf mich übertragen. Die Heiligen und die Elementarwesen machten mich darauf aufmerksam. Sie sagten nur: „Menschenhasser". In dem Moment spürte ich diesen Wesensteil in mir. Das war furchtbar und sehr stark. Als ich den Menschenhasser in mir anschaute, konnte ich keinen guten Gedanken an die Menschheit haben. Besonders dann nicht, wenn ich las, was wir schon wieder alles in der Natur zerstört hatten, wie die Tiere gequält wurden oder wieviel Gift wir überall verbreiteten und dann noch der Krieg gegen uns selbst. Die Elementarwesen sagten mir daraufhin: „Denk an uns!" Es fällt sehr leicht, an sie zu denken, weil sie nur Gutes leben und wünschen. Sofort ging es mir besser und ich konnte auf einmal wieder im Guten an alle Menschen denken und auch positiv für alle empfinden! Wieder ein staunender Moment durch die Naturgeister. Gerade eben war ich noch die Menschenhasserin und im nächsten Moment bin ich die Liebende, nur weil ich an die Elementarwesen dachte und dadurch mit ihrer Liebe verbunden war. Habt ihr schon mal so einen schnellen Wandel von Hass in Liebe erlebt? Spontanheilung würde ich das nennen und ein Wunder der Liebe!

→ Wenn wir für Heilung den Kontakt zu den Elementarwesen wünschen, dann sollte <u>das Ziel</u> feststehen!! Und das sollte der eigene Wandel in Liebe sein! Ansonsten wäre es möglich, dass wir den Elementarwesen unsere negativen Gedanken, Gefühle und die Krankheit rüberschieben, weil wir das nicht haben wollen. Das würde ihnen nicht gut tun. Es geht im Kontakt mit ihnen um das Hier und Jetzt im besten Sinne für die Zukunft für alle. Alles andere ist Egoismus und den halten wir lieber von den Elementarwesen fern. Ansonsten schaden wir damit unseren besten Helfern, die bei uns Spontanheilung hervorrufen können. Die Spontanheilung geschah, weil ich den Wandel von der Menschenhasserin in die Liebende unbedingt wollte! Ich war nicht ziellos und hatte auch nicht den Willen, dass sie es mir wegmachen oder wandeln sollten. Ich übergab nicht ihnen die Verantwortung für mein inneres Geschehen, sondern entschied selbst-bewusst. Mit dieser inneren Haltung und dann mit ihrer Hilfe ist Heilung möglich - spontan.

Wenn wir verstehen, was uns krank macht, dann wissen wir auch, was uns gesund machen kann. Alles, was nicht mit Liebe zu tun hat, macht uns krank. Liebe bedeutet Miteinander. Wenn unser Miteinander nicht gut ist, dann werden wir krank. Sei es bei der Arbeit durch Mobbing oder weil wir dort ausgenutzt werden und über unsere Grenzen hinausgehen müssen. Wenn das Miteinander in der Familie oder Partnerschaft gestört ist, dann kann das sehr verletzende Auswirkungen haben, die unser ganzes Leben andauern können. Wenn wir nicht in der Lage sind zu verzeihen, zu vergeben, die Liebe anzustreben und den Frieden, dann können emotionale Verletzungen zu körperlichen Krankheiten werden. Wenn wir nicht angenommen werden, wie wir sind, ausgenutzt werden oder ähnliches, dann versuchen wir alles mögliche, um wieder geliebt zu werden. Das ist eine dauerhafte gedankliche und emotionale Anspannung. Wenn wir mit unseren Bemühungen keinen Erfolg haben, dann kann der Schmerz größer werden und die Anspannungen stärker. Das können wir individuell kurze oder längere Zeit aushalten, dann werden wir auch körperlich krank, weil wir in der Gemeinschaft keinen Halt gefunden haben und die Spannung zu groß ist. Anspannung entsteht, wenn einer zu viel Verantwortung für sich selbst tragen muss und damit zu viel alleine für das Überleben Sorge trägt. Auch ein Unfall ist ein Zeichen von zu wenig Liebe. Unfälle passieren durch

Unachtsamkeit des einen oder anderen, wenn wir nicht aufeinander aufpassen, nicht sorgsam genug mit uns sind, unvorsichtig oder unvernünftig. Burnout als Beispiel, die Krankheit der Seele, ist der tiefe Ursprung von späteren Krankheiten des Körpers, wenn wir keine Lösung dafür finden. Wir leiden psychisch, wenn das Miteinander nicht gut ist. Für Miteinander brauchen wir Liebe und Frieden. Dies entspricht unserem (sozialen) Wesen. Ist dies nicht gegeben, werden wir mit der Zeit krank, wenn wir keinen Halt in der Liebe mit anderen haben. Wir Menschen sind sehr sensible Wesen, wie jedes Lebewesen! Wie schnell wir doch empfindlich reagieren auf Worte, Gesten, einen Blick oder auch nur auf das, was wir mit oder von anderen empfinden. Jeder Mensch kann feinfühlig etwas wahrnehmen. Niemand kann sagen, dass er nichts fühlt, denn dann wäre er tot. Wir wissen alle instinktiv, was wir brauchen, um das Leben genießen zu können und unseren Körper gesund zu erhalten - Liebe. Unehrlichkeit mit sich selbst und anderen, daraus folgende krankmachende Erziehung der Kinder, Suchtmittel und vieles mehr verändern und verzerren unsere Wahrnehmung für das Gesunde, für das, was Liebe bedeutet. Liebe ist es, die uns wieder gesund macht. Liebe ist ein heilsames Miteinander und sehr einfach. Nur ein Lächeln, ein freundlicher Blick, eine offene Geste, Bescheidenheit und Dankbarkeit wecken in jedem etwas Positives. Das ist sehr einfach.

→ Elementarwesen sind für uns Menschen pure Medizin, weil sie auf einfache Weise die Liebe leben. Die Schönheit ihres ganzen Wesens öffnet unsere Herzen und weckt die Liebe in uns. Wenn wir ihnen gute Freunde sind, dann sind sie uns die besten Freunde, die wir haben können. Heilung geschieht durch Miteinander. Die Elementarwesen zeigen uns, wie es geht und nehmen uns in ihrer Gemeinschaft auf, wenn wir auch die Gemeinschaft mit ihnen möchten, mit ihnen und den Elementen, Pflanzen und Tieren.
Wenn sie mich mit ihrer Liebe bestürmen und das schon am frühen Morgen, den ich mit dem linken Fuß betreten habe, dann fühle ich mich manchmal bedrängt, unwohl, werde plötzlich sogar verärgert, sie nerven mich und es wird mir auf einmal zu viel mit ihnen. Das liegt nicht an ihrer aufrichtigen Liebe und Lebensfreude, sondern daran, dass ich noch nicht so liebend, offen und frei das Miteinander leben kann. Die alten Verhaltensmuster des Alleinseins und der Egoismus, den ich über Jahrzehnte gelernt und gelebt habe, sind starke Herausforderungen, mit denen ich unser schon bestehendes Miteinander immer wieder störe. Dann fange ich noch an, darunter zu leiden, dass ich so mit ihnen umgehe. Das sind vermurkste Tage, die ich nicht mag. Und was hilft? Die Elementarwesen. Die lassen nämlich nicht locker. Setzen sich geduldig an meine Seite, knuddeln mich

mit vollem Herzen, stupsen mich an, holen andere Elementarwesen zu Hilfe und sind einfach da, warten ab, warten auf mich, bis ich mich wieder entspannt habe und ihre Liebe erwidern kann. Dann heißt es erstmal: Entschuldigung, Verzeihung bitte, war nicht so gemeint, nicht persönlich nehmen, das ist mein Problem. Das weckt auch die Liebe immer mehr in mir und zu guter Letzt kann ich sie in der Vorstellung auch in den Arm nehmen und ihnen viel Liebe senden. Jetzt beginnt ein neuer Tag – durch das Wunder der Liebe.

Was wäre gewesen, wenn an solch einem unglücklich beginnenden Tag keine Elementarwesen bei mir gewesen wären? Vielleicht hätte ich Glück gehabt und eine Freundin hätte angerufen und Verständnis gezeigt, vielleicht aber auch nicht. Die Heiligen helfen mir dann meistens auch dabei, mich wieder und wieder aufzuwecken, nachdem sie von mir angemuffelt wurden. Sie sind Menschen und Menschen habe ich dieses immer wiederkehrende Dilemma in mir zu verdanken.

→ Die Elementarwesen sind nicht die Verursacher unseres Menschen-Leidens, darum können wir ihre Liebe und Hilfe besser annehmen als von manchen Menschen. Darum sehe ich sie als unsere besten Helfer und Heiler an. Sie können uns aus dem Kreislauf der gegenseitigen Wut aufeinander herausholen, um wieder einen Weg zurück zur Liebe zueinander finden zu können. Unsere besten Helfer und Heiler sind in der Natur, die wir darum schützen und erhalten sollten!

Wenn wir an manchen Tagen auch nicht die Liebe der Elementarwesen annehmen können, dann brauchen wir viel Geduld und das Gebet – Gedanken und Wünsche nach Liebe und Frieden.

→ Als ich damals Panikattacken und Angstzustände hatte, konnte ich mich nur in der Natur wieder beruhigen. Nicht ich hatte mich von selbst beruhigt, die Natur hatte es getan! Im Kontakt mit der Natur geht es uns allen besser. Machen wir uns bewusst, dass nicht wir alleine es sind, weshalb es uns besser geht, sondern weil viel Heilsames von der Natur zu uns kommt - dann erwacht die Demut und Dankbarkeit. Erst dann erkennen wir mit viel Achtung und Respekt die Wichtigkeit der Natur.

→ Ohne die Kräfte der Elemente und ohne die Hilfe der Pflanzen und Elementarwesen hätte ich das nicht aushalten können. Ich habe mich dabei nicht an sie geklammert, sondern war einfach nur bei ihnen. Die Gefühle habe ich bei mir behalten. Wenn es uns nicht gut geht, dann können wir in die Natur gehen, aber wir dürfen uns nicht an die anderen klammern, denn das können sie auch nicht aushalten. So kann uns kein Mensch und auch kein Baum oder Elementarwesen helfen!

Übernehmen wir die Verantwortung für unsere Vergangenheit. Es geht nicht darum, ob wir oder andere schuldig waren, sondern darum, dass wir unser jetziges Schicksal annehmen, so wie es ist. Das ist Liebe und der erste Schritt für Heilung. Die anderen können uns erst dann wirklich dabei helfen. Sie können uns nicht helfen, wenn wir die Verantwortung für unser Leben abgeben, denn dann verneinen wir unser Leben. Das ist nicht Liebe und wir sind dann auch im Widerstand mit der Liebe unserer Helfer. Sie versuchen, uns dabei zu helfen, dass wir unser Leben annehmen können.

→ Bäume und andere Pflanzen, die Tiere und Elementarwesen haben auch Angst, wenn ihr Leben bedroht wird. Der Unterschied ist, dass sie sich sehr viel schneller beruhigen lassen, weil sie alle miteinander verbunden in einer Einheit leben. Die Liebe unter ihnen ist stark. Die Elementarwesen fühlen sich geborgen, gehalten und gesehen untereinander. Sie haben allgemein weniger Ängste als wir Menschen, weil sie viel Verantwortung für sich und alle Lebewesen übernehmen und ihr ganzes Leben davon bestimmt ist, dieses heilsame Miteinander zu erhalten. Je mehr wir Menschen uns auch um die anderen Lebewesen kümmern und ihnen helfen, um so mehr sind wir in Liebe miteinander verbunden!
Immer mehr Menschen haben so starke Ängste, dass sie Medikamente nehmen müssen, um sich überhaupt wieder beruhigen zu können. Hoffentlich wissen diese Menschen, dass es ihnen wieder besser geht, wenn sie in die Natur gehen, weil sie dort wieder an Verbundenheit und Liebe erinnert werden und dadurch an das Vertrauen zum gesamten Leben. Da viele Menschen sich untereinander und voneinander immer mehr entfernen und sich in den PCs, der Arbeit usw. verlieren, fehlt uns der gegenseitige Halt. Wir geben uns keinen Halt mehr und verlieren ihn, wenn wir nicht beachtet und respektiert werden.
Ein Tipp: Legen wir zwischendurch öfters mal die Handys etc. beiseite und schenken wir uns wieder mehr Aufmerksamkeit! Gehen wir wieder mehr in die Natur und fragen die stillen Freunde um Rat. Den können sie uns geben mit all ihrer Liebe und Erfahrung. Sie stehen uns gerne mit Rat und Tat zur Seite. Elementarwesen haben Helferherzen und sie wissen, was wir brauchen. Was brauchen sie im Tausch von uns? Wenn es uns nach einem Besuch in der Natur besser geht, sollten wir uns diese Frage stellen.

Ich habe in meinem Leben zum Glück nur ein Mal therapeutische Hilfe benötigt. Zu diesem Glück habe ich auch selbst beigetragen, weil ich schon recht früh angefangen habe, mich um Frieden mit mir und dem Rest der Welt zu bemühen. Weil ich dabei sehr eifrig war und der Wille aufkam, auch anderen damit zu helfen, bekam ich von den Heiligen dieser Erde und des Himmels, den Engeln und Elementarwesen sehr viel Hilfe. Helfer brauchen Hilfe. Ein Helfer ist für das Miteinander da und braucht Miteinander. So brauchen auch die Natur (unsere vielen Überlebenshelfer) und die Elementarwesen unsere Hilfe und das Miteinander.

Miteinander macht uns zu lichtvollen Wesen - Lichtwesen. Ich habe eine Freundin, die eine unglaublich helle Energie hat und dabei ganz und gar bescheiden ist und keineswegs abgehoben. Sie hat deshalb so eine helle Energie, weil sie vollkommen darin aufgeht, der Natur <u>und</u> uns Menschen zu helfen. Sie ist für alle gemeinsam da und nicht nur für Menschen oder nur für die Natur. Sie ist unglaublich strebsam darin, arbeitet als sehr fleißige Helferin und mag das Miteinander. Weil sie so strebsam geben, helfen und das Miteinander mag, ist sie offen für die helle Energie des Himmels. Durch ihre innere Haltung zum Leben kann sie die Hilfe von oben als auch von der Erde annehmen. Es ist also nicht allein ihre helle Energie, die sie hat. → Wir werden zu hellem Licht, wenn wir alle füreinander da sind. Das helle Licht ist Liebe. Liebe erwacht im Miteinander. Je mehr wir in Liebe und Frieden leben, um so lichtvoller können wir sein.

Das es so ist, bestätigte sich in einem Qi Gong Kurs. Dort kamen wir auf die Elementarwesen zu sprechen und darauf, wie sie uns bei der Heilung helfen können. Ich erzählte davon, wie ich Erdheilung machte und wie die Elementarwesen dabei helfen. Dabei sah eine Frau, wie „mein" Licht immer heller und größer wurde, während ich davon erzählte. Dies war aber nicht nur mein Licht. Es wurde größer durch die Verbundenheit mit dem Licht der anderen in Liebe. Es war das Licht des Miteinanders. Es war das Licht der Liebe - in mir, aber nicht meins allein. Wenn ich in dem Moment egoistisch gemeint hätte, dieses große Licht ist meins, dann wäre es sofort verschwunden. Wenn das Licht der Gemeinschaft aus Gnade geblieben wäre, dann hätte es aber keine heilsamen Auswirkungen mehr auf alle haben können, weil ich es für mich beansprucht habe. Es sei denn, die Gnade (das Licht) der anderen wäre stärker gewesen als mein Egoismus. → Wenn wir sagen: „Das ist meins", dann ist es nicht für die anderen und Heilung ist nicht möglich. Heilung entsteht durch Miteinander. Darum ist die Kraft der Liebe der größte Heiler und nicht ein einzelner Mensch.

In unserem Über-Leben geht es um Liebe und um nichts anderes als das. Im Alltag übersehen wir, dass wir alles aus unseren geistigen Kräften von innen heraus tun und aus Liebe. Wir konzentrieren uns meistens mehr auf die materiellen Dinge um uns herum, auch wenn die Gedanken und Gefühle so stark werden, dass sie kaum auszuhalten sind. Dennoch halten wir meistens das Materielle für wichtiger als die Liebe, das Feinstoffliche, die Gefühle und das Geistige in der Welt. Wer meditiert, der weiß, dass das Wichtigste im Leben tiefer in uns liegt.

Gedanken - PAUSE

Versucht euch bewusst zu machen, was uns alle bewegt
und wovon unser (das) Leben abhängt - von der Liebe.
Und dass wir auf sehr feine Weise leben, mit den Gedanken und Gefühlen -
also mit unserem geistigen Wesen.

****

→ Die Naturgeister können uns viel geben mit ihrer liebenswerten Art, ihrem Wissen und ihrer Heilkraft in genau diesem Teil unseres eigenen, geistigen Daseins. Ich würde sagen, wir Menschen brauchen die Elementarwesen, die Engel und die Heiligen, die gesamte Natur und ihre Liebe, um aus unseren Ängsten, Zwängen und Nöten herausfinden und ein bewussteres Leben führen zu können. Es gibt andere Wege und mehr Möglichkeiten, als wir es uns vorstellen können!

Was das bedeutet, erfuhr ich, als ich lange keinen Urlaub mehr hatte und der Wunsch nach Freiheit in mir immer größer wurde. Da wurde ich krank. Ich hatte eine Grippe und dazu eine Blasenentzündung. Beides hatte ich sehr selten in meinem Leben, weil ich im Stress versuche, einen Ausgleich zu schaffen oder Kompromisse in Bescheidenheit zu schließen mit mir und dem Leben. Ich lag im Bett mit bester Betreuung seitens der Elementarwesen und fühlte mich nicht alleine. Sie trösteten mich und gaben mir Energie. Ich trank viele gesunde Kräutertees und Wasser und machte Heilarbeit, indem ich mir u.a. mit dem intuitiven Sehen das „Thema" hinter der Krankheit anschaute und dafür heilsame Wege suchte. Anstatt Heilung wurde es aber nur noch schlimmer. Das Problem und der Widerstand in mir waren groß. Es ging mir körperlich und emotional so extrem schlecht, dass ich beschloss, am nächsten Tag zum Arzt zu gehen und mir ausnahmsweise ein Antibiotikum verschreiben zu lassen. Nun aber war Sonntag und das Leiden war unerträglich. Ich wusste nicht mehr, was ich tun oder wie ich das aushalten sollte. So bat ich die Elementarwesen, die Heiligen und das Gnadenlicht um Hilfe. Schon nach kurzer Zeit spürte ich, wie Energie auf mich übertragen wurde - während ich immernoch in meiner großen Not an den nächsten Tag dachte, um zum Arzt zu gehen und dann ein Antibiotikum zu nehmen. Die Blasenentzündung ließ deutlich nach. Auch emotional fühlte ich mich sehr viel besser. So konnte ich den Sonntag einigermaßen entspannt ruhen und sogar in der Nacht schlafen. Am nächsten Morgen war die Entzündung noch nicht vollständig weg, was ich nicht ganz verstand. Das Elend der vorangegangenen Tage war noch in meiner Erinnerung und aus Angst ging ich vorsichtshalber doch noch zum Arzt. Nach fünf Tagen war die Blasenentzündung weg und mein Körper dünstete aus allen Poren den Gestank des Antibiotikums aus – von der „Medizin". Das war sehr ekelig und wieder eine Bestätigung dafür, dass ich mich auch zukünftig, so gut es geht, gegen solche Chemiemedizin entscheiden werde. Mit Homöopathie und Kräuterkunde stinkt der Körper nicht. Die ganze Zeit über wunderte ich mich und fragte, warum die Heiligen und das Licht mich nicht ganz geheilt hatten, dann hätte ich nicht diese furchtbare Medizin nehmen müssen. Es lag an mir. Ich vertraute ihnen nicht vollständig. Die Heilung kam und geschah sehr schnell, aber nicht vollständig – weil ich in meiner Angst die gewohnte Medizin und den Arzt nicht losgelassen hatte. Ich hatte nicht vollständig an die Heiligen und ihre Medizin und an das Gnadenlicht oder die Elementarwesen geglaubt und ihnen darum auch nicht vollkommen vertraut. Der Weg zum Arzt war schon festgelegt und daran habe ich mich festgehalten, anstatt mich den Heiligen und dem göttlichen Gnadenlicht ganz zu öffnen. Dann wäre ich auch vollständig mit ihrer Hilfe gesund geworden, und nicht nur teilweise.

Mit unseren Ängsten und mit dem Festhalten am Gewohnten halten wir uns davon ab, ihre Hilfe anzunehmen. Es ist, als wenn wir es nicht kennen an die Liebe zu glauben und ihr zu vertrauen. Alles kann man üben, auch das Vertrauen in die Liebe-nden. Wir können den Heiligen, den Elementarwesen und dem göttlichen Licht vertrauen. Wenn ich mir mein „Thema" der Blasenentzündung ansehe, dann kann ich sagen, ich brauchte viel Liebe. Ich hatte Kontakt mit den besten und größten Heilern der Welt, den Heiligen mit körperlicher Unsterblichkeit, den Elementarwesen mit so viel Liebe und der Medizin der Pflanzen und mit dem göttlichen Licht der Liebe, aber meine Angst und die Gewohnheit waren stärker. Die Lösung wäre gewesen: „Lass die Liebe stärker sein." - zu den Liebenden und der Kraft der Liebe!

→ Die Ängste in uns Menschen sind stark, wenn wir wenig Liebe im Miteinander erfahren. Wir folgen dann der Gewohnheit von denen etwas anzunehmen, die uns wenigstens etwas Liebe entgegenbringen oder von denen wir es zumindest erhoffen. Solche Ängste und Traumata (auch aus der Kindheit) können wiederum u.a. mit Hilfe der geistigen Welt besänftigt werden. Die liebevollen Elementarwesen sind Wesen der Traum-Gedanken und Gefühls-Welten. Da ist ihre Daseinsebene. Da Liebe das ist, was wir benötigen, wenn wir leiden, können die Naturgeister für uns sehr heilsame Begleiter auf dem Weg der Heilung sein.

Liebe ist sanft und dennoch ist es möglich, dass wir im Kontakt mit der Liebe noch einmal jenes spüren, was in uns noch nicht in Liebe gewandelt ist, die Ängste, Wut oder Traurigkeit usw. Erst dann kann es sich wandeln in Mut, Kraft, Liebe usw. Das ist wie bei einem homöopathischen Heilmittel, das eine Erstverschlimmerung hervorrufen kann. Im Moment der Begegnung mit der Liebe, z.b. von den Elementarwesen, Engeln und Heiligen, beginnt gleichzeitig Heilung – wenn wir nicht weglaufen. Denn ein Elementarwesen möchte schließlich nicht, dass wir leiden, sondern es möchte uns helfen. Und wer weiß, vielleicht braucht es auch unsere Hilfe durch unsere Liebe.

Eine Erstverschlimmerung hatte ich nicht nur einmal. Mitten in einer Nacht wurde ich von einem chinesischen Heiligen geweckt. Zuvor hatte er sich mir in einem sehr angenehmen Traum gezeigt. Ich setzte mich im Bett auf. Mir ging es wunderbar gut und ich spürte diesen freundlichen Heiligen neben mir. Was kann man mehr wollen, als sich so behütet zu fühlen?! Und im nächsten Augenblick fand ich mich in meinem größten Elend wieder. Plötzlich ging es mir emotional furchtbar schlecht. Was war jetzt passiert?? Bäh. Das mochte ich gar nicht. Der gerade noch so freundliche Heilige zeigte mir eine unaufgeräumte, tiefe Wunde in mir. Gleichzeitig half er mir zu verstehen, woher es kam und bei der Wandlung (Heilung) in Liebe. Das ging alles einigermaßen schnell, dank seiner Anwesenheit. Naja, Wunden können nicht schnell genug verheilen. Irgendwann saß ich erschöpft und müde im Bett und war froh, dass ich das durchgestanden hatte. Es ging mir wieder gut. Der chinesische Heilige war auch zufrieden und sendete mir noch wohltuende Liebe. Ich dankte ihm für seine Hilfe und musste mich verabschieden, weil ich meinen müden Körper nicht mehr wachhalten konnte.

So kann es uns auch in einer Begegnung mit Elementarwesen gehen oder an einem Kraftplatz. Zum Glück kann ich sagen, dass es eher selten passiert. Es geschieht das, im Zusammensein mit guten und bewussten Kräften, was für uns und unsere Aufgabe in der Welt am wichtigsten in diesem Moment ist. Habt immer den Mut, euch auch auf diese Weise helfen zu lassen. Manchmal geht das nicht anders. Wenn es anders möglich wäre, dann würden sie uns nicht damit konfrontieren. Wie aber die Konfrontation abläuft, hängt von unseren Entscheidungen ab. Je größer unsere Bereitschaft zum Frieden und zur Liebe ist, um so sanfter, leichter und schneller kann Heilung geschehen. Wie ihr an meinem Erlebnis seht, kommt dann auch die Heilung. Das kann schnell gehen, je mehr wir uns darauf einlassen und versuchen mitzuhelfen. Wir helfen mit, indem wir versuchen zu verstehen und geschehen zu lassen im Vertrauen auf die Liebe und die Liebenden. Das Wunderbare ist, je nachdem welche Hilfe benötigt wird und von wem, sie können auch zu uns nach Hause kommen, wenn wir nicht zu ihnen hingehen können. In der Zeit meiner Panikattacken, Depressionen und Schwäche konnte ich kein Kriyayoga, Qi Gong und keine Meditation üben. Ich dachte, dass ich ohne dies nicht gesund werden könnte und das setzte mir noch mehr zu. Mit den Gefühlen der Hilflosigkeit, Verlassenheit, Haltlosigkeit und noch mehr Angst drehte ich mich leidend in einer Unendlichkeitsschleife. Die heiligen Kriyayogameister kontaktierten mich telepathisch, um mich aus meinem unbewussten Zustand aufzuwecken. Dadurch, dass sie sich mir auf geistiger Ebene (in der Vorstellung, Traumwelt) zeigten, etwas zu mir sagten oder mir beruhigende Gefühle sendeten, wachte ich auf und verstand, dass ich auch anders Hilfe bekommen kann. Sie können uns helfen durch Wände und Türen hindurch, und aus einer sehr weiten Entfernung. Wir müssen nicht zu ihnen hinfahren oder Übungen machen, wenn wir zu krank sind. Sie kommen zu uns, nur anders als wir uns das vorstellen. Was brauchen wir, wenn wir krank sind? Viel Liebe, um genesen zu können. Die Liebe ist etwas Feinstoffliches. Eine Wand oder die Entfernung haben keinen Einfluss auf die Liebe. Liebende Eltern können fühlen wie es ihrem Kind geht, auch wenn es verreist ist. Liebe hat keine Grenzen.

Sollte ein Elementarwesen, Engel oder Heiliger zu uns gekommen sein oder telepathisch mit uns Kontakt aufnehmen und wir spüren auf einmal Angst, dann können wir versuchen, zu dem Elementarwesen bewusst hinzuspüren, um zu erkennen, dass er oder sie nichts Bedrohliches ausstrahlt. Und es ist natürlich gut, wenn wir uns unsere Angst auch anschauen und der Sache auf den Grund gehen. Ein wiederholter Tipp – lassen wir uns dabei helfen!

→ Elementarwesen, Engel und die Heiligen kennen die Medizin bei Ängsten und was uns persönlich in diesem Moment gut tut. Sie sehen das an unseren Energien, Gefühlen und Gedanken. Sie können uns sogar am besten helfen, wenn wir sie bewusst darum bitten, weil wir damit zeigen, dass wir den Kontakt auch von unserer Seite wünschen und uns damit öffnen. Die Elementarwesen und Engel sind bereit, uns zu helfen. Sind wir Menschen bereit, uns von ihnen helfen zu lassen? Erkennen wir Menschen denn überhaupt, dass wir gerade sehr viel Hilfe brauchen?

→ Es liegt an uns, ob wir ihre Hilfe annehmen mögen. Ich kann mit Gewissheit sagen, es sind genug Engel für uns alle da. Wenn wir sieben Milliarden Menschen alle Hilfe wollten, dann werden entsprechend viele Engel und andere Helfer da sein. Ich habe keine Bedenken, wenn ich das sage. Das Universum ist riesig und somit ist auch die geistige Welt um uns herum entsprechend riesig und bewohnt. Bitten wir sie und uns wird geholfen. Seien wir uns ihres Daseins bewusst. Sie sind keine Träumerei, sondern Realität, so wie wir in dieser Welt. Wir sagen, dass unsere Gedanken und Gefühle real sind. Das ist die geistreiche Welt der Seele und des Geistes. Dann sind auch alle anderen Geister und Seelen mit ihren Gefühlen und Gedanken neben uns real. Es sei denn, wir wollen niemanden neben uns haben. Keinen anderen Gott neben mir?

→ Von mir könnte ich sagen, ich bin eine Vermittlerin zwischen Himmel und Erde, zwischen Geist und Mensch, zwischen Mensch und der Natur. Die Elementarwesen aber sind die wahrhaftigen und wichtigsten Vermittler in dieser Welt zwischen allen Tieren, Pflanzen, den Elementen, Planeten, Energien und uns Menschen. Sie können mit allen kommunizieren, weil sie auf die Liebe hören und ihr folgen. Darum werden sie von den anderen Lebewesen gemocht und wertgeschätzt. Sie sind friedlich und gerecht allen gegenüber. Mit ihrer Weisheit und liebenswürdigen Art können sie uns allen helfen. Sie können uns warnen, wenn eine Gefahr auf uns zukommt, wie z.B. starke Stürme, Erdbeben usw. Es wäre klug von uns Menschen, wenn wir sie anerkennen würden, um uns von ihnen helfen zu lassen. Sie sagen uns, wenn wir etwas nicht gut machen und zeigen uns auch, wie es besser ist für alle Beteiligten. Dafür müssten wir Menschen bereit sein, uns unsere Fehler einzugestehen und etwas ändern zu wollen, gleichzeitig uns helfen zu lassen und nicht zu meinen, wir wüssten alles besser.
Manchmal, und manchmal auch viel zu stark, spüre ich Widerstände in mir, mit denen ich zu vieles oder alles abblocke - bis ich nach einer Weile merke, dass es alles andere als hilfreich ist. Stattdessen schade ich damit eher den anderen und, mit einem fürchterlichen Ende, auch mir selbst. Wenn endlich diese <u>Einsicht</u> kommt, dann bin ich bereit, mir helfen zu lassen, zu fragen und zu bitten um Hilfe und Miteinander, um Liebe und Frieden. An diesem guten Ende bin ich dann sehr dankbar und froh, dass ich die Kurve geschafft habe, um die Hilfe von anderen annehmen zu können. Eine Hilfe, die da ist. Diese Kurven ins Miteinander schaffte ich nur mit Hilfe der Liebenden und Friedlichen und mit den gesunden Kräften unserer Vorfahren in mir. → Nichts ist entstanden von einem Ich allein. Die Gemeinschaft erschafft neues Leben und erhält vorhandenes Leben.

Niemand ist perfekt. „Nichts ist vollkommen", sagte mir ein Heiliger. Mit diesem Wissen können wir uns alle mit einem gleichwertigen Blick anschauen und vielleicht auch besser vergeben lernen. Wenn ich etwas nicht kann, dann hoffe ich, dass mir jemand dabei hilft, es mir zeigt und erklärt - bis ich es kann. Wir können versuchen, perfekt zu sein, aber wir müssen dabei realistisch und wahrheitsgemäß bleiben – (mit den Füßen) auf der Erde bleiben. Es geht nicht darum, die anderen zu blenden mit dem, was einer besser kann als der andere, sondern etwas zu lernen und zu sein, was uns allen gut tut und für das ganze Leben gut ist, um es dann mit den anderen teilen zu können - damit wir gemeinsam wachsen und gedeihen können - zu höher entwickelten Menschen. Lassen wir uns helfen, das hilft uns im Miteinander.

Wenn wir Krieg führen, dann ist das ein gemeinschaftliches Gegeneinander mit schrecklichen Auswirkungen, die auf nachfolgende Generationen übertragen werden. So, wie der Menschenhasser in mir das Erbe meines Großvaters war. Es war ein starker Wesenteil, weil sich diese Menschen zusammengetan hatten, um gegen andere Menschen Krieg zu führen, um Ihresgleichen zu töten. Antiwille zum Leben + „Gemeinschaft" + gegen die eigene Art, das ist die schlechteste Verbindung, die wir eingehen können. Es ist die zerstörerischste Art zu „leben" und diejenigen und diese „Gemeinschaft" zerstören sich am Ende selbst, weil sie sich für das Todbringende entschieden haben und nicht für das Leben. Kriege schwächen uns Menschen über Generationen. Die Heilung ist oft mühsam, weil viel Wahrheit versteckt wurde, der Leidende und die Liebe kein Gehör fanden und ins Unbewusste verdrängt wurden.
Heilung ist auf verschiedene Weise möglich und vieles davon steht in diesem Buch geschrieben. In Deutschland haben auf diese Weise schon viele spirituelle Menschen die Überbleibsel der Nazis (in Form von dunklen Energien) in Liebe gewandelt. Noch vor einigen Jahren war in diesem Land viel dunkle Energie von diesen Vorfahren zurückgeblieben. Heute ist diese negative Energie nur noch an einigen wenigen Plätzen zu erkennen. Vielmehr sehe ich die Reste ihrer negativen Kräfte in uns selbst, die wir den Mut haben sollten zu wandeln.
Es gibt eine ganz wunderbare Möglichkeit der Heilung der kranken Gemeinschaft unserer Vorfahren in uns, die sich noch immer im Außen widerspiegelt – wie innen, so außen! Das ist z.B. die Fremdenfeindlichkeit und die Bereitschaft Krieg zu führen, obwohl wir genügend andere Möglichkeiten haben! Die Elementarwesen sagten mir, wie Heilung möglich ist:
Vor einigen Jahren las ich die Weltnachrichten. In dieser Zeit wurde eine sehr negative und gewalttätige, religiöse Gruppe sehr stark. Am Abend nahm ich mir vor, die Heilung für die ganze Erde und uns alle zu unterstützen. Ich schaute intuitiv zu dieser Gruppe, um mir ihre Energien anzusehen. Es war eine sehr schwarze und tiefe Energie. Um diese tiefe Erdenebene kümmerte sich niemand von uns anderen Menschen. Alle schauten weiter nach oben und schienen fast zu träumen. Diese Gruppe hatte also freie Wege vor sich, die sie mit Gewalttaten ausfüllte. Es war ungefähr die Ebene der Nazis, nur noch tiefer und noch dunkler. Darauf schien niemand gefasst zu sein. Ich sendete sehr zurückhaltend Liebe in die Welt, sehr sanft und

nur anbietend. Das darf nicht drängend sein, denn ein Wesen, das so zornig ist wie diese Menschen, kann die Liebe möglicherweise nicht einfach annehmen. Dazu bat ich die geistigen Helfer, Engel und göttlichen Kräfte, dies zu unterstützen. Ich bat auch die Liebe in allen und besonders in diesen Menschen um Hilfe und dass sie die Liebe annehmen mögen. So betete (bat) ich um Liebe und Frieden. Das half bis zu diesem Tag immer, egal wie schlimm manche Konflikte unter uns Menschen waren. Diesmal half es nicht. Die schwarze Energie wurde nicht heller oder kleiner. Ich war sehr bestürzt darüber, denn ich wusste mir keinen Rat mehr. Was sonst kann helfen und heilen, wenn nicht diese Art der Unterstützung?! Also schaute ich intuitiv auf mich, weil ich dachte, dass vielleicht doch mein eigenes Ego dabei zu stark ist. Wollte ich zu viel? Übte ich Druck auf alle aus? Hatte ich zu hohe Erwartungen? Wollte ich sie wegmachen? Nichts dergleichen konnte ich in mir entdecken. Ich war aufrichtig mit dem was ich tat. Das war eine schlimme Situation. Es lag nicht an mir, sodass ich etwas hätte ändern können und mehr Wissen über die Kräfte der Heilung hatte ich nicht.
Mich wurde gelehrt, die Liebe ist die Basis des Lebens und kann darum alles heilen. Das bestätigte sich auch immer bei meinen Lebensberatungsgesprächen. Der Ursprung des Leidens ist Nicht-Liebe. Also heilt die Liebe in allen Bereichen des Lebens. Bei Krankheiten brauchen wir uns nur unsere Vergangenheit anzuschauen und was dies im Herzen mit uns gemacht hat. Wir brauchen nur die Krankheit zu spüren, um zu wissen, diese Gefühle haben nichts mit Liebe zu tun. Was also konnte jetzt noch helfen, solch eine dunkle Macht zum Wandel in Liebe zu bewegen? → Da sagte ein Elementarwesen: „Tue es für uns!"
→ Elementarwesen sind göttliche Wesen, voll Licht und Liebe, einfach nur wunderbar. Also, wenn es einem Elementarwesen nicht gut geht und es leidet, dann helfe ich sofort und so gut ich kann. Aber noch nie bin ich auf die Idee gekommen, ihnen auch Unterstützung zu geben, wenn es ihnen gut geht. Wir helfen denen, die leiden. Wer hilft denen, die lieben und friedlich sind? Na gut, ich probierte es aus. Ich betete und bat für die Elementarwesen und Engel in der Welt. Kaum, dass ich damit angefangen hatte, breitete sich helles Licht rasend schnell über die ganze Erde aus. Ich selbst fühlte mich so leicht und lichtvoll wie nie. Ein kleiner, freundlicher Nebeneffekt! Das Staunen über diese Wesen nimmt glücklicherweise kein Ende. Mit Freude machte ich weiter und betete auch für das Licht der Liebe, für die Kraft der Liebe, für das Göttliche in der Welt. Alles wurde immer schöner und ich spürte, dass ich nun auch für die Bäume, Pflanzen und Tiere bitten sollte. Das tat ich und das Licht der Liebe kam auf die Erde und nahm „Gestalt" an. Die schwarze Energie der gewalttätigen Gruppe hatte

ich längst vergessen. Da sah ich sie plötzlich wieder - wie sie sich zurückzog, immer kleiner wurde und verschwand. Unbegreifliches geschah vor meinen Augen. Nun war es an der Zeit, auch für uns Menschen zu beten, zu bitten für die Liebe in uns in Verbundenheit mit den Elementarwesen und für sie. Es fühlte sich alles so besonders an und gleichzeitig kam ein immer natürlicheres Gefühl in mir auf. Das ist Heilung, wenn wir uns nicht mehr kleiner und schwächer oder größer und stärker fühlen als andere, sondern ganz normal, gleichwertig und natürlich.

Seitdem wird auch auf der materiellen Ebene diese Gruppe immer kleiner. Leider werden sie bekämpft mit Gewalt. Wie die Liebe entscheidet, was die entsprechende Medizin in dem Moment ist, das entscheidet das Leben. In der Homöopathie wird Gleiches mit Gleichem geheilt. Ich selbst denke, dass wir Gewalt nicht mit Gewalt heilen können in der Tiefe der Seele. Dort bleibt für alle Beteiligten die Erinnerung an Gewalt bestehen. Jemand der wütend ist, dem fehlt Liebe. Wenn man ihn dann noch bekämpft, wird er noch wütender. Da hauen sich zwei den Verstand und Körper kaputt und in ihren Herzen ändert sich nichts. Wir zerstören dadurch immer mehr die Liebe in unserem Leben, wenn wir das nicht begreifen. Und das hilft niemandem.

Am Ende dieser neuen Erdheilung freute ich mich riesig über die neue Erkenntnis. Wir brauchen nur an die Liebenden und die Liebe zu denken und dann <u>für sie</u> zu beten und zu bitten, um <u>sie</u> stärker werden zu lassen. Das ist die Stärkung des Immunsystems und für manch einen vielleicht nichts Neues. Wie wir das tun können auf materieller Ebene für unseren Körper, das wusste ich. Dies aber auf der geistigen Ebene auch zu tun, war mir neu und ein Zeichen dafür, dass in mir noch keine Heilung im tieferen, geistigen, seelischen Dasein gewesen ist. Das war die Lösung für meine große Frustration in meiner Jugend. Überall sah ich nur, dass die, die friedlich, still und mit Liebe durchs Leben gehen oder schwächer sind als andere, misshandelt, gemobbt und getötet werden. Auch ich selbst hatte das zu genüge erfahren müssen und es machte mich wütend, in so einer ungerechten Welt zu leben. Diese Ungerechtigkeit sehen wir überall auf der Erde unter uns Menschen, besonders oft in der Gewalt Kindern, Frauen, den Pflanzen und Tieren gegenüber. Ich konnte das nie verstehen, warum wir Menschen so sind. Nun gibt es endlich eine Lösung. Die Liebenden, die Friedlichen, die Sanften und die Energie der Liebe bekommen nun Kraft und die rechtmäßige Anerkennung für ihre Bemühungen. Gleichzeitig wird in allen Gewalttätigen die geschwächte Liebe gestärkt. „Lass die Liebe stärker sein!" (Jesus)

→ Wie kann ich die Liebe stärken, wenn ich mich darin schwach fühle? Verbinden wir uns mit denen, die mehr lieben als wir. Verbinden wir uns mit den Elementarwesen, Engeln, dem Gnadenlicht, den Heiligen und der

göttlichen Liebe - und beten wir für sie! So geben wir Liebe und es stärkt diese sanfte Kraft in uns. Gleichzeitig freuen sich die guten Kräfte um uns herum und sie unterstützen den Heilungsprozess.
Das helle Licht der Liebe hatte sich in Lichtgeschwindigkeit ausgebreitet. Das Leid und die negativen Kräfte mehren sich zu schnell, da sie mehr Aufmerksamkeit bekommen als die Liebe. Nun ist es an der Zeit, dass wir dem Licht der Liebe und ihren Helfern unsere Aufmerksamkeit geben, es bestärken und ihm das Geschehen überlassen. Das, was ich sah, geschah in Sekundenschnelle, kaum dass ich begann, <u>für sie</u> zu beten. Wundersame Kraft der Liebe!

Später stellte sich heraus, dass es doch auch an mir lag, dass auf meine vorherige Heilarbeit niemand reagiert hatte. In der Tiefe verborgen war noch immer eine kranke, geistige Haltung des Menschenhassers in mir verborgen. Von mir konnten diese dunklen Kräfte keine Liebe annehmen, weil die Liebe in mir nicht rein genug war. Ich bin ein Mensch und habe Nazis als Vorfahren gehabt und es dauert an, diesen Teil in mir auszuheilen. Gewalttätige Menschen, wie diese religiöse Gruppe, haben dieselben negativen Kräfte. Gegen diese Menschen wird mit Gewalt vorgegangen. Menschen, die Frieden schaffen wollen mit Gewalt, können nur stärker sein, wenn ihre Liebe zum Leben größer und aufrichtiger ist, als die der anderen. Vollständige Heilung wird aber in keinem dadurch erreicht. Der Hass bleibt in der Tiefe der Seele, weil sie keine Liebe bekommen hat – das, was sie braucht - das, was wir alle brauchen. Niemand braucht etwas anderes!

Die geistige Welt kann uns auch in spontanen Situationen der Not helfen, wenn wir in dem Moment an sie denken und damit Kontakt mit ihnen aufnehmen. So erlebte ich schnelle Hilfe, als mich eine Frau emotional, mit Worten und auch energetisch (ich sah, wie die Energie in mein Herzchakra hinüberschoss) immer wieder stark angriff. Mir gelang es zwischenzeitlich, sie wieder zu beruhigen, indem ich ihr die Situation erklärte und ihr, so gut ich konnte, Liebe sendete. Die ganze Zeit über konnte ich sehr ruhig bleiben, weil ich gar nicht schuldig war an ihrem Leid. Da sie aber immer wieder damit anfing mich anzugreifen, bekam ich Herzklopfen und fühlte mich sehr hilflos. Die Elementarwesen konnten uns dabei nicht helfen, weil die Situation so stark von negativer Energie geladen war, sodass es ihnen geschadet hätte. Meine Not wurde groß und da erst fielen mir die Engel ein. Ich rief in Gedanken kraftvoll in den Himmel über uns. Nur Sekunden danach stand meine Angreiferin still vor mir mit einem ganz anderen Gesichtsausdruck als zuvor und konnte nicht verstehen, was da mit ihr geschehen war. Nun war sie wieder die „Alte" und ganz sie selbst. Wir setzten uns zu den Bäumen und hatten eine ruhige und vernünftige Aussprache. Alles war gut. Rettung in letzter Not. → Die Engel und die Heiligen sind die richtigen Helfer in extremen Situationen, weil sie von oben einen besseren Überblick darüber haben und einen entsprechend hilfreichen Abstand für sich selbst.

→ Engel sind besondere Helfer, wenn wir Heilung brauchen. Sie dienen bewusst dem Göttlichen, der Liebe der großen Einheit, in der wir alle leben. Dadurch leben sie in vollkommener Harmonie mit dem Göttlichen und den heilsamen Kräften der Liebe. Unsere eigenen Entscheidungen können sie uns aber nicht abnehmen. Ein Engel aus Frankreich besuchte mich und machte mir ein Herzgeschenk. Er sang ein Gebet in vollkommener Demut für mich, damit ich den Weg zurück zur großen Einheit finde, damit ich Frieden schließen kann mit allen anderen und in Liebe lebe, um dies weiterzugeben und zu teilen mit anderen. Der Gesang der Engel ist unbeschreiblich. So unbeschreiblich wie die göttliche Liebe. Und so unfassbar groß und mies wurde mein Widerstand gegenüber der Liebe, den anderen und mir selbst. Soll das vielleicht heilsam sein? Solche unsinnigen Gedanken gingen mir durch den Kopf. Da sagte der Engel: „Du musst entscheiden, ob du leben willst." Sie können uns mit Liebe entgegenkommen, wenn wir aber dem Leben nicht mit Liebe begegnen, dann gibt es keine Vereinigung. Diese Entscheidung können sie uns nicht abnehmen. „Deinen Lebens-Willen können wir nicht heilen." (Heiliger) Das kann kein Elementarwesen, kein Engel und kein Heiliger. Wenn wir uns an den Ich-entscheide-selbst Gedanken festhalten, dann können wir ihre Hilfe nicht annehmen. Das Leben in uns kommt von den anderen. Es kommt von allen und vielen anderen, auch von denen, die heilig und erleuchtet sind. Wir haben göttliche Überlebenskräfte in uns. Wenn wir die Kraft des Überlebenswillens an das große Wir abgeben und der großen göttlichen, liebenden Einheit in uns und um uns herum vertrauen und das Ich-entscheide-selbst-alleine loslassen, dann ist alles möglich. Es ist deine Entscheidung, ob du dich der großen Einheit, dem Göttlichen und dessen Liebe anvertrauen magst – ob du dich dem Wir anvertrauen möchtest. Das Wir bedeutet nicht, sich dem Egoismus der anderen zu ergeben. Das Wir bedeutet ein Leben in Liebe.

→ Die Engel können uns wieder auf den richtigen Weg bringen, wenn wir uns vom Weg des Miteinander getrennt haben. Als ein mir sehr nahestehender Verwandter ins Krankenhaus gebracht und dort operiert wurde, hielten die Ärzte ihn nach der Operation noch einige Tage im Koma, weil er so gestresst war. Dann holten sie ihn langsam aus dem unnatürlich erzeugten Schlaf heraus. Er lag auf der Intensivstation und war an diverse Geräte angeschlossen. Ich mochte ihn nicht besuchen, weil ich soetwas nicht mitansehen kann. Stattdessen besuchte ich ihn auf der Ebene der Vorstellung. Ich dachte, wenn er sich noch in einem Zustand befindet, der einem Halbschlaf ähnelt, dann ist die Seele noch sehr auf der Ebene der Träume. Also besuchte ich ihn bewusst im Tag-Traum, als ich wach war. Als ich das Zimmer in der Vorstellung betrat, stand ein Engel am Ende seines Bettes. Das erschreckte mich etwas, weil ich dachte, dass er ihn abholen will in die andere Welt nach dem Leben auf der Erde. Die Engel sind auf dem Weg in die andere Welt eine wichtige Begleitung. Wer weiß, wo es auf der anderen Seite langgeht? Wer weiß, wieviele Daseinsebenen in der rein geistigen Welt existieren? Wo wird es die Seele hinziehen oder wo will sie hin? Ist das dann der richtige Ort? → Engel sind göttliche Helfer in dieser geistigen Welt und gleichzeitig auf Erden. Sie können uns helfen, auf beiden Seiten den rechten Weg des Herzens und Miteinanders finden zu können.

Weil ich diesen Verwandten gut kannte und wusste, dass er Engel für Träumerei hielt, stellte ich mich neben den Engel und zeigte dem Kranken, dass die Engel Freunde sind und wir ihnen sehr vertrauen können. Denn wenn er sterben sollte und diesem Begleiter nicht vertraut, wo würde er dann hingehen? Irrt er dann auf der anderen Seite herum, weil es eine so große Welt ist und es so viele Wege und Möglichkeiten gibt? Nach einer Weile spürte und sah ich, dass er etwas Vertrauen zum Engel gefasst hatte. Dann ging ich an das Bett, tröstete, dankte und segnete ihn. Dies alles geschah nur auf der Ebene der Vorstellung. Ich verabschiedete mich und ging aus dem Zimmer. Ein paar Tage später erzählte mir seine Frau, dass sie mit ihrem Mann telefoniert hätte und er ihr erzählte, dass ich ihn besucht hätte. Er dachte, ich wäre real dort gewesen. Für ihn, für die Seele, war ich real dort. Niemand glaubte ihm, einschließlich der Krankenschwester, die glaubte, das künstliche Koma hätte seinem Gehirn geschadet.

Dieser Mann musste einige Zeit später wieder operiert werden und diesmal sah es so aus, als ob er sterben müsste. Er bekam eine Blutvergiftung und hatte ein multiples Organversagen. Das überleben nur sehr wenige. Wieder ging ich in der Vorstellung zu ihm und diesmal sah ich gleich zwei Engel an seinem Bett, die für ihn sangen. Nun dachte ich, dass es endgültig vorbei ist und sie es ihm mit ihrem Gesang erleichtern, die Erdenwelt besser loslassen zu können. Ich löste mich von der Ebene der Vorstellung und betete zu Hause für ihn gemeinsam mit den Engeln. Er hat es überlebt. Die Engel haben ihn nicht mitnehmen wollen, sondern haben ihn und das göttliche Leben gebeten, dass er noch ein bisschen auf der Erde bleiben mag und kann, um unter anderem alle geschäftlichen Dinge zu regeln, die außer ihm niemand sonst verstand. Und das Leben kann er nun auch noch ein bisschen länger genießen.

Viele Menschen fragen mich, ob ihr Schutzengel bei ihnen ist und ihnen hilft. Meine Frage an sie zurück lautet dann: Wieso dein Schutzengel? Seit wann gehört uns eine Person oder ein Wesen? Wer hat jemals behauptet, dass wir alle von der großen Einheit einen Schutzengel zugewiesen bekommen haben? Wenn es so wäre, dann müssten wir doch alle wie im Paradies leben. Viele Menschen müssen aber sehr viel Leid ertragen.

→ Ein Engel sagte einmal zu mir: „Bitte um einen Schutzengel." Da wurde mir klar, dass es absolut nicht selbstverständlich ist, einen Schutzengel an seiner Seite zu haben! Sie sind unabhängige Wesen, die sich entschieden haben, der großen Einheit, dem Göttlichen und der Liebe zu dienen. Sie möchten dem helfen, der Hilfe benötigt und der Hilfe annehmen kann. Die Engelwesen sind nicht dazu verpflichtet, uns Menschen zu helfen. Sie haben sich aber dafür entschieden, es zu tun, weil sie sehr liebende und mitfühlende Wesen sind. Sie helfen so gut sie können von der geistigen Ebene aus, so wie wir es annehmen und ihnen folgen können. Wenn wir gar nicht erst den Kontakt zu ihnen suchen (z.B. über das Gebet), indem wir sie bewusst darum bitten und nicht an sie glauben mögen, obwohl sie da sind, dann ist es für sie schwerer uns zu helfen. Wenn wir auf die Liebe hören und der Intuition folgen, indem wir still sind und zuhören, dann sind wir auf ihrer Wellenlänge und sie können uns auf hilfreiche Wege führen.

Gedanken – PAUSE

Versucht euch bewusst zu machen, dass die Engel, die Elementarwesen und die Heiligen da sind.

****

Wir können auch von denen lernen, die uns nicht wohlgesonnen sind. Je nachdem wie wir im Kontakt mit einem „Dämon" sind, können wir uns gegenseitig im Miteinander ein Helfer sein, sodass wir durch sie Hilfreiches finden und auch sie etwas Heilsames davon haben können (Kapitel 4). Wenn wir sie als einen Teil unseres Spiegelbildes betrachten, dann können wir uns unser Ego und einen zu starken Willen, als auch unsere unangenehmen Seiten und Ängste anschauen, die wir nicht sehen wollen. Ob es ein Dämon ist oder ein Mensch, dem wir begegnen und der uns in eine unangenehme Situation bringt. Sie zeigen uns, dass wir etwas verdrängen. Wir können versuchen, etwas zu verdrängen, aber alle Kräfte haben Qualitäten, die von dem großen Leben erschaffen wurden und eine Aufgabe erfüllen. Wenn wir Kräfte verdrängen, anstatt sie verstehen zu wollen, dann werden sie mit der Zeit immer stärker, weil jede Kraft zum Überleben benötigt wird. Wenn wir die Kräfte falsch verstehen oder falsch nutzen, dann entwickeln sie sich zu Gegenkräften. Das sind unter anderem Autoimmunerkrankungen oder der Hass mancher Menschen gegen andere und sich selbst.

→ Ein Dämon ist der feinstoffliche, geistige Ausdruck einer lebendigen Kraft, die nicht verdrängt werden will und sich zeigt, um anerkannt und verstanden zu werden – um dann wiederum seinen Platz im lebendigen Miteinander zu finden – dann vielleicht sogar als Engel.

Wenn wir uns vor Dämonen und Menschen erschrecken, dann ist es auch unsere Angst davor, uns selbst unsere negativen, krankmachenden oder verdrehten Seiten einzugestehen. Instinktiv, intuitiv und unserem wahren Wesen entsprechend wissen wir, wenn wir etwas tun, das uns selbst und anderen schadet, dass es nicht gut ist. Wenn wir die Wahrheit nicht wahrhaben wollen und verdrängen, dann zeigt sie sich auf andere Weise oder in einer anderen Form (z.B. als Dämon, als Krankheit oder durch einen Unfall). Wenn wir der Liebe nicht folgen, uns also vom Miteinander trennen, dann bekommen wir Angst. Ein Dämon ist eine Gestalt der Angst vor dem Alleinsein und zeigt uns, was es auf geistiger Ebene mit uns macht, wenn wir nicht auf die Liebe hören und stattdessen ein z.B. gewaltvolles und egoistisches Leben führen - ein Leben, das mehr oder weniger ein Ungleichgewicht hervorruft und damit zu Krankheit führt, Unfällen usw. Wenn wir von einer Leiter fallen, haben wir zuvor schon das Gleichgewicht verloren! So geschieht es auch in unserem Körper und im gesamten Leben um uns herum. Ein Gleichgewicht der Kräfte ist lebensnotwendig. Gleichgewicht bedeutet gleichwertige Anerkennung und ist eine innere Haltung, die sich im Außen (im materiellen Leben) spiegelt.

Jeder Egoist und Gewalttäter sucht nach Erfüllung. Er sucht nach einem Gleichgewicht der Kräfte in sich und gleichzeitig ist er ein Spiegel einer kranken Gemeinschaft, die nicht im Gleichgewicht lebt und andere (Kräfte) ausschließt. Jedes Wesen sucht auf unterschiedliche Weise nach Heilung, versucht, unterdrückte Gefühle auszuleben oder noch mehr unterdrücken zu können.

So kam ein Dämon zu mir, der helfen wollte! Ich aber hatte Angst vor „ihm". Es war spät am Abend und ich lag bereits im Bett, als er hereingesaust kam. Genauso schnell verschwand er auch wieder durch die Wand und ich war erstmal froh, dass er weg war. Dann sah ich ihn im Geiste bei einem Bekannten von mir, der auch bereits im Bett lag und schlief. Im Geiste nahm der Dämon das Herz aus der Brust des Mannes und brachte es zu mir. Ich war zutiefst entsetzt und sagte zum Dämon: „Was machst du da?! Bring es sofort wieder zurück! Das ist nicht gut!" Verzweiflung breitete sich in mir aus. Was machte der Dämon da? Er legte das Herz direkt neben mich. Es sah wirklich aus wie ein reales Herz, auch wenn es „nur" das geistige Seelenherz des Mannes war. Ich hätte schreien können. Es war entsetzlich und gruselig. Der Dämon wich nicht von meiner Seite und wartete geduldig. Er wollte etwas und ich spürte, dass er nichts Böses im Sinn hatte. So konnte ich mich etwas entspannen und aus dieser entspannten Haltung heraus sprach sofort die Liebe (das Herz) in mir. Anstatt Ekel hatte ich auf einmal Mitgefühl mit dem Herz neben mir. Sanft strich ich in der Vorstellung mitfühlend und liebevoll über das Herz. Da sagte der Dämon: „Sein Herz ist verbittert." Er nahm es, verschwand und legte es dem Mann wieder in seine Brust zurück. Ich hatte keine Ahnung, wie es meinem Bekannten in der Zeit ergangen war und ob er es im Schlaf überhaupt bemerkt hatte – dass ihm etwas fehlte. Einige Tage später begegnete ich ihm und er sah aus wie immer. In seiner Brust sah ich ein Herz mit mehr Liebe – die er nun bekommen hatte und die ihm fehlte. Weil er nicht genug Liebe bekam, war er verbittert geworden.

Ein helfender Dämon, der uns geholfen hatte, etwas zu tun, was nötig war. Ich war der Verbitterung aus dem Weg gegangen und empfand eher Ekel, ein abstoßendes Gefühl, vor dieser Art zu leben und vor denen, die so leben. Dabei bemerkte ich gar nicht, dass ich dadurch selbst auf dem Weg der Verbitterung war. Die Liebe des Dämons half mir, selbst in Liebe zu erwachen, mir ein verbittertes Herz anzuschauen und ihm mit Mitgefühl zu begegnen. Dem Mann ist das Herz nun etwas erwärmt worden und dem Dämon wünsche ich, dass er die erfüllende Liebe des Göttlichen erleben darf. Danke.

Dennoch war ich im Zwiespalt mit seinem Verhalten. Es war sehr manipulierend, ohne zu fragen, einer Person das Herz zu entnehmen. Nun ist dem Mann nichts Schlimmes dabei geschehen und er hatte es wohl auch nicht bemerkt. Besser also als jede Operation am Herzen. Denn, wenn die Verbitterung des Mannes länger angedauert hätte, weil ihm niemand die Liebe gab, die er brauchte, dann wäre das Herz mit aller Sicherheit krank geworden. Der Dämon hatte geholfen, wie es ein Engel tun würde, aber nur so, wie er als Dämon helfen kann. Intuitiv hatte ich das Gefühl, dass der Mann möglicherweise gestorben wäre, er aber noch gebraucht wird. Er wäre auch deswegen gestorben, weil er ein ungesundes Leben geführt hat. Er trank zu viel Alkohol, um seine Verbitterung und den Schmerz der Ungerechtigkeit aus der Vergangenheit zu verdrängen und er aß zu viel. Beides ist nicht gut für das Herz. Damit wäre er früher aus dem Leben gegangen, als es von Natur aus mit einer normal gesunden Lebensweise vorgesehen gewesen wäre.

Wenn wir das eigene Leid und das der anderen nicht anschauen wollen, es

nicht wahrhaben wollen und versuchen, es auf verschiedene Weise zu verdrängen - und wenn wir keine Liebe und kein Mitgefühl miteinander teilen - wie sollen wir dann alle gesund werden und bleiben?!
Wenn wir uns die unangenehmen Gefühle und Gedanken (die „Dämonen") eingestehen, dann können wir etwas ändern und eine gesunde und heilsame Zukunft in Liebe gemeinsam erleben.

Einige Wochen später lag ich selbst im Bett. Mein Körper fühlte sich überall schmerzvoll an. Körperlich und emotional fühlte ich mich kraftlos, jammerte und litt vor mich hin. Da kamen mehrere Dämonen hereingerauscht. Das machte mir in meinem Zustand Angst, weil ich dachte, dass sie die Situation negativ ausnutzen wollten. Ein kleiner Kerl setzte sich zu mir in die Nähe meines Gesichts. Er sah gar nicht so dunkel aus und ich war mir nicht sicher, ob er überhaupt ein Dämon war. So abgelenkt, kamen zwei andere zu meinem Bett und nahmen mir meine zwei geistigen, energetischen Nieren aus dem Körper. In den Nieren ist die Hauptlebensenergie. Was hatten sie damit vor? Wollten sie mein Ende beschleunigen? Ich hatte Angst, wusste aber nicht, was ich tun sollte. Babaji Nagaraj kam mir in den Sinn und im Kontakt mit ihm sendete ich den Dämonen Liebe und rief innerlich um Hilfe. Gleichzeitig konnte ich von den Dämonen keine negativen Absichten wahrnehmen und wunderte mich. Irgendwie hatte ich auch Vertrauen ihnen gegenüber und das wunderte mich auch. In der Küche habe ich zwei Karaffen mit Wasser stehen, die eine energetisierende Wirkung auf das Wasser haben. Dort tauchten sie meine geistigen Seelennieren in das Wasser, kamen zurück und legten sie mir wieder zurück in den Körper. Ich dachte, das müsste sich gut anfühlen oder lichtvoller sein, stattdessen sah ich meine Nieren in dunkler Energie zusammengeschrumpft und bekam Angst. Meine Elfenfreundin sauste geschwind hinaus und holte Hilfe. Sie kam mit Jesus an der Hand wieder. Er sagte: „Sie haben deine Nieren getränkt." Seine Anwesenheit und positive Sicht auf die Situation beruhigte mich. Die dunkle Energie erkannte ich dann als Erstverschlimmerung. Einige Tage später sah ich mehr Energie von Liebe in den Nieren als zuvor. Die Dämonen hatten gute Absichten und taten, was sie für mich tun konnten. Auch sie suchen und brauchen Hilfe, Helfer und Erlösung vom Leiden, genauso wie wir Menschen. Ich bin (noch) keine Freundin der Dämonen, aber ich kann auch nicht negativ über sie denken oder empfinden, auch wenn sie bei mir mit ihrem Aussehen im ersten Moment Angst erwecken. Der Kleine an meinem Kopf guckte mich beruhigend und freundlich an, die zwei Helfer gingen sehr behutsam mit den Nieren um und respektierten meine Angst und dann war noch ein größerer Dämon anwesend, der das ganze Geschehen weise anleitete. Danke ihr Wesen, von denen wir

Menschen so schlecht denken. Bei all den bisherigen Erfahrungen mit dem Wesen Dämon kann ich nur Positives über sie sagen und komme langsam zu dem Schluss, dass wir Menschen in früheren Zeiten und noch heute diese Kräfte und Wesen der Natur möglicherweise zu negativen Taten benutzt und gezwungen haben, wie z.B. mit schwarzer Magie. Wer erschafft die dunklen Mächte? Gab es sie schon immer oder haben wir Menschen sie selbst erschaffen, um Macht über andere auszuüben oder eigene Macht zu beweisen? Vielleicht sind sie deswegen sehr arme Teufel, die selbst Hilfe benötigen und die sie von uns nicht bekommen, weil unsere Angst größer ist als die Liebe. „Lass die Liebe größer sein." (Jesus) Wenn wir helfen wollen, bekommen wir Hilfe auch von einer ganz ungeahnten Quelle des Lebens. Die wundersame Kraft der Liebe ist in jedem!

→ Elementarwesen sind Helfer und Heiler und wissen um unsere Ängste und Nöte. Wenn es uns nicht gut geht und wir in die Natur gehen, finden wir dort gute Freunde und Helfer mit viel Herz und Verstand. Wenn wir mit ihnen sein mögen und offen für sie sind, dann helfen sie uns, wieder ruhiger zu werden und uns wohl zu fühlen. In der Zeit, in der ich Angstzustände hatte, bin ich so oft wie möglich in die Natur gegangen. Sie war mein einziger und wahrer Helfer. Dort, bei den Pflanzen und Elementarwesen, kam ich zur Ruhe und wieder bei mir selbst an. Diese anderen Lebewesen konnten mir immer helfen. Bei ihnen fühlte ich mich immer verstanden, auch wenn ich völlig verdreht war. Das ist im Kontakt mit anderen Menschen nicht immer so. Obwohl wir von derselben Art sind, können wir nicht immer füreinander Verständnis aufbringen. Vielleicht darum, weil wir uns auch gegenseitig den Schmerz zugefügt haben und dies nicht verzeihen können oder wollen. Wenn wir lieben können, dann können wir auch verstehen und haben Mitgefühl und Verständnis. → Lernen wir von der Natur, uns selbst und den anderen zu verzeihen, damit wir uns im Miteinander besser helfen können.

Naturgeister sind sehr gute psychologische Helfer. Das liegt an ihrer lieben und bescheidenen Art, das Leben zu betrachten und zu pflegen. Ängste entstehen u.a. durch zu große Schritte, die wir uns abverlangen. Die Erinnerung an Bescheidenheit durch die Elementarwesen und die ganze Natur kann uns helfen, die Mitte wiederzufinden und in Dankbarkeit zu erkennen, was wir haben. Wenn wir aus der Mitte heraus handeln und für sie, dann handeln wir in Liebe. Liebe ist Bescheidenheit. Den Mut zu haben, sich seine Ängste anzuschauen bedeutet, die Gefühle des Klein-seins, des Wenigen, des Bescheidenen, des Sanften, des Schwach- und Müde-seins, des Krank-seins und der Stille anzunehmen. Und das ist sehr heilsam. Wenn wir uns dies nicht eingestehen (in der Not), dann bitten wir auch niemanden um Hilfe.

→ Die Natur und ganz besonders die Elementarwesen leben mehr Bescheidenheit als wir Menschen. Sie können uns erinnern an unseren eigenen Wesenskern aus Liebe, aus dem heraus wir erkennen können, was wir haben und wer wir sind. „Sieh, was du hast", sagte mir einmal eine Heilige der Elementarwesen in einer Zeit der Angst. Mein Blick war ganz woanders. Ich schaute nur noch darauf, was ich nicht hatte, wer ich nicht bin und wie ich viel lieber sein wollte. Weil ich anders sein wollte oder sollte und mich darum selbst ablehnte (nachdem ich von vielen anderen abgelehnt wurde), darum hatte ich Angst. Mit der Angst verlor ich die Bescheidenheit.

Ablehnung ist Trennung von einer Gemeinschaft in Liebe und allein sein macht Angst. Trennung ist ein Tod. Verbunden-sein ist Leben und Liebe. So können wir vertrauen.

Was haben wir alles?
Was möchten wir noch alles haben?
Brauchen wir es wirklich?
„Sieh, was du hast."

Wer bist du?
Möchtest du anders sein?
Kannst du dich annehmen, so wie du bist?
...auch wenn du verzweifelt bist oder Angst hast?
Kannst du die anderen annehmen, so wie sie sind?
...auch wenn sie schwach sind,
auch wenn sie gerade nicht ihre Stärken zeigen?
„Sieh, was du hast." ...die wunderbaren Kräfte in dir,
die du noch viel mehr nutzen kannst.

Wir brauchen keine anderen Kräfte, wir brauchen nicht anders zu sein – nur so, wie wir wahrhaftig sind. Entdecken wir uns und die anderen neu. Schatten und Licht und alle Farben, das ganze Leben. So wie es ist. Was können wir daraus lernen? Was hat es für Vorteile? Was können wir daraus machen?

Gedanken - PAUSE

****

→ Wenn wir Freunde unter den Elementarwesen haben, dann geschieht viel Gutes. Elementarwesen und Engel helfen uns mit der Kraft der Liebe, Freude, Lebendigkeit, der Friedfertigkeit und Ruhe. Tanzen, lachen und singen ist Medizin für sie selbst, die sie an alle weitergeben.

Eine Frau erlebte bei der Meditation am Ende eines Vortrags etwas sehr Besonderes. Sie hatte eine Operation am Hals. Seitdem hatte sie keinen Speichelfluss mehr. Bei der Meditation mit den Elementarwesen und auch mit der Bitte um das Gnadenlicht, floss plötzlich Speichel in ihrem Mund! Was für ein Wunder der Liebe! Alles ist möglich mit Hilfe der geistigen Welt, einer intakten, gesunden Natur und dem göttlichen Licht der Liebe. Danke!

Immer wieder höre ich die heilsamen Gesänge der Engel. Es sind Gebete an die große Einheit, für die große Gemeinschaft und für die Liebe, ohne die keine Einheit bestehen kann. Sie singen oft für „mein" Seelenherz. Dann fühle ich in der Brust Erleichterung, Wandel ins Friedvolle und sehe, wie sich energetisch etwas löst. Danke an die göttlichen Helfer!

Wenn ich morgens wie ein schwerer Kartoffelsack im Bett liege, mir meine Glieder schmerzen und ich nicht aufstehen mag, dann kommen liebe Elfenfreundinnen und reichen mir die Hand – Komm! Komm ins Leben. Oder sie stupsen mich an und übertragen damit schöne, lichtvolle und lebendige Energie auf mich. Oder die kleinen Zwerge und Wichtel kuscheln sich an mich, damit mir wohler wird. Manchmal sausen sie über die Bettdecke und stehen plötzlich fröhlich direkt vor meinem Gesicht und haben eine Menge Freude. All dies weckt auch die Freude am Leben in mir und ich stehe schnell auf. Wo ist der Kartoffelsack?

→ Es helfen uns sogar die Elementarwesen, denen es selbst nicht gut geht. Sie wissen, wenn wir uns gegenseitig helfen, dann hat jeder etwas davon. Sie geben die Hoffnung nicht auf. Sie hören nicht auf, nach Heilungswegen zu suchen und die richtige Medizin zu finden. Sie wissen, es ist die Liebe durch die Gemeinschaft, die heilt. Die Elementarwesen und Engel geben die Hoffnung nicht auf, dass auch wir Menschen diese Gemeinschaft und Liebe mehr wollen als etwas anderes, weil es für uns alle das Beste ist. Nicht das Einzige, aber das Beste. Danke an unsere anderen Freunde!

→ Elementarwesen können uns helfen auf dem Weg der Erleuchtung, zur Einheit mit allem Leben. Es ist der Weg zum Göttlichen, zur Liebe und Heilung. Diese geistigen Wesenheiten sind sehr vielfältige Helfer in allen Bereichen des Lebens. Selbst wenn die Elementarwesen rein geistige Wesen sind, können sie uns sogar auf der materiellen Ebene helfen. Wenn auf dem Herd das Essen kocht und ich dabei Gemüse schnippel, steht immer eine größere Elfe beim Herd. Sobald das Essen fertig ist, entfernt sie sich von den Töpfen. Ich kann nur sagen, die beste Nudel-al-dente-Köchin der Welt und das Gemüse ist immer knackig. Anfangs habe ich noch mit dem Messer in das Gemüse gepikt und nachgeprüft. Jetzt weiß ich einmal mehr, dass wir den Elementarwesen vertrauen können.

Wenn ich nach dem Essen spüle, sind immer kleine und große Freunde mit dabei und helfen, die gute Laune zu behalten. Wenn die Waschmaschine im Keller läuft, dann sagt mir immer eine kleine geistige Frau Bescheid, wenn die Wäsche fertig ist. So brauche ich nicht unnötig die vielen Treppen auf und ab zu laufen. Sie erinnern mich mit inneren Bildern an den Fahrradschlüssel, bevor ich hinausgehe und an so vieles mehr. Neulich stand vor einem der großen und teuren Hotels ein Schuttwagen. Auf ihm waren diverse Möbel aufgetürmt, die größtenteils noch sehr gut erhalten waren. Wenn ich an so einer Kutsche vorbeigehe, dann kann ich nicht mehr denken, weil ich nicht begreifen kann, warum so gut erhaltene Möbel weggeworfen werden. Selbst ein Sofa, dessen Farbe nur ein bisschen ausgeblichen ist, kann man mit einem schönen Überwurf in ein wunderbares, neues Sofa verwandeln. Und es gibt so schöne Überwürfe, die nicht so teuer sind wie ein neues Sofa und der Natur weniger schaden. Nun gut, dort jedenfalls stand ein ganz toller, neu aussehender Rattanstuhl. Den nahm ich mir mit nach Hause. Ich hatte noch einen zweiten gesehen und überlegte, ihn mir auch noch zu holen, gehe aus der Tür hinaus …das steht mein Elfenfreund direkt vor mir, die Arme ausgebreitet, um mich aufzuhalten. Der Stuhl ist nicht mehr gut, spürte ich intuitiv. Den Weg und die Kraft kann ich mir sparen und für Wichtigeres nutzen. Stur wie ein Mensch „manchmal" ist, gehe ich wieder los. Den Rest könnt ihr euch vielleicht denken. Der Stuhl war nicht mehr so schön und leicht lädiert. Ich ließ ihn stehen, kam nach Hause und… „Kannst du nicht hören?!" Desweiteren ein freundlich kopfschüttelnder Elfe. „Merk dir das!" Das war nicht das erste Mal. Hoffentlich bin ich dadurch nun weniger eigensinnig.

Das sind alles kleine und sehr kostbare Hilfen, wenn man viel zu tun hat. Ihre Hilfe für uns Menschen ist nicht selbstverständlich. Sie haben viele andere Aufgaben zu erledigen. Wenn wir jedoch bereit sind, auch ihnen zu helfen, dann sind sie überall mit vollstem Elan dabei – und das macht ganz schön viel Freude. DANKE für so viel Hilfe und Helfer in dieser Welt aus der Natur!

Das Leben ist Medizin, Gesundes und Hilfreiches überall:
→ An die <u>Heilkraft der Pflanzen</u> sollten wir uns täglich erinnern. Wenn wir

in die Natur gehen, dann gehen wir zu „unserer" Medizin. Jedes Lebewesen der Pflanzen hat eine Medizin, mit der wir in Kontakt kommen, sobald wir in der Natur sind. Je aufmerksamer und offener wir für die Pflanzen sind, umso besser geht es uns dort, ohne dass wir sie berühren müssten. Das ist eine Tatsache, die sich ganz leicht beobachten lässt.

→ Auch die <u>Elemente haben Heilkräfte</u>. Heilerde und Schlickpackungen sind jedem bekannt. Was wären wir ohne Sauerstoff, ohne saubere Luft! Wenn es kein Feuer gäbe, könnten wir in manchen Ländern gar nicht leben. Das Feuer der Sonne nährt uns täglich und wirkt heilsam auf unsere Gefühle. Wasser ist sicherlich das segensreichste Element für alle Lebewesen. Es nährt und reinigt den Körper, verhindert dadurch Krankheiten, wir können im Wasser viel besser loslassen und entspannen und es ist eine Wohltat, es fühlen zu dürfen – im Meer, in einem See oder Fluss, unter der Dusche oder in einer Wanne. Duschen und Wannen bestehen aus Metall oder anderen hilfreichen Gaben der Erde. Danke!

→ Das Dasein des <u>Gnadenlicht</u>s, als Quelle der Nahrung und Heilung, war schon erwähnt. So nebenbei und ganz unauffällig haben wir das größte Glück um uns herum.

→ In unserem Körper haben wir den sogenannten <u>Nektar</u> oder <u>Ambrosia</u>. Es ist eine Energie, ein Licht der Liebe in goldgelber Farbe, die in unserem Gehirn existiert. Ungefähr in der Mitte des Kopfes, wenn wir uns mit der Aufmerksamkeit beim dritten Auge nach innen konzentrieren und vom Kronenchakra (oberster Punkt auf dem Kopf) nach unten – wo sich beide Energiefelder im Gehirn treffen, da haben wir eine sehr heilsame Energie in uns. In der Meditation, mit entspannter Konzentration auf diesen Bereich, können wir diese Kraftquelle bitten, uns zu helfen. Dazu müssen wir in einer Haltung der Demut, mit liebender Hingabe und in einer empfangenden Haltung sein.

Dies ist nur eine kleine Aufzählung der Medizin, die uns überall und täglich umgibt. Das ist das Leben - Medizin - in der Natur überall!

→ Helfer sind da - in der Natur! Wir können diese Helfer, die Pflanzen, Elementarwesen, Engel und die Heiligen um Hilfe bitten. Sie helfen sehr gerne. Es macht sie glücklich, wenn sie helfen können. Könnt ihr euch daran erinnern, wie gut es sich anfühlte, wenn ihr selbstlos jemandem oder einem Tier geholfen habt?! Helfen zu können tut gut! Es wäre gut, wenn wir Menschen uns immer und ständig daran erinnern, wie gut es uns geht, wenn wir uns im Miteinander helfen – miteinander, denn nicht nur wir Menschen brauchen Hilfe. Auch die Elementarwesen, Pflanzen, Bäume, Elemente und Tiere brauchen uns - unsere Taten für sie! Mögt ihr eine helfende Hand dabei sein?

Wenn wir uns die helfenden Hände geben, dann können wir uns miteinander halten und uns Halt geben. Dann haben wir auch keine Angst mehr - wenn wir anderen helfen.

→ Wir Menschen können auch ganz anders helfen, als wir es zu denken gewohnt sind. Wenn wir uns mit den Energien der Liebe des Lebens verbinden (sie bitten, uns zu führen), dann können wir diese Energie auf andere übertragen, damit es ihnen besser geht. Dazu ist es nicht nötig, selbst ein Kanal für diese Energie zu sein. Die Energie braucht nicht erst zu uns zu kommen, um dann auf den anderen übertragen zu werden. Wir können die Energie bitten, gleich zum Hilfesuchenden zu fließen. Das ist auch besser für unser Ego, denn dann können wir nicht sagen: „Ich bin der Heiler", denn der bin ich nicht! Das machen wir gemeinsam oder gar nicht. Heilung = Verbundenheit. Das ist nur durch Miteinander, also durch Liebe möglich. Sobald einer sein Ego damit stärken will, kann es den Heilungs- und Genesungsprozess stören oder der selbsternannte Heiler wird möglicherweise selbst schwer krank und stirbt vorzeitig – an seiner Krankheit, dem Egoismus, den er versucht, bei den anderen zu heilen. Egoismus wandelt sich nur mit der Kraft der Liebe in Liebe. Das ist Gesundheit.

→ Auf diese Weise können wir Menschen die Medizin der Natur (das göttliche Licht) für andere Menschen und für alle anderen Lebewesen bitten, dass ihnen geholfen wird, wenn sie selbst dazu nicht in der Lage sind. Was heilt, ist die Liebe. Je mehr Liebe ein Kind erlebt, vom Beginn seines Lebens im Bauch, um so gesünder und kraftvoller kann es im Leben zurechtkommen und für andere ein Helfer sein – ein liebendes Wesen. Auf diese Weise helfen uns die Heiligen.

Wenn eine religiöse Gemeinschaft einen Menschen heilig spricht, dann sind das Menschen, die anderen besonders viel geholfen haben. Es gibt natürlich viel mehr Heilige als die offiziell heilig Gesprochenen, hier und in allen anderen Kulturen und Religionen. Sie haben die Liebe (das Göttliche) in uns und in Verbundenheit mit diesen Kräften um uns herum auf besondere Weise auf Erden sichtbar gemacht. Vielleicht haben sie sogar mit Hilfe der Liebe Wunder vollbracht. Jesus sagte zu mir: „Wunder geschehen durch die Liebe. Das Wunder ist die Liebe."

→ Elementarwesen sind ganz <u>wunder</u>bar, <u>wunder</u>voll und <u>wunder</u>sam. Sie haben erstaunlich viel Menschenliebe, obwohl die meisten Menschen sie gar nicht beachten und viele auch gar nichts von ihnen wissen wollen. Ich möchte noch viel von den Naturgeistern lernen. Meine Liebe zu Menschen muss noch wachsen, auch zu mir selbst. Wenn ich die Elementarwesen erlebe, wie sie mir stets und ständig so vieles verzeihen und immer wieder zu mir zurückkehren, auch wenn ich ihnen wehgetan habe, dann wächst die Demut in mir und ich kann wieder dankbarer für alles sein. Sie sind schon sehr besonders, die Elementarwesen. Nicht weil sie Geister sind (sie sind ein Teil der Natur, wie wir Menschen auch), sondern weil sie so unbegreiflich viel Liebe haben. Erlebt selbst, von wieviel Liebenden und Liebe wir alle umgeben sind.

→ Leider haben diese liebenden, heilsamen Geister manchmal auch Angst, z.B. vor Gewitter. Wenn es draußen blitzt, kommen manche Elementarwesenfreunde schnell herein und suchen bei mir Schutz und Liebe. Einige sind auch ängstlich und vorsichtig mit uns Menschen, weil wir so unachtsam sind und ihre Heimat und ihre Freunde zerstören – die große Einheit, von der wir selbst ein Teil sind!

Ich bekomme viele kostbare Geschenke von Elementarwesen der ganzen Erde. Diese Geschenke der geistigen Welt sind Urkräfte, feinstoffliche Energien vom Anbeginn des Lebens. Sie erinnern uns an die Reinheit der Energie der Natur bis in die Tiefe. Wenn die Könige dieser Welt mir ein energetisches, geistiges Geschenk überreichen, dann dient es dazu, dass ich daran wachse und es zum richtigen Zeitpunkt weiter- oder auch an sie zurückgebe.

→ In jedem dieser geistigen Führer, Hüter, Helfer und Heiler sehe ich im Hintergrund ihrer inneren, unbegreiflichen Schönheit, dass sie sehr traurig sind und sich hilflos fühlen. Ihre und unsere Heimat, die gesamte Natur ist bedroht von unserem Umgang mit dem Leben. Ich habe Angst um sie, um unsere liebsten und schönsten Freunde. Immer häufiger sehe ich, dass sie von der Erde schwinden. In großer Verzweiflung sind mir schon einige Elementarwesen erschienen und sagten mit geschwächter Liebe und Stimme: „Wir schwinden!" Nicht weil sie es wollen, sondern weil wir ihren Lebensraum zerstören. Ich weiß, ihr habt das jetzt schon oft in diesem Buch gelesen und es ist ein deprimierendes Gefühl, das niemand fühlen will, wenn das Kostbarste um uns herum geht. Mir tut es auch nicht gut, es zu wiederholen, aber ich habe die Befürchtung, dass ihr es verdrängen werdet, nachdem ihr das Buch gelesen habt. Dann legt ihr es beiseite, freut euch am Guten davon und macht so weiter wie bisher. Oder was macht ihr, wenn ihr das Buch gelesen habt? Wir zerstören unsere Medizin, wenn wir so weitermachen wie bisher. Wir zerstören das Leben.

→ Während ich dies schrieb, erschien eine gute Freundin im Raum. Es war die Undine aus der Ägäis, von der ich im vierten Kapitel erzählte. Das letzte Mal als ich sie sah, erschien sie in hellem, weißem Licht, war ganz und gar selig und erfüllte den Raum mit ihrem wunderschönen Dasein. An diesem Tag ist sie tief betrübt und ihr Licht, das nicht mehr ganz weiß ist, hat keine

Ausstrahlung mehr. Ich kann sie kaum wahrnehmen. In der Ägäis ist ein Öltanker gesunken und die Strände und Meere sind verseucht. Menschen hatten sich im Meer schwimmend, die Augen verätzt. Wie mag es dann erst den Fischen, Krebsen und Wasserpflanzenwesen ergehen?! Ich schreibe und sage, was ich sehe, höre und fühle. Ich halte mich nicht mehr zurück – solange, bis wir Menschen alle gewillt sind, unseren Egoismus zurückzunehmen. Bis wir alle verstanden haben, dass es ohne eine verantwortungsbewusste Haltung, aus der heraus wir unser Handeln auf gesunde Weise verändern, nicht zu überleben möglich ist!

→ Eine Nixe sagte mir: „Die Wale brauchen deine Hilfe!" - Unsere Hilfe!!! Eine andere Nixe rief: „Unsere Wale sterben!" Nicht nur die Wale. Eine andere Elementarwesenfrau erschien mir in großer Not. Sie zeigte mir im Geiste riesige Berge und Täler. Es waren Canyons in den USA. Dort sah ich sehr trockene Gegenden. Sie sagte: „Die Flüsse trocknen aus!" In Südafrika ist es bereits so weit. Millionen Menschen dürfen täglich nur noch eine geringe Menge Wasser verbrauchen (2018). Dann sah ich viele große und furchtbare Waldbrände. „Kannst du uns helfen? Wir brauchen deine Hilfe." Am Ende sagte sie noch: „Danke, dass du mir zugehört hast."
→ Hilferufe in aller Bescheidenheit und in größter Not erreichen mich von den Elementarwesen von überall aus der Welt. Wie können wir ihnen helfen? Indem wir unsere innere Haltung ändern und in jeder Hinsicht sehr viel bescheidener leben! Das ist notwendig für uns alle.

→ Die Elemente, Pflanzen, Tiere und Elementarwesen sind unsere Vorfahren. Wir alle sind im tiefen Wesen gleich. Wir alle sind empfindsame und feinfühlige Lebewesen. Sogar grobe und verschlossene, harte Menschen reagieren extrem empfindlich auf nur ein einziges Wort! Jeder kann fühlen und jeder hat eine Art zu denken. Gedanken und Gefühle gehören zusammen. Auf dieser Ebene können wir auch auf Entfernung mit guten Gedanken und Gefühlen helfen. Auf dieser Daseinsebene spielt die Entfernung keine Rolle. Wir können ihnen Trost spenden, danken, zuhören, unser Mitgefühl zeigen, für sie da sein, Verständnis haben und sie fragen, was sie brauchen. Unsere Intuition und die Liebe wird uns dann den richtigen Weg weisen. Was uns Menschen gut tut, wenn es uns schlecht geht oder wir krank sind, das ist auch für alle anderen Lebewesen hilfreich. Sie sind unsere Vorfahren.

→ Wenn wir beten, dann bitten wir für uns oder jemand anderen um etwas. So können wir es auch für die anderen Lebewesen, für die Elemente und ihre Elementarwesen tun. Sie haben mich schon oft gefragt: „Kannst du für uns beten?" Ja, ich kann für euch bei den Menschen, der großen Einheit und dem Gnadenlicht um Liebe und Frieden bitten. Wenn ich es tue, (nachdem frustrierenderweise wieder einmal von der katastrophalen Umgangsweise der Menschen mit der Natur berichtet wurde), dann kommen manchmal von weit her Elementarwesen herangeflogen und wollen wissen: „Wer betet da für uns?!" Unsere Gedanken und Gefühle kommen an, auch in weiter Entfernung!

Am Morgen des 11. September 2001 explodierten zwei Hochhäuser in New York mit 3000 Menschen. Ich ging zur Arbeit, fühlte mich sehr schlecht und wusste nicht warum. An diesem Vormittag bin ich mehreren Freundinnen begegnet, denen es auch so schlecht ging und auch sie waren ratlos – bis wir die Nachrichten hörten. Die Gefühle der Menschen in Not waren schon vor den Nachrichten bei uns angekommen!
→ Eines frühen Morgens im Jahr 2017 sah ich vor meinem inneren Auge, wie ein großes Flugzeug die Flughöhe änderte und in ein Hochhaus flog. Dann sagte ein Elementarwesen: „Das war kein Zufall!" Später schaute ich in den Kalender. Wir hatten den 11. September 2017. Es war ein Rückblick, mit dem die Elementarwesen mir sagen wollten, dass sie unsere Absichten kennen und darum haben sie Angst vor der Zukunft – wenn wir <u>jetzt</u> nicht <u>unsere Absichten zum Besten für uns alle, für die Zukunft ändern!!!</u>

Gefühle und Gedanken gehen um die Welt - so wie die Worte und Bilder über die energetische Strahlung von Handys, Fernsehern und Radio überall ankommen. Wenn mich eine Freundin anruft, spüre ich sie meistens schon vorher. Vielleicht kennt ihr das Phänomen selbst. Wir sind aber nicht nur umgeben von unseren eigenen vielen Gedanken und Gefühlen innen und von außen kommend und durch die vielen Medien. Da gibt es auch noch andere, die Gefühle in die Welt senden.
→ Es sind die Tiere in den Mastställen, die extrem leiden müssen. Ihre Gefühle sind stark und das strahlen sie überall auf der Welt aus. Jedes Jahr werden in Deutschland viele Millionen Schweine möglichst schnell unter katastrophalen und unwürdigen, unnatürlichen Zuständen herangezüchtet. Nur sehr wenige von ihnen dürfen das Leben eines Bioschweins in respektvoller und gesunder Haltung erleben.

→ Immer schon habe ich mich gefragt, was die Menschen den Tieren in den Versuchslaboren antun. Die Seelen der Tiere und ihre Geister kamen zu mir und zeigten es. Ich sah Tiere, die aus zwei oder mehreren Tierarten bestanden. Die anderen Bilder, die sie mir im Geiste sendeten, waren so widerlich und abartig, dass ich sie nicht beschreiben kann und möchte.

Desweiteren: „Sie probieren an uns die Gefahren aus," hörte ich die verzweifelte Stimme eines Tierwesens. Das, was ich im Geiste sah, erinnerte mich an einen Artikel in einer bekannten Zeitschrift. Die Wissenschaftler erforschen an den Tieren, welche Medikamente und welche Technik sie später an uns ausprobieren können – um uns zu helfen! Ein Foto mit einem Affen war zu sehen, der auf einem Laufband stand, angeschlossen an unendlich viele Maschinen und Kabel an seinem ganzen Körper. Sein Gehirn wurde operiert. Es wurde verkabelt, sodass es unter Strom gesetzt werden kann. Ich habe nie etwas Grausameres gesehen. Und sie zeigten es voller Stolz in aller Öffentlichkeit. Diese Tests dienen dazu, Menschen mit der Krankheit Parkinson besser helfen zu können. Wie das große Leben es bestimmt hat, lernte ich einen Mann kennen, der an Parkinson erkrankt ist. Lange sah ich ihn nicht mehr. Dann stand er vor mir. Er hatte sich operieren lassen. Sein Gehirn wurde verkabelt, sodass es mit Strom stimuliert werden kann, damit die Krämpfe und das Zucken im Körper erträglich sind. Stattdessen bekam er viele andere Probleme. Sind diese Menschen noch Menschen, wenn sie so etwas tun? Warum gestatten wir anderen ihnen das?! Ist es die Hoffnung darauf, dass wir ewig leben können, niemals sterben oder leiden müssen? Das wird Medizin genannt. Medizin, unter der die Tiere wahnsinniges, unvorstellbares Leiden ertragen, ein absolut unnatürliches Leben führen und frühzeitig sterben müssen – damit wir es besser haben? Ist das eine Verbesserung? Wir sollten uns mehr Lebensfragen stellen, bevor wir annehmen, was anderen Leid zufügt.

Eine andere Tierseele sagte in zutiefster Traurigkeit und größtem Leid: „Sie züchten uns. Sie wollen, dass wir mehr geben." Noch mehr!!! Wir Menschen sind auf grausame Weise unersättlich. „Dadurch werden wir aggressiv," fügte die Tierseele hinzu. Dafür werden sich diese Menschen auch noch etwas einfallen lassen.

Viele Tiere leiden um uns herum. Wir sind umgeben von Gefühlen der Angst, Bedrängnis, Not, Aggressivität, Verzweiflung und Krankheit dieser unvorstellbar vielen Tiere. Da wundern wir Menschen uns, wenn es uns selbst immer schlechter geht und viele psychisch krank werden. Wir Menschen stammen auch von den Tieren ab. Es ist das leidende Tier in uns, das sich wehrt, schreit, kämpft und immer aggressiver wird. Es ist nicht der friedliche Baum in uns, der gerade in Sekundenschnelle gefällt und zerhackstückelt wurde. Es ist das Tier. Wir können sehr froh sein, dass unsere Baumvorfahren so friedlich sind. Pflanzen und Bäume waren vor den Tieren auf der Erde. Also sind unsere „ersten" lebendigen Vorfahren friedlich gewesen. Das lässt hoffen, denn unsere Handlungen haben Auswirkungen - auf uns selbst. Vielleicht können wir uns an die Kräfte der Bäume in uns erinnern – indem wir beten und bitten um Frieden und Liebe für uns selbst und die vielen, vielen anderen – ohne Unterlass. Denn ohne Unterlass leiden sie. Wenn wir so die Kräfte der Liebe in uns wecken und stärken, dann ist es auch eine Erinnerung an den göttlichen, liebenden Ursprung in uns allen. So stellen wir Kontakt her und können uns mit den guten und hilfreichen Kräften des Lebens darüber verbunden fühlen. Gleichzeitig teilen wir dieses Gefühl mit denen, für die wir beten und bitten.

→ Häufig zünde ich dabei eine Kerze an, wenn ich an die Liebe in allen und für alle denke (aus Bienenwachs, um den Wert der Biene zu stärken oder aus pflanzlichem Stearin). Das ist besonders wichtig, wenn es mir selbst dabei nicht gut geht, denn dann kann ich mich mit jedem Blick auf das schöne Licht wieder daran erinnern. Das Vergessen kommt viel zu schnell. Die Elementarwesen mögen sehr den Kerzenschein, der für die Liebe brennt. Die kleinen Leute sitzen dann gerne und mit Ehrfurcht um die Kerze herum. An manchen Tagen fragen sie mich sehr leise und bescheiden: „Zündest du uns eine Kerze an?" Dann weiß ich, dass sie etwas Trauriges erfahren haben und Hilfe brauchen.

→ Es wird Zeit, dass wir helfen. Jeden Tag sterben 150 Pflanzen- und Tierarten aus. Arten - nicht einzelne Tiere oder Pflanzen. Zum Vergleich: Nicht 150 Menschen oder 150 Familien sterben, sondern die ganze Rasse der Menschheit x 150 stirbt aus. So geschieht es gerade täglich mit den Tieren und Pflanzen. Eine unendlich scheinende Vielfalt geht verloren. Das Leben auf der Erde verliert seinen Halt. Wenn der Heiler krank ist, dann kann er den anderen nicht mehr helfen. Helfen wir der Natur! Schützen wir die Natur aufrichtig, ohne Wenn und Aber! Die Natur, die anderen sind unsere Medizin - Sie sind unsere Heiler! Sie sind unsere Väter und Mütter. Wer sind wir?

Wir haben Möglichkeiten zu helfen ohne Ende und wenn wir selbst keine Zeit haben, dann können wir es andere für uns tun lassen, indem wir z.B. an eine Naturschutzorganisation Geld spenden. Einige habe ich am Ende des Kapitels aufgelistet, die ich für besonders vertrauenswürdig, ehrlich und sehr lieb empfinde und an die ich selbst auch regelmäßig spende. Alles, was wir tun können, das sollten wir tun, ohne zu zögern. „Warte nicht zu lang!" Denken wir nicht zu lange und zu viel über alles nach. Wenn es gut ist, dann sollten wir es tun. Die Elementarwesen zögern nicht eine Sekunde, wenn jemand leidet. Und wenn niemand leidet, dann helfen sie, die guten Kräfte mit ihrem liebevollen Dasein zu bestärken.

→ Seit ich mir der Naturgeister bewusst bin und wir unser Miteinander immer weiter versuchen zu verbessern, seitdem ist mein Leben wesentlich leichter geworden, fröhlicher und glücklicher. Ich bin es meistens selbst, die es sich schwer macht. Die Elementarwesen helfen wo sie können, besonders wenn wir ihnen wohlgesonnen sind. Helfer sind in der Natur überall. Ob es der Baum ist, der uns Kraft schenkt und Ruhe oder die kleinen Pflanzen, mit ihrer ganz eigenen Medizin. Die Elemente, die uns helfen zu überleben oder die Elementarwesen, deren Liebe uns aufwecken kann. Wir können ihnen auch Ruhe, Kraft und Medizin schenken und ihnen helfen zu überleben, wenn wir unsere Herzen auch für sie öffnen mögen.

****

Kontakt mit Engeln

Den bewussten Kontakt mit Engeln könnt ihr auf folgende Weise üben, um es ihnen leichter zu machen, wenn sie uns helfen möchten:
Dasselbe gilt auch für die Kontaktaufnahme mit den Elementarwesen:

* Die Anerkennung des Daseins der Engelwesen. Seid euch bewusst, dass die Engel da sind und bereit sind, <u>uns</u> zu helfen (es aber nicht tun müssen).

* Bittet bewusst die Engel, dass sie <u>uns</u> helfen.

* Hört und folgt selbst dem Seelenherz, der Liebe und der Intuition – denn darüber sind sie im Kontakt mit uns und können uns auf dieser geistigen Ebene führen oder uns etwas mitteilen.

* Betet selbst, bittet die große Einheit im geistigen Seelenhimmel <u>und auf Erden</u>, dass euch oder eurem Gegenüber geholfen wird und dass ihr euch miteinander helfen könnt.

* Bittet, betet für die Liebe zwischen euch und in euch ohne zu manipulieren, ohne zu kontrollieren und euren Willen durchzusetzen.

* Überlasst es den Kräften der Liebe, auf welche Weise Hilfe geschieht (geschehen kann).

* Habt keine Erwartungen an die Liebe, wenn ihr sie bittet. Mit Erwartungen blockieren wir den Fluss der Lebensenergie (der Liebe), weil in Erwartungen auch Egoismus versteckt ist.

****

Übung – Empfangen & Geben im Gleichgewicht

****

Wenn ihr euch an manchen Tagen nicht gut fühlt, dann kann ich euch empfehlen, die verborgenen Kräfte der Liebe in eurem Körper und der geistigen Welt in euch <u>und</u> um euch herum einzuladen. Das könnt ihr natürlich auch tun, wenn ihr guter Dinge seid. Dann geht ihr in eine entspannte, empfangende Haltung, so wie ihr auch ein schönes Geschenk empfangt.
Am Besten versucht ihr erst, in eure offenen Handflächen hineinzuspüren, denn mit den Händen ist es für uns selbstverständlich, dass wir etwas empfangen. Über die Hände könnt ihr euch besser an das Gefühl des Empfangens erinnern. Ihr müsst nichts tun, könnt entspannt abwarten.
Ihr könnt auch kurz daran denken, dass ihr gleich ein schönes Geschenk bekommt, denn dann seid ihr in einer freudigen und entspannten Haltung. Außerdem möchtet ihr ja etwas Schönes, Gutes und Hilfreiches empfangen. Es ist gut, sich das zuvor bewusst zu machen.
Ihr könnt auch einen klaren Wunsch äußern, z.B. Frieden, Zufriedenheit, Kraft, Ruhe, Gesundheit, Vertrauen, Freude usw. Vielleicht befragt ihr euch zuvor selbst, was ihr im Moment braucht, indem ihr euch im Ganzen spürt oder auch einen einzelnen, schmerzenden Körperteil wahrnehmt.
<u>Ohne Erwartungen! Ohne euren Willen durchzusetzen! Und ohne Druck auszuüben!</u> sitzt ihr nur da, beobachtet euch und versucht, euch immer mehr zu entspannen – loszulassen – euch den Kräften der Liebe zu überlassen.
Es ist wichtig, dass ihr dabei euren ganzen Körper versucht wahrzunehmen, oder ihr konzentriert euch auf diesen einen, schmerzenden Körperteil und versucht, dort eine empfangende Haltung zu haben. Erinnert euch immer wieder daran, dass ihr die Liebe oder... eingeladen habt. Lasst diesen Wunsch im Ganzen auf euch wirken (oder auf den einen Körperteil).
Es ist wahrscheinlich, dass ihr euch zu Beginn noch angespannt fühlt – vom zu vielen Nehmen und Geben. Wandert mit eurer Wahrnehmung stückweise durch euren Körper und löst alles Wollen mit der inneren Haltung des Empfangens. Übt keinen Druck aus. Versucht nicht, euren Willen durchzusetzen. Seid einfach da. Ihr wisst, was ihr wollt, was gut und richtig ist – lasst es auf euch wirken.
Seid wie eine offene Schale oder nehmt die Haltung ein, als wenn ihr unter der Dusche steht und das Wasser einfach auf euch niederprasseln darf. Lasst es geschehen.

(Unter der Dusche mit dem Empfangen des Wassers bitte sehr sparsam sein!)

Die Liebe und die heilsamen Kräfte von innen und aus dem Geistigen von oben dürfen wir reichlich annehmen! Sie sind immer vorhanden, das Wasser nicht. Wir können uns immer alle Gefühle in Erinnerung rufen, indem wir darum bitten und Empfangen üben.

Wenn ihr schon geübter seid im Empfangen, dann ist es noch hilfreicher für die Kraft der Liebe, wenn ihr gleichzeitig beim Empfangen in der inneren Haltung des Gebens sein könnt - weil die Liebe aus den Kräften des Gebens und Nehmens im Gleichgewicht besteht – gleichzeitig. Das ist das Göttliche. Es könnte sein, dass ihr viel auf materieller Ebene gebt und dennoch Schwierigkeiten habt, von innen zu geben. Es ist zwiespältig und darum entsteht Anspannung, wenn wir geben, aber nicht die innere Haltung dazu haben.
Geben bedeutet nicht, dass ihr wegschiebt, hinschiebt, drückt... lasst auch dies, von der Kraft von innen kommend, geschehen. Entspanntes Geben.

Die innere Haltung dazu, das ist eure Entscheidung, eure Einwilligung, die ihr diesen Kräften in euch gebt.

Ein Heiliger sagte: „Empfange von innen", wenn wir annehmen möchten und wenn wir geben mögen. So können wir alle guten Kräfte in uns entdecken – alles ist in uns selbst vorhanden.
Nach meinen Erfahrungen ist es wichtig, die Kräfte von oben miteinzubeziehen, weil wir dadurch im Kontakt bleiben mit den Engeln und dem göttlichen Licht – unseren Helfern und dem Ursprung allen Lebens, und dann auch nicht zu Egoismus neigen.

Ihr könnt auch üben, von unten von der Erde die Kräfte zu empfangen und von vorne, hinten usw. Dadurch übt ihr gleichzeitig ganzheitliches Bewusstsein und ihr werdet vermutlich wahrnehmen, dass ihr euch anders fühlt, je nachdem, von welcher Seite ihr empfangt. Empfangt das Gute, Schöne und Heilsame von allen Seiten. Das Wichtigste ist aber sicherlich, dass ihr von innen lernt zu empfangen. Das macht euch unabhängig und frei – in Liebe zu allen anderen.
Wir versuchen uns meistens freizukämpfen. Dieser Kräfteaufwand ist nicht nötig und fördert nicht die guten Kräfte in und um uns herum. Mit dieser „Meditation", mit dieser inneren Haltung, ist es einfacher und leichter, sich frei und unabhängig zu fühlen.

Diese Übung könnt ihr überall und immer praktizieren. Im Bett liegend (besonders hilfreich, wenn ihr krank sein solltet), als Meditation im Sitzen und ihr könnt es auch gleich im Alltagsgeschehen üben. Aktiv empfangen und geben gleichzeitig.

Weil es so einfach ist, habt bitte nur gute Absichten und Wünsche und nichts Egoistisches, denn es ist euer eigenes Schicksal, das ihr damit beeinflusst. Überlasst euch den göttlichen Kräften der Liebe und den Liebenden. Das ist immer richtig.

Empfangen üben bedeutet auch, sich selbst willkommen zu heißen, die Kräfte der Vorfahren in Liebe anzunehmen und den anderen Lebewesen und Kräften um uns herum im Positiven zu begegnen.

Danke.

Übungsanleitung:

Sitzend, im Schneidersitz oder die Füße hüftbreit auf dem Boden, die Hände mit den Handflächen nach oben auf den Beinen abgelegt, spürt ihr zuerst in eure offenen Handflächen hinein.

Stellt euch vor (nur der Gedanke daran genügt), dass ihr ein schönes Geschenk bekommt und versucht, in den Händen das Empfangen nachzuempfinden.

Wenn ihr es gut fühlen könnt, dann versucht mit eurem ganzen Körper diese empfangende Haltung einzunehmen. Ihr könnt dabei auch mit der Wahrnehmung durch den Körper wandern und Stück für Stück die Haltung des Empfangens üben.

Es ist nicht nur eine Körperhaltung, es ist vielmehr eine innere Haltung, die ihr mit dem Körper ausdrückt.

Erinnert euch an eine offene Schale oder die Haltung, die ihr einnehmt, wenn ihr unter der Dusche steht. Lasst es geschehen.

Wenn ein Körperteil schmerzt oder angespannt ist, dann übt das Empfangen besonders dort, damit die Anspannung sich lösen kann und möglicherweise auch die Schmerzen.

Zusätzlich könnt ihr nach oben, in die Welt und nach innen um etwas bitten, was ihr gerade zum Überleben benötigt, damit ihr euch besser fühlen könnt.

Ihr könnt auch die Engel, die Heiligen oder die Elementarwesen bitten, euch dabei behilflich zu sein.
Wenn ihr Angst habt, dann fragt euch erst einmal selbst, was ihr stattdessen fühlen möchtet, und um dieses bittet ihr dann.
So auch mit der Traurigkeit oder Wut, mit Schmerzempfindungen oder Spannungsgefühlen.

Wenn ihr zwischendurch mit den Gedanken woanders seid, dann konzentriert euch wieder auf das Empfangen und erinnert euch daran, was ihr euch gewünscht habt.

Bleibt achtsam und spürt euren Körper.
Beobachtet euch gut, ob ihr versucht, euren Willen durchzusetzen, ob ihr Erwartungen habt oder euch damit unter Druck setzt. Das sollte nicht sein.
Übt, entspannt zu sein. Ihr wisst, was ihr möchtet.

Wenn ihr die Übung beendet, dann dankt noch eurem Körper und den inneren Kräften.
Dankt auch den Helfern und Kräften von außen und oben, den Engeln, Heiligen und den Elementarwesen.

Irgendwann solltet ihr auch das Geben üben, damit ihr ein Gleichgewicht bekommt von geben und annehmen. Schiebt oder drückt nicht. Lasst es von der Kräften von innen kommend geschehen. Entspanntes Geben.
Bitte gebt mir, was ich brauche - Liebe und das zum Überleben Notwendige.
Bitte nehmt an, was ich geben kann. Liebe und alles andere.

Das Beste ist es, wenn ihr die innere Haltung von der Meditation in den Alltag integrieren könnt.

„Lass Taten sprechen", sagen die Heiligen.

****

Die heiligen Bäume
Wenn das Lächeln der Bäume verschwindet

Am Anfang war das lebenspendende Wasser. Im Wasser konnten sich Pflanzen bilden, die begannen, das Land zu besiedeln und zu Bäumen heranzuwachsen. Die Bäume erschufen den Sauerstoff, sodass sich weiteres Leben entwickeln konnte. Ihnen haben wir es auch zu verdanken, dass sich die Ozonschicht bildete. Bäume sind heilige Lebewesen. So Vieles tun sie für uns und für die vielen anderen Lebewesen auf der Erde!
Sie spenden Schatten, geben Schutz und manch einem Tier auch ein Zuhause. Sie haben viel Medizin, sind unendlich friedliche Wesen und können uns sogar Kraft geben; neben der vielen Ruhe, die sie ausstrahlen, die wir Menschen suchen und brauchen. Bäume machen glücklich! Zusätzlich ist ihr Holz für uns ein Werkstoff, der für sehr Vieles genutzt werden kann. Wir können daraus für uns lebensnotwendige Dinge herstellen und tun es auch. Sie geben uns ihr ganzes Leben dafür oder nehmen wir es uns einfach? Wir sollten ihr Leben vor allem nicht dazu benutzen, um unsinnige Dinge herzustellen. Es ist ihr Leben, das wir dafür opfern.
Das ganz Besondere an ihnen ist, dass sie die Luft reinigen. Es ist eine der wichtigsten Aufgaben, die sie für uns alle erfüllen – denn wir tun es nicht. Dann befeuchten sie auch noch die Luft, halten den Boden zusammen und verhindern dadurch gefährliche Erdrutsche. Sie sorgen für ein ausgeglichenes Klima auf der ganzen Erde, nur dadurch, dass sie atmen!
Die Taiga ist ein riesiges Nadelwaldgebiet in Russland. Jedes Jahr, wenn im Frühjahr der Schnee schmilzt und diese Bäume wieder beginnen können zu atmen, dann verändert sich dadurch das gesamte Weltklima. Nur durch diesen einen Wald! Nur dadurch, dass die Bäume atmen! Wir sieben Milliarden Menschen atmen auch den ganzen Tag. Was verursacht das wohl? Die Luft reinigen wir damit vermutlich nicht.
Wir sprechen bestimmte, besondere Menschen heilig. Was macht sie zu Heiligen? Es sind Menschen, die sehr viel für andere Menschen tun, um unser Leben zu erhalten. Ein Heiliger ist jemand, der sehr viel Liebe hat und sich und sein Leben ganz für die Liebe, den Frieden und den Erhalt der Gemeinschaft (auf-) gibt. Was tun die Bäume anderes? Die Bäume erhalten nicht nur das Leben der Bäume und sie erhalten mit ihrem Leben nicht nur unser Menschenleben, sondern alles Leben auf der ganzen Erde! Seht, was sie alles können und tun, viel mehr noch als wir Menschen. Und auch sie geben ihr Leben dafür. Ihr Dienst an der Welt ist unermesslich. Sie sind vollkommen friedliche Lebewesen. Es muss viel Liebe in ihnen sein. Kann ein Mensch so viel geben wie ein Baum? Wir könnten es versuchen und so

heilig sein wie die Bäume, unsere Eltern.

→ Hiermit spreche ich alle Bäume dieser Welt heilig.
Sie sind es wert, heilig gesprochen zu werden. Was denkt ihr über die heiligen Bäume? Mögen wir ihnen alle diesen Segen geben! Die Bäume brauchen eine positive Rückmeldung von uns Menschen für das, was sie uns geben. Wenn wir viel arbeiten, dann erhoffen und wünschen wir uns alle gute Rückmeldungen. Das bestärkt uns alle im Tun und Sein. Die heiligen Bäume mögen für ihre Kraft und ihr Dasein auf ewig Anerkennung finden. Mögen wir immer viele der heiligen Bäume um uns haben – ein Segen.

→ Es gibt besondere Bäume, die haben eine Ausstrahlung - wie ein heiliger Ort. Den Elementarwesen sind diese Bäume heilig. Andere Bäume bilden gemeinsam heilige Plätze. Sie haben zusammen eine Kraft und Ausstrahlung, die sehr heilsam ist. Bei dieser Aussage beschwerte sich eine schöne, kleine Elementarwesenfrau. Sie drehte mir den Rücken zu und wollte sogleich entschwinden. Sie hat sehr recht, wenn sie geht, weil die Bäume und die Elementarwesen eine Einheit bilden. Ein Baum wächst nur durch die Anwesenheit, die Liebe und Arbeit der Elementarwesen. Ein Baum hat seine Ausstrahlung und besonderen Kräfte durch die Gemeinschaft mit den Naturgeistern erst bilden können. Mein kleiner Zwergenbegleiter nickt. Die Elementarwesen sind die Hüter der Bäume und dieser heiligen Orte. Elementarwesen haben sehr heilsame Kräfte. Einerseits ist es die Liebe in ihnen, andererseits können sie auch die Kräfte der Pflanzen für Heilung nutzen - von den Pflanzen, denen sie dabei geholfen haben, die Heilkräfte entstehen zu lassen. Sie leben in einer Gemeinschaft, in der einer dem anderen hilft, sich gesund und heilsam für alle Beteiligten entwickeln zu können.
So könnten wir Menschen auch mit der Natur leben. Besonders in früheren Zeiten haben unsere Völker bereits mit der Natur gemeinsam gelebt und geheilt. In der kleinen Stadt Norden, an der Küste Ostfrieslands, hat eine meiner Freundinnen in der Nähe des Stadtzentrums einen kleinen, heiligen Platz entdeckt. Hier lebten früher einmal Nonnen. Sie haben dort einen runden, leicht erhobenen Platz errichtet. Um diesen herum pflanzten sie Bäume, die jetzt sehr groß geworden sind. Dazu liegen einige Findlinge im Außenkreis zwischen den Bäumen. Wege aus allen vier Himmelsrichtungen treffen in der Mitte zusammen. Als meine Freundin mir diesen Platz zeigte, spürte ich sofort, dass es ein besonderer Ort ist. Voll Neugier wollten wir auf einem der Wege zur Mitte hineingehen, da wurden wir plötzlich von der geistigen Welt ausgebremst. Wir spürten beide ganz deutlich ein STOPP - nicht so schnell. Wir blieben beide gleichzeitig stehen und meine Freundin

verneigte sich intuitiv sofort. Ich spürte ein große, weibliche Kraft und sah eine Frau auf der geistigen Ebene. Dabei kann ich gar nicht sagen, ob es sich um ein Elementarwesen handelte oder ob eine der Nonnenseelen hier noch anwesend geblieben ist. Frauenpower würde ich das nennen, was hier wirkt. Mutter Erde und Menschenfrauen haben zusammen einen Platz geschaffen, der sich zu einem kraftvoll heilsamen Ort entwickelt hat. Nun gingen wir beide sehr achtsam und respektvoll und vor allem sehr langsam voran. Dadurch konnten wir die Kräfte auch viel besser wahrnehmen und verstehen. Wir sind beide Frauen, die wir einen Ort der weiblichen Kräfte betraten. Das tat sehr gut. Hier konnten wir uns ausruhen und ganz bei uns ankommen – in den „eigenen" weiblichen Kräften und dem Heiligen, Heilbringenden in uns, durch dasselbe um uns herum. Und was machen jetzt die Männer? Was haben sie davon?

Jedes Kind ist aus Mann und Frau geschaffen worden. Darum hat eine Frau auch die Kräfte eines Mannes in sich und ein Mann auch die Kräfte einer Frau, die wir nutzen können. Die wir beide gleichwertig nutzen sollten, um im Gleichgewicht leben zu können, damit wir gesund bleiben. Wenn also ein Mann solch einen Ort betritt, dann kann er sich an die weiblichen Kräfte in ihm erinnern und stärken oder besänftigen.

Ein Mann wird nicht schwul, weil er die Kraft der Frau in sich verehrt. Ein Mann wird dadurch nur gesünder und intuitiver, weil er mehr im Einklang mit der gesamten Welt, mit sich selbst und seinem Körper und mit allen Kräften in ihm lebt, die ihm das Leben geschenkt haben. Dazu gehört auch die Kraft der Frau, der Mutter, die einmal ein Mädchen war. Es gibt in der Natur auch Plätze, an denen die männliche Kraft der Natur stark präsent ist. Für Frauen ebenso wohltuend und ausgleichend wie für Männer.

Klöster wurden damals von Mönchen meist an Plätzen gebaut, die schon eine besonders gute Energie hatten. Verbunden dann mit einer bestimmten Bauweise der Gebäude in dieser kraftvollen Natur und mit Gebeten zum Erhalt des Lebens und der Entdeckung des Göttlichen im Gebet, wurden diese Klöster zu heilsamen Orten, an denen wir Ruhe finden und zu Kräften kommen. Das ist bis heute so geblieben. Klöster hatten auch Kräutergärten – die Medizin der Natur. Was machen wir Frauen und Männer heute? Leben wir so im Einklang mit der Natur und ihren göttlich heilsamen Kräften? Warum haben wir das größtenteils aufgegeben?

Einige beginnen sich wieder daran zu erinnern und in Gemeinschaft und Frieden mit der Natur zu leben und die Kraft der Natur zur Heilung zu nutzen – ohne sie auszunutzen. Wir können auch heute solche heiligen Orte selbst erschaffen. Das ist ganz leicht. → An diesem heiligen Kraftplatz in Norden hörte ich eine geistige Stimme sagen: „Wir sind heilig, weil wir lieben."

→ Die Entstehung eines heiligen Ortes:
Es gab, und auch in dieser Zeit gibt es immer noch, einige Menschen, die besonders feinfühlig sind. Sensibel sind wir alle, wenn wir es uns gestatten und wenn wir so sein dürfen. Bestenfalls haben wir noch eine ausgeprägte, geübte Intuition und sind vielleicht hellsichtig. Ein solcher feinfühliger Mensch könnte einen besonderen oder ganz normalen Platz in der Natur aussuchen und die ganze Natur, einschließlich der Elementarwesen dort, befragen, ob sie diesen Platz für dieses Vorhaben befürworten.

→ Jeder von uns könnte vor dem Zubettgehen die Pflanzen- und Elementarwesen bitten, dass sie uns im Traum zeigen, wie dieser Platz aussehen soll und wo sich der geeignete Platz befindet. Vielleicht bekommen wir eine Antwort. Oder wir bitten in die Welt um solch eine Vision, die unsere Lebensaufgabe sein kann und dann meditieren wir in der Stille.

→ Nicht nur für die Erschaffung von heiligen Plätzen sollten wir die Natur und ihre Geister befragen, sondern für jede Art von Veränderung, die wir umsetzen möchten. Am besten ist es, wenn auch die Natur einen Nutzen davon hat. Wenn von der anderen Seite eingewilligt wird, dann können wir Bäume und andere Pflanzen in einer bestimmten Weise neu anpflanzen und Wege anlegen. Steine geben einem Ort eine stabile Energie. Wir müssen nur aufpassen, dass wir nicht so viele Steine von einem anderen Ort entfernen, sodass wir die Kräfte dort schwächen! Dafür und was wo angelegt werden soll, auch da können und sollten wir die Elementarwesen um Rat bitten. Sie wissen am besten, welche Pflanzen und alles andere geeignet und wichtig für das gesamte Geschehen auf Erden sind. Ein heiliger Platz ist nie nur für diesen einen Ort heilsam. Er steht in Verbindung mit anderen heiligen Orten und Kraftplätzen und dem gesamten Leben und Wirken auf Erden. Ansonsten wäre es kein heiliger Ort. Heilig bedeutet, in Liebe in Verbundenheit zu sein und füreinander da zu sein. Durch die Liebe sind wir in Verbundenheit. Darum sollten wir die Natur um Rat fragen und alle miteinbeziehen, denn die anderen Lebewesen leben sehr verbunden miteinander. Handys sollten wir von den heiligen Orten unbedingt fernhalten. Sie haben eine sehr schlechte Energie! Unser Körper ist die Natur. Wenn wir mit einem gesunden, heiligen Körper leben wollen, sollten wir Handys auch von uns fernhalten.

An diesem Platz sollte geschwiegen werden, damit das Heilige in allem sich zeigen, spürbar und hörbar werden kann. Gebete (die Bitte um Liebe und Frieden) sind natürlich erwünscht, weil wir diese Kräfte damit einladen und unterstützen. Dazu gehört auch das Singen von Mantren, heilige Gesänge und das Heiltönen. Man kann auch im Stillen oder laut einen Ton oder eine Melodie summen. Das Wichtigste ist, dass es ehrlich und aufrichtig von uns getan wird und es einen für alle guten Zweck erfüllt. Wichtig ist, dass wir dabei nicht nur an uns selbst denken, denn das ist nicht heilig! Das ist keine Liebe. Wir sollten uns mit den anderen Bewohnern, die da sind und in der Ferne, verbinden. So können wir für alle zum Wohle bitten, für unser Tun und Leben in der Gemeinschaft. Wir müssen uns dessen nur bewusst sein, dass sie da sind, dann ist der Kontakt schon hergestellt. Dadurch fühlen wir uns nicht mehr alleine und auch dann erst können wir die heiligen Kräfte annehmen. Die heiligen Kräfte können nur kommen, sich zeigen, erwachen, entstehen, wenn wir in Demut sind – wenn wir das Dasein der anderen in Bescheidenheit annehmen. Unsere Liebe ist das Wichtigste, was wir mitbringen und weiten an diesem Platz. Durch sie wird alles heilig!

→ Bei all dem ist es ratsam, auch die Heiligen einzuladen. Die Heiligen unter uns Menschen, die der Elementarwesen und die Engel. Alle Elementarwesen sind dabei hilfreich, weil sie viel Liebe mitbringen. Sie alle und wir Menschen können dann mit ihnen gemeinsam die guten Kräfte, die notwendige Stille und die Liebe dort immer mehr manifestieren.

Einen heiligen Ort können wir auch in unserem Zuhause erschaffen oder eine kleine, heilige Ecke, in die wir uns zurückziehen können, um uns zu besinnen. Ihr fragt im Stillen und lasst euch intuitiv führen, um den geeigneten Platz in eurer Wohnung zu finden. Dort wird nur geschwiegen, gebetet, gesungen und ihr könnt dort auch heilsame Übungen praktizieren, wie Yoga, Qi Gong, Meditation usw. Ladet euch immer auch die heilsamen Helfer ein, dass sie euch dabei unterstützen.

An diesen heiligen Plätzen oder Kraftplätzen können wir dann zur Ruhe kommen, zu uns selbst finden, heilsame Erfahrungen machen, Antworten bekommen und vieles mehr.

→ Wenn wir zu solch einem Kraftplatz gehen, ist es absolut notwendig, diesen Ort schweigend zu betreten! Tatsächlich sollten wir immer in der Natur schweigen oder leise sein, denn die Natur ist heilig – heilsam und nährend! Was ist uns heilig?

Wenn es euch nicht gut geht und ihr hilfreiche Kräfte braucht, dann seid ihr nach der Äußerung eurer Bitte am besten still und hört zu und spürt, was geschieht. Versucht, langsam die anderen in euer Bewusstsein zu lassen. Wenn es uns nicht gut geht, dann sind wir alleine. Wir können uns nur helfen lassen, wenn wir uns nach und nach auch für andere öffnen, sonst kann keiner zu uns kommen oder wir nehmen möglicherweise ihre Hilfe nicht an. Wenn ihr nicht still sein könnt, weil ihr so viele Probleme habt, dann konzentriert euch ununterbrochen auf das Gebet. Vielleicht macht ihr zuvor noch ein paar gesunde Körperübungen, die zum Ausgleich verhelfen. Irgendwann jedoch solltet ihr still werden. Denn wenn wir still sind, geben wir den Helfern und der Hilfe, die wir bekommen, mehr Aufmerksamkeit und Raum. Wir machen Platz in uns für ihre Ideen, Gedanken, Gefühle und Energien, die heilsam sind.

→ An einem heiligen Ort sollten wir auch nicht die ganze Zeit herumlaufen. Sucht euch einen geeigneten Platz intuitiv aus und verweilt dort. Versucht still zu sein und still zu halten. Vielleicht ist das sogar unangenehm, weil ihr dabei eure Spannungen spürt und euer Leid, vor dem ihr die ganze Zeit versucht habt wegzulaufen. Nehmt euch und das, was in euch vor sich geht, so gut ihr könnt in Liebe an, indem ihr es akzeptiert. „Ich liebe und akzeptiere mich, so wie ich bin" oder „Das darf sein", sind dabei hilfreiche Worte im Stillen gesprochen. Lernt hier (ab-) zu warten. Dadurch übt ihr euch in Geduld und Bescheidenheit. Beides erweckt die Liebe auf beiden Seiten.

Bevor wir selbst nicht in einer annehmenden Haltung sind, kann uns sowieso niemand etwas geben und helfen, oder zumindest erschweren wir es unseren Helfern damit. Zudem kann es sein, dass der geeignete, geistige Helfer erst geholt werden muss. Für uns ist es dann eine Zeit der Vorbereitung - vertraut.

→ Die gebende innere Haltung, im Gleichgewicht mit dem Empfangenden, ist wichtig. Ansonsten könnte es sein, dass wir unser Ego mit dem stärken, was wir bekommen.

→ Betet, bittet dort für euch und immer auch für die anderen in der Welt. Das ist die gebende Haltung. Denkt dabei bitte auch an die ganze Natur mit ihren Tieren, Pflanzen, Elementen und Elementarwesen. Sie haben die Welt miterschaffen und sind wichtige Helfer. Erst wenn wir mehr miteinbeziehen als nur das Ich, kann wahrhaftige Heilung geschehen, kann göttlicher Segen kommen. Krank werden wir durch das Alleinsein und gesund werden wir durch das Miteinander. Nur wenn wir für das Miteinander in Liebe denken und da sind, kann ein heiliger Platz entstehen.

→ Wenn ihr euch bewusst macht, dass auch der Himmel über euch ist, dann habt ihr einen leichteren Kontakt zu den Engeln und anderen Helfern, die von oben kommen und wirken. Wenn ihr euch der anderen bewusst seid, an diejenigen denkt, die woanders sind, dann erinnert euch auch immer daran, wo ihr seid! <u>Hier</u> und nicht woanders. Seid nicht da, wo die anderen sind. So sammelt ihr gleichzeitig eure Kräfte, ihr kommt bei euch an und findet einen respektvollen Abstand zu allen anderen.

Still sein bedeutet auch, bescheiden zu sein. Die Liebe ist Bescheidenheit und Demut. Demut ist zutiefste Bescheidenheit. Findet an solchen heiligen Orten und Kraftplätzen diese innere und äußere Haltung. Bestenfalls beginnt ihr dies in euren Alltag zu integrieren – Stille, Liebe, Demut, Bescheidenheit, Gebet - um Hilfe bitten, sich der anderen, der Natur, der Liebe,

den Elementarwesen und Engeln, dem Heiligen und Heilbringenden bewusst sein, sich helfen lassen, annehmen und geben im Gleichgewicht.
So ist es doch leicht, einen heiligen Ort überall auf Erden entstehen zu lassen. Wir können mit aller Einfachheit auf einem großen Kraftplatz namens Erde leben. Die ganze Erde, ein heiliger Ort, und wir Menschen sind ein Teil davon.

Wie einfach ein Kraftplatz entstehen kann, erlebte ich mit der Natur und ihren Elementarwesen gemeinsam: Bei einem Spaziergang durch kleine Nebenstraßen in der Stadt Norden, gemeinsam mit meinem kleinen Zwergenfreund und der Elfe, entdeckten wir einen einfachen, alten und maroden Holzbogen, auf dem verführerisch „Schwanenteich" steht. Es ist das Tor zu einem versteckten und schmalen Pfad, der mich sehr neugierig werden ließ. Schwäne sehe ich nicht so oft und es klang nach einem verwunschenen Ort, an dem man sich ausruhen kann. Wir spazierten den schmalen Pfad entlang und kamen bei einem kleinen Teich an. Viele große, alte Bäume und natürlich auch andere schöne Pflanzen umrunden ihn. Von Schwänen keine Spur, stattdessen jede Menge Möwen und einige Enten. Die Energie war sehr schlecht und dunkel. Welchen Grund es auch hatte, an den Möwen und Enten lag es sicher nicht. Es ist ein schöner, versteckter Ort, an dem man sich wunderbar ausruhen kann, wenn man aus dem Getümmel der Innenstadt hinaus möchte oder für eine kleine Mittagspause zwischendurch. Ein bisschen hatte ich das Gefühl, dass sich die schlechte Energie noch aus früheren Zeiten, vielleicht denen des Krieges, hier gehalten hatte. Die Menschen sorgten natürlich erst für sich selbst, dass es ihnen am Ende dieser schlimmen Zeit wieder wohler im Herzen ist. An die Natur hatte hier keiner gedacht - an die lebendigen Pflanzen und Elementarwesen, die auch den Krieg und alle Grausamkeit miterlebt hatten und es mitansehen mussten. Das Bewusstsein für die Lebendigkeit der Natur ist den Menschen während des Krieges verlorengegangen. Die Anerkennung von Naturgeistern, Bäumen und der gesamten Natur durfte in diesem Land schon lange nicht mehr sein. Es war eine trübe, traurige und graudüstere Stimmung am Teich und seltsamerweise war kein einziges Elementarwesen zu sehen. Sehr langsam schlenderte ich los und teilte mit den Bäumen und Pflanzen meine Liebe und stille Freude darüber, sie zu sehen, denn sie sind dort alle wunderschön. Ich dankte ihnen für ihr Dasein, für ihre Friedlichkeit und für vieles mehr. Auf einmal erwachte nach und nach das Leben am Teich. Die Baumseelen zeigten sich, dankten mir und freuten sich über ein schönes Miteinander. Ein Elementarwesen nach dem anderen traute sich hervor und manch einer spazierte fröhlich mit uns mit. Die Stimmung hellte sich immer mehr auf und überall erschienen kleine und große Elementar-

wesen, die sich nun langsam trauten, mir ihr Zuhause zu zeigen.
Zwischen zwei großen Bäumen, deren Wurzeln übereinanderwachsend über die Erde kriechen, um sich dann in der Tiefe festzuhalten, wurde ich angehalten. Bei den urig schönen Wurzeln zeigten sich einige ganz kleine Leute, die mir freundlich zuwinkten. Lauter winzig kleine Häuschen sah ich, dicht an dicht um die Wurzeln herum und auch darauf stehend. Es sah wunderschön aus. Die Ausstrahlung der kleinen „Stadt" dieser kleinen Leute ist voller Liebe, Freundlichkeit und Frieden. So muss es sein!
Ich bedankte mich bei den kleinen Leuten, dass sie sich mir zeigen mochten, und verabschiedete mich. Ein goßer Stein, ein Findling, liegt an einer Wegeskurve, zu dem ich mich sehr hingezogen fühlte und der zu einer kleinen Rast einlud. Ich setzte mich auf den Stein und schaute mich entspannt um. Da stand auf einmal ein sehr alter und weiser, größerer Zwerg vor mir. Er musste schon viel erlebt haben, so alt wie er ist. Seine Anwesenheit war sehr beruhigend. Durch ihn kam ich ganz im Hier und Jetzt an. Dieses Gefühl hatte mir schon längere Zeit sehr gefehlt. Danke, Herr Zwerg!
An einer weiteren Schwingung des Weges wächst ein mächtiger Baum, der fast liegend über den See gewachsen ist. Hier tummelten sich einige Enten. Ich verweilte dort und sah, dass auch die Energie des Teiches, des Wassers, sich völlig verändert hatte. Sehr hell ist es dort geworden und ich sah eine Verbindung zum Himmel aus hellem Licht. Mit dem Wasser war ich gar nicht so viel im Kontakt gewesen und dennoch hatte sich scheinbar die gesamte Stimmung um den See herum auf alle anderen Formen der Energie und des Lebens dort übertragen. Es war ein sehr berührender Anblick. Da kam ein Schwarm Brieftauben zu mir geflogen und ließ sich rund um mich herum nieder. Mit ihnen senkte sich eine Energie des Segens des Himmels auf mich herab. Ich bin eingetaucht worden in die Seligkeit. Da sah ich Jesus. Was ich fühlte, war die Seligkeit des Miteinanders in Liebe und Frieden, mit allen zusammen, auf allen Ebenen des Daseins. Der heilige, liebende Jesus hatte seinen Segen von oben hinzugegeben.
Die Tauben flogen auf und Jesus mit ihnen. Zurück blieb in mir ein Gefühl des Glücks durch und durch. In entspannt heiterer Stimmung beendete ich die Runde um den Teich, der sich nun unglaublich gut anfühlte, mit einer fantastischen Energie und Ausstrahlung. Ich war so erstaunt wie nie zuvor. Nur durch die Anerkennung der Bäume, der Pflanzen, des Wassers und der Naturgeister als lebendige Wesen und mit Dankbarkeit und Liebe war ich um den Teich spaziert - mehr nicht! Das Ergebnis war außergewöhnlich! Solch ein Wandel, in so kurzer Zeit!
Meine beiden Begleiter, Zwerg und Elfe, tauchten auch wieder auf. Ich war so beschäftigt, dass ich sie ganz aus den Augen verloren hatte. Wer weiß, was sie Wichtiges zu tun hatten an diesem wundersamen Ort. Die beiden

waren ganz offensichtlich sehr zufrieden und wir gingen gemeinsam nach Hause.
Einige Tage später gingen wir noch einmal zu dem Teich. Ich wollte gerne wissen, ob sich die gute Energie gehalten hatte oder ob alles wieder so ist wie zuvor. Wir spazierten wieder den schmalen Pfad entlang, kamen auf der anderen Seite am Teich heraus und uns kam eine mächtig positive, pure Kraft entgegen, die alle dort Lebenden ausstrahlten. Wow! Damit hatte ich nicht gerechnet. Wir hatten nur einen Anfang gemacht. Die Selbstheilungskräfte der Bäume und Elementarwesen ist unglaublich. Sie haben wieder ganz in ihre Kraft zurückgefunden.
Seitdem sind nun schon einige Jahre vergangen. Ich hoffe, dass ich irgendwann wieder die Zeit finde, diesen heilsamen Ort und seine freundlichen Bewohner zu besuchen, um zu schauen, wie es ihnen geht. Ist alles gut geblieben, dann war die schlechte Energie dort tatsächlich die Erinnerung aus alten Zeiten. Wenn alles wieder zurückverfallen sein sollte, dann ist es ein Problem der jetzigen Zeit. Während ich dies schrieb, hatte ein kleines Juister Elementarwesen einen der kleinen Leuten aus Norden von den wurzelig, urigen Bäumen herbeigeholt. Er war sehr munter und zufrieden. Ein weiterer, kleiner Mann verneigte sich ehrfürchtig vor mir und ich mich vor ihm. Also ist dort alles heil geblieben. Welche Freude! So einfach lassen sich also auch alte Erinnerungen, die kranken Gefühle und Gedanken der Vergangenheit wandeln!
Ich danke sehr für diese neue Erfahrung. Dadurch hat sich deutlich gezeigt, wie leicht es ist, einen Kraftplatz entstehen zu lassen. Oder einen alten Kraftplatz wiederzubeleben. Probiert es doch auch mal aus - in „eurem" Garten, im Park, im nächsten Wald oder in einer Allee.

Die grundlegenden Regeln für das Betreten eines heiligen Ortes lernte ich in der Nähe von Heidelberg. Dort bereitete ich mich auf ein Seminar vor und suchte nach geeigneten Plätzen in der Natur. Der heilige Ort war nicht schwer zu finden. Schon in größerer Entfernung waren Wesenheiten mit hohem Bewusstsein anwesend. Überall war die schöne Energie zu spüren, die dieser besondere Platz ausstrahlte. Bei meinen Seminaren schweigen wir während eines Spaziergangs. Das ist die Basis für eine feinere Wahrnehmung und das Annehmen-können der guten Kräfte. In diesen heiligen Ort fühlte ich mich sehr stark hineingezogen. Ein großes Willkommen kam uns von dort entgegen. Wenn es sich so gut anfühlt, sollten wir dennoch nicht diesen Platz bestürmen, sondern erst einmal innehalten und uns bewusst machen, dass dort besondere Kräfte wirken, um dann sehr respektvoll einzutreten. Gut ist es, wenn wir vorher fragen und um Erlaubnis bitten, eintreten zu dürfen. Besonders dann, wenn keine solche Anziehungskraft spürbar ist. An diesem heiligen Ort gab es sehr viel zu entdecken. Dort standen viele kraftvolle, alte Bäume und sehr besondere Elementarwesen zeigten sich. Allerdings musste ich mit meiner menschlichen Helferin erst den vielen Müll aus der Natur herausholen, bevor wir entspannt die Energien erspüren mochten. Die Elementarwesen waren sehr dankbar dafür. Meine Menschenfreundin hat dort später auch noch große Teile herausgeholt und entsorgt, die wir so nicht mitnehmen konnten. Unseren Segen für sie.

Weil dieser heilige Hain so besonders war und es so viel zu entdecken gab, lief ich ständig von einem Plätzchen zum nächsten, bis mich die schöne Stimme einer sehr bewussten Wesenheit ausbremste und sagte: „Steh still!" Oh, erst jetzt bemerkte ich, wieviel Unruhe ich gleichzeitig damit verbreitete, neben meinen vielen Gedanken vor Aufregung. Nun stand ich still und ließ auch meine Gedanken ruhen. Jetzt nichts mehr tun oder denken! Während ich nur dastand und spürte, kam eine helle Lichtenergie von oben herab. Es war das reine Licht des Göttlichen. Ich kann nur diese Worte nennen – es fühlte sich göttlich an, extrem besonders, nicht wie etwas, was wir kennen und für normal halten. Nun verstand ich auch, warum ich still stehen sollte. Es ist fein, sanft, leicht und vollkommene Liebe. Wenn wir zu beschäftigt sind, ganz egal womit, dann haben wir keine auch nur annähernden Gefühle oder Gedanken, die mit dem Göttlichen, mit dieser feinen Liebe, harmonieren. Darum können wir dann diese sanfte Kraft nicht wahrnehmen. Das ist nur möglich, wenn wir ganz still sind und stillhalten. Auch wenn wir zuvor Mantren singen und im Anschluss still stehen oder sitzen, ist es spürbar, wenn es kommt. Ein Mantra singen ist ein Gebet. Wir könnten zur Vorbereitung die Liebe besingen, den Frieden und das Miteinander. Aber irgendwann sollten wir still sein, um Platz zu machen für diese schöne Kraft des Himmels, damit es uns erfüllen kann.

Als wir mit der Gruppe während des Seminars im heiligen Ort standen, versuchte ich wieder still zu sein. Dennoch gingen meine Gedanken um die ganze Welt. Ich dachte an das viele Leid der Menschen, der Bäume, der Elementarwesen und auch der ganzen Natur. Darum legte ich meine Hände auf die Erde und sendete Liebe und Segen an alle, mit der Bitte um Frieden. Während ich dies tat, erweiterte sich mein Bewusstsein immer mehr, bis ich tatsächlich mit der ganzen Welt im Kontakt war. Es war ein wunderbares Gefühl der Verbundenheit und gleichzeitig war ich geerdet und im Hier und Jetzt. Diesmal hatte ich das Gnadenlicht nicht gesehen und bewusst wahrnehmen können, weil ich sehr beschäftigt war. Dennoch konnte es sich mit mir verbinden, weil ich gar nicht mehr an mich gedacht hatte, sondern nur noch für die Gemeinschaft da war. Das ist Liebe. Meine Gedanken und mein Handeln, als auch meine Gefühle hatte ich für das Wir gegeben – für

das Göttliche. Dazu kann ich aus vielen Erfahrungen sagen: → Nur in solchen Augenblicken des Lebens sind wir wirklich vollkommen wir selbst!
Wenn man diesen heiligen Ort verlässt, geht man an einem Baum vorbei, der zweigeteilt gewachsen ist und von Efeu umrankt bis zu den Kronen. Dort wohnt ein Naturgeist, bei dem ich erst dachte, er wäre ein Wächter. So interpretierte ich meine Wahrnehmung, bis er mir sagte, dass er kein Wächter sei. Er ist ein Hüter. Er bewacht nicht, er hütet diesen heiligen Hain. Wir Menschen bewachen vieles. Was tun wir, wenn wir etwas bewachen? Dann werden wir auch kämpfen, wenn uns etwas nicht gefällt. Das aber ist keine Liebe. Elementarwesen hüten darum die heiligen Orte und Bäume. Sie kämpfen nicht, sie lieben und behüten ihre Heiligtümer wie ein Kind. Im Grunde lebt dieser Naturgeist einfach nur dort. Mit seiner sehr selbstsicheren und achtsamen Art fühlt es sich behütend und wachsam an. Er selbst wollte nicht als Wächter angesehen werden. → Um die Wahrheit herausfinden zu können, sollten wir nicht zu viel selbst interpretieren. Mit der Intuition können wir unsere Wahrnehmung, unsere Gefühle und Gedanken überprüfen und hinterfragen. Wir haben auch die Möglichkeit, die Elementarwesen und Bäume zu befragen. Für das Empfangen der Antworten müssen wir wieder sehr still sein.

→ Warum ist es gut zu wissen, wo sich ein heiliger Ort befindet? Warum ist es gut, sich an solchen Orten aufzuhalten? Damit wir Menschen uns besinnen können. Es sind Orte der Kraft und Stille, Heilung und Liebe. Hier können wir mehr erfahren als das, was wir schon kennen. Unser Bewusstsein kann sich gemeinsam mit den heiligen Kräften erweitern. Die heiligen Kräfte kommen von den Elementarwesen, die mit den Pflanzen, Elementen und Steinen gemeinsam ein Zentrum geschaffen haben, an dem das göttliche Licht von oben aus dem Himmel, dem Universum und von unten aus der Erde zusammenkommen kann. Diese Plätze haben eine ausgleichende Wirkung für das gesamte Geschehen auf der Erde. Es sind Lebewesen und Geistwesen, die alles mit ihren Kräften und denen des Ursprungs gemeinsam zusammenhalten und an denen wir Menschen wieder ganz wir selbst sein und uns an ein Leben in Gemeinschaft erinnern können - daran, wie es sich anfühlt. Wenn wir die Wälder abholzen und die Natur auf unnatürliche Weise verändern, dann gehen uns die Wesenheiten verloren, die solche heiligen Orte erschaffen und erhalten können. Heilige Orte tragen einen wichtigen Teil dazu bei, das Leben auf Erden im Gleichgewicht zu halten und sie können uns an das Göttliche erinnern - an ein Leben in vollkommener Gemeinschaft in vollkommener Harmonie. Wir brauchen die heiligen Orte der Natur!
An heiligen Orten wirkt Erdheilung besonders gut. Wenn wir dort für alle

beten und bitten, kommt es überall auf der Erde an. Das liegt daran, dass die heiligen Kräfte mit den anderen heiligen Plätzen und Kräften an anderen Orten der Erde verbunden sind. Das Heilige ist die Liebe. Die Liebe ist Verbundenheit. Wenn wir also an einem heiligen Ort für die Gemeinschaft beten, dann sind unsere Gebete besonders hilfreich für alle.
→ Also her mit dem heiligen Ort. Wo ist der nächste? Denkt nicht, hier muss ich nichts tun und dann bin ich wieder gesund und fröhlich. Auf diese Weise wirkt kein heiliger Ort. Mit dieser inneren Haltung können diese Kräfte keine oder nur geringe Wirkungen auf uns haben. <u>Das</u> verstärkt sich in uns, dem wir entgegengehen. Indem wir gemeinsam das Gleiche tun, verstärken wir die Kräfte in uns und im gesamten Umfeld. Unterstützen wir also die Kräfte der heiligen Orte mit dem, was da ist, dann kann es sich mehren. So auch mit den Kräften in uns selbst.
Bei meinen Naturseminaren und Spaziergängen stimmen wir die Übungen so ab, dass sie den Naturkräften angepasst sind. So stören wir niemanden mit unserem Verhalten und gleichzeitig verstärken wir die Kräfte vor Ort. Gleichzeitig können wir selbst intensivere Erfahrungen machen, denn die Naturgeister, Pflanzen und Elemente unterstützen uns gerne dabei, wenn wir so respektvoll unter ihnen sind.
Ein anderes Beispiel: Demonstrationen sind besonders wirkungsvoll, wenn viele Menschen daran teilnehmen. Wenn nur einer darum bittet, dass Atomkraft abgeschafft wird, weil es unser und alles Leben vernichtet, dann wird leider niemand darauf hören – auch wenn es der Wahrheit entspricht. Wenn wir alle gemeinsam schweigen, weitet sich die Ruhe in und um uns herum aus. Kommen zwei zusammen oder zehntausend und tun dasselbe, das macht einen großen Unterschied.

→ Einen Kraftplatz können wir in jedem Garten vor unserer Haustür haben, wenn wir gewillt sind, in Gemeinschaft zu leben und mit Respekt vor der Natur. Ein Kraftplatz entsteht, wenn wir die anderen Lebewesen miteinbeziehen, respektieren, anerkennen, sie annehmen als gleichwertige Wesen – und wenn wir begreifen, dass jedes seine Aufgabe zu erfüllen weiß und nichts ohne Grund existiert. Dankbarkeit, Bescheidenheit und Demut ist alles, was sie von uns brauchen, um kraftvoll leben zu können.
So ist es auch mit uns Menschen.
Ich weiß nicht, ob wir einen heiligen Ort auf dieselbe Weise erschaffen können, wie einen „normalen" Kraftplatz. Ein Heiliger sagte mir sogleich, dass es möglich ist! Die Kräfte sind da. Wir brauchen ihnen nur entgegenzugehen, sie einzuladen und mitzuhelfen, mit dem was wir können – und wir Menschen können sehr viel!
→ Wir können auf einem der größten, heiligen Orte im Universum leben -

der Erde. Das würde bedeuten, wir leben in absoluter Harmonie, Frieden, Gesundheit und Glück. Das können sich viele vielleicht noch gar nicht vorstellen. Ein Leben ohne Leiden. Wir sollten es uns vorstellen, denn das mehrt die Energien, die Kräfte, um es in der nahen Zukunft auch umsetzen zu können. Innen beginnt der Anfang für alle Taten, die folgen. Erinnern wir uns an die guten Erfahrungen mit der Natur, wie gut es uns dort geht. Dann denken wir an die Bäume und anderen schönen Pflanzen, an die Elemente und alles, was uns einfällt. Es ist wichtig, die Elementarwesen miteinzubeziehen und natürlich uns Menschen. Erinnern wir uns dabei an die Liebe, den Frieden und an die göttlichen Kräfte des Lichts und daran, wie wir alle gemeinsam beisammen sind. Stellen wir es uns so schön vor, wie es möglich sein kann, auf ganz natürliche Weise! Und das, was wir auch jetzt in der Lage sind umzusetzen. Die Elementarwesen, das Gnadenlicht und die Heiligen werden ihres hinzufügen!

→ Während ich über die heiligen Orte schrieb, erschien ein Engel, ein heiliges Wesen. Auch sehr viele andere Elementarwesen sind beim Schreiben des Buches mit anwesend. Wenn wir über diese wunderbaren Kräfte nachdenken und versuchen, sie zu erhalten oder neu zu schaffen, dann fühlen sich diese Kräfte und Wesen zu uns hingezogen und wollen dabei helfen.
So ist es auch mit der Liebe.

→ Ein heiliger Ort - die Erde - es liegt tatsächlich nur an uns Menschen, wie wir entscheiden und was wir tun, damit wir alle in einem Paradies leben können. Diese Tatsache zeigt, dass wir Menschen ein wichtiger Teil der Erden- und Himmelsnatur sind - wenn wir unsere Kräfte zu nutzen wissen und die Liebe als wichtigste Kraft anerkennen!

Seltsam, dass ich ausgerechnet heute über die heiligen Orte schreibe. Nachdem die Elementarwesen und ich in den letzten Monaten auf verschiedenen Daseinsebenen (damit uns irgendwie jemand hört) viele Gebete in die Welt und zu den Menschen gegeben haben, sind wir nicht erhört worden. Vor einigen Wochen verschwand das Bebauungsschild beim heiligen Ort bei uns im Ostdorf, wo ein seltenes Einhorn lebt, von dem ich schon berichtet hatte. Ich fragte in der dafür zuständigen Bank nach, was nun geschehen wird. Mir wurde gesagt, dass die Eigentümer sich zerstritten hätten und das Grundstück für 5 Jahre nicht bebaut wird. Was war das für eine Freude! Und es war eine große Lüge, die ich dem Bankangestellten nicht anmerken konnte.
Der kleine, heilige Platz bei uns im Ostdorf wurde heute, Dienstag, 10. Oktober 2017 mit Baggern und Kettensägen vernichtet. Innerhalb von zwei Tagen wächst nun kein Grashalm mehr. Eine karge Wüste ohne Kraft, die

zubetoniert wird. Der Rest wird vielleicht mit Rasen neu belegt. Ich musste selbst mitansehen, wie der riesige und seltene Schlehenbaum gefallen ist und zerhackstückelt wurde. Selten, weil Schlehen Büsche sind, aber dieser Busch es geschafft hat, zu einem riesigen Baum heranzuwachsen. Medizin pur. Ein Freund der Menschen.
Und die Elementarwesen? Das seltene und heilige Einhorn? Das Einhorn ist mit mir nach Hause gegangen und hat Zuflucht bei den anderen Bäumen und Elementarwesen in der Nähe gefunden. Dort wurde es in der Nacht von der weisen, alten Kräuterfrau sanft gestreichelt und getröstet. Auch einige andere Elementarwesen sind mit uns gekommen. Ein kleiner Wichtel wohnt nun bei mir in der Wohnung. Eine große Elfe ist in ein anderes Grundstück mit vielen Bäumen geflohen. Sie waren alle sehr verängstigt. Sie hatten Angst vor uns Menschen. Ich habe so viel Liebe gesendet, wie ich konnte und ständig für sie die Liebe des Lichts erbeten. Das Einhorn hat derweil noch mehr Elementarwesen von dem heiligen Ort weggeholt. Andere sind mit den vielen Pflanzen gestorben. Darunter waren sehr viele von den ganz kleinen Leuten. Eine jetzt einzelne einsame Schwarzerle haben sie stehengelassen. Wir können nur hoffen, dass die alte Weise dort Zuflucht gesucht hat, die bisher bei den anderen Erlen lebte. Ein Baum durfte bleiben. Es lässt den Gedanken aufkommen, dass diese Menschen nicht wirklich die Natur zerstören wollen. Ein Gedanke, der den Elementarwesen hilft, ihre Liebe zum Leben und ihre Lebenskraft zu erhalten. Dennoch wollen viele Menschen mehr, als sie brauchen und schon haben, aber einen heiligen Ort wollen sie nicht, obwohl sie ihn brauchen. Ich würde gerne wissen, ob die „Eigentümer" von diesem Teil der Erde diese Natur so gelassen hätten, wenn sie gewusst hätten, dass dort ein heiliger und sehr heilsamer Ort ist. Nun ist es sowieso zu spät, um sich darüber Gedanken zu machen. Meine Gedanken sind bei den Elementarwesen und Pflanzenseelen, um sie im Himmel als auch auf Erden an unsere Menschenliebe zu erinnern und an ihre Liebe zu dieser großen Einheit. → Hoffen wir, dass sie auch weiterhin für uns Menschen da sein mögen. Denn unsere geistigen Kräfte können nur durch Liebe bestärkt werden. Mit allem anderen schwächen wir sie und uns. Wenn es keine Elementarwesen und Engel gäbe, dann müssten wir alle sehr bewusst die Liebe anstreben und damit den Frieden, wir müssten viel meditieren, um Mitgefühl entwickeln zu können, um damit die gesunden Geisteskräfte in uns zu stärken und erhalten zu können. Wenn wir das nicht tun und wir dann auch keine liebende Unterstützung mehr von geistig weiterentwickelten (Elementar-) Wesen, Engeln oder Heiligen bekommen, weil wir ihre heiligen Orte und die Natur zerstört haben, was dann? Durch das Dasein der Elementarwesen, Engel und Heiligen und ihre viele Liebe haben wir viel Liebe in uns. Ohne sie gäbe es

deutlich weniger Liebe in der Welt!
→ Als ich für die Elementar- und Pflanzenwesen betete, war ich traurig. Da sagte ein Heiliger: „Verbinde dich nicht im Leid mit ihnen." Dann kam das Einhorn und fragte: „Wer ist traurig wegen uns?!" Meine Traurigkeit ging in die falsche Richtung. Ich war traurig wegen der Entscheidungen von diesen Menschen und deren darauf folgenden Taten und weil ich es nicht verhindern konnte. Ich war ja nicht traurig wegen der Elementarwesen, aber an sie dachte ich dabei. Für die Elementarwesen und Pflanzen sollten wir immer in Freude und Frieden beten, denn sie fügen niemandem Leid zu. Wir können niemals wegen der Elementarwesen traurig sein und sollten deshalb auch mit positiven Gefühlen und Gedanken für sie da sein!
Am selben Tag noch pflanzte ich Kastanien, Eicheln und Ahornsamen ein, zu den drei Pappeln, die ich schon vor ein paar Wochen gepflanzt hatte. Hoffen wir, dass sie alle groß und stark werden und die Elementarwesen dort zu einem neuen, heiligen Ort zusammenfinden können. Zu den Samen und jungen Bäumen legte ich Edelsteine in die Erde, u.a. Bernstein, für die Bäume zur Erinnerung an die ewige Kraft, die in ihnen ist. Möge es ein neuer Anfang sein für die heiligen Kräfte der Erde.

<u>Gedanken</u> - PAUSE

Wo können wir gemeinsam mit den Bäumen, Pflanzen und Elementarwesen einen heiligen Ort oder Kraftplatz erschaffen?

****

Wenn wir Menschen in die Natur gehen, dann tun wir dies, weil es uns dort, bei den anderen, gut geht. Warum geht es uns dort gut? Es ist die Erinnerung an die Kräfte der Natur in uns von allen unseren Vorfahren, die Kräfte der Tiere, Pflanzen, Elemente, Elementarwesen usw. Wir haben das in den Genen und in Form von Energien in uns, die feinstofflich geistigen Ursprungs sind. Wenn ein Schamane ein Krafttier ruft (um dieses bittet), nimmt er mit eben diesen Geisteskräften (Ahnen) einen inneren, geistigen Kontakt auf, zur Erinnerung an diese Kräfte. Jedes Lebewesen erfüllt eine Aufgabe und hat dafür bestimmte, individuelle Qualitäten entwickelt. Wir können die Kräfte der Tiere, der Pflanzen und Elemente usw. bitten, uns an ihre Kräfte in uns zu erinnern, damit wir unsere Aufgaben auf bestmögliche Weise erfüllen können. Wir Menschen sind die letzen in der Ahnenreihe und haben damit alle Kräfte in uns vereint. Damit haben wir auch eine große Verantwortung – die Kräfte der anderen sorgsam, bewusst und lebenserhaltend einzusetzen, in uns und um uns herum. Wenn wir dies nicht tun, dann werden wir alles Leben zerstören, weil sich nach uns kein weiteres Lebewesen entwickelt hat, das uns Einhalt gebieten könnte. Wir haben also die volle Verantwortung für alles Leben auf dieser Erde und für unser „eigenes" Leben.

In der Natur werden wir von den anderen Lebewesen an die Verbundenheit im Miteinander erinnert. Besonders die Pflanzen und Bäume sind in ständiger Kommunikation miteinander. Das verbindet sie auch auf große Entfernung über die Düfte, die das Element Luft weiterbefördert. Ein gesundes und respektvolles Miteinander ist überlebensnotwendig für uns Menschen und jedes Lebewesen. Verbunden geht es uns besser als alleine. Immer mehr Menschen gehen lieber alleine in die Natur, als mit anderen Menschen beisammen zu sein, weil sie bei den Pflanzen an ein vertrauensvolles Miteinander erinnert werden und weil sie sich dort geborgener und behüteter fühlen. Das liegt vor allem an den Elementarwesen, die ihre Liebe gerne mit Naturfreunden teilen und ihnen helfen. Sie gesellen sich gerne zu ihresgleichen – zu jemandem, der die anderen Lebewesen auch anerkennt und wertschätzt – zu jemandem, der liebt. Schon in meiner Kindheit und frühen Jugend war ich lieber in der Natur als bei anderen Menschen, denn von meinesgleichen wurde ich abgelehnt. So war ich dennoch nie alleine. Danke, liebe Helfer.

Jede Pflanze hat eine Heilkraft, ob es ein Baum ist oder ein Blümchen. Auch das „Un-"Kraut Gras hat heilsame Kräfte. Hunde und Katzen kauen daran herum, weil Gras Bitterstoffe in sich trägt. Das hilft ihnen zu einer besseren Verdauung. Jedes Wesen besteht aus Energien. Wenn die Pflanzen Heilkräfte haben, dann strahlen sie diese Energie aus. Wenn wir in die Natur gehen - also an den anderen Lebewesen und Freunden des Lebens vorbei - dann gehen wir durch ihre heilsame Ausstrahlungskraft hindurch. Wir selbst bestehen auch aus Energie und haben eine Ausstrahlung. Diese feinen Ebenen fließen dabei von den anderen und uns zusammen und wieder auseinander. Das eine oder andere bleibt in uns und auch in der anderen Seite. Auf diese Weise nehmen wir die Medizin der Pflanzen in uns auf, während wir spazieren gehen. Auch wir hinterlassen etwas mit unseren Gedanken und Gefühlen in der Natur. Sind wir Menschen Medizin für die Pflanzen? Das können wir sein, wenn wir sie als gleichwertig betrachten, in Stille gehen oder heilsame Gespräche führen. Und wenn wir ihnen unsere Aufmerksamkeit schenken, ihnen zuhören und in einem liebevollen Kontakt

mit ihnen sind, bewusst und achtsam.
Wenn wir z.B. einen (neuen) Raum betreten, dann ist in dem Raum eine bestimmte Energie. Er hat eine Ausstrahlung, die uns gefällt oder nicht. Dann halten wir uns gerne dort auf oder gehen schnellstmöglich weg. Woher kommt diese Ausstrahlung? Sie kommt von den Materialien, aus denen der Raum und das Haus gebaut wurden und es ist die Energie des Standorts, wo die Kräfte des Himmels und der Erde auf unterschiedliche Weise zusammenfinden. Sie kommt von den Menschen, die sich im Raum aufgehalten haben und was sie dort erlebt und getan haben. Wir hinterlassen überall einen energetischen Abdruck unserer Gefühle und Gedanken, unseres Körpers.
Wir alle sind auf dieser feinen Ebene der energetischen Ausstrahlung von allen und allem im ständigen Kontakt miteinander. Wie bekommen etwas und wir geben etwas – meistens eher unbewusst. Viele bemerken gar nicht, was für eine Stimmung in einem Raum ist. Vielleicht, weil sie viel Leid erfahren haben und nichts mehr fühlen wollen. Sie können es aber, wenn sie den Mut dazu finden, sich wieder zu öffnen – auf ganz natürliche Weise. So ist es gut, schweigend in Dankbarkeit zu gehen oder sich mit Heilung zu beschäftigen und dem Miteinander, mit Liebe und Frieden – ganz gleich, wo wir uns aufhalten. Dann geschieht der Austausch der Kräfte in aller Vollkommenheit.

Wenn wir die Ausstrahlungskraft von einem großen Baum oder von einem Busch bewusst fühlen möchten, dann ist das noch einfach. Sie sind durch ihre Größe, und wenn sie gesund und kraftvoll sind, weit in ihrer Ausstrahlung. Bei einem kleinen Pflänzchen, das nicht so weit strahlen kann, müssen wir uns näher heranwagen. Das glauben wir zumindest...
Wenn ihr bewusst im Kontakt mit der Heilkraft der Pflanze sein möchtet, dann bittet sie zuerst um ihre Medizin und dann spürt den Kontakt mit ihr. Wie geht es euch? Es könnte sein, dass ihr auf einmal Gefühle empfindet, die euch gar nicht gefallen. Dann habt ihr soetwas wie eine Erstverschlimmerung, so wie man es manchmal von der Homöopathie kennt. Eine Erstverschlimmerung haben wir nur, wenn wir etwas verdrängen, was uns nicht gefällt.
Wenn ihr nun im Kontakt mit der Pflanze seid und Angst oder Traurigkeit erwacht, dann wisst ihr, dabei kann euch diese Pflanze helfen. Ob es nun die Angst ist, für die sie Medizin hat oder ob sie das Mittel für das Gesamtproblem hat, das müsste dann genauer erforscht werden. Ihr habt jetzt also das Mittel zur Genesung gefunden - oder es wurde euch von der Pflanze oder dem Elementarwesen gezeigt und ihr braucht es nur weiter auf euch wirken zu lassen. Ihr seht, wir brauchen die kleine Blume, das Pflänzchen,

nicht abzureißen oder Teile von ihr zu pflücken, damit wir ihre Medizin haben können! Sie lässt uns einfach an ihrer Heilkraft teilhaben. Im Kontakt mit den Pflanzen können wir unser Leid verstehen lernen und gemeinsam mit den Pflanzen können wir es auch ausgleichen. Wir müssen dann nicht mehr leiden und der Pflanze auch kein Leid mehr zufügen – weil wir leiden.
→   Auf dieselbe Weise können wir auch die Elementarwesen spüren lernen.
Dazu zwei Beispiele: An einem heiligen Ort hier auf Juist wächst ein sehr großer Weißdornbaum. Er ist kein Busch, wie man es von ihm kennt, sondern so groß geworden wie ein Baum. Weißdorn ist sehr bekannt für seine Medizin. Die Pflanze hilft uns in Herzensangelegenheiten. Sie ist gut für unser organisches Herz und auch für unser Seelenherz. Immer, wenn ich vor diesem Weißdorn stehe, spüre ich seine heilsame Ausstrahlungskraft im organischen Herzen als auch im tieferen Sinne. Er hat ein weißes und weises Wesen. Ich habe Herzstress, wenn ich mir zu viele Gedanken und Sorgen mache. Hier bei ihm geht es mir gut. Mein Herz beruhigt sich und manchmal erwacht sogar Herzensweisheit in mir, im Kontakt mit ihm.
Als ich mir wieder zu viel zu Herzen genommen hatte und davon im Herzen sehr gestresst war, ging ich in der Natur spazieren, um mich wieder zu beruhigen. Als ich an einem kleinen Weißdornbusch vorbeiging – einer meiner netten Nachbarn – sagte das Weißdornwesen zu mir: „Brauchst du meine Medizin?" Ein unglaubliches Phänomen, dass die Pflanzen spüren können, wie es uns geht – nur im Vorbeigehen! Ich blieb stehen, öffnete mich für den Weißdorn und spürte sofort eine beruhigende und stabilisierende Kraft im Herzen und auch im ganzen Körper.
Danke, lieber Weißdornbusch!
Hier wächst auch die Schlehenpflanze. Irgendwann fragte ich mich, welche Medizin sie wohl haben mag. Da war ich Zuhause. Kaum, dass ich diesen Gedanken hatte und somit im Kontakt mit ihr war, sah ich die Schlehe vor meinem inneren Auge. Sie sagte zu mir: „Fühl' mich." In meiner Vorstellung stellte ich mich neben die Schlehe, öffnete mich und beobachtete, was in mir vor sich ging. Ergebnis: meine viel zu vielen Sorgen lösten sich sanft auf und ich wurde, besonders auf der Herzseite, sehr, sehr ruhig. Das ist die Medizin der Schlehe – eine Sorgenentsorgerin.

Die Bäume und anderen Pflanzen haben viel Medizin für uns. Wir brauchen uns nur für sie zu öffnen und sie als gleichwertige Wesen anzuerkennen. Wenn wir sie nur als Dinger, die da so rumstehen und aus denen man tolle Sachen bauen kann, betrachten, dann machen wir aus ihnen tote Dinger. Erst müssen wir uns bewusst sein und fühlen, dass sie leben, bevor Heilung geschehen kann. Solange wir die anderen Lebewesen um uns herum nicht als lebendig erkennen können, solange sind wir selbst nicht vollständig lebendig. Wir sind wie halbtote, gefühllose Dinger, die noch vom Leben träumen, anstatt lebendig zu sein – jetzt. Wenn wir andere Menschen fühlen können, erst dann können wir uns auch als Mensch fühlen. Die Tiere und Pflanzen, Elemente und Elementarwesen sind unsere Vorfahren. Erst wenn wir sie fühlen können, dann können wir auch diesen Anteil von ihnen in uns fühlen. Dann sind wir ein ganzes, lebendiges Wesen. Menschen und Tiere wecken Gefühle in uns – so auch die Pflanzen. Sie wecken ein verborgenes Gefühl, das wir uns sonst vielleicht nicht trauen zu zeigen und zu empfinden - Liebe.

Mein Leben ist wesentlich lebendiger geworden, seit ich sie alle nicht nur sehen, sondern auch fühlen kann. Allerdings bin ich dadurch auch mehr konfrontiert mit mir. Manches davon ist nicht immer angenehm, weil bestimmte Anteile der Natur in mir zerstört oder angeknackst wurden, aber dafür hat die Natur ja auch die Medizin. Wir können viel Medizin von der Natur bekommen – von einer intakten, gesunden Natur. Wenn unsere Freunde da draußen selbst krank geworden sind, dann können sie uns schlecht helfen. Die Natur braucht also auch unsere Hilfe!

Wenn wir Menschen an Harmonie denken, an das Glücklichsein usw., dann bezieht sich das oft auf das Miteinander unter uns Menschen und mit den materiellen Dingen. Wir können aber nicht in vollkommener Harmonie leben, wenn wir die Natur nicht miteinbeziehen! Wir haben alles von ihr, von den anderen Bewohnern dieser Erde. Wir müssen also auch für Harmonie mit der Natur sorgen, wenn wir weiterhin von ihnen etwas haben wollen, das uns zu Glück, Freude, Gesundheit und Wohlbefinden führt. Helfen wir ihnen, damit sie auch glücklich, gesund und mit viel Freude leben können.

→ Die Elementarwesen sind ein Teil der Natur, der Bäume, Pflanzen, Elemente und Energien. Elementarwesen als auch Bäume und alle anderen sind Medizin pur für uns Menschen - wenn sie Natur pur sein dürfen. Entscheidet bitte mit, was mit der Natur, unserer Medizin, auf der Erde geschehen soll.

Die Auswirkungen unserer ungesunden Entscheidungen der letzten Jahrzehnte zeigen sich immer deutlicher. Eine Frau erzählte mir, dass sie in einem Waldkindergarten arbeitet und dort im Jahre 2017 feststellen musste, dass sie nicht ein Insekt im Wald finden konnte, um es den Kindern zeigen zu können. In diesem Jahr hatte ich in Süddeutschland ein Naturseminar. Dort im Wald, der wieder Urwald werden darf, (Danke!) war nur ein Mal ein einziger Vogel mit seinem schönen Gesang zu hören. Danach, auch am folgenden Tag, sah und hörte ich nicht einen Vogel. Am Abend saßen wir auf der Terrasse des Hauses direkt am Wald. Als es dunkel wurde, schalteten wir die Außenbeleuchtung an. Es kam nicht eine Mücke oder Motte, nur eine Hornisse verirrte sich. Ich kann mich an frühere Zeiten erinnern, wenn wir abends draußen saßen, wurden wir umschwirrt von vielen nervigen Insekten. Jetzt vermisse ich sie – und die Vögel. Denn ohne Insekten gibt es auch keine Vögel und keinen Vogelgesang.

Bei einem anderen Seminar mussten wir über einen kleinen Berg durch Ackerland hindurch zum Wald gehen. Ich spürte in den Boden hinein, weil ich die Elementarwesen suchte. Hier war niemand zu finden, weil der Boden durch die großen Maschinen, mit denen der Acker bearbeitet wurde, starr, fest und hart gefahren war. Welcher Wurm kann hier noch die Erde auflockern? Zum ersten Mal spürte ich auch das viele Gift auf dem Acker. Es fühlte sich gruselig an, gefährlich, alles Leben bedrohend. Hier war selbstverständlich kein Elementarwesen weit und breit. Hier kann niemand leben und sich dabei wohl fühlen. Auch den Pflanzen geht es damit nicht gut. Wenn Gift auf die Äcker kommt, dann stirbt das Leben - jedes Leben irgendwann und irgendwie, weil Gift immer tödlich ist. Manches wirkt schnell, manches wirkt langsam, das kommt auch auf die Dosierung an. Keine Insekten, keine Vögel, keine Elementarwesen und vielleicht auch irgendwann keine Menschen mehr - weil die meisten unserer Bauern tatsächlich daran glauben, dass eine Pflanze ohne Gift auf dem Acker nichts werden kann. Was haben bloß die Menschen in früheren Zeiten gemacht, als es noch keine Gifte gab? Sie sind nicht verhungert und haben reiche Ernten gehabt. Manche sagen, die Bauern können sich den Bioanbau finanziell nicht leisten. Dann stimmt etwas nicht mit unseren Gesetzen. Oder ist es die Faulheit, die Gier oder einfach nur der Irrglaube, dem die heutigen Bauern folgen? Und wir folgen ihnen, wenn wir das essen, was sie uns verkaufen, mit dem Irrglauben, die Gifte können unserem Körper nicht schaden. Gift gehört nicht in unseren Körper. Ich glaube, <u>das</u> ist die Wahrheit.

Und ich glaube auch, dass viele von uns die Art und Größe der Gefahren nicht mehr erkennen oder unterscheiden können:
Wir haben keine Angst, mit einem Auto oder Zug rasend schnell zu fahren oder mit einem großen Flugzeug kilometerweit oben durch die Luft zu fliegen – was unserer Natur und unserem natürlichen Verhalten nicht entspricht.
Wir haben keine Angst vor den vielen Giften, die wir durch die Industrie in die Luft pusten, auf den Acker spritzen und damit das kostbare Trinkwasser vergiften.

Wir haben keine Angst davor, dieses Gift zu atmen, zu trinken und zu essen – denn es ist in unserer Nahrung überall in der Natur, die wir jeden Tag und mit jedem Atemzug zu uns nehmen und in jedem Essen.
Aber wir haben Angst davor, dass eventuell ein Baum auf unser Haus fallen und uns möglicherweise dabei verletzen könnte.

Bei den vielen tödlichen Gefahren, die wir Menschen uns alle selbst erschaffen haben, wie selten ist es da doch, dass ein Mensch von einem Baum verletzt oder gar tödlich getroffen, oder ein Haus zerstört wird?! Die Autos verschwinden leider nicht von der Straße oder müssen langsamer fahren, wenn täglich bei Autounfällen viele Menschen sterben und furchtbar verletzt werden, auch seelisch. Aber die Bäume werden gefällt, wenn sie wunderbar groß geworden sind und dadurch um so mehr die Luft reinigen können, weil sie vielleicht beim nächsten Sturm umfallen könnten – theoretisch. Wir könnten die Bäume auch stützen! Wir haben alle Möglichkeiten dazu.
Auf Juist werden viele Bäume neuerdings bis auf den Stamm kahl geschnitten. Zerhackstückelt nenne ich das. Nur noch der Stamm „darf" stehenbleiben. Das ist brutal, respektlos und ohne jegliches Mitgefühl diesen Lebewesen gegenüber. Bäume sind keine Heckenpflanzen! Das ist nicht Tier-, sondern Pflanzenquälerei! Wie muss sich ein Baum fühlen, der nur noch ein halber ist? Sicherlich ist das gut gemeint, denn manche Bäume können auch wieder neu austreiben, aber sie leiden sehr darunter! Kopf und Arme ab, so stehen sie da – halbtote Bäume! Zum Glück sind das keine Menschen, die wären ganz tot. Wir Menschen würden einen anderen Menschen ohne Arme und Beine als behindert betiteln. Das finden wir schrecklich. Viele Menschen gehen solchen aus dem Weg, schauen möglichst nicht dorthin, sind beschämt oder haben Mitgefühl. Warum können wir die Bäume und Pflanzen nicht als ebenso lebendige und fühlende Wesen erkennen, wie wir selbst auch welche sind?
Ich bin dafür, dass die viel gefährlicheren Autos von den Straßen verschwinden oder deutlich langsamer fahren müssen. Und ich bin dafür, wenn ein Baum gefällt werden muss, dann bitte pflanzen wir doch auch einen neuen Baum, ein neues Leben, neue Medizin für alle. Eine weitere Bitte haben wir, die Bäume, die Elementarwesen und ich: Seid achtsam mit euch! Seid achtsam, wenn ein starker Sturm weht, denn dann können nicht nur Bäume eine Gefahr sein, sondern vieles andere auch. Wenn ihr unter großen Bäumen entlanggehen müsst, dann schaut auch nach oben, wie es den Bäumen mit dem Sturm ergeht. Ich bin mir sicher, dass ein Baum nicht in Sekundenschnelle umfällt und wenn er bricht, dann kann man das hören und sehen. Seid achtsam mit euch! - zum Wohle für alle, für die lebendigen Bäume.

Die heiligen Bäume und Pflanzen sind sehr bewusste Lebewesen und können ebenso bewusst helfen, indem sie ihre Medizin mit uns teilen. Bei einem der Kraftplatzspaziergänge auf Juist bleiben wir immer bei einer großen, weitgefächerten Birke stehen und nehmen in der Stille Kontakt mit ihr auf. Da sah ich, wie die Seele des Baumes einen Ast zu einem Teilnehmer ausstreckte, um ihn mit ihrer Medizin zu berühren. Das hatte ich zuvor noch nicht erlebt. Ich war tief berührt von der Bewusstheit der Bäume, obwohl sie mich selbst auf diese Weise noch nicht berührt hatten. Am Ende des Spaziergangs erzählte ich dem Teilnehmer von meiner Wahrnehmung. Er sagte, dass er eine Allergie gegen Birkenpollen hätte und ihr Liebe gesendet hätte, um mit ihr Frieden zu schließen – und sie, die Birke, hat geantwortet.

Danach durfte auch ich solch eine Erfahrung wie dieser Teilnehmer machen, um noch mehr zu staunen über ihre Fähigkeiten und ihr Wissen um unsere Nöte. An einem Morgen mochte ich nicht aufstehen, weil so viel Unruhe in meinem Herzen war. Da kam die Seele eines Weißdornbusches zu mir nach Hause. Er berührte mich mit seinem verästelten Arm und mein Herz wurde augenblicklich ruhig, ich fühlte mich entspannt und so konnten die Kräfte für den Tag wieder erwachen. Die Seele der Pflanze kam zu mir nach Hause! Welcher Mensch kann so etwas? Ein Heiliger, aber doch nicht jeder von uns. Also fast kein Mensch hat dieses hohe Bewusstsein und diese Fähigkeit und Möglichkeit, als Helfer zu dienen - wie jede Pflanze und jeder Baum auf ganz natürliche Weise es kann. Danke, Seele des Weißdornbusches. Danke, für jede kleine Blume und jedes Gras. Danke, für euch wundersamen, großen und kleinen Pflanzen und das Dasein von euch Bäumen. Danke, für eure Medizin und Hilfsbereitschaft uns Menschen gegenüber.

Die Bäume können uns auch auf ganz andere Art und Weise heilen:
An einem Tag, der gar nicht so schön war - damit meine ich nicht das Wetter, sondern was in mir vor sich ging. Also meine eigene Wetterlage war voll regenerischer Gedanken an diesem Tag. Mein Kopf war voll, während ich im urig schönen Wäldchen auf Juist spazieren ging, um mich eben von diesen Gedankenwolken besser lösen zu können. Ich ging und ging und nichts half, meine Regengüsse der Gedanken zum Stoppen zu bringen. Wenn ich mich auf den Boden setzen würde, so dachte ich, würden sich vielleicht auch meine Gedanken niedersetzen. Am Wegesrand stand und steht immer noch eine schöne, große Eiche. Mit groß ist eine Größe gemeint, die bei den hiesigen Inselverhältnissen groß erscheint. Hier weht oft der Wind kräftiger als auf dem Festland und die Bäume sind ihm meistens ungeschützt ausgesetzt. Darum können sie nicht so hoch wachsen. Manche

Bäume wachsen dafür mehr in die Breite und mit vielen Verästelungen. Dadurch sehen sie sehr urig und besonders aus. Es gibt viele, die ihre „Arme" umeinander schlingen. Der „Tanz der Bäume". Es sieht sehr schön aus. Ich setzte mich also neben den großen Baum auf die Erde und versuchte, still zu sein. Das gelang mir gar nicht. Es war absolut unmöglich und es strengte mich fürchterlich an, nur noch meine Gedanken zu hören. Ich konnte die übrige Natur gar nicht mehr genießen. Dann sah ich plötzlich zum Baum hinauf, der die ganze Zeit neben mir stand und den ich schon fast vergessen hatte. Aus dem Stamm des Baumes schaute er mich an - die Seele des Baumes, der Eichenmann, mit einem friedlichen und ganz und gar verständnisvollen Blick. Er hatte scheinbar alles mitangehört, was da in mir vor sich ging. Es war mir sehr unangenehm, ihn in seiner Ruhe gestört zu haben und ich entschuldigte mich beim ihm. Er sah mich lächelnd, weise und voller Mitgefühl an und alles in mir wurde endlich ruhig.

Eine weitere Begebenheit, die zeigt, wie feinfühlig die Bäume sind - nicht anders als wir Menschen auch: Am Anfang eines Naturspaziergangs erzähle ich immer zuerst etwas über die Bäume und wie wir den Kontakt auf sanfte Weise aufnehmen können. Bei einem dieser Spaziergänge in einem Wald auf dem festen Land stand ich wieder neben einem schönen Baum. Sie, die Baumfrau, ist ein schmales Wesen, recht hoch gewachsen und sehr unscheinbar. Nachdem ich den Teilnehmern alles erzählt hatte und sie sich einen Baum aussuchten, um die Kontaktaufnahme zu üben, blieb ich bei dem schmalen Baum stehen und versuchte, meine Gedanken wieder zur Stille hinzubewegen. Auf einmal sagte die gute Baumfrau, die Seele des Baumes, zu mir: „Du hast Angst." Ertappt. Sie hatte recht. Einen Tag zuvor hatte ich ein Erlebnis, dass mir tüchtig Angst gemacht hatte. Heute beim Spaziergang musste ich mich konzentrieren und hatte die Angst verdrängt. Ich selbst spürte sie nicht mehr, bis die Baumfrau mich daran erinnerte. Sie hatte meine Angst fühlen können, obwohl dieses Gefühl nicht präsent oder stark und im Unbewussten verschwunden war. Für die Bäume sind also auch unsere verdrängten, unbewussten Gefühle wahrnehmbar. Es sind feine Wesen, die Bäume.
Was hilft es uns nun, wenn ein Baum unsere verborgenen Gefühle und Gedanken empfinden kann?
Wenn wir unsere Gefühle verdrängen, dann sind sie nicht weg, so wie ich es im Wald dachte. Schade, leider. Unangenehme Gefühle sind unangenehm. Sie sagen uns aber auch, wenn etwas nicht in Ordnung ist. Es ist ratsam, auf die Gefühle zu hören. Sie sind ein Teil unseres feinen Wesens, das uns eine Richtung vorgibt. Vorgibt – nicht, wir müssen so sein oder danach handeln!

Eine weise Entscheidung ist gefragt, wenn Gefühle stark werden. Dafür brauchen wir einen wachen und klaren Verstand. Wenn wir unseren Verstand nicht miteinbeziehen, dann brennt etwas mit uns durch. All dies geschieht in und durch unseren Körper, dadurch, dass wir ihn vergessen haben, vielleicht durch das zu viele denken. Also, den Körper, das Körpergefühl nicht vergessen! Der Körper gibt den Gefühlen und Gedanken Stabilität und Festigkeit, Ruhe in der Unruhe. Wut kann dann als Kraft genutzt werden und verfliegt nicht mehr in der Aggression nach außen. Die Tränen hören auf zu fließen und die Sehnsucht endet in der Liebe. Das Körpergefühl ist wichtig. Heutzutage denken wir, dass unsere Gedanken das Wichtigste sind. Darum arbeiten und lernen wir hauptsächlich mit dem Verstand. Mit jedem Wort entstehen Gefühle. Wenn wir diese Gefühle bei unserem viel zu vielen denken nicht mehr spüren können, dann bedeutet das, dass wir sie unterdrücken. Wir verlieren unser Körpergefühl, wodurch der Körper Kraft verliert. Alles (alle Energie) staut sich im Kopf. Wenn wir diese Kräfte nicht annehmen, dann stauen sie sich auf und wirken blockierend und wir werden krank. Besser ist es, wenn wir uns an den Körper und die Gefühle rechtzeitig erinnern, damit wir die goldene Mitte wiederfinden können zwischen den Gefühlen, dem Körper und dem Verstand. Manchmal werden wir auch von anderen an das erinnert, was wir nicht fühlen wollen. Anstatt dem anderen dankbar zu sein, werden wir dann meistens wütend. Wenn wir in den Wald gehen oder in den Park oder Garten, dann suchen wir unbewusst das ganzheitliche Leben. Leben im Ganzen, nicht nur allein mit dem Kopf.

→ Wir werden dort von den ganzheitlich lebenden Bäumen und Pflanzen, den Elementarwesen und allem Leben in der Natur an unsere Gefühle und das Körperbewusstsein erinnert. Das ist sehr nett von ihnen, denn das müssen sie nicht tun! Interessant ist es, dass wir in der Natur meistens nicht wütend darauf reagieren! Das liegt daran, dass wir Menschen uns gegenseitig zu sehr be- und verurteilen. Bei den Bäumen und Elementarwesen überwiegt die Liebe und das Mitgefühl.

Als ich bei dem besagten Spaziergang im Wald stand, war ich vor allem mit denken und reden beschäftigt. Ich war weniger mit meinen persönlichen Gefühlen oder im Körpergefühl anwesend. Deswegen war mein Körper freundlicherweise nicht weg, meine Gefühle der Angst allerdings auch nicht. Der Baum neben mir war mit seinem ganzen Wesen da und konnte deshalb wahrnehmen, wozu ich in dem Moment nicht in der Lage war. Die Baumfrau erinnerte mich an meinen Körper und die Gefühle. Ich spürte wieder die Angst in mir. Im Kontakt mit den Bäumen konnte ich mich nun langsam beruhigen, bis ich mich wieder sicher und wohl fühlte, endgültig. Danke, ihr kostbaren und heilsamen Bäume. Danke, Natur.

→ Wenn ich von Zuhause aus ein Seminar auf dem Festland plane, besuchen mich die Elementarwesen aus dieser Gegend und zeigen mir innere Bilder von der Natur dort. So geschah es auch bei der Planung für ein Seminar in Bad Urach. Da erschien in meiner Wohnung ein wunderschönes Elementarwesen vom Element Wasser. Sie zeigte mir einen unglaublich schönen Wasserfall mit vielen bezaubernden Wesenheiten. Ich dachte, dass dieser Wasserfall sich irgendwo im Ausland befindet, wo ich in der Zukunft einmal sein werde. Zwei Stunden später klingelte das Telefon. Eine Freundin aus Ulm war dran, der ich erzählte, dass ich in Bad Urach sein werde. Sie freute sich riesig, denn Ulm ist nicht weit entfernt. Dann sagte sie mir, dass wir unbedingt zum Wasserfall fahren müssten, der sei ganz besonders schön. Meine planenden Gedanken waren schon lange in Bad Urach bei den Elementarwesen angekommen und scheinbar nicht nur bei denen, wo das Seminar stattfinden sollte!

Und nun staunt weiter: Auch die Bäume kennen unsere Vorhaben. In einer Zeit, als ich mehrere Seminare in verschiedenen Städten plante, bekam ich telepathisch innere Bilder gesendet. Ich sah viele sehr große Bäume, die nicht sehr breit waren, dafür aber umso größer. Es waren Riesen von Bäumen und ich war sehr gespannt, wo ich ihnen begegnen werde. Beim folgenden Seminar konnte ich sie nicht entdecken. Beim darauffolgenden Seminar hatte ich gar nicht mehr an sie gedacht. Da stand ich auf einmal in einem Waldstück mitten zwischen den Riesen. Sie sahen genauso aus, wie sie mir telepathisch gezeigt wurden und es waren ebenso riesige Elementarwesen mit ihnen. Wir waren umgeben von den Kräften der Würde und Hochachtung. Man konnte nicht anders, als ihnen voller Respekt und Demut zu begegnen – den Bäumen, die schon lange wussten, dass wir kommen werden.

→ Weil die Bäume und Elementarwesen ein so hohes Bewusstsein haben, können wir in ihrem Beisein zu höherem Bewusstsein erwachen. Wir brauchen den Wald, die Natur im Ursprung und ihre Elementarwesen, weil sie göttliche Wesen sind und uns erinnern können, wer wir auch sind – ebenso göttliche Wesen, die ihre Kräfte sehr oft für den Krieg und das Gegeneinander missbrauchen, anstatt sie bewusst für die Liebe, den Frieden und das Miteinander einzusetzen und diesen Zielen zu dienen – mit aller Kraft, so wie die Bäume, die Elementarwesen und Engel es tun als auch die Heiligen unter uns Menschen.

Eine sehr heilsame Erfahrung machte ich mit einem Baum, nachdem die Heiligen, die Engel und die Elementarwesen versuchten, mir etwas verständlich zu machen, das ich aber nicht verstehen konnte. Es ging um ein bestimmtes Gefühl, das ich nicht nachempfinden konnte und somit wusste ich nicht, was sie alle von mir wollten – bis sich mir ein Baum telepathisch zeigte. Mit seinen großen Astarmen hielt er vorne in seinem feinen Geäst wie in Händen ein Menschenbaby. Das tat er so liebevoll und mit einer unendlichen Güte und Sanftmut, dass ich endlich aufwachte und verstand, was die anderen mir zuvor sehr geduldig versuchten zu vermitteln. Ich sollte und durfte loslassen, mich von ihnen „tragen" lassen. Ich durfte mich wie ein Baby in ihre Obhut begeben und ihnen in aller Vollkommenheit vertrauen. Dieses Gefühl war mir aus früheren Zeiten bekannt. Damals fühlte ich mich getragen, hatte Vertrauen in die Welt und mein Ziel waren die Heiligen der Unsterblichkeit, bei denen ich mich geborgen fühlte – ganz unbewusst, denn ich wusste nicht, dass dieses Gefühl von ihnen in mir ausgelöst wurde. Diese Geborgenheit hatte ich in den letzten Jahren vollständig vergessen, weil ich mich sehr viel, bis in die Tiefe, mit meinen Gefühlen und Erinnerungen meiner Kindheit beschäftigte, in denen ich kein Vertrauen hatte. Dadurch war ich voller Anspannung, versuchte, alles selbst zu schaffen und mit allem fertig zu werden, mit dem was alles Dramatisches in unserer Welt los ist. Ich bin diesem Baum zutiefst dankbar für seine gütige Hilfe und Erinnerung, ließ los und vertraute mich wieder den Heiligen und der Liebe an.

→ Woher wusste der Baum von meinem Problem? Die Elementarwesen, die Heiligen und die Engel tauschen sich ständig untereinander aus. Gemeinsam versuchen sie die Probleme zu lösen und beraten sich dabei ganz offensichtlich auch mit den Bäumen!

Die Bäume haben in ihrem Körper, im Stamm mit den Jahresringen, alle Erinnerungen ihres Lebens abgespeichert. So wie wir Menschen auch alle Erinnerungen in jeder Zelle wachrufen können. Ich stand schon neben Bäumen, die mehrere Hundert Jahre alt waren, und konnte sehen, dass sie die Kriege von uns Menschen miterleben mussten. Sie mussten mit ansehen, wie die Bomben um sie herum explodierten mit den leidenden und auch todbringenden Menschen, ohne etwas tun zu können. Während die Bäume friedlich dastanden, tobte um sie herum der Krieg und das Elend. Sie waren still und lebendig, um sie herum war es unerträglich laut und sterbend. Ach, würden wir Menschen doch die Bäume als Vorbilder anstreben wollen! → Die Bäume genießen es sehr, wenn wir Menschen friedlich an ihnen vorbeispazieren und wenn sie den Kindern beim Spielen zusehen können. Besonders gut tut es ihnen natürlich, wenn wir sie auf liebevolle Weise mit in unser Leben einbeziehen. So wie den Bäumen, so geht es auch den dazugehörigen Elementarwesen.

Die Pflanzen können also telepathisch zu uns Kontakt aufnehmen, ganz

gleich wie groß die Entfernung sein mag. Was spielt die Entfernung für eine Rolle in der Gedankenwelt? Keine. Wir können in Gedanken überall sein. Meistens verlieren wir uns zu sehr darin. Die Meditation des Schweigens hilft, um wieder im Hier und Jetzt anzukommen – wo wir manchmal nicht sein mögen – daher die zu vielen Gedanken. Wir können die Gedanken auch bewusst einsetzen, z.B. für die Kontaktaufnahme mit Bäumen, Tieren usw., wenn wir dort nicht hingehen können. Dabei bitte aufpassen, es geht nicht darum, dass wir sie vollplappern mit unseren Gedanken, sondern dass wir in der Stille des Geistes im Kontakt mit ihnen sind – indem wir uns ihr Dasein und ihre Lebendigkeit bewusstmachen. Dann können wir versuchen wahrzunehmen, was sie mit uns teilen mögen. Mit bestimmten Pflanzen und Tieren ist die Kontaktaufnahme für uns nur auf diese Weise möglich, weil sie in einem weit entfernten Land leben – und dennoch für uns die richtige Medizin-Kraft haben.
Wenn wir auf telepathische Weise Kontakt mit der Natur pflegen, dann sollte das auf sehr behutsame und zurückhaltende Art geschehen. Das Ich darf nicht im Vordergrund stehen. Der Ich-Wille ist Egoismus, mit dem wir uns selbst und andere krank machen. Im Egoismus nehmen wir zu viel von den anderen. Wir nehmen ihre Kraft. So auch mit der Natur. Überlassen wir es den Pflanzen, den Tieren und Elementarwesen als auch den Menschen, ob sie uns helfen mögen und wer uns helfen kann. Wir können sie in Gedanken bitten und etwas fragen - und dann abwarten, still sein, Raum geben, in einer empfangenden Haltung sein und es ihnen überlassen.
Wenn ihr den Kontakt beendet oder die Pflanze dies möchte, dann erinnert euch daran, dass ihr der Pflanze oder dem Tier dafür bitte auch dankt. Mit dem Dank beenden wir endültig den Kontakt auf bewusste Weise. Ansonsten ist es eher ein - Ich geh mal schnell weiter und lasse dich einfach hier stehen - Ende. Der Dank macht uns zusätzlich bewusst, dass wir etwas bekommen haben und dann enden wir in bescheidener Demut.
Wenn wir in einem Buch etwas über Elementarwesen lesen, dann sind wir bereits in einem leichten Kontakt mit ihnen. → Kontakt auf Entfernung aufzunehmen, das ist nicht schwer. Darum sollten wir es sehr behutsam tun!

Mit Menschen sollten wir nur bewussten, telepathischen Kontakt aufnehmen, wenn sie auch davon wissen! Mein Kriya Yoga Lehrer sagte, dass wir nicht über andere Menschen meditieren sollen! Telepathie ist die Kontaktaufnahme mit dem Unbewussten oder Bewussten. Wenn wir also eine Person nicht darüber informieren, dass wir telepathisch mit ihr Kontakt wünschen, dann geschieht dies auf unbewusster Ebene bei dem anderen. Das kann in Manipulation enden und da müssen wir sehr aufpassen, denn

alles reflektiert sich irgendwann auf irgendeine Weise in unserem Leben.
→ So respektvoll sollten wir dann erst recht mit den Bäumen, Pflanzen, Tieren und Elementarwesen die Telepathie üben. Denn wer weiß schon, ob der Baum oder das Tier gerade mit uns im Kontakt sein möchte! Darum bitte! eine sehr achtsame, repektvolle und sanfte Kontaktaufnahme auf Entfernung, als auch im direkten Kontakt. Wenn wir dabei genauso bescheiden sind wie die Pflanzen, dann wird ihnen die Kontaktaufnahme sicher nicht unrecht sein. Und es kann ihnen dann auch nicht unangenehm sein, weil wir uns in einer bescheidenen Haltung innerlich mit unseren Gefühlen und Gedankenkräften zurücknehmen.

Je mehr wir uns im Leben wohl fühlen, in unserem Körper auf Erden, und je besser wir „geerdet" sind im Kontakt mit den Bäumen und den Elementarwesen, um so faszinierendere Erlebnisse können wir mit ihnen haben. So geschah es in der Zeit, als ich mir eine Auszeit auf dem Festland nahm, um viel Kriya Yoga zu praktizieren und zu meditieren. Ich war zufrieden mit mir, im wohlwollenden Kontakt mit meinem Körper und fühlte mich sehr gut auf Erden. Da hatte ich eine außergewöhnliche Erfahrung mit Bäumen. Es war Waschtag. Dazu musste ich meinen Wäschesack auf das Fahrrad packen und ein paar Kilometer zu einem kleinen Waschsalon radeln. Es war Sommer, die Sonne schien und es wehte nur wenig Wind. Die Wäsche wusch sich in der Maschine von selbst und ich konnte mich draußen in der Sonne entspannen und ein Buch lesen. Ich war ganz vertieft in ein spirituelles Buch und gleichzeitig kam ich immer mehr im Augenblick und in meinem Körper an. In dieser Schönheit des Augenblicks hob ich irgendwann den Kopf und schaute zu einer Reihe sehr großer Bäume, die in der Nähe standen - und hörte ihre Musik!
Es war klassische Musik in vollkommener Schönheit und Einfachheit und dennoch sehr komplex. Nichts schien sich zu wiederholen. Das war mitunter das Schönste, was ich im Leben und mit den Bäumen erfahren durfte. Es war nicht nur diese unglaubliche Musik der Bäume, die sich leicht im Wind wiegten, es war auch das Gefühl von Leichtigkeit darin und Verbundenheit mit allem in vollkommener Harmonie, das in diesem Geschehen spürbar war. Ich danke sehr dafür, dass ich so etwas Wunderschönes erleben durfte!
Im Januspark auf Juist stehen auch einige Bäume dieser Größe. Erst viele Jahre später, mit schon erweitertem Bewusstsein, gelang es mir ganz bewusst, mich in der Welt der Bäume auf diese Ebene des Klangs einzustellen. Da konnte ich es wieder hören, diese wunderbare, klassische Musik. Ich habe mich leider nicht weiter damit beschäftigt. Es gibt noch so viel zu entdecken in dieser wundersamen Welt der Möglichkeiten auf dieser Erde.

Sicherlich klingt jede kleine Pflanze in schönsten Tönen in Verbundenheit mit den anderen und den Elementen. Welch schöne Musik mag da einer Blume inne sein?!

Nach diesen Erlebnissen fragte ich mich, ob wir Menschen auch eine Ebene der Musik in uns haben? Ich meine, ohne Instrumente, nur mit unserem Dasein in der Welt und mit dem, was wir tun. Ich bin mir sicher, dass wir Musik haben. Fragt sich nur, bei unserer zumeist ungesunden Lebensweise, wie diese Musik klingen mag. Vielleicht haben wir deshalb ständig ein Radio usw. an, um die schöne Musik von Instrumenten zu hören und von anderen, damit wir unsere eigene Musik nicht hören müssen. Was sind denn unsere Worte und Gedanken? Es sind Töne, die sich aneinanderreihen. Und was denken und reden wir den ganzen Tag? Wie mag das klingen? ...puh. Reden ist Silber, Schweigen ist Gold. Das hörte ich schon in meiner Kindheit häufig, damit wir Kinder nicht so viel Quatsch reden.

Wenn wir Musik hören, dann sind wir immer emotional in der Seele berührt, auf die ein oder andere Art und Weise. Fließender Strom ist manchmal hörbar. Spätestens bei einem Gewitter hören wir den „Klang" des Stroms. Wir bestehen aus Energie, die fließt. Unser Körper, unsere Gedanken und Gefühle sind elektronisch messbar. Dann müssten sie auch hörbar sein – unsere Energien. Das ist der Klang des Lebens, die Schwingung, das Fließen der Lebensenergie überall und in jedem.

Je mehr wir in Harmonie und Liebe verbunden sind mit allem Leben und unserem Körper, umso schöner klingt sicherlich auch „unsere" Energie. Je mehr wir nur für das ICH leben, umso weniger sind wir verbunden mit allem und jedem. Das sind bestimmt keine schönen Klänge. Wir können sicherlich so schöne Musik ausstrahlen wie die großen Bäume, die sich im Wind wiegen - wenn wir genauso im Frieden mit den anderen Lebewesen und den Elementen in Harmonie leben. Wer das Leben erhält, viel Schönes, Heilsames hervorbringt und so viel Gutes mit anderen teilt wie die Bäume, der wird auch solche klangvollen Energien haben.

Einige Jahre, nachdem ich die Musik der Bäume hören durfte, hatte ich ein Erlebnis, das ich nie vergessen werde – dieses Mal mit einem Menschen. Ich stand bei dem schönen Garten vor der Schule aus meiner Kindheit und hängte Plakate in dem davorstehenden Schaukasten auf. Da lief ein Mann mittleren Alters an mir vorüber – und ich konnte seine Musik hören! Es war fast dieselbe klassische Musik wie die der Bäume. Ich kam aus dem Staunen nicht mehr heraus, konnte keinen klaren Gedanken fassen. Da war der klangvolle Mann schon weg. Am liebsten wäre ich ihm hinterhergelaufen und hätte ihn gefragt, was für ein Leben er führt und ob er vielleicht Musiker ist. Aber das habe ich mich leider zu dieser Zeit nicht getraut. Vielleicht werden wir in der Zukunft alle unsere Musik und die der Pflanzen, Tiere und Elemente hören können. Wenn wir das können, dann ist es ein Zeichen dafür, dass wir in Harmonie, mit Liebe und im Frieden leben.

Februar 2018 – in diesem Monat und Jahr wurde das Leben der großen Bäume im Januspark, die ihre wunderschöne Musik und vieles mehr mit uns geteilt hatten, von Menschen beendet. Sie wurden gefällt. Warum, das weiß ich nicht. Vermutlich aus Angst, dass ein Baum beim Sturm umfallen <u>könnte</u> und einen unachtsamen Menschen verletzen <u>könnte</u>. Auch die erfahrenen, weisen, älteren Elementarwesen dieser Bäume sind mit ihnen gestorben. Musik, Weisheit, Wahrheit, Liebe, Mitgefühl, Medizin und Freunde haben wir alle mit dem Fällen der Bäume verloren. Das Gnadenlicht und die Engel des Himmels mögen nun mit ihnen sein! Denn die brauchen die Seelen jetzt. Das Gnadenlicht und die Engel mögen auch mit uns Menschen auf Erden sein, denn sie brauchen wir, um aus unserem unbewussten Dasein aufwachen zu können.

Gedanken - PAUSE

Ein Zeichen der Zeit von Disharmonie und Respektlosigkeit vor anderen Lebewesen sah ich in einem Wald in Blaubeuren. In Blaubeuren, so wurde mir zuvor gesagt, gibt es noch ganz ursprüngliche und wunderschöne Natur. Leider sah ich dort auch die Veränderung des Ursprünglichen zum Unnatürlichen durch den Menschen.

Zur Planung eines Seminars erforsche ich zuvor den Wald. Die Wälder haben immer verschiedene Lebensbereiche, die es zu entdecken gibt. Diese können sehr unterschiedlich sein. Es ist immer eine Überraschung, wenn ich durch die Wälder streife und begreife, mit welcher Vielfalt und Wandlung ein Wald von den Pflanzen erschaffen wird und wie sie leben. In einem Wald erlebte ich etwas anderes. Ich suchte mit einer Freundin gemeinsam nach geeigneten Wegen und ließ mich auch von den Elementarwesen führen. Alles war ganz wunderbar und auf einmal stehen wir vor einer Monokultur-Tannenplantage. So etwas hatte ich noch nie zuvor gesehen. Es fing mit ca. einjährigen, sehr kleinen Tannen an und alle fünfzig Meter stand die nächste Generation, bis zu großen, ausgewachsenen Tannen, bei denen man sich sicher sein konnte, dass sie bald gefällt würden. Alle mussten in absolut korrektem Abstand zueinander stehen, wachsen und „leben". Nichts, nicht eine kleine Pflanze, außer etwas Moos, durfte zwischen den Tannen wachsen. Der eine oder andere junge Baum, der sich über die Samen aus einer anderen Gegend hier ausgesät hatte und keine Tanne war, war bereits markiert worden. Ganz gleich wie wunderschön er war, mit hundertprozentiger Sicherheit wird diese Schönheit von Menschen gefällt werden, die keine Schönheit mehr erkennen können. Sie können nicht mehr fühlen, welch heilsame Wirkung die Schönheit der Bäume auf uns Menschen hat.

Diese traurigen Tannen standen auf der rechten Seite des Weges. Auf der linken Seite durften die verschiedensten Bäume in aller Wildheit wachsen. Welch ein furchtbarer Gegensatz. Ich dachte an die Musik der Bäume. Welche Stimmen mögen hier zu hören sein?! Meine Freundin und ich sendeten Liebe und Dank, denn sie waren alle für uns Menschen zum Leben erweckt und sogleich zum Tode verurteilt worden – und das auf besonders grausame Art und Weise. Das geht so: Da fährt ein Mensch in einer kleinen Maschine, mit einem kleinen „Kran" daran, dicht an den Baum heran. Klein, damit er überall zwischen die Bäume fahren kann. Darum wurden die Bäume in einem sehr korrekten, bestimmten Abstand zueinander gepflanzt und nichts „Störendes" dazwischen. Den Kran lässt der Mensch leicht schwingen, bis die Zange am Seil den Baum berührt. Nur eine leichte Berührung und die Zange schließt sich blitzartig um den Baum. In Sekundenschnelle sägt sofort ein scharfes Messer den Baum ab – tot. Im selben Moment raspelt die Zange alle Zweige vom Baum und schneidet den übriggebliebenen, kahlen Stamm in korrekte, kleine, transportfähige Stücke. Fertig. Das alles geht so schnell, dass man es gar nicht schafft, so schnell den Kopf davon abzuwenden. Dies sah ich einmal im Fernsehen, in einem Bericht über die wunderbare Welt der Bäume mit all ihren Fähigkeiten, ihrer Art sich mit anderen zu verbinden und zu kommunizieren und ihrer vielen Medizin für uns alle.

So etwas tun wir Menschen, damit wir viele und immer neue Möbel, Papier, Papier, Papier, Toilettenpapier und Taschentücher, Deko und viel anderes schnellstmöglich und überall kaufen können und in unseren Wohnungen horten, wegschmeißen, Neues kaufen, um viel und noch mehr Freude haben zu können – auch ohne die lebendigen Bäume. Freude, die von kurzer Dauer ist und von toten Dingen erweckt wurde und nicht von unseren lebendigen Baumfreunden, die uns erfüllen können bis in die Tiefe.

Wenn die Gier in uns so präsent ist, dass wir ständig etwas Neues haben müssen, dann ist das Krafttier Raupe in uns als unser Vorfahr stark präsent. Es ist ernst gemeint. Viele von uns verhalten sich wie die Raupen. Seien wir lieber weise Menschen und wünschen wir diesen (herzlosen) Menschen, die so eine Maschine erfunden haben und denen, die diese Maschinen sogar kaufen und gebrauchen – Frieden und Liebe - soviel dafür notwendig ist, damit sie selbst wieder lebendig sein können. Damit sie denen, die ihr Leben für uns geben – den Bäumen, Achtung und den notwendigen

Respekt entgegenbringen können - damit die heiligen Bäume in Würde leben und sterben dürfen und sich von zutiefster, demütiger Dankbarkeit von uns allen geehrt fühlen.
Darum lasse ich für jedes gekaufte Buch einen Baum pflanzen. Es ist gedruckt auf hundert Prozent Altpapier, damit kein Baum zusätzlich dafür sterben muss. So können wir einen Ausgleich für die vielen Bäume für die unendlich vielen Bücher schaffen, die viele Menschen aus Langeweile lesen, so wie ich es früher auch tat. Nun lese ich nur noch selten in Büchern, weil ich stattdessen lieber dem Leben zuhöre, den Engeln, Heiligen und Elementarwesen. Von ihnen können wir alles lernen und wissen, was wirklich wichtig im Leben ist. Ich meditiere und gehe in die Natur, besuche unsere Freunde, sammle Müll, mache Übungen für mein körperliches, geistiges und seelisches Wohlbefinden, treffe Menschenfreunde und diene so gut ich kann dem Leben, der Liebe und dem Frieden. So schnell ist der Tag vorbei ohne Langeweile, stattdessen kann ich den Tag beenden mit Freude, Erfüllung und neuen Erfahrungen, wunderbaren Erlebnissen und wieder neuen Freunden, die ich in der Natur und durch die Natur gefunden habe. Danke!
Es hat einige Zeit gedauert, bis ich herausgefunden hatte, welche Lebensweise gesund und gut für uns alle ist - und nicht nur für mich alleine. Auch habe ich immer mehr bewusste Disziplin darin geübt, denn ohne Disziplin können wir das scheinbar Unmögliche nicht möglich machen. Es ist also eine gewisse Anstrengung notwendig und manchmal auch Überwindung und Ausdauer, wenn wir etwas wahrhaft Gutes erreichen wollen. Wir alle sind sehr strebsam mit etwas beschäftigt. Wir streben alle nach... und darauf kommt es an! Wonach streben wir? Ist das, wonach wir streben, für die Gemeinschaft zum Besten – zum Besten auch für die Gemeinschaft mit der Natur? Werden wir durch das, wonach wir streben, alle Frieden finden und wird dadurch die Liebe in uns bestärkt? Ist es ein egoistisches Streben oder tun wir es auch für die große Familie Natur? Die Liebe ist das Wichtigste in unserem Leben. Sie vereint uns miteinander im Frieden. Wonach streben wir?

Ich hatte ein besonderes Erlebnis mit Bäumen, die mich so beeindruckt haben, dass ich es immer in Erinnerung behalten werde. Es geschah in einer Zeit, in der ich langsam begann zu verstehen und zu erkennen, dass Bäume eine Seele haben wie wir Menschen und jedes Tier. Der Juister Januspark ist klein, aber hier wachsen einige richtig große Bäume. Wie so oft, spazierte ich langsam den Weg entlang im Kontakt mit den Elementarwesen. Mit einem Mal veränderte sich meine Wahrnehmung. Ich nahm nicht nur mich als lebendiges Wesen wahr, sondern alle Bäume und

Pflanzen in vollkommener Gleichwertigkeit. Die Bäume und anderen Pflanzen waren plötzlich alle so lebendig wie ich, so wie ein Mensch. Es war Frühling und ich war von entsprechend vielen Pflanzen umgeben, die nun viel kraftvoller waren als zuvor. Sie waren vorher auch so kraftvoll, aber ich habe das nicht wahrgenommen – nur meine eigene Kraft. Ich war auf einmal umgeben von sooo vielen anderen! Das fühlte sich schon fast ein bisschen eng an, ähnlich wie in einer Großstadt mit zu vielen Menschen in einer Straße, bis auf den positiven Unterschied, dass die Pflanzen Ruhe, Schönheit und Stabilität ausstrahlten. Ich fühlte mich umgeben von freundlichen und friedlichen Lebewesen. Und weil es so viele waren, konnte ich sehr entspannt sein und mich gut fühlen. Ich spürte das Leben in einer vollkommen harmonischen Gemeinschaft.

Jetzt erst bemerkte ich, dass ich vorher sehr alleine mit meinem bisherigen Bewusstsein und Egoismus unterwegs war, obwohl ich schon von der Lebendigkeit der anderen Lebewesen neben mir und den Elementarwesen wusste. Wir können das wissen, es aber genauso auch zu erleben, das ist eine ganz andere Wahrnehmung. Es ist nicht nur bewusstes Wissen, sondern bewusstes Sein. Mein Bewusstsein hatte sich in diesem Moment erweitert. Das war eine sehr kraftvolle, spürbare Erfahrung und hat sich mir tief eingeprägt. Leider ist es nicht so geblieben. Ich muss mich selbst immer wieder daran erinnern oder werde von den anderen Wesen daran erinnert, und dann geht das Türchen wieder auf – durch die sanfte Kraft der Liebe.

Diese Wahrnehmung und dieses Bewusstsein wünsche ich allen Menschen. Das ist die Realität. So wie wir Menschen fast alle unterwegs sind, das ist hauptsächlich Träumerei. Wir sind gefangen in gesellschaftlich vorgetäuschten Wunschvorstellungen von uns selbst und der Welt, die uns alle umgibt. Wacht auf und seht selbst, was die Wahrheit ist.

Wenn wir erwachen und erkennen, was ist, dann entdecken wir das Neue und das, was schon lange da war – hoffentlich gesunde und lebendige Natur. Dann verstehen wir auch, was falsch ist von dem, was wir tun. Es kann natürlich auch genau anders herum sein. Wir sehen, was wir richtig machen, aber die anderen vielleicht nicht. Wenn wir wütend darauf reagieren, was die anderen nicht richtig machen, denken und leben wir noch zu egoistisch. Je mehr wir uns bewusst für Liebe und Mitgefühl entscheiden, umso mehr davon erwacht in uns. Dazu müssen wir uns der Wichtigkeit der Liebe in unserem Leben bewusst sein. Wenn wir uns für die Liebe entscheiden, dann geschieht eine Bewusstseinserweiterung – „und umgekehrt", sagte ein Heiliger dazu. Wenn wir uns für die Bewusstseinserweiterung entscheiden, dann erwacht die Liebe in uns.

In früheren Zeiten war ich im Park im Kontakt mit den Elementarwesen und den Pflanzen mit Liebe – aber leider auch noch mit Egoismus! Darum konnte ich nicht die Lebendigkeit der anderen wahrnehmen. Der Egoismus ist ein starker Teil in uns, mit dem wir uns durchsetzen wollen und um unseren Platz im Leben kämpfen. Dadurch nehmen wir viel Raum ein und nehmen die anderen nicht vollständig so wahr, wie sie sind. Dies tun wir so sehr aus Gewohnheit, dass es uns unbewusst erscheint. Es sind die Triebe der Tiere in uns – wir sind noch Tiere, solange wir egoistisch leben und dieser Gewohnheit folgen.

Kurz vor dem Erlebnis im Januspark hatte ich meditiert und andere Übungen praktiziert, mit denen ich Stille, das Loslassen des Vergangenen und Zukünftigen, übte. Mit dem Verstand beschäftigen wir uns meistens nur mit dem Vergangenen und mit dem, was noch vor uns liegen könnte. Mit dem Schweigen üben wir die Bereinigung dessen und entdecken erst dann die Gegenwart. Vermutlich brauchte ich nur noch einen kleinen Anstubser von der anderen Seite, um ganz aufwachen zu können. Das kann in diesem Fall nur ein Elementarwesen oder Heiliger gewesen sein. Allerdings können wir auch plötzlich aufwachen durch alles Mögliche. Es geschieht sicherlich durch das Zusammenspiel bestimmter Geschehnisse und Wesen, die zur richtigen Zeit am richtigen Ort zusammenkommen – in Liebe.

→ Es lohnt sich, etwas für dieses erweckende Zusammenspiel zu tun! Denn es ist erforderlich, dass wir den anderen entgegengehen. Manchmal genügt da schon eine gute Absicht. Wir brauchen neue Ansichten und den Willen zur Veränderung zum Guten – zu mehr Gemeinschaftserleben, damit sich unser Leben zum Besseren wandeln kann und wir Erfahrungen machen können, die alles Gewohnte an Schönheit übertreffen.

→ Meditation ist sicherlich das Wichtigste auf diesem Weg. Das bedeutet nicht, dass wir dafür in einem Lotussitz auf einem Meditationskissen sitzen müssen. Meditieren können wir überall. Es ist das Stillsein und Betrachten dessen, was ist, in uns und in allem. In der Stille machen wir uns frei für neue Erfahrungen. Erfahrungen des Lebens, der Freude, des Glücks, der Lebendigkeit und Schönheit, des Friedens und der Ruhe, des Miteinanders überall - in der Natur und durch sie - denn alles ist Natur. Meditation ist die Entdeckung der Natur.

→ Wir können den Pflanzen und Elementarwesen entgegengehen, indem wir jeden Morgen den Tag begrüßen, die Bäume am Wegesrand und die Naturgeister, auch wenn wir sie nicht sehen können. Damit zeigen wir ihnen, dass wir Miteinander wünschen, so wie wir auch andere Menschen begrüßen und willkommen heißen. Wenn wir den Tag in Dankbarkeit beenden, bestätigen wir das Gute im Miteinander. Es hilft auch, besser vergeben zu können, wenn etwas nicht so gut gewesen ist. Der Natur am Abend zu danken, empfinde ich als Selbstverständlichkeit – denn nichts existiert ohne die Natur. So, wie wir in den Wald hineinrufen, so schallt es heraus. Wenn wir die Bäume und die anderen Lebewesen sehen, ihnen zuhören und Freundlichkeit entgegenbringen, dann sehen sie auch uns.

Eine längere Zeit wohnte ich direkt am Januspark. Wenn ich aus dem Fenster schaute, dann sah ich meine Nachbarn und Freunde, die Bäume und Elementarwesen. Als ich an einem frustrierenden Tag am Tisch vor dem Fenster saß, spürte ich plötzlich das drängende Gefühl, ich müsste aus dem Fenster schauen. Als ich es tat, schaute ich in die vielen freundlichen Gesichter der Baumseelen, die mir Mut machend zulächelten. Aller Unmut und alle Frustration waren augenblicklich verschwunden. Die Bäume, sie sagen nichts und tun alles. Ihr Dasein ist so wohltuend, erhebend und besänftigend für uns Menschen und alle anderen Lebewesen. Die Tiere schlafen in den Baumkronen und zu Füßen der Bäume. Die Vögel bauen ihre Nester in den Bäumen. Wohin stellen wir Menschen die Wiege unserer Babys? Sicherlich an einen sicheren Ort, an dem sich das Baby geborgen fühlen kann – so wie in den Armen der Bäume.

Eine liebe Frau erzählte mir, dass sie bei einem Druiden auf einem Seminar war, bei einem Ureinwohner aus nordischen Ländern Europas. Er vermittelt das Wissen und die Lehren seiner Vorfahren, die es über Generationen an ihn weitergegeben haben. Er erzählte auf dem Seminar, dass die Druiden ihre neugeborenen Babys sogleich in den Wald brachten, um sie den Bäumen vorzustellen. Sie wertschätzten die Bäume wie ihre eigene Menschenfamilie. → Wenn wir den Segen eines Tieres oder eines Baumes bekommen, ist das höchste Gnade - weil wir mit ihrem Leben unser Leben erhalten – wofür sie sterben müssen - und sie uns dennoch segnen.
Jetzt kann ich eine so wunderschöne Vorstellung von der Zukunft haben und wenn ihr mögt, dann nehmt diese Zukunft an und gebt sie an andere weiter - ein Leben in vollkommener Harmonie und Gleichwertigkeit mit allen Geschöpfen des Lebens. Ich glaube es gibt nichts, das uns glücklicher machen kann.

Ein Teilnehmer der Kraftplatz-Spaziergänge auf Juist berichtete auch etwas sehr Erhebendes über unsere nahen Vorfahren. Holunder war bei den alten Völkern eine heilige Pflanze, wegen ihrer Medizin und weil sie ein besonderes Wesen ist. In nicht allzu ferner Vergangenheit haben die Herren den Hut gezogen, wenn sie an einem Holunderbusch vorübergingen. Wo ist heute unsere Höflichkeit und Achtung vor unseren Mitgeschöpfen geblieben - die alle Medizin für uns haben? Wir gehen in die Apotheke der Menschen, nicht in die Apotheke der Natur, und kaufen dort unsere Medizin. Selbst wenn es ein pflanzliches Medikament ist, haben wir doch vergessen, woher und von wem es im Ursprung kommt. Wir haben Weißdornbüsche, Holunder, Sanddorn und viele andere Heilpflanzen auf Juist, an denen fast jeder vorbei geht, als wenn sie bedeutungslos sind. Ich selbst wüsste nicht, wie ich eine Medizin aus diesen Pflanzen herstellen könnte. Das hat mir in meiner Kindheit und Jugend niemand gezeigt. Man geht eben in die Apotheke. Vielleicht ist das auch besser so, denn wir sind sehr viele Menschen, die ständig krank sind. Würden wir uns die Medizin direkt von den Pflanzen nehmen, dann hätten die Tiere nicht genug für ihr Überleben, denn viele Menschen verhalten sich wie die Heuschrecken. Wenn sie etwas Nahrhaftes gefunden haben, dann wird alles kahlgefressen. Wir sind manchen Tieren noch immer sehr ähnlich.

→ Wir haben vieles vergessen von dem, was wir schon bewusst gelebt haben und was wichtig ist: Woher die beste Medizin kommt und die Höflichkeit und die Achtung vor den anderen Lebewesen und vor der ganzen Natur. Erinnern wir uns wieder daran, denn die Pflanzen und alle Natur haben sich Hochachtung von uns Menschen verdient.

Eine schöne Erfahrung mit einem Elementarwesen lehrte mich den Umgang mit den Pflanzen. Dank der Heiligen und der Kraft der Bestrebungen in mir ist mein Bewusstsein nun so erweitert, dass ich jedes Wesen als lebendig und gleichwertig erkennen kann. Dies allerdings geht nun so weit, dass ich dieses Bewusstsein jedesmal ausblende, wenn ich etwas essen muss. Ansonsten sehe ich jedesmal, wenn mein Körper Hunger meldet, meine Freunde auf meinem Teller liegen, die ich gleich essen werde und die für mich sterben mussten, damit ich weiterleben kann. Wer kann sagen, welches Leben auf der Erde wichtiger ist – das eines Menschen oder das einer Pflanze oder eines Tieres?
Ich fühle mich jedesmal unwohl und hoffe, dass ich bald den Weg zur Lichtnahrung gefunden habe. Eines Tages bekam ich das starke Gefühl, ich müsste mir eine Basilikumpflanze kaufen, um sie dann natürlich auch zu verzehren. Das tat ich schon lange nicht mehr, weil ich zu sehr ihre Lebendigkeit erlebe und damit auch den Schmerz, den ich ihnen antue, wenn ich etwas von ihnen abpflücke bis zum Ende. Ich wunderte mich über meinen Einkauf, hatte ein Brot mit Tomate auf dem Frühstücksteller liegen und zupfte ihr vorsichtig einige Blätter ab. Dann bedankte ich mich bei der Basilikumdame und gab ihr mit meinen Händen Liebe und sanfte Energie. Ein Zwerglein, der sooo gerne Tomaten ist, erbat sich von mir auch ein wenig Basilikum zu seinem Tomatenstückchen. Ich legte ihm von meinem Blatt etwas auf die Tomate, dann frühstückten wir gemeinsam. Nachdem der

Zwergenmann aufgegessen hatte, ging er sogleich zur Basilikumdame und verneigte sich mit zutiefster Ehrfurcht vor ihr. Die Seele der Pflanze wurde ganz hell. Sie war sehr berührt von seiner großen Liebe zu ihr und strahlte in ihrer wahren Größe. Ich war sehr beschämt und versuchte, es ihm gleich zu tun. Das hatte aber nicht die gleiche Wirkung, weil ich noch nicht dieselbe innere Haltung zu der Pflanze hatte wie der kleine Zwergenfreund. Darum nahm ich mir vor, dies zu üben.

Einige Tage später unternahm ich vor dem Frühstück einen morgendlichen Spaziergang auf den Dünenwegen. Es war Spätsommer und viele Pflanzen trugen Früchte. Diese kostbaren Vitamine nahm ich gerne an. Von jeder Pflanze nahm ich nur ein paar wenige Früchte, so wie es die Tiere auch taten, damit alle etwas davon haben können und die Pflanzen sich nicht kahlgeschoren fühlen. Jedesmal, bei jeder Pflanze, von der ich Früchte nahm, machte ich es wie die Elementarwesenfrauen. Ich machte einen höflichen Knicks und neigte leicht den Kopf, so wie wir Menschen das in früheren Zeiten in diesem Land auch taten und nun nicht mehr. Warum wir auf diese Weise nicht mehr höflich zueinander sind, habe ich bisher nicht verstehen können. Anfangs spürte ich kaum Gleichwertigkeit in meiner inneren und äußeren Haltung. Das aber änderte sich mit jeder Verbeugung. Ich wuchs in immer mehr Respekt und Achtung hinein vor den Pflanzen, die mich nährten und mir Kraft gaben. Dann kam ich zu einem heiligen Ort der Elementarwesen. Dort wuchsen am Wegesrand wunderbare Sanddornbüsche – wuchsen, denn sie waren radikal weggeschnitten worden. Ihre Überreste wurden liegengelassen. Es war unnötig sie wegzuschneiden, denn sie störten niemanden beim Vorübergehen und es sah schrecklich und karg aus. Die Elementarwesen waren sehr erschreckt und konnten unser Menschenverhalten wieder nicht verstehen. Ich auch nicht. Ich stand nur starr da und fühlte mich zum ersten Mal wie ein Mensch - wie ein Ureinwohner in den Wäldern, denen der Wald mit all seiner Nahrung vernichtet wurde, ohne jegliche Überreste und ohne jedwede Möglichkeit weiter dort überleben zu können. Mir war das Frühstück zerstört worden, das Essen und die Kräfte, mit denen ich und wir einen Tag beginnen können. Zum ersten Mal seit 46 Jahren spürte ich, dass ich ein Mensch bin. Ich fühlte die Verbundenheit mit dem Leben und allen Lebewesen um mich herum. Ich selbst war das Leben, das ich so nie gefühlt hatte. Jetzt war ein Teil von diesem Leben weg. So fühlen sich die Ureinwohner, unsere Vorfahren, die mit diesem Wissen und Lebensgefühl unsere letzte Erinnerung sind.

Habt ihr euch jemals so gefühlt? Fast alle haben wir dieses Lebensgefühl vergessen oder nie gehabt, weil wir in die Geschäfte gehen und nicht in den Wald, um Nahrung zu bekommen. Wir haben vergessen, wie kostbar und wichtig jede kleine und große Pflanze und jeder Baum für uns alle ist.

Wenn wir weiterhin <u>keine Bio</u>-Schokolade essen und Unmengen an Fleisch verzehren (um diese vielen Tiere ernähren zu können, wird sehr viel Regenwald gerodet, um Soja-Monokulturplantagen anbauen zu können - ein Futter, das die Tiere nicht von Natur aus fressen würden), und wenn wir weiterhin mehr als notwendig von der Natur nehmen und so viele Dinge herstellen, die wir nicht zum Überleben benötigen, dann werden wir keine Menschen sein können. Was sind wir dann die ganze Zeit? Wo ist der Mensch? Was ist aus uns geworden? Wo ist das Lebensgefühl in uns geblieben? Es ist da, wenn wir mit der Natur im Einklang und im Gleichgewicht, mit Respekt, Achtung und mit Gleichwertigkeit leben – mit den anderen Lebewesen der Erde.

Einmal fragten mich die Elementarwesen: „Warum braucht ihr so viele Bäume?!" Weil wir ständig so viel Neues brauchen und haben wollen. Eine andere Antwort fiel mir leider nicht ein. Brauchen wir T-Shirts aus Holz von Bäumen, die nicht mehr nachwachsen können, wie es die Baumwolle kann? Brauchen wir Türharfen, die aus Holz gebaut wurden, für die ein Baum sterben musste, nur weil wir meinen, dass unser Klopfen mit der eigenen Hand nicht schön genug klingt? Es kommt gerade eine neue Mode auf, dass wir die Bäume auch essen können. Können wir die Bäume vielleicht auch einfach mal in Ruhe lassen?!!

Wir Menschen brauchen so Vieles
doch Vieles brauchen wir nicht.
Nur den Frieden
brauchen wir
so wie die Bäume
und Blumen
das Licht.

(ein wahres Gedicht von Hans May)

Vielleicht können wir uns häufiger
diese Fragen stellen:

****

Was brauche ich wirklich zum Leben und was brauche ich alles nicht?

Was in meinem Haushalt ist alles aus Holz,
aus dem Leben der Bäume gemacht?

Brauche ich es wirklich?
Wenn ja, kann ich damit sparsamer umgehen?

Was kann ich den Bäumen und der Natur, von denen ich so Vieles habe,
zurückgeben?

Was kann ich mit ihnen teilen?   Was kann ich _für sie_ tun?

****

Wenn das Lächeln der Bäume verschwindet.
Am 10. November 2017 sah ich in den Nachrichten, wie zwei Hubschrauber über den wunderschönen Regenwald von Brasilien flogen, über die grüne Lunge der Erde. Hier wird von unseren Freunden, den Bäumen, saubere Luft produziert und schmutzige Luft gereinigt. Dann sah man, wie die Hubschrauber über ein Gebiet flogen, in dem illegal nach Gold gesucht wird. Dafür holzen die Menschen dort alle Bäume und Pflanzen ab, die sie dann illegal verkaufen. Dort, wo zuvor ein Leben in größter Fülle existierte, ist jetzt eine tote Wüste. Immer wieder überflogen die Hubschrauber der Umweltaktivisten solche kahlgeschlagenen Stellen, die sich über ein großes Gebiet verteilten. Es sah furchtbar aus, bedrückend und bedrohlich. Die Menschen dort machen nicht einmal Halt vor dem Wald, in dem die Ureinwohner leben. Gleichzeitig sind diese Wüsten auch für die Zukunft nicht mehr belebbar, weil sie vergiftet sind. Beim Goldabbau wird hochgiftiges Quecksilber freigesetzt. Gold, das wir so sehr lieben und das wir hauptsächlich als Schmuckstücke tragen, damit wir schöner aussehen. Oder in Form von Goldbarren, die manche (u.a. die Regierungen in großen Mengen) in den Tresoren versteckt lagern. Sonst nichts und für nichts – sinnlos

werden diese Wälder zerstört – die mehr für uns tun, als „nur" Sauerstoff zu produzieren. Ohne Gold können wir leben. Wer von uns kann ohne Sauerstoff leben? Wir werden ohne die Ur-Wälder nicht überleben können. „So ist es!", bestätigte einer der Heiligen, die in alles Einblick haben.

Vor 20 Jahren wusste ich noch nichts davon und ließ mir meine kaputten Zähne mit Goldkronen reparieren. Das ist zumindest ein heilsamer Zweck, aber wir zerstören damit dennoch die Regenwälder. Als ich zwei Kronen erneuern lassen musste, ging ich mit dem Gold der alten Füllungen in ein Schmuckgeschäft und tauschte es in Geld um. Dieses Geld spendete ich für das „Baum-für-Baum" Projekt der gemeinnützigen Organisation „OroVerde – Die Tropenwaldstiftung". Für einen Euro wird gemeinsam mit der Partnerorganisation vor Ort und der lokalen Bevölkerung ein Baum gepflanzt und so der Regenwald nach und nach wieder aufgeforstet. So können wir auch etwas zurückgeben. Hoffentlich können uns noch viele Bäume mit ihrem heilsamen Lächeln erfreuen.

Und auch wenn es nicht ein ganzes Waldstück ist, aus Angst werden manche Bäume gefällt, weil nur ein Ast zu weit über den Weg wuchs oder er schön groß werden konnte. Wir Menschen sind auch nicht perfekt. Tatsächlich tun wir viel schlimme Dinge, ob bewusst oder unbewusst. Töten wir uns deswegen, wegen unserer vielen Fehlerhaftigkeiten?! Bäume tun so viel Gutes und ganz sicher nicht weniger Gutes als wir Menschen. Gnade vor Recht, so sagen wir. Das wäre auch schön den Bäumen gegenüber.

Die Elementarwesen und Bäume verstehen unser Verhalten gegen sie nicht. Als meine Eltern ihr Haus verkauften, wusste ich, dass der neue Besitzer die 30 Jahre alten Ilexbüsche, die um das Haus herum standen, wegschneiden wird, um das Haus von Grund auf zu sanieren. Das Einzige, was ich für die Pflanzen und Elementarwesen tun konnte, war, sie zu warnen. Als der Tag der Zerstörung kam, stand kein Grashalm mehr, aber die Elementarwesen waren noch dort. Sie waren in einer dunklen Energie, sehr traurig und traumatisiert. So viel ich konnte, sendete ich Liebe zu ihnen. Da fragten sie: „Warum pflanzt ihr Menschen uns, wenn ihr unser Leben dann wieder zerstört?" Ich überlegte lange, was ich ihnen antworten konnte, was sie besser verstehen können als unser Verhalten. Dann fiel mir meine Mutter ein. Sie mochte Blumen sehr, alle Pflanzen und die ganze Natur, aber wenn der Baum zu viele Blätter abwarf und damit zu viel Arbeit machte, dann musste er weg. So sagte ich den Pflanzen und Elementarwesen: „Weil wir euch sehr schön finden. Aber dann kommt eben jemand anderes und der findet andere Pflanzen schön." Daraufhin leuchteten die Wesenheiten in goldgelber Energie von Liebe auf. Nun konnten sie loslassen,

bedankten sich noch bei mir und stiegen in den geistigen Himmel auf.
Auch wir Menschen verstehen nicht, wenn jemand gewaltvoll gegen uns handelt. Wir verstehen das Leben und den Sinn des Lebens nicht mehr. Wir suchen nach Antworten, um den Täter und die Tat besser verstehen zu können, damit wir besser loslassen und weitergehen können. So geht es wohl jedem Lebewesen, denn sie sind ja alle unsere Vorfahren.

→ Wenn ihr zerstörte Landschaften seht, gefällte Bäume usw., dann könnt ihr für sie beten, ihnen Liebe und Licht senden und mit wahren Antworten an sie denken. Dazu stellt euch eine schöne Natur vor, in der sie Zuflucht finden können. Es ist ein Gedanke für die Zukunft oder ein Ort in der Nähe, den ihr kennt. Sie werden es euch danken.

Bäume und alle Pflanzen sind sehr empfindsame Wesen. Als ich einen Weg entlang ging, sah ich einen Baum, der von unten aus den großen Wurzeln dicht am Stamm neue Triebe aufsteigen ließ. Nur, dass diese Triebe frisch abgeschnitten waren, weil der Baum am Wegesrand steht. Es war ein trauriger Anblick. Dann sah ich die Seele des großen Baumes. Es war eine Baumfrau, die sehr traurig war und ausrief: „Meine Kinder!!!" Wenn der Mensch nur wüsste, was er tut, dann würde er es vielleicht, was getan werden muss, mit einer inneren Haltung der Demut und des Mitgefühls tun und nicht so herzlos, wie es hier geschehen war.
Als ich eines Nachts erwachte, sah ich vor meinem inneren Auge, wie ein riesiger Baum gefällt wurde und eine große Elementarwesenfrau in Angst und Schrecken von dort flüchtete. Kurz danach flüchteten sehr viele verschiedene Elementarwesen aus dem Wald. Vermutlich wurde ein ganzes Waldstück gerodet. Sie flohen dahin, wo Liebe ist und Mitgefühl und eine neue Heimat. Hoffentlich haben sie das alles gefunden! Wir Menschen wissen doch, wie es uns ergeht, wenn uns jemand vertreibt und uns unserer Heimat beraubt. Warum machen wir das dann mit anderen Menschen und auch anderen Lebewesen?! Die Bäume berauben nicht, sie geben, und das tun sie mit größter Sorgfalt und Liebe.
In einem Frühling ging ich an großen Pappeln vorbei und sah, wie ein Krähenpaar ein Nest in der Krone in einem der Bäume baute. Ganz bewusst hielt der Baum mit seinen Zweigen das Nest auf so liebevolle Weise, wie man es bei liebenden Müttern sehen kann. Der Baum fühlte sich sichtlich geehrt und freute sich sehr, diese Aufgabe übernehmen zu dürfen. Es war sehr schön zu sehen, wie die Vögel und der Baum in solch einer vertrauten Harmonie zusammenlebten, obwohl sie von ganz verschiedener Art sind.

Aus einem meiner Fenster habe ich einen wunderbaren Ausblick über die Dünentäler. An einem schönen Morgen beobachtete ich ein Reh, das von einem Busch zum anderen lief, um hier und da etwas abzuknabbern. Es fraß keine ganze Pflanze kahl, sondern nahm sich hier und dort immer nur ein bisschen. Es gibt so einige Rehe auf Juist und manche Juister meinen, es wären zu viele. Niemals aber habe ich eine Pflanze gesehen, die kahlgefressen da stand. Man sieht es den Pflanzen nicht mal an, wenn die Rehe da waren. Wie geht es den Pflanzen, wenn ein hungriger Mensch kommt? Wenn manche Insulaner die Früchte der wilden Apfelbäume ernten, dann sind die Bäume innerhalb von ein paar Stunden abgeerntet. Sie hinterlassen nicht einen Apfel für die Vögel. Alles nehmen wir uns ohne Gnade für die anderen. Diese Gier kann ich bei den Rehen nicht erkennen, die an keinem Tag wissen, ob sie genug zu fressen bekommen.

Das Reh, das ich nun beobachtete, ging auf einen Weißdornbusch zu und knabberte vorsichtig an ihm herum. Da sah ich die Seele der Pflanze und das Elementarwesen, wie sie sich beide geehrt fühlten, dass das Reh zu ihnen kam und sich von ihnen nähren ließ. Sie freuten sich und gaben sehr gerne, was sie haben. Ich sah sogar, wie der Busch einen Arm bewusst zu dem Reh ausstreckte. Der Ast bewegte sich natürlich nicht, aber es war ein inneres Angebot der Pflanze. Wo das Reh etwas nahm, schien es dem Weißdorn nicht weh zu tun. Es ziepte nur etwas, das konnte ich intuitiv fühlen. Dann ging das Reh weiter und das Elementarwesen schaute ihm liebevoll berührt hinterher. So können wir uns gegenseitig nähren. Auf so schöne Weise und für alle beglückend können wir untereinander teilen, was wir haben.

Im Winter hängte ich vor dem Haus einen Vogelfutterkasten in einen Weißdornbusch. Da der Busch nicht allzu groß ist, aber die einzige Möglichkeit bietet, etwas aufzuhängen, war ich unsicher, ob es für den Weißdorn annehmbar ist. Meine Intuition zeigte nichts deutlich Spürbares und die Seele der Pflanze sah ich in dem Moment nicht. Als dann die Vögel kamen, durfte ich sehen, wie sehr sich der Weißdornmann freute. Da war sie wieder, die Seele der Pflanze und wir waren ganz viele, die sich freuen konnten – die Vögel, die Elementarwesen, die Pflanze und der Mensch. So einfach ist das.

Auch die Gemüse- und Obstpflanzen haben eine Seele und ihre Früchte haben ein eigenes Bewusstsein. Es ist nicht das gleiche Bewusstsein wie bei den Pflanzen, aber sie leben und wachsen, so wie die Kartoffelknolle, die ich zu lange liegen ließ und die lange Wurzeln schlug. (Erinnerung an Kapitel 4, Feuergeister)

→ Wenn ihr die Seele der Bäume und der anderen Pflanzen entdecken möchtet, dann müsst ihr ihnen gegenüber gleichwertig denken und fühlen können. Wir Menschen unterscheiden uns von den Bäumen zwar äußerlich, aber auf der geistigen Seelenebene sind wir alle sehr gleich. Auch da gibt es ein paar Unterschiede, aber die Grundstruktur ist dieselbe. Auch die Grundstruktur unserer Körper ist letztendlich dieselbe. Wir bestehen alle aus Atomen, aus denselben Energien vom Ursprung allen Lebens. So auch die Seele. Wer also die Seele eines Wesens erleben und mit ihr im Kontakt sein möchte, der braucht ihr gegenüber eine gleichwertige Einstellung und damit eine ebenbürtige innere Haltung. Dann sind wir mit ihr auf derselben Wellenlänge und da trifft man sich am besten – auf der Basis von Liebe zueinander.

→ Wenn ihr die Seelen entdeckt, dann geht nicht davon aus, dass ihr nur glückselige Wesen erleben werdet. Ob es nun ein Elementarwesen ist, eine Pflanze oder ein Tier, ein jedes Wesen hat ein Schicksal zu tragen mit allen Anstrengungen des Lebens. Wenn wir zu voreingenommen sind in unserer persönlichen Meinung, dann können wir nicht die Wahrheit wahrnehmen und dadurch versperren wir uns den Blick für das Erkennen der Seele oder verschiedener Energieebenen des Daseins.

Da gibt es manch Schönes zu entdecken. Ein Baum zeigte mir im Sonnenschein, wie er über die Blätter und mit den höchsten Spitzen seiner Zweige Lichtenergie aufnimmt. Leider konnte ich nicht verstehen, woher diese Lichtenergie kam. Es war eine Energie-Daseinsebene in dieser Welt, die wir mit unseren Körperaugen nicht sehen können, nur intuitiv mit dem inneren Auge. Es könnte Lichtenergie aus der Luft, von der Sonne oder dem Universum gewesen sein. Das Universum mit all seinen Kräften ist ja direkt um uns herum und existiert nicht nur in weiter Ferne. Das, was ich erblickte, war wunderschön. Die Bäume und anderen Pflanzen leben also nicht nur von den Kräften des Wassers, der Erde und der Luft oder der Sonne. Sie haben noch eine weitere Energiequelle.

Wir Menschen nutzen auch verschiedene Energiequellen. Die des Universums haben wir noch nicht ausreichend entdeckt. Dort gibt es eine Energie, die wir zur Genesung bekommen können, z.B. das Gnadenlicht, das uns gleichzeitig auch als (Licht-) Nahrung dienen kann, so wie die Bäume es als Nahrungsquelle bekommen. Ja, wir können sehr viel von den Bäumen lernen. Lassen wir unsere großen Lehrer am Leben. Pflanzen wir lieber stets und ständig neue nach. Den vielen Kräften und Möglichkeiten des Lebens und des Universums sei Dank!

Wenn die Bäume nur von der Luft leben müssten, dann wären sie alle in manchen Städten schon längst sehr krank oder tot. Bei einem Vortrag, zu dem ich in eine Großstadt reisen musste, staunte ich über viele Bäume dort, die hier mit den Menschen gemeinsam leben durften. Durften, denn

das bestimmen ja wir Menschen, ob, wo und wie eine Pflanze oder ein Tier leben darf. Jede Straße war gleichzeitig eine Allee mit wunderbaren Bäumen. So spazierte ich eine schöne und sehr lange Kastanienallee entlang. Die Bäume waren sehr groß und wirkten mächtig. Die anderen Menschen spazierten unter den Bäumen entlang und genossen eindeutig die Ruhe und Kraft, die die Kastanien mit ihnen teilten. Es war eine sehr friedliche Stimmung. Einige Leute saßen auf den Bänken und unterhielten sich, andere machten dort ihre Frühstückspause. Kinder spielten auf dem Gras, das zwischen der Allee wachsen durfte. Die Autos hatten auf beiden Seiten eine schmale Straße zur Verfügung, auf der nur langsam gefahren werden durfte. So kann es sein und so ist es hier. In dieser Zufriedenheit blieb ich bei einem unserer Freunde, dem Baum, stehen und genoss seinen Anblick. Der Baummann (die Seele des Baumes) schaute auf mich herab und in dem Moment <u>zeigten</u> sich mir auch die anderen Baumseelen. Sie stöhnten von der Luftverschmutzung durch die Autos. Sie stehen mitten in einer Großstadt in einer Nebenstraße. Smog bleibt nicht nur da, wo die Autos fahren. Er verteilt sich überall. Gerade war ich noch zufrieden. Jetzt habe ich die ganze Wahrheit erfahren, weil ich die Seele der Bäume, die andere, tiefere, feinere Daseinsebene von uns allen wahrnehmen konnte. Gleichzeitig zeigten sie sich mir von sich aus. Die anderen Menschen konnten vermutlich nicht wissen, dass sehr bewusste Lebewesen neben ihnen standen. Diese Menschen, die hier wohnen, wissen möglicherweise auch nicht, dass sie dasselbe einatmen wie die Bäume. Oder doch? Die Kastanien stöhnen und der Mensch atmet es ein und tut so, als wäre alles in Ordnung und ändert nichts. Oder was ist hier los?
Ich ging bis zum Ende der Allee. Dort war eine kleine Anhöhe. Von hier konnte ich die Gesamtsituation betrachten. Mit dem Blick von oben sah ich die Menschen die Wege entlang spazieren. Die Kastanien strahlten mit ihren grünen Blättern viel Lebendigkeit und Schönheit aus, neben ihrer Kraft und Ruhe. Obwohl sie nicht gut atmen konnten, konnten sie doch ganz sie selbst sein. Die Menschen sahen alle irgendwie grau aus. Das lag nicht nur an der hauptsächlich grau-schwarzen Kleidung, die so viele Leute dort trugen, es war auch ihre innere Ausstrahlung, die ich wahrnahm. Sie sahen alle bedrückt, traurig, depressiv aus. Ich spürte, dass ihr Immunsystem nicht stark ist. Sie wirkten geschwächt, diese Menschen. Ob ihnen das wohl bewusst ist? Ein Leben, in dem die Bäume wegen der Luftverschmutzung stöhnen und die Menschen sicherlich auch noch unter anderen Bedingungen einer Großstadt leiden (z.B. der Enge durch Überbevölkerung und Stress bei der Arbeit), kann keine bestärkende Wirkung haben. Wir Menschen können das gesamte Leben auf Erden bestimmen. Wir bestimmen über die anderen Lebewesen mehr oder weniger gut. Was aber tun wir uns

selbst an?! Was ist das für ein selbstbestimmtes Leben, unter dem wir mehr leiden als uns erfreuen zu können?! Wenn ich **selbst**bestimmten Menschen begegne, dann sehe ich meistens viel Stolz in ihnen. Stolz worauf? Wenn jeder sein Leben individuell bestimmen würde, was soll dabei herauskommen können? Wir sind aus der Gemeinschaft geboren worden. Das bedeutet, wir brauchen die Gemeinschaft. Wir können nicht so tun, als ob uns die anderen nichts angehen und wir **selbst**ändig leben und arbeiten könnten. Das stimmt nicht!

Diese Menschen hier tun mir unendlich leid. Entweder glauben sie, dass sie nichts ändern können oder sie wollen es nicht. Das ist ein sehr unbewusstes Dasein. Sie müssten ihre Perspektive ändern, damit sie bewusst leben können. Wenn sie so weitermachen und nicht alle gemeinsam etwas ändern und nicht mit der Natur zusammen eine Zukunft anstreben, solange wird sich ihr Leid mehren. So ist es nicht nur in dieser Stadt und unter diesen Menschen.

Durch den Blick von oben, aus einer höheren Perspektive, hatte sich mein Bewusstsein erweitert. Ich weiß nun mehr, so wie es auch durch die Meditation geschieht. Auf den ersten Blick sah ich nur das oberflächliche Geschehen, den äußeren Anschein. Alles schien gut. Was kann ich nun tun? Ich kann euch allen nur sagen: → Übt den Blick von oben betrachtend und von innen, damit ihr erkennen könnt, was gut für uns alle ist und was uns schadet. Meditation hilft, um das erfahren zu können. Und beten kann ich, damit ein bewusster Gedanke mehr in der Welt ist. Vielleicht kommen die Gedanken für Miteinander, Frieden mit der Natur und Liebe bei allen an - damit wir aufwachen, um unser Leben zu ändern. Ich bitte für alle, dass wir den Mut haben zur Veränderung – für eine Welt, die wir Menschen erschaffen können, in der wir alle gesund und glücklich sind. Nur wir Menschen können das auf dieser Erde tun, niemand sonst. Die anderen Lebewesen können uns erst dabei helfen, wenn wir unsere Liebe mit ihnen teilen. Solange wir das nicht tun, wird es uns schlecht gehen und immer schlechter, weil wir die anderen ausnutzen und benutzen. Das tun wir dann auch mit uns selbst. Wie innen, so außen. Es bedarf der Gleichwertigkeit und Gleichberechtigung – nicht nur unter uns Menschen. Wir Menschen fühlen uns nicht gut, wenn uns jemand minderwertig oder ungerecht behandelt. So auch die Tiere und Pflanzen. Wenn wir mehr Hilfe haben wollen, dann müssen wir dafür sorgen, dass es den anderen auch gut geht! Erst durch Gleichberechtigung und Geichwertigkeit können wir offen für sie und ihre Hilfe sein, und erst dann können sie uns helfen. Es liegt an uns zu entscheiden, in welcher Zukunft und in welchem Jetzt wir leben wollen.

→ Diese Kastanienallee könnte man als kleinen Anfang betrachten, um einen Kraftplatz oder heiligen Ort zu erschaffen. Wenn wir eine gesunde

Zukunft in einem gleichwertigen Miteinander wollen, dann brauchen wir Visionen. Bilder der Zukunft. Träumen wir alle ein bisschen mehr – ganz bewusst. In diesem Buch sind viele Vorschläge dafür. Träumen wir gemeinsam. Tauschen wir uns aus über das, was uns wahrhaftig am Herzen liegt und was wirklich hilfreich ist - und dann beginnen wir mit den ersten kleinen Taten - die, wenn wir sie mit anderen teilen, schnell größer werden können. Beginnen wir jetzt damit! Die Heiligen, die Engel, die Elementarwesen als auch die Pflanzen und Tiere hoffen auf uns! Gesundheit ist kostbar. Darauf können wir nicht warten. Dafür müssen wir etwas tun.

Etwas zu ändern bedeutet auch, etwas loslassen zu müssen. Wenn Bäume ihre Blätter abwerfen, dann lassen sie gleichzeitig einen Teil des alten Bewusstseins los, um mit den neuen Erfahrungen des vorangegangenen Jahres und dem, was sie daraus gelernt haben, den Frühling beginnen zu können. Mit neuer Lebendigkeit und noch weiser und liebender erfüllen sie dadurch noch besser ihre Aufgabe des Dienens.
Bevor man Neues beginnt, muss man Altes loslassen. Wenn wir einen neuen, anderen Weg gehen möchten, dann müssen wir den alten Pfad verlassen. Das tun wir ständig so nebenbei. Wir betreten einen Weg und verlassen ihn wieder, um einen neuen zu betreten. So gehen wir von einem Zimmer in das nächste, von einem Haus in ein anderes, von einem Tag in einen neuen und von einem Jahr in das nächste. Dabei macht es einen Unterschied, ob wir es bewusst oder unbewusst tun. Wenn wir es bewusst tun, dann sind wir ganz im Augenblick, im Hier und Jetzt, und nicht mit den Gedanken und unseren Kräften schon längst in weiter Ferne oder noch in der Vergangenheit verhaftet. Wir behalten die Kräfte in unserem Körper.
Die Bäume haben eine gesunde und sehr kraftvolle Energie und können mehrere Menschenleben ohne Mühe überleben. Sie wandern nicht, sind ständig präsent in der Gegenwart. Dadurch können sie ihre Kräfte gut bei sich behalten. Sie sind uns gute Vorbilder, die Bäume.

→ Eine Möglichkeit der Veränderung wäre, wenn wir nicht überall hinfahren und vor allem nicht fliegen würden. Wenn wir gerade meinen, es wäre notwendig, mal wieder das Land zu verlassen, weil es angeblich woanders schöner ist als hier, dann sollten wir das tüchtig überdenken. Und wenn das stimmen sollte, dann sollten wir besser etwas an unserem Umfeld ändern und nicht vor dem weglaufen, das wir Menschen selbst geschaffen haben und ganz offensichtlich die meiste Zeit des Jahres auch bevorzugen. Manche mögen so sehr die Wärme in anderen Ländern, dass sie kältere Temperaturen nicht mehr zu schätzen wissen, im schönen Wandel der Jahreszeiten. Besonders durch das Fliegen verschmutzen wir bei unserer

Vielreiserei sehr stark die Natur und die gesamte Umwelt, und damit die Luft, die wir täglich atmen. Die Bäume und anderen Pflanzen leiden sehr unter der Luftverschmutzung durch Autos und Flugzeuge. Aber nicht nur sie leiden sehr darunter, es gibt immer mehr Menschen auf der ganzen Welt, die Atemwegserkrankungen haben oder sogar daran sterben. Wir gehen damit durch die Welt und reden darüber, als wenn das normal wäre. Ist das wirklich normal?! Nein. Wir brauchen klare, saubere und reinste Luft zum Leben. Um sie zu erhalten, müssen wir alle einen Teil dazu beitragen.

Der viele Flugverkehr hat auch noch andere Auswirkungen: Während ich auf Juist auf eine Freundin wartete, legte ich mich auf eine Bank an einem Dünenweg. Es war Sommer, die Sonne schien und der Himmel hätte von klarstem Blau sein müssen. Ich wollte in das Universum schauen, aber das war mir nicht möglich, weil der gesamte Himmel vernebelt war von den Kondensstreifen der unendlich vielen Flugzeuge, die ununterbrochen den Himmel durchkreuzten. Wie gefangen fühlte ich mich von diesem giftigen Nebel. Gefangen auf der Erde. Die Freiheit mit dem Blick in das Universum war verschwunden, weil ständig so viele Menschen meinen, irgendwo hinreisen zu müssen. Für mich ist das ein Zeichen dafür, dass viele Menschen zu viel Geld haben und vermutlich so gut wie keiner von ihnen daran denkt, die von ihnen verursachte Umweltverschmutzung wieder auszugleichen.
→ www.atmosfair.de Hier kann der CO_2 Ausstoß für einen Flug oder andere Reisen und Veranstaltungen errechnet werden. Habt keine Angst daraufzuschauen, so viel finanzieller Ausgleich ist es nicht – besonders dann nicht, wenn alle mitmachen. Das Geld könntet ihr an eine der vielen Umweltschutzorganisationen überweisen, die mühselig versuchen, die Wälder zu erhalten. Wenn jeder von den Fliegenden so viel Geld hat, sich diesen Flug leisten zu können, dann wird sicher auch noch Geld übrig sein, um einen Ausgleich zu schaffen. Das sollten wir alle in unsere Urlaubsplanung wie selbstverständlich mit einplanen!
Als ich im Kontakt mit einem Baum auf Juist versuchte herauszufinden, wie er sich fühlt, zeigte er seine Seele. Er sah nicht sehr glücklich aus und schaute traurig hinauf in den Himmel. Dort flog gerade ein großes Flugzeug vorbei, das den üblichen weißen Streifen hinter sich ließ - den wir alle einfach so hinnehmen. Es ist aber nicht nur ein weißer Streifen, es sind giftige Abgase und das CO_2 erhöht sich durch das Fliegen besonders stark.
→ CO_2 zerstört die Ozonschicht. Wenn die Ozonschicht weg ist, dann ist ein Leben auf der Erde unmöglich, weil wir keinen Schutz mehr vor der starken Sonneneinstrahlung haben. Ist uns allen diese lebensbedrohliche Tatsache bewusst?! Durch das Schwinden der Ozonschicht und andere

Einflüsse erwärmt sich die Erde. Dadurch werden die Stürme stärker und sie kommen häufiger. Stürme kosten uns Menschen nicht nur viel Geld, sondern im schlimmsten Fall unser Zuhause oder das Leben. Viele, starke Stürme kosten die Bäume viel Kraft. Sie müssen sich ununterbrochen dagegenstemmen, bis der Sturm vorübergezogen ist. Das kann nicht nur Stunden, sondern manchmal auch Tage dauern, während wir Menschen uns in unseren Häusern verstecken können – die teilweise sogar aus ihrem Holz bestehen. Danke, ihr lebendigen Bäume.

Wir Menschen haben durch die Industrialisierung und das Fliegen, die Autos usw. in so kurzer Zeit schon so viel CO_2 freigesetzt, dass wir durch die viele Luftverschmutzung bereits ein riesiges Ozonloch über uns haben. Die meisten von euch wissen das vermutlich schon. Habt ihr schon etwas an eurem Lebensstandard geändert? Fliegt ihr immer noch? Bitte versucht, das zu ändern. Es wird nicht von alleine wieder in Ordnung kommen können. Diese Verantwortung müssen wir selbst übernehmen, denn wir haben es verursacht. Helft bitte mit, und verzichtet auf alles Unnötige. Und wenn nicht für euch selbst und der gesamten Menschheit zu Liebe, dann vielleicht aus Mitgefühl mit den Bäumen und Pflanzen. Wenn die Bäume leiden, dann sollten wir es als Vorzeichen dafür sehen, dass wir bald auch darunter leiden werden. Denn die Bäume sind sehr viel sensibler als wir.

Ein weiteres Warnzeichen bekam ich bei einem anderen Festlandsbesuch. Dort ging ich durch einen schönen Wald spazieren mit angenehm frischer Luft und dem Duft der Bäume, von Pilzen und feuchter Erde. Es war fast Stille. Leider nur fast, denn im Hintergrund hörte ich noch etwas - die Autos von der naheliegenden Autobahn. Auf Juist gäbe es das nicht. Hier ist vollkommene Stille, weil es keine Autos gibt. Ich ging weiter, den Wald genießend und sah vor mir eine Lichtung. Die Autos waren immer deutlicher zu hören. Ich trat heraus aus dem Wald auf eine Brücke, die über eine Autobahn führt. Abrupt war es fürchterlich laut und ich atmete die Abgase der Autos ein. Es blieb mir nichts anderes übrig, atmen muss ja jeder. Mir wurde übel von dem Gestank. Da hörte ich einen Baum zu mir sagen: „Jetzt weißt du, wie es uns geht."

Ich stellte mich mitten auf die Brücke und schaute auf die Autobahn, auf der die Menschen mit ihren Autos rasten. Das sah furchtbar gefährlich aus und absolut unnatürlich. Wir Menschen sind nicht geschaffen für so ein Tempo. Unser Körper, die Natur, hat sich nicht so entwickelt, damit wir uns so schnell fortbewegen können. Diese Menschen rasten mit ihren Metallteilen mitten durch die Natur, umgeben von Wäldern, von Bäumen, die direkt an der Straße standen. Wie haltet ihr armen Baumwesen das bloß aus?! Der Gestank, der Lärm und die Geschwindigkeit, die nicht zu beschreiben ist. Baumwesen stehen still da, sind ganz im Augenblick verhaftet – Ruhe pur. Die Tiere, die in den Wäldern wohnen, können hier nicht zum anderen Teil des Waldes hinüberwandern, dann wären sie auf der Stelle tot. Wenn wir Menschen für uns Menschen keine Brücke gebaut hätten, dann ginge es uns genauso wie den Tieren. Wenn wir langsamer und mit Elektroautos (für saubere Luft) fahren würden, dann hätten die Tiere schon eher die Möglichkeit zu wandern. Das Wandern ist ihr Instinkt. Sie müssen es tun, um überleben zu können, so wie wir alle atmen müssen. Wir hindern sie daran, indem wir uns wider unserer eigenen Natur mit dieser Schnelligkeit meinen fortbewegen zu müssen. Ich bin entsetzt über diesen Anblick.

Wenn wir eine Situation von oben betrachten können, dann erkennen wir erst, wie gut es uns geht oder was wir verkehrt machen. Das hier ist eindeutig verkehrt. Ich flüchtete von der Brücke über der Autobahn zurück in die Fast-Stille des Waldes, in saubere Luft zum Durchatmen und zu denen, die das Leben und die Lebendigen willkommen heißen – die Bäume.

Es ist immer wieder erstaunlich zu beobachten, wieviel traurige Menschen in einer Großstadt in den Straßen zu sehen sind. Es müsste aber nicht so sein. Ein Beispiel: Ich ging durch die Einkaufsstraße der Stadt Oldenburg. Keiner beachtete die wunderbaren, schönen und lebendigen Bäume, die hier und da am Straßenrand standen und uns alle mit ihrem schönen Grün, angenehmen Duft und viel Ruhe beglückten. Dieses Glück nahm nur keiner wahr. Alle waren zu beschäftigt, um einem Baum eines Blickes zu würdigen. Ich stellte mich auf die andere Seite der Straße einem Baum gegenüber und bestaunte dieses wunderschöne Geschöpf, der eine wohltuende Ruhe ausstrahlte. Es tat so gut, mit ihm im Kontakt zu sein. Zwischen uns eilten die vielen Menschen entlang, in eine Welt von Unruhe eingetaucht. Der Baum und ich waren still. Einige Menschen bemerkten, dass ich nur da stand (als Einzige) und schauten mich fast etwas seltsam an. Keiner von ihnen folgte meinem Blick – zum Baum. Sie schauten auf mich, weil ich der einzige Mensch im Augenblick war. Der Baum ist kein Mensch. Der steht eben immer da. Das ist normal. Normal ist es aber nicht, dass alle so unachtsam mit sich sind und dadurch nicht bemerken, dass sie an viel Ruhe und Frieden zusammen mit viel Liebe und Mitgefühl vorbeigehen.

Sie gehen an den Bäumen vorbei, die Medizin für sie haben. Die Bäume fühlen sich in solchen Straßen nicht besonders wohl, weil sie sich alleine fühlen. Sie werden nicht mal beachtet von denen, für die sie gepflanzt wurden. → Wenn wir den Bäumen in den Städten mehr Beachtung schenken, bekommen wir so viel Gutes zurück! Es ist die kleine Pause zwischendurch, die wir nicht alleine verbringen müssen und die viel heilsamer für uns ist, wenn wir im Kontakt mit den Bäumen sind. Ein Dank zum Abschied weckt im Baum und in uns Menschen die Liebe.

→ Oft werde ich von Menschen, die einen Garten haben, gefragt, wie sie am besten die Bäume und Pflanzen beschneiden sollen und was sie für diese tun können, wenn sie doch weg müssen?
Vor dem Beschneiden könnt ihr den Pflanzen, als auch den Elementarwesen im Stillen sagen, was ihr vorhabt. So können sie sich ein bisschen darauf einstellen und auch die Pflanze hat die Möglichkeit, ihre Kräfte aus diesen Ästen zurückzunehmen. Wenn ihr einen Baum fällen müsst, dann lasst möglichst nicht noch einen Stumpf oder den Stamm von ihm stehen. Das ist grausam!
Wenn ihr einen Baum fällen müsst, dann sagt es dem Baum und seinen Elementarwesen bitte entsprechend früh, indem ihr ihnen innere Bilder mit eurer Vorstellungskraft sendet von dem Vorhaben und auch erklärt, warum ihr das tun müsst. Gebt ihnen bitte Zeit!
Stellt euch vor, ihr werdet hingerichtet – mal eben so nebenbei. Je besser ihr euch in ein anderes Lebewesen hineinfühlen und in seine Lage hineinversetzen könnt, um so besser könnt ihr sie verstehen und entsprechend handeln. Das Beste ist, wenn ihr einen neuen Baum pflanzen würdet. Das muss nicht unbedingt dort sein, wo der alte stand. Diesen neuen Baum solltet ihr vorher pflanzen und den Elementarwesen mit inneren Bildern zeigen, wo sich dieser Baum befindet, damit sie auf der Erde bleiben können und eine neue Heimat haben.
Wenn der alte Baum nun „gestorben" ist, dann wäre es sehr schön, wenn ihr ihm und seinen Freunden z.B. eine Kerze anzündet und für ihre Seelen betet, ihnen Licht und Liebe sendet und ihnen dankt, für alles, was euch einfällt und wofür ihr dankbar seid.

→ Wenn ihr in eurem Garten eine Pflanze neu pflanzen möchtet, dann macht euch zuerst bewusst: Das Wesen, das ihr da in den Händen haltet, ist lebendig wie ihr auch - und hat gerade vermutlich Angst. Bevor ihr sie in den Händen hieltet, ist sie aus ihrem Geburtsort der Erde ausgegraben worden – ohne Vorwarnung. Keine Pflanze verlässt von Natur aus ihren Geburtsort. Dann wurde sie in einen Topf gesteckt (wenn sie etwas „Glück" hatte, dann wurde sie schon im Topf geboren) und in einen Karton verpackt - und das mit einer ziemlichen Geschwindigkeit, ohne dass der Mensch ein bisschen Zeit hatte für ein bisschen Mit-Gefühl. Zeit ist Geld. So hatte es mir mal eine Frau erzählt, die in einer Baum- und Pflanzenschule gearbeitet hat. Alles muss schnell gehen, da bleibt kaum Zeit für bewusstes Sein und Handeln. Sie war bei mir, weil sie gestresst war, obwohl sie mit Pflanzen zusammen arbeitet. Vom Karton dann werden sie auf ein Auto verfrachtet und rasen durch die Gegend (nicht gerade üblich für eine Pflanze), bis sie irgendwo ankommen und in ein Geschäft gestellt werden. Dort kommt dann hoffentlich ein echter Blumenfreund und nimmt sie mit nach Hause. So wird sie von ihren Freundinnen und Schwestern weggenommen und allein wieder in ein Auto gestellt und rast bis zum nächsten Standort - an dem sie hoffentlich bleiben darf.

→ Entspricht das dem Leben einer Pflanze? So ein Pflänzchen wird an einem Platz in der Erde geboren und wächst in der Natur auf bei ihrer Familie, verbunden mit den anderen Pflanzen und bleibt dort bis zu ihrem Ende. So ruhig und langsam verläuft das Leben einer Pflanze auf natürliche Weise. Ok, wir Menschen mögen sie sehr und brauchen darum ganz viele von ihnen. Und weil wir sie so sehr mögen, muss das alles ganz schnell gehen. Ein bisschen Einfühlungsvermögen in das andere Lebewesen, jenes, das wir gerade mitgenommen haben, wäre für sie ganz wichtig und hilfreich - damit sie auch etwas davon hat und sich bei dem Ganzen einigermaßen gut fühlen kann. Stellt euch einfach vor, ihr wäret diese Pflanze, die ihr euch gerade eben ausgesucht habt...

Damit ihr euch besser vorstellen könnt, was in so einer Pflanze vor sich geht, ist hoffentlich eine meiner Erfahrungen mit ihnen hilfreich: Ein kleines Lebensmittelgeschäft auf Juist verkaufte auch einige Pflanzen, die draußen vor dem Laden standen. Als ich eine Palette mit schönsten Lavendelpflanzenwesen vor der Tür stehen sah, konnte ich nicht widerstehen. Ich nahm behutsam eine Schönheit von der Palette, weg von den anderen, und wartete ab, ob es intuitiv die Richtige war. Es fühlte sich gut an und ich ging zur Kasse. Als ich wieder bei meinem Fahrrad ankam, hatte ich eine traurige und ängstliche Lavendelpflanze in den Händen. Ein Elementarwesen sagte daraufhin zu mir: „Du hast sie von ihren Schwestern getrennt."
Erst jetzt sah ich auch die anderen Lavendeldamen der Palette, wie sie erschrocken und traurig dastanden. Stellt euch vor, ihr werdet abrupt von eurer Familie und euren Freunden getrennt, und von vielem mehr. Ich beruhigte die kleine Dame in meinen Händen und entschuldigte mich sehr für mein immer noch unbewusstes und egoistisches Verhalten. Zu ihren Schwestern sendete ich viel Liebe und den Wunsch, dass sie möglichst alle auf einmal von einer Person für den Garten mitgenommen werden. Der Lavendeldame in meiner Hand zeigte ich in Gedanken, dass bei mir noch andere Pflanzen stehen und sich viele Elementarwesen sicherlich gerne um sie kümmern werden. Ich ließ sie das gute Gefühl spüren von unserem schönen Miteinander. Sie beruhigte sich etwas und die Fahrt, die holprige, ging los. Ich hielt sie im Arm, damit sie so ruhig wie möglich die Fahrt

überstand. Zuhause angekommen, stellte ich sie auf die Fensterbank und meine kleinen Mitbewohner stürzten sich auf sie in hellster Freude. Es gibt immer etwas Neues zu lernen.

→ Wenn ihr eine Pflanze oder einen Baum draußen einpflanzen möchtet, dann geht bitte beim Transport sehr behutsam mit ihnen um. Besonders bei der Entnahme aus dem Topf, wenn ihre Wurzeln freigelegt sind, sind sie sehr empfindlich. Fragt sie und die anderen Pflanzen, bei denen ihr sie eingraben möchtet, ob dieser Ort und diese Nachbarn für beide Seiten das Richtige ist. Dann hört ihr auf euer intuitives Gefühl. Wenn ihr fertig seid mit der Umsetzung, dann ist es hilfreich für sie, wenn ihr eure Hände auf die Erde legt und die Erdseele bittet, die Pflanze (den Baum) dort anzunehmen und sie zu versorgen. Die Pflanze könnt ihr dabei bitten, diesen Platz anzunehmen, auf dass sie sich gut verwurzeln möge. Unterstützend könnt ihr auch, mit den Händen auf der Erde und mit der Vorstellungskraft, die anderen Pflanzen bitten, diese Schwester anzunehmen und umgekehrt. So hat die neue Pflanze gleich ein Gefühl für ihre Nachbarn und ein erster Kontakt ist hergestellt. Sie ist nicht mehr alleine, sondern unter ihresgleichen. Das gibt ihr Kraft. Gebt der Erde und der Pflanze euren Segen.

→ Wenn ihr denkt, dass ist mir zu viel Aufwand von Zeit, Gefühlen und Gedanken, dann schaut nur, was die Pflanzen uns täglich alles geben an Freude, Schönheit und Medizin für Körper, Geist und Seele. Ist es nicht das Mindeste, was wir für sie tun können, indem wir achtsam, behutsam und respektvoll mit ihnen umgehen?!

Ein Beispiel hierzu: Zum Ende eines Seminars pflanzen wir immer einen Baum oder eine Blume, ein Wesen, das blüht oder sogar Früchte trägt. Als wir alle unsere Hände auf die Erde um die Pflanze herum legten, um sie zu segnen, fragte jemand, ob wir dabei singen könnten. Diese schöne Idee setzten wir sogleich in die Tat um. Wir machten es einfach für jeden und zum Besten für die Pflanze, indem wir das Heiltönen probierten. Wir sangen oder summten das AAA. So konnte jeder mitmachen, auch diejenigen, die meinten, sie könnten nicht singen. Jeder kann einen Ton singen oder summen, laut oder leise. Ich spürte, dass sich die Pflanze immer wohler fühlte und ihren Platz annahm. Es weitete sich zwischen uns allen ein Gefühl von Harmonie.

Bei einem anderen Seminar hatte eine Teilnehmerin Mohnblumensamen als Geschenk für die Elementarwesen mitgebracht. Was für ein schönes Geschenk für unsere Naturfreunde! Zuerst pflanzten wir eine Weinrebe symbolisch für die Erde und uns alle. Auf dass unser Wunsch nach Miteinander Früchte tragen wird. Dann suchten wir einen Platz für die Mohnblumensamen. Wir hatten eine Idee und wanderten mit gefüllten

Gießkannen, einem Sack Blumenerde und Spaten zu diesem Ort. Dann stellten wir fest, dass die Blumen dort nicht genug Licht bekommen würden und wir marschierten wieder alle zusammen mit Sack und Pack zurück über die Wiese den Hang hinauf zum Haus. Dort grübelten wir viel hin und her, bis wir dann am Wegesrand den Rasen wegschaufelten. Eigentlich hätten wir den Elementarwesen des Grases und dem Gras selbst dies vorher mitteilen sollen, aber der Gedanke kam zu spät. Schon waren die Spaten in der Erde und ich sah, wie empört die dortigen kleinen Elementarwesen waren. Ich entschuldigte mich bei ihnen und erklärte, dass auch ich noch einiges zu lernen habe. Das akzeptierten sie zum Glück wohlwollend und freuten sich sogleich über die Blumensamen, die ja für sie waren. Blumenerde wurde in die kleinen Gräben gefüllt und dann säten wir die Samen aus. Ich erklärte, dass wir auch das sehr behutsam tun sollten und mit viel Segen, denn es seien ja letztendlich Babys. Ein paar Teilnehmerinnen hinter mir hörte ich tuscheln. Sie fanden, dass ich mit meiner Fürsorge im Umgang mit den Pflanzen ziemlich übertreibe. Später dachte ich, wenn ein Mensch stirbt oder geboren wird, dann werden große Feste gefeiert, viele Blumen und Geschenke werden überreicht, Kerzen angezündet, es wird gebetet und so vieles mehr. Unsere Geburtstage feiern wir sogar jedes Jahr aufs Neue, ob wir uns neu geboren fühlen oder nicht, ob wir etwas neu geschaffen haben oder nicht, ob wir uns weiterentwickelt haben oder nicht. Wenn ein Mensch stirbt, dann betreiben wir einen immensen Aufwand, um den Körper zu verabschieden, anstatt uns dem Weiterleben der Seele zu widmen, die in dem Moment unsere ganze Hilfe braucht und nicht der tote Körper. Ganz ehrlich, ich finde, wir Menschen nehmen uns zu wichtig und wenn es dann um ein anderes Leben geht, dann ist das alles, was wir sonst für unseresgleichen tun, auf einmal zu übertreiben. Ich versuche, Gleichwertigkeit und gleichberechtigtes Miteinander zu vermitteln. Ich glaube nicht, dass ich dabei übertreibe, wenn ich die Pflanzen genauso liebe wie die Menschen. Der Samen einer Pflanze ist zum Glück nicht so empfindlich wie ein Menschenbaby. Ist deshalb ein Pflanzenbaby weniger wertvoll als ein Menschenbaby? → Jeder Same wird hoffentlich zu einer ausgewachsenen Pflanze, wenn er geeignete Bedingungen haben kann – und dann nährt uns Menschen die Pflanze! Sie erfreut uns im Herzen mit ihrer Schönheit! Sie gibt uns ihre Medizin! Wenn wir Menschen es schaffen, den Pflanzen genauso viel Nahrung, Freude und Medizin zu geben, wie eine Pflanze es uns Menschen gibt, erst dann sind wir Menschen genauso wertvoll wie die Pflanzen. Und erst dann haben wir die Würde einer Pflanze.

→ Wenn wir für einen Baum oder eine andere Pflanze einen geeigneten Platz suchen, dann sollten wir zuerst schauen, dass die äußeren

Bedingungen stimmen. Desweiteren ist es auch wichtig, auf die Intuition zu hören und zu versuchen herauszufinden, ob die anderen Pflanzen damit einverstanden sind. Steht einfach mit dem neuen Bewohner neben einem alten Bewohner eures Gartens und spürt nach, ob es sich gut anfühlt. Auf diese Weise könnt ihr die anwesenden Elementarwesen auch befragen. Wenn ihr das Gefühl bekommt, da schiebt oder zieht euch jemand in eine andere Richtung, dann hört am besten darauf. Im Grunde freuen sich Elementarwesen immer, wenn sie eine neue Freundin bekommen. Dennoch kennen sie besser die Bedingungen in eurem Garten in der Erde und die Aufgaben der Pflanzen als wir.

→ Wenn ihr Probleme mit „Unkraut" habt, weil ihr andere Pflanzen bevorzugt, dann gebt dieser sich selbst ausgesäten Pflanze einen eigenen Platz in eurem Garten, wo sie sein darf. Ich habe gehört, dass es bei jemandem „funktioniert" hat. Auch diese Pflanzen haben eine Aufgabe zu erfüllen. Wer weiß, was sie mit ihrem Dasein ausgleichen. Vielleicht hat die Pflanze sogar die Medizin, die ihr gerade benötigt.

Vor vielen, vielen Jahren sah ich im Fernsehen eine Talkshow über die Lebendigkeit und Sensibilität von Pflanzen. Zum Beweis stand dort eine Zimmerpflanze mit Kabeln bestückt und an ein elektrisches Messgerät angeschlossen. Der Zeiger des Gerätes schrieb eine ruhige Linie auf ein Papier – alles ist gut. Der Mann, der für die Pflanzenwesen sprach, ging zuerst mit einem großen Schlachtermesser auf die Pflanze zu, um ganz bewusst in Gedanken und Gefühlen ihr auf böswillige Weise etwas abschneiden zu wollen. Je näher er der Pflanze kam, um so stärker schlug der Zeiger des Messgerätes aus. Man sah die Pflanze fast schon zittern. Er tat ihr natürlich nichts. Dann legte er das Messer beiseite und stellte schöne, klassische Musik an. Die Pflanze beruhigte sich augenblicklich. Das Messgerät zeigte wieder eine ruhige Linie. Er hatte die Pflanze nicht berührt bei all dem. Es war nur seine innere Haltung, mit der er auf dieses Lebewesen zuging. Eine Pflanze hat keine Augen, mit denen sie etwas sehen könnte. Auch die Klänge beruhigten das Pflanzenwesen, obwohl sie keine Ohren hat, mit denen sie hören könnte. Aber sie hat eine Seele, mit der sie alles wahrnehmen kann. Die Baum- und Pflanzenwesen, klein oder groß, sie spüren alles! Ihre Intuition ist außergewöhnlich ausgeprägt. Auch darin könnten wir sie als unsere Lehrer und Vorbilder annehmen. Zu unserem großen Glück, wenn man bedenkt, was wir ihnen alles antun und wie, sind sie dann auch noch friedliche Wesen.

Bei einer Rettungsaktion von Pflanzen bestätigte sich im sehr positiven

Sinne ihre Empfindsamkeit. Dadurch kam es zu einem Heilgartenprojekt: Im Winter 2016 saß ich meditierend Zuhause. Da sagte mir ein Heiliger telepathisch: „Du wirst ein Projekt beginnen." Ich hatte keine Ahnung, was er meinte. Einige Monate später im Frühjahr 2017 fuhr ich mit meinem Fahrrad an einer Schuttkutsche bei einer Baustelle vorbei. Dort sah ich mitten im Schutt zwei wunderschöne, dunkelgrüne Buchsbäume. Ich machte eine Vollbremsung, weil ich dachte, ich sehe nicht richtig. Wie kann man denn so gesunde Pflanzen auf so respektlose Weise einfach wegschmeißen! Die Elementarwesen von diesem Garten und auch die vom Grundstück gegenüber waren sehr aufgeregt. Ein paar Häuser entfernt wohnten Freunde. Zu denen ging ich schnell und rief eine gute Freundin an. Tatsächlich nahm sie sich sogleich Zeit und kam in wenigen Minuten mit einem Anhänger am Fahrrad und zwei Spaten. Die Buchsbäume waren in sehr schwere Steinkübel eingepflanzt, sodass wir sie nicht einfach herunterheben konnten. Zudem waren sie schon sehr fest verwurzelt und wir hatten größte Mühe, sie oben auf der Kutsche aus den Steinkübeln herauszubekommen. Ich zog und zerrte möglichst sanft an den Pflanzen, damit sie losließen. Dabei gab ich ihnen zu verstehen, dass sie keine Angst zu haben brauchen. Auch die Elementarwesen halfen, dass die Pflanzen das überstanden. Es war ein unglaublicher Kraft- und Zeitaufwand, bis wir es tatsächlich alle geschafft hatten. Vorsichtig legten wir die Buchsbäume auf den Anhänger und fuhren zu mir nach Hause. Dort hinter dem Haus suchten wir schnell einen Platz und pflanzten sie ein. In der Eile dachte ich nicht daran, den Boden und alles übrige mit der Intuition zu überprüfen und mit den Elementarwesen abzusprechen. Das stellte sich Monate später als sehr schädlich für die Buchsbäume heraus. Das alles muss für die Pflanzen eine Tortur gewesen sein. Wieder zurück in meiner Wohnung schaute ich intuitiv zu ihnen, weil ich wissen wollte, wie sie sich fühlten. Sie hatten noch Angst und waren sehr aufgeregt. Es ging ihnen nicht gut. → Ich dachte, wenn Haustiere auf Bachblüten und Globuli empfindsam und schnell reagieren, dann wird es sicher auch für die Pflanzen eine gute Medizin sein. Also gab ich einige Globuli von den Bachblüten Rescue in die Gießkanne. Dazu Globuli, die Sonnenperlen genannt werden und gut für die Psyche sind. Dies bekamen die beiden neuen Freunde zu trinken. Schon am Abend konnte ich intuitiv sehen, dass es ihnen deutlich besser ging und staunte selbst darüber. Ich sendete ruhige, sanfte und liebevolle Energie, damit sie spürten, dass nun alles wieder gut ist. Dann sah ich intuitiv, dass mehrere Zwerge in der Erde fröhlich hintereinanderweg zu den Wurzeln der Buchsbäume liefen, um ihnen zu helfen. Das war dringend nötig, weil wir sie dort mit den Spaten verletzt hatten. Am nächsten Tag hatten die beiden Buchsbäume eine unglaublich gute Ausstrahlung. Zur Vorsicht gab ich noch einmal Globuli in das

Gießwasser und staunte weiter, wie schnell sich die Pflanzen von den Quälereien erholten. Ich dachte, wie gut die Pflanzen für uns Menschen da sind. Wie gut die Elementarwesen für die Pflanzen und uns Menschen da sind. Wie gut die Pflanzen sich auch gegenseitig helfen können mit ihrer Medizin, wenn wir Menschen wiederum für die Pflanze da sind und die Medizin weitergeben. Ein schönes und sehr heilsames Miteinander. So ließ ich meinen Fantasien freien Lauf und hatte einen großen Kraftplatz vor Augen, mit dem wir auf sehr heilsame Weise füreinander da sind – Menschen, Pflanzen und Elementarwesen. Immer mehr Elementarwesen kamen in mein Zimmer, weil sie meine Gedanken hörten und spürten. Da sagte ein Wesen: „Nenn es Heilgarten." Ich spürte, dass sie sich das sehr wünschen würden und stellte mir vor, wie das aussehen könnte. Da hörte ich die Stimme des Heiligen: „Das ist das Projekt." Er hatte es schon vorausgesehen! Der Heilgarten existiert schon in der Zukunft. Es ist also ein Projekt, das umsetzbar ist.

Die beiden Buchsbäume wuchsen und gediehen, zur Freude von allen, monatelang ganz wunderbar. Auf einmal wurden sie rundum gelb. Der Wind konnte es nicht sein, denn dann wären sie nur auf einer Seite betroffen gewesen. Ich rätselte und konnte keine Antwort finden. Die Elementarwesen, die sich unentwegt um die beiden Bäumchen kümmerten, fragten mich immer wieder, ob ich etwas tun könnte. Mir fiel nichts ein und auch ich musste zusehen, wie die beiden langsam starben. Was auch immer der Grund dafür war, Jesus sagte: „Sie haben ihren Lebenszweck erfüllt." Die Idee des Heilgartens wurde durch sie geboren.

→ Es wird ein Garten der Stille sein mit einzelnen Plätzen für meditativen Rückzug, als auch einem größeren Platz, um in der Gruppe meditieren zu können. So können wir uns untereinander bei der Meditation unterstützen. Es wird unterschiedliche Bereiche geben, in denen verschiedene Kräfte wirken. Die Elementarwesen zeigten mir, dass heilige Wesenheiten von ihnen mit sehr heilsamen Kräften in den Garten kommen werden. Die Wege sollen so angelegt sein, dass auch Rollstühle Platz haben. Als sie mir das sagten, verstand ich den Namen für das Projekt – Heilgarten.

→ Nun suchen wir ein Grundstück oder mehrere, denn es wird in der weiteren Zukunft auch mehrere Heilgärten geben. Dazu brauchen wir Menschen (Gärtner?), die sich mit Pflanzen sehr gut auskennen, als auch möglicherweise einen Landschaftsarchitekten. Interesse an Anthroposophie ist dabei sehr hilfreich und wichtig für die Elementarwesen. Desweiteren werden viele Helferhände benötigt, die Spaß an der Umsetzung haben, einen sehr heilsamen Ort wünschen und ihn in der Zukunft vielleicht auch

mitpflegen möchten.
Wenn ihr Interesse habt, dann meldet euch einfach per Mail bei mir: natur-liebe@web.de oder auf dem Postweg: Dünenstr. 15a, 26571 Juist

→ Seit der Rettungsaktion der Buchsbäume bitten mich notsuchende Elementarwesen immer wieder: „Hast du Medizin?" Sie meinen die Globuli, die auch ihnen allen gut tun. Oder sie fragen: „Hast du einen Platz für uns?" Hier auf Juist werden ständig Bäume gefällt und Gärten vernichtet, weil die Häuser an reiche Menschen vom Festland teuer verkauft werden können, von denen aber scheinbar niemand genug Geld übrig hat, um dort nach dem Neubau auch wieder eine neuen Garten anzulegen oder neue Bäume zu pflanzen. Sie pflanzen meistens nur Kartoffelrosen. Die sind auch schön, aber alle Gärten sehen hier gleich aus. Das ist nicht natürliche Vielfalt und so kann auch keine entstehen. Zudem werden hier leider neuerdings die Rosen schon im Herbst kurz geschnitten, wenn sie noch voll grüner Blätter sind und ihre schönen Hagebutten tragen, die die Vögel zum Überwintern benötigen. Die Pflanzen sind noch ganz in ihrer Kraft und haben sie noch nicht zurückgezogen. Es wäre schön, wenn wir wieder auf das Wissen unserer alten Vorfahren hören könnten. Sie haben alle Pflanzen zu schätzen gewusst und sich ihren Lebensrhythmen angepasst. Heute wollen wir Menschen, dass sich die Natur uns anpasst. Bemerken wir dabei auch, dass wir selbst einen Lebensrhythmus erschaffen haben, der uns und allen anderen gar nicht gut tut?

Bäume und Pflanzen müssen sehr kluge Wesen sein. Sie leben seit vielen Millionen Jahren auf der Erde. Sie haben bis jetzt alles überlebt und schaden niemandem bewusst. Überleben sie auch uns Menschen, die wir erst seit kurzer Zeit auf der Erde „wachsen"?
→ Wir sollten den Bäumen (mehr) zuhören! Sie haben ganz sicher die Antworten auf viele unserer Fragen. Sie können uns den Frieden lehren und das Miteinander. Das müssen wir Menschen in unserem Wachstum noch lernen.

→ Unsere Freunde, die Bäume, können lieben. Verpassen wir nicht die schöne Erfahrung der Liebe! Können wir heute schon wissen, von wem wir morgen geliebt werden?!

Seitdem ich das Leben der Bäume und Pflanzen immer mehr kennenlernen darf, umso ehrfürchtiger und dankbarer betrachte ich sie – die stillen Diener der Erde.

****

****

Unsere Vergangenheit ist in den Ur-Wäldern.
Unsere Zukunft ist in den Ur-Wäldern.
Wenn wir jetzt die Ur-Wälder zerstören,
haben wir keine Vergangenheit und keine Zukunft mehr.

Ein Heiliger sagte dazu: „So ist es!"

****

Die bewusste Kontaktaufnahme mit Bäumen und anderen Pflanzen empfehle ich auf folgende Weise:

****

Bevor ihr euch auf den nächsten Baum stürzt, zu dem ihr euch hingezogen fühlt, haltet erst einmal inne – mit wenigstens einem Meter Abstand zu diesem Baum – bitte!

Spürt zuerst ganz bewusst euch selbst im Ganzen, euren ganzen Körper. Spürt eure Füße auf der Erde. Wie geht es euch? Was für Gefühle bringt ihr mit? Die Bäume und Elementarwesen wissen viel von dem, was in euch vor sich geht. Ihr solltet es in dem Moment des Zusammenkommens auch wissen.

Seid leise und hört der ganzen Natur zu. Versucht, Einzelnes herauszuhören.

Nun macht ihr euch bewusst, wer da vor euch steht. Vielleicht habt ihr nicht nur ihn ausgesucht. Vielleicht haben die Natur, der Baum und die Elementarwesen des Baumes euch ausgesucht. Sie sind lebendig wie wir und sie können empfinden wie wir.

Macht euch auch bewusst, dass ihr ein machtvolles Wesen seid. Wir Menschen haben Macht. Wir nutzen sie leider zu oft auf negative Weise gegen die Natur. Die Bäume und Pflanzen wissen das, sie kommunizieren miteinander. Wir Menschen haben Macht. Ihr erkennt eure Macht daran, dass ihr weglaufen könnt, wenn euch etwas nicht gefällt. Der Baum kann nicht vor euch weglaufen, wenn es ihm mit etwas oder euch nicht gut geht. Das ist ein Unterschied.
Darum haltet inne - und nehmt euch Zeit, unseren Freund, den Baum, genauer zu betrachten.

Haltet bitte respektvollen Abstand zu Beginn zu demjenigen, der ganz sicher ein positives und friedvolles Wesen ist.

Vielleicht spiegelt er euch etwas aus eurem eigenen Leben und dem, was in euch vor sich geht. In dieser Zeit gebt ihr dem gütigen Baum die Möglichkeit, auch euch genauer betrachten zu können. Ihr lernt euch erst einmal kennen. Ihr stürzt euch auch nicht auf den nächsten Menschen, der euch gefällt, und umarmt ihn oder fasst ihn an. Stellt euch vor, ihr seid der Baum und ein euch unbekannter Mensch kommt und „betatscht" euch (egoistisch und nicht einfühlsam). Wenn wir uns einen respektvollen Abstand angewöhnen, geben wir anderen damit einen Raum, um sich frei entfalten zu können.

Während ihr ihn oder sie betrachtet, könnt ihr auch versuchen, intuitiv die Wurzeln zu erspüren, wo sie unter der Erde entlangwachsen. Der erste spontane Eindruck stimmt meistens. Wenn ihr im Kontakt mit den Wurzeln seid, was macht das mit euch? Wie fühlt ihr euch mit euren eigenen Wurzeln im Leben? Wie geht es euch in der Tiefe?

Wenn ihr die Intuition und Wahrnehmung üben wollt, dann müsst ihr immer auch im Kontakt mit euch selbst sein, mit eurem ganzen Körper im Ganzen. Ihr kennt euer Körperempfinden, eure Gefühle und Gedanken, und nun kommt etwas hinzu. Was macht das mit euch? Was verändert sich und wie?
So könnt ihr Kraftplätze aufspüren, den Baum und die Pflanzen, die ihr braucht, für die Genesung oder Weiterentwicklung. Es ist nicht schwer, es ist nur eine Sache der Übung. Wir sind alle feinfühlige Wesen, wie der Baum auch.

Eine Anmerkung dazu:
Wenn ich dies bei meinen Spaziergängen in der Gruppe erkläre, dann gehe ich ganz plötzlich von einem zum anderen mit einer inneren Haltung, die nicht so sehr im Herzen berührt, damit alle etwas spüren können, ohne dass ich sie berühre. Es ist nur ein ganz kurzer Moment der bewussten Kontaktaufnahme auf der geistigen, emotionalen, gedanklichen Seelenebene, die alle mit dem Körper spüren können ...und oftmals schnell einen Schritt nach hinten weggehen. Ich habe ihnen nichts getan. Ich bin nur an ihnen vorbeigegangen. Jeder kann etwas fühlen auf sehr feine Weise. Das fällt meistens erst dann auf, wenn wir negative Kontakte mit anderen haben. Wenn ich in Liebe an allen vorbeigegangen wäre, dann hätte es sein können, dass kaum jemand etwas spürt. Niemand fühlt sich bedroht oder unwohl dadurch. Die Liebe wird schnell vergessen. Liebe ist auch etwas sehr Feines, Sanftes und Rücksichtsvolles. Das ist der Grund, warum die meisten Menschen die Elementarwesen, selbst wenn sie direkt neben uns stehen, nicht wahrnehmen können. Elementarwesen sind sehr liebende Wesenheiten. Zudem ist die Liebe in uns Menschen so selbstverständlich, weil wir selbst im Grunde unseres Daseins liebende Wesen sind. Das fällt also nicht weiter auf. Uns fällt hauptsächlich auf, wenn etwas nicht in Liebe ist. Wenn

wir uns bewusst immer mehr mit Liebe beschäftigen, dann können wir auch irgendwann Elementarwesen wahrnehmen und die Bäume danken es uns auch.

Wenn ihr nun die Wurzeln des Baumes erspürt habt, dann schaut euch den festen Stamm an – was empfindet ihr in Verbundenheit mit dem Stamm? Könnt ihr Festigkeit fühlen, Kraft, Stärke? Oder das Aufgerichtete, wie geht es euch damit?

Oben in den Zweigen wird es immer feiner. Wie geht es euch mit dem Feinen, Zerbrechlicheren?

An den Spitzen sind die zarten Blätter. Was fühlt ihr im Kontakt mit dem Zarten, dem Grünen, mit dem Teil, der das Licht empfängt?

Macht euch auch bewusst, dass Elementarwesen im oder am Baum leben. Das können sehr, sehr kleine Geister sein oder auch ein größerer. Wenn ihr wüsstet, wie lieb und süß sie sind, besser als jedes Stück Zucker. Sie sind pfiffig und klug, zum Knuddeln die Besten. Hier im Baum allerdings haben sie viel zu tun. Sie helfen ihm beim Wachstum und, sollte es dem Baum nicht gut gehen, dann helfen sie ihm bei der Heilung. Es gibt viel zu tun, um ein Leben zu erhalten. Versucht also unvoreingenommen zu sein und spürt bewusst, was sie gerade tun, denn das kann sehr unterschiedlich sein. Vielleicht steht schon längst einer neben euch.

Wenn ihr nun den ersten Kontakt zum Baum aufgenommen habt und ein Gefühl des Willkommens auch von seiner oder ihrer Seite spürbar ist, dann geht langsam und achtsam zu ihm (ihr) hinüber.
Spürt bewusst seine (ihre) Kraft und Ebenbürtigkeit, während ihr direkt neben ihm (ihr) steht.
Vielleicht könnt ihr auch herausfühlen, ob es eine Baumfrau oder ein Baummann ist.

Wenn ihr mit euren Händen zum Baum Kontakt wünscht, wäre es gut für den Baum, wenn ihr ihn im Stillen darum bittet, es tun zu dürfen. Ihr könnt ihm auch ein inneres Bild mit der Vorstellungskraft senden, mit eurem gewünschten Vorhaben. Wenn ihr ein gutes Gefühl habt, dann berührt ihr ihn sehr liebevoll !

Wenn euch jemand (ein Fremder) ruppig, ungeduldig, mit den Gedanken ganz woanders seiend, egoistisch oder grob anfasst, dann geht ihr schnell

weg von demjenigen. Das kann der Baum nicht! Der Baum kann aber etwas anderes. Er kann seine Kräfte zurückziehen. Warum möchtet ihr den Baum eigentlich berühren?
Vermutlich um ihn besser spüren zu können, also seine Lebendigkeit, sodass ihr ihn (sie) besser als lebendiges, gleichwertiges Wesen anerkennen könnt!? Klärt zuvor eure Absichten. Das erleichtert das Miteinander.
Wenn der Baum seine Kräfte zurückzieht, dann könnt ihr ihn nicht so gut wahrnehmen. Wenn ihr ihn mit Liebe berührt, mag das der Baum auch und wird euch auch entsprechend entgegenkommen. In einen Kontakt können wir nur gemeinsam kommen. Sucht jemand den Kontakt zu einem anderen, aber der andere möchte das nicht, dann entsteht auch kein Kontakt. Je größer die Liebe zueinander ist, um so besser und intensiver ist der Kontakt. So ist das auch mit den Bäumen. Je mehr wir Menschen und alle Lebewesen in Liebe zusammenkommen, umso intensiver, besser, gesünder und bestärkender ist das Miteinander und der Austausch.

Wenn ihr so im Kontakt mit dem Körper des Baumes seid, dann bleibt auch gut im Kontakt mit euch selbst und eurem Körper. Wie geht es euch auf diese Weise mit dem Baum? Was macht es mit euch? Erwartet nichts. Seid einfach da und beobachtet.

Achtet darauf, dass ihr nicht euren emotionalen Ballast bei ihm abladet! Bleibt mit euren Emotionen immer ganz in eurem Körper. Ihr habt die Verantwortung für euch selbst zu tragen. Darüber hinaus können wir Hilfe dabei bekommen, mit dieser Verantwortung sorgsam umzugehen - mit uns selbst sorgsam und achtsam zu sein.

Wenn ihr den Kontakt beenden möchtet, dann löst euch bitte <u>langsam und mit Dankbarkeit</u> von dem Baumwesen!

Wenn ihr in Liebe verbunden wart, dann wart ihr auch innig verbunden. Wir Menschen lassen dann meistens schnell los und beenden abrupt den Kontakt. Das ist unser Egoismus. Wir wollen schon wieder etwas anderes und das ist dann wichtiger - als das Empfinden des anderen.

Wenn wir Menschen in die Natur gehen, dann geht es uns gut, weil wir etwas von der Natur bekommen, so ganz nebenbei. Und weil das so ist, sollten wir, wenn wir die Natur wieder verlassen, dies immer mit Dankbarkeit tun. Bestenfalls seid ihr die ganze Zeit über in Dankbarkeit mit der Natur verbunden. Dann seid ihr auch die ganze Zeit über in Liebe im Kontakt mit ihr, ihm und ihnen.
Danke! ****************

„Wir bitten euch Menschen um Frieden!"

Ist es möglich, dass wir Menschen im Frieden untereinander leben können? Ist es möglich, dass wir Menschen im Frieden mit der Natur leben mögen? Der Frieden ist ein Zeichen für Zusammenhalt und Liebe. Wo ist die Liebe, wenn immer mehr Menschen zu Gewalt, Hass und Egoismus neigen?
Wo ist die Liebe, wenn wir nicht voller Überzeugung für das Wohl der Tiere und Pflanzen sorgen?
Zum Abschluss möchte ich noch einmal die Probleme bewusst machen, die wir haben, die wir selbst erschaffen haben, die wir aber größtenteils gar nicht sehen - oder nicht sehen wollen. Gleichzeitig gibt es Lösungen zu jedem Problem, denn ohne Lösungen ist es hoffnungslos. Machen wir die Augen auf, damit wir die Probleme erkennen und auch lösen, denn von alleine werden sie sich nicht lösen und deshalb werden sie immer größer. Für größer werdende Probleme benötigen wir ebenso große Lösungen.

→ Vor einigen Jahrzehnten hat eines der größten Artensterben begonnen. Es sterben Arten - das heißt, nicht ein Mensch stirbt oder eine Familie, sondern die ganze Rasse Mensch stirbt aus. So geschieht es derzeit mit den Tieren und auch Pflanzen. Wer kann das sehen?
Es werden viele Millionen Tiere (Schweine, Kühe, Hühner und andere) in diesem Land in Ställen eng eingepfercht gehalten, die täglich unsagbares Leid erleben müssen, die vollgepumpt werden mit Medikamenten und kein artgerechtes Futter erhalten. Wer sieht das?
Wer kann sehen, ob eine Pflanze genmanipuliert wurde oder auf natürlich Weise wachsen durfte? Wer kann das Gift der Insekten- und Unkrautvernichtungsmittel in der Umwelt und im eigenen Körper sehen? Eines der besonders starken Pestizide ist bereits in fast jedem Menschen nachgewiesen worden. Pestizide sind Gift.
Wir Menschen haben Probleme geschaffen, die scheinbar unsichtbar sind. Wir sind Künstler darin geworden, Probleme zu verstecken und zu verdrängen. Was aber nicht heißt, dass sie nicht existieren!
→ Die meisten Menschen können keine Elementarwesen oder Engel sehen und sind skeptisch, was nicht heißt, dass sie nicht existieren. Viele Menschen glauben an Gott, an einen Gott, Götter oder eine göttliche Gnade oder Segen, obwohl sie ihn oder es nicht sehen können. Wenn nun jemand sagt: Ja, da existiert eine reale, göttliche Welt und Wesenheiten - dann denken viele, ist der ein Träumer, der die Realität aus den Augen verloren hat? Warum? Elementarwesen und Engel leben in einer Welt der Schönheit und Liebe im Frieden in einer absoluten Vollkommenheit

miteinander – in dieser Welt! Ist das nicht wünschenswert? Meistens sind es unsere Wunschvorstellungen oder der eigene Wille, woran wir glauben. Wer aber sieht sich die Wahrheit an?
→ Wenn es keine göttliche und damit liebende Welt gäbe, wie wäre es uns da möglich, Liebe und Glück zu erfahren? Was ist mit den vielen, glücklichen Zufällen und Spontanheilungen – warum finden <u>die</u> nicht viel mehr Anerkennung unter uns? Warum suchen wir nicht alle nach dem wahren Glück? Das größte und wahrhaftigste Glück, das wir erfahren können, ist die Liebe und mit ihr der Frieden. Zu all dem Leidvollen, was zur Zeit auf Erden (durch uns Menschen) geschieht, sagen die Heiligen: „Es fehlt euch an Liebe." Wenn die Liebe in uns erwacht, dann haben wir die Lösung für alle kleinen und großen Probleme gefunden!

→ In der schweigenden Meditation, in der Stille erwacht die Liebe in uns – unser wahres Wesen. Ein Geistwesen sagte einmal zu mir: „Ihr seid sehr laut." „Ja, ich weiß", konnte ich nur antworten und fühlte mich sehr hilflos damit, denn auch ich bin sehr ruhebedürftig. Ich brauche Liebe. Meine Gedanken sind schon laut genug, da muss es nicht auch noch Lärm von Maschinen, Musik oder lauten Menschen sein. Auf Juist entsteht eine ganz besondere Ruhe, wenn an seltenen Tagen kein Wind weht und die Luft stillsteht. Dann hört man im Hintergrund nur leicht das Meer rauschen und vielleicht noch das Piepsen eines kleinen Vogels. Vollkommene, wohltuende, beruhigende Stille. In dieser Stille wird man ehrfürchtig. Demut kann spürbar werden und mit ihr die Dankbarkeit für das Leben. Die Liebe ist erwacht. Können wir das ohne Stille erleben und ohne zur Ruhe zu kommen? Die Stille ist so kostbar – wie die Liebe.
→ Die Natur ist der Ursprung der Stille. So ist die Natur der Ursprung der Liebe. Wenn wir in die unberührte Natur gehen, kommen wir zur Ruhe. Der Natur wohnt eine Stille inne und Frieden. Im Universum, aus dem heraus die Erde entstanden ist, ist zutiefste Stille. Am Anfang war Ruhe. Was haben wir Menschen daraus gemacht, dass wir nicht mehr zur Ruhe kommen können?!
Die Tiere sind sehr leise und die Pflanzen mehr noch als die Tiere! Darum wirken sie sehr heilsam auf uns. → Die Elementarwesen sind besonders still, sie hören mehr zu - dem Leben. Sie sind stille Beobachter, was sie zu wohltuenden und heilsamen Begleitern macht. Nur wenn wir so still sind wie sie, dann können wir ihr Dasein erfahren und mit ihnen die Liebe.
→ Unsere Vorfahren, die Ureinwohner, waren und sind stille Menschen. Die Tiere und die Ureinwohner haben gelernt still zu sein, damit sie rechtzeitig Gefahren erkennen können. Nebenbei hat es noch viele positive Nebeneffekte. Warum sind wir, die Menschen von heute, es nicht mehr?

Es gibt so viel Gutes und Schönes zu entdecken. Ohne leise zu sein, werden wir höchstens die Hälfte davon erfahren. In der Stille finden wir zur Ruhe. Wir können dort Antworten, Lösungen, Heilungswege, Möglichkeiten und Kraft finden, um besser (über-) leben zu können. Gefahren können rechtzeitig erkannt werden. Beim Leise-sein sind wir auch achtsam-er. Das alles ist Liebe zum Leben. Warum sind wir dann so laut?
Ich habe eine besondere Freundin. Wenn sie mich auf Juist besucht, dann gehen wir morgens gemeinsam schweigend viele Kilometer am Strand spazieren. Jeder kann auf diese Weise erstmal ganz bei sich selbst ankommen und den Kontakt zur Natur finden. So können wir viel intensiver die Natur genießen und damit zur Ruhe kommen, als wenn wir redend unterwegs wären. Auf dem Rückweg tauschen wir uns dann aus. Wir reden viel achtsamer und bewusster von innen heraus, weil der Verstand in der Stille klar geworden ist. Danke, liebe Menschenfreundin. Mittlerweile empfinde ich es als sehr anstrengend, wenn ununterbrochen geredet wird, ohne Momente des Innehaltens - um in der Stille unserem wahren Wesen, der Liebe, den Raum zu geben.

→ In den Pausen der Stille können wir wundersame Momente und Besonderes erleben. Beim Stillsein, beim Suchen und beim Zuhören des Lebens kam eine Meduse zu mir. Sie hat viele Arme, wie eine Krake, die sie schlängelnd bewegt. Sie sagte: „Ich bin ein Wasserwesen." Dann reckte sie ihre Arme hoch und fing damit den Regen auf, der von oben herabfiel, um das Wasser nach unten in verschiedene Richtungen zu leiten. Dann kam ein männlicher Meduse hinzu. „Ich habe einen Mann", sagte sie. Am nächsten Tag erschien ihr Kind, das die Arme genauso schön harmonisch schlängelte wie seine beiden Eltern. „Wir vermehren uns", waren ihre Worte und desweiteren: „Lern von uns!" - geistig so beweglich sein zu können wie sie. Wenn wir den Verstand in so viele Richtungen harmonisch und gleichzeitig bewegen können, dann ist es uns möglich, besser lernen zu können, die Welten miteinander zu verbinden und flexibel zu sein. Ich bin mir nicht sicher, ob ich jemals meinen Körper so harmonisch bewegen könnte. Diese Medusen sind Wasserwesen einer Quelle tief unten in der Erde.
Eine weitere, große Meduse sah ich im Meer. Sie zeigte mir viele, große Schiffe und sagte dazu: „Die machen viel Lärm!" Wie empfindlich reagieren wir Menschen auf Lärm?! Ich kann nicht verstehen, warum Menschen Maschinen entwickelt haben, die laut sind. Wenn wir doch mit unseren Forschungen und Technologien so weit sind, dann muss doch auch da etwas anderes möglich sein!

→ Auf dem Weg der Stille ist mir eine große Undine, die Hüterin einer

Quelle des Wassers, erschienen. Sie hatte sehr helle Energie und ein weises, hohes Bewusstsein. Dann sagte sie mir, dass sie vom schwarzen Meer kommt. Und wieder spürte ich die Angst eines Wasserelementarwesens. Ihre Kräfte im untersten Energiefeld, in dem unser Erdendasein sich energetisch spiegelt und Erinnerungen abgespeichert sind, sahen dunkel und nicht gut aus. Sie zeigte mir keine inneren Bilder, wurde aber sehr unruhig und aufgeregt, wie auch die Nixe aus der Südsee. Nach einer Weile fragte sie die anderen Elementarwesen: „Wann schreibt sie von mir?" Ich spürte große Not in ihr, wie in fast allen Wassergeistern. Was soll ich noch sagen? Die Verschmutzung der Meere durch uns Menschen begleitet ganz ungewollt dieses Buch. Es herrscht größte Not in den Gewässern und der Großteil der Menschheit auf der ganzen Erde ändert nichts an seinem Verhalten. Kein Elementarwesen kann das begreifen. Ich auch nicht. Warum nur vernichten wir unsere eigene Lebensgrundlage? Haben wir eine Antwort darauf? Wo ist „unsere" Liebe? Wenn wir keine Antworten haben, dann sollten wir danach fragen und geduldig suchen, bis wir sie gefunden haben.

→ Wieder kam eine Meduse zu mir und zeigte, wie sie die Flüsse entstehen lässt, wie sie das Wasser der Quelle aufteilt, damit es in verschiedene Richtungen fließen kann und so alle mit Wasser versorgt sind. Dann kam eine Meduse, die mir ihre Lebensaufgabe erklärte: „Ich verbinde die Meere." Sie ließ es mich spüren. Es ist eine Verbundenheit in Vollkommenheit, die entstand, als sie die Meere miteinander verbunden haben. So ein Gefühl kenne ich nicht, wenn Menschen zusammenkommen. Warum nicht? Weil uns der Mut zur Liebe fehlt und wir darum nicht in vollkommenem Vertrauen und Frieden miteinander leben, in tiefster Verbundenheit wie das Wasser - mit Demut, in Bescheidenheit. Die Heiligen sagen: „Hab Mut zur Bescheidenheit." Erinnern wir uns, wie vollkommen die Gefühle in einer friedlichen Gemeinschaft sind. Gemeinsam mit der Natur gibt es nichts Vollkommeneres.
→ Wundersame und wunderbare Gefühle können wir erleben, wenn wir uns in Liebe miteinander verbinden und miteinander teilen. Bei einer Meditation über das Ich, das aus dem Wir entstanden ist, führten mich die Heiligen in eine vollkommene Verbundenheit. Ich war mir bewusst, dass alles, was ich in Gefühlen und Gedanken in mir wahrnahm, von meinen Vorfahren abstammte. All dies betrachtete ich nicht mehr als mein Ich, sondern im Bewusstsein von allen Vorfahren. So auch von den Tieren, Pflanzen und Elementen in mir. Auf diese Weise löste sich mein Ich-Gedanke auf in ein Gefühl von Verbundenheit und Einheit mit allen. „Ich" fühlte mich wie in einem riesigen Schwarm Fische oder Vögel, die sich in vollkommener Einheit bewegten, ohne miteinander reden zu müssen. Es war eine

unglaubliche Erfahrung der Gemeinschaft in absolutem Einklang miteinander ohne Kommunikation. Das, was wir „ICH" nennen, ist das höchste Bewusstsein, das alles „nur" beobachtet und das eins ist mit allem – das Eine, die große Einheit, die große Gemeinschaft = WIR.

Beispiele für die Vorteile einer friedlichen Gemeinschaft:
→ Die Delphine müssen einen Fischwarm auseinandertreiben, damit sie ein einzelnes Tier haben können, ansonsten hat der Schwarm den Vorteil. Ein Tiger wird nicht in eine große Herde springen, um sich einelnes Tier herauszuholen. Er wartet, bis sich eines von der Gruppe entfernt. Und auch ein Mensch greift nicht einen anderen Menschen an, wenn dieser andere eine Gruppe Freunde um sich herum stehen hat. Erinnern wir uns an Mahatma Ghandi, wieviel er durch einen friedlichen Widerstand erreicht hat! Halten wir Menschen auf friedfertige Weise alle zusammen – wieviel Gutes können wir dann erleben! Die Liebe hält alle Gefahren von uns fern. Verbinden wir uns dann noch mit den liebenden Naturgeistern und den Engeln, was könnte uns noch geschehen?! Wir können die Kriege beenden und den Streit, denn es führt zu nichts. Krieg zerstreut das Volk und den Menschen in seinem innersten Halt. Es trennt uns von der großen Gemeinschaft in Liebe, von der Einheit. Gemeinschaft ist, wenn alles fließt, wie das Wasser des Flusses zum großen Meer. Alles ist miteinander verbunden. Alles bedingt sich, ist voneinander abhängig. Das Eine existiert nicht ohne das Andere. Wenn wir nun Liebe einfließen lassen und Bewusstsein – was mag dann alles Wundersames geschehen?!

Wir sind immer miteinander verbunden, mit oder ohne Liebe. Selbst wenn unser Körper stirbt, ist er nicht weg, sondern verbindet sich wieder vollständig mit der Erde, mit oder ohne Liebe.
Wir „modernen" Menschen vergessen immer mehr die Natur und wie lebendig alle um uns herum sind. So trennen wir uns von unseren Vorfahren. Da die Kräfte der Vorfahren in uns sind, ist es gleichzeitig das Vergessen von uns selbst. Wenn wir vergessen und gleichzeitig nicht mehr fühlen können, wie lebendig die Natur ist, dann haben wir auch kein Mitgefühl mehr mit den anderen Lebewesen in uns! Wie lange können die Tiere, die Elemente und ihre Wesenheiten uns das verzeihen – mit denen wir auf diese Weise nicht in Liebe verbunden sind und sie deshalb sehr unter uns leiden müssen? Wie schwer ist es doch, anderen zu verzeihen. Wir Menschen erwarten, dass uns täglich vergeben und verziehen wird, auch wenn wir nicht aufhören, die Tiere zu quälen, auszurotten und die Wälder zu vernichten. Ganz gleich, ob sie es uns verzeihen können oder nicht, wir sind verbunden mit ihnen. Tiere strahlen die Energien des Körpers und der

Gefühle ebenso aus wie wir Menschen oder die Bäume und die Elementarwesen. Wenn z.B. die Tiere in den Ställen ein schmerzvolles Dasein führen müssen, dann strahlen sie solche Energien und Gefühle aus. Es sind viele Millionen Tiere auf der ganzen Erde und in unserer Nähe, die täglich unter unserem Hunger nach Fleisch viel leiden. Die Tiere sind unsere Vorfahren und wir Menschen haben alle tierischen Informationen in uns. Wir sind Tiere und wir sind Pflanzen. Das ist unsere Verbundenheit mit ihnen, ob wir das wollen oder nicht. Wir sind verbunden mit ihnen, rein energetisch, emotional und damit geistig. Ihr Schmerz kommt bei uns an.

→ Mir wurde von den geistigen Helfern gezeigt, wie sehr das Tier in uns Menschen darunter leidet und sich windet. Das ist die immer größer werdende Aggressivität vieler Menschen und das Gegeneinander-handeln unter uns. Auch Autoimmunerkrankungen gehören teilweise dazu. Solange wir nicht aufhören, die Tiere so zu misshandeln und einzusperren, so lange wird auch unser eigenes Leid nicht aufhören.

→ Wir verbinden uns mit dem, was wir kaufen und zu uns nehmen, und es hat Auswirkungen. So gibt es immer noch sehr, sehr viele widerwärtige Tierversuche. Dass es noch so viele Tierversuche gibt, liegt an unseren Gesetzen und an dem, was wir annehmen beim Einkaufen!
Es werden viele Chemikalien für alles Mögliche hergestellt. Wofür brauchen wir Chemikalien? Im Essen, im Trinkwasser, in der Erde und der Luft? In der Kleidung, den Haushaltswaren, Dekoartikeln, Kinderspielzeugen und den Putzmitteln? Mit all dem verbinden wir uns täglich, wenn wir <u>die</u> Dinge kaufen, die mit Chemikalien hergestellt wurden. Solange wir das kaufen, solange wird es auch die Chemie in allem geben. Wir haben die Wahl und wir bestimmen den Markt und das Angebot!
→ Ob wenige oder viele Chemikalien, sie sind Gift für unseren Körper. Bei den Tierversuchen wird getestet, wie viel Gift wir aushalten können, ohne sofort Vergiftungserscheinungen zu bekommen oder gleich tot umzufallen. Sie versuchen, die Minimaldosis zu finden. Man könnte das „Die langsame Vergiftung der gesamten Menschheit, der Natur und des Lebens" nennen. Brauchen wir dieses (unnatürlich hergestellte) Gift in allem? Ich brauche es nicht. Ihr? Nein? Dann sollten wir es auch nicht kaufen und damit die Herstellung und Existenz der Chemikalien nicht unterstützen. Verbinden wir uns nicht mit dem, was uns krank macht und vorzeitig in den Tod führt. Verbinden wir uns lieber mit dem Gesunden, dem Lebenserhaltenden und dem, was allen Freude bereitet. → Das, was wir kaufen, ist ein Spiegel unserer inneren Entwicklung. Wo Liebe ist, da ist auch Leben.

Fast alles wird mit Hilfe des kostbaren Wassers hergestellt und fast alles wird mit Chemikalien hergestellt. So sieht die Verbindung der Chemikalien mit Wasser aus:

An einem schönen Tag am Strand spazierte ich in Begleitung mit einigen Nixen am Meer entlang, genoss das Meeresrauschen und den Blick in die Weite. Zwischendurch fiel der Blick wieder auf den Boden, um Plastik aufzusammeln. Das Meer spült an manchen Tagen auch Schaum an den Strand, der durch bestimmte Algen entsteht. Noch vor einigen Jahren war dieser Schaum weiß. In den letzten Jahren sah ich immer nur bräunlichen Schaum. Das kann natürlich verschiedene Ursachen haben. An diesem Tag sah ich ein ganz neues Phänomen – der Schaum war bunt. Die Sonne schien auf den Schaum, der in allen Regenbogenfarben schillerte. Es sah sehr schön aus und absolut unnatürlich. Ich war fassungslos und fühlte mich mal wieder hilflos der Willkür egoistischer Menschen ausgesetzt. Wenn es mir damit so schlecht geht, wie mag es dann erst den Fischen, Schnecken und anderen Meeresbewohnern, einschließlich der Nixen, ergehen, die sich damit verbinden müssen und keine andere Wahl haben? Wir Menschen haben die Wahl und können das alles ändern!!

Dazu brauchen wir Einsicht und Entscheidungswillen.

Erinnert ihr euch an das Zusammentreffen mit Neptun und meine Reaktion auf sein Geschenk, die Kette? Ich musste erst erkennen und mir dann eingestehen, dass ich egoistisch und eitel war, und nicht bescheiden. Wir Menschen müssen aufpassen, dass wir uns nicht in unserem Scheinlicht, dem Egoismus, sonnen. Wir werden blind für die Wahrheit und hören auf, uns als Menschen weiterzuentwickeln. Wozu aber leben wir?

→ Wir haben uns sehr viel von den anderen Lebewesen abgeschaut, aber ein harmonisches Miteinander mit allen anderen Lebenwesen hat uns niemand vorgemacht. Das müssen wir selbst erlernen! Das ist unser Anteil an der Entwicklung des Lebens auf der Erde. Als Kinder schauen wir uns fast alles von den Eltern ab. Wir lernen von ihnen bis zu einer gewissen Entwicklungsstufe. Dann beginnen wir, einen natürlichen Eigenwillen zu entwickeln und „eigene" Ideen zu haben <u>mit Hilfe anderer</u>. Wir Menschen sind als neue Art auf Erden fast erwachsen. Es wird Zeit, dass wir mit neuen Ideen das Leben auf der Erde bereichern. Tun wir das nicht bewusst, dann werden unsere Handlungen natürliche Konsequenzen haben.

Von Natur aus ist es so: Wenn ein Wesen zu stark wird, zu viel Macht hat und sich zu egoistisch entwickelt, dann brechen Krankheiten aus und alles reguliert sich wieder. Ein Beispiel: Hier in der Nordsee leben Seehunde. Wenn sie sich sehr vermehrt haben, viel Raum einnehmen und entsprechend viele Fische fressen, dann werden sie plötzlich krank. Sie stecken sich gegenseitig an und sehr viele sterben daran, aber nie alle. So reguliert die Natur sich selbst und alles bleibt im Gleichgewicht. Wir Menschen sind ein Teil der Natur und leben mittlerweile in einem starken Ungleichgewicht. Wir sind sehr dominant geworden und viele leben sehr egoistisch. Dadurch mehren sich die Naturkatastrophen und werden stärker. Krankheiten, wie z.B. Krebs, breiten sich immer mehr aus. Wir Menschen, im Gegensatz zu den Pflanzen und Tieren, hätten jetzt die Möglichkeit, bewusst darauf zu reagieren! Ich wünschte, wir würden alle auf diese Warnungen hören und unser Leben wieder in ein Gleichgewicht mit der Natur bringen - ganz bewusst. Warnungen und Zeichen gibt es genug. Wann gehen wir alle gemeinsam in die Zukunft?

Wie lernen wir Kinder? Da liegt ein Kotelett auf dem Teller und uns wird (vielleicht) gesagt, dass es vom Schwein ist. Im Fernsehen ist ein Schwein zu sehen und damit wissen wir Kinder dann, dass es von diesem Tier kommt. Das war's. Wir erleben nicht, dass dieses Tier sehr lebendig ist, Gefühle hat und auf alles reagiert, was mit ihm getan wird - so wie wir Menschen auch fühlen und reagieren. Uns wird nicht gesagt oder gezeigt, wie die Tiere leben oder sterben, was sie zu fressen bekommen oder ob es ihnen gutgeht. Am allerwenigsten erfahren wir, dass die Tiere dafür getötet werden müssen und wie dies getan wird, vom Transport zum Schlachthof mal abgesehen. Weiß das ein Kind? Selbst wenn die Kinder es im Fernsehen sehen würden, dann könnten sie vermutlich keinerlei Verbindung zu dem Kotelett erkennen, das auf ihrem Teller liegt. Ich weiß nicht, ab wann ein Kind beginnt, selbst zu kombinieren. Die meisten Kinder und Jugendlichen wissen heutzutage nichts über die Herkunft der Nahrung, es sei denn, sie dürfen es in der Natur erleben. Wieviele Kinder und Erwachsene wissen, wie unbegreiflich die Tiere unter unserer Konsumsucht leiden müssen und welche Auswirkungen es am Ende auf uns alle hat? Unbegreiflich ist schwach ausgedrückt. Es ist nur ein Wort in unserem Kopf. Es gibt eine Tierschutzorganisation in den USA, die auf ihrer Internetseite viele hässliche Videos von unseren Greueltaten an den Tieren hat. Schaut es euch lieber nicht an, weil ihr das nicht aushalten könnt, was wir anrichten - mit dem was wir „brauchen" und kaufen. Es wird Zeit, dass wir etwas Neues lernen!

Das Wichtigste lernen wir durch Erfahrungen im Leben! Wir verbinden uns mit etwas oder jemandem und machen dann eine gute oder schlechte Erfahrung. Wir Menschen legen sehr viel Wert darauf, sehr viel nur mit dem Verstand zu lernen, was nicht unbedingt bedeutet, dass es auch für den Verstand gut ist. Wir verbinden uns über das Gehirn mit dem Leben. Die Intelligenz befindet sich aber in jeder Zelle des Körpers. Diese Intelligenz bleibt unterentwickelt. Es ist die Intelligenz des Fühlens und der Intuition. Was <u>fühlt</u> sich gut an und was ist die <u>intuitive</u> Wahrheit darüber?

Die Theorie im Verstand allein hilft uns nicht. Wir müssen lebendige Erfahrungen machen, damit wir im Leben zurechtkommen können. Warum lernen wir dann so viel Theorie in den Schulen? Beim Lernen über den Verstand, viele Jahre lang, erschaffen wir uns ein großes Ungleichgewicht. Davon können wir in späteren Jahren sehr krank werden, weil es uns überfordert und wir das Gefühl für unseren Körper und das Leben um uns herum verloren haben. → Ein Leben ohne Gefühle ist ein Leben ohne Mitgefühl - ohne Liebe. Zumindest können wir bewusst etwas dagegen tun, damit wir in unserem Inneren wieder in ein Gleichgewicht kommen. Und nur so werden wir auch ein Gleichgewicht im Außen wiederherstellen können. Alles beginnt innen. Wann, womit und durch wen lernen wir die Liebe?

Das Wissen kommt durch die Erfahrungen im Leben in Verbundenheit mit den anderen in Gemeinschaft. In der Schulzeit wurde ich von den anderen Kindern abgelehnt, weil ich so lernwillig war. Da ohne Liebe gar nichts geht – die Liebe der anderen aus der Gemeinschaft ist wichtig - verlor ich die Freude am Lernen in der Schule und verlagerte mein Interesse auf das Lernen im praktischen Erleben. In der Schule hatte ich das Notwendigste geschafft. Ich habe kein Abitur gemacht und kein Studium, und ich lebe immer noch! Und weil ich lieber praktisch gelernt habe, habe ich sehr viel von der Natur gelernt, von den Elementarwesen und Heiligen. Immer mehr beginne ich zu begreifen, wie kostbar und wertvoll dieses neue, alte Wissen des Lebens ist. Ich war oft krank und niemand hat es bemerkt, weil ich so schnell wieder gesund wurde. Weil ich so viele Helfer und Freunde habe! Die Natur ist meine große Freundin geworden. Elementarwesen, Engel, Heilige, Bäume und andere Pflanzen, Tiere und das göttliche Gnadenlicht und ganz normale Menschen, die sich an die Liebe erinnert haben. Sie haben mir Energie gegeben und mir dazu verholfen, das Leben und Sterben, die Krankheiten und das Heilende besser verstehen zu können und es anzuwenden. Sie ermuntern mich weiterzulernen – vom Leben, von der Natur und der Liebe, vom Göttlichen, vor allem praktisch, nicht nur theoretisch!
Es nützt auch nichts, wenn wir meditieren und dabei eine Erkenntnis haben, die wir nicht in die Tat umsetzen und ausprobieren. Vor allem ist es wichtig, diese Wahrheit auf unseren ganzen Körper einwirken zu lassen, damit es nicht nur im Kopf bleibt. Das hilft dann, es leichter in die Tat umzusetzen.

→ Ich möchte euch dazu ermuntern, von den Elementarwesen, der Natur, den Engeln und Heiligen zu lernen. Verbindet euch mit ihnen. Was ist das Ziel des Lernens?

Ein Paradies auf Erden zu erschaffen. Den „Himmel" auf der Erde erleben zu können. Ein Leben voll Glück. Gesundheit pur und eine Menge Freude, weil wir alle Freunde geworden sind. All das ist möglich. Sie können uns zeigen, wie wir besser und leichter leben können. Wir können sogar ganz neue Möglichkeiten für das Überleben kennenlernen, z.B. durch das Miteinander mit dem göttlichen Licht. Wir lernen von ihnen, die Entdeckung und Erweckung der Liebe. Das ist das Wichtigste. Denn es ist die Liebe, die uns fehlt, wenn wir leiden oder selbst Leid verursachen.

Es ist viel Liebe in uns, aber wir haben vergessen, wo der Ursprung dieser wunderbaren Kraft ist. Man könnte fast glauben, dass wir zur Zeit mehr die Supermärkte lieben als die Natur. Weil scheinbar die Supermärkte uns nähren und nicht die Natur. Ein <u>mächtiger</u> Irrtum, den wir erkennen und beherzigen sollten, weil wir ansonsten die Verbindung zu unserer Urmutter verlieren. Wir verlieren die Liebe zur Natur. Der Supermarkt ist ein Vermittler! Erinnern wir uns beim Einkaufen und Essen an die Natur, von der all das kommt, was uns (er-) nährt! Danke!

→ Es ist wichtig, wohin wir unsere Liebe lenken - womit wir uns in Liebe verbinden. Wenn wir Lebensmittel kaufen (mögen/lieben), die mit Chemikalien behandelt wurden, was geschieht dann? Im Fernsehen sah ich eine Dokumentation über die Auswirkungen von einem besonders starken Pestizid (z.B. im Futter der Tiere und in unserer Nahrung!) auf Kühe, Schweine, die ungeborenen Jungtiere, die frisch Geborenen und auf Menschen und ihre Kinder. Totgeburten, grauenvolle Missbildungen und andere Krankheiten. Ich musste zwischendurch wegschauen, weil es unerträglich war, mitansehen zu müssen und mitwissend zu sein, ohne etwas dagegen tun zu können. Da diskutieren unsere Politiker darüber, ob dieses besonders starke Pestizid vielleicht krebserregend sein könnte oder nicht, aber Chemie hat eben noch ganz andere Auswirkungen. Ich lasse euch daran teilhaben, weil die Tiere und einige Menschen furchtbar leiden müssen, obwohl es nicht so sein müsste. <u>Wir müssen nicht</u> Chemikalien mit unseren Nahrungsmitteln verbinden!! Wir müssen sie davon fernhalten, indem wir Bauern und Politiker, die das erlauben, nicht unterstützen! Wir müssen das nicht essen! Entscheiden wir uns mit Liebe. Entscheiden wir uns für die Liebe.

→ Auch anderen Lebewesen geht es mit der vielen Chemie in der Natur schlecht. Im Jahr 2017 stand ein Pflanzenwesen in meinem Zimmer. Nicht ein Elementarwesen, sondern das Wesen einer Pflanze! Sie war sehr aufgeregt und erschreckt und sagte: „Die Bienen sind geschwächt!" Ich weiß das, aber was soll ich tun? Ich versuchte mich mehr auf das schöne Pflanzenwesen zu konzentrieren. Sie zeigte mir innere Bilder, in denen deutlich sichtbar war, wie wichtig die Bienen für sie und uns alle sind. Jeder weiß: Die Bienen helfen den Pflanzen beim Bestäuben der Blüten, damit sie Früchte tragen und sich vermehren können. Sie nähren uns alle. Dann zeigte sie mir noch eine völlig erschöpfte Biene, die gleichzeitig sehr irritiert war. Das Pfanzenwesen sendete mir weitere innere Bilder, in denen deutlich zu sehen war, dass dies von den Giften kommt, die unsere Bauern auf die Felder sprühen – auf die Gemüsepflanzen, deren Früchte wir essen. Ich glaube, dass viele Menschen das wissen, weil es ständig in den Medien berichtet wird, aber sie verändern ihr Verhalten nicht. Verbinden sie sich lieber mit dem Tod? Neuerdings kommen immer häufiger Elementarwesen zu mir, die sehr leiden und aufgeregt sind. Ihre Not ist sehr groß, größer als die von uns Menschen. Sie können unser Verhalten nicht ändern. Das müssen wir selber tun.

→ Dafür brauchen wir Einsicht. Die erwacht, wenn wir uns in die Lage anderer hineinversetzen. Wie würde ich mich fühlen, wenn mich jemand ausgiebig und immer wieder mit starkem Gift besprüht?! Und meine wichtigsten und besten Freunde damit verstört oder tötet?! Es ist wie eine Chemotherapie, die nichts anderes kann, als etwas zu zerstören. Es kann also nicht die Chemotherapie, das Gift, sein, das heilt. Es sind die natürlichen Kräfte in uns, die Natur, die heilt – weil sie Leben ist, Lebenskraft, Lebenswille – Liebe zum Leben. So macht es doch mehr Sinn, nicht das Eine zu zerstören, sondern das Leben zu bestärken!

→ Als ich in den Nachrichten las, dass unsere Politiker beschlossen hatten, dass das besonders starke Pestizid weitere 5 Jahre in die Umwelt gesprüht werden darf, kam eine große Heilige der Elementarwesen zu mir. Wie ein wunderschöner, menschengroßer Schmetterling in leuchtend heller Energie. Ihre Einzigartigkeit in diesem großen Universum war deutlich zu spüren. Wie so oft fehlen mir die Worte, um ein heiliges Wesen von unbeschreiblicher Schönheit und Einmaligkeit erlebbar machen zu können. Diese Heilige gab mir eine Energie in die Hand, wie goldgelber Honig von den Bienen. Ich soll es aufbewahren – zur Erinnerung, damit sie nicht in Vergessenheit geraten, wenn die meisten von ihnen oder alle gestorben sind.

→ Es heißt, dass die Biene das 3. wichtigste Nutztier für uns Menschen ist. Das stimmt nicht! Die <u>Biene, als auch alle anderen bestäubenden Insekten, sind die **wichtigsten** Nutztiere für uns</u>!! Sie stehen <u>an erster Stelle</u>! Wir Menschen können ohne Fleisch leben, aber wir können nicht ohne die Pflanzen und deren Früchte überleben! Diese sind nun wieder abhängig von den Bienen und anderen Insekten. Es sagte jemand: Wenn die Biene stirbt, dann stirbt der Mensch. Da hat er recht, weil wir nicht verstanden haben, dass die Bienen <u>die wichtigsten Tiere</u> in unserem Leben sind – und diese sterben gerade aus – von den Giften, die unsere Bauern tonnenweise auf die Pflanzen sprühen und die sich durch die Luft weit verteilen – zu den Bäumen. In einer Baumrinde, weit entfernt vom Ackerland, wurden verschiedene Giftstoffe gefunden. So auch in der Luft. Dass wir alle noch leben ist ein Wunder! Das möchte ich am liebsten auf jede Seite dieses Buches schreiben, damit sich jeder ständig daran erinnert, was wir mit jedem Einkauf bestärken oder beenden. Solange wir diesen Bauern ihre Nahrungsmittel mit Chemikalien abkaufen, solange wird es das Bienen- und Insektensterben geben. Aber nur solange, bis es keine Insekten mehr gibt. Mehr als 75 % der Masse an Insekten sind bereits an den Giften gestorben. Wir haben also nur noch knapp 25 % Insekten, die für unser Überleben sorgen – für 100 % Menschen. Wann begreifen wir das? Genügen diese Zahlen, damit wir unser Verhalten ändern? <u>Wir</u> Käufer bestimmen, wie das Leben weitergehen soll! Habt bitte den Mut, euer Leben zu ändern.

→ Die Natur ist für uns alle sichtbar. Unsere selbsterschaffenen Gifte in der Umwelt, in der Natur, im Essen, im Wasser, in der Luft, im Boden und in unseren Körpern sind für uns alle unsichtbar. Das besonders starke Pestizid ist bereits in fast jedem Menschenkörper nachweisbar vorhanden. Die Nixen haben mir eine Tonne gezeigt, aus der eine durchsichtige Flüssigkeit ausläuft und riefen flehentlich: „Die Gewässer sind in Gefahr! Die Gefahr ist unsichtbar." Wir sehen die Natur und denken, das, was wir sehen, ist die Wahrheit. Es ist alles in Ordnung. So wünschen wir es uns. Es ist ein guter Wunsch. Die Wahrheit ist, dass wir nicht mehr in einer heilen Welt leben.
Für die Urmenschen waren die Gefahren deutlich sichtbar in Form eines Löwen, Bären, Wolfs oder einer giftigen Pflanze. Die Gefahren der Neuzeit, die wir selbst erschaffen haben, sind unsichtbar. Ich kann die unsichtbare, geistige Welt der Elementarwesen sehen, aber das Gift überall kann ich nicht sehen. Dafür müsste ich mich sehr konzentrieren und mich vor allem trauen, der Wahrheit zu begegnen, egal was ich dann sehe oder fühle. Habt den Mut, die Wahrheit über das nachweisbare, unsichtbare Gift in der Natur, auf den Äckern und im Essen anzuerkennen – um etwas ändern zu können. Wenn wir das nicht tun, dann entscheiden weiterhin andere über unser Leben.
→ Wenn uns gesagt wird, dass sich Gift in der Umwelt befindet, das uns krank machen kann, dann glauben wir das, obwohl wir es selbst nicht sehen können. Die „unsichtbare", geistige Welt der Elementarwesen und der Engel, in und mit der auch unsere Heiligen leben und ganz unbemerkt auch wir selbst, ist eine wunderschöne und sehr heilsame Welt voller Liebe.

Glaubt ihr, dass diese geistige, schöne und für uns gesunde Welt existiert, obwohl ihr sie nicht sehen könnt?

→ Wenn es keine Bienen mehr gibt, dann wird es auch keine der schönen Feenwesen mehr geben! Hattet ihr die Möglichkeit, sie erleben und sehen zu dürfen? Elementarwesen und Engel sind die wundervollsten Lebewesen, denen ich begegnet bin. Sie haben so viel Schönheit, Kraft, Würde und Anmut. Ich habe das nicht. Nur wenige indigene Menschen, die in Harmonie und mit Wertschätzung mit der Natur leben, weil sie tief in Liebe mit der Natur verbunden sind, haben ein bisschen von dieser Ausstrahlung. Elementarwesen und Engel sind göttliche Wesen im Himmel und auf Erden. Wenn wir sie anerkennen und mit ihnen gemeinsam leben, dann erleben wir das Paradies auf Erden. Es sind Worte, die nicht beschreiben können, was uns umgibt. Darum hoffe ich, dass bald alle Menschen sie fühlen und sehen können. Noch nie habe ich so glückliche und freudvolle Momente erlebt wie mit den Naturgeistern. Sie können in uns das Feuer der Liebe entfachen – sanft und liebevoll. Das macht glücklich. Was wird sein, wenn ihr die Elementarwesen nicht mehr kennenlernen werdet? Wenn ihr eure Vorstellungskraft, euren Verstand und eure Gefühle öffnet, dann könnt ihr schnell im Kontakt mit unseren göttlichen Freunden sein. Da ist die Liebe! Und die Liebe verändert unser Leben auf sehr heilsame Weise. Dann hört auch das Bienensterben auf.

→ Wenn die Biene stirbt, dann stirbt auch der Mensch. Wir können auch sagen: Wenn die Bäume sterben, dann stirbt auch der Mensch. Sie bilden für uns ebenso eine Lebensgrundlage wie die Bienen. Die Bäume lieben wir aber doch so sehr, dass wir immer welche auf Erden haben werden. Warum sorgen wir uns nicht ausreichend um die Bienen? Weil die Biene uns stechen kann und der Baum ein ewig friedliches Wesen ist. So wichtig ist uns Menschen der Frieden!!! Bienen und Bäume, beide sind unsere Vorfahren und beide fördern und erhalten das Leben. Wer ist stärker in uns? Der Friedliche?

→ Natur- und Umweltschützer, Menschen, die sich bewusst dafür entschieden haben der Natur zu helfen und mit ihr im Frieden zu leben, bekommen bei ihrer Arbeit viel Unterstützung von den Elementar- und Pflanzenwesen als Dank, und weil sie deren Hilfe brauchen. Wann immer ich Plastik-Müll vor den Füßen der Pflanzen aufsammle, bekomme ich viel Liebe und Dankbarkeit von der anderen Seite zurück. Das hält mich aufrecht. Als ich vor einigen Jahren mit dem Aufsammeln begann, war ich sehr unmotiviert. Wenn ich gemeinsam mit Freunden Müll aufsammle, dann ist das sehr motivierend und wir alle haben mehr Kraft, um den Müll der

anderen aufzuheben. Wir verbinden uns dabei mit Müll und können uns doch gut fühlen, weil wir es aus Liebe tun!
Man bückt sich, um etwas aufzuheben, was meistens auch noch schmutzig ist und nicht von einem selbst kommt. Dann trägt man das Zeug eine ganze Weile mit sich ...bis zum hoffentlich nächsten Mülleimer. Was soll's, Hauptsache das giftige Zeug ist weg und alles sieht viel schöner aus. So manches Mal werde ich von einzelnen Menschen seltsam angesehen. Von anderen wiederum spüre ich viel Anerkennung und Erstaunen. Das tut sehr gut und ich fühle mich als Mensch nicht mehr so allein damit. Früher habe ich den Müll frustriert aufgesammelt. Heute fühle ich mich fast normal dabei und an manchen Tagen habe ich richtige Freude daran, dank der Elementarwesen und mancher Menschen. Oft drehe ich mich plötzlich noch einmal um und entdecke Plastik, das ich übersehen hatte. Ein Elementarwesen rief mich zurück, steht neben dem Zeug und zeigt bittend darauf. Jawohl, ist schon weg und wir beiden haben viel Freude aneinander.
Eine Freundin von Juist erzählte mir neulich, dass sie auch Müll augehoben hatte, dabei ein Elementarwesen spüren konnte und die schöne Liebe, die von ihm ausging, für sie zum Dank. Sie ging nicht vom Müllsammeln frustriert nach Hause, sondern sie freute sich sehr an dem Zusammentreffen mit dem Naturgeist. Das Elementarwesen hatte die Liebe in ihr geweckt. Müll sammeln kann glückselig machen!
Ich glaube den Grund zu kennen, warum so viele Menschen den Plastikmüll am Wegesrand ignorieren und liegenlassen. Weil sie alle den Anblick von Chemie-Plastik gewohnt sind. Es ist ein Alltagsprodukt geworden und befindet sich überall im Haushalt. In der Küche, im Bad, im Wohnbereich und im Kinderzimmer, in der Kosmetik, in den Schränken, Deko, in der Farbe in den Wänden, Tapeten, Fußböden, Spielzeug, PC, Plastikflaschen... Chemie ohne Ende. Wenn Zuhause alles voll damit ist, dann ist das am Strand und in den Wäldern auch normal - oder?

Könnt ihr euch vorstellen, dass Nixen weinen?
Als mich eine sehr gute Freundin auf Juist besuchte, wollten wir gemeinsam am Strand wandern. Kaum dort angekommen, sahen wir schon die ersten Schnüre von Plastikfischernetzen. Da ich immer Tüten zum Müllsammeln bei mir habe, legten wir sogleich los. Wir sammelten und sammelten. Fast jede Alge hatte sich in die Plastikschnüre verwickelt. Es war mühsam, sie davon zu befreien und es schien kein Ende zu nehmen. Wir schauten nur noch auf den Boden und sahen nicht mehr in die Weite, weil es auf jedem Meter Strand gleich aussah. Nur noch Plastiknetze in Algen gewickelt. Irgendwann erlöste ich meine Freundin und bat sie aufzuhören und ans Meer zu gehen, denn dafür war sie eigentlich nach Juist gekommen.

Während ich weitersammelte, sah ich eine Nixe, die bitterlich weinte. Sie selbst nimmt keinen Schaden an den Netzteilen. Sie weinte nicht um sich selbst. Sie weinte wegen der lebendigen Algen und der Tiere, die sich darin verheddern und ersticken, es fressen und daran sterben. Wann weinen wir Menschen? Warum weinen wir nicht, wenn wir das sehen? Warum weinen wir nicht, wenn wir im Fernsehen die Nachrichten über das besonders starke Pestizid hören, das weitere 5 Jahre auf unser Essen gespritzt werden darf? Warum weinen wir nicht, wenn wir von den Massentierquälereien in den Ställen hören oder es sehen? Warum weinen wir nicht? Lassen wir die Liebe zu uns selbst nicht los? Oder haben wir die Liebe aufgegeben?

→ Die Nixen, die Elementarwesen, sind geistigen Ursprungs. Sie sind Wesen der Ursprungskräfte des Göttlichen. Wenn eine Nixe weint, dann ist es, als ob Gott weint.

→ Es geht nicht nur um Wasserverschmutzung und die Chemie im Essen, es geht auch um das Element Luft, das wir ununterbrochen einatmen und das nicht weniger sauber sein darf, als in absoluter Reinheit – weil wir im ständigen Austausch und absoluter Einheit mit der Luft leben.
Mir sind kleine Elementarwesen erschienen, die sehr luftig, leicht, sehr hübsch und hell in ihrer Energie sind. Ein Wesen drehte sich geschwind im Kreis wie eine Wirbelwind im Tanz. Ein anderes machte kleine, weiße Wolken. „Wir sind in den Wolken", rief eines mit zarter Stimme. Und sie sind auch so weiß wie die Wolken. Sie haben die Größe eines kleinen Kindes und erinnerten mich an die Abbildungen der kindlichen Engel, die in manchen Kirchen auf die Gewölbe gemalt wurden. Ich selbst habe bisher noch keine so kleinen und kindlichen Engel gesehen. Sie sind alle groß und haben eine sehr bewusste, „erwachsene" Ausstrahlung. Gab es da in der Vergangenheit eine Verwechslung? Ein kleines Wesen meinte: „Wir sind keine Engel." Es sind Elementarwesen der Lüfte. Dann sah ich eines dieser kleinen, luftigen Wesen husten. „Ihr verschmutzt unsere Luft!" Als Ursache zeigten sie mir u.a. im Geiste ein großes Flugzeug, das durch den Himmel flog. Ein andere Luftgeistfrau zeigte mir verzweifelt, dass sie ihren Mann im dunklen Rauch eines großen Schornsteins einer Fabrik verloren hatte. Desweiteren sah ich den Kühlturm und den Dampf eines Atomkraftwerkes. Die Elementarwesen sterben sofort darin. Sie lösen sich auf, sobald sie in Kontakt mit diesen Ablüftungen kommen. Was kommt da wohl raus?!
Sie möchten, dass ich von ihnen in diesem Buch erzähle, von der Schönheit und dem Leiden der lieblichen, kleinen Luftgeister, die so zauberhaft und besonders sind, dass wir sie mit Engeln verwechseln könnten.
Mir selbst ist aufgefallen, dass der Nebel auf Juist in meiner Kindheit eine

schneeweiße Farbe hatte. Ich bin immer gerne im Nebel draußen gewesen, weil dann die Luft mit ihrer hohen Feuchtigkeit besonders gut für die Atemwege ist. Meine Nase war dann immer frei, weil ich sie ständig putzen musste. Jetzt ist der Nebel häufig grau und meine Atemwege fühlen sich dann trocken an, als wenn ich Asthma hätte. Die Luft ist so trocken, dass ich den Staub darin spüren kann. Die schmutzige Luft durch unsere zu vie-len Autos, die Fabriken und die Schifffahrt verteilt sich rund um den Glo-bus. Wir nehmen uns selbst die Luft zum Atmen. Wir könnten es ändern. Das kostet Geld. Da hört unsere Liebe auf. Wann begreifen wir alle, dass wir dem Himmel nicht unser Geld anbieten können, wenn wir Regen brauchen oder saubere Luft?! Es geht nicht ums Geld. Es geht um das Leben. Wir können nicht sagen, es geht um unser Leben oder um mein Leben. Es geht um das Leben von allen! Wir leben von den Tieren, von den Pflanzen und den Elementen – wie können wir da nur an uns selbst denken. Wir leben absolut verbunden miteinander in einer großen Einheit. Jeder trägt einen Teil dazu bei, ob das Leben weitergehen kann oder nicht und wie es weitergeht. Jeder Einzelne von uns allen ist mitverantwortlich - für die Liebe!

Was versuchen die großen Wirtschaftsmächtigen und Politiker mit ihren Entscheidungen zu bewirken? Es geht um Nahrung, Medizin und Energie, wovon wir alle abhängig sind. Versuchen sie die Allmacht über alle zu erlangen? Zumindest haben wir keine Macht über die Natur und werden sie auch nie haben! Das ist eine Einbildung, die sich in deren Köpfen abspielt. Die Heiligen sagen dazu: „Die Kontrolle findet im Kopf statt." Das Leben ist aber nicht der kleine Kopf alleine. Wir sind abhängig von den Elementen. Das ist die „Macht" der Natur über uns Menschen. Diese Urkräfte werden wir nie kontrollieren können, weil sie keinem Gesetz unterstellt sind. Die Naturgesetze sind spontan und nicht kontrolliert. Das Unkontrollierbare kann nicht kontrolliert werden. Das ist unmöglich. Wir können uns aber mit friedlichen Absichten mit ihnen verbinden und in Liebe miteinander leben. Das ist möglich.

Alle sind wichtig. Wenn jeder Einzelne sich nicht so wichtig nimmt, dann hilft diese Demut, keine Macht auszuüben. Nur so können wir gemeinsam leben!

Gedanken - PAUSE

Es gibt verschiedene Perspektiven des Geschehens auf der Erde mit uns Menschen – und es gibt Lösungen!

1.

Wir Menschen sind ein Teil der Erde. Wir leben mit ihr in einer absoluten Verbundenheit und Einheit - untrennbar. Wir sind die Erde. Die Erde ist alt. 4 Milliarden Jahre. Wenn wir Menschen alt werden, nimmt mit der Zeit die Kraft des Immunsystems ab. Wir werden krank und sterben. Wir Menschen sind die Krankheit oder die Mücke, die die Erde entwickelt hat. Sie stirbt an ihrer Oberfläche. Diese Krankheit (die Mücke) saugt ihr gerade das Blut (die Energie) aus dem Leib, indem wir in ihr bis in die Tiefen herumbohren und ihr alles nehmen, was sie in 4 Milliarden Jahren erschaffen hat. Es ist ihr Leben, das wir nehmen, wenn wir Öl und Gas herausholen oder was wir durch den Bergbau nehmen, ohne einen Ausgleich zu schaffen. Wenn wir Menschen sehr alt werden und es kommt noch eine Bakterie hinzu, dann schwinden unsere Kräfte sehr plötzlich. Wir sterben und das Bakterium stirbt mit. Die Erde ist unser zweiter Vorfahre (der erste Vorfahre ist das Universum mit allen Kräften darin) und alle Kräfte von ihr wirken in uns und bestimmen unbewusst unser Leben. Nicht wir Menschen haben die Macht - die Erde in uns und um uns herum hat die Macht, die Tiere und Pflanzen in uns! Ein Teil von ihr in uns ist lichtvoll, hat Bewusstsein und trägt das Wissen vom Werden und Vergehen in sich. Wie können wir das nutzen? Die Heiligen sagen: „Durch Bewusstsein."

→ Wir Menschen können das Leid der Erde sein und wir können auch der Arzt für sie sein. Wir können ihre Medizin sein. Wir sind 7 Milliarden Menschen und haben viel Einfluss auf das Geschehen. Wenn wir uns alle dessen bewusst sind, dass wir eins mit der Erde sind, dann können wir gemeinsam mit Hilfe der anderen Bewussten (mit Elementarwesen, Engeln, Heiligen, den Wesen außerhalb der Erde und dem Gnadenlicht) sie z.B. bitten, diese Art der Entwicklung des Sterbens, Erkrankens usw. zu beenden. Die Erde lebt, sonst würden wir nicht leben. Mit allen, die lebendig sind, gibt es auch eine Möglichkeit der Kommunikation.

Das Lebewesen Erde hatte ein perfektes Gleichgewicht erlangt. Dafür brauchte sie 4 Milliarden Jahre, aber sie hat noch altes Bewusstsein (an ihrer Oberfläche). Wir Menschen sind ein Spiegel der Kräfte des Universums und der Erde. Unbewusst sein – bewusst sein. Es liegt nun an uns, bewusst zu entscheiden, was zu tun das Richtige ist. Wir sind viele und so wie eine Mücke einen Elefanten in eine andere Richtung bewegen kann, so können wir Menschen die Erde in eine andere Richtung bewegen. Das tun wir bereits. Wir verhalten uns wie die unbewusste Mücke. Wir saugen ihr das Blut aus, bis wir selbst nichts mehr zu essen haben und mit ihr sterben müssen. Das Universum ist unendlich, aber es gibt nur diese eine Erde! Es will wohl überlegt sein, welche Schritte unsere nächsten sein sollten. Wollen wir uns weiterhin wie die unbewussten Mücken verhalten? Wir sind viele und wir beeinflussen die Erde - auf positive oder negative Weise. Liebe ist der einzige Weg, die Erde mit all ihrer Schönheit und allem Leben zu retten, einschließlich uns selbst. Wenn wir das nicht schaffen, bleibt das Leben auf der Erde unbewusst.

→ Die Heiligen haben gesagt: „Das, was hilft, ist das Bewusstsein." Wachen wir also auf! Wie?
Indem wir lernen zu beobachten, was wir wahrhaftig tun. Indem wir den Mut haben, die Wahrheit zu wollen, sie bewusst zu suchen und anzusehen. Dabei können uns die Heiligen, Engel und die Elementarwesen helfen. Besonders die Heiligen, die körperliche Unsterblichkeit erreicht haben, kennen die absolute Wahrheit.

→ Wenn wir Menschen uns dessen bewusst sind, was wir tun, dann können wir es ändern. Ohne Bewusstsein ist das nicht möglich. Wenn wir uns bewusst sind, was uns krank macht, dann suchen wir nach Lösungen und nach dem, was wir ändern können. Je bewusster wir uns sind, um so heilsamer werden die Auswirkungen unseres Lebens sein.

→ Wenn wir uns bewusst sind, dass es uns an Liebe fehlt, dann können wir bewusst nach Liebe suchen. Das wird unser Leben grundlegend verändern.

→ Wenn wir uns bewusst sind, dass wir dabei Hilfe benötigen, dass wir für die Liebe andere brauchen, erst dann werden wir darum bitten und es wird uns leichter fallen, ihre Liebe und Hilfe auch annehmen zu können.

→ Wenn alle Menschen sich der Anwesenheit der Naturgeister bewusst sind und dass wir mit jedem Wesen Kontakt aufnehmen können, mit den Bäumen als auch mit den Elementen selbst - was könnte da alles möglich sein?!!!

→ Menschen, die mit den Energien des Universums andere Menschen oder Tiere und Pflanzen heilen, können dies auch für die Erde tun. Bei meinen Seminaren üben wir uns auch in der Heilarbeit für die Erde. Wir tönen das AAA, sind dabei im Kontakt mit den Engeln, Elementarwesen und Heiligen, bitten die Kräfte der Liebe und singen für die Liebe. Wir segnen die Erde und alle Lebewesen, danken ihr und allen anderen für ihre Gaben. Wenn uns dabei die Heiligen, die Engel und Elementarwesen mit ihrem Bewusstsein unterstützen, dann weiten sich die heilsamen Kräfte über die ganze Erde aus.

→ Am Ende des Seminars pflanzen wir einen Baum oder eine andere blühende oder Früchte tragende Pflanze. Wir geben der Erde etwas zurück. Über das Säen einer Blumenwiese freuen sich nicht nur die Elementarwesen, es trägt auch zur Heilung der Erde bei. Es bedeutet Schönheit, Freude, Kraft, Nahrung, Leben und alles zusammen ist eine Menge Liebe. Das können wir alle tun.

2.
Wir Menschen verschmutzen die Erde mit allem, was möglich ist. Mit Atomkraft, mit Chemikalien, Müll, Ignoranz und Egoismus, Krieg und vielem anderen. Wie würdet ihr darauf reagieren, wenn euch jemand so beschmutzt? Duschen, waschen, entgiften, Verstand und Gefühle bereinigen, energetische Reinigung und alle erdenklichen Hilfsmittel, um den Schmutz der anderen loszuwerden. Was macht die Erde? Sie reagiert mit dem, was wir Naturkatastrophen nennen. Immer mehr und stärkere Stürme, Wirbelstürme. Sie bereinigen die Luft und beseitigen das Geschaffene auf der Oberfläche. Viel Regen bereinigt ebenfalls die Luft. Das Schmilzen des Eises an den Polen lässt sauberes Wasser nachfließen, viel Schmutziges versinkt. Erdbeben, die Erde schüttelt sich. Vulkanausbrüche sind die große Erneuerung von innen.

→ Die Elementarwesen leiden unter den Naturkatastrophen genauso wie wir Menschen. Auch sie wollen, dass die extremen Lebensbedingungen einfacher werden. Allein können sie es nicht ändern und alleine können auch wir Menschen das nicht mehr ändern. Sie wollen uns gerne dabei helfen, alles wieder in Harmonie zu bringen und darüber hinaus ein paradiesisches Leben zu führen. Damit ist gemeint, dass sie sogar verhindern könnten, mit vereinten Kräften, dass in Zukunft Naturkatastrophen entstehen. Das ist kein weiter Weg bis dahin. Es ist hier und jetzt möglich. Aber die Elementarwesen können das nicht alleine tun. Sie können nicht die ganze Verantwortung für Fehler übernehmen, die wir gemacht haben. Wir selbst müssen damit aufhören, die Natur zu verschmutzen und stattdessen sie wieder von unserem Schmutz bereinigen. Das ist unsere Aufgabe in dieser großen Heilarbeit, die wir jetzt beginnen sollten.

→ Wenn wir die Elemente verschmutzen, dann verschmutzen wir auch die geistigen Kräfte und gütigen Geister in diesem Element. Dann haben wir nicht nur schmutziges Wasser usw., sondern dazu noch schmutzige Geisteskräfte und Energien. Reines Element Wasser, reiner Geist im Wasser, reine Geisteskraft, reine Energie, reiner Mensch. So sieht ein gesunder Lebenskreislauf aus. Halten wir die Flüsse und alle Elemente sauber. Wie sonst kann uns das Wasser Klarheit im Geist schenken? Würdet ihr euch wohlfühlen mit einem großen Stück Plastikmüll vor eurer Haustür? Oder mit schmutzigem Trinkwasser? Wer mag sich damit waschen? Viele Menschen auf dieser Erde müssen das bereits ertragen. Die Elementarwesen fühlen sich auch nicht wohl darin und das heißt, sie verschwinden. Das heißt auch, wenn wir so weitermachen, dann gibt es immer weniger gute Geister, geistige Kräfte und Energien auf dieser Erde und immer weniger heilige Geister mit besonders heilsamen Kräften. Warten wir das nicht ab!!!

Ich möchte weiterhin mit guten und gesunden Geistern und geistreichen

Menschen gemeinsam diese Erde bewohnen. Ich weiß, was „ich" will. Es ist das, was die Liebe will!
→ Wenn sich also unsere menschlichen Körperkräfte und die Geisteskräfte der Elementarwesen miteinander verbinden und auch wir uns geistig bemühen, dann sollte doch was möglich sein! Überwinden wir uns und fangen wir an, ein bisschen auf der Erde aufzuräumen. Das könnte auch ein Anfang sein, der für uns alle sehr leicht umsetzbar ist.

3.
Wir Menschen kämpfen gegen die Natur. Da es kein Miteinander ist, ist es also ein Kampf, ein Krieg gegen die anderen Lebewesen, die gesamte Natur und ihre Kräfte darin. Wir leiden sehr, wenn in einem Land unter uns Menschen Krieg geführt wird. Dass wir aber seit Beginn der Industrialisierung und dem damit einhergehenden, stetig wachsenden Materialismus einen großen Weltkrieg auf der ganzen Erde gegen die anderen Lebewesen, die Tiere, Pflanzen und Elemente mit ihren Elementarwesen führen, das scheint kaum aufzufallen. Um dieses dramatische und sehr große Problem lösen zu können, brauchen wir <u>nur</u> die Einsicht, dass Frieden und Liebe die Lösung ist. Denn das ist so. Einen Krieg beenden wir mit Frieden, indem wir die Waffen niederlegen.

Ihr könnt euch für die eine oder andere Sichtweise entscheiden oder euch eine andere Sichtweise suchen. Nichtsdestotrotz geschieht gerade mit uns allen etwas, das in viel Leid enden wird, wenn wir jetzt weiter in derselben Haltung verharren, wie wir es gewohnt sind und nichts ändern.

„Mache ihnen keine Angst", sagen die Elementarwesen. Wenn ich die vielen negativen Wahrheiten über die Ausmaße unserer Handlungen und Entscheidungen sehe, dann habe ich sehr viel Angst. Ich kann die natürliche Angst in euch nicht verhindern, aber ich kann euch Lösungswege anbieten, mit der wir der Angst begegnen können. Und so fing ich damit an:
Als ich vor vielen Jahren meine Panikattacken und Dauerängste überwunden hatte, habe ich langsam wieder angefangen, Qi Gong-Stunden zu geben. An einem Abend, kurz vor dem Qi Gong, bekam ich plötzlich viel Angst und wusste nicht warum. Es gab keinen ersichtlichen Grund dafür. Ich legte mich auf mein Bett und versuchte ruhiger zu werden, um mich dann in die Angst hineinzufühlen. Heraus kam, dass ich alles tue, was ich tun kann, damit es in der Welt im Miteinander mit Menschen und der Natur besser wird. Aber die meisten anderen machen dabei nicht mit und ich muss deshalb doch den Dreck und die Chemie einatmen, trinken und essen, und

werde vermutlich durch die Lebensweise der anderen krank! Es versetzte mich in Panik, dass ich scheinbar nichts mehr tun kann ...oder doch! Ich hatte eine Idee und die Angst verschwand sofort. Es gab eine Lösung. So ging ich zur Qi Gong-Stunde. Am Anfang erklärte ich etwas über die Übungen und ihre gesunde Wirkungsweise, denn darum waren die Menschen zu mir gekommen. Diesmal aber sagte ich auch, dass wir viel Qi Gong, Meditation, Entspannung usw. praktizieren können, um auf diese Weise gesund zu bleiben - aber wenn wir nicht unsere Lebensweise ändern, dann werden wir trotzdem krank und sterben früher. Plötzlich waren alle wach und in einer achtsameren Haltung. Der Verstand fing an zu arbeiten und der Blick ging nach innen – endlich weg von mir. Ich hatte die Verantwortung mit den anderen geteilt. Einmal beschwerte sich jemand bei mir darüber, dass ich so konfrontativ war. Daraufhin sagte ich ihm, dass er für mich mitverantwortlich ist, so wie er lebt, weil ich dasselbe auch einatmen, trinken und essen muss.

→ Ich bin für euch und alle Lebewesen mitverantwortlich. Ihr seid für mich und alle Lebewesen dieser Erde mitverantwortlich. Das ist eine Tatsache und nicht ein persönliches Problem, sondern ein globales. Ehrlich gesagt habe ich es satt, mich mit dieser vielen Verantwortung fast alleine zu fühlen, die ich bewusst übernehme, weil es sein <u>muss</u> – und nicht, weil ich Spaß daran habe. Es macht aber sehr viel Freude, wenn wir dann auch die Erfolge miterleben können. Und dann hört das Muss auf und wird zum Wollen. Ich konfrontiere euch nicht damit, weil ich es von mir wegschieben will, sondern weil ich alleine das Problem nicht lösen kann. Was ist das tatsächliche Problem hinter den vielen einzelnen Problemen?

→ Wenn ich mir das Leiden ansehe, so weit das Auge reicht, dann könnte ich mich in einer Ecke verkriechen, verstecken und nicht mehr auftauchen, bis irgendjemand das wieder in Ordnung gebracht hat. Die Heiligen sagen dazu: „Es fehlt euch an Liebe."

Wenn ich mich verstecke, dann höre ich mehr auf die Angst als auf die Liebe und dann wird sich nichts ändern. Nicht in meinem Leben und auch nicht bei euch allen. Auch dies machten mir die Heiligen bewusst. Was geschieht, wenn wir auf die Liebe hören und ihr unsere ganze Beachtung schenken? Viel Kraft, Tatendrang, eine Menge Energie, Freude am Leben, das Erkennen von Schönheit und der Wunsch, dies mit anderen zu teilen. Wir wenden uns der Wahrheit zu und beginnen etwas zu ändern. Das Problem von allen Problemen ist: Es fehlt uns nur an Liebe.

Jetzt ist es zum Beispiel so: Wir Menschen verbrauchen viel Energie der Erde, auch für viel unnützes Zeug. Alle elektrischen Geräte kosten Strom, der kommt aus der Natur und die Materialien kommen auch aus der

Natur – so lange, bis wir sie aufgebraucht haben. Würde z.B. dieser Strom, den wir täglich benötigen, aus unserem eigenen Körper kommen, dann wären wir schon längst tot, weil wir gar nicht so viel Energie für diese vielen Geräte haben. Das heißt, wir verbrauchen das Leben der anderen. Das ist der Weg des Egoismus.

Alles Materielle, jeder Körper hat eine begrenzte Lebenszeit und vieles davon wächst nicht nach. Wir Menschen als geistige Wesen mit geistigen Kräften mit unendlichen Fähigkeiten könnten ewig leben und bräuchten nicht die Energie der anderen dazu. Die Heiligen mit körperlicher Unsterblichkeit zeigen uns, dass es möglich ist. Wer interessiert sich dafür? Das wäre eine Lösung für die Zukunft. Das wäre ein Weg aus Liebe.

Da wir uns innen vermutlich nicht so schnell entwickeln können, wie es für unsere momentanen, äußeren Lebensweisen notwendig wäre, gibt es zum Glück noch eine weitere Möglichkeit, das Leben der Erde und unser eigenes zu retten. Diese Idee und Möglichkeit kommt nicht von dieser Erde.

Außerirdische haben mir gesagt, dass wir schon sehr weit in der Entwicklung der Technologien sind. Das macht mir mehr Angst als alles andere, weil wir fast immer alles für den Egoimus nutzen, und der ist zerstörerisch. Sie sagten aber auch, dass sie uns in der Zukunft Technologien geben werden, damit wir die unendlichen Energien des Universums nutzen können! Das weckt große Hoffnung, denn dann bräuchten wir nicht mehr die Energien der Erde zu verbrauchen. Diese sind nicht unendlich und bald aufgebraucht. Ich weiß auch, dass uns die Außerirdischen diese Technik nicht geben werden, bevor wir gelernt haben, im Frieden zu leben - bis wir den Frieden für wichtiger erachten als die Zerstörung und den Krieg gegen andere. Ansonsten wäre es möglich, dass wir die Außerirdischen mit ihrer eigens entwickelten Technik angreifen würden. Wir müssen uns alle nur für den Frieden entschließen, dann wird es eine Zukunft geben.

→ Wir haben viele Helfer, sogar im Universum. Die Außerirdischen, genauso wie die Engel und die Elementarwesen der Erde, sind nicht dazu verpflichtet, uns zu helfen. Sie sehen unser großes Leiden und was wir uns selbst antun. Wir haben von unseren Vorfahren ein Paradies geschenkt bekommen und wissen es nicht zu schätzen und zu würdigen. Ihr Mitgefühl und ihre Liebe ist zum göttlichen Glück größer als unser Egoismus. Das Glück ist überall und in unserer Nähe. Wir brauchen es nur noch anzunehmen. Das können wir, wenn wir gewillt sind, dieses Glück, diese Geschenke auch weiterzugeben! Wir dürfen die Geschenke der geistigen Welt, als auch alle anderen Geschenke, nicht für uns selbst alleine behalten. Egoismus zerstört das Glück. Was ist das Glück? Ein Leben mit Liebe. „Das Glück kommt nicht von alleine!", sagen die Heiligen - weil die Liebe nur im Miteinander da ist. Dafür müssen wir also etwas tun. Je mehr wir dafür tun, umso größer wird das Glück im Miteinander sein.

→ Ob wir im Glück leben oder das unglücklich Machende fördern, lässt sich ganz leicht erkennen. Zum Beispiel haben wir in Deutschland ca. 7,5 % Bioanbau von Lebensmitteln. Also ca. 92,5 % der Ackerfläche wird von Bauern bewirtschaftet, die die Erde und alle Nahrung tonnenweise mit Chemikalien besprühen. Das Ergebnis ist u.a. das Bienen- und Insektensterben, das Singvogelsterben und das Fehlen der Blumen und Bäume. Chemie macht krank, den einen oder anderen. Ergo: 92,5 % machen wir uns selbst unglücklich. Glücklich macht uns die Schönheit (natürliche Natur), angenehmer Duft (Blumen), schöne Klänge (Vögel) und gute Luft (durch die Bäume). Ergo: Mit nur 7,5 % machen wir uns glücklich.

An diesem Beispiel können wir erkennen, dass wir für das Glück etwas tun müssen und es auch können! Wir können das Glück erschaffen, erhalten oder zerstören. Das ist eine große Verantwortung, weil es niemals nur Auswirkungen auf uns selbst hat, wie wir etwas entscheiden. Denken wir am besten nicht so viel darüber nach. Erschaffen wir so viel Glücklichmachendes wie möglich und erhalten wir es für die Ewigkeit.

→ Habt ihr schon einmal die Erfahrung gemacht, wie glücklich es uns macht, wenn wir anderen helfen, Gutes tun, bewusst leben und wenn wir uns für Heilung und für den Frieden einsetzen?! Ich habe nie größeres Glück erfahren als mit den Elementarwesen, Engeln, Heiligen, dem Gnadenlicht und durch hilfsbereite Menschen. Es sind die, die uns helfen, <u>wenn wir helfen</u> und etwas tun, das zum großen <u>Glück für alle</u> beiträgt.

Ich wünsche mir, dass alle begreifen können, dass unser Glück zum Greifen nah ist. Es sind die geistreichen, lieben Wesen in der Natur, die wir als Helfer dicht bei uns haben – im Garten, im Wald, in den Bergen und am Strand, im Universum, in der Erde, in jeder Blume und jedem Baum. Die Natur ist unser Freund und Helfer. Es macht so glücklich, mit ihnen gemeinsam das Leben zu verschönern und Heilungswege zu finden.

→ Wir brauchen alle helfenden Hände, um Frieden zu finden und Frieden zu schaffen in uns und für alle auf Erden. Ich weiß, dass wir es ohne die Hilfe der geistigen Welt nicht alleine schaffen werden, weil wir Menschen untereinander viel Leid verursacht haben und damit das Vertrauen untereinander geschwächt ist. „Wie innen, so außen", erinnern mich immer wieder die Heiligen. Es ist nicht so einfach, alleine zu erkennen, was die Ursache in einem selbst ist für die Probleme im Außen. Darum können die Naturgeister, Engel und Heiligen uns Menschen wichtige Helfer dabei sein – wenn wir das wollen, es ihnen gestatten und ihre Hilfe annehmen.

→   Die Geschenke der Elementarwesen und allgemein von der geistigen Welt annehmen – nicht nur materielle Geschenke. Diese sind nicht von Ewigkeit. Die geistigen Geschenke sind wertvoller als jede Hülle des Lebens. Wir bewegen uns von innen heraus. Die Kraft kommt von innen – aus der goldenen Mitte heraus – von Herzen durch die Liebe. Wer könnte dabei hilfreicher sein als die Liebenden - Heiligen, Engel und Naturgeister! Sie sind eine wunderbare Lösung. Sie sind die Lösung für alle Probleme und unser größtes Problem: Es fehlt uns an Liebe. Danke, dass ihr geistreichen und lieben Wesen mit uns Menschen gemeinsam die Zukunft anstreben mögt.

Wir Menschen leben vom Tausch. Das, was wir tauschen, nehmen wir von der Erde, der Natur, den anderen. Wir tauschen unter uns Menschen, aber nicht mit der Natur. Wir nehmen hauptsächlich von ihr. Das bringt das Ungleichgewicht. Da wir sehr viele Menschen sind, können wir auf diese Weise nicht das Leben und die Vielfalt auf der Erde erhalten. Was wir derzeit tun, das ist der Handel mit dem Tod. Wenn wir leben wollen, dann müssen wir lernen, gleichwertig zu tauschen.

Mit dem, was wir von der Natur an Nahrung aufnehmen, nehmen wir auch gleichzeitig ihr Bewusstsein mit in uns auf. Es ist ihr Wissen und es sind ihre Erfahrungen, die wir mitessen. Was hilft uns, damit wir uns weiterentwickeln können?   Kann uns das Bewusstsein eines leidenden, kranken Tieres oder das einer genmanipulierten und vielfach mit Chemie besprühten Pflanze weiterhelfen?   Um ein höheres Bewusstsein entwickeln zu können, müssen wir diese Art, mit den Pflanzen und Tieren umzugehen, beenden. Es gibt keine andere Möglichkeit!

→   Dabei ist es besonders hilfreich, im Kontakt mit denen zu sein, die bereits ein höheres Bewusstsein haben! Ein leidender Mensch hat größere Schwierigkeiten sich zu entwickeln als ein gesunder Mensch. So sollten wir uns auch ernähren – von gesunden Tieren und Pflanzen. Wenn wir brutal mit der Natur umgehen, dann wird auch kein Heiliger und erst recht kein Elementarwesen mit weit höherem Bewusstsein Interesse daran haben, uns in unserem Dasein zu unterstützen. Ohne die Heiligen, die Engel und die Naturgeister mit ihren weiterentwickelten Fähigkeiten werden wir den Sprung in eine Zukunft mit Bewusstsein nicht schaffen!! Das wäre das Ende der Geschichte der Menschheit auf Erden. Ich sehe das als eine logische Schlussfolgerung. Es ist nicht eine Glaubensbezeugung. Es entspricht dem, was jeder selbst sehen, hören und fühlen kann.

Es sagen die Heiligen: „Wie innen, so außen." Wenn ich aus meinen großen Fenster schaue, sehe ich täglich mächtige Naturschauspiele am Himmel.

Welcher Mensch kann mächtiger sein als die Natur?! Unsere Einbildungen und Arroganz sind nicht stärker als diese Kräfte. Wenn wir die Kräfte der Natur benutzen für eine negative, tödliche und krankmachende Entwicklung, dann wird die Natur, als ein lebendiges Wesen, im Spiegelbild antworten. → Wenn wir die Kräfte der Natur nutzen im besten Sinne für alle und für die Natur selbst, wie könnte die Natur, als ein lebendiges Wesen, anders reagieren als mit Liebe?! Verbinden wir uns in Liebe mit der Erde, den Elementen, den Tieren, Pflanzen, den Elementarwesen und Engeln – den heiligen Geistern der Natur und natürlich auch mit anderen Menschen, als ein Teil der Erdennatur. Die Liebe ist die Lösung. Ohne die Liebe würden wir alle ein Leben mit innerer Dunkelheit und im endlosen Leiden führen. Danke, großes Leben, dass die Kraft der Liebe existiert.

Ohne Liebe sieht es so aus:
→ Mir erschien eine geistige Frau mit sehr heller Energie. Sie kam von einer hellen Schicht aus der Atmosphäre, die uns alle schützt. Diese Wesenheiten erhalten bestmöglich diese Schicht mit allen geistigen Kräften darin. Was tun wir mit unserem Schutzschild vor der Sonne? Das Ozonloch ist mittlerweile sehr, sehr groß geworden. Mit Hilfe von Außerirdischen konnte ich im Geiste sehen, wie es von oben aussieht. Die Erde war ganz wunderbar schön zu erkennen und um sie herum sah ich die helle Schicht der Atmosphäre, von der die helle Elementarwesenfrau kam. Es sah wunderschön aus. Der Außerirdische sagte: „Euer Schutz löst sich auf!" Dann sah ich dieses riesige, schwarze Loch. Es sah aus, als wenn man dort hineinfallen könnte. An dieser Stelle war die helle Schicht offen zugänglich, auch für alles Schädliche. Zusätzlich konnte ich erkennen, dass sich diese besonders wichtige Schicht nicht nur an dieser Stelle auflöste, sondern überall rund um den Globus, nur noch nicht in dem tiefen Ausmaß wie das Loch. Da wir ja überall die Luft verschmutzen und nicht nur am Nordpol, ist das eine logische Auswirkung. Zwei Tage später wurde es sogar in den Nachrichten bestätigt, dass sich die Ozonschicht überall auflöst! Auf diese Weise kommt es zur Erwärmung der Erde und das Eis an den Polen schmilzt.
→ Die Elementarwesen vom Nordpol sehen sehr besorgt zu uns herüber. Sie sagen: „Wir können das nicht aufhalten", und zeigten mir, wie schnell das Eis dort schmilzt. Sehr schnell!! Vom Südpol zeigen sie mir Pinguine, die sehr in Not sind. Ich bin mir sicher, dass die Elementarwesen es aufhalten könnten, wenn die äußeren Einflüsse nicht so stark wären. Dazu müssten wir Menschen unseren Anteil beitragen. Wenn es anders möglich wäre, dass das Wasser bei Wärme noch Eis bleibt, das wäre ein großes Wunder. Auch das wäre sicherlich möglich, aber glauben wir denn an Wunder?

→ „Wunder geschehen aus Liebe", sagt Jesus. Wo ist die Liebe? Im Miteinander. Haben wir genügend Liebe für die Natur? Genug Liebe für die anderen Lebewesen, die eingepferchten Tiere in den Ställen oder zu den Wäldern, die möglichst schnell vernichtet werden? Wo ist die Liebe von uns Menschen zu den anderen und zur eigenen Art? Im Miteinander ist alles möglich! Erinnern wir uns täglich daran. Und daran, dass wir dazu die Natur brauchen!

→ „Unsere Eismeere schwinden!", rief eine Elementarwesenfrau vom Nordpol. Sie selbst ist aus wunderschöner Energie und überreichte mir einen Eiskristall, der in einem so klaren Blau leuchtet, wie es nicht zu beschreiben ist. Kräftig, klar, rein, einzigartig - unbeschreiblich. Ich spürte, wie einzigartig und unendlich wertvoll die Erde ist. Nur Worte, nur Worte... nichts könnte diese Schönheit in Buchstaben formen. Es sind Gefühle, keine Worte, die sie mir vermitteln. Auf dieser Erde existieren alle Klimaformen. Von tiefster Kälte bis zur größten Hitze. Ein Leben mit allen Jahreszeiten, die alle Möglichkeiten bieten für eine Entwicklung von Lebensformen in einer unendlichen Vielfalt. Wenn das Eis schmilzt, wird sich _alles_ ändern! Es schmilzt nicht, weil es von Natur aus so geschieht, sondern es schmilzt aufgrund der Lebensweise von uns Menschen. Wir können also an diesem Geschehen etwas ändern! Fangen wir an! Es ist wahrhaftig an der Zeit!

Eine Zeitlang bekam ich in der geistigen Welt konstant Besuch von einem Außerirdischen. In naher Entfernung sah ich ihn in seinem kleinen Raumschiff. Seine Gestalt konnte ich nicht genau erkennen. Der Gedanke an Außerirdische machte mir zu dieser Zeit große Angst und ich lehnte ihn vehement ab. Er kam immer wieder, bis ich begriff, dass er mir nichts tat und er auch nichts sagte. Beim nächsten Besuch fragte ich ihn vorsichtig, was er von mir wolle? Er sagte: „Ich möchte dir etwas mitteilen." Einige Tage später saß ich am Tisch und schrieb etwas. Da sah ich wieder den Außerirdischen in seinem kleinen Raumschiff. Auf einmal saß ich mitten im Meer. Das war sehr real. Der Tisch, an dem ich saß, mitsamt der Wohnung befindet sich im dritten Stockwerk, also weit oberhalb der Meeresoberfläche der jetzigen Zeit. Nun saß ich mitten im Meer und schaute nach oben. Die Wasseroberfläche war ca. 1,5 Meter über mir. Ich wusste, was das bedeutete – der Anstieg der Meere durch die Eisschmelze an den Polen. Die Elementarwesen fragten, was los ist. Als ich es ihnen zeigte, waren sie sehr erschrocken. Nach einer Weile fragten sie mich: „Wann wird das sein?" Beim nächsten Besuch des Außerirdischen erkundigte ich mich danach. Er sagte: „Ab 2025."

Nun haben wir das Jahr 2018 und ich lebe auf einer sehr schmalen Insel auf Augenhöhe mit dem Meer. Der Außerirdische zeigte mir auch noch eine

Landkarte auf der zu sehen war, wie weit das Meer in das Landesinnere eindringen wird. Sehr weit. Es war eine sehr genaue Karte. Ich konnte die exakte Grenze des Wassers zum Land erkennen. Die Deicherhöhung um ein paar Zentimeter wird uns da nicht helfen. Wir müssen den gesamten Prozess dieser Entwicklung aufhalten und das sofort mit allem, was möglich ist. Und das ist möglich – wenn alle mitmachen. Schaut nicht auf die anderen und wartet nicht darauf, bis sie etwas tun. Sie schauen zu dir und warten. Tut selbst alles, was ihr tun könnt!

Die Elementarwesen des Nordpols sind sehr besorgt. Sie wissen, dass der Meeresspiegel ansteigt. Dazu sagte ein Heiliger: „...bis in das Inland." Auch unsere Heiligen wissen um diese Zukunft. Hören wir auf unsere Heiligen?

Danke, dass ihr, die ihr jetzt heilig seid, euch schon sehr früh darum bemüht habt, nach einem göttlichen Weg zu suchen. Danke, dass ihr nach dem Glück gesucht habt, das nicht von dem Materiellen abhängt und dass ihr euch für die natürlichen Heilungswege entschieden habt. Es sind Lösungen, damit wir alle eine Zukunft erleben können, wenn wir auf sie hören!

→ Erderwärmung geschieht, weil wir zu viel Energie verbrauchen. Das hat Schattenseiten... In meine Wohnung kam eine riesige, menschengroße Fledermaus geflogen. Der Besucher war aber keine Fledermaus, sondern ein Elementarwesen. Er zeigte mir im Geiste eine riesige Höhle, in der er mit den kleinen Fledermäusen lebt. Dann konnte ich eine Stadt sehen, in der Nacht – hell erleuchtet. Der Geist der Fledermäuse sagte nichts dazu. Ich weiß auch so, was er meint. Das Licht in den Städten läßt die Nacht zum Tag werden. Das ist kein Leben für die Fledermäuse. Und wir ziehen mit der vielen Beleuchtung die Insekten an, die dort größtenteils in den heißen Lampen qualvoll verbrennen. Es sind die Insekten, die noch übrig geblieben sind vom großen Sterben durch die Chemie auf den Feldern. Und es sind die Insekten, die Fledermäuse für ihr Überleben benötigen – die auch wir Menschen für unser Überleben benötigen, weil manche von ihnen die Blüten bestäuben. Der Geist der Fledermäuse legte mir einen Umhang auf meinen Rücken. Unsere Rückseite ist die Seite, die wir nicht sehen können und ist ein Spiegel für unser Unbewusstes, unsere Schattenseite, das Dunkle. Ich fühlte mich nun durch diese Energie sehr wohl im Rücken. Danke, stiller Fledermausgeist. Auch ich möchte nichts weiter dazu sagen, sondern in Stille betrachten, damit ich noch mehr verstehen kann und noch mehr lerne, etwas zum Bestmöglichen zu ändern. Wir wünschen dir und den Fledermäusen ein langes, beständiges Dasein auf der Erde. Dazu müssen wir Menschen so sparsam wie möglich mit dem Strom sein!

→ Ob und wieviel Energie wir verbrauchen, hängt von der Entscheidung ab, ob wir im Frieden mit der Natur leben möchten oder nicht! Wenn wir uns nicht für das Friedliche entscheiden, dann können wir Menschen auch mit den Energien sehr zerstörerische Dinge anstellen. Die Atomkraft hat nicht Gott oder ein anderer Geist oder ein anderes Lebewesen geschaffen, sondern allein wir Menschen. Weil wir so viel Strom verbrauchen für so viel Unnötiges, darum u.a. gibt es die Atomkraft. Atomkraft ist die Spaltung der Energien. Eine Trennung der Kräfte, die sich zuvor zusammengefunden haben. Wir finden alle nur zusammen in Liebe. Also finden auch die kleinen Energien nur durch diese Kraft zusammen, denn alles beginnt im Kleinen und alles besteht aus dem Kleinen. Atomkraft dient der Zerstörung, weil sie aus der Zerstörung geschaffen wurde und nicht aus der Verbundenheit in Liebe. Mit der Atomkraft machen wir Menschen uns zusätzlich Angst voreinander. Atomkraft macht mir und auch den Elementarwesen Angst. Machen euch Atomkraftwerke und Atombomben Angst? Dann sollten wir es alle ablehnen und nicht nutzen! Eine Kraft, die Lebenskraft zerstört. Kann das sinnvoll sein? Atomenergie sollte nicht zu unserem Leben gehören, weil sie nicht in der Lage ist, das Leben zu erhalten.

Da wir viel Energie benötigen, geht es vor allem darum, woher wir die Energien beziehen und welche wir nutzen. Von den Indern wird erwartet, dass sie das Kochen mit Kohle beenden, weil es die Luft zu sehr verschmutzt und die CO_2 Werte nach oben steigen, obwohl sie sich keine andere Energie leisten können. Währenddessen können wir beobachten, dass in Deutschland, so oft es geht, an jeder Ecke mit Kohle gegrillt wird. Immer mehr Menschen haben wieder einen Kamin in der Wohnung. Und eine neue Mode für draußen sind Feuerkörbe. Überall wird in Deutschland gerußt – ohne Filter! Der Wohlstand kehrt zum Leben in Armut zurück. Niemand kann erwarten, dass die anderen zuerst damit beginnen zu verzichten oder einzutauschen. Wir müssen alle gemeinsam aufhören, das für uns und die Umwelt Schädliche zu nutzen. Ich entscheide jetzt nicht zu grillen, egal ob die anderen mitmachen oder nicht. Das ist die Verantwortung, die jedes ICH für die Gemeinschaft hat. Wenn wir Individualisten sind, dann sollten wir dies auch zum Besten nutzen. Wozu haben wir denn den Ich-Gedanken und den Willen? Entscheiden wir uns für die Liebe und Frieden und für alles, was die Liebe und Frieden erhält! Ich stehe dazu!

Wenn wir uns für das Friedliche entscheiden, dann lassen wir das los, was uns und anderen schadet. Einen Fernseher habe ich zum Beispiel schon lange nicht mehr. Dennoch schaute ich gerne ab und zu einen Naturdokumentarfilm, Wissenswertes oder etwas Schönes über das Internet. Schnell spürte ich, dass es meinem Gehirn und geistigen Dasein überhaupt nicht gut tat. Ich dachte daran, noch mehr zu reduzieren.

Da sagte ein Heiliger: „Gar nicht mehr!" Also, habe ich das richtig verstanden?! Ich soll gar keinen Film mehr sehen?! Mein Ego war entsetzt. Darin konnte ich mich doch verstecken, die Verantwortung abgeben, mich gehenlassen und faulenzen. Ich dachte auch, dass ich mich dabei entspannen könnte, so wie es wohl viele Menschen denken. Das stimmt aber nicht. Wir können dabei vielleicht den Körper entspannen, aber nicht das Gehirn. Wir können dabei also nie eine vollständige Ruhe erlangen. In der Ruhe aber liegt die Kraft und damit die Intelligenz des Gehirns. Nach dem Fernsehen konnte ich noch nie gut meditieren und mich auch nicht von den Heiligen oder Elementarwesen etwas lehren lassen. Wir haben die Entscheidung, ob wir stehenbleiben möchten, oder ob wir den Weg öffnen wollen für einen neuen Schritt in die Freiheit. Im Fernsehen ist die Freiheit vorgegaukelt. Eine Illusion. → Die Heiligen, Engel und die Naturgeister können uns den Weg in die reale Freiheit zeigen.

Wie alt seid ihr? Was ist heute für ein Datum? Wie lange lebt ihr noch – gesund und kraftvoll? Bewusste Entscheidungen können wir am besten treffen, wenn wir ganz im Hier und Jetzt sind und unseren Istzustand erleben. Entscheiden wir uns für das, was entspannender und gesünder ist als das, was wir gewohnt sind zu tun.

Wenn wir auf unsere Süchte hören, dann hat das entsprechende Auswirkungen: Unsere Sucht nach Sonne lässt gerade die Erde austrocknen. Dein Wille geschehe. Überlegen wir uns gut, wonach wir uns sehnen. Vielleicht bitten wir gleichermaßen um Regen. Wasser bedeutet Leben, im selben Maß wie die Wärme der Sonne.

Wenn über Juist ein Sturm hinwegfegt, dann sind die Gäste auf der Insel völlig begeistert. Sie finden es toll, endlich einen richtigen Sturm an der Nordsee erleben zu können. Fragt mal einen Juister Einwohner, ob er Sturm toll findet. Sicher bringt ein kräftiger Wind von der Nordsee auch frische Luft mit sich und vielleicht wirbelt er so das Meer auf, dass es auch dort einen reinigenden Aspekt hat. Sturm bedeutet aber auch immer die Gefahr, Leben zu zerstören. Z.B. Dünenabbrüche oder Dachziegel und anderes können durch die Straßen fliegen. Kostbare Bäume können entwurzeln. Wenn ein Sturm tagelang braust, beginnt es irgendwann, an den Nerven zu zerren. Das Heulen und Pfeifen des Windes ist eine Herausforderung der Sinnesorgane, die verbunden sind mit dem Nervensystem. Hier fahren keine Autos. Wir fahren alle mit dem Fahrrad. Sturm kostet Kraft. Während meiner Ausbildung habe ich zwei Jahre in Münster gelebt. Wenn ich dann nach Hause auf die Insel fuhr und es war gerade Sturm, habe ich mich gefühlt wie die Gäste. Ich fand es toll. Jetzt kann ich sagen, dass es kein gutes

Zeichen ist, wenn die Menschen aus den Städten einen Sturm toll finden, weil es bedeutet, dass ihre feine Wahrnehmung gelitten hat und sie starke Reize benötigen, um etwas spüren zu können. Es bedeutet auch, dass ihre Luft zu Hause sehr schlecht sein muss und nun können sie endlich aufatmen. Sturm ist nicht toll. Saubere Luft ist toll. Stellt euch nur dieselbe saubere Luft in euren Städten vor! Alle Autos fahren z.B. mit Strom. Keine Autoabgase mehr. Was muss das für ein Unterschied sein. Was ihr unterstützt, da wo ihr lebt, das ist euer Wille und der geschieht.

→ Und wenn ihr gerade mal nicht wisst, was das Beste zu tun ist, dann fragt ihr im Stillen die Heiligen, die Engel und die Elementarwesen. Sie haben immer gute Ideen. Ihr könnt auch die göttlichen Kräfte der Liebe und des Friedens in euch und um euch herum danach befragen. Es sind lebendige Kräfte, wenn wir Liebe empfinden, ansonsten wären wir ja tot. Wenn wir die Liebe spüren, dann geht es uns besonders gut. Folgen wir der Liebe in uns, dann kann es nur gesunde Auswirkungen haben. Und die Liebe gibt uns auch die Kraft dazu, dass wir leichter auf alles andere verzichten können. Wenn wir es nicht aus Liebe tun, sondern weil wir es müssen, dann ist es nicht unmöglich, aber schwieriger. Laden wir die Kräfte der Liebe und ihre Helfer zu uns ein, damit sie uns dabei helfen. Dann ist es wesentlich leichter! Verzichten wir aus Liebe. Lassen wir die Liebe größer sein! Dann ist es gar kein Verzicht mehr, sondern eine kraftvolle, natürliche Entscheidung, die wir deutlich fühlen können.

Tatsächlich ist es so, dass wir alle wissen, was für alle anderen und uns selbst richtig und gut ist. Wir können das fühlen. Das ist die Intuition in uns. Der Teil, der alles weiß, weil wir auf sehr feine Weise mit allen Ebenen des Daseins mit allen verbunden sind (z.B. über die Gefühle, Gedanken und mit verschiedenen Energieschichten, der Aura usw.). So können wir also tatsächlich alle spüren, ob wir anderen etwas Unangenehmes antun oder ihnen gut tun, ob es gut für uns selbst ist oder nicht. Wir können uns dazu selbst befragen. Ist viel Zucker und Fett, Zigaretten oder Alkohol gesund? Aufgepasst, dass euch das Ego keinen Streich spielt! Dann fühlt ihr euch erstmal gut damit, und doch wisst ihr genau, dass es schädlich ist. Oder ihr amüsiert euch darüber und lacht ironisch über das Ungesunde und Schädliche. Das ist das Lachen über eure Schwächen und die Schwachen! Wenn wir die Liebe größer sein lassen, dann können wir uns ehrlich freuen über die Kraft, die in uns steckt.

→ Wir wissen, was die Wahrheit ist, weil wir wissen, was wir gelebt haben. Unser Körper ist die Wahrheit und alle Informationen und Erinnerungen des Lebens sind in ihm vom Leben und Sterben. Darum kennen wir alle die Wahrheit über alles, weil wir ein Teil des großen Lebens sind. Alles existierte vor uns Menschen und wir sind daraus geworden. So müssen also alle Informationen in uns sein und wenn sie nicht in uns sein sollten, dann sind sie aber um uns herum und wir können diese Informationen, dieses Wissen, abrufen. Wir können die große Einheit, das große Leben, alles Lebendige und das Geistige befragen. Wie oft schon haben mir die Elementarwesen, die Engel und Heiligen Informationen gegeben und mir die Wahrheit gesagt oder gezeigt, die ich nicht wissen konnte. Mein Glück ist auch, dass ich mich entschieden habe (und es immer wieder tue), die Intuition intensiv zu üben. So kann ich auch vieles sehen, spüren oder hören, was auf der anderen Seite der Erde geschieht.

→ Die Heiligen, die Engel als auch die Elementarwesen wissen, was unsere Politiker hinter verschlossenen Türen über uns alle entscheiden. Sie kennen Geheimnisse, die keine sind. So habe ich schon manche Informationen darüber von ihnen bekommen. Sie greifen nicht ein, wenn Schädliches geschieht, so wie sich das unser Ego vielleicht vorstellen würde, weil sie auf die Liebe hören. Die Liebenden manipulieren oder kontrollieren nicht. Aber sie lassen jeden an der Wahrheit teilhaben und an ihrer Weisheit. Sie erinnern uns <u>alle</u> an Frieden und Liebe, denn dies entspricht unserem wahren Wesen.

→ „Wunder geschehen aus Liebe." So geschah ein großes Wunder durch die Heiligen. Vor einigen Jahren zerstritten sich Indien und Pakistan. Nein, nicht die Länder und auch nicht der Großteil der Bevölkerung, sondern einzig und <u>allein</u> die Politiker der Länder! Es ist unbegreiflich, dass sie sogar kurz davor waren, einen Atomkrieg zu beginnen. An diesem Tag hörte ich es in den Nachrichten. Es war am späten Abend, ich war müde und dennoch setzte ich mich sofort in meine Meditationsecke und betete und bat inständig um Frieden für diese weitentfernten Menschen. Eine Stunde lang sang ich ein Friedensmantra und bat die Menschen und die Kräfte dort und die Heiligen in Indien um Hilfe. Dann wurde ich extrem müde und konnte mich nicht mehr wachhalten. Als ich den Gesang beendete, sah ich plötzlich vor meinem inneren Auge, wie sich zwischen und in den beiden Ländern ein goldgelbes Licht mit unbegreiflicher, sanfter Liebe ausbreitete. Zu der Zeit hatte ich keinerlei Ahnung, was ich da sah, aber ich wusste, dass der Streit vorbei ist und es <u>nie wieder</u> so weit kommen wird. Das spürte ich als absolute Wahrheit. In dieser Liebe war eine Kraft der Endgültigkeit zum Besten. Ich wusste auch, dass nicht ich das war, mit meinem bisschen müden Gesang. Am nächsten Tag hörte ich in den Nachrichten, dass der beginnende Krieg beendet sei. Einige Monate später traf ich meinen

Yogalehrer Marshall Govindan Satchitananda, der mir das Kriya Yoga von Babaji Nagaraj in einem Seminar beigebracht hatte. Da erzählte er, dass er zu dieser Zeit nach Indien flog, um einige Yogis aus den Bergen zu holen, um sie in Sicherheit zu bringen. Ich sagte ihm, was ich gesehen hatte, um seine Meinung über das Licht zu hören. Er lächelte und sagte, das wären die Siddhas des Kriya Yoga gewesen, die körperliche Unsterblichkeit erlangt hatten. Sie hätten sich zusammengetan. Auf diese Weise greifen die Heiligen in unser Geschehen ein, wenn unser Verhalten ein Ausmaß annimmt, das alles zerstören würde, was durch die Liebe entstanden ist. Sie helfen mit Liebe und nur mit Liebe!

Ob es nun ein Zufall war oder nicht, ich war in diesem sehr besonderen Moment mit den Heiligen im Kontakt und durfte es miterleben. Danke für diesen Segen! Vielleicht sollte ich es auch sehen, damit ich es an euch weitergeben kann, um euch zu sagen: Nicht der Egoismus, sondern die Liebe ist die größte Kraft! Das hat nichts mit Glauben zu tun, es ist eine Tatsache – auf die wir nicht genügend vertrauen! Darum suchen und öffnen wir uns auch nicht oder nur wenig der Liebe. Ich glaube, dass es mehr als lohnenswert ist, nach ihr zu streben und mit ihr nach Frieden – denn die Liebe ist es, die uns alle besänftigen kann, wodurch Frieden entsteht.

→ Und so, wie das Glück nicht von alleine kommt, so kommt auch der Frieden nicht von alleine. In Anbetracht der vielen Kriege unter uns Menschen und gegen die Natur ist es an der Zeit, dass wir bewusst die Verantwortung für den Frieden übernehmen und es nicht nur den Heiligen überlassen – an die die meisten Menschen nicht mal denken. Seien wir selbst heilig, so wie die friedlichen Bäume.

→ Manchmal sind unsere Helfer deutlich sichtbar. Andere Hilfen scheinen aus heiterem Himmel zu kommen. Auf der geistigen Ebene erschien mir eine Frau mit einer sehr besonderen Ausstrahlung in meinem Zimmer. „Wir kommen von einem anderen Stern", sagte sie. Dann ließ sie mich sehen, wie es bei ihr Zuhause aussieht, auf ihrem anderen Stern. Ich sah dort viel wunderschöne, gesunde, grüne Natur. Ein kleines Zwerglein von Juist schmiegte sich sogleich mit viel Liebe an die geistige Frau. „Wir haben für dich gesungen", sagte sie zu mir. Der kleine Zwerg kam zu mir und überbrachte mir von ihr ein Geschenk. Ich spürte hinein und erinnerte mich an den Gesang des Frauenchores, der vor vielen Jahren das lange AAA in meinen Bauch gesungen hatte, wodurch dann die Schmerzen verschwanden. So lernte ich erst einige Jahr später die heiligen und heilsamen Frauen kennen, die mich mit ihrem wunderschönen Heilgesang vom Leiden erlösten. Wir Menschen bekommen Hilfe, wenn wir offen und bereit dafür sind und wenn wir auch gewillt sind, selbst etwas zu ändern, um die Situation zu bessern – mit dem eigenen Körper, in der Familie oder im Umgang mit der Natur. Die Elementarwesen, die Engel und die Heiligen sind bereit, uns zu helfen. Was tun wir nun? Nehmen wir ihr Angebot an? Und was werden wir ändern zum besseren Geschehen?

→ Nach vielen Erfahrungen mit und ohne die Hilfe der geistigen Welt weiß ich, dass es sehr viel schwieriger und langwieriger ohne ihre Hilfe ist, sich alleine vom Egoismus zu lösen und Widerstände mit Liebe zu wandeln. Aus Egoismus und Widerstand wird Krankheit und Leiden. Für Heilung, dem Wandel zum bestmöglichen Miteinander, brauchen wir die Liebenden und Friedfertigen, die das Ziel der Zukunft schon erreicht haben. Und wir benötigen einen starken Willen mit großer Überzeugung aus Liebe dazu, ohne zu kämpfen! Stark in der Liebe können wir nur mit Hilfe der anderen sein.

→ Wir Menschen können bei unserem momentanen Entwicklungsstand, der sich überall sichtbar ausdrückt, eine gesunde und friedliche Zukunft ohne die Hilfe der geistigen Welt nicht erreichen. Denn dazu müssten wir jetzt alle ganz plötzlich sehr, sehr vernünftige und liebevolle Menschen werden. Vielleicht gehört es zur großen Entwicklungsgeschichte dazu, dass wir das nicht ohne die geistigen Helfer können, damit wir uns so entwickeln, dass wir in Zukunft mit ihnen gemeinsam und harmonisch auf der Erde leben. Wir Menschen alleine bestimmen nicht das Geschehen. Jedes Lebewesen hat einen eigenen Willen, so auch die Liebenden der geistigen Welt - und die wollen Frieden! Sie möchten mit uns gemeinsam leben.

→ Öffnen wir uns nicht für die geistige Welt, wie können wir Menschen uns dann weiterentwickeln? Was können wir sonst noch lernen? Noch größere und kompliziertere Maschinen und Computer zu bedienen? Was für Ziele haben wir Menschen? Bleiben wir im Materialismus stecken, dann ist das Ziel sehr, sehr begrenzt, weil das Materielle nicht ewig verfügbar ist. Das wird sich auch nicht ändern, selbst wenn wir sehr viel gegenseitig darum kämpfen. Es braucht neue Ziele, damit wir neue Lösungen haben und mit all dem eine Zukunft für alle im Frieden. Die geistige Welt der Liebe mit ihren Elementarwesen, Engeln und Heiligen ist die Lösung für uns alle. Sie und die Liebe müssten das neue Ziel sein.

Das ist eine Tatsache und nicht meine persönliche Glaubensangelegenheit - denn alles, was da ist, die ganze Erde lebt, weil es Weiterentwicklung gab. Bleiben wir jetzt aber im Materialismus stecken, dann kann es logischerweise nicht weitergehen. Zumindest nicht, wenn wir die Erde weiter so ausbeuten, jeden Raum und jede Fläche für uns Menschen beanspruchen, und wenn wir uns weiter so stark vermehren. Es ist an der Zeit, grundlegend neu über unsere Denk- und Lebensweisen zu entscheiden. Wenn das

Ziel die Liebe ist, dann können uns die Elementarwesen, Engel, die Heiligen und die Natur dabei helfen. Sie haben dasselbe Ziel.

→ Wie könnte die Gemeinschaft mit der geistigen Welt aussehen? Jeder tut das, was er kann.

* Wir Menschen können natur- und umweltfreundlich leben und die Elementarwesen, die Bäume und die ganze Natur können uns beispielsweise bei unserer psychisch-geistigen und damit körperlichen Gesundheit helfen.

* Wir können im friedlichen Kontakt mit der Natur und ihren Bewohnern leben, die Elemente sauberhalten und gleichzeitig sie bitten, uns zu helfen, zu überleben auf der Erde in und mit der Natur. In der Natur leben wir, auch wenn wir uns gerade in einem Haus in einer Stadt befinden.

* Gemeinsam lassen sich Naturkatastrophen verhindern oder schadlos überstehen.

* Die Engel können uns von oben mit Hilfe der Kraft der Liebe (zusammen-)führen oder uns notwendige Informationen geben. Dazu müssen wir auf die Liebe und die Intuition hören und ihr folgen.

* Von den Außerirdischen können wir neue Technologien bekommen zur Nutzung der unendlichen universellen Energie, damit sich die Natur regenerieren und sich ein Gleichgewicht wieder einstellen kann.

* Das Gnadenlicht des Universums kann uns für Körper, Geist und Seele heilsame Energie geben und sogar Lichtnahrung ist möglich. Dann könnten wir auf die übrige Nahrung verzichten und die Natur verschonen.

* Den Heiligen unter uns Menschen ist alles möglich. Wir können das Heilige anstreben, die Heiligen um Rat fragen und sie bitten, uns zu lehren.

→ Elementarwesen, Engel und Heilige können uns helfen, auch wenn sie nicht direkt bei uns sind. Nur durch ihr Dasein in der Welt, durch die Anwesenheit der Kräfte der Liebe, des Friedens und mit ihrer Verbundenheit, können sie uns daran erinnern. Ein Beispiel: Ich hatte einen vergrellten Tag und konnte nicht positiv an Menschen denken. So sehr ich mich auch um Frieden bemühte, es war mir nicht möglich. Da sagten die Elementarwesen: „Denk an uns!" Das tat ich und augenblicklich war ich friedlich und wohlgesonnen auch anderen Menschen gegenüber. Es war eine Spontanheilung der Emotionen, für die ich sehr dankbar war. Wunder der Liebe!

→ Elementarwesen sind sehr fröhliche und zufriedene Wesen. Nur der Gedanke an ihr Dasein kann uns helfen, dass es uns besser geht. Dann im Kontakt mit den Naturgeistern ist es auf einmal leicht, an andere Menschen auf positive Weise zu denken. In dieser Verbundenheit können wir uns

dann in Vergebung üben und uns an die Liebe zu anderen Menschen erinnern. Das ist sehr heilsam für alle Beteiligten.
Die geistigen Helfer sind da, wenn wir einen heilsamen Weg wünschen. Die Elementarwesen wünschen es auch, den Kontakt mit allen im Frieden. Wenn wir friedliche und gute Absichten mit der Natur und anderen Menschen haben, dann sind wir immer und überall auf der Welt in der Natur und bei den Elementarwesen, Baumwesen und anderen Pflanzen willkommen! Dann ist niemand (mehr) irgendwo alleine, und auch die Elementarwesen und Pflanzen haben mehr Freude an unserem Dasein.

→ Die Elementarwesen und die Heiligen erinnern uns daran, was wirklich gut für uns ist und wie wir bewusst leben können. Sie erinnern uns mit ihrer Liebe und ihrem schon höheren Bewusstsein daran, wer wir wirklich (auch) sind in unserem tiefsten Innersten. Sie können uns helfen, das Unbewusste an die Oberfläche zu bringen und bewusst zu machen, damit wir uns wohl und gut fühlen können. Wenn die unbewusste Liebe in uns erwacht zum Bewusstsein, dann wandelt sich unser Leben. Wir wandeln uns in friedliche, liebende Wesen. Wenn in mir die Liebe erwacht in Form von Frieden, Zufriedenheit, Bescheidenheit, Demut, Dankbarkeit, Freude, Stille, Schönheit, Wohlgefühl, Gesundheit, Vernunft, Klarheit im Verstand und so viel Schönem mehr, dann kommen auch Erkenntnisse. Mit den Erkenntnissen über die Wahrheit, über das was ist, lerne ich Neues dazu und manch ein Elementarwesen lernt in diesem Moment auch von mir. So können wir uns im Miteinander bewusst unterstützen und uns weiterentwickeln zu gesunden Lebewesen in einer heilsamen, kraftvollen Natur alle gemeinsam auf dieser Erde. Und nur so kann es weitergehen, im Miteinander.
Lassen wir die Liebe wieder aufleben. Sich am Leben erfreuen zu können, das ist Liebe zum Selbst. Das Selbst ist ein Wir und es ist Leben. Liebe bedeutet auch, zu lernen vom Leben, um die Lebenskräfte heilsam nutzen zu können. Wenn wir lernen, dann sind wir still und beobachten. Wir sind ganz offen für Neues. Das ist die Intelligenz der Natur in uns. Lieben, still sein, beobachten und lernen, um das Leben bestmöglich zur Entfaltung zu bringen und zu erhalten - so wie ein kleines Kind - so wie die Bäume, Pflanzen, Tiere und Elementarwesen.
Das Einzige, was uns allen im Weg steht, das ist unser Egoismus. Es ist das Einzige und es ist das, was uns so schwer fällt zu wandeln. Den Egoismus in Liebe wandeln, um im Miteinander leben zu können, das kann niemand alleine, denn das wäre kein Miteinander und keine Liebe. Wir brauchen die anderen, um Liebe empfinden zu können. Und die anderen brauchen uns, unsere Liebe. Aus Egoismus wird Kampf. Kämpfen zerstört das alles und den Frieden unter uns und im Innern. Egoismus und Kämpfen zerstört das

Leben. Erst wenn wir erkennen, wie wichtig der Frieden in uns und zwischen uns ist, erst dann beginnen wir, die Friedfertigen und Liebenden wertzuschätzen und zu ehren – Menschen, Bäume, Heilige, Engel und Elementarwesen. Wann empfinden wir Liebe? Kann einer allein die Liebe wecken? Wer oder was hat da mitgewirkt?

Es ist schwer, die Liebe zu wecken, wenn es um das Leiden geht. Es ist leichter, die Liebe zu wecken, wenn wir Schönheit sehen und Freudvolles erleben. Was machen wir nun?
→ Als ich die Elementarwesen fragte, wie sie das viele Leiden ertragen können, antworteten sie: „Wir glauben an die Zukunft." Ein Heiliger bekräftigte es: „Lass deinen Wunsch danach größer sein als deine Zweifel."

→ Ein Engel zeigte mir die Erde in der Zukunft. Er zeigte es mir, damit ich es an alle weitergebe. Dunkelheit, überall Krieg, Grauen, Leiden ohne Ende – überall, ohne Ausnahme. So sieht die Hölle aus. Entsetzlich!!! Und wenn jemand denkt, er würde als Verursacher davon verschont bleiben, von Krieg und allem anderen Grauen, der irrt. Die ganze Erde wird zu einer Hölle. Überheblichkeit, Arroganz, Hochmut und Egoismus finden hier keine Belohnung. Es wird keinen Ort der Zuflucht geben. Der Engel sagte dazu: „So wird es sein, wenn ihr so weitermacht wie bisher."
→ Der Engel will uns damit keine Angst machen. Er möchte uns aufwecken. Er würde es uns nicht zeigen, wenn es keine Hoffnung gäbe! So sieht nun die Zukunft aus, die bereits für einige begonnen hat. Da wir noch nicht alle betroffen sind, gibt es also noch die Möglichkeit, diese Zukunft zu ändern. **Dafür müssen wir jetzt alle sehr viel tun!** Wenn wir uns gestresst davon fühlen, dann ist es nicht von der positiven Verantwortung oder den guten Taten, sondern davon, was uns jetzt nicht gut tut! Wir können an die Zukunft glauben. Lassen wir unseren Wunsch danach größer sein als unsere Zweifel! Denken wir nicht nur darüber nach – tun wir etwas!
„Zögere nicht!", sagen die Heiligen.

Die Zukunft ist jetzt. Jetzt ist das, was wir gemeinsam oder im Gegeneinander aus der Vergangenheit gemacht haben. Daher ist es wichtig, dass wir immer wieder eine Rückschau halten und uns die Vergangenheit noch einmal ins Gedächtnis rufen, damit wir uns dann bewusst für den Frieden entscheiden können. Ohne diese bewusste Entscheidung wird sich nicht viel ändern. Wer soll es ändern, wenn nicht jeder selbst und wir gemeinsam?!
→ Die Heiligen sagen immer wieder zu mir: „Halte Rückschau." Wenn es nicht notwendig wäre, dann würden sie es nicht sagen. Wenn es nicht von Wichtigkeit wäre, dann würden sie es nicht wiederholen.

→ So kam aus der Vergangenheit der Geist eines Flugdinosauriers zu mir, der sagte: „Wir sind ausgestorben, weil..." Den Rest konnte ich nicht verstehen. Da erschien ein Engel und sagte dazu: „Wenn sie nicht ausgestorben wären, dann gäbe es euch Menschen nicht!" Die Dinosaurier sind genauso unsere Vorfahren wie alle Lebewesen, die vor uns da waren. Und auch ihre Kräfte bestimmen unser Leben. Sie waren sehr dominant auf der Erde und damit auch egoistisch. Der Dinosauriergeist kam nicht ohne Grund zu mir und genau zu dem Zeitpunkt, da ich dieses letzte Kapitel schrieb. Ihre Kräfte sind in uns. Wir Menschen sind jetzt die Dominanten und egoistisch. Darum müssen wir aufpassen, dass es uns nicht so ergeht wie den Dinosauriern. „Da hast du recht", erwidert ein Heiliger zu diesen Gedanken und der Engel sagt: „Ihr könnt umkehren!" Die Dinosaurier hatten nicht das Bewusstsein erlangt, dass es ihnen ermöglicht hätte, ihr Leben bewusst ändern zu können. Wir Menschen jedoch können das!

→ Der Engel ließ mich im Geiste die nahe Zukunft sehen: Ich sah die Erde. Alle Pflanzen und Bäume verbrannten, vertrockneten sehr, sehr schnell unter großer Hitze, fast so heiß wie das Feuer. Es war die Hitze der Sonne. Alles Wasser verdunstete. All dies geschah sehr schnell. Kein Mensch und vermutlich kein Tier oder jegliche Pflanze wird das überleben können. „Das wird geschehen, wenn ihr nicht umkehrt", waren die letzten Worte des Engels.

Wenn niemand überleben wird von der großen Vielfalt des Lebendigen aus einer Entwicklungsgeschichte von 4 Milliarden Jahren, dann ist das sicher das Traurigste, was wir Menschen von unserem Dasein in nur 100.000 Jahren auf der Erde übrig gelassen haben. Was haben wir bis jetzt gelernt? <u>Was ist jetzt wichtig</u> - Neues zu lernen?

→ Die Heiligen sagen: „Das, was hilft, ist Bewusstsein." Wer hat uns Menschen den Namen „Mensch" gegeben? Kann der Affe sagen: „Ich bin ein Affe."? Wir Menschen können uns selbst sehen, uns in unseren Handlungen beobachten und bewusst etwas dazulernen und ändern. Diese Gabe ist ein großes Geschenk des Lebens, das wir bewusst annehmen sollten. Die Engel und Heiligen beobachten unsere Handlungen von allen Seiten. Da wir fast alle nicht erkennen können, was die Auswirkungen unserer Taten sind, warnen sie uns rechtzeitig. Es sind keine Drohungen, es sind Warnungen aus Mitgefühl und aus Liebe. Ich hoffe, dass wir Menschen in der Zukunft sagen werden: Zum Glück haben die Heiligen uns gewarnt, denn wir konnten es nicht selbst erkennen. Mit ihrer Hilfe haben wir den Schritt in ein neues Leben geschafft. Nun können wir im Frieden leben. Wenn wir die Hilfe der geistigen Welt, der Engel und Elementarwesen nicht bräuchten, dann würden sie nicht in Erscheinung treten!

→ Wir Menschen sind das Ende der Entwicklung aller Lebewesen vor uns und haben nun die Möglichkeit der Weiterentwicklung des Lebens auf Erden. Nutzen wir die Chance, die wir jetzt haben und nehmen wir mutig die Verantwortung an, die uns anvertraut wurde. Die Engel rufen: „Warte nicht zu lang! Die Zeit drängt!" Mehr können sie im Moment nicht tun, als uns zu warnen. Beginnen wir jetzt, unser Leben zu ändern.

Die Veränderung besteht darin, Frieden zu schließen, zu vergeben und mitzuhelfen bei der großen Erdheilung, Reinigung der Natur, Renaturierung uvm. – mitzuhelfen, um ein Leben in einer großen Gemeinschaft in Harmonie unter uns Menschen und mit der Natur gemeinsam führen zu können.

Die Elementarwesen fragten mich immer wieder eindringlich: „Hilfst du uns?" Als ich es das erste Mal hörte, wollte ich mit einem Ja antworten, aber in mir war der Widerstand so groß, dass ich es nicht herausbringen konnte. Immer wieder fragten sie und so musste ich mir das Problem erst anschauen. Es waren die Kräfte der Vorfahren in mir, die Krieg geführt hatten gegen viele Menschen und die Natur. Das Krieg führen drückt sich heute im Egoismus innerhalb der „Gemeinschaft" aus. Dieselbe Kraft des Nicht-Vergebens und der Bestrafung wurde auf diese Weise an uns Nachkommen weitergegeben. Solange wir egoistisch und kämpferisch durch die Welt gehen und versuchen uns durchzusetzen und die anderen unter Kontrolle zu halten oder um Macht auszuüben – solange ist der Krieg nicht beendet. Dann ist noch nicht allen vergeben worden. Wenn wir gewillt sind, von ganzem Herzen allen anderen, einschließlich der Natur, zu helfen, dann leben wir im friedlichen Miteinander und der Krieg ist beendet.

→ Die Naturgeister und Engel fragen uns alle im Namen der großen Gemeinschaft der Natur: „Helft ihr uns?" Sind wir gewillt, den Egoismus und den Krieg, das Gegeneinander, das Karma der anderen zu beenden und das Schicksalsrad in eine andere Richtung zu drehen? Sind wir bereit, die Verantwortung für die Vergangenheit unserer Vorfahren, der Pflanzen, der Tiere und Menschen zu übernehmen? Wenn ihr Widerstand spürt, dann lasst die Liebe größer sein. „Ändere jetzt!", sagt ein Heiliger dazu. Wenn wir auf den alten Pfaden der kriegerischen und egoistischen Vorfahren weitergehen, dann haben wir keine gute Zukunft vor uns. Im Grunde haben wir keine andere Wahl, als uns für diese große Verantwortung zu entscheiden.

→ Unter diesen Voraussetzungen dachte ich an einem Morgen an die Wale und daran, was die Nixen sagten: „Unsere Wale sterben!" Da erschien mir im Geiste ein Indianerhäuptling. Er sagte in tiefer Traurigkeit: „Wir sterben auch aus." Unsere nahesten Vorfahren sterben. Es sind diejenigen, die im Kontakt mit der Natur leben und die Elementarwesen (die Naturgeister) anrufen. Sie rufen die Naturgeister an, wenn sie Hilfe von ihnen brauchen.

Jetzt leben wir in einer Zeit, da nehmen die Naturgeister zu uns Menschen den Kontakt auf und rufen uns zu: „Rettet unsere Erde!" Nun sind wir alle in Not, sogar die Geister. Also müssen wir uns zusammentun und gemeinsam die Erde retten.

→ Auch eine große geistige Frau mit sehr heller Energie erschien mir. Sie lebt in einem der Urregenwälder und wollte von mir wissen, was sie den anderen für eine gute Nachricht überbringen kann?! Sie ist nicht die einzige auf der Erde, die mich dies aus einer großen Not heraus fragt. Was soll ich ihr und den anderen guten Geistern antworten? Es liegt nicht an mir allein, die Welt zu retten. Ich kann euch nur darum bitten, so wie mich die Elementarwesen bitten. Was antwortet ihr?
Antworten wir hoffnungsvoll!

Auf Juist gibt es einen heiligen Ort, an dem eine Energie des Feuers der Liebe brennt. Wenn ich mit einer Gruppe Menschen dort ankomme, um dort mit den Energien und Elementarwesen im Kontakt zu sein, dann schüren die Geister das Feuer. An manchen Tagen war das Feuer recht klein und ich verstand nicht warum. An einem Tag, an dem ich sehr deprimiert war, ging ich zu diesem heiligen Ort und verweilte. Es dauerte lange, bis ich gute Gedanken für die Zukunft finden konnte. → Als es mir gelang, entfachte das geistige Feuer der Liebe. Sie machten mir bewusst, dass das Feuer durch die Hoffnung am Brennen bleibt – durch die Hoffnung auf uns Menschen, auf die Liebe, auf unser Erwachen, auf dass es alles gut wird - für jeden.

→ Das, was mir Hoffnung macht, ist eine Zukunft, die mir von der geistigen Welt gezeigt wurde – wenn wir umkehren und eingesehen haben, dass wir unser Verhalten und unsere Einstellung ändern müssen. Mir wurde auch gezeigt, dass kleine Lichtteilchen aus dem Universum auf die Erde herunterkommen. Mit jedem Lichtteilchen kommt das Bewusstsein und das Wissen über das Leben, Weisheit und viel Liebe. Ich sah, dass sich Seelenpartner finden werden und sich dadurch immer mehr Harmonie unter uns Menschen ausbreitet. Immer mehr Licht kommt auf die Erde, bis alles von Licht erfüllt ist, bis wir alle eins mit der Liebe und dem Leben sind. Das sah ich so real, wie ich hier und jetzt da bin. Jetzt weiß ich, dass es so kommen kann, aber nur, wenn wir Menschen uns auch für das göttliche Gnadenlicht, für die geistige Welt mit ihren Helfern und für die Liebe öffnen. Dies geschieht, wenn wir der geistigen Welt Vertrauen entgegenbringen, uns bewusst sind, dass wir dort Helfer haben und Hilfe bekommen können. Sie und das Licht werden sich uns nicht aufdrängen, weil es nicht dem Wesen der Liebe entspricht. Sie brauchen von uns ein JA – dass wir die Gnade der Liebe wollen – und Frieden.

Ich hoffe, dass wir Menschen alle diese Kehrtwende schaffen. Die Elementarwesen, die Indianer, die Heiligen, die Engel, die Tiere und die Pflanzen, die Bäume hoffen auf uns! Auf uns und unseren Wunsch nach Liebe und Frieden. In dieser Hoffnung, mit der wir die Kraft, das Feuer der Liebe bestärken, sah ich eine weitere Zukunftsvision: Ich sah sehr viele Menschen mit einem neuen Bewusstsein, mit einer neuen Sichtweise den Elementen gegenüber, wie sie an den Küsten stehen, dem Meer entgegenschauen und dies lebendige Wesen Wasser mit Dank und Liebe segnen – und damit das Wasser wiederbeleben, sodass die Geister der Meere wiedererwachen können und das Leben im Meer neu beginnen kann. Was für eine wunderbare Zukunft wartet auf uns – wenn wir sie wollen, anstreben und alle mitmachen.

Und auch so kann die Zukunft von uns Menschen aussehen:
→ Vor einiger Zeit erschien mir ein Lichtwesen. Sie war pures, reines Licht. Sie erschien in einem goldgelben Lichtkreis und war umgeben von einem weißen Lichtkreis. Dieses Wesen übertrug die Energie dieser zwei Lichtkreise auf mich. Es war ein Schutz voller Liebe. Ein Segen der höchsten Gnade. In der Zukunft könnten solche Begegnungen zu unserem Alltag gehören – für jeden! Denkt nicht, dass diese Zukunft weit entfernt ist. Ich erlebe sie jetzt und wenn sie mir erscheinen, warum dann nicht auch euch?!

→ Erinnert ihr euch, als mir der Zentaur mit seinem Stab der Gerechtigkeit erschien? Da sah ich im Hintergrund Pegasus, das weiße Pferd mit den Flügeln. Er hielt sich zurück, weil ich für seine Energien noch nicht bereit war. Einige Zeit später kam dieses gütige, heilige Wesen noch einmal. Ich sollte ihm im Geiste folgen. Das tat ich so gut ich konnte und durfte wieder in die Zukunft schauen. Eine unglaubliche Natur sah ich, mit einer Vielfalt, die ich in noch keinem der schönsten Naturfilme gesehen hatte. Viele verschiedene Schmetterlinge flatterten umher in einem bunten Treiben von Blumen und Tieren. Alles strahlte Licht aus und war umgeben von Licht, Schönheit pur. Und eine frisch gepflanzte Baumfrau blickte mich sehr glücklich an.
Ich will diese Zukunft! Die Elementarwesen, Engel und Heiligen, die Pflanzen und Tiere, die lebendigen Elemente wollen das! Was wollt ihr? Nur gemeinsam können wir diese Zukunft verwirklichen.

Die Zukunft könnte heißen: Der erleuchtete Planet.
Das Leben auf Erden ist anstrengend. Es bedeutet, volle Verantwortung zu übernehmen für sein eigenes Leben und für die Gemeinschaft im

bestmöglichen Sinne – weise. Es geht ums Überleben – täglich. Erleuchtung, das Göttliche zu finden, ist die bestmögliche Lösung und die leichteste Art zu überleben – ewig. Dafür müssten wir auch etwas tun – gleichwertig geben und annehmen. Und den Wandel in Liebe wollen. Das Göttliche und Erleuchtung ist nichts Unerreichbares, denn Erleuchtung finden wir, wenn wir beide Seiten miteinander verbinden. Erleuchtung ist ein Leben der Einheit mit allen in Liebe. Es ist Miteinander auf allen Ebenen des Daseins mit allen Lebewesen, mit dem ganzen Leben. Erleuchtung hat nichts mit Egoismus zu tun. Das vollkommene Glück, Glückseligkeit kann nicht mit Egoismus erreicht werden. So gibt es ein bisschen und vollkommene Erleuchtung. Ein bisschen und vollkommenes Glück. Das ist für jeden möglich, der es will. Wir haben mehr Glück, wenn wir mit den Engeln, den Heiligen und den Elementarwesen, mit den Energien des Himmels, des Lichts, den Außerirdischen und der ganzen Natur gemeinsam die Zukunft erschaffen im Hier und Jetzt – denn wir haben „nur" das, was wir jetzt haben. Darum braucht es bewusste Entscheidungen. Dabei können uns diejenigen mit höherem Bewusstsein helfen.

Um bewusste Entscheidungen treffen zu können, benötigen wir die Wahrheit. Wenn wir verstehen, worum es geht und was es bedeutet, dann sind wir uns dessen bewusst und haben eine zweite Möglichkeit, die uns besser erscheint, logischer ist, leichter, gesünder, usw. Dann sind wir bereit, etwas zu ändern und entsprechende Entscheidungen zu treffen. Dank der Elementarwesen, Engel und Heiligen, die immer dabei helfen, die Wahrheit herauszufinden, habe ich etwas Grundlegendes verstanden:

Ihr erinnert euch, dass mich die Undine einer Quelle besuchte? Sie schenkte mir einen Krug aus dem Wasser floss. Ich sollte über die Quelle meditieren. → Was ist die Quelle der Quellen? Wo wird die Quelle gespeist? Verfolgen wir das Wasser zu seinem Ursprung. Es ist ein Kreislauf vom Regen des Himmels, der sich in der Erde sammelt zu einer Quelle der Bäche und Flüsse, die zum Meer fließen. Indem Feuchtigkeit durch Verdunstung zum Himmel aufsteigt, entstehen die Wolken und Regen. Einer speist den anderen. Einer nährt den anderen. Die Quelle ist das Miteinander, das Füreinander-dasein und das Weitergeben und Teilen des Lebens. Miteinander ist die Quelle des Lebens. Alles ist Eins.

→ Einige Zeit nach dem Besuch der Undine erschien mir im Geiste große Vogelwesen. „Wir kommen aus der Ferne", sagten sie und ließen meinen Blick in die geistige und gleichzeitig reale Welt schweifen. Ich sah Sonnenuntergänge und die Erde aus der Vogelperspektive. Das tat sehr gut! Ein Vogelwesen legte mir einen Kranz auf den Kopf und steckte eine weiße Feder daran. So fühlte ich mich wie ein Indianer, der in die Weite blickte –

in die Zukunft? Ich versuchte zu erspüren, was der Kranz und die Feder bedeuteten, aber ich war innerlich blockiert und konnte es nicht erkennen. Am nächsten Tag erschien mir in der geistigen Welt ein Indianerhäuptling mit einem großen, wunderschönen Federkranz auf dem Kopf. Ich verstand immer noch nicht die Bedeutung. Sie sagten: „Beobachte den Häuptling." Er tanzte mit dem Federkranz auf dem Kopf um ein Feuer herum. Die Anrufung der Geister. Ja gut, das kannte ich schon, dass ich mit den Geschenken der Elementarwesen entsprechende Geister rufen kann. Also das war noch nicht die Antwort. Nach einer Weile sagte der Häuptling zu mir: „Für das Volk." Die Anrufung der Geister ist nicht für mich alleine, sondern für das Volk!
Die Elementarwesen sagten mir schon zuvor, wenn ich ein Geschenk von ihnen erhielt, dass ich dabei an meine Aufgabe denken soll – die Welten miteinander zu verbinden. Und immer wieder geschieht dann das Gleiche. Widerstand regt sich in mir, der mich dann derart blockiert, dass ich manchmal gar nichts mehr denken kann. Ein Teil in mir wollte nicht für die anderen da sein und nichts für das Volk tun, obwohl ich ja schon viele Jahre Qi Gong-Stunden und vieles andere in Gruppen weitergab. Aber das ist eben nicht das Volk, sondern nur ein ganz kleiner Teil davon. Ein Heiliger sagte: „Dein Ich (Ego) ist stark."
Auf der Suche nach Wahrheit fand ich den Ursprung in meiner Kindheit, als ich von den anderen Kindern in der Schule (dem Volk) ausgeschlossen wurde. Durch die Trennung entstand in mir Widerstand zum Volk. Gleichzeitig war es nicht nur mein persönlicher Widerstand, sondern auch der unserer Vorfahren in mir, die sich für Krieg und das Gegeneinander entschieden hatten. Mögen wir alle ihnen vergeben, sodass alle weitergehen und alle am Frieden teilhaben können.
Der Widerstand ist ein starkes Ich (Ego). Und nun? Der Heilige half nach: „Das ist deine Aufgabe." - dieses Problem zu lösen. Vielen Dank, gibt es noch ein größeres Problem?! Das starke Ich ist das Problem aller Probleme. Wo auch immer der Ursprung liegt, bei unseren Vorfahren im Tierreich geht es um das Fressen und Gefressen werden. Das ist Ablehnung und Trennung. Wir Menschen reagieren darauf mit Wut, Hass, Neid, Eifersucht, Traurigkeit, Angst und Egoismus. Alles was wir tun hat Auswirkungen auf die anderen. Wir sind und bleiben miteinander verbunden – wütend oder liebevoll. Eine Gemeinschaft, die Krieg führt oder eine Gemeinschaft, die füreinander da ist. So ist doch alles, was wir tun, ein Tun für das Volk – für das eine oder andere Volk. Damit trennen wir uns immernoch von anderen und letztendlich auch von der Natur.
Wenn wir sagen: Ich lebe für mich, ich arbeite für mich, ich verdiene das Geld für mich, ich praktiziere Yoga und Meditation nur für mich – stimmt

das? Wir leben in einem Kreislauf des Gebens und Annehmens. Zu nehmen ist nicht so gut, weil es zu egoistisch ist. Besser ist das Annehmen oder Empfangen, denn dann <u>bitten</u> wir um etwas. In dieser Stunde bin ich die Quelle für die anderen und in der nächsten Stunde schöpfe ich von der Quelle der anderen.

Der Ich-Gedanke ist eine Illusion. Es ist ein Gedanke, der von einem Lebensgefühl herrührt, dem Gefühl von Trennung und Ablehnung. Die Wahrheit ist aber, dass wir nie ganz getrennt sind von den anderen, weil wir uns in einem Kreislauf des Lebens befinden. Wer an Suizid denkt, der <u>denkt</u>, dass er dadurch endgültig vom Leben getrennt wird. Die Wahrheit ist, dass er vom Leiden getrennt sein will und die Liebe sucht. Der Körper wird abgegeben, zurück an die Erde. Die Seele geht ein in die geistige Welt und in ihren Ursprung zurück – mit allen Erinnerungen. Nichts ist jemals vollständig zu trennen. Je weniger eine Trennung mit Liebe geschieht, umso größer ist das Leiden. Je mehr wir in Liebe zueinanderkommen, um so weniger leiden wir, umso größer ist die Liebe, um so verbundener fühlen wir uns. Die Wahrheit ist, dass wir vollkommen miteinander verbunden sind. Wir entscheiden, ob mit wenig oder viel Liebe.

Wenn wir also dem illusionären Ich-Gedanken folgen, dem nur-für-mich-Gedanken, dann leben wir ein Leben der Trennung und leben also nicht (ganz) für das Volk. Mit Krieg und mit der Zerstörung der Natur zerstören wir das Menschenvolk und das große Volk der Erde, die große Gemeinschaft. Das ist der große Suizid, ein Völkersuizid. Wir brauchen die Einsicht, dass es anders besser ist.

→ Die Einsicht, dass es besser ist, nicht mehr egoistisch zu denken und aufhören, daran zu glauben, dass wir nur für das Ich handeln (können). Wir brauchen die Einsicht, dass es besser ist, gemeinsam das Leben zu entdecken und zu erhalten. Die Einsicht, dass es besser ist, sich für die Liebe zu entscheiden und damit für das Volk – für jedes Volk! Dass es besser ist, zu teilen mit den anderen und zu verzichten, um das Gleichgewicht wiederherzustellen – für alle.

Im Laufe der Tage und Wochen, in denen ich mich mit dem Widerstand in mir beschäftigte, um mich bewusst für das Volk entscheiden zu können, kam das Vogelwesen noch einige Male zu mir. Er steckte mir immer dann eine Feder an den Kranz auf meinem Kopf, wenn es mir gelang, mich bewusst zu entscheiden, nicht nur für mich zu leben. Stattdessen Schritt für Schritt immer mehr für das Volk zu leben, für die anderen Menschen und die anderen Lebewesen, für die Tiere, die Pflanzen und Bäume, für die Elementarwesen, für die Liebe.

Ich zähle das bewusst einzeln auf, denn es ist ein Unterschied, ob wir uns nur für das Miteinander mit Menschen entscheiden oder die Tiere und die Pflanzen miteinbeziehen. Und es ist ein weiterer Unterschied, wenn wir auch die Elementarwesen miteinbeziehen und für die Kraft der Liebe leben. Wir alle sterben, wenn wir die Lebenskraft aufgebraucht haben. Für wen oder was verbrauchen wir die Lebenkräfte? Sind wir nicht alle dankbar, wenn sich jemand für uns aufopfert, uns hilft, uns etwas gibt, damit wir leichter, besser und gesünder leben können?! Wie anstrengend ist es doch, seinen Egoismus durchzusetzen?! Der Widerstand in mir löste sich immer dann viel leichter, wenn ich mich für die Liebe entschied.

Wenn wir uns dafür entscheiden, dass die Liebe größer sein soll als das, was das Leiden verursacht, dann ist alles gut! Es ist die Liebe zum Wir. Einseitige Liebe ist keine Liebe! Es gibt kein Ich! Das, was wir Ich nennen, haben wir alles von den Vorfahren und anderen bekommen. Das, was wir als Ich bezeichnen, ist das Bewusstsein, das dieses Geschehen beobachtet. Aber auch Bewusstsein ist nicht das Ich, sondern ein Teil des großen Lebens.

→ Die Elementarwesen leben bewusst zum Wohl der Gemeinschaft, für das Volk. Je mehr wir Liebe und Gemeinschaftsleben erfahren dürfen, um so friedlicher und liebender können wir uns entwickeln und um so mehr leben auch wir zum Wohl der Gemeinschaft. Die Elementarwesen lassen uns die Gefühle von Liebe und gemeinschaftlichem Miteinander erfahren. Sie sind kostbare Helfer, damit wir einen Wandel schaffen können.

→ Bäume tun uns Menschen so gut, weil sie friedlich sind. Wir haben mit ihnen nichts zu befürchten. Sie tun uns so gut, weil sie die Kräfte der Vorfahren der Bäume in uns wecken – die friedlich sind! Bäume erinnern uns an den Frieden - den wir in uns haben. Wir sind von Natur aus friedliche Wesen – die Bäume und wir Menschen.

Weihnachten, zum Beispiel, ist ein Fest des Friedens und der Liebe in und für die Gemeinschaft. Weihnachten ist die Erinnerung an einen Heiligen - Jesus, der versucht hat, Liebe und Frieden in uns Menschen zu wecken. Weihnachten ist sein Geburtstag. Der Geburtstag ist ein Moment, in dem ein Lebewesen in der Gemeinschaft erwacht und von ihr aufgenommen wird. Geburtstage und Weihnachten erinnern uns an Verbundenheit und Miteinander.

→ Warum, im Namen der Liebe, meinen wir Menschen auf der ganzen Erde, dass wir an diesen wunderbaren Tagen ein Leben opfern müssen?!! Zumindest ist das eine Tradition in sehr vielen Ländern. Weil einer geboren wurde, geben wir jedes Jahr unendlich viele Opfer. Nicht ein Mensch opfert sein eigenes Leben. Nein, es ist noch viel schlimmer. Wir Menschen opfern

andere Lebewesen, ob sie es wollen oder nicht. Wir töten und trennen diese Lebewesen aus der großen Lebensgemeinschaft. Ist das Weihnachten?? Für ein Fest, der Liebe zu Ehren, töten wir andere – furchtbar viele Tannen-Bäume (in zweistelliger Millionenhöhe nur in Deutschland) oder Lämmer – Babys, die gerade erst in diese heilige Gemeinschaft aufgenommen wurden. Was ist heilig? Das Töten?
Jesus hat sich nicht geopfert. Er wurde getötet. Sagt mir, wenn es ein Opfer gewesen wäre, was ist dabei herausgekommen? In Israel ist ununterbrochen Krieg. Am Geburtstag von Jesus werden jedes Jahr unendlich viele Millionen Bäume, Lämmer, Gänse und Puten getötet. Leben wir immer noch in einer Zeit, in der wir tatsächlich glauben, dass jemand getötet (geopfert) werden muss, für...? Für was? Damit wir im Frieden und mit Liebe leben können? Können wir denn besser im Frieden leben und die Liebe erfahren, wenn wir gerade jemanden getötet haben? Wir töten und denken, dass wir damit die Liebe stärken und den Zusammenhalt? Mit wem?

→ Heute, da ich dies schrieb, ist der 20. Dezember 2017. Es ist kurz vor Weihnachten. Vor ein paar Tagen kam der Geist einer Tanne zu mir. Wie soll ich seine Gefühle beschreiben, an denen er mich teilhaben ließ? Stellt euch vor, ihr wisst, dass ihr zu Weihnachten geopfert (getötet) werdet, damit eine kleine Familie Mensch vor einem toten Baum sitzen kann. An diesem Baum hängt lauter Klimbim, der in der Herstellung und Entsorgung der Natur schadet. Was soll das? Ich glaube, wir Menschen sind blind geworden für die Wahrheit und blind in unseren Herzen, dass wir das nicht erkennen und fühlen können. Und was hat das mit dem friedlichen Heiligen Jesus zu tun, denn es ist <u>sein</u> Geburtstag? Würde <u>er</u> das alles wollen? Ihr braucht es nicht zu erklären, schaut euch einfach nur die Wahrheit an. Was sage ich jetzt dem Geist der Tanne? Was sagen wir den Tannen-Bäumen und den Lämmern, den Puten und Gänsen? Ihr müsst sterben, weil vor 2000 Jahren ein sehr lieber und besonders friedlicher Mensch geboren wurde? Sagt es ihnen selbst - Auge in Auge - den lebendigen Bäumen und Lämmern. Sie sind sich dessen bewusst, was Tod bedeutet - die Trennung vom Leben und Ablehnung. Schaffen wir uns damit Freude, Liebe und Frieden? Denn das bedeutet Freunde zu haben. Das ist Geburtstag und das ist Weihnachten.

→ Die Natur ist unser Freund.
Sie gibt uns Nahrung und alles, damit wir geschützt sein können vor den starken Elementen. Sie weckt unsere Freude und beschenkt uns mit ihrer Schönheit, die uns erblühen lässt. Die Natur ist pure Medizin für uns alle,

für unsere Emotionen, unseren Körper und unser geistiges Wohl. In der Natur können wir entspannen, loslassen, zur Ruhe kommen und vor allem weckt sie die Lebensfreude und Kraft in uns.

* Wenn wir einem Menschen begegnen, der uns so reichlich beschenkt, den nennen wir einen Freund. Wann trauen wir uns, die Natur als unseren größten Freund anzuerkennen? - Den besten, den wir je hatten!
* Wann beginnen wir, für unsere vielen Freunde (die Natur) selbst auch Freund zu sein?
* Jeder Einzelne von uns ist sicher kein direkter Feind, aber sind wir bewusst ein Freund der Natur? Wieviel Beachtung und Anerkennung schenken wir den anderen Lebewesen? Einen Freund verehrt man schon allein mit seinem Blick.
* Holen wir unseren vielen Müll aus der Natur? Einem Freund hilft man in der Not.
* Bei einem Freund bedankt man sich. Wann haben wir uns das letzte Mal bei der Natur, den anderen Lebewesen, bedankt? - Denen wir <u>unser Leben</u> verdanken und <u>alles,</u> was wir haben!
* Streben wir ein Miteinander an mit diesen Freunden? Warum nicht? Wenn ein Mensch uns ein Freund ist, können wir von ihm nicht genug bekommen.
* Wenn wir jemandem begegnen, der uns freundlich gesinnt ist, dann zeigen wir Interesse an ihm. Wir fragen, woher er kommt, was er so tut und wie es ihm geht. Als ihr das letzte Mal die Natur eingekauft habt (Lebensmittel und andere Dinge), habt ihr da diese Fragen gestellt? Woher kommt das Gemüse oder Tier? Wie haben sie gelebt? Wie fühlten sie sich in ihrem kurzen Leben?

→ Wir alle brauchen Freunde für ein glückliches, zufriedenes Leben und um überleben zu können. So geht es auch den anderen Lebewesen. Sie brauchen uns als Freund. Es fühlt sich gut an, Freunde zu haben und genauso gut fühlt es sich an, wenn wir jemand anderem ein Freund sind.

→ Ein Freund für die Natur zu sein, könnte so aussehen:
Wir könnten alle die Natur zu Weihnachten beschenken und einen Baum pflanzen oder auch einer anderen Pflanze oder Blume das Leben schenken. Alle gemeinsam könnten wir einen Misch-Wald wieder aufforsten. Oder einem Tier etwas zu essen geben. Eine gute Tat am Tag tun, z.B. mit der gesamten Familie unterwegs sein und mit den Kindern gemeinsam schauen, was wir Gutes tun können. Was für Glückseligkeit bringende Weihnachtstage wären das - für alle und nicht nur für eine kleine Familie, die traurig neben einem toten Baum sitzt und sich streitet! Denn so höre ich es von vielen zu Weihnachten. Genau an diesem Tag, denn der steht

fest im Kalender, unwiderruflich, stehen wir Menschen uns selbst im Weg, weil wir an diesem Tag im Frieden und mit Liebe leben müssen, denn es ist ja ein Fest der Liebe. Da wir keine Maschinen sind, sondern lebendige, natürliche Wesen und die Natur spontan ist, ist es schier unmöglich für die meisten, diese Zwangsmaßnahme in die Tat umzusetzen – egal wie es uns geht, heute ist Weihnachten!

Wir haben die Möglichkeit, jeden Tag etwas Gutes zu tun, Frieden zu schließen, Bäume zu pflanzen, Freude am Miteinander zu haben und andere zu segnen – 365 Tage im Jahr. Ich könnte mir vorstellen, dass dies der Wunsch von Jesus ist und der Wunsch vieler Menschen, der Lämmer, Gänse, Puten und Tannenbäume. Es ist auch der Wunsch der Elemente und der Elementarwesen.

→ Vielleicht könnten wir uns für das nächste Jahr vornehmen umzudenken, anders zu denken als gerade eben noch. Oder eine andere Sichtweise zu finden, vielleicht die Sichtweise unseres Gegenübers. Ein neuer Schritt könnte auch sein, umzukehren, weg von dem Gewohnten, das uns allen schadet, weg vom Egoismus und stattdessen den Weg der Liebe beschreiten zum Besten für uns alle. Wir könnten versuchen, etwas zu schweigen und das Stillsein zu üben, besonders dann, wenn jemand nicht friedlich ist. Wir könnten uns vornehmen, die Liebe größer sein zu lassen als jede Versuchung.

Es gibt so viel Gutes, was wir uns vornehmen können für das neue Jahr. Das neue Jahr beginnt jetzt! Wenn wir den Kalender beiseite legen, sehen wir das Leben an. Es existiert nur das Jetzt. Was können wir Gutes tun für andere Menschen und die Natur? Wenn wir der Natur helfen, dann ist es auch gut für uns Menschen.

Nachdem ich schon häufiger versucht hatte, auf Schokolade zu verzichten, fing ich dennoch immer wieder damit an, wenn ich gestresst war. Oder irgendwann ist es dann wieder der leckere Geschmack, der einen zieht. Für Kakaobäume werden Ur-Regenwälder gerodet, wenn es keine Bioschokolade ist. Die Bäume werden stark mit Pestiziden besprüht. Das geschieht manchmal sogar während der Ernte, wenn sich Menschen in den Plantagen aufhalten. Es gibt auf diesen Monokulturplantagen noch viele Kindersklaven. Da ich nur Bioschokolade gegessen hatte, brauchte ich mir eigentlich keine Gedanken zu machen. Das Problem ist, dass Schokolade kein Grundnahrungsmittel ist. Wir werden immer mehr Menschen auf der Erde und brauchen entsprechend viele Nahrungsmittel. Für diese Grundnahrungsmittel fehlt es an Anbaufläche, wenn dort Kakaobäume stehen. Darum werden immer mehr Wälder vernichtet. Wälder, die wir dringend benötigen. Denn die Wälder halten das Klima im Gleichgewicht, reinigen die

Luft, haben viel Medizin und tun für uns alle viel Gutes mehr. Und obwohl ich mir dessen bewusst bin, konnte ich bisher nicht endgültig den Absprung schaffen und mich von der Schokolade trennen. → Da sagte wieder ein Heiliger: „Lass die Liebe größer sein." Meine Liebe war immer noch zu egoistisch geprägt. Also meditierte ich über die Liebe in Verbundenheit mit den Wäldern und mit allem, was Schokolade für Auswirkungen hat. So saß ich da im Bewusstsein dessen und in Verbundenheit, gleichzeitig mit dem Willen, dass die Liebe in mir größer sein soll und ließ dies alles einfach eine ganze Weile auf mich wirken. Ich kann nicht sagen, dass ich irgendetwas Spezielles oder eine kleine oder größere Veränderung in mir fühlen konnte. Irgendwann beendete ich die Meditation und tatsächlich habe ich nun eine unglaubliche innere Haltung der Überzeugung in mir, die mich davon abhält, Schokolade zu kaufen und zu essen.

Ich bin ganz fasziniert davon, wie einfach es war, eine Kehrtwende in mir hervorzurufen. Zuvor hatte ich mich so sehr damit gequält, auf das zu verzichten, was ich doch so gerne mag. Das ist jetzt vorbei, einfach so, nach einer kurzen Meditation über die Liebe. Lass die Liebe größer sein! So stark ist die Liebe - die größte, unentdeckte Kraft. Wenn wir aus Liebe verzichten, dann ist es kein Verzicht mehr! Es ist nicht mehr zehrend und nicht anstrengend.

Die Liebe hat meinen Egoismus gewandelt. Die Gier und Sucht nach Schokolade ist nicht mehr stärker in mir als die Liebe zur Natur, zur Gemeinschaft und unseren vielen Freunden dort. Es fühlt sich gut an. Ich fühle die reine Kraft der Verantwortung in mir. Leider ist noch die Erinnerung an den Geschmack der Schokolade vorhanden, aber sie steht nicht mehr im Vordergrund. So werde ich also noch weiter über die Liebe meditieren. Mal sehen, was noch alles möglich ist durch die Wandlung von den Kräften der Liebe.

Fernsehen ist auch ein Suchtmittel. Wieder einmal hörte ich nicht auf die Elementarwesen und Heiligen und saß absolut stoisch vor dem Computer, um nach einem interessanten Dokumentarfilm zu suchen. Egal wer so heilig und Besonderes in meinem Zimmer erschien – ich blieb stur. Hilfe! Da erschien mir gegenüber Jesus im Raum. Ich sah ihn sehr deutlich mit seinem weißen Gewand und spürte seine sanfte Ausstrahlung. Nix da, ich schaute schnell wieder auf den Bildschirm und versuchte, meine Beschämtheit zu verstecken, indem ich ihn ignorierte. Er sagte: „Glaubst du nicht, was du siehst?" Es arbeitete in mir. Dann stand er neben mir. „Du bist schwach", meinte er und hatte leider sehr recht. Wohl aus Trotz hörte ich nicht auf, in das Gerät zu starren. Das war ein sehr beeindruckendes Ego, aber nicht beeindruckend genug. Ich spürte Jesus hinter mir und von einer Sekunde auf die nächste schaltete ich den Computer aus – und das mit einer absoluten Selbstverständlichkeit und Sicherheit, vollkommen selbstbewusst. Das konnten selbst die Elementarwesen kaum glauben. Jesus sagte: „Meine Liebe macht dich stark."

Keine Schokolade mehr und kein Fernsehen – dies sind meine Vorsätze ab dem 21.12.2017. Heute beginnt ein neues Jahr. Aber nicht nur an diesem Tag, sondern wann immer wir erkennen, was schädlich für uns alle ist, ist es notwendig, bestmöglich darauf zu verzichten. Es gibt einiges, worauf wir unbedingt verzichten sollten, auch wenn es „wehtut".

Zum Beispiel: Ich gebe auf Juist einen Entspannungsabend mit Klangschalen für Menschen und für manch ein Elementarwesen. Auch sie brauchen Ruhe und Entspannung und schöne heilsame Klänge. „Der Geist braucht Ruhe." Diesen „Abend der Ruhe" hatte ich auf CD aufgenommen, weil viele Menschen sehr gestresst sind. Von den Einnahmen ließ ich bei dem Verein „plant-for-the-planet" je CD einen Baum pflanzen. CDs sind nicht umweltfreundlich, bringen aber in diesem Fall einen guten Nutzen. Darum als Ausgleich – der nicht ausreicht – ließ ich also Bäume pflanzen. Nun waren meine CDs fast alle verkauft und ich dachte, ich werde sie erneut aufnehmen, da sie gerne mitgenommen werden und ich auch zwei Bäume je CD pflanzen lassen könnte. In diese Gedanken versunken, sagte plötzlich ein Elementarwesen mit höherem Bewusstsein zu mir: „Tue es nicht!" Da ich nicht verstehen konnte warum, es erfüllt doch auch viele gute Zwecke, dachte ich also weiter an die Herstellung der CDs, bis die Wesenheit es wiederum sagte: „Tue es nicht! Die Ressourcen sind aufgebraucht!"

→ Ressourcen, das sind die letzten Reserven der Natur, die wir benötigen, um überleben zu können. Wenn es nichts mehr gibt, dann wird es die vielen schönen und notwendigen Dinge und (leckeren) Nahrungsmittel und wichtige Medizin und uns selbst alle sehr bald nicht mehr geben. Es sind keine Reserven mehr da. Wir haben alles verbraucht. Es ist nur noch das da, was da ist, nicht genug für die Zukunft und für den Notstand. Wir legen uns erspartes Geld für die Zukunft und für den Notfall beiseite. Wenn keine intakte Natur mehr vorhanden ist, dann nützt uns unser Geld auch nichts. Die Natur ist wichtiger als alles Geld der Welt. Sie ist die Basis für unser Leben.

Die Basis, das sind die anderen Lebewesen der Erde – die wir verbraucht haben. Wir haben das Leben der anderen genommen, um selbst überleben zu können. So ist das. Fressen und gefressen werden. Nur, dass wir Menschen uns überfressen haben. Wir haben Dinge erschaffen und immer wieder neu, die wir nicht zum eigentlichen Überleben benötigen. Dinge,

mit denen wir nur spielen, sie nur hübsch finden und sogar viel Hässliches damit tun. Dinge, die uns selbst die Energie (Kraft) rauben, von denen wir gestresst sind, die laut sind über die Maßen und mit denen wir dem gesamten Leben schaden und uns selbst. „Ihr (Menschen) braucht sehr viel", sagte mir ein Elementarwesen. Warum überhaupt brauchen wir Menschen so viel und die anderen Lebewesen dieser Erde nicht? Hat das Wesen recht mit dem, was es sagt? <u>Brauchen</u> wir wirklich so viel?
Nach der Begegnung und den eindringlichen Worten dieses sehr bewussten Elementarwesens beendete ich die Gedanken an die CDs und lasse sie nun nicht mehr herstellen. Damit fehlt mir eine gute und wichtige Einnahmequelle, um mein Überleben zu sichern. Seit ich mich selbständig gemacht habe, sind meine Einnahmen nicht mehr ausreichend. Dennoch komme ich zurecht, weil ich ein sehr bescheidenes Leben führe. Bei all dem teile ich trotzdem oder erst recht Geld mit der Natur. So spende ich auch die Hälfte der Einnahmen des Spaziergangs „Juister Kraftplätze" an die Organisation „Rettet den Regenwald" in ein Projekt, bei dem Regenwaldflächen gekauft und unter Naturschutz gestellt werden. Die Urbevölkerung kümmert sich dann weiter um den Wald. Dazu kommen mindestens 20 € pro Person von den Einnahmen meiner Naturseminare. Eine Journalistin fragte mich einmal: „Hast du denn noch für dich genug, wenn du so viel spendest?!" Ja, habe ich! Ich bin sparsam und kaufe nur das Notwendigste und nur das, was hoffentlich möglichst wenig der Natur schaden könnte und lange hält. Was hilft es uns, wenn wir viele Dinge haben, die mit viel Chemie hergestellt wurden, mit denen unser Grund- und Trinkwasser, die Nahrung und die Luft vergiftet wird? Am Ende fragen wir uns, was ist wirklich wichtig für unser Leben – die CD oder sauberes Wasser und Luft?! Wenn wir uns erst am Ende diese Frage stellen, dann ist es zu spät. Dann sind wir sehr krank oder sterben früh – wegen einer CD! Ob nun eine CD oder etwas anderes, wir können uns immer fragen, ob es wichtig und notwendig ist. Hören wir auf, Dinge zu kaufen, die nicht für das Überleben notwendig sind!!!   „Die Reserven sind aufgebraucht."

→ Die Heiligen sagen: „Weniger ist mehr." Je weniger wir haben, um so kostbarer ist es für uns und um so mehr wertschätzen wir es. Die Zeit, unser Leben, die Bäume und gesunde Natur. Nichts bleibt ewig, außer die Seele. Die eine Pflanze geht, hinterläßt einen Samen und eine neue Pflanze kommt ins Leben. Was säen wir Menschen? Was hinterlassen wir dem Leben? Kann die Natur etwas mit einem Handy oder Fernseher anfangen? Es kommt auf einen riesigen Berg Elektroschrott und dünstet dort seine giftigen Gase aus, während Kinder und andere sehr arme Menschen dort nach letzten brauchbaren Resten stöbern.

Es braucht manchmal seine Zeit bis wir begreifen, was das Wichtigste im Leben ist oder war. Viele Menschen entdecken es erst kurz vor ihrem Tod. Nutzen wir die Zeit jetzt, um zu begreifen.

Täglich erwache ich mehr und sehe, was ich die ganze Zeit hatte, aber nicht erkennen konnte. Täglich nehme ich auch meine Fehler wahr, sodass ich mein Verhalten ändern kann. Es macht sehr dankbar und die Demut wächst mit dem Erwachen durch die Liebe, die das Wichtigste im Leben ist.

→ Das Dasein der Engel, der Elementarwesen und Heiligen ist nicht selbstverständlich. So ist auch das Dasein eines jeden Tieres, einer jeden Pflanze und eines jeden Menschen nicht selbstverständlich. Die Natur - jede Biene, jeder Wurm und Fisch, jeder Baum und die vielen anderen sind genauso wichtig wie ein Menschenleben, die Arbeit, der Partner, das Kind und die Wohnung. Die Natur ist unsere Nahrung, Schutz und Freund. Die Liebe zur Natur, zu der wir Menschen gehören, ist das Wichtigste und erfüllt den höchsten Sinn des Lebens.

Es ist nicht schön, wenn wir <u>aufwachen</u> und erkennen, dass wir schon wieder der Natur und Freunden geschadet haben, mit dem was wir tun und was unseren großen Wünschen entspricht. Viele schlafen darum lieber weiter. Dennoch sollten wir den Mut aufbringen und hinschauen. Wagen wir erste Schritte und versuchen wir, unser Leben nach und nach so naturfreundlich wie möglich zu gestalten. Da findet sich immer etwas und es gibt mittlerweile jede Menge Möglichkeiten, etwas zu ersetzen, damit niemandem geschadet wird. Sehen wir nicht nur den Verzicht darin. Sehen wir, wieviel Gutes wir damit tun, für uns <u>und</u> für so viele andere! <u>Das</u> fühlt sich gut an!

Versuchen wir, nicht nur für unsere eigene kleine Familie zu leben, sondern so, dass eine große Familie, die größte, die es je gegeben hat, entstehen kann. Machen wir aus dieser Erde ein Paradies, wie es in einem Märchen geschrieben steht - denn das ist möglich! Bitte helft mit, das scheinbar Unmögliche möglich zu machen.

→ „Rette uns!", rief einmal ein Elementarwesen und ich schämte mich zutiefst, ein Mensch zu sein. Da sagten die Heiligen: „Schäme dich nicht." Schauen wir nach vorn in die Zukunft, die wir jetzt beginnen können gemeinsam neu zu gestalten. Es ist hilfreich, Visionen von der Gemeinschaft zu haben und dann mit ihrer Verwirklichung zu beginnen, und es bis zur Erfüllung weiterzumachen, es anzustreben ohne Unterlass. Lassen wir uns nicht davon abbringen. Ein Kind fällt, wenn es die ersten Gehversuche macht, und steht wieder auf, fällt und steht wieder auf, bis es nicht mehr fällt. Wir können lernen, Ausdauer zu haben. Geduld kann eine Übung sein, aber Ungeduld hat ihren Ursprung im Egoismus, den wir dann noch wandeln müssten. Geduld ist das Bewusstsein vom Leben in der Gemeinschaft und der Wunsch danach. Geduld ist die Rücksichtnahme auf die anderen.

→ Jeden Tag beginnt ein neues Jahr. Die Bäume haben einen Weihnachts-Neujahrs-Wunsch, den ich an euch weitergebe, weil ich sehe, wie sehr sie darunter leiden. Bitte nehmt die Beleuchtungen, die Lampen und Lichterketten, besonders zu Weihnachten, von den Bäumen ab! Ihr hängt euch selbst auch keine Lichterketten an den Körper. Es fließt ständig Strom hindurch, was sich für die Bäume sehr unangenehm anfühlen muss. Stellt euch vor, eine Lichterkette wäre eng um euch gewickelt und dann wird sie nachts eingeschaltet, wenn ihr schlafen geht. Es ist wissenschaftlich belegt, dass wir eine dunkle Nacht benötigen, um gut schlafen zu können. Ist das über eine lange Zeit nicht der Fall, dann kann es sein, dass wir psychisch darunter leiden oder sogar körperlich krank werden. Das betrifft die Bäume genauso wie uns Menschen. Wie soll ein Baum zur Ruhe kommen, der die ganze Nacht beleuchtet ist?! Kein Vogel wird sich dort ein Nest bauen mögen oder sich in ihm einen Schlafplatz suchen. Für die Insekten ist es auch nicht gut. Bitte nehmt den armen Bäumen die Lichterketten ab. Wir können nicht sehen, ob ein Baum weint oder schreit, aber wir können versuchen, uns in seine Lage hineinzuversetzen. Wie ginge es mir, wenn ich dieser Baum wäre?

→ Auch die Elementarwesen haben eine einfache und doch sehr große Bitte. Sie erscheint groß zu sein, weil wir so viele Menschen sind.
Eines schönen Abends, nachdem ich einige Zeit meditiert hatte, saß ich noch gemeinsam mit den Elementarwesen in der Ruhe, die durch die Meditation eingekehrt war. Die Elementarwesen mögen es, wenn wir meditieren, weil wir dann endlich still werden, unsere Kräfte sammeln und nach innen einkehren, wodurch unser wahres Wesen, das der Liebe, mehr zu spüren ist. So dasitzend, flog auf einmal sehr gewandt ein kleines Wesen herein und landete auf meinem Knie. Er war ungefähr so groß wie eine normale Hand und wirkte mit seinen Flügeln wie eine Fledermaus. Später sah ich auch eine „Fledermaus"-Frau im Raum. Es stellte sich heraus, dass sie von einem Volk der Feen abstammen. Ich spürte, dass sie aus einem Wald kamen, der sehr weit entfernt von meinem Zuhause sein musste. Die Feendame sagte mir daraufhin, dass sie aus einem Regenwald kommen. Während sie das sagte, fühlte ich viel Traurigkeit in meinen besonderen Besuchern. Der gute Feenherr stellte sich mir vor als ein Bote des Königs ihres Volkes. Er war besonders höflich und fein. Ich spürte, dass er mir etwas von ihrem König übermitteln wollte, nur, dass ich es leider nicht verstehen

konnte. Wesen, die so klein sind, reden manchmal so zierlich wie sie sind. Dazu ist es eine andere Daseinsebene, auf der sie sprechen, die unsere Menschenohren nicht gewohnt sind. Von den Elementarwesenkindern höre ich manchmal nur ein angestrengtes Piepsen, wenn sie mich um etwas bitten. Sie müssen sich anstrengen, damit ich sie höre und ich muss mich anstrengen, damit ich sie verstehen kann ...puh. Also, ich verstand den freundlichen, kleinen Herrn vor mir leider nicht, so sehr wir uns beide auch bemühten. Auf einmal erschien im Zimmer eine große Feengestalt, fast so groß wie ein Mensch, mit einer außergewöhnlichen Ausstrahlung. Es war der König selbst. Er war kraftvoll in seiner respektvollen Art und sehr weise, und gleichzeitig spürte ich viel Demut, mit der er sich seinem hohen Rang würdig erweist. Der kleine, geflügelte Freund und Bote des Königs sauste zu ihm. Dann sagte mir der König, was sein kleiner Bote mir mitzuteilen versucht hatte: „Wir bitten euch um Frieden."

Ich habe noch nie zuvor jemanden gehört, gesehen oder gespürt, der mit solch einer Aufrichtigkeit um etwas bittet. Aufrichtig, ernsthaft, traurig, betrübt und in absoluter Demut hörte ich seine Stimme in meinen Menschenohren - die Stimme eines Königs. Es war eine Aufrichtigkeit aus einer Tiefe heraus, die mir ihr Leiden bewusst machte und ich verstand die hintergründige Traurigkeit in ihnen.

→ Sie kommen aus einem Regenwald. Diese Wälder werden von uns Menschen mit einer absolut gnadenlosen Brutalität und unvorstellbaren Schnelligkeit vernichtet. Gleichzeitig vernichten wir Menschen mit den friedlichen, heilsamen Bäumen und Pflanzen die dort lebenden Elementarwesen – die so wunderschön wie Blumen, weise und intelligent, heiter und voller Lebensfreude sind, so wie wir uns vielleicht einen Gott vorstellen. Mit ihrem Dasein bereichern sie das Leben von allen, auch wenn sich viele von uns dessen nicht bewusst sind. Sie können uns sogar in diesem Teil der Erde besuchen kommen und von anderen Planeten. Welch göttliche Kräfte müssen da in ihnen sein! Diese geistigen Freunde bitten uns Menschen um Frieden!

Der Feenbote und der König standen vor mir und ich spürte, dass es einer Rückmeldung bedurfte. Eine aufrichtige Antwort war erwünscht, die er seinem Volk mitteilen konnte. In meinem Verstand sagte alles sofort „Ja", aber ich fühlte in mir auch etwas Negatives. Darum spürte ich erst einmal tiefer nach, bevor ich ihm antwortete.

Ich bin ein Mensch und es kam das Gefühl, dass ich eine Antwort geben sollte, die für uns Menschen gemeinsam steht. Nun war ich die Botin für das Menschenvolk. Ich spürte die Menschheit in mir, die gewohnt ist zu kämpfen – unnachgiebig. Als Gegenstück dazu die aufrichtige Bitte um Frieden von der anderen Seite. Was würdet ihr antworten?

→ Macht euch bitte bewusst, dass dies keine erfundene Geschichte und kein Traum ist. Ich erzähle euch hier die Wahrheit. Das schwöre ich auf das Dasein der Erde und auf alles Heilige, das ebenso existiert wie die gütigen Elementarwesen und alle Menschen. Es mag sein, dass ihr die Elementarwesen und die geistige Welt für ein Fantasiegebilde haltet. Auch wenn ihr nicht an Elementarwesen glauben solltet oder es euch schwerfällt, ihr Dasein anzuerkennen - die Natur aber, die Tiere und Pflanzen, können wir nicht ignorieren. Sie sind deutlich sichtbar für alle Augen – und sie leiden. Die Bäume und Wälder werden sehr schnell vernichtet mit Auswirkungen auf der gesamten Erde und auf uns alle. Der Umgang mit den Tieren ist absolut nicht artgerecht und Tierversuche sind das Grausamste, was wir ihnen antun. So etwas darf es gar nicht geben! Das bedeutet, dass wir nicht im Frieden mit der Natur leben. Die Natur bittet uns Menschen um Frieden. Was antwortet ihr?

→ Bei all meinem Suchen und Forschen sehe ich keinen Grund, warum wir gegen die Natur handeln sollten. Alles spricht dafür, mit der Natur gemeinsam zu leben und im Respekt voreinander. Ich glaube, wir Menschen müssen unsere Würde wiedererlangen und mit ihr die Selbstachtung. Das können wir nur, wenn wir im Repekt mit den anderen Lebewesen, unseren Vorfahren und der gesamten Natur leben – damit wir im Frieden und mit Anmut und Würde leben und sterben können – damit wir die alles erhaltende, alles belebende und alles bewegende Liebe nicht verlieren!

→ Natur zerstören wir durch unseren Egoismus. Was ist Selbstliebe? Und was hat die Selbstliebe für Folgen? Es gibt Menschen, die tun nichts Gutes. Sie leben im Egoismus und zerstören damit viel Leben. Weil sie sich nicht gut damit fühlen (können), suchen sie einen Ausgleich. Sie beginnen, etwas für sich zu tun. Je mehr sie dabei für sich tun und Freude daran haben, um so mehr schaden sie damit dem Leben der anderen – der Natur. Das nennen sie dann Selbst"liebe". So aber kommen sie aus dem Kreislauf des Leidens niemals heraus. Stattdessen bestärken sie diesen Kreislauf. Viele Menschen leben auf diese Weise und verstecken ihr Leiden hinter der sogenannten Selbstliebe. Das sind auch Menschen, die nichts Schlimmes getan haben, aber denen Schlimmes angetan wurde. Auch sie suchen nach einem Ausgleich. Leiden beenden auch sie nicht vollständig mit dieser Art von Selbst"liebe", weil andere darunter leiden müssen und die Gefühle der anderen sich auf uns übertragen können.

Wir können prüfen, was unsere Selbstliebe für Auswirkungen auf alle anderen hat – einschließlich der Natur. Nimmt jemand Schaden daran, dann tun wir es aus Egoismus. Schaden wir niemandem oder helfen wir sogar anderen damit, dann ist es wahre Liebe. Und erst dann finden wir Frieden!

Erinnern wir uns, wie schön und besonders die Augenblicke waren, in denen wir Frieden gefunden haben?! So kann es für alle Menschen sein und so sollten wir es auch allen anderen Lebewesen ermöglichen! Wann habt ihr euch das letzte Mal bewusst für den Frieden in euch und mit anderen entschieden? Wann habt ihr das letzte Mal die anderen an Frieden erinnert? Erinnert ihr euch an die Momente des Friedens in euch, wenn ihr in der Natur wart?! Mögt ihr die Elementarwesen anhören, die für die gesamte Natur sprechen, für alle Bäume, Pflanzen, Tiere, Elemente und viele andere? „Wir bitten euch Menschen um Frieden."

Wir Menschen haben die Möglichkeit, ein bewusstes Leben zu führen. Dadurch haben wir viel Verantwortung. Darum müssen wir Entscheidungen treffen – zum Wohle aller. Wenn wir nicht zum Wohle aller entscheiden, dann zerstören wir das Bewusstsein, die Liebe und das Leben. Es gibt niemanden, der uns aus dieser Lage befreien könnte oder uns diese Entscheidungen abnehmen wird, solange wir so weitermachen wollen! Es existieren Kräfte der Liebe und ihre Helfer, die uns auf dem Weg der Liebe, des Friedens und des Miteinanders helfen können – und es gibt Kräfte und Helfer, die uns auf dem zerstörerischen Weg unterstützen. So wie wir Menschen alle Kräfte der Gewalt und der Liebe in uns haben, so existieren sie überall, denn aus dieser Welt der Natur sind wir entstanden. Weil wir beide Seiten in uns haben, müssen wir entscheiden, wo es langgehen soll. Wir können die Liebenden bitten für uns zu entscheiden – das ist auch eine Entscheidung.
„Wenn du beide Seiten miteinander verbindest, findest du Erleuchtung."
Liebe ist Verbundenheit und Miteinander, sie ist Demut. Demut ist Bescheidenheit. Das ist die Liebe. Je bescheidener wir leben, umso weniger zerstören wir und umso mehr Leben erhalten wir. Das ist Frieden. Entscheiden wir uns bewusst für dies, in vollkommener Verantwortung für das Leben. Das ist wichtig und notwendig!

Es gibt Vorhersehungen. Die eine ist sehr furchtbar und die andere ist außergewöhnlich schön. Beides ist möglich, je nachdem wie wir leben. Die Zukunftsmöglichkeiten im Voraus zu wissen ist ein Segen und eine Gnade. Wir Menschen haben das große Glück, dass wir dadurch bewusst entscheiden und leben können. Entscheiden wir uns und leben wir weiterhin für das, was das Leben zerstört, dann hilft uns niemand mit Liebe. Entscheiden wir uns und leben wir dafür, das Leben und die Natur für alle zu erhalten, dann haben wir sehr viele ungewöhnliche Helfer - die alles tun werden, um uns darin zu unterstützen - mit ihren geistigen, göttlichen Fähigkeiten - mit der Kraft der Liebe.

Wenn wir lieben, dann ist alles gut.

****

Ein Gebet – Eine Bitte – Ein Dank

****

Gedanken kommen an. Wir können die Gefühle eines anderen spüren, indem wir uns in seine Lage hineinversetzen oder weil der andere es so will. Die Gedanken und Gefühle derjenigen, die in Not sind, kommen bei uns an, weil die Notsuchenden sie in die Welt hinausgeben, in das Leben. Gedanken kommen an.

Wenn wir also beten, dann sollten wir nicht irgendwohin beten oder in unserer Fantasie von Gott oder ähnlichem sein - denn dann kommt es auch nur in der Fantasie an oder irgendwo!
Beten, bitten, senden wir unseren Dank an das Leben in das Leben hinein.
Die Natur hat alles erschaffen. Wenn wir zum Göttlichen beten, dann beten wir in das Leben, denn das Göttliche ist ein Teil der Natur – es ist das Leben und keine Träumerei.
Wenn ihr Hilfe von außen benötigt, dann betet nach außen und lasst die Gebete nicht in eurem Kopf. Wie soll es dann ein anderer hören?!
Wenn ihr Wünsche habt, die auch durch die Kräfte von innen erfüllt werden können, dann betet nach innen – in euren Körper oder in das Gefühl hinein. Wenn ihr euch leer fühlt, dann betet in diese Leere hinein.
Am Besten ist es, wenn wir nach innen und außen zugleich beten, denn wir brauchen immer auch die Hilfe der anderen. Wir brauchen die anderen in uns, die Kräfte der Vorfahren, als auch die Helfer im Außen. „Versuche es nicht allein", sagen die Heiligen.

Betet nicht nur für euch alleine. Denn das Leben ist die Vielfalt und wir leben nicht vom Alleinsein. Wir sind abhängig von allen anderen und wir sind verbunden mit allen anderen. Darum hilft es nichts, wenn wir nur für uns selbst beten. Demut ist das Gebet.
Wenn wir um Liebe und Frieden beten, dann ist es ein Gebet für und in die Gemeinschaft, um mit den anderen im Außen und mit den Kräften der Vorfahren in unserem Körper auf gesunde Weise verbunden sein zu können.
Zur Gemeinschaft gehört vor allem die Natur. Beten wir auch für die Natur, denn ohne sie können wir nicht sein.
Wenn wir für ein vollkommenes, heiles Miteinander beten, dann sollten wir auch für die Elementarwesen beten, denn sie sind vollkommen. Wenn wir für sie beten, dann erhalten wir das Vollkommene und nur so können sie uns helfen. Zudem gehören auch sie zu der großen Gemeinschaft und sind

ein Teil der Natur, ein Teil des Göttlichen, wie wir Menschen auch und jedes Wesen. Auch sie gehören zu unseren Vorfahren.
Beten wir für die Liebe in uns und auf der ganzen Erde. Beten wir für die Liebe, dann erhält es die Liebe und sie wird stark und lichtvoll. Liebe ist Miteinander und Frieden. Wenn wir für sie beten, dann beten wir für alle.

„Bleibe im Gebet", sagen die Heiligen - damit wir nicht vergessen.
So sollten wir, wann immer es möglich ist, im Gebet sein - in der Bitte um Liebe und Frieden. Denn noch leben wir fast alle ein sehr unbewusstes Leben. Im Laufe der Zeit könnt ihr den Unterschied wahrnehmen, was geschieht, wenn ihr im Gebet seid und wenn ihr es nicht seid. Denn das ist ein Unterschied. „Wann seid ihr im Gebet?", fragt ein Heiliger. Wenn wir lieben.

Wenn wir nicht dem Leben zuhören und nicht der großen Einheit und der Gemeinschaft dienen wollen, wenn wir nicht bewusst den Frieden und die Liebe leben oder sogar dagegen, dann hören wir keine Gebete oder ignorieren die Stimme des Friedens und der Liebe in uns. Wenn wir so leben, beten wir dann? Das Gebet ist die Liebe. Sie ist nur im Miteinander vorhanden. Dafür müssen wir im Kontakt sein mit dem Leben und den anderen – so auch mit der Natur.
Wieviele Gebete werden erhört?
Gebete werden von denen gehört, die zuhören, die helfen mögen, die für andere da sind und die auch den anderen Lebewesen ein Helfer sein möchten. Gebete werden von den Liebenden und Friedfertigen erhört oder die es sein wollen. Engel, Heilige und die Elementarwesen hören immer unsere Gebete – sie hören auf die Liebe.

Wenn ihr spontan und intuitiv betet, etwas für die Liebe tun möchtet, dann lasst euch führen. Lasst es von innen oder aus dem Geiste kommen, wenn ihr bittet oder dankt. Wenn ihr als erstes an eure Füße denkt, sie spürt, dann fangt ihr mit ihnen an. Vielleicht ist eure Sehnsucht beim Göttlichen, dann beginnt ihr mit es. Wenn euch eure Mutter als erstes in den Sinn kommt, dann beginnt ihr mit ihr. Wenn der Gedanke oder das Gefühl negativ ist, gerade dann bittet um Frieden und dankt für das, was gut war. Wenn ihr nichts spürt, dann könntet ihr der Stille und Ruhe und dem Frieden, der Leere danken.

Danke, für eure Aufmerksamkeit.

Ein Gebet zum Dank

****

Für die tägliche Wertschätzung und Erinnerung am Morgen,
zum Mittag und am Abend, vielleicht zu jedem Essen
oder bevor wir aufstehen und wenn wir zu Bett gehen -
ein Segen für alle.
Zu segnen bedeutet, zu lieben.
Die Liebe ist der Segen.

****

Danke, Universum.
Danke, Erde.
Dank den Energien und Elementen.
Dank euch Pflanzen und Tieren
und Menschen.
Dank euch Bäumen.
Dank dem Körper.
Danke für das Leben.
Danke, Gnadenlicht.
Danke für die Liebe.
Dank euch Elementarwesen, Engeln und Heiligen.
Danke für die Freundschaft und die Gemeinschaft.
Danke für die Ruhe und den Frieden.
Dank dem Bewusstsein.
Mögen wir es annehmen,
sorgsam damit sein
und es nur zum Besten verwenden
für uns alle.
Das sei gesegnet.

****

Gedanken, Wünsche, Möglichkeiten - Veränderung

****

Ein Heiliger sagte: „Das Leben besteht aus Veränderung." Ein großer Teil meines Lebens besteht aus ständigen, bewusst angestrebten Veränderungen. Mit diesen inneren Veränderungen hat sich mein ganzes Leben gewandelt. Alles ist wandelbar.
Wir sind sehr viele Menschen, mehr als 7 Milliarden. Wir haben die Erde unbewusst verwandelt. Weil wir es unbewusst getan haben, darum ist durch unser Handeln so viel Zerstörung entstanden. Wenn wir die Möglichkeit nutzen, bewusst zu leben, können wir die ganze Welt in ein Paradies verändern. Dazu brauchen wir nur die Einsicht und den Wunsch, in Frieden und in Liebe mit allen leben zu wollen und dann Taten sprechen zu lassen.
Bitte helft alle mit, euch bewusst zu verändern, damit wir mit allen Menschen und der Natur im Frieden leben können – Bitte! Es ist eine einfache und zugleich große Bitte, weil wir viele Menschen sind. Mit dem Kauf dieses Buches habt ihr schon jetzt einen kleinen Teil dazu beigetragen, denn mit der Pflanzung der Bäume stärken wir die friedlichen Kräfte auf Erden. Aber selbst wenn ihr, die ihr dieses Buch lest, die Bitte erhört, was ist mit den anderen 7 Milliarden Menschen?! So einfach ist es, etwas zu verändern. So einfach ist es auch, sich für die Liebe zu entscheiden und ihr zu folgen. Hoffen wir darauf, dass noch vielen friedlichen Bäumen das Leben geschenkt wird und dass 7 Milliarden Menschen der Bitte nach Frieden folgen.

Folgen wir der Wahrheit. Eine Gemeinschaft aus Lebewesen und Kräften hat diese Welt erschaffen – mit viel Liebe! Denn ohne Liebe hält nichts zusammen. Der geistige Ursprung aller Kräfte ist die Liebe. Das ist das Göttliche, weil es so wunderbar ist, dass wir es als göttlich bezeichnen können. Liebe entsteht durch Miteinander. So kann nicht gesagt werden: „Ich bin Gott." oder: „Da ist _ein_ Gott." Nur wenn wir alle gemeinsam in Harmonie leben, dann entstehen göttliche, liebende Kräfte. Wenn wir uns auseinanderleben, voneinander trennen, von der Natur trennen, dann trennen wir uns vom Göttlichen. Wir trennen uns von der Liebe und erschaffen ein Reich des Leidens. Das können wir nennen, wie wir wollen. So wie wir das eine als göttlich bezeichnen, so können wir das andere als teuflisch benennen. Wir können sagen, was wir wollen, es ändert nichts an den Tatsachen, welche Auswirkungen unsere Taten haben! Heilsame Taten zum Wohle der Gemeinschaft mit der Natur wecken viel Liebe. Wunder geschehen aus Liebe.

Viele Gebete werden nicht erhört, weil sie entweder egoistischer Natur sind oder, weil es zu wenige Helfer unter uns Menschen gibt, damit sie in Erfüllung gehen könnten. Es gibt zu wenig Liebe unter uns Menschen - zu wenige Menschen, die sich für die Liebe und den Frieden bewusst entschieden haben und zuhören.
Wer sich allein fühlt, einsam ist, getrennt wurde von der Gemeinschaft, der denkt viel und hört nicht zu. Wer sich für ein Leben in der großen Gemeinschaft interessiert, der ist still und hört zu. Wer nur in der Gemeinschaft unter Menschen leben möchte, der denkt viel und hört nicht auf das gesamte Leben. Wer sich vereinen möchte mit allen Lebendigen, der wird still und hört zu – er hört, was die anderen zu sagen haben. Was möchte oder rät uns die Natur – die Tiere und Pflanzen, die Elemente und die göttlichen, liebenden Helfer – die Engel, die Elementarwesen und die Heiligen?
Die meisten Menschen hören nicht genug auf die Natur und ihre Freunde! Wenn sie es täten, gäbe es keine Tierquälerei, keine Gifte auf den Pflanzen, kein Müll in den Meeren und keine Rodung der Urwälder. Beten wir für die Natur, für die anderen Lebewesen? Wir tun es nicht, weil wir zu egoistisch leben. Wir beten und bitten für uns selbst und die Menschheit. So können wir keine Welt retten und so werden wir auch nicht die Menschheit retten können! Dies alles sind keine schönen Worte. Es weckt keine schönen Gefühle der Liebe in uns. Es sind Tatsachen, die wir alle erst anerkennen müssen, um zu Einsicht und Erkenntnis gelangen zu können. Das ist Liebe. Mit ihr erwacht der Mut zur Veränderung!
Die Heiligen sagen: „Ende positiv." Ich kann das Ende dieses Buches bestimmen, aber ich kann nicht das Ende der Geschichte der Menschheit, der Natur und der Erde bestimmen, weil ich nicht Gott bin. Ein Leben in Gemeinschaft ist die Lösung. Es gibt keine andere Er-Lösung, so wie es auch keinen anderen Gott gibt – „nur" uns alle zusammen in Liebe. Das ist göttlich, wenn wir es schaffen!!

Die Heiligen bezeichnen wir als heilig, weil sie das Göttliche gefunden haben. Sie leben in einer vollkommenen Gemeinschaft mit allen im Frieden. So erschien mir im Geiste zum Abschluss des Buches ein älterer, indischer Mann: „Ich bin einer der Heiligen, von denen du schreibst, die körperliche Unsterblichkeit erreicht haben. Ich bin 500 Jahre alt." Nachdem er mich eine Weile beobachtete, hob er ab und weg war er. Kurz darauf sah ich ihn draußen in der Natur im Schneidersitz durch die Luft fliegen, sichtlich vergnügt und mit viel goldgelber Energie von Liebe. Dieser Mensch hat einen Wandel mit der Vollkommenheit der Liebe geschafft. Er schadet niemandem mehr, weil er nichts mehr essen oder trinken muss. Er braucht nichts Materielles zum Schutz oder zum Vergnügen. Er vergnügt sich an der Liebe im Miteinander, die ihn schützt, nährt und sehr alt werden lässt - ewig.

Wie viel oder wenig Liebe wir übrigen Menschen bis jetzt gelebt haben, sagen uns die Elementarwesen mit traurigen Stimmen: „Ihr Menschen habt uns viel genommen!" Und wieder erscheint mir ein Wasserwesen, eine Nymphe. Sie ruft verzweifelt: „Ihr verschmutzt unsere Gewässer! Unsere Bäche sind vergiftet." Im Geiste zeigt sie mir eine Fabrik. Davor ist ein kleiner Bach zu sehen mit dunkler, gruselig schlechter Energie – vergiftet! Wasser ist wandelbar. Nach Dr. Masaru Emoto lässt sich Wasser mit jedem Wort und jedem Gefühl wandeln. (Das wird in dem Film „Water" gezeigt.) Viel Wasser ist in unserem Körper, mehr als sechzig Prozent. „Wie innen, so außen", sagen die Heiligen. Wie sieht das Wasser in unseren Körpern aus, wenn wir die Meere, die Flüsse und Seen vergiftet haben? Wenn wir in Demut mit Bescheidenheit und wandlungsfähig leben, wenn wir andere nähren und für ihr Wohl sorgen - so wie das Wasser, dann leben wir die Reinheit und Klarheit dieses Elements. Dann ist es sauber.
Unser Gehirn besteht zu ungefähr neunzig Prozent aus Wasser. Wie sieht das Wasser in unseren Köpfen aus? Welche Gedanken bestimmen unser Leben, dass wir eine Welt der Verschmutzung und Zerstörung, mit vielen Krankheiten und Leiden geschaffen haben? Während ich an das derzeitige Weltgeschehen dachte und daran, dass unter den momentanen Bestrebungen zu vieler Menschen ein Weltkrieg möglich wäre, den wir ohnehin schon gegen die Natur führen, zeigte mir ein Heiliger im Geiste alle Menschen. „Das ist in euren Gedanken", sagte er und meint damit, dass wir alle den Krieg in unseren Köpfen verinnerlicht haben. Wir denken zu wenig an den Frieden für alle mit der Natur gemeinsam und für immer!! Wenn wir an den Frieden denken, stehen wir dann mit vollster Überzeugung dahinter? Einzig die Kraft des Miteinanders mit der Natur und ihren Elementarwesen und Engeln kann uns zu diesem vollkommenen Streben zum Frieden führen! Versuchen wir es ohne sie, ist es keine Vollkommenheit im Frieden und wir werden nicht die vollkommene Kraft haben, um es umsetzen zu können. Wenn wir weiter die Natur mit ihren guten Geistern zerstören, dann fehlt uns jede Möglichkeit, Frieden für ewig finden zu können. Die Liebe führt uns auf den Weg des Friedens mit allen für immer, wenn wir für immer Liebe wollen.
Mir erschien ein Elementarwesen aus Syrien. Sofort sah ich innere Bilder von Waffen, Handgranaten und viel Grausamkeit, von traumatisierten Elementarwesen und Bäumen, furchtbar leidenden Menschen, besonders Frauen und Kinder. Dieses Elementarwesen bat um meinen Segen. Schon viele Male hatte ich für dieses Land die guten Kräfte erbeten, gesegnet und viel Liebe gesendet. Ich sagte dem immer noch friedlichen

Elementarwesen: „Mein Segen alleine genügt da nicht." Daraufhin hörte ich die Stimme eines Heiligen: „Das ist der Grund, warum wir nicht überall helfen können!" Es braucht viele Menschen, die ihren Segen geben!! Wenn wir uns nicht gegenseitig segnen, werden wir selbst auch keinen Segen und nichts Segensreiches erfahren können. Segnen wir gemeinsam diese Erde, die Liebe, die Friedvollen, die Natur und das Gute in uns Menschen. Alles andere sollten wir nicht segnen. So werden auch wir den erfüllenden Segen der anderen empfangen. Denn jeder braucht den Segen der anderen.

Unter den derzeitigen Bedingungen kamen verschiedene Elementarwesen zu mir: „Wir werden uns zurückziehen." Diese Worte lösten fast Panik in mir aus, weil ich weiß, wie wichtig sie im Heilungs- und Lebensprozess der Erde sind. Sie können aber nicht anders. Wir geben ihnen nicht die Möglichkeiten, nicht den Raum und nicht ausreichend ursprüngliche, saubere Natur, um bleiben zu können. Ein anderer Naturgeist kam sehr geschwächt zu mir. Das, was ihn geschwächt hat, ist das Gegeneinander, die Zerstörung und mit ihr die Trennung. So ist es auch mit uns Menschen. Wo wir nicht im Miteinander leben, da werden wir schwach. Mit Gewalt ein Miteinander durchzusetzen kann darum nicht bestärkend wirken! Wir können nur in der Gemeinschaft überleben. Je größer die Gemeinschaft, umso lebendiger die Kraft und Freude.

Wenn notleidende Elementarwesen zu mir kommen, dann denke ich an ihre Geschenke, die sie mir für die Heilarbeit gaben, und erinnere sie an ihre guten Kräfte der Verbundenheit. Dabei hilft ihnen ganz besonders das Geschenk eines Drachens, der zu mir kam und mir eine Kugel gab. Die chinesischen Drachen werden häufig mit einer Kugel in der einen Kralle abgebildet. Die Kugel stellt die Erde dar und ihr Bewusstsein. Die Drachen sind die Hüter der Erde und des Bewusstseins. Ihre sanfte, behütende Art und ihre Freundlichkeit ist eine Wohltat für jedes Wesen. Der Drache legte mir seine Kralle in die Hand und gab mir seine Freundschaft dazu. Die Größe seiner Freundschaft macht mich still und ruhig. Darin spüre ich die Kraft kommen. Danke! Wie wichtig ist uns die Freundschaft mit anderen? Wie wichtig ist uns die Freundschaft mit der Natur? Täglich werde ich von der Natur, den Elementarwesen, Engeln und Heiligen gesegnet, weil ich ihnen und der großen Gemeinschaft, mit dem was ich kann und habe, bewusst versuche, zu helfen. Wie kann ich selbst so segensreich sein für sie? Denn ich bekomme mehr als ich gebe. Einer hilft vielen. So bekommt der eine von vielen den Segen. So mehren wir das Segensreiche.

Ein einfaches und segensreiches Miteinander entsteht bei meinen Abendveranstaltungen (Qi Gong, Abend der Ruhe, Meditation), wenn die Menschen Wellhornschnecken und Schwertmuscheln mitnehmen und dafür einen Euro Spende für die Natur geben. Die Muscheln kommen aus dem Meer von den Schnecken und Nixen. In die Muscheln habe ich Zettel gelegt mit den weisen, heilsamen Mitteilungen der Heiligen, der Engel und der Elementarwesen, und mit Erkenntnissen aus Meditationen. Von dem einen Euro wird ein Baum gepflanzt, der für das Gemeinwohl für alle sorgt. So hat jeder etwas gegeben und zurückbekommen. Es macht viel Freude, wir fördern das gesunde Leben auf Erden und wir haben ein wunderbares Gefühl von Verbundenheit. Jeder gibt was er kann. So können wir Großes bewirken, wenn jeder nur etwas Kleines von sich gibt. Wieviel können wir bewirken, wenn jeder mehr geben würde? Wir wären dem Glück ein großes Stück näher. Im ersten Jahr dieser Idee (April – Oktober 2017) konnten 950 Bäume gepflanzt werden. So leben und erschaffen wir Gemeinschaft in Liebe.

Während ich dies Buch schrieb, sagten die Heiligen zu mir: „Du hast viel Mut." Ja, ich habe Mut. Denn ich offenbare damit vor allen anderen mein Leben, meine Sicht- und Denkweisen, die viele für seltsam, merkwürdig, unnormal oder unmöglich halten, und mich deswegen möglicherweise ablehnen. Das ist meine größte Angst, die größte Angst eines jeden Wesens, die ich mehr empfinde als den Mut. Das nehme ich in Kauf, denn unter den gegebenen Umständen in der Natur auf der ganzen Erde und unter uns Menschen ist jeder Funken Mut hilfreich und notwendig, damit wir alle eine erfreuliche und lebendige Zukunft haben können. „Wieso Zukunft?!", fragt ein Heiliger. Wir leben jetzt. Und jetzt leben wir nicht (mehr) im Frieden. Nicht untereinander, nicht in unseren Köpfen und vor allem leben wir nicht mit der Natur im Frieden.

„Wir bitten euch um Frieden." Die Natur bittet uns durch ihre Elementarwesen. Die Heiligen, die Engel, die Elementarwesen und die Baumwesen bitten jeden einzelnen von uns darum, jeden Funken Mut zusammenzunehmen und alles Liebe in uns, um diese Tatsache anzusehen. Sie bitten uns darum, bewusst Liebe und Frieden für uns alle anzustreben – für die Natur – ohne Unterlass. Gebt nicht auf es zu wünschen und alles, was möglich ist, zu tun. „Gib die Liebe nicht auf!", sagen die Heiligen und: „Lass Taten sprechen." Die Elementarwesen fügen hinzu: „Warte nicht zu lang!" Warten wir nicht darauf, dass uns jemand erlöst. Warten wir nicht darauf, dass uns jemand liebt oder uns seine Freundschaft anbietet. Tun wir es selbst – jetzt! Die Elementarwesen, die Bäume und alle Pflanzen, die lebendigen Elemente und unsere große Mutter Erde hoffen auf uns. Sie halten das Feuer der Hoffnung und Liebe am Brennen. Helfen wir ihnen dabei! Danke für euren Mut!

Für den Anfang

****

Aus Liebe zur Natur

Möge unser Wunsch nach Einheit und dem Einssein wahr werden.

Möge unser Ruf nach Frieden erhört werden.

Möge unsere Sehnsucht nach Liebe Erfüllung finden.

Wir glauben daran.

****

Literatur

****

„Elfensommer" von Tanis Helliwell, Neue Erde Verlag, Saarbrücken, 2008

„Botschaften der Elementarwesen" von Karsten Massei, Futurum Verlag, Basel, 2013

„Krafttiere" von Jeanne Ruland, Schirner Verlag, Darmstadt, 2004

„Krafttiere" von Steven D. Farmer, PH. D., Koha Verlag, Burgrain, 2006

„Tierbotschaften" ein Kartenset von Jeanne Ruland & Murat Karacay, Schirner Verlag, Darmstadt, 2007

„Das geheime Leben der Bäume" von Peter Wohlleben, Ludwig Verlag, München 2015

„Jetzt" von Eckhart Tolle, J. Kamphausen Verlag, Bielefeld 2006

„Elementarwesen" von Marko Pogačnik, AT Verlag, Baden & München, 2007

„Licht-Arbeit" von Barbara Ann Brennan, Wilhelm Goldmann Verlag, Münschen, 1989

„Das geheime Wissen der Schamanen" von Alberto Villoldo, Wilhelm Goldmann Verlag, München, 2001

„Babaji"- Kriya Yoga und die 18 Siddhas - von Marhall Govindan Satchidananda

„Das Kundalini Yoga Handbuch" von Satya Singh, Wilhelm Heyne Verlag München, 1990

****

Internetseiten → hilfreicher Organisationen für Mensch & Natur

****

→ www.oroverde.de = OroVerde setzt in zahlreichen Tropenländern Projekte zum Schutz der Regenwälder um, z. B. Das Wiederaufforstungsprojekt „Baum für Baum", 1 € = 1 Baum. Diese Organisation unterstütze ich mit den Sammelspenden von meinen Veranstaltungen.

→ www.regenwald.org = Die Hälfte der Einnahmen des Spaziergangs „Juister Kraftplätze" geht an die Organisation „Rettet den Regenwald" in ein Projekt, bei dem Regenwaldflächen gekauft und unter Naturschutz gestellt wird. Die Urbevölkerung kümmert sich dann weiter um den Wald.

→ www.plant-for-the-planet.org = Eine Kinder- und Jugendinitiative pflanzt für 1 € = 1 Baum. Sie sind weltweit aktiv. Es macht viel Freude ihren Mut, ihren Zusammenhalt und ihre Tatkraft zu unterstützen. Das können wir Erwachsenen von ihnen lernen.

→ www.mellifera.de = Hier setzen sich Menschen für Biene & Co ein. Sie bieten Blühpatenschaften an, mit denen Blumenwiesen gepflanzt werden können (auch ein schönes Geschenk! Nicht nur eine Blume, sondern gleich eine ganze Blumenwiese verschenken). Oder Bienenpatenschaften zum Erhalt einer wesensgerechten Haltung der Biene, incl. ein Glas Honig.

→ www.bund.net = Diese Organisation setzt sich für den Umweltschutz ein und unterstützt die Nationalparkhäuser. Sie haben alle wichtigen Infos zu Plastikverpackungen und Plastikmüll in den Meeren. Die Broschüren liegen auch in den Natio-nalparkhäusern aus.

→ www.atmosfair.de = Hier könnt ihr den CO_2 Ausstoß für einen Flug oder andere Reisen und Veranstaltungen errechnen lassen und viele hilfreiche, umweltfreundliche Infos bekommen.